COLECCIÓN
DERECHO SANITARIO, BIOTECNOLÓGICO Y
CIENCIAS DE LA VIDA

3

EL DERECHO A LA ASISTENCIA SANITARIA PÚBLICA DE LOS EXTRANJEROS INMIGRANTES EN SITUACIÓN IRREGULAR EN ESPAÑA

COLECCIÓN
DERECHO SANITARIO, BIOTECNOLÓGICO Y
CIENCIAS DE LA VIDA

COLECCIÓN
DERECHO SANITARIO, BIOTECNOLÓGICO Y CIENCIAS DE LA VIDA

3

EL DERECHO A LA ASISTENCIA SANITARIA PÚBLICA DE LOS EXTRANJEROS INMIGRANTES EN SITUACIÓN IRREGULAR EN ESPAÑA

COLECCIÓN
DERECHO SANITARIO, BIOTECNOLÓGICO Y
CIENCIAS DE LA VIDA

Eduardo OSUNA CARRILLO DE ALBORNOZ
Médico. Catedrático de Medicina Legal y Forense, Universidad de Murcia.

Juan PEMÁN GAVIN
Catedrático de Derecho Administrativo, Universidad de Zaragoza.

Juan Francisco PÉREZ GÁLVEZ
Catedrático de Derecho Administrativo, Universidad de Almería.

Laura SALAMERO TEIXIDÓ
Profesora agregada de Derecho Administrativo, Universidad de Lleida.

Javier SÁNCHEZ-CARO
Profesor de Derecho Sanitario y Bioética de la Escuela Nacional de Sanidad.

Luis SARRATO MARTÍNEZ
Profesor As.D. de Derecho Administrativo, Universidad Pública de Navarra. Vocal del Comité de Bioética de la Comunidad Foral de Navarra.

José VIDA FERNÁNDEZ
Profesor Titular de Derecho Administrativo de la Universidad Carlos III de Madrid

COLECCIÓN
DERECHO SANITARIO, BIOTECNOLÓGICO Y
CIENCIAS DE LA VIDA

3

EL DERECHO A LA ASISTENCIA SANITARIA PÚBLICA DE LOS EXTRANJEROS INMIGRANTES EN SITUACIÓN IRREGULAR EN ESPAÑA

Eulalia Fernández Méndez

COLEX 2024

© Editorial Colex, S.L.
Calle Sol, número 20, bajo
A Coruña, C.P. 15003
info@colex.es
www.colex.es

I.S.B.N.: 978-84-1194-604-9
Depósito legal: C 1199-2024

A mi familia y a todos mis amigos.

Gracias a mis hermanos, Diego y Alberto, por respetar siempre mis tiempos, sois únicos. También quiero mencionar a mi padre que, aunque ya no esté presente, siempre está entre nosotros. Gracias a mis tíos, siempre pendientes de mí.

Gracias Fabián, mi marido, por tanto sacrificio en silencio.

A mi hija, Olaya, por caminar juntas en este viaje.

A mi madre, Maribel, a la que, sin pedir nada a cambio, me ha dado todo lo que soy. Es la persona en la que me miro todos los días, en su esfuerzo, su dedicación y entrega. La que da todo sin pedir nada a cambio, y la que te ayuda a levantarte cuando sufres una caída.

A mis Directores por la ayuda incondicional recibida. Sin ellos no hubiera sido posible resistir y llegar hasta aquí.

SUMARIO

CAPÍTULO III
LA CONFIGURACIÓN CONSTITUCIONAL DEL DERECHO A LA PROTECCIÓN DE LA SALUD

CAPÍTULO IV
LA CONFIGURACIÓN LEGAL DEL DERECHO DE ASISTENCIA SANITARIA DE LAS PERSONAS EXTRANJERAS EN SITUACIÓN IRREGULAR

CAPÍTULO V
EL ESTATUTO DEL PACIENTE EXTRANJERO EN SITUACIÓN IRREGULAR

CONCLUSIONES FINALES

BIBLIOGRAFÍA

FUENTES JURISPRUDENCIALES

PRÓLOGO

Prologar un libro es siempre una tarea grata, porque normalmente existe algún vínculo entre el prologuista y el prologado. Pero en este caso la tarea es doblemente grata, no solo porque hayamos sido dos los directores de la tesis doctoral que ahora ve la luz como libro, y, por tanto, seamos también dos los prologuistas, sino porque el texto que aquí se publica es un gran trabajo del que la autora puede sentirse orgullosa y del que la comunidad jurídica se va a beneficiar ampliamente. La autora, a la que conocemos desde hace más de diez años cuando cursó el Máster Universitario en Protección Jurídica de las Personas y los Grupos Vulnerables de la Universidad de Oviedo, siempre tuvo en mente, en tanto parte de su crecimiento personal y profesional, estudiar el tema de este libro «El Derecho a la asistencia sanitaria pública de los extranjeros inmigrantes en situación irregular en España», primero, como objeto de su trabajo fin de Máster y, después, como objeto de su tesis doctoral.

En este libro sobre Eulalia Fernández ha demostrado no solo el rigor y capacidad de trabajo que atesora, sino también que se puede combinar exitosamente en un trabajo de investigación jurídica la construcción teórica con el conocimiento de la práctica aplicativa de la legislación sobre la asistencia sanitaria pública. El análisis que en el mismo se contiene no solamente ha de servir, creemos, a la mejora del conocimiento científico-jurídico, sino que también servirá para mejorar, esperamos, la práctica de la gestión sanitaria en lo que respecta a este colectivo vulnerable de los extranjeros en situación irregular, así como para orientar las políticas legislativas en lo que respecta a la satisfacción del derecho a la asistencia sanitaria pública. En este sentido podemos decir que el doble objetivo que la autora se propuso cuando comenzó la investigación se da por sobradamente cumplido.

Tras un capítulo primero de identificación y presentación de la inmigración irregular en España, la tesis de fondo que late en el trabajo, y lo que le da mayor valor, aparece en los capítulos dos y tres del mismo. Dicha tesis radica en afirmar que los extranjeros inmigrantes en situación irregular en España también disfrutan *ex constitutione* del derecho a la protección de la salud, particularmente en todo aquello que está vinculado a sus derechos fundamentales de titularidad universal, como la integridad física, la intimidad o el *habeas data*, y que ello convierte a estas personas también en acreedores de algunas facetas del derecho a la asistencia sanitaria pública. Se trata de una tesis valiente y decidida, que la autora sostiene tras un exhaustivo análisis de la doctrina constitucional sobre la titularidad de los derechos fundamentales, el papel que juegan la dignidad de la persona y los tratados internacionales sobre derechos humanos ratificados por España en la interpretación de aquéllos, y la consiguiente reconstrucción que ello implica del contenido constitucional del art. 43 de la Constitución de 1978.

Pero no contenta con eso, que en sí ya sería suficiente para darle contenido a esta publicación, Eulalia nos ofrece un análisis crítico, conforme a esta construcción constitucional previamente elaborada, tanto de la evolución que ha experimentado desde sus inicios la configuración legal del derecho a la asistencia sanitaria, como del estatuto jurídico del paciente extranjero en situación irregular, a día de hoy resultante de aquella. Y es en estos dos aspectos, que abarcan los capítulos cuatro y cinco, donde la autora demuestra más soltura a la hora analizar críticamente el amplio y preciso conocimiento que tiene de la práctica administrativa de la gestión sanitaria, derivada de su desempeño profesional en la Consejería de Salud del Principado de Asturias, a la luz de la construcción teórico-constitucional que antes había hecho de la titularidad del derecho a la asistencia sanitaria. Algo que pocas veces se había hecho hasta ahora y que ella desarrolla con gran acierto.

El resultado final es, si rescatamos algunas de las opiniones del tribunal de tesis que decidió conceder el sobresaliente cum laude por unanimidad, un libro que consigue hilar dos lógicas, la de Derecho constitucional y la de Derecho de la extranjería, de una forma fluida y bien trabada, y presentar unas conclusiones que transitan desde la configuración constitucional a la legal, desde la reflexión más general a los análisis de detalle, desde una experiencia profesional a la construcción más científica. En definitiva, conocimiento y transferencia del mismo nos parecen una excelente carta de presentación.

En Oviedo, a 15 de mayo de 2024

Benito Aláez Corral
Catedrático de Derecho Constitucional

Ángel Espiniella Menéndez
Catedrático de Derecho Internacional Privado

ABREVIATURAS

ACNUR	Alto Comisionado de las Naciones Unidas para los Refugiados
ATC	Auto Tribunal Constitucional
BOCG	Boletín Oficial de las Cortes Generales
BOE	Boletín Oficial del Estado
CAAS	Convenio de Aplicación del Acuerdo Schengen
CC	Código Civil
CE	Constitución Española
CEDAW	Convención sobre la eliminación de toda forma de discriminación contra la mujer
CEDH	Convenio Europeo de Derechos Humanos
CIEs	Centros de Internamiento de Extranjeros
CISNS	Consejo Interterritorial del Sistema Nacional de Salud
CIT	Confederación Internacional del Trabajo
CPFF	Consejo de Política Fiscal y Financiera
DOUE	Diario Oficial de la Unión Europea
DUDH	Declaración Universal de Derechos Humanos
LAP	Ley básica reguladora de la autonomía del paciente y de derechos y obligaciones en materia de información y documentación clínica
LCSNS	Ley de Cohesión y Calidad del Sistema Nacional de Salud
LFB	Ley Fundamental de Bonn
LGS	Ley General de Sanidad
LJCA	Ley Jurisdicción Contencioso-Administrativa
LOE	Ley Orgánica Extranjería
LOGP	Ley Orgánica General Penitenciaria
LOPJM	Ley Orgánica Protección Jurídica del Menor

LOTC	Ley Orgánica Tribunal Constitucional
OG	Observación General
OIT	Organización Internacional del Trabajo
ONG	Organización no gubernamental
ONU	Organización de las Naciones Unidas
PIDCP	Pacto Internacional de Derechos Civiles y Políticos
PRPSE	Principio Rector de la Política Social y Económica
Reg.LOE	Reglamento Ley Orgánica de Extranjería
SNS	Sistema Nacional de Salud
STC	Sentencia del Tribunal Constitucional
STIJ	Sentencia del Tribunal Internacional de Justicia
STJUE	Sentencia del Tribunal de Justicia de la Unión Europea
STS	Sentencia del Tribunal Supremo
TC	Tribunal Constitucional
TS	Tribunal Supremo
TEDH	Tribunal Europeo de Derechos Humanos
TFUE	Tratado de Funcionamiento de la Unión Europea
TRLGSS	Texto Refundido de la Ley General de la Seguridad Social
TUE	Tratado de la Unión Europea
UE	Unión Europea

INTRODUCCIÓN

Cuando alguien decide iniciarse en una tarea de investigación debe justificar previamente las motivaciones que le llevan a tomar esta decisión. En realidad son muchas, pero podría resumirlas en dos: la búsqueda de conocimiento y avanzar en un mundo mejor para todos, especialmente para los más vulnerables.

El objeto principal de esta Tesis se centra en determinar el alcance de la titularidad y ejercicio del derecho a la asistencia sanitaria pública de los extranjeros inmigrantes en situación administrativa irregular en España.

Los cambios de modelo en la configuración del acceso a la asistencia sanitaria pública habido en los últimos años incitan a que se investigue jurídicamente sobre esta cuestión, ya que el Derecho a la asistencia sanitaria tiene una proyección relevante sobre la propia vida de las personas. Resulta necesario analizar críticamente conforme a la normativa y la jurisprudencia internacional, constitucional y legal, el alcance de la titularidad y contenido de este derecho respecto de las personas extranjeras inmigrantes en situación irregular.

Tres son los objetivos principales de la investigación. Por un lado, delimitar quiénes son los extranjeros inmigrantes en situación irregular en España. Por otro lado, determinar cuáles son sus derechos humanos y constitucionales, y si forma parte de ellos, en particular, el derecho a la asistencia sanitaria. Por último, determinar qué contenido protegido abarca respecto de dicho colectivo el Derecho a la asistencia sanitaria pública.

Fundamentalmente, se tratará de analizar, investigar y argumentar jurídicamente si el marco jurídico legal establecido para el acceso a la asistencia sanitaria pública de los extranjeros inmigrantes en situación administrativa irregular se adecúa a las bases constitucionales existentes en nuestro ordenamiento jurídico. Y, una vez delimitado este derecho, se expondrá, en el último capítulo, los derechos que pudieran ostentar los extranjeros en situación administrativa irregular dentro del servicio sanitario.

Para ello, se ha establecido un planteamiento de investigación que va de lo general a lo particular. La configuración de la titularidad y ejercicio de los derechos constitucionales de los extranjeros, especialmente los que se encuentran en situación administrativa irregular, requiere de la aplicación sistemática de la Constitución. Es decir, supondrá la necesidad de conocer y comprender el sentido y alcance de las disposiciones normativas, junto con los pronunciamientos jurisprudenciales, considerándolas como parte integrante de un sistema jurídico coherente.

Especialmente relevante para nuestra investigación será la previsión del artículo 10 CE, en sus dos apartados, ya que determina y condiciona la interpretación sobre la titularidad de los derechos de los extranjeros (artículo 13 CE). La dignidad humana es inherente a la condición del ser humano y corresponde a cualquier persona, con independencia de su situación administrativa. Y, los tratados internacionales serán canon hermenéutico en la interpretación de los derechos previstos en el Título I de la CE.

La investigación comienza con el examen jurídico de los aspectos generales en materia de extranjería (llegada a España de extranjeros, delimitación del colectivo en situación administrativa irregular) y, en materia de titularidad y ejercicio de derechos de los extranjeros inmigrantes en situación administrativa irregular, profundizando específicamente en la configuración constitucional del Derecho a la protección de la Salud. Y, finaliza con el análisis crítico de la regulación legal del derecho a la asistencia sanitaria pública de los extranjeros inmigrantes en situación irregular (alcance de la cobertura sanitaria a favor de los extranjeros en situación irregular en España). Asimismo, se destina la parte final al análisis crítico de los derechos que pudieran corresponderles como pacientes del Sistema Nacional de Salud.

En el proceso de análisis para la aplicación concreta de las normas se ha tomado como base interpretativa no sólo los resultados (razonamientos jurídicos) generales previamente obtenidos sino también la jurisprudencia emanada de los distintos órganos jurisdiccionales, especialmente del Tribunal Constitucional. Y, nuestros razonamientos son fruto tanto del estudio del sistema normativo español como del estudio de los sistemas normativos europeos de nuestro entorno más próximo y con interés para esta investigación.

Los métodos de estudio empleados han sido varios. Hemos acudido al método sistemático como método de análisis de la totalidad de las normas jurídicas que garanticen la coherencia del sistema, comenzando por la Constitución española. Asimismo, se han analizado diversos textos internacionales generales como la Declaración Universal de Derechos Humanos, el Pacto Internacional de Derechos Civiles y Políticos, el Pacto de Derechos Económicos, Sociales y Culturales o la Carta Social Europea. Y, también se ha tenido en cuenta el ordenamiento jurídico comunitario (derecho originario y derecho derivado) para determinar cómo las normas de este ordenamiento afectan al derecho a la asistencia sanitaria de los extranjeros inmigrantes en situación irregular.

A partir de los textos normativos internacionales y constitucionales, mediante el método lógico-deductivo, se proyecta su formulación de los derechos humanos, derechos fundamentales y principios rectores de la política socio-económica en el problema concreto de la asistencia sanitaria pública a los extranjeros inmigrantes en situación irregular.

Asimismo, también se ha empleado el método comparado mediante el análisis de los sistemas normativos de nuestro entorno europeo más cercano, siempre que fueran significativos para nuestro objeto de estudio.

Y, finalmente, se ha analizado una variada jurisprudencia, especialmente, los pronunciamientos derivados de nuestro Tribunal Constitucional, los cuales han empapado e irradiado la totalidad de los capítulos de este trabajo. En este caso, el método de investigación aplicado ha sido el lógico inductivo.

Por tanto, con estas premisas, se ha estructurado el estudio en cinco capítulos. El Capítulo I, es un capítulo que sirve para delimitar nuestro concreto ámbito subjetivo objeto de estudio. Para poder analizar el contenido concreto del derecho a la asistencia sanitaria pública resulta necesario previamente acotar a quién va dirigida nuestra investigación. Teniendo en cuenta la diversidad de regímenes jurídicos que presentan las situaciones de los extranjeros, la delimitación del ámbito subjetivo garantiza la precisión necesaria para desarrollar adecuadamente el contenido del derecho cuya titularidad y ejercicio pudiera corresponderles a los extranjeros inmigrantes en situación administrativa irregular.

Este Capítulo I denominado «la inmigración irregular en España: identificación, marco jurídico y libertades de circulación» se desarrolla en tres apartados. Un primer apartado, dirigido a identificar quiénes son, dentro de las distintas categorías de extranjeros, los inmigrantes en situación administrativa irregular. Un segundo apartado destinado a delimitar el marco jurídico general que rodea al derecho migratorio, desde los planos internacional, europeo y nacional. Se analizará la titularidad, ejercicio y contenido del derecho a la libertad de circulación desde tres perspectivas diferentes: como derecho de entrada, como derecho de circulación y residencia efectiva en el territorio de un Estado, y, como derecho de salida. Finaliza el Capítulo I con un apartado denominado recapitulación que expondrá las consideraciones finales, y que se repetirá al final de todos los capítulos.

El Capítulo II bajo el título de «el estatuto constitucional de los extranjeros en situación irregular» presenta como finalidad principal conocer cuál es el estatuto constitucional de los extranjeros en situación irregular en nuestro país, dado que el mismo determinará la titularidad, alcance y contenido de su derecho a la asistencia sanitaria pública.

Consta de tres apartados diferenciados. Una primera parte destinada a profundizar en el alcance de la dignidad humana, cuya previsión constitucional se encuentra en el artículo 10.1 CE y que, como valor que fundamenta el orden político y social, impregna el estatuto iusfundamental de los extranjeros en situación administrativa irregular en España. La segunda parte se centra en el papel que desempeña la previsión específica recogida en el artículo 10.2 CE para determinar el alcance de los derechos humanos en la interpretación de los derechos que pudieran corresponderle a los extranjeros en situación administrativa irregular. Y, el último apartado recoge la configuración constitucional de los derechos de los extranjeros en la Constitución española.

Expuesta la configuración constitucional de los derechos de los extranjeros, el Capítulo III se centra en el análisis de un concreto derecho constitucional. Es el derecho a la protección de la salud previsto en el artículo 43 CE. La finalidad que presenta su exposición permite determinar la titularidad y ejercicio de la configuración constitucional del derecho a la asistencia sanitaria pública de los extranjeros inmigrantes en situación administrativa irregular, que como se verá, es uno de los contenidos del derecho a la protección de la salud. Lo que podríamos denominar el corazón de nuestra investigación.

Se estructura en tres epígrafes diferenciados, destinados al Derecho a la salud en el plano internacional como consecuencia de las conclusiones extraídas del papel que juega el artículo 10.2 CE. Un segundo epígrafe centrado en el análisis de la configuración constitucional del derecho a la protección de la salud de los extranjeros en España. Y, un último epígrafe, que plasma como queda configurado constitucionalmente el derecho a la asistencia sanitaria pública de los extranjeros inmigrantes en situación administrativa irregular, en tanto que parte de la protección de la salud.

El planteamiento de lo general a lo particular, no sólo se refleja en el tránsito del Capítulo II al Capítulo III, sino también del Capítulo III al Capítulo IV. Bajo los parámetros generales del Capítulo III, analizamos en el Capítulo IV el cuerpo legislativo vigente en materia de asistencia sanitaria pública en relación a nuestro colectivo objeto de estudio.

Para ello, resulta fundamental distinguir entre una primera parte destinada a exponer la configuración general del Sistema Nacional Salud español como marco institucional que articula la satisfacción del derecho a la asistencia sanitaria, y, una segunda parte, destinada a determinar la concreta asistencia sanitaria pública a la que, dentro del Sistema Nacional de Salud, tienen derecho los extranjeros inmigrantes en situación administrativa irregular. Y, finalmente, centraremos nuestro análisis en las eventuales disfunciones que presenta el modelo para satisfacer el derecho a la asistencia sanitaria pública de nuestro colectivo objeto de estudio.

Cerramos la investigación con el Capítulo V destinado al estatuto del paciente extranjero inmigrante en situación administrativa irregular en España. Está distribuido en siete apartados. Dichos apartados, resumidamente, engloban el conjunto de normas que se refieren a los derechos y obligaciones que en materia de información y documentación clínica afectan al personal sanitario, a las instituciones sanitarias y a los pacientes extranjeros en situación irregular, así como el derecho a su intimidad en el ámbito sanitario. La parte final se destina al estudio de las distintas formas de acceso al sistema sanitario con las que cuentan los extranjeros inmigrantes en situación administrativa irregular, así como los gastos sanitarios derivados de algunas prestaciones públicas que presentan ciertas peculiaridades para nuestro colectivo de estudio.

Culmina la investigación con las conclusiones finales. Reflejan que solamente es posible configurar el derecho a la asistencia sanitaria pública de los extranjeros inmigrantes en situación administrativa irregular en España cuando el Derecho Constitucional e Internacional van de la mano recorriendo el mismo camino.

CAPÍTULO I

LA INMIGRACIÓN IRREGULAR EN ESPAÑA: IDENTIFICACIÓN, MARCO JURÍDICO Y LIBERTADES DE CIRCULACIÓN

1.1. Identificación de los extranjeros en situación administrativa irregular en España

El inicio de nuestro estudio debe partir de la delimitación subjetiva objeto de análisis, es decir, precisaremos a qué colectivo de extranjeros va dirigida nuestra investigación.

Para llegar a esa precisa delimitación subjetiva, será necesario realizar una exposición de la categoría jurídica de extranjero que se extienda de lo general a lo particular con el objetivo último de acotar y concretar el colectivo de extranjeros que será objeto de examen.

La exposición de este Capítulo se erige como condición necesaria para poder desarrollar adecuadamente el objeto principal de esta investigación. Efectivamente, antes de exponer el contenido del derecho a la asistencia sanitaria pública debe delimitarse previamente a quién va dirigido ese derecho. En nuestro caso, la delimitación del ámbito subjetivo constituye una premisa indispensable para el análisis posterior de la concreción legal del alcance del contenido del derecho a la asistencia sanitaria.

En primer lugar, será necesario definir el Derecho de extranjería propiamente dicho, así como el Derecho de inmigración a los efectos de discernir las diferencias que puedan existir entre ambas figuras. A continuación, nos centraremos en la delimitación de los conceptos de extranjero e inmigrante. Posteriormente, nos referiremos a la diversidad de regímenes jurídicos integrantes del Derecho de extranjería, y finalmente, se diferenciará entre las distintas situaciones administrativas en las que los extranjeros puedan encontrarse.

La extranjería es una categoría jurídico formal que denota la condición jurídica de los individuos que carecen de la nacionalidad de referencia, en nuestro caso, la española[1]. De manera que el Derecho de extranjería constituye un sector del Ordenamiento cuyo objeto radica en determinar el conjunto de derechos y deberes que corresponden a los extranjeros en nuestro territorio y atiende a definir las condiciones a las que deben adaptarse las personas que, sin ostentar la nacionalidad española, visiten o se establezcan en nuestro país[2].

En consecuencia, el Derecho de extranjería vendrá constituido por el conjunto de normas jurídicas aplicables a los individuos que carecen de la nacionalidad española.

Por su parte, podemos definir el derecho a inmigrar como la facultad de cualquier ser humano para fijar su residencia en el país de su elección y para desarrollar en él una actividad profesional que le permita su propia subsistencia y la de los familiares que de él dependan[3]. Sin embargo, no hay en nuestro ordenamiento ni en el comunitario un concepto normativo (constitucional-legal) de inmigración. Su utilización en documentos y normas internas e internacionales evidencia que se trata de un fenómeno social derivado de la existencia de extranjeros en un país con la finalidad concreta de prestar servicios, trabajar por cuenta ajena o propia, ante las dificultades en el país de origen, que le permitan alcanzar un nivel de subsistencia digno para ellos y su familia[4].

Cabe preguntarse en este punto si extranjería e inmigración son dos nociones idénticas que en el mundo jurídico se emplean indistintamente o si, por el contrario, estamos en presencia de dos conceptos diferentes.

En este sentido, podemos adelantar que la inmigración es una parte integrante de la extranjería, entendida como aquel fenómeno socioeconómico integrado por el colectivo de personas que abandonando su país de origen se trasladan a otro país para mejorar, en diferentes ámbitos, sus condiciones de vida.

---

1 Ruiz De Huidobro De Carlos, J. M. (ed.), *Regulación legal de la extranjería e inmigración en España*, Publicaciones de la Universidad Pontificia de Comillas, Madrid, 2006, p. 20.

2 Espinar Vicente, J. M. y Guzmán Peces, M., *La nacionalidad y la extranjería en el sistema jurídico español*, Ed. Dykinson, Madrid, 2017, p. 127.

3 González Ortega, S., *La protección social de los trabajadores extranjeros, Universidad Pablo de Olavide*, Expediente FIPROS-2006/94, Madrid, 2006, p. 82. Disponible en: https://www.seg-social.es/wps/wcm/connect/wss/37cada90-3821-4c78-ba53-e22ee3bfb7f9/94_F06.pdf?MOD=AJPERES (28/04/2023).

4 Sánchez-Urán Azaña, Y., «El derecho a la protección social como factor de integración del inmigrante: la dialéctica universalidad/ciudadanía», *Revista del Ministerio de Trabajo e Inmigración*, Núm. 63, 2006, p. 254. Disponible en: https://vlex.es/vid/factor-inmigrante-dialectica-ciudadania-350902(28/04/2023).

Corresponde a continuación referirse a los conceptos de extranjero e inmigrante. Si atendemos a sus orígenes etimológicos, «extranjero», palabra que proviene del latín «extraneus», hace referencia a aquella persona cuya nacionalidad es distinta del país en que se encuentra. En un principio, se concibe al extranjero como aquel que viene de fuera, el que pertenece a una comunidad o grupo social ajeno[5].

En España, es extranjero, de conformidad con lo establecido en el artículo 1 de la Ley Orgánica 4/2000, de 11 de enero, sobre derechos y libertades de los extranjeros en España y su integración social (LOE), a efectos de aplicación de esa Ley, los que carezcan de la nacionalidad española.

Como puede verse, la definición se hace por vía negativa en atención a un hecho diferencial que se pretende objetivo: es extranjero quién no sea español[6].

Y, la nacionalidad se puede definir, desde la perspectiva legal, como el vínculo jurídico que une a la persona con el Estado[7]. Este vínculo tiene un doble contenido. La nacionalidad, además de ser un derecho, constituye un estado civil de las personas, en definitiva, su estatuto jurídico. A través de esta relación el individuo disfruta de unos derechos que puede exigir a la organización estatal a la cual pertenece, y esta, como contrapartida, puede imponerle el cumplimiento de unas obligaciones y deberes. En cuanto a los derechos, el vínculo Estado-individuo se concreta en el acceso a los cargos y funciones públicas y en el pleno goce de los derechos y libertades fundamentales, así como de los derechos civiles. El vínculo jurídico que une al Estado español con esas personas se denomina nacionalidad española[8].

Por su parte, el término inmigrante es una noción descriptiva, que se refiere únicamente al extranjero que acude a otro país para paliar el estado de necesidad derivado de la imposibilidad de alcanzar y/o sostener un nivel mínimo de subsistencia en su país de origen[9].

En este sentido, se entiende por inmigrante a la persona que se traslada a España con el fin de prestar sus servicios profesionales en nuestro país, por cuenta propia o ajena, con el fin de atender a su propio sustento y al de su

---

5 MASSÓ GARROTE, Marcos F., «Los Derechos y Libertades fundamentales de los extranjeros en el Nuevo Marco Legal e interpretativo de la Constitución Española», *Revista Boliviana de Derecho* N.° 11, enero 2011, p. 56. Disponible en: http://www.scielo.org.bo/pdf/rbd/n11/a04.pdf (12.03.2023).

6 ESPINAR VICENTE, J. M., *Extranjería e Inmigración en España*, Editorial Espinar Vicente, José María, Madrid, 2006, p. 50.

7 FERNÁNDEZ ROZAS, J. C., *Derecho Español de la nacionalidad*, Tecnos, Madrid, 1987, p. 19.

8 ÁLVAREZ RODRÍGUEZ, A., *Nacionalidad española. Normativa vigente e interpretación Jurisprudencial*, Aranzadi, Navarra, 2008, p. 17.

9 SÁNCHEZ-URÁN AZAÑA, Y., «El derecho a la protección social como factor de integración del inmigrante...», *op. cit.*, p. 254.

familia. Se trata de un sujeto que pretende asentarse de forma temporal o permanente en nuestro territorio, desarrollando labores que entran en competencia con las que llevan a cabo nuestros conciudadanos[10].

Es decir, extranjero es el género, e inmigrante es la especie, porque si bien todo inmigrante es extranjero, no todo extranjero es inmigrante, ya sea porque aquel no acuda al país receptor con el fin de acceder a un empleo como, por ejemplo, el turista o el estudiante o bien porque su llegada no responde a suplir una situación de necesidad vital[11].

En la literatura sobre migraciones se distinguen dos tipos de factores que determinan que el inmigrante decida salir de su país. Por un lado, factores de atracción que recogen las ventajas del país de acogida y, por otro, factores de expulsión que contienen las desventajas que presenta el país de origen[12].

De lo hasta aquí expuesto podemos extraer una primera concreción sobre a quién se dirige esta investigación. Así, nos centraremos en el estudio de aquellas personas que no son nacionales españolas y que, además, se encuentran en España con la intención de fijar allí su residencia en búsqueda de las condiciones adecuadas que le permitan sobrevivir en un contexto cultural determinado, justificando la búsqueda de tales condiciones por una variedad de factores como guerras, conflictos étnicos, hambrunas o factores económicos. Es decir, nuestro estudio no se extiende a todo el «género» extranjero, sino sólo a aquel que forma parte de la «especie» inmigrante, entendiendo por tal aquel que llega a España para suplir una situación de necesidad vital que le garantice unas adecuadas condiciones de vida.

En segundo lugar, debemos poner de manifiesto que no existe un idéntico tratamiento jurídico de los extranjeros en España, ya sea como consecuencia de la aplicación de las normas convencionales, europeas o del propio derecho interno. Este tratamiento jurídico diferente se traduce en la existencia, dentro del régimen jurídico de extranjería, de diversas categorías de extranjeros, siendo la pertenencia a una u otra la que determine el régimen jurídico que les resulte de aplicación.

Conviene aclarar que en este apartado no se pretende describir la totalidad de las distintas situaciones jurídicas existentes, sino que el objeto de esta exposición tiene como propósito fundamental delimitar el régimen jurídico que resultará de aplicación a nuestro colectivo de extranjeros objeto de estudio.

---

10 Espinar Vicente, J. M. y Guzmán Peces, M., *La nacionalidad y la extranjería…*, *op. cit.*, p. 132.

11 Sánchez-Uránazaña, Y., «El derecho a la protección social como factor de integración del inmigrante…» *op. cit.*, p. 254.

12 Larramona Ballarín, G., «Inmigrantes indocumentados», *Anales de estudios económicos y empresariales*, Vol. XVI, 2006, p. 101. Disponible en: https://dialnet.unirioja.es/servlet/articulo?codigo=2315284 (23.04.2023).

Actualmente en nuestro país se distinguen dos regímenes jurídicos diferenciados, el régimen general y el régimen especial.

- Régimen general aplicable a los extranjeros nacionales de terceros países no ciudadanos de la Unión Europea: si bien la LOE y el Real Decreto 557/2011, de 20 de abril, por el que se aprueba el Reglamento de la Ley Orgánica 4/2000, sobre derechos y libertades de los extranjeros en España y su integración social (en adelante Reg.LOE), constituyen el marco normativo esencial de nuestro Derecho de extranjería, también es cierto que no constituyen el régimen aplicable a todos los extranjeros.

El artículo 1 de la LOE, señala que se consideran extranjeros, a los efectos de la aplicación de la presente Ley, a los que carezcan de la nacionalidad española. Y, son los Estados los que deciden quiénes son sus extranjeros. Y, además, si el artículo 1 es «delimitación del ámbito» esto puede inducir a error en cuanto al ámbito de aplicación personal porque parece identificar a todo extranjero con el régimen general. Sin embargo, la LOE no es aplicable a todos los extranjeros no nacionales.

Los nacionales de terceros países que no quedan integrados en el régimen europeo son los que quedan sometidos al régimen de extranjería de la LOE y del Reg.LOE y, en su caso, a la normativa específica de asilo. El tratamiento de los nacionales de terceros países, no miembros de la familia del ciudadano europeo o español, es diverso en función de su vinculación previa con otro Estado de la Unión Europea. En este contexto cabe distinguir entre:

- Residentes de larga duración de la Unión Europea (UE) en otro Estado de la UE (artículos 155 y siguientes de la Reg.LOE). Quedan incluidos en este tratamiento particular, dentro del régimen general de extranjería, los nacionales de terceros Estados que hayan adquirido el estatuto de residente de larga duración-UE, que parte, como norma general, de la residencia de forma continuada en un Estado miembro durante 5 años. Tienen un régimen privilegiado de movilidad, al no requerirse visado de estancia (para entrar) ni de residencia (para residir) en España.
- Resto de nacionales de terceros países. A los nacionales de terceros Estados les resultará aplicable el régimen general de la extranjería, con las variantes que procedan en función del objetivo de su estancia o permanencia en España[13].

Dentro de este grupo de extranjeros y dado el carácter general de la LOE también debemos incluir a aquellos extranjeros no excluidos del régimen general pero que, sin embargo, a través de normas específicas se introducen ciertos privilegios para extranjeros, que se encuentran en

13 Rodríguez Mateos, P., Jiménez Blanco, P., Espiniella Menéndez, A., *Régimen jurídico de los extranjeros y de los ciudadanos de la UE*, Aranzadi, Navarra, 2017, pp. 45-46.

situaciones especiales, dadas sus particulares circunstancias o como consecuencia de las obligaciones impuestas por los Tratados ratificados por España (artículo 1.2 LOE). Se trata de estudiantes, apátridas, indocumentados, refugiados y menores[14]. Igualmente, en este grupo deben entenderse incluidas las mujeres.

Régimen especial excluido del ámbito de la LOE, se divide a su vez en:

- Régimen especial aplicable a los nacionales de Estados miembros y asimilados: este régimen es aplicable a los nacionales de un Estado miembro de la Unión Europea, así como a los nacionales de los Estados que integran el Acuerdo sobre el Espacio Económico Europeo (Islandia, Liechtenstein, Noruega)[15] y Suiza[16].Su regulación se recoge en el Real Decreto 240/2007, de 16 de febrero, sobre entrada, libre circulación y residencia en España de ciudadanos de los Estados miembros de la Unión Europea y de otros Estados parte en el Acuerdo sobre el Espacio Económico Europeo.

Igualmente quedan sujetos a este régimen especial los nacionales de terceros Estados que mantengan ciertos vínculos familiares con nacionales de la Unión Europea, del Acuerdo sobre el Espacio Económico Europeo o con españoles. La regulación de estos últimos se recoge fundamentalmente en la Directiva 2004/38, relativa al derecho de los ciudadanos de la Unión y de los miembros de sus familias a circular y residir libremente en el territorio de los Estados miembros, y en el Real Decreto 240/2007, antes citado.

Los nacionales de los Estados miembros y asimilados gozan de un régimen privilegiado en todo el ámbito europeo consecuencia de las medidas adoptadas en el seno de la Unión Europea. Pero también serán de aplicación supletoria las disposiciones de la LOE en aquellos aspectos que pudieran ser más favorables (artículo 1.3 de la LOE).

Los nacionales comunitarios se integran en la categoría específica que, a partir del Tratado de Maastricht (1992), se reconoce como *ciudadanía de la Unión*, concepto con autonomía plena y diferente de la estatal respecto de la cuál es complementaria y no sustitutiva. Conviene aclarar en este punto que la nacionalidad del sujeto de un Estado integrado en tal régimen se deter-

14 Sánchez Jiménez, M. A. (Coord.), *Derecho de Extranjería: un análisis legal y jurisprudencial del régimen jurídico del extranjero en España (Jurisprudencia y Formularios)*, 1.ª Edición, Ed. DM, Murcia, 2005, p. 101.

15 Acuerdo sobre Espacio Económico Europeo, (Diario Oficial de las Comunidades Europeas L 1 de 3.1.1994, pp. 3-522).

16 En el marco del Acuerdo sobre libre circulación de personas entre la Comunidad Europea y sus Estados miembros y la Confederación Suiza, hecho en Luxemburgo el 21 de junio de 1999, podrán entrar y residir en cualquier Estado miembro de la Unión Europea, con o sin actividad económica, en las mismas condiciones que los nacionales del Estado de acogida. Disponible en: https://www.boe.es/diario_boe/txt.php?id=BOE-A-2002-12072 (12.03.2023).

mina por el ordenamiento jurídico del Estado al que el sujeto dice pertenecer y la nacionalidad atribuida por un Estado miembro ha de ser reconocida por los demás[17].

- Régimen especial aplicable a los miembros de misiones diplomáticas y oficinas consulares, jefes de Estado y representantes diplomáticos, los funcionarios destinados en organizaciones internacionales o intergubernamentales con sede en España, así como sus familiares (artículo 2 de la LOE).

Un régimen especial y privilegiado es aplicable también a estos sujetos por derivar de las obligaciones impuestas en ciertos convenios internacionales en los que España sea parte por lo que, en todo caso, la excepción habría de quedar contenida en la fórmula del artículo 1.2 LOE[18]. La regulación de este grupo se recoge fundamentalmente en la Convención de Viena sobre relaciones diplomáticas, de 18 de abril de 1961 y Convención de Viena sobre relaciones consulares, de 24 de abril de 1963.

Los regímenes hasta aquí expuestos nos permiten avanzar en la delimitación de nuestro ámbito subjetivo. Así, nuestro estudio versará sobre la situación de los extranjeros inmigrantes incluidos en lo que hemos llamado régimen general de extranjería.

Pero en nuestra labor de precisar la delimitación del ámbito subjetivo objeto de estudio también es necesario analizar las distintas situaciones administrativas en las que los extranjeros residentes en España puedan encontrarse. Es decir, es necesario analizar si los inmigrantes nacionales de terceros países no ciudadanos de la Unión Europea con residencia en España tienen el mismo estatuto jurídico o si, por el contrario, las normas establecen alguna clasificación adicional.

Para su estudio debemos centrar nuestra atención en el concepto de residencia. La residencia, en un sentido fáctico, significa que una persona, nacional o no nacional de un Estado, se encuentra viviendo en ese Estado. Ahora bien, las normas regulan dos situaciones diferentes: primero, cuando la residencia es autorizada por el Estado, y segunda, cuando el individuo reside en el territorio de ese Estado pero sin el permiso de éste.

El artículo 30 bis de la LOE define la situación de residencia legal como la situación de aquellos extranjeros que se encuentran en España y son titulares de una autorización para residir. Dichas personas podrán encontrarse en la situación de residencia temporal o de residencia de larga duración.

En consecuencia, y *a sensu contrario*, podemos definir al extranjero no autorizado como residente como aquel extranjero que se encuentra en España y no es titular de una autorización para residir. Cuando un extranjero se encuentra en esta situación se dice que su situación administrativa en España es irregular.

17 *Ibidem*, p. 99.

18 *Ibidem*, p. 100.

ELISEO AJA define al extranjero en situación irregular como aquel que permanece en España sin una autorización de estancia o residencia válida y sin la concurrencia de alguna causa excepcional que lo justifique[19].

Nuevamente esta distinción nos permite delimitar aún más nuestro ámbito subjetivo ya que el presente estudio se dirigirá a los extranjeros que no cuenten con una autorización para residir.

El presente esquema expone claramente las distintas categorías que hemos venido estableciendo, quedando reflejado de la siguiente manera:

Figura 1: Régimen jurídico de los extranjeros en España

Fuente: elaboración propia

En definitiva, con carácter general, nuestro estudio se dirigirá a las personas que están fuera del territorio del Estado de su nacionalidad, no están sujetos a su protección jurídica y se encuentran en el territorio de otro Estado; que, además, no disfrutan del reconocimiento jurídico general de derechos inherente al otorgamiento de la condición de refugiado, residente permanente, naturalizado u otra análoga por parte del Estado de acogida; tampoco disfrutan de una protección jurídica general de sus derechos funda-

19 AJA, E., *Inmigración y Democracia*, Ed. Alianza Editorial, Madrid, 2012, p. 241.

mentales en virtud de acuerdos diplomáticos, visados u otros acuerdos[20]. Y, finalmente, se encuentran en situación administrativa irregular, es decir, son personas que no cuentan con la autorización del Estado en que se encuentran para permanecer en su territorio[21].

En consecuencia, y a la vista de lo expuesto, nuestro trabajo se dirigirá al estudio de los derechos de los extranjeros, incluidos en el régimen general, inmigrantes, que sean nacionales de terceros países no ciudadanos de la Unión Europea, y que, además, se encuentren en situación administrativa irregular en España, desplazándose desde sus países de origen o permanencia en busca de un empleo, con la intención de mejorar sus condiciones de vida y bienestar y las de su familia.

1.2. Marco jurídico

A lo largo de este epígrafe se expondrá el marco normativo regulador de la inmigración irregular en España, abordando su análisis en torno a los tres niveles normativos siguientes:

En primer lugar, se analizará el marco jurídico internacional de Derecho migratorio aplicable al extranjero en situación administrativa irregular, es decir, se expondrán aquellas normas migratorias internacionales que resulten de aplicación al colectivo extranjero irregular. En segundo lugar, nos centraremos en el tratamiento jurídico que la Unión Europea establece ante el fenómeno de la inmigración irregular, y, nos referiremos, en último lugar, a la especificación del Derecho migratorio nacional, esto es, describiremos el marco jurídico migratorio español aplicable a aquellas personas que se encuentran en situación irregular en España.

1.2.a) Derecho migratorio internacional

Este apartado analiza el marco normativo internacional regulador del derecho a la libertad de circulación, como derecho de entrada en un país distinto del de la propia nacionalidad, para una categoría específica de extranjeros, cuál es la de los inmigrantes que se encuentran en situación administrativa irregular, entendiendo por tales aquellos que, además de no poseer la nacio-

20 *Cfr.* Informe de la Relatora Especial, E/CN.4/2000/82, 6 de enero de 2000, Párrafo 36. Disponible en la siguiente dirección electrónica: https://catedraunescodh.unam.mx/catedra/SeminarioCETis/Documentos/Doc_basicos/5_biblioteca_virtual/9_informes/Otros/40.pdf (09.03.2023).

21 Pérez González, C., *Migraciones irregulares y derecho internacional: gestión de flujos migratorios, devolución de extranjeros en situación administrativa irregular y derecho internacional de derechos humanos*, Ed. Tirant lo Blanch, Valencia, 2012, p. 32.

nalidad del Estado en que se encuentran, están en situación de irregularidad administrativa por no cumplir los requisitos de la legislación de extranjería de un concreto Estado.

Previamente conviene precisar que la regulación del Derecho migratorio internacional es sólo parcial. Este carácter parcial tiene dos causas. La primera es la existencia de poderes soberanos de los Estados sobre sus territorios y de la divergencia de intereses existentes entre los distintos Estados. Y, la segunda, es la no categorización de los extranjeros como sujetos del ordenamiento internacional. De un lado, el concepto de extranjero es un concepto negativo, ya que son extranjeros los que no tienen con el Estado el vínculo jurídico-político de la nacionalidad, de ahí que sea el Derecho interno de cada Estado el que principalmente regule las situaciones y estatuto de la extranjería[22]. Y de otro lado, el derecho internacional de derechos humanos no distingue entre diferentes categorías de individuos, sino que, por el contrario, se aplica al margen de la situación política-administrativa en la que estos se encuentran, por existir un conjunto de derechos aplicables a todas las personas.

Como refleja la Observación General N.° 15, aprobada en el 27.° período de sesiones (1986)[23], el disfrute de los derechos del Pacto no se restringe a los ciudadanos de los Estados partes, sino que debe también extenderse a todos los individuos, independientemente de su nacionalidad o de su situación apátrida, como las personas en búsqueda de asilo, los refugiados, los trabajadores migrantes y otras personas, que pueden encontrarse en el territorio o estar sometidos a la jurisdicción del Estado parte[24].

Por lo tanto, a la hora de establecer cualquier norma que pueda afectar a un extranjero, todo legislador estatal se halla vinculado por un principio de Derecho Internacional que puede expresarse de la siguiente forma: cualquier persona, con independencia de la posición que ocupe ante una concreta organización estatal, es titular de unos derechos inalienables que emanan de su propia condición de ser humano. Entre ellos, se halla el de poseer una

---

22 Valle Gálvez, A., «El frágil estatuto internacional y europeo del inmigrante irregular», en Valle Gálvez, A. y Acosta Sánchez, M.A., (Coords.), *Inmigración irregular y derecho, VIII Jornadas Autonómicas de Derecho Internacional Humanitario*, Cruz Roja Española, As. Autonomía de Andalucía y Universidad de Cádiz, Cádiz, 2005, p. 139.

23 *Cfr.* Observación General 15, Comité de Derechos Humanos, la situación de los extranjeros con arreglo al Pacto Internacional de Derechos Civiles y Políticos (PIDCP). 27.° período de sesiones, (1986), párrafo 1. Puede verse en la siguiente dirección electrónica: https://conf-dts1.unog.ch/1%20SPA/Tradutek/Derechos_hum_Base/CCPR/00_2_obs_grales_Cte%20DerHum%20%5BCCPR%5D.html#GEN15(28.04.2023).

24 Los ejemplos citados los confirma la Observación General N.° 31, Comité de Derechos Humanos, la naturaleza de la obligación jurídica general impuesta a los Estados partes en el Pacto, 80.° periodo de sesiones (2004), párrafo 10. Puede verse en la siguiente dirección electrónica: https://conf-dts1.unog.ch/1%20SPA/Tradutek/Derechos_hum_Base/CCPR/00_2_obs_grales_Cte%20DerHum%20%5BCCPR%5D.html (30.04.2023).

personalidad jurídica global que se predica con respecto a cualquier ordenamiento y no con respecto al sistema de su nacionalidad o al del país cuya regulación se la reconozca[25].

En este contexto, los Derecho Humanos constituirán, por tanto, el punto de partida del marco normativo protector de la movilidad humana irregular y actuarán como límite de la soberanía de los Estados. Todo Estado tiene el deber de reconocer, al legislar en estas materias, el conjunto de derechos que el sistema internacional atribuye al hombre en cuanto tal. Pero al margen de esta normativa, poco nos dice el Derecho Internacional que nos sirva para identificar unos límites operativos que vinculen al legislador estatal en el momento de establecer su sistema de extranjería. Entendiendo, ahora, a éste en su dimensión administrativa concreta (entrada en el territorio nacional, régimen de estancia y establecimiento, salida, expulsión y garantías)[26].

En particular, y a la vista del artículo 12 PIDCP, el análisis del contenido normativo del derecho de circulación internacional de los extranjeros irregulares supone desglosarlo, para su estudio, en tres hipotéticas manifestaciones diferentes:

a) La facultad de salir definitiva o temporalmente del territorio de un Estado del que es nacional, así como el consiguiente derecho a entrar en otro Estado del que esa persona no es nacional.

b) La facultad de circular libremente por el territorio de un Estado del que no es nacional, así como de fijar su propia residencia (estancia, permanencia) en cualquier parte del territorio de ese Estado.

c) La facultad de salir una persona del territorio de un Estado del que no es nacional.

A continuación, examinaremos cada una de estas manifestaciones del derecho a la libertad de circulación a la vista de la regulación contenida en las normas internacionales, generales y, regionales europeas, así como aquellas otras emanadas de organismos internacionales especializados, concretamente, de la Organización Internacional del Trabajo (OIT)[27].

---

25 Espinar Vicente, J.M. y Guzmán Peces, M., *La nacionalidad y la extranjería..., op. cit*, p. 133.

26 Espinar Vicente, J. M., *Extranjería e Inmigración..., op. cit.*, p. 34.

27 Sin perjuicio de su análisis más profundo en el Capítulo II de la presente investigación, resulta de interés poner de relieve, antes de determinar el alcance del derecho a la libertad de circulación efectivamente reconocido en los textos internacionales a favor de los inmigrantes irregulares, el valor jurídico que dichos textos tienen en el ordenamiento jurídico español, es decir, como afecta al Estado español la existencia de un conjunto de normas que han sido elaboradas por unos órganos supranacionales.
La Constitución Española (CE) de 1978 recoge en su artículo 10.2 que la Declaración Universal de los Derechos Humanos y los tratados y acuerdos internacionales referentes a los derechos y libertades fundamentales serán canon de interpretación de las normas constitucionales españolas relativas a los mismos. Por su parte, el artículo 96 CE establece

Estudiaremos, en primer lugar, el derecho a la libre circulación desde la perspectiva del posible reconocimiento internacional del derecho de cualquier extranjero a salir libremente de las fronteras de un Estado del que es nacional, así como el consiguiente derecho a entrar en el territorio de otro Estado.

Comenzaremos por el análisis de la Carta Internacional de los Derechos Humanos[28]. La Declaración Universal de los Derechos Humanos[29] regula esta

que los tratados internacionales, publicados oficialmente en España, formarán parte del ordenamiento jurídico interno. Añade que las disposiciones de los tratados sólo podrán ser derogadas, modificadas o suspendidas en la forma prevista en los propios tratados o de acuerdo con las normas generales de Derecho internacional.

En lo que aquí interesa debemos retener las dos cuestiones siguientes. Por un lado, el artículo 96 CE significa que los tratados internacionales gozan en España de una fuerza pasiva, entendida como resistencia a la derogación, superior a la de las leyes, y esta intangibilidad de los tratados por parte del legislador no entraña, la inconstitucional de la ley contraria a un tratado, pero en todo caso, debe plasmarse en la inaplicación de ésta (*Vid.* Díez Picazo, L.M., *Sistema de Derechos Fundamentales,* 1.ª Edición, Thomson Civitas, Aranzadi, Madrid, 2003, p. 153).

Por otro lado, el artículo 10.2 CE sitúa a los tratados sobre derechos humanos en el mismo plano que la Constitución, es decir, el artículo 10.2 CE atribuye a dichos tratados una posición superior y muy diferente de la que se desprende de la fuerza pasiva que posee cualquier tratado internacional en virtud del artículo 96 CE (*Vid.* Bastida Freijedo, F. y otros, *Teoría General de los Derechos Fundamentales en la Constitución española de 1978,* Tecnos, Madrid, 2004, p. 81). El Tribunal Constitucional se ha pronunciado en numerosas ocasiones sobre esta cuestión, señalando, entre otras, la Sentencia del Tribunal Constitucional 36/1991, de 14 de febrero, que el artículo 10.2 CE obliga a interpretar los derechos fundamentales y libertades de acuerdo a los Tratados o Convenios en los que España sea parte, siempre que tales derechos o libertades estén recogidos en nuestra Constitución (*Cfr. Sentencia Tribunal Constitucional 36/1991, de 14 de febrero, Fundamento Jurídico 5*). Esto significa que cuando una ley interna española regule un derecho fundamental o libertad recogido en la Constitución deberá respetar las normas internacionales vigentes en España, y, en caso de conflicto, prevalecerá la aplicación de éstas últimas. Pero, además, esas normas internacionales se configuran como un mandato para el legislador, ya que este deberá contrastar la norma interna con dichos instrumentos cuando regule el contenido mínimo de los derechos y libertades que les puedan corresponder a los extranjeros en España.

28 La Carta Internacional de los Derechos Humanos está constituida, por su aspiración de universalidad, por la Declaración Universal de los Derechos Humanos de 1948, el Pacto Internacional de los Derechos Civiles y Políticos de 1966, el Pacto de los Derechos Económicos, Sociales y Culturales de 1966 y los dos protocolos facultativos al primero de los Pactos.

29 La Declaración Universal de los Derechos Humanos fue adoptada en Nueva York el 10 de diciembre de 1948, mediante la Resolución 217 A (III) de la Asamblea General de Naciones Unidas, y, es considerada el fundamento de las normas internacionales de los Derechos Humanos.

Conviene reseñar que la aprobación de la Declaración por una Resolución de la Asamblea General de las Naciones Unidas planteó el problema de su valor jurídico, ya que al aprobarse mediante una Resolución únicamente constituye meras recomendaciones para los Estados pero no establece obligaciones jurídicas vinculantes. Sin embargo,

cuestión en el artículo 13.2 señalando que toda persona tiene derecho a salir de cualquier país, incluso del propio. Por su parte, el Pacto Internacional de Derechos Civiles y Políticos (PIDCP) lo regula en el artículo 12 reconociendo que toda persona tiene derecho a salir libremente de cualquier país, incluso del propio[30].

Aclara el Comité de Derechos Humanos del PIDCP en la Observación General 27, de 1999, que la libertad de salir del territorio de un Estado no se subordina ni a un fin específico ni a la decisión de un individuo a permanecer durante un período de tiempo determinado fuera de su país[31].

En el ámbito europeo, el Convenio Europeo de Derechos Humanos reconoce en el apartado segundo del artículo 2 del Protocolo adicional número 4 que toda persona es libre de abandonar un país cualquiera, incluso el suyo[32]. Como podemos observar, el Convenio Europeo regula este derecho en términos similares a los anteriores.

De la lectura de estos preceptos podemos extraer las siguientes consideraciones:

Primero, todos ellos recogen, en términos similares, el derecho de cualquier persona de abandonar o salir de un país, sea o no el suyo. Los tex-

---

hoy podemos decir que las disposiciones de la Declaración se han convertido en obligaciones jurídicas para los Estados; primero, porque la Declaración se fue integrando en el Derecho de las Naciones Unidas como parte de la estructura constitucional de la comunidad internacional; segundo, la Declaración constituyó una especie de modelo o estándar de referencia, con innegable significado y valor jurídico en materia de Derechos Humanos; tercero, alguno de sus artículos reflejan el núcleo esencial de la noción universal de la dignidad humana cuyo respeto parece haber cristalizado como principio inspirador del Derecho Internacional Público, (*Vid.* CARRILLO SALCEDO, J.A., *Soberanía de los Estados y Derechos Humanos en el Derecho internacional contemporáneo,* 2.ª edición, Tecnos, Madrid, 2002, pp. 68-69). Esta interpretación supondrá, para nuestro estudio, que siendo el Estado Español, parte de este instrumento internacional, deberá tener en cuenta el contenido de la Declaración cuando regule internamente cuestiones que puedan afectar a cualquiera de los derechos de los extranjeros en situación irregular recogidos en la misma.

30 El Pacto Internacional de los Derechos Civiles y Políticos y el Pacto de los Derechos Económicos, Sociales y Culturales fueron adoptados por la Resolución 2200 (XXI) de la Asamblea General de las Naciones Unidas el 16 de diciembre de 1966, pero revistieron la forma de acuerdo internacional. España es parte de ambos Tratados Internacionales (BOE, 103, de 30 de abril de 1977) y de los dos Protocolos Facultativos al PIDCP (BOE 79, de 2 de abril de 1985, y BOE 164, de 10 de julio de 1991).

31 Observación General N.° 27, Comité de Derechos Humanos, la libertad de circulación, 67.° período de sesiones (1999), párrafo 8. Puede verse en la siguiente dirección electrónica: http://www1.umn.edu/humanrts/hrcommittee/Sgencom27.html (28.04.2023).

32 España firmó el Protocolo número 4 el 23 de febrero de 1978, lo ratificó el 27 de noviembre de 1990 (BOE de 12 de enero de 1991) y entró en vigor el 16 de septiembre de 2009 (BOE 13 de octubre de 2009).

tos internacionales reconocen el derecho a emigrar sin distinguir el estatuto jurídico que en ese momento ostente el individuo. Todas las personas son titulares de este derecho.

Segundo, reconocido universalmente el derecho de salida de cualquier país a cualquier persona, corresponde a continuación verificar si las normas internacionales reconocen el correlativo derecho a entrar en otro país, esto es, el derecho a ser admitido en un país que no es el de su nacionalidad.

Llegados a este punto, la normativa internacional introduce, como elemento diferenciador, el criterio de la nacionalidad ya que, tanto el artículo 12.4 del Pacto Internacional de Derechos Civiles y Políticos como el artículo 3.2 del Protocolo adicional número 4 del Convenio Europeo de Derechos Humanos, reconocen el derecho de entrada en el territorio del Estado del que uno es nacional[33].

---

33 La nacionalidad, desde el punto de vista jurídico, suele definirse por la doctrina internacionalista como el vínculo que une a la persona con el Estado. (*Vid.* Fernández Rozas, J. C., *Derecho español de la nacionalidad,* Tecnos, Madrid, 1987, p. 19).
La regla general es, pues, que los Estados determinan libremente quiénes son sus nacionales. Ahora bien, esta regulación estatal también tiene matizaciones, no sólo las recogidas en las normas internacionales relativas a la nacionalidad, sino también un límite de carácter negativo de importancia en la materia como es el principio de efectividad o de mínima vinculación, conforme al cual la amplia libertad de la que gozan los Estados se ve limitada por la exigencia de que los criterios por los cuales se adquiere o atribuye su nacionalidad deben expresar la existencia de una relación auténtica o vínculo efectivo entre el individuo y el Estado cuya nacionalidad se predica. (*Vid.* Amores Conradi, M. A., «Comentario al artículo 11 CE» en Rodríguez – Piñero y Bravo Ferrer, Miguel, Casas Baamonde, María Emilia*, Comentarios a la Constitución Española,* XL aniversario, Wolters Kluwer, Madrid, 2018, p. 262).
Este límite fue recogido en la Sentencia del Tribunal Internacional de Justicia (STIJ), de 6 de abril de 1955, en el *Asunto Nottebohm*, al determinar la preferencia por la nacionalidad real y efectiva, en base a la existencia de vínculos fuertes entre la persona y el Estado, teniendo en cuenta para ello diferentes factores. Así, no es solamente la residencia habitual de la persona, sino también el centro de sus intereses, sus lazos familiares, su participación en la vida pública, el apego mostrado hacia un determinado país, etc., lo que hace determinar la nacionalidad de una persona. Es decir, no sólo basta que lo diga un Estado sino que también tienen que existir una serie de vínculos que demuestren esa conexión. (*Cfr. STIJ, Nottebohm Case (Liechtenstein v. Guatemala), segunda fase, fallo, 6 de abril de 1955*).
Los límites normativos, en el ámbito de la Organización de las Naciones Unidas, vienen recogidos en el artículo 15 de la Declaración Universal de los Derechos Humanos cuando reconoce que las personas tienen derecho a ostentar una nacionalidad, a cambiarla y a no ser privado arbitrariamente de ella.
En el ámbito regional europeo, el Convenio sobre nacionalidad de 6 de noviembre de 1997 regula, partiendo del reconocimiento de la competencia estatal, las instituciones fundamentales en materia de nacionalidad —atribución, adquisición, pérdida, recuperación y la doble nacionalidad—. Este Convenio, que entró en vigor el día 1 de marzo de 2000, aún no ha sido ratificado por España. Disponible en: http://www.coe.int/en/web/conventions/full-list/-/conventions/treaty/166/signatures (30.04.2023).
Merece destacarse la regulación internacional sobre la nacionalidad del niño ya que, a diferencia de lo hasta ahora expuesto, sí reconoce expresamente, tanto en el artículo 24.3 del Pacto Internacional de Derechos Civiles y Políticos como en el artículo 7.1 del Conve-

Por consiguiente, el derecho a acceder a un país cuya nacionalidad no se ostente no está contemplado por el Derecho Internacional. Es a partir de la libérrima decisión del Estado permitiendo el acceso al territorio cuando los derechos del extranjero empiezan a concretarse un poco más.

Por lo tanto, la regulación del derecho a entrar en un país determinado queda confiada a la competencia doméstica de cada Estado. El sistema de entrada se encuentra únicamente sujeto al denominado estándar mínimo, que se integraría por la prohibición de impedir el acceso a través de una legislación palmariamente discriminatoria para determinados colectivos sociales; la interdicción de establecer un sistema controles de acceso del que resultasen medidas degradantes o afectasen a la libertad, intimidad y seguridad, en los términos que recogen los textos internacionales vinculantes. En definitiva, podemos afirmar que un Estado es libre para determinar si acepta o no la entrada de extranjeros en su territorio, así como para establecer las condiciones que exige para ello y el modo en que ha de efectuarse el acceso[34].

En consecuencia, el acceso legal al territorio de otro Estado vendrá determinado, no por las normas internacionales que nada dicen en este sentido, sino por las normas de los Estados, que son las que disponen de la facultad normativa para establecer el régimen de residencia, circulación y expulsión de las personas que se encuentran en su territorio.

Según afirma el Comité de Derechos Humanos del PIDCP, en su Observación General 15, de 1986, los Estados tienen la facultad de decidir a quién admitir en su territorio[35]. Esto supone que los Estados, sin contravenir el principio de igualdad, tienen el derecho de decidir sobre las condiciones de entrada como de permanencia de los extranjeros, y, por tanto, no puede afirmarse que se otorgue derecho alguno a la migración, individual o colectiva[36].

---

nio sobre los derechos del niño de 1989, que el niño desde su nacimiento tiene derecho a una nacionalidad. (La Convención sobre los Derechos del Niño, adoptada por la Asamblea General de las Naciones Unidas el 20 de noviembre de 1989 fue firmada por España el 26 de enero de 1990, y publicada en el BOE 313, de 31 de diciembre de 1990).

La nacionalidad, pues, es el vínculo jurídico que va a permitir a cada Estado determinar, respetando los límites expuestos, a través de su Derecho interno quiénes son sus nacionales, siendo éstos los que pueden entrar libremente en el territorio de ese Estado. Los no nacionales, esto es, los extranjeros sólo pueden entrar en el territorio de un Estado si cumplen con la normativa estatal en materia de extranjería, no de nacionalidad.

34 Espinar Vicente, J. M. y Guzmán Peces, M. *La nacionalidad y la extranjería..., op. cit.*, p. 135.

35 Observación General 15, Comité de Derechos Humanos, la situación de los extranjeros con arreglo al Pacto Internacional de Derechos Civiles y Políticos (PIDCP). 27.° período de sesiones, (1986), párrafo 5. Puede verse en la siguiente dirección electrónica: https://confdts1.unog.ch/1%20SPA/Tradutek/Derechos_hum_Base/CCPR/00_2_obs_grales_Cte%20DerHum%20%5BCCPR%5D.html#GEN15(28.04.2023).

36 Cano Linares, M.ª A., «Protección internacional de los derechos humanos de los trabajadores migratorios», *Persona y Derecho: Revista de fundamentación de las Instituciones*

Concluiríamos que existe un derecho a la emigración, aunque no existe un derecho a acceder a otro país, es decir, un derecho a inmigrar[37].

Los límites a la amplía discrecionalidad de la que gozan los Estados se recogen en el apartado 3 del artículo 12 del Pacto Internacional de Derechos Civiles y Políticos, si bien solamente se tendrán en cuenta cuando se refieran al derecho de salida y al de permanencia legal, no así al de entrada. Sin embargo, aunque este artículo no se refiere al supuesto del derecho de entrada, el propio Comité de Derechos Humanos en la Observación General 15, de 1986 reconoce que, en determinadas circunstancias, un extranjero puede estar amparado por los derechos del PIDCP en asuntos relacionados con el derecho de entrada siempre que estén en juego consideraciones de no discriminación, de prohibición de trato inhumano y respeto de la vida de la familia[38]. Al margen de estos límites, el Estado es libre para determinar si acepta o no la entrada de extranjeros en su territorio, que condiciones exige para poder acceder al mismo y cómo debe de hacerse.

De lo expuesto y aplicado a nuestro colectivo objeto de estudio, se extrae que una persona cuya nacionalidad sea distinta a la española, esto es, extranjera, sólo podrá entrar en el Estado español si las normas internas o un tratado ratificado por dicho Estado le habilitan a ello, puesto que, a nivel internacional, sólo se reconoce el derecho de entrada en España para los nacionales españoles. En consecuencia, los extranjeros podrán entrar en España en las formas de acceso, requisitos y condiciones que a tal efecto establezca la normativa española de extranjería.

El siguiente escalón de análisis plantea determinar el alcance del derecho que ostenta el extranjero a circular libremente por el territorio de un Estado del que no es nacional, así como de fijar su propia residencia (estancia, permanencia) en cualquier parte del territorio de un Estado.

Con la salvedad de lo dispuesto en el artículo 13.1 de la Declaración Universal de los Derechos Humanos, (toda persona tiene derecho a circular libremente y a elegir su residencia en el territorio de un Estado), el resto de normas internacionales regulan esta materia diferenciando las situaciones de regularidad e irregularidad. Así, el artículo 12 del Pacto Internacional de

---

Jurídicas y de Derechos Humanos, N.° 63, 2010/2, p. 143. Disponible en: https://dadun.unav.edu/handle/10171/27735 (11.03.2023).

37 Blázquez Martín, D., «La situación jurídica de los inmigrantes irregulares a la luz de los derechos humanos», en Valle Gálvez, A. y Acosta Sánchez, M. A., (Coords.), *Inmigración irregular y derecho, VIII Jornadas Autonómicas de Derecho Internacional Humanitario*, Cruz Roja Española, As. Autonomía de Andalucía y Universidad de Cádiz, Cádiz, 2005, p. 162.

38 Observación General 15, Comité de Derechos Humanos, la situación de los extranjeros con arreglo al Pacto Internacional de Derechos Civiles y Políticos (PIDCP). 27.° período de sesiones, (1986), párrafo 5. Puede verse en la siguiente dirección electrónica: https://confdts1.unog.ch/1%20SPA/Tradutek/Derechos_hum_Base/CCPR/00_2_obs_grales_Cte%20DerHum%20%5BCCPR%5D.html#GEN15(28.04.2023).

Derechos Civiles y Políticos establece que la persona que se halla legalmente en el territorio de un Estado tendrá derecho a circular libremente por él y a escoger libremente en él su residencia.

La salvedad del artículo 13.1 de la Declaración Universal de los Derechos Humanos, sin embargo, se ha interpretado en la Resolución 40/144 adoptada por la Asamblea General de las Naciones Unidades el 13 de diciembre de 1985, relativa a la Declaración sobre los derechos humanos de los individuos que no son nacionales del país en que viven. Señala su artículo 2 que las disposiciones de la Declaración no se interpretarán, ni para legitimar la entrada o presencia ilegal de extranjeros en el territorio de un Estado, ni para limitar el derecho de este a dictar leyes que regulen la entrada de los extranjeros, plazos, condiciones o diferencias de trato entre los nacionales y los extranjeros. Ahora bien, añade que esas normas dictadas por los Estados si deberán ser compatibles, particularmente, con los textos de derechos humanos[39].

Por su parte, el Comité de Derechos Humanos en la Observación General 27, (1999), aclara que la persona que se encuentre legalmente en el territorio de un Estado goza en ese territorio del derecho a desplazarse libremente y a elegir su lugar de residencia. Añade que cuando un extranjero se encuentra legalmente en el territorio de un Estado, podrá tener un trato diferente del dado a los nacionales, siempre que se justifique en alguna de las limitaciones recogidas en el párrafo 3 del artículo 12 PIDCP[40]. Dichas restricciones se justifican siempre que se hallen previstas en la ley, sean necesarias para proteger la seguridad nacional, el orden público, la salud o la moral públicas o los derechos y libertades de terceros y, además, han de ser compatibles con los demás derechos reconocidos en el Pacto.

En el ámbito europeo, el Convenio Europeo de Derechos Humanos únicamente reconoce en el artículo 2 del Protocolo adicional número 4 el derecho a la libre circulación y a la libertad de residencia a las personas que se encuentre legalmente en el territorio de un Estado.

Respecto de los Convenios de la Organización Internacional del Trabajo, su análisis reafirmaría la tesis de que el acceso y residencia de los extranjeros es competencia de los Estados, puesto que continúan diferenciando las situaciones de regularidad de las de irregularidad[41].

---

39 Puede verse en: https://www.ohchr.org/es/instruments-mechanisms/instruments/declaration-human-rights-individuals-who-are-not-nationals (11.03.2023).

40 Observación General N.º 27, Comité de Derechos Humanos, la libertad de circulación, 67.º período de sesiones (1999), párrafo 4. Puede verse en la siguiente dirección electrónica: http://www1.umn.edu/humanrts/hrcommittee/Sgencom27.html (28.04.2023).

41 VALDUEZA BLANCO, M.ª D., *El tratamiento jurídico del trabajo de los extranjeros en España,* 1.ª Edición, Lex Nova, Valladolid, 2008, p. 54.

En este sentido, el Convenio N.° 97 sobre los trabajadores migrantes (1949)[42], en su artículo 6 expresa el compromiso de los Estados parte de no dar un trato menos favorable a los inmigrantes que se encuentren legalmente en su territorio respecto de sus nacionales en temas como la remuneración o la afiliación. La Recomendación número 86 sobre los trabajadores migrantes (revisada en 1949) recoge, en su párrafo 18, la necesidad de intentar evitar la salida de un trabajador migrante por insuficiencia de recursos, pero sólo respecto de aquellos migrantes cuya situación administrativa fuera regular[43].

Por su parte, el Convenio N.° 143 sobre los trabajadores migrantes (disposiciones complementarias) de 1975, señala, en su artículo 3, la necesidad de evitar los movimientos migratorios excesivos, incontrolados o clandestinos[44]. La Recomendación sobre Trabajadores Migrantes, número 151 (1975) distingue continuamente las situaciones de regularidad de los trabajadores migrantes de las de irregularidad, fundamentalmente cuando recoge derechos. Solamente el párrafo 8 apartado 3 recoge que el trabajador migrante irregular, cuya situación no sea regular o no haya podido regularizarse, debería disfrutar de la igualdad de tratamiento en lo relativo a los derechos derivados de su empleo o empleos anteriores (remuneración, seguridad social) así como el ejercicio de los derechos sindicales[45].

Puede, pues, concluirse que, aunque los Convenios y las Recomendaciones de la OIT recogen referencias a favor de los trabajadores migrantes irregulares, lo cierto es que parten de la distinción de las dos situaciones administrativas. Es decir, dichas normas permiten a los Estados decidir quiénes son trabajadores migrantes regulares y quiénes consideran trabajadores migrantes irregulares.

Para finalizar este apartado debe prestarse atención a la importante Convención Internacional sobre la protección de los derechos de todos los trabajadores migratorios y de sus familiares, adoptada por la Asamblea General en su Resolución 45/158, de 18 de diciembre de 1990, que entró en vigor el 1 de julio de 2003.

---

42 Convenio de la Organización Internacional del Trabajo número 97, sobre los trabajadores migrantes (revisado), 1949. Ginebra, 32.ª reunión CIT, 01 julio 1949. Publicado en el BOE 135, de 7 de junio de 1967.

43 Recomendación sobre los trabajadores migrantes, (revisado), 1949, N.° 86, Ginebra, 32.ª reunión CIT (01 julio 1949). Disponible en: http://www.ilo.org/dyn/normlex/es/f?p=NORMLEXPUB:12100:0::NO:12100:P12100_INSTRUMENT_ID:312424:NO (9.04.2023).

44 Convenio N.° 143 sobre los trabajadores migrantes (disposiciones complementarias), Ginebra, 60.ª reunión CIT (24 junio 1975). Aunque el Convenio entró en vigor el 9 de diciembre de 1978 España aún no lo ha ratificado.

45 Recomendación sobre los trabajadores migrantes, N.° 151, Ginebra, 60.ª reunión CIT (24 junio 1975). Disponible en la siguiente dirección electrónica: http://www.ilo.org/dyn/normlex/es/f?p=NORMLEXPUB:12100:0::NO:12100:P12100_INSTRUMENT_ID:312489:NO (9.05.2023).

Por un lado, y a la vista de las ratificaciones hechas a este instrumento internacional[46] la mayoría de los Estados receptores de la inmigración no han firmado ni como Estado signatario ni como Estado parte la Convención, incluido España.

Por otro lado, es preciso aclarar que la Convención no crea nuevos derechos para los inmigrantes, sino que busca garantizar la igualdad de tratamiento y las mismas condiciones laborales para inmigrantes y nacionales[47]. También pretende este instrumento internacional reconocer los derechos humanos a los trabajadores migratorios indocumentados[48].

La Convención define en su artículo 2.1 al trabajador migrante como toda persona que vaya a realizar, realice o haya realizado una actividad remunerada en un Estado del que no sea nacional. A continuación, define al trabajador migratorio indocumentado como aquel que no ha sido autorizado a ingresar, a permanecer y a ejercer una actividad remunerada en el Estado de empleo de conformidad con las leyes de ese Estado y los acuerdos internacionales en que ese Estado sea parte (artículo 5).

Se puede apreciar que, para el Convenio, la nacionalidad no constituye presupuesto necesario para que los inmigrantes sean titulares de algunos derechos. Así, por ejemplo, la parte tercera lleva por título «derechos humanos de todos los trabajadores migratorios y de sus familiares», y reconoce el derecho a las mismas condiciones de trabajo, a la afiliación a un sindicato a todos los trabajadores migrantes, al margen de su situación administrativa[49]. Es decir, se están reconociendo unos derechos comunes a todos los inmigrantes trabajadores sin distinción.

El artículo 69.1, por su parte, establece que los Estados adoptarán las medidas necesarias para intentar superar la situación de irregularidad de los trabajadores migratorios y sus familiares. Aclara el Comité de Protección de los Derechos de Todos los Trabajadores Migratorios y de sus Familiares en la Observación General número 2, sobre los derechos de los trabajadores migratorios en situación irregular y de sus familiares, que el reconocimiento de una serie de derechos a los trabajadores migrantes indocumentados no significa que los Estados tengan la obligación de regularizar su situación y la

46 Puede verse en el siguiente enlace: https://indicators.ohchr.org/ (29.03.2023).

47 Blázquez Martín, D., «La situación jurídica de los inmigrantes irregulares...», *op. cit.*, p. 170.

48 El propio Preámbulo de la Convención internacional sobre la protección de los derechos de todos los trabajadores migratorios y de sus familiares de 18 de diciembre de 1990 así lo reconoce expresamente cuando señala que *teniendo presente que los problemas humanos que plantea la migración son aún más graves en el caso de la migración irregular, y convencidos por tanto de que se debe alentar la adopción de medidas adecuadas a fin de evitar y eliminar los movimientos y el tránsito clandestinos de los trabajadores migratorios, asegurándoles a la vez la protección de sus derechos humanos fundamentales.*

49 Valdueza Blanco, M.ª D., *El tratamiento jurídico del trabajo..., op. cit.*, p. 56.

de sus familiares. Ahora bien, los Estados harán todo lo posible para tratar de evitar que la situación de irregularidad persista. Y, también recuerda a los Estados la necesidad de adoptar políticas de regularización, por ser ésta una de las medidas más efectivas para combatir las situaciones de irregularidad o que estén en peligro de caer en ella[50].

En definitiva, ratificar esta Convención supondría para los Estados una pérdida de poder regulatorio sobre los flujos migratorios de mano de obra en su país, y significaría, al menos parcialmente, una equiparación de derechos entre todas las personas, sin distinción de la situación administrativa, dentro del territorio de un Estado.

El análisis del alcance de la normativa internacional reguladora del derecho que ostenta el extranjero a circular libremente por el territorio de un Estado del que no es nacional así como de fijar su propia residencia nos permite extraer las siguientes conclusiones:

Todas estas normas subordinan el goce de toda persona a circular y residir libremente en el territorio de un Estado al hecho de que éste se halle regularmente en él. Pero una vez que la presencia en ese Estado se considera legal, no cabe establecer diferencias para unos y otros, respecto de este derecho en su dimensión de circulación y residencia. Ello significa que todo extranjero que se encuentre legalmente en España podrá desplazarse libremente, así como elegir de forma libre su residencia en el mismo, quedando garantizada la elección del lugar en el que fijar su domicilio personal[51]. La condición de irregularidad de un extranjero viene determinada por la legislación nacional de cada Estado cuando regula las condiciones de entrada, acceso, circulación y residencia[52].

La regulación internacional, como se observa, sólo se limita a reconocer el derecho del extranjero a la libertad de circulación y residencia en el territorio de un Estado, siempre que se encuentre en situación regular en dicho Estado, a excepción de lo dispuesto en la Convención Internacional sobre la protección de los derechos de todos los trabajadores migratorios y de sus

50 Observación General número 2, de 28 de agosto de 2013, del Comité de Protección de los Derechos de Todos los Trabajadores Migratorios y de sus Familiares, sobre los derechos de los trabajadores migratorios en situación irregular y de sus familiares. Disponible en: http://www2.ohchr.org/english/bodies/cmw/docs/GC/CMW-C-GC-2_sp.pdf (09.04.2023).

51 GOIZUETA VÉRTIZ, J., *El derecho a la libre circulación y residencia en la Constitución Española*, Tirant lo Blanch, Valencia, 2007, p. 193.

52 La regulación de las condiciones exigidas en España para que un extranjero se encuentre en situación legal o regular serán expuestas en otro epígrafe del presente estudio, aunque, podemos adelantar que la regulación actual se encuentra recogida en la Ley Orgánica 4/2000, de 11 de enero, sobre derechos y libertades de los extranjeros en España y su integración social, en su Título II, *Régimen jurídico de los extranjeros,* recogiendo tanto los requisitos que ha de cumplir el extranjero que pretenda entrar en España como las diferentes situaciones en las que éste puede encontrarse en territorio español.

familiares. De acuerdo con la Convención, una persona trabajadora migrante irregular que preste sus servicios en un Estado del que no es nacional tendría reconocido una serie derechos, con independencia de que esa persona no tuviese reconocido el derecho a residir en el territorio de ese Estado. Y, además, el Estado donde preste servicios el trabajador indocumentado deberá facilitar la posibilidad de regularizar su situación y la de sus familiares.

Aplicado a nuestro objeto de estudio significará, de acuerdo con lo expuesto, que todo extranjero que se halle en situación irregular en España no tendrá derecho ni a circular por el territorio de ese Estado ni a residir en él. Igualmente, tampoco podrá disfrutar de los derechos reconocidos en la Convención de 1990 por no haber ratificado el Estado español dicho instrumento internacional.

No debemos cerrar este apartado sin hacer una mención especial al Pacto Mundial para una Migración Segura, Ordenada y Regular, adoptado en una conferencia intergubernamental sobre migración en Marrakech, Marruecos, el 10 de diciembre de 2018. Es el primer acuerdo intergubernamental, elaborado bajo los auspicios de las Naciones Unidas, que abarca de forma integral la migración internacional, y que, incluye a todos los migrantes, independientemente de su situación administrativa, situando la protección de los derechos humanos en el centro de atención.

Constituye un marco de cooperación internacional. Pero no es un instrumento jurídicamente vinculante que trate de desplazar la capacidad de acción de los Estados en la gestión de sus políticas migratorias. El Pacto es, en definitiva, un compromiso que voluntariamente han asumido los Estados[53].

Ahora bien, debemos destacar que el Pacto no altera el derecho soberano de los Estados cuando regulen el estatus migratorio regular e irregular, incluso al decidir con qué medidas legislativas y normativas aplicarán el Pacto Mundial, teniendo en cuenta sus propias realidades, políticas y prioridades, así como los requisitos para entrar, residir y trabajar en el país, de conformidad con el derecho internacional[54].

En consecuencia, el Pacto Mundial para una Migración Segura, Ordenada y Regular no es jurídicamente vinculante. Pero, es evidente que resulta un avance indudable y con un carácter global en la migración segura, ordenada

53 Urrea Corres, M., «Migraciones y gobernanza global: el pacto mundial para la migración segura, ordenada y regular o como hacer que la migración funcione para todos» en *El fenómeno migratorio en España. Reflexiones desde el ámbito de la Seguridad Nacional*, Gobierno de España, Ministerio de la Presidencia, Relaciones con las Cortes e Igualdad, España, 2019, p. 69. Disponible en: https://dialnet.unirioja.es/servlet/libro?codigo=731535 (30.04.2023).

54 Pacto Mundial para una Migración Segura, Ordenada y Regular (A/RES/73/195), adoptado en una conferencia intergubernamental sobre migración en Marrakech, Marruecos, el 10 de diciembre de 2018, párrafo 15.c). Disponible en: https://www.iom.int/es/resources/pacto-mundial-para-la-migracion-segura-ordenada-y-regular (30.04.2023).

y regular, reduciendo la incidencia de la migración irregular y sus efectos negativos mediante la cooperación internacional.

Finalmente, analizaremos la última de las manifestaciones del derecho a la libertad de circulación. Es decir, corresponde analizar los preceptos internacionales que regulan la situación de aquel extranjero que, encontrándose en el territorio de un Estado, en nuestro caso el español, decide o se le impone abandonar el país[55].

Debemos distinguir dos situaciones diferentes: primera, que el extranjero desee voluntariamente abandonar el Estado español, y, segunda, que el extranjero se vea obligado a abandonarlo bien, por acordar la autoridad estatal competente la devolución o expulsión, o bien, por haber caducado su permiso de residencia.

En relación a la primera de las situaciones, tanto el artículo 13.2 de la Declaración Universal de los Derechos Humanos como el artículo 12 del Pacto Internacional de Derechos Civiles y Políticos, como en el ámbito europeo, el apartado segundo del artículo 2 del Protocolo adicional número 4 del Convenio Europeo de Derechos Humanos, reconocen el derecho de todos los seres humanos a salir de cualquier país.

En consecuencia, y a tenor de las normas internacionales, cualquier extranjero que se encuentre en España puede salir del país voluntariamente, sin distinguir las normas la situación de regularidad o irregularidad de esas personas.

Ahora bien, el derecho a la libertad de salida del extranjero puede menoscabarse cuando se le prohíbe la salida del territorio nacional. Las normas internacionales admiten esta previsión siempre que la restricción sea necesaria para proteger la seguridad nacional, el orden público, la salud o la moral pública o los derechos y libertades de terceros, según el artículo 12.3 del Pacto de Derechos Civiles y Políticos. O bien, porque esta restricción, como señala el artículo 2.3 del Cuarto Protocolo del Convenio Europeo, sea necesaria para garantizar la seguridad nacional, la seguridad pública, el mantenimiento del orden público, la prevención del delito y la protección de los derechos y libertades de terceros.

Así pues, las normas internacionales, aun cuando reconocen el derecho de salida a los extranjeros, también es cierto que permiten a los Estados establecer límites a esta libertad, siempre que se dé alguna de las circunstancias arriba expuestas. En consecuencia, cualquier medida que prohíba abando-

55 Resulta necesario abordar esta perspectiva por los siguientes motivos: primero, que sucede con el derecho a la asistencia sanitaria de los inmigrantes irregulares cuando se les prohíbe su salida del territorio español. Y, segundo, que ocurre con el derecho a la asistencia sanitaria de aquellos inmigrantes que tienen caducado sus permisos de residencia y deciden permanecer en España.

nar el territorio español a cualquier extranjero constituirá una restricción del derecho a la libertad de salida del que es titular[56].

En relación a la segunda de las situaciones —salida obligatoria—, debemos tener en cuenta el artículo 13 del PIDCP de 1966 que establece que el extranjero que se halle legalmente en el territorio de un Estado sólo podrá ser expulsado de él en cumplimiento de una decisión que sea conforme a la ley. Por su parte, el artículo 4 del Cuarto Protocolo del Convenio Europeo de Derechos Humanos prohíbe expresamente las expulsiones colectivas de extranjeros.

Existen también una serie de límites implícitos derivados del necesario respeto a los demás derechos contemplados en el Convenio, concretamente el derecho a la protección de la vida familiar (artículo 8)[57]. El Tribunal Europeo de Derechos Humanos (TEDH) se ha pronunciado sobre esta cuestión, admitiendo que el reconocimiento de algunos derechos en el Convenio Europeo puede impedir la expulsión del extranjero de un territorio, bien sea por razones de arraigo, por peligrar la vida del extranjero o ser víctima de tratos degradantes o bien cuando la expulsión sea colectiva para extranjeros que se encuentren en situación irregular en el territorio de un Estado. Así, por ejemplo, las Sentencias del Tribunal Europeo de Derechos Humanos (STEDH)Caso Moustaquim contra Bélgica, de 18 de febrero de 1991[58], o Caso Mehemi contra Francia, de 26 de septiembre de 1997[59], declaran la protección de la vida familiar como un límite al derecho de los Estados a expulsar de su territorio a los extranjeros, decretando la improcedencia de la expulsión. Y, en relación a la prohibición de expulsión colectiva, el TEDH (Sección 3.ª) en la Sentencia Caso Conka contra Bélgica, de 5 de febrero de 2002[60], definió la expulsión colectiva como toda medida que obligue a una colectividad de extranjeros a abandonar un país. Añadió que no entrará dentro de esta consideración aquellas medidas que sean el resultado y la base de un examen razonable y objetivo de una situación particular de cada uno de los extranjeros que pudieran formar parte de esa colectividad.

Un caso particular dentro de las medidas colectivas de expulsión son las denominadas «devoluciones en caliente». El TEDH también tuvo ocasión de pronunciarse sobre este supuesto. Así, en la STEDH Caso ND y NT contra España, de 3 de octubre de 2017[61], concluye que, cuando un grupo de entre

---

56 Goizueta Vértiz, J., *El derecho a la libre circulación y residencia..., op. cit.*, p. 250.

57 *Ibidem*, p. 265.

58 *Cfr.* STEDH (Sala) Caso Moustaquim contra Bélgica, de 18 de febrero de 1991, párrafo 43.

59 *Cfr.* STEDH (Sala) Caso Mehemi contra Francia, de 26 de septiembre de 1997, párrafos 36 y 37.

60 *Cfr.* STEDH (Sección 3.ª) Caso Conka contra Bélgica, de 5 de febrero de 2002, párrafo 59.

61 *Cfr.* STEDH (Sección 3.ª) Caso ND y NT contra España, de 3 de octubre de 2017, párrafo 107.

75 y 80 inmigrantes del África subsahariana intentan entrar ilegalmente en España por el paso fronterizo de Melilla, siendo sometidos a una medida general consistente en contener y repeler a los migrantes de los intentos de cruzar la frontera ilegalmente, las medidas de expulsión se llevaron a cabo en ausencia de una decisión administrativa o judicial previa. Como se comprueba que en ningún momento se sometió a los solicitantes a procedimiento alguno de identificación, con total ausencia de un examen de la situación individual de los inmigrantes, el Tribunal concluye que se trata de un supuesto de expulsión colectiva contrario al artículo 4 del Protocolo Núm. 4 CEDH.

Esto nos lleva a señalar que, si bien es cierto que el Convenio Europeo no reconoce un derecho del extranjero a no ser expulsado del territorio del Estado del que no es nacional, no es menos cierto que quepa la expulsión de cualquier modo, ya que incluye una protección indirecta frente a la posible expulsión de extranjeros[62].

De lo expuesto y aplicado a nuestro colectivo objeto de estudio, podemos concluir que la expulsión colectiva de extranjeros irregulares está prohibida, pero respecto a la individual, sólo está prohibida la arbitraria de los extranjeros residentes legalmente. Además, el inmigrante irregular —que lo es por haber entrado clandestinamente o por no cumplir los requisitos de permanencia— y sobre el que existe orden de salida del territorio español sólo estará amparado por el límite que tiene el Estado de expulsión de no rechazar o expulsar al inmigrante cuya vida o integridad física o moral corra peligro[63] o cuyo arraigo familiar sea merecedor de protección.

Sintetizando lo expuesto del derecho a la libertad de circulación en sus distintas manifestaciones, el derecho a inmigrar puede ser defendido como un derecho humano, pero no como un derecho fundamental positivizado en los textos internacionales. Es potestad de cada Estado reconocerlo en su ordenamiento jurídico, así como determinar bajo qué circunstancias debe ejercitarse[64].

Las manifestaciones del derecho a circulación de los extranjeros desde la perspectiva internacional nos permiten extraer las siguientes conclusiones:

Primera, cualquier persona puede salir temporal o definitivamente del territorio del Estado del que es nacional.

Segunda, el derecho a entrar en el territorio de un Estado del que no es nacional dependerá de la normativa interna de cada Estado, ya que éstos son soberanos a la hora de regular los requisitos y condiciones de acceso de los extranjeros a su territorio.

---

62 Goizueta Vértiz, J., *El derecho a la libre circulación y residencia..., op. cit.*, p. 271.

63 Valle Gálvez, A., «El frágil estatuto internacional y europeo...», *op. cit.*, p. 142.

64 Valdueza Blanco, M.ª D., *El tratamiento jurídico del trabajo..., op. cit.*, p. 57.

Tercera, el derecho de residencia y circulación por el territorio de un Estado del que no es nacional sólo se reconoce a las personas que se encuentran legalmente en el territorio de ese Estado, con la excepción de lo dispuesto en la Convención Internacional sobre la protección de los derechos de todos los trabajadores migratorios y de sus familiares. De acuerdo con la Convención, una persona trabajadora migrante irregular que preste sus servicios en un Estado del que no es nacional tendría reconocido una serie de derechos, con independencia de que esa persona no tuviese reconocido el derecho a residir en el territorio de ese Estado.

Cuarta y, finalmente, cualquier persona puede voluntariamente abandonar, con carácter general, el territorio de un Estado del que no es nacional. Y, los Estados podrán adoptar la medida de expulsión de su territorio de un extranjero siempre que cumplan las normas mínimas internacionales expuestas.

En nuestro estudio será decisivo, en consecuencia, el análisis de la normativa española, y en su caso, comunitaria, para poder determinar el alcance de la titularidad del derecho a la libertad de circulación a favor de los extranjeros, entendido como derecho de entrada, que es precisamente lo que determinará, a su vez, las situaciones administrativas de regularidad o irregularidad de las personas en el territorio español.

1.2.b) Derecho migratorio europeo

El análisis de este epígrafe, dadas las particularidades del ordenamiento jurídico europeo, supone estructurarlo para su estudio, analizando, en primer lugar, la noción de *nacional de tercer país* o *ciudadano extracomunitario*. Seguidamente nos referiremos al proceso evolutivo que ha tenido la política de inmigración propiamente dicha en el seno de la Unión Europea. A continuación, se analizarán las normas del Derecho originario que actualmente regulan la materia de inmigración en el ámbito comunitario, y, finalmente, mencionaremos las normas de Derecho derivado vigentes que resulten de aplicación en relación al derecho a la libertad de circulación de las personas nacionales de terceros países que se encuentran en situación irregular en España.

En relación al concepto de *nacional de tercer país* o *ciudadano extracomunitario* lo primero que debemos adelantar es que la nacionalidad está vinculada con la pertenencia del individuo a un determinado Estado. La nacionalidad, pues, es el vínculo jurídico que va a permitir a cada Estado determinara través de su Derecho interno quiénes son sus nacionales. En sentido negativo, los no nacionales serán los extranjeros y, por consiguiente, integrarán el estatuto jurídico de la extranjería[65]. Ahora bien, cabe plantearse en este punto si este binomio nacional-extranjero resulta también de aplicación en

65 En relación a la nacionalidad nos remitimos a lo recogido en la página 38 de este estudio.

el seno de la Unión Europea, es decir, habrá que determinar quiénes tienen la categoría jurídica de extranjeros en el ordenamiento jurídico comunitario. Pues bien, en el ámbito europeo la delimitación del concepto de extranjero se determinará por su contraposición con el concepto de ciudadano de la Unión, nacional de un Estado miembro, es decir, el trinomio será ciudadano de la Unión-nacional-extranjero.

Desde el 1 de noviembre de 1993, fecha de entrada en vigor del Tratado de Maastricht, existe en la Unión Europea una clara distinción entre aquellos que son ciudadanos de la Unión, y los que no detentan esta categoría. Dicho Tratado creó el llamado *Estatuto de Ciudadanía de la Unión,* es decir, estableció un conjunto de derechos y deberes para aquellas personas consideradas ciudadanas de la Unión. Éstas eran definidas por el propio Tratado como aquellas personas que ostentan la nacionalidad de un Estado miembro[66], siendo la noción de ciudadanía un concepto complementario y acumulativo al de nacional de un Estado miembro. Partiendo de esta afirmación, y a sensu contrario, extranjero de la Unión Europea es aquél que no tiene la nacionalidad de ninguno de los países miembros de la Unión[67].

En consecuencia, el punto de partida para definir al extranjero en la Unión es irrenunciablemente el concepto de ciudadanía de la Unión. No obstante, como tal cualidad se superpone y subordina necesariamente a la nacionalidad —y ésta es competencia soberana de los Estados—, no deben obviarse las acciones unilaterales de éstos, así como las posibles previsiones específicas del Tratado[68], que alteran el ámbito de aplicación personal del mismo. La falta de una equiparación absoluta entre la ciudadanía de la Unión y nacional de un país miembro, conlleva que el axioma según el cual el extranjero de la Unión es aquel que carece de la nacionalidad de un Estado miembro no siempre se verifique. Teniendo en cuenta tales disociaciones, puede considerarse, con carácter general, extranjero en relación a la Unión a aquél que no es titular de su ciudadanía, viniendo a coincidir básicamente con aquéllos que poseen la nacionalidad de un Estado tercero o que no posean nacionalidad (apátridas)[69].

---

66 En el actual Tratado de Lisboa de 13 de diciembre de 2007 se recoge en el Título II, artículo 8 con el siguiente contenido: *Será ciudadano de la Unión toda persona que tenga la nacionalidad de un Estado miembro. La ciudadanía de la Unión se añade a la ciudadanía nacional sin sustituirla.*

67 Macho Gómez, C., «El estatuto jurídico de los nacionales de terceros países en situación no privilegiada: una construcción desde la política común de inmigración y la carta de derechos fundamentales de la Unión Europea», *Revista General Derecho Europeo* N.º 23, 2011, p. 5.

68 Ejemplos que se recogen en los Tratados Constitutivos estableciendo regímenes especiales para determinados territorios de los Estados miembros son los artículos 52 y 355 del Tratado de Funcionamiento de la Unión Europea (TFUE) en relación a la situación jurídica de los habitantes de los territorios y países de ultramar.

69 Blázquez Rodríguez, I., *Los nacionales de terceros países en la Unión Europea*, 2.ª Ed., Servicio de Publicaciones de la Universidad de Córdoba, Córdoba, 2003, pp. 47-48.

Ahora bien, cabe plantearse si un nacional de un tercer país puede disfrutar del estatuto de ciudadano de la Unión Europea aun cuando no ostenta la nacionalidad de ningún Estado miembro de la Unión.

El estudio de esta cuestión exige, en primer lugar, partir del artículo 20 del TFUE, que recoge como un derecho de los ciudadanos de la Unión el derecho de libre circulación y residencia. Es decir, en principio y a tenor de este artículo interviene el Derecho de la Unión Europea cuando el ciudadano de la Unión pretenda desplazarse al territorio de otro Estado miembro. Y, por contra, corresponde a los Estados miembros la determinación de los modos de adquisición y pérdida de la nacionalidad, determinación que resulta necesaria para precisar quiénes gozan del estatuto jurídico de ciudadano de la Unión Europea. Sin embargo, esta delimitación teórica ha empezado a cuestionarse con la propia realidad práctica, originando que el Tribunal de Justicia de la Unión Europea se haya pronunciado en diversos asuntos sin respetar ese deslinde competencial.

Así, en unos casos se ha pronunciado considerando que es aplicable el derecho comunitario cuando estemos en presencia de una situación vinculada al derecho de la Unión Europea. La Sentencia del Tribunal de Justicia de la Unión Europea (en adelante STJUE), de 2 de octubre de 2003, Asunto C-148/02[70], señala que *la vocación del estatuto de ciudadano de la Unión es convertirse en el estatuto fundamental de los nacionales de los Estados miembros*. Y, considera que la doble nacionalidad en la Unión es un asunto competencia del Derecho comunitario porque de otro modo se obstaculizaría el derecho de circulación.

Por su parte, en la STJUE, de 2 de marzo de 2010, Asunto C-135/08[71], el Tribunal entró también en una materia considerada competencia exclusiva de los Estados, como es la nacionalidad. A tal fin, señaló el Tribunal que *el hecho de que una materia sea competencia de los Estados miembros, no obsta, para que en situaciones comprendidas en el ámbito del Derecho de la Unión, las normas nacionales de que se trate deban respetar este último*. Como se ve, se trata de una situación (pérdida de la ciudadanía de la Unión adquirida de manera legal en un momento anterior, asociada a la revocación de una naturalización) que el Tribunal considera comprendida en el ámbito del derecho comunitario, si bien competencia de los Estados miembros.

En otros casos, el Tribunal de Justicia de la Unión Europea se pronuncia sobre asuntos en los que el derecho cuestionado no es el Derecho de libre y residencia del que gozan los ciudadanos comunitarios (el mencionado artículo 20 TFUE). Así, en la STJUE de 17 de septiembre de 2002, Asunto

70 *Cfr.* Sentencia Tribunal de Justicia de la Unión Europea (Pleno), de 2 de octubre de 2003, Asunto C-148/02, Carlos García Avello y État Belge, párrafos 22-28.

71 *Cfr.* Sentencia del Tribunal de Justicia de la Unión Europea (Gran Sala), de 2 de marzo de 2010, Asunto C-135/08, Janko Rottmann y Freistaat Bayern, párrafos 41-45.

C-413/99[72], se reconoce un derecho autónomo de libre circulación a un progenitor aunque ya no sea un trabajador migrante. El tribunal repite que *la vocación del estatuto de ciudadano de la Unión es convertirse en el estatuto fundamental de los nacionales de los Estados miembros*. Y así, declara el derecho a la residencia de un ciudadano de la Unión en base al artículo 18.1 TCE, sin que tampoco esté en juego el ejercicio de la libertad de circulación. En cuanto a las limitaciones a ese derecho, el Estado miembro ha de respetar *los principios generales del Derecho comunitario y en particular el principio de proporcionalidad*.

Además de estos supuestos, la Unión Europea ha dado un paso más en este ámbito al señalar que también resulta de aplicación el derecho de la Unión cuando es necesario reconocer el derecho de residencia de un nacional de un tercer país para garantizar el derecho de residencia de un ciudadano de la Unión Europea. En la Sentencia del Tribunal de Justicia de la Unión Europea, de 8 de marzo de 2011, Asunto C-34/09[73], se reconoce: primero, la concesión de un derecho de residencia en virtud del Derecho de la Unión a un menor en territorio del Estado miembro del que es nacional con independencia de que éste ejerza previamente su derecho a la libre circulación en territorio de los Estados miembros. Segundo, la concesión, en las mismas circunstancias, de un derecho de residencia derivado al ascendiente, nacional de un Estado tercero, que asume la manutención del menor. El TJUE interpreta que el Derecho de la Unión se opone a que un Estado miembro deniegue, por un lado, a un nacional de un Estado tercero, que asume la manutención de sus hijos de corta edad, ciudadanos de la Unión, la residencia en el Estado miembro de residencia de éstos, del cual son nacionales, y, por otro, concede un permiso de trabajo a dicho nacional de un Estado tercero, en la medida en que tales decisiones privarían a dichos menores del disfrute efectivo de los derechos vinculados al estatuto de ciudadano de la Unión.

A la vista de lo expuesto podemos concluir que, primero, el ciudadano de la Unión que está en movimiento (ha cruzado la «frontera» o ha establecido su residencia en otro Estado miembro) recibe la protección del Derecho comunitario y de todos los derechos fundamentales asociados al ejercicio de la libre circulación y residencia. Segundo, las medidas nacionales de los derechos de los Estados miembros que puedan impedir o menoscabar (aunque sea de forma potencial e incluso aunque no sean materia competencial de la UE) el ejercicio de la libre circulación de un ciudadano va a recibir el

---

72 *Cfr.* Sentencia Tribunal de Justicia de la Unión Europea, de 17 de septiembre de 2002, Asunto C-413/99, Baumbast, R. y Secretaryof State forthe HomeDepartment, párrafos 82 y 94.

73 *Cfr.* Sentencia del Tribunal de Justicia de la Unión Europea (Gran Sala), de 8 de marzo de 2011, C-34/09, Asunto Gerardo Ruiz Zambrano y Office national de l'emploi (ONEm), párrafos 42-45.

reproche del Derecho comunitario y consiguientemente el ciudadano quedará bajo su paraguas protector «para no privarle de la esencia de su estatuto fundamental».

Por ello, lo que se desprende de la jurisprudencia progresiva del Tribunal de Justicia es que el ámbito de aplicación del Derecho comunitario ha ido ganando extensión, y ya no queda limitado a cuestiones meramente económicas como sucedía antaño, sino que se abarca tanto a los ciudadanos no activos económicamente (Baumbast) como a ciertas materias que son competencia de los Estados miembros como los apellidos (García Avello) o la pérdida de la nacionalidad y consiguiente apatridia (Rottmann). Y, también el Derecho comunitario (su protección) existe respecto de personas que son nacionales de un Estado miembro y permanecen en él cuando las medidas nacionales puedan impedir o amenazar —potencialmente— el ejercicio de la libertad de circulación y residencia que, como derecho fundamental de la ciudadanía, conforma el núcleo o la esencia de su «estatuto fundamental»[74].

En definitiva, la nacionalidad de un Estado miembro, imprescindible para ser ciudadano europeo, no lo es para disfrutar de su estatuto, es decir, sujetos que no poseen la nacionalidad de ningún Estado miembro disfrutan en cambio de muchos derechos previstos inicialmente para quienes sí la poseen y, por poseerla, se han convertido en ciudadanos de la Unión[75].

Esta precisión jurisprudencial supone que los nacionales de terceros países que gocen de la condición de ciudadanos de la Unión se encuentren en situación regular en cualquiera de los Estados miembros donde residan, quedando excluidos de la aplicación de la normativa interna que pudiera existir en los distintos Estados miembros para ostentar la condición de ciudadano de la Unión. Lo contrario supondría el reconocimiento de una situación de irregularidad y consiguiente expulsión de la persona de ese Estado miembro.

A su vez, los nacionales de terceros países suelen clasificarse en tres grupos, según su mayor o menor similitud con el estatuto de ciudadanos de la Unión Europea. A partir de esta compleja situación jurídica hemos clasificado a los ciudadanos de terceros países en tres categorías: extranjeros privilegiados, extranjeros semiprivilegiados y extranjeros no privilegiados[76].

---

74 Abarca Junco, A. P., y Vargas Gómez-Urrutia, M., «El Estatuto de ciudadano de la Unión y su posible incidencia en el ámbito de aplicación del Derecho comunitario (sentencia Ruiz Zambrano)», *Revista Electrónica de Estudios Internacionales*, N.° 23, 2012, p. 22. Disponible en: https://dialnet.unirioja.es/servlet/articulo?codigo=4043578 (30.04.2023).

75 Fraile Ortiz, M., «La ciudadanía europea (entre paréntesis)», en Álaez Corral, B., *El pueblo del Estado. Nacionalidad y Ciudadanía en el Estado Constitucional-Democrático*, Fundamentos: Cuadernos monográficos de teoría del estado, derecho público e historia constitucional, N.° 7, 2012, p. 356.

76 Martín y Pérez de Nanclares, J., «La inmigración y el asilo en la Unión Europea: presente y futuro», *Anuario de la Facultad de Derecho de la Universidad Autónoma de Madrid*

El grupo compuesto por los extranjeros privilegiados está formado por los nacionales de terceros Estados, que sean familiares de ciudadanos de la Unión, y por los nacionales de los Estados parte en el Acuerdo sobre Espacio Económico Europeo y los nacionales de Suiza, en virtud del Acuerdo sobre circulación que la Unión tiene con dicho país.

El grupo de los extranjeros semiprivilegiados está constituido por aquellos nacionales de Estados con los que la Unión Europea ha firmado Acuerdos que tiene por objeto tanto regular aquellos aspectos relativos a la entrada y residencia, como establecer los derechos de sus nacionales en territorio de la Unión.

Y, finalmente, el tercer colectivo está integrado por los extranjeros no privilegiados, esto es, aquellos nacionales de terceros Estados que no encajan en ninguna de las categorías anteriores, encuadrándose en las leyes de inmigración comunes.

De lo expuesto y aplicado a nuestro estudio podemos extraer las siguientes consideraciones:

Primera, para determinar quién es ciudadano de la Unión será necesario previamente delimitar quién ostenta la nacionalidad del Estado miembro, cuya determinación corresponde a los distintos Estados y no a la Unión Europea.

Segunda, la jurisprudencia del TJUE ha reconocido la condición de ciudadano de la Unión a personas que no ostentan la nacionalidad de alguno de los Estados miembros, pasando a encontrarse en situación administrativa regular en ese Estado.

Tercera, nuestro colectivo objeto de estudio tiene la categoría jurídica de nacional de tercer Estado no incluido dentro del estatuto de ciudadano de la Unión, al no ostentar los extranjeros nacionales de terceros países en situación administrativa irregular la nacionalidad de ningún Estado miembro ni el reconocimiento de ciudadano de la Unión por aplicación de la normativa comunitaria.

Finalmente, en España será el ordenamiento jurídico español el que determine quiénes son sus nacionales, que, a su vez, serán ciudadanos de la Unión. Ello supone, *a sensu contrario*, que todas aquellas personas que no sean nacionales españoles no serán ciudadanas de la Unión salvo que por aplicación del derecho de la Unión se reconozca su categoría como ciudadano de la Unión.

En consecuencia, los extranjeros inmigrantes en situación administrativa irregular en España no son ciudadanos de la Unión Europea, por no

(AFDUAM), N.º 7, 2003, p. 107, desarrollado ampliamente en: *La inmigración y el asilo en la Unión Europea: hacia un nuevo espacio de libertad, seguridad y justicia,* Editorial Colex, Madrid, 2002, pp. 173 a 200.

ostentar ni la nacionalidad española ni ostentar la condición de ciudadano de la Unión. Su situación se incluiría dentro de la pertenencia al subgrupo de extranjero no privilegiado por no estar incluidos en ninguna de las otras dos categorías anteriormente citadas, esto es, los extranjeros privilegiados y semiprivilegiados.

En cuanto a la política de inmigración de la Unión Europea, es una de las políticas que ha generado más tensión entre la soberanía de los Estados miembros y los ámbitos de decisión política de las Instituciones de la UE en el nivel competencial, tensión que es un fiel reflejo de la progresiva consolidación de la competencia a favor de la Unión Europea por la paulatina cesión de la soberanía por parte de los distintos Estados miembros.

Esta razón explica por qué, en este epígrafe, resulta conveniente exponer, como paso previo, cómo ha sido el proceso de asunción a favor de la Unión Europea de la competencia de la inmigración. Para ello haremos una breve referencia histórica del proceso de comunitarización de la inmigración, comenzando por el Tratado de Roma de 1958 y finalizando con el Tratado actualmente en vigor, el Tratado de Lisboa de 2007.

Cuando se tiene conciencia de que el proyecto comunitario debe regirse por la libertad de circulación de las personas es cuando comienza a plantearse la necesidad de hacer desaparecer las fronteras entre los distintos Estados comunitarios. Por ello, los motores de esta gran idea, Alemania y Francia firmaron un acuerdo bilateral, conocido como Acuerdo de Sarrebrük, por el que se comprometieron a suprimir los controles fronterizos comunes entre los dos Estados[77].

Posteriormente, el Tratado de Roma de 1958 recoge una integración económica dirigida fundamentalmente a los nacionales de los Estados miembros. No existía previsión alguna en este Tratado que otorgara competencias a la Comunidad con relación a la extranjería no comunitaria. En términos prácticos, ha de afirmarse que en esta época para aproximarse al status del nacional de un tercer Estado era necesario atender casi de modo exclusivo a las políticas migratorias de cada uno de los Estados miembros[78].

El compromiso por instaurar un espacio sin fronteras interiores es quizá la propuesta más significativa del Acta Única Europea de 1986. Ese mercado interior supondría que a partir del 1 de enero de 1993 la aplicación de la libre circulación de personas, junto a las otras libertades, aboliría las barreras físicas, técnicas y fiscales interiores de la Comunidad[79].

---

77 Fernández Sánchez, P. A., *Derecho comunitario de la inmigración,* Atelier libros jurídicos, Barcelona, 2006, p. 15.

78 Blázquez Rodríguez, I., *Los nacionales de terceros países..., op. cit.,* p. 63.

79 Conviene puntualizar que el marco concreto de actuación sobre inmigración de terceros países que dibuja el Acta Única es de mínimos (artículo 8A) y contradictoria por las Declaraciones anexas al Acta Única. En ellas, los Estados miembros matizan sus posiciones

El Tratado de la Unión Europea[80] (Maastricht, 1992) consagra en la cooperación intergubernamental el lugar de elaboración de la política migratoria europea con excepción de determinadas cuestiones relativas a la política de visados. Las políticas de asilo e inmigración aparecen como asuntos de interés común para los Estados miembros, formando parte del tercer pilar relativo a la cooperación en los asuntos de justicia e interior. Se trataba entonces de instaurar una forma de cooperación entre Estados soberanos, reconociendo un papel limitado a las instituciones propias de la Comunidad Europea en el proceso de toma de decisiones[81].

---

formulando reservas expresas de soberanía cuando señalaban que ninguna de estas disposiciones afectará al derecho de los Estados miembros de adoptar aquellas medidas que estimen necesarias en materia de control de inmigración de terceros países.

En la Declaración política de los gobiernos de los Estados miembros sobre la libre circulación de personas afirman que con el objeto de promover la libre circulación de personas, los Estados miembros cooperarán, sin perjuicio de las competencias de la Comunidad, en particular en lo que respecta a la entrada, circulación y residencia de los nacionales de terceros países. En el primer caso hay una reserva expresa de competencia; en el segundo hay una fijación del nivel de compromiso: cooperar.

En consecuencia, con el Acta única Europea de 1986, los Estados retienen su poder de controlar la inmigración en su territorio y a la vez tienen que cooperar para que dentro de las fronteras comunitarias la Comunidad pueda ejercer poderes de concertación. Esto parece venir a explicitar que en el momento del Acta Única los Estados no estaban en disposición de hacer transferencias de competencias, si bien reconocían la imposibilidad real de mantener el problema de la inmigración bajo su control absoluto, porque ello contradecía el objetivo relevante del Acta Única: crear el mercado interior como un espacio sin fronteras interiores. (*Vid.* María Luisa Espada Ramos, «Asilo e Inmigración en la Unión Europea», *Revista de Estudios Políticos (Nueva Época)*, Núm. 86, octubre-diciembre, 1994, pp. 77-79. Disponible en: https://dialnet.unirioja.es/servlet/articulo?codigo=27304 (30.04.2023)).

80 Conviene aclarar para comprender la ubicación de la competencia de inmigración en este momento que el Tratado de la Unión Europea de 7 de febrero de 1992 va a tener una estructura basada en «tres pilares»: El central, es el que se ha denominado el «pilar comunitario», es decir, el recogido en los Tratados comunitarios y sus diversas reformas, con sus instituciones con competencias supranacionales. En este pilar están recogidos el mercado único, la unión económica y monetaria, la Política Agraria Común, los fondos estructurales y de cohesión, etc. Los otros dos nuevos pilares, el de Política Exterior y Seguridad Común (PESC) y el de Justicia y Asuntos de Interior (JAI), estarían basados no en unos poderes supranacionales, sino en la cooperación entre los gobiernos.

La gran diferencia entre el «pilar comunitario» y los dos pilares basados en la cooperación intergubernamental básicamente tiene que ver con la forma en que se toman las decisiones y con las competencias de las instituciones comunitarias. En los pilares de cooperación entre gobiernos las decisiones han de tomarse por consenso y las competencias de la Comisión, el Parlamento Europeo o el Tribunal de Justicia son escasas. En el pilar comunitario, las decisiones se toman cada vez más por mayoría y el papel de las instituciones comunitarias es esencial. Pues bien, en este momento histórico la cuestión de inmigración se encuadraría en el pilar de cooperación intergubernamental de Política Exterior y Seguridad Común (PESC).

81 Martín Puebla, E., «La Política Común de Inmigración de la Unión Europea y la Directiva de permiso único», *Revista de Derecho Migratorio y Extranjería*, N.° 32/2013, LEX NOVA, Valladolid, 2013, p. 57.

El resultado de la actividad de los Estados miembros en el seno de la cooperación intergubernamental fue muy escaso. Esta situación de falta de acción fue sustituida por la actividad de un grupo de Estados miembros, que, fuera del ámbito de acción estrictamente comunitario, firmaron, el 14 de junio de 1985, en Schengen, un convenio relativo a la supresión gradual de los controles en las fronteras comunes, el cual, posteriormente, el 19 de junio de 1990[82], fue completado con la firma, en Schengen, del Convenio de aplicación del Acuerdo de Schengen y que entró en vigor el 26 de marzo de 1995. El sistema creado por estos instrumentos internacionales implicó la instauración de una estructura orgánica que adoptaba decisiones que vinculaban jurídicamente a los países participantes y que permitió la eliminación de los controles físicos en las fronteras interiores de los Estados participantes, trasladándolos a las fronteras exteriores. El catálogo de normas adoptadas amplió, desde la regulación de los requisitos necesarios que el extranjero tenía que satisfacer para las cruzar las fronteras exteriores —incluyendo medidas relativas a la concesión de visados o dirigidas a combatir la inmigración irregular— hasta el establecimiento de acciones con miras a ordenar cuestiones relativas a la cooperación policial y judicial en materia penal[83].

En consecuencia, con la firma del Tratado de Ámsterdam, el 2 de octubre de 1997[84], se van a situar en el Primer Pilar algunos aspectos de la política migratoria, si bien se mantendrán otros en el Tercer Pilar, los relativos a la cooperación policial y judicial. Además, se incorpora el Acuerdo Schengen al derecho de la Unión Europea[85]. Así, el Tratado de Ámsterdam introdujo en el Tratado constitutivo de la Comunidad Europea, el Título IV, con la rúbrica, *Visados, asilo, inmigración y otras políticas relacionadas con la libre circulación de personas* así como la consolidación de un verdadero espacio de libertad, seguridad y justicia en la Unión Europea (Título VI). Ya no hay duda de la completa comunitarización de esta política migratoria[86]. Es decir, la Unión

82 España es parte desde el 25 de junio de 1991 publicado en el BOE 81, de 5 de abril de 1994.

83 OLESTI RAYO, A., «La Unión Europea y la progresiva creación de un régimen comunitario de extranjería», *Revista catalana de dret públic*, Núm. 40, 2010, pp. 2-3. Disponible en: http://revistes.eapc.gencat.cat/index.php/rcdp/issue/view/141 (30.04.2023).

84 La firma del Tratado de Ámsterdam, el 2 de octubre de 1997, respondió, entre otras razones, a la inadecuada ubicación de la competencia de inmigración en el pilar de la cooperación intergubernamental, lo que provocó que esta cuestión fuera una de los asuntos objeto de debate en la Conferencia Intergubernamental de la que surgiría el Tratado de Ámsterdam.

85 En el Tratado de Ámsterdam se enmienda el artículo 2 del Tratado de la Unión Europea, recogiéndose que la Unión tendrá entre sus objetivos el de mantener y desarrollar la Unión como un espacio de libertad, seguridad y justicia, en el que esté garantizada la libre circulación de personas conjuntamente con las medidas adecuadas respecto al control de las fronteras exteriores, el asilo, la inmigración y la prevención y la lucha contra la delincuencia.

86 FERNÁNDEZ SÁNCHEZ, P.A., *Derecho comunitario..., op. cit.,* pp. 32-33.

Europea deberá proporcionar el marco jurídico y legislativo general de la política de inmigración (entrada, cruce de fronteras, visados, libre circulación por Europa).

A continuación, es necesario mencionar que el 7 de diciembre de 2000 se proclama en Niza la Carta de los Derechos Fundamentales de la Unión Europea[87] aunque inicialmente no tenía valor jurídico obligatorio. La proclamación de la Carta en este momento tiene su sentido, ya que es a partir del momento en que la Unión Europea comienza a desarrollar políticas que afectan a ámbitos tan sensibles como el derecho de asilo, la inmigración y, de forma general, los derechos de los nacionales de terceros países, se hace necesario expresarse de forma clara y estructurada en materia de derechos fundamentales[88].

El Tratado que instituye una Constitución para Europa[89] afianza la idea de que la Unión Europea ya no tiene dudas de que cuando hablamos de asilo e inmigración hablamos de una política comunitaria. La rechazada Constitución de la UE integraba la Carta de los Derechos Fundamentales en el texto del tratado y era jurídicamente vinculante.

Finalmente, este breve repaso a la evolución del tratamiento que el derecho originario de la Unión hace en relación a la materia inmigración culmina con el Tratado de Lisboa de 13 de diciembre de 2007. La principal aportación del Tratado de Lisboa en este ámbito institucional consiste en la generalización del procedimiento legislativo ordinario a todas las medidas que se adopten, incluida la inmigración legal, único aspecto del mismo en el que se regía aun la exigencia de unanimidad en el Consejo.

Asimismo, la denominación del ámbito de acción que en el título IV del Tratado de la Comunidad Europea se titulaba Visados, Asilo, Inmigración y otras políticas relativas a la libre circulación de personases sustituida en el Tratado de Funcionamiento de la Unión Europea (TFUE) por los términos *Políticas sobre controles en las fronteras, asilo e inmigración.* En los artículos 77 y 79 del TFUE se definen los contenidos de la política de control de fronteras y de la política de inmigración[90].

87 El Tratado de Niza de 26 de febrero de 2001 de enmienda de los Tratados vigentes está más dirigido a la reforma de las Instituciones para afrontar la ampliación de la Unión Europea. En relación con la inmigración, podemos destacar que se ha permitido a los Estados miembros la posibilidad de oponerse a la cooperación reforzada por razones importantes y explícitas de política nacional.

88 Fonseca Morillo, Francisco J., «Los derechos de los nacionales de terceros países en la Unión Europea», *Revista CIDOB d'afers internacionals*, Núm. 53, 2001, p. 80. Disponible en: https://dialnet.unirioja.es/servlet/articulo?codigo=1251235 (30.04.2023).

89 Conviene recordar que la Constitución para Europa tenía que ser ratificada por todos los Estados miembros, de conformidad con sus respectivas normas constitucionales, si bien la misma no entró en vigor al ser rechaza por los países de Francia y los Países Bajos.

90 Adicionalmente, es preciso señalar que la Carta de Derechos Fundamentales de la Unión Europea actualmente tiene el mismo el mismo valor jurídico que el Tratado de la Unión

Expuesta la evolución normativa en materia de inmigración en el seno de la Unión Europea, cabe entrar ya en el análisis de los preceptos actuales que en los Tratados se dedican a la inmigración. En concreto nos referiremos a aquellos preceptos de los Tratados vigentes[91] que tienen incidencia en nuestro objeto de análisis, esto es, el derecho a la libertad de circulación de los nacionales de terceros países en situación administrativa irregular.

La Carta de Derechos Fundamentales de la Unión Europea recoge en su artículo 45 apartado 1 que todo ciudadano de la Unión tiene derecho a circular y residir libremente en el territorio de los Estados miembros. Y, añade el apartado 2 que, podrá concederse la libertad de circulación y de residencia, de conformidad con lo dispuesto en los Tratados, a los nacionales de terceros países que residan legalmente en el territorio de un Estado miembro.

De lo expuesto en la Carta se deduce que todas estas normas subordinan el goce de toda persona nacional de un tercer país a circular y residir libremente en el territorio de la Unión Europea al hecho de que éste se halle legalmente en el territorio de alguno de los Estados miembros.

En cuanto al TFUE los preceptos que permiten a las Instituciones Comunitarias intervenir en la competencia de inmigración son, fundamentalmente, el artículo 67 (antiguo artículo 61 TCE y antiguo artículo 29 TUE) y el artículo 79 (antiguo artículo 63, puntos 3 y 4, TCE).

El artículo 67 señala que la Unión Europeagarantizará la ausencia de controles de las personas en las fronteras interiores y desarrollará una política común de asilo, inmigración y control de las fronteras exteriores que esté basada en la solidaridad entre Estados miembros y sea equitativa respecto de los nacionales de terceros países.

Por su parte, el artículo 79 establece que la Unión desarrollará una política común de inmigración destinada a garantizar, en todo momento, una gestión eficaz de los flujos migratorios, un trato equitativo de los nacionales de terceros países que residan legalmente en los Estados miembros, así como

---

Europea y el Tratado de Funcionamiento de la Unión Europea. Artículo 6.1 del Tratado de Lisboa por el que se modifica el Tratado de la Unión y el Tratado Constitutivo de la Comunidad Europea: *La Unión reconoce los derechos, libertades y principios enunciados en la Carta de los Derechos Fundamentales de la Unión Europea de 7 de diciembre de 2000, tal como fue adaptada el 12 de diciembre de 2007 en Estrasburgo, la cual tendrá el mismo valor jurídico que los Tratados.*

91 Los Tratados actualmente vigentes en la UE son:
- Tratado de la Unión Europea (Versión consolidada 2016)
- Tratado de Funcionamiento de la Unión Europea (Versión consolidada 2016)
- Tratado constitutivo de la Comunidad Europea de la Energía Atómica (Versión consolidada 2016)
- Carta de los Derechos Fundamentales de la Unión Europea (2016)

Disponible en: https://eur-lex.europa.eu/collection/eu-law/treaties/treaties-force.html#new-2-53 (30.04.2023).

una prevención de la inmigración ilegal y de la trata de seres humanos y una lucha reforzada contra ambas.

Para ello, el Parlamento Europeo y el Consejo adoptarán medidas en los ámbitos relativos a (apartado 2 del artículo 79 TFUE):

- las condiciones de entrada y residencia y las normas relativas a la expedición por los Estados miembros de visados y permisos de residencia de larga duración, incluidos los destinados a la reagrupación familiar;
- la definición de los derechos de los nacionales de terceros países que residan legalmente en un Estado miembro, con inclusión de las condiciones que rigen la libertad de circulación y de residencia en los demás Estados miembros;
- la inmigración y residencia ilegales, incluidas la expulsión y la repatriación de residentes en situación ilegal.

De lo expuesto se deriva que la Unión Europea desarrolla la política de inmigración para garantizar un trato equitativo de los nacionales de terceros países que residan legalmente en los Estados miembros, así como para la prevención de la inmigración ilegal, siendo el Parlamento Europeo y el Consejo quiénes adoptarán las medidas correspondientes a los ámbitos mencionados en el apartado 2 del artículo 79 TFUE.

La Unión Europea ha dictado en desarrollo de estos preceptos varias Directivas[92] relativas a la admisión de nacionales de terceros países[93], especial-

92 Conviene señalar que también la Unión Europea ha dictado numerosas Directivas sobre la inmigración ilegal destinada a regular distintos aspectos que hacen referencia a la lucha contra la inmigración irregular y la creación de mecanismos que faciliten el control de las fronteras exteriores de la Unión Europea. A modo de ejemplo, podemos citar las siguientes: la Directiva del Consejo 2002/90, de 28 de noviembre de 2002, destinada a combatir la ayuda de la inmigración clandestina tanto para la entrada, circulación y estancia irregulares (DOCE L 328, de 5 de diciembre de 2002), y Decisión Marco 2002/946, de 28 de noviembre de 2002, destinada a reforzar el marco penal para la represión de la ayuda a la entrada, circulación y estancia irregulares (DOCE L 328, de 5 de diciembre de 2002).
Directiva del Consejo 2001/40, de 28 de mayo de 2001, relativa al reconocimiento mutuo de las decisiones en materia de expulsiones de nacionales, en DOUE L 149, de 2 de junio de 2001.
Directiva del Consejo 2003/110, de 25 de noviembre de 2003, sobre la asistencia en caso de tránsito a los efectos de repatriación o alejamiento por vía aérea, en DOUE L 321, de 6 de diciembre de 2003.

93 A modo de ejemplo podemos citar las siguientes: Directiva del Consejo 2009/50, de 25 de mayo de 2009, relativa a las condiciones de entrada y residencia de los nacionales de terceros países para ocupar un puesto de trabajo altamente cualificado, en DOUE L 155, de 18 de junio de 2009. Los Estados miembros son competentes para conceder o no la tarjeta azul UE al nacional de un tercer país y/o a su empleador. Si las autoridades nacionales deciden admitirlo se le entregará una tarjeta azul europea válida por un período estándar de uno a cuatro años.
Directiva del Consejo 2003/109, de 25 de noviembre de 2003, relativa al estatuto de los

mente las dirigidas a la admisión en sectores profesionales específicos, así como también la elaboración de Directivas dirigidas a asimilar y aproximar el estatuto extranjero residente de larga duración al estatuto de ciudadano de la Unión. Igualmente, ha dictado la Directiva 2004/38/CE del Parlamento Europeo y del Consejo de 29 de abril de 2004, relativa al derecho de los ciudadanos de la Unión y de los miembros de sus familias[94] a circular y residir libremente en el territorio de los Estados miembros reconociendo como destinatarios de la misma no sólo a ciudadanos de la Unión sino también a nacionales de terceros países por su condición de familiares de ciudadanos de la Unión, independientemente de su nacionalidad.

Ahora bien, todas estas Directivas regulan condiciones, derechos y obligaciones comunes para todos los Estados y, en general, facilitan la simplificación de los procedimientos para la admisión de los nacionales de terceros países, pero no establecen procedimientos para decidir sobre la concesión del permiso de residencia al nacional del tercer país no ciudadano de la Unión.

Bajo este panorama normativo corresponde, a continuación, analizar las tres perspectivas del derecho a la libertad de circulación en relación con los extranjeros nacionales de terceros países en el territorio de la Unión.

En relación con el derecho de entrada, cabe precisar que cuando la entrada se efectúa desde un Estado no miembro del territorio Schengen, a través de las fronteras exteriores, cada Estado en virtud de su soberanía podrá establecer los requisitos que estime convenientes[95]. Ahora bien, deberán tener en cuenta lo recogido en el artículo 6 —*condiciones de entrada para los nacionales de terceros países*— del Reglamento (UE) 2016/399 del Parlamento Europeo y del Consejo, de 9 de marzo de 2016[96], por el que se establece un

---

nacionales de terceros Estados residentes de larga duración, en DOUE L 16, de 23 de enero de 2004. Exige la residencia legal.

Directiva 2011/98/UE del Parlamento Europeo y del Consejo, de 13 de diciembre de 2011, por la que se establece un procedimiento único de solicitud de un permiso único. En DOUE L 343, de 23 de diciembre de 2011. Exige la residencia legal.

Directiva (UE) 2016/801 del Parlamento Europeo y del Consejo, de 11 de mayo de 2016, relativa a los requisitos de entrada y residencia de los nacionales de países terceros con fines de investigación, estudios, prácticas, voluntariado, programas de intercambio de alumnos o proyectos educativos y colocación au pair. En DOUE L 132, de 21 de mayo de 2016.

94 Directiva 2004/38/CE del Parlamento Europeo y del Consejo, del 29 de abril de 2004, sobre el derecho de los ciudadanos de la Unión y de sus familiares a circular y residir libremente en el territorio de los Estados miembros por el que se modifica el Reglamento (CEE) N.° 1612/68 y se derogan las Directivas 64/221/CEE, 68/360/CEE, 72/ 194/CEE, 73/148/CEE, 75/34/CEE, 75/35/CEE, 90/364/CEE, 90/365/CEE y 93/96/CEE. En DOUE L 158, de 30 de abril de 2004.

95 Artículo 5 y 22 y siguientes del Convenio de Aplicación del Acuerdo de Schengen.

96 Reglamento (UE) 2016/399 del Parlamento Europeo y del Consejo, de 9 de marzo de 2016, por el que se establece un Código de normas de la Unión para el cruce de personas por las fronteras (Código de fronteras Schengen). En DOUE L 77, 23 de marzo de 2016.

Código de normas de la Unión para el cruce de personas por las fronteras (Código de fronteras Schengen).

En relación a la facultad de circulación, es necesario indicar que para que un nacional de un tercer país pueda circular por el territorio europeo habrá de residir legalmente en el territorio de un Estado miembro. Aplicado a nuestro objeto de estudio, significará que el derecho de un extranjero nacional de un tercer país a residir y permanecer en el territorio español dependerá de las condiciones que en su caso establezca el ordenamiento jurídico español. Ahora bien, el ordenamiento jurídico comunitario señala que si ese nacional de un tercer Estado se encuentra en situación legal en el territorio de alguno de los Estados parte por aplicación del Estatuto de Ciudadano de la Unión entonces se beneficiará de las libertades de circulación y residencia en su condición de ciudadano de la Unión y, no por aplicación de la normativa española. Es precisamente la Directiva 2004/38 la que establece las condiciones del ejercicio del derecho de libre circulación y residencia en el territorio de los Estados miembros de los ciudadanos de la Unión y de los miembros de su familia.

Por lo que se refiere al derecho de salida de nacionales de terceros países ciudadanos de la Unión, el artículo 4 de la Directiva 2004/38 recoge que los miembros de la familia de un ciudadano de la Unión que no sean nacionales de un Estado miembro y que estén en posesión de un pasaporte válido, tendrán derecho a salir del territorio de un Estado miembro para trasladarse a otro Estado miembro.

A la vista de todo lo expuesto podemos concluir que será el análisis de la normativa española el que permitirá determinar, respetando las directrices comunitarias, el alcance de la titularidad y ejercicio del derecho a la libertad de circulación a favor de los extranjeros, entendido como derecho de entrada, que es precisamente lo que determinará, a su vez, las situaciones administrativas de regularidad o irregularidad de las personas nacionales de un tercer país en el territorio español, todo ello, sin perjuicio de las excepciones reconocidas por la propia jurisprudencia del Tribunal de Justicia de la Unión Europea arriba expuestas.

Además, también podemos concluir que, al menos, para el ordenamiento jurídico comunitario, los extranjeros en situación administrativa irregular en España no son ciudadanos de la Unión Europea por no ostentar ni la nacionalidad española ni ostentar la condición de ciudadano de la Unión, al vincular tal condición a las situaciones de regularidad administrativa.

1.2.c) Derecho migratorio nacional

Una vez expuestos los ordenamientos jurídicos internacional y europeo sobre la circulación de los extranjeros en situación irregular en España, corresponde a continuación analizar la regulación que existe en el ordenamiento jurídico estatal sobre este extremo, ya que ambos ordenamientos nos remiten a lo que hayan establecido los distintos ordenamientos jurídicos de los Estados.

Para ello estructuraremos el epígrafe de la siguiente manera. En primer lugar, mencionaremos la trayectoria de este derecho en los textos constitucionales promulgados. A continuación, analizaremos nuestro texto constitucional actual para determinar cuál es el alcance que tiene el derecho a la libertad de circulación a favor de los extranjeros, y, en tercer lugar, desglosaremos nuevamente el citado derecho en las tres diferentes manifestaciones: derecho de entrada, derecho de permanencia y derecho de salida.

1.2.c).1. Precedentes y marco constitucional del artículo 19 CE

En relación a la primera parte objeto de análisis debemos señalar que no es hasta la Constitución española de 1978 cuando se recoge una directa consagración del derecho a la libertad de circulación en sentido moderno. Si bien es cierto que la Constitución de 1869 dentro de la línea apuntada por la Constitución de 1812 autorizaba a dejar el territorio no es menos cierto que no se trataba de un verdadero reconocimiento del paso libre de fronteras. Sólo la Constitución de 1931 (artículo 31) recogió una regulación semejante a la establecida actualmente, si bien todavía fuertemente influenciada por los antecedentes constitucionales inmediatos. Por ello, no será hasta el vigente texto constitucional de 1978 cuando expresamente se recojan las libertades de entrada y salida del territorio español[97].

Entrando ya en el análisis de nuestro texto constitucional actual, lo primero que debemos adelantar es que la Constitución española de 1978, si bien regula en el artículo 19 el derecho a la libertad de circulación y residencia lo cierto es que sólo en él se cita a los españoles, indicando que los mismos tienen derecho a elegir libremente su residencia y a circular por el territorio nacional, así como el derecho a entrar y salir libremente de España.

La ausencia del término «extranjero», «todos» o «toda persona» plantea la duda de si la titularidad de este derecho se extiende también a los extranjeros. Es decir, se plantea si los constituyentes no incluyeron alguno de estos términos de forma deliberada o si, cabe, por el contrario, entender que en realidad es posible reconocer la titularidad de este derecho a favor de los extranjeros a la vista de una interpretación sistemática de la Constitución o por razones de competencia material.

97 GONZÁLEZ-TREVIJANO SÁNCHEZ, P. J., *Libertades de circulación, residencia, entrada y salida en España*, Servicio de Publicaciones de la Facultad de Derecho de la Universidad Complutense de Madrid, Civitas, Madrid, 1991, p. 134.

Esta discusión tuvo su reflejo a lo largo del debate parlamentario de elaboración de la Constitución. En un primer momento, la redacción del precepto en el Anteproyecto de la CE[98] reconocía los derechos de libre circulación y residencia tanto a los nacionales como a los extranjeros. Sin embargo, al ser aceptadas por la Ponencia, las enmiendas formuladas por el Partido Unión de Centro Democrático se excluyeron a los extranjeros quedando circunscrito este derecho a los españoles, cuya redacción no sufrió alteración alguna hasta la definitiva aprobación de la CE[99].

Asimismo, también existen opiniones doctrinales contrapuestas en relación a esta cuestión. Jorge de Esteban y Luis López Guerra entienden que de la lectura del artículo 19 CE resulta evidente que se ha querido excluir a los extranjeros del disfrute de las libertades de entrada, permanencia y salida. El artículo 19 CE reconoce las libertades de entrada y salida del territorio nacional, residencia y desplazamiento a los españoles. Que se ha pretendido excluir a los extranjeros de estas libertades es evidente[100].

Frente a estas argumentaciones, otro sector de la doctrina como García de Enterría, sostiene, en virtud de lo preceptuado en el artículo 13 Constitución española, la equiparación en materia de libertades, incluidas las de circulación y residencia entre nacionales y extranjeros, con excepción de los derechos del artículo 23 Constitución española[101].

En consecuencia, para poder determinar el alcance constitucional de la titularidad y ejercicio del derecho a la libertad de circulación de los extranjeros en España debemos analizar las dos cuestiones siguientes: primero, qué incluye el término «españoles» mencionado en el artículo 19 de la Constitución española, y, segundo, cuál es la interpretación que la jurisprudencia ordinaria y constitucional ha dado en relación al derecho a la libertad de circulación a favor de los extranjeros.

La delimitación del término «españoles» está íntimamente ligada al concepto de nacionalidad. La nacionalidad es, como ya señalamos en el primer apartado[102], el vínculo que existe entre la organización estatal y el individuo.

---

98 El texto del anteproyecto de Constitución Española de 1978 se publica en el Boletín Oficial de las Cortes, Núm. 44, de 5 de enero de 1978.

99 Fernández-Miranda Alonso, F., «Comentario al artículo 19 CE», en *Comentarios a la Constitución de Alzaga*, tomo II, Edersa, Madrid, 1996, p. 492.

100 De Esteban, J. y López Guerra, L., con la colaboración de García Morillo, J. y Pérez Tremps, P., *El régimen constitucional Español I,* Labor Universitaria Manuales, Barcelona, 1980, p. 161.

101 García de Enterría. E., y Ramón Fernández, T., *Curso de Derecho Administrativo,* T. II, 16 Edición, Aranzadi, Navarra, 2020, p. 43. El artículo 13 de la CE parte, en materia de libertades públicas, de la regla de la equiparación entre nacionales y extranjeros (con la excepción de los derechos políticos activos, artículo 23 CE) sin perjuicio de admitir matizaciones que pueden establecer los Tratados y las Leyes.

102 Véase página 38.

La CE de 1978 se ocupa de la nacionalidad en los artículos 11 y 149.1.2 remitiéndole al legislador estatal la competencia para regularla.

Se cuestiona en este punto si el derecho a la nacionalidad es un derecho fundamental en la CE de 1978[103]. Pues bien, aunque la CE no configura a la nacionalidad como un derecho fundamental por no haber establecido un objeto ni un contenido propio ni siquiera unas condiciones para su titularidad, ello no obsta para que la Constitución, por su vinculación con la ciudadanía, la haya convertido en el presupuesto necesario para la titularidad y ejercicio de derechos fundamentales[104].

Por consiguiente, no se puede hablar de un derecho fundamental a la nacionalidad, pero tampoco se puede desconocer que para la Constitución es la nacionalidad una situación jurídica fundamental, y lo es en cuanto presupuesto subjetivo para el ejercicio de los derechos fundamentales[105].

Ahora bien, determinar quiénes son nacionales españoles nos obliga a acudir a las reglas establecidas en el Código Civil (en adelante CC) en los artículos 17 a 26. Concretamente, los artículos 17 y 18.1 CC recoge quiénes son los españoles de origen, es decir, los supuestos en los cuales un individuo es considerado nacional desde su nacimiento, ya sea sobre la base de un derecho generacional o por haberse producido el nacimiento en un Estado determinado[106].

En consecuencia, gozan de la categoría jurídica de españoles, además de los españoles de origen, aquellos otros que hayan adquirido la nacionalidad española por opción o naturalización.

Aplicado a nuestro objeto de estudio, significará que sólo son españoles las personas que tienen la nacionalidad española por encontrarse en alguno

---

103 En este punto es preciso aclarar que en los textos relativos a los Derechos Humanos la nacionalidad se revela como un derecho esencial. El poseer la ciudadanía de un Estado constituye un derecho básico que refuerza la efectividad del resto de derechos. La nacionalidad se concibe primordialmente como la institución que garantiza al individuo su inserción en la estructura del poder estatal que deberá asumir la protección de los derechos que la Comunidad Internacional le reconoce en cuanto persona. Ahora bien, el Derecho Internacional carece de normas que establezcan que cada Estado debe atribuir su nacionalidad a una persona. (*Vid.* ESPINAR VICENTE, J. M. Y GUZMÁN PECES, M., *La nacionalidad y la extranjería en el sistema jurídico español,* Ed. Dykinson, Madrid, 2017, p. 29).

104 ALÁEZ CORRAL, B., *Nacionalidad, ciudadanía y Democracia, ¿a quién pertenece la Constitución?*, Centro de Estudios Políticos y Constitucionales, Madrid, 2006, p. 118.

105 LÓPEZ Y LÓPEZ, ÁNGEL M., «Comentario al artículo 11 CE», en *Comentarios a la Constitución de Alzaga*, tomo II, Edersa, Madrid, 1996, p. 141.

106 En los artículos 19 a 23 CC se recogen aquellos supuestos identificados con la llamada nacionalidad adquirida por ser ésta fruto de un acto o hecho posterior al nacimiento que, sometido a ciertas condiciones legales, opera un cambio en la nacionalidad del interesado sin efectos retroactivos al momento del nacimiento, adquiriendo la nacionalidad española personas que inicialmente no la tenían. (*Vid.* FERNÁNDEZ ROZAS, J. C., *Derecho de la nacionalidad,* Tecnos, Madrid, 1987, p. 133).

de los supuestos que recoge el CC. Y, por tanto, serán extranjeros todos aquellos a los que el Código Civil español no les reconoce la condición de nacional. Esto nos lleva a que una interpretación literal del artículo 19 de la CE nos permite concluir que los extranjeros no son titulares del derecho a la libertad de circulación, ni siquiera aquellos que se encuentren en situación legal en España.

Se puede afirmar, en principio, que del tenor literal de la CE queda excluido el extranjero del goce de la libertad de residencia y circulación en España, lo que no impide que el legislador ordinario deba reconocer y establecer el marco legal para el disfrute de estos derechos, teniendo en cuenta lo preceptuado en los artículos 10.2 y 13.1 de la CE[107].

Sin embargo, esto no supone desconstitucionalizar la materia referida, habida cuenta de que la configuración legal determinada por los tratados o leyes se halla enmarcada de modo global dentro del reconocimiento y garantía que la misma Constitución realiza de los derechos y libertades en ella recogidos. De ahí que, si bien lo establecido por los tratados y la ley respecto a las libertades y derechos garantizados complementa el genérico reconocimiento inicial que de los mismos realiza el propio Texto Constitucional, también es verdad que la configuración legal de dichos derechos se halla condicionada asimismo por la garantía que al respecto supone su ubicación en el Título I de la Constitución[108].

Por tanto, y a pesar del tenor literal de la norma es necesario acudir a la interpretación que los Tribunales Supremo (TS) y Constitucional (TC) han dado a la titularidad y ejercicio del derecho a la libertad de circulación de los extranjeros en España (derecho de entrada, derecho de circulación y residencia y derecho de salida).

El Tribunal Supremo se ha pronunciado en diferentes ocasiones sobre esta cuestión, si bien es cierto que no siempre ha sido unánime en sus decisiones a la hora de reconocer las libertades de circulación y residencia de los extranjeros. Dos sentencias servirán para reflejar las decisiones contrapuestas sobre este asunto. Así, por ejemplo, la Sentencia del Tribunal Supremo (STS) 1593/1980, de 25 de junio de 1980[109], establecía que, a pesar de que el derecho de residencia viene reconocido en el artículo 13 de la Declaración Universal de los Derechos Humanos, lo cierto es que el artículo 19 de nuestro texto constitucional sólo reserva este derecho a los nacionales al disponer que tienen derechos los españoles a entrar y salir libremente de España.

---

107 Fernández-Miranda Alonso, F., «Comentario al artículo 19 CE...», *op. cit.*, 1996, p. 493.

108 González-Trevijano Sánchez, P. J., *Libertades de circulación...*, *op.cit.*, 1991, p. 79.

109 *Cfr.* Sentencia del Tribunal Supremo 1593/1980 (Sala de lo Contencioso, Sección 4.ª), de 25 junio de 1980.

Por el contrario, una Sentencia posterior del Tribunal Supremo, 1659/1981, de 3 de noviembre de 1981, ha defendido un criterio más favorable a los extranjeros al señalar que el derecho de residencia de los extranjeros en España no depende de la exclusiva discrecionalidad administrativa sino que constituye un derecho fundamental garantizado par los artículos 13 y 19 de la Constitución, el Pacto Internacional de Derechos Civiles y Políticos de Nueva York y la Convención Europea para la Salvaguarda de los Derechos Humanos y las Libertades Fundamentales de Roma y que, por lo tanto, ese derecho debe ser respetado y amparado siempre que cumplan con los requisitos legales al efecto establecido[110].

En consecuencia, el Tribunal Supremo, a partir de esta Sentencia, reconoce el derecho a circular, entrar y salir de España a los extranjeros que hayan entrado legalmente en nuestro territorio gracias, no a lo previsto expresamente en el artículo 19 de la Constitución española, sino por vía del artículo 13 CE de la misma al permitir este precepto disfrutar de los derechos fundamentales del Título I a los extranjeros.

En cuanto a los pronunciamientos del Tribunal Constitucional no es hasta el año 1993 cuando va a enjuiciar esta cuestión. La ausencia de pronunciamientos durante este período de tiempo se debe a que hasta esa fecha el Tribunal había inadmitido los recursos de amparo que habían sido formulados por los extranjeros invocando el artículo 19 de la CE. A modo de ejemplo, en el Auto 182/1985, de 13 de marzo[111], el Tribunal sostiene que el artículo 19 de la CE no puede fundamentar el recurso de amparo formulado debido a que tal precepto constitucional se refiere al derecho de los españoles a elegir libremente su residencia y a circular libremente por el territorio nacional, así como a entrar y salir libremente de España.

De manera que, durante más de una década, nuestro Tribunal Constitucional se mostró reacio a la extensión de la titularidad de las libertades reconocidas en el artículo 19 CE a favor de los extranjeros, basándose en una interpretación literal del artículo 19 CE que se refiere expresamente a los españoles[112].

Es precisamente la Sentencia del Tribunal Constitucional (STC)94/1993, de 22 de marzo[113], la que inicia un cambio de jurisprudencia, emitiendo un pronunciamiento expreso sobre este asunto. El recurso planteado deriva de un

110 *Cfr.* Sentencia del Tribunal Supremo 1659/1981, (Sala de lo Contencioso, Sección 4.ª), de 3 de noviembre de 1981, Considerando 1.

111 *Cfr.* Auto del Tribunal Constitucional 182/1985, de 13 de marzo, Fundamento Jurídico 3.

112 Vidal Fueyo, C., «La Sentencia del Tribunal Constitucional 72/2005, de 4 de abril, en materia de libertad de entrada y residencia de los extranjeros en España», *UNED, Teoría y realidad constitucional*, Núm. 18, 2006, p. 436. Disponible en: https://dialnet.unirioja.es/servlet/articulo?codigo=2173318 (30.04.2023).

113 *Cfr.* Sentencia del Tribunal Constitucional 94/1993, de 22 de marzo, Fundamento Jurídico 2.

recurso de amparo interpuesto por un extranjero por una orden de expulsión del territorio español. El Tribunal Constitucional para emitir su pronunciamiento establece la siguiente fundamentación:

Primero, que la Constitución española no recoja una referencia expresa al derecho a la libertad de circulación de los extranjeros en el artículo 19 no es argumento bastante para considerar resuelto el problema.

Segundo, la dicción literal del artículo 19 CE no es el único precepto que debe ser considerado, sino que, deberá tenerse en cuenta otros preceptos constitucionales para determinar la posición jurídica de los extranjeros, especialmente el artículo 13 de la misma, el cuál señala que los extranjeros gozan en España de las libertades públicas que garantiza el Título Primero de la Constitución, aun cuando sea en los términos que establezcan los tratados y la ley.

Tercero, de lo anterior se deduce que los extranjeros pueden ser titulares de los derechos fundamentales a residir y a desplazarse libremente de acuerdo a lo previsto en la Constitución en su artículo 19.

Cuarto, cuestión distinta es el alcance que despliega la protección constitucional a los extranjeros en España. La libertad de circulación a través de las fronteras del Estado no es derecho imprescindible para la garantía de la dignidad humana (artículo 10.1 CE, y STC 107/1984, Fundamento Jurídico 3.º), ni, por consiguiente, pertenece a todas las personas en cuanto tales al margen de su condición de ciudadano. Las leyes y los tratados podrán modular el ejercicio de esos derechos en función de la nacionalidad de las personas, introduciendo tratamientos desiguales entre españoles y extranjeros en lo que atañe a entrar y salir de España, y a residir en ella[114].

114 En este punto, conviene adelantar, sin perjuicio de su estudio más profundo en el capítulo siguiente, que el Tribunal Constitucional ha recurrido para aclarar la titularidad y ejercicio del derecho de circulación de los extranjeros a su Sentencia 107/1984, de 23 de noviembre, donde, por un lado, afirma que los derechos de los extranjeros siguen siendo derechos constitucionales, y, por tanto, dotados de la protección constitucional, si bien son todos ellos en cuanto a su contenido derechos de configuración legal. Y, por otro lado, distingue tres grandes grupos de derechos. Un primer grupo de derechos son aquellos que pueden corresponder por igual a españoles y extranjeros, cuya regulación ha de ser reconocida con idéntico tratamiento de modo que, ni la Ley ni los Tratados puedan hacer distinciones entre unos y otros. En un segundo grupo se incluyen aquellos derechos en los que el legislador tiene la posibilidad de establecer condicionamientos adicionales a su ejercicio por los extranjeros, si bien no puede configurar libremente su contenido sin respetar las prescripciones constitucionales. *Existen otros que pertenecerán o no a los extranjeros según lo dispongan los Tratados y las Leyes, siendo entonces admisible la diferencia de trato con los españoles en cuanto a su ejercicio*. Esta configuración admite, en consecuencia, diferencias de trato, en cuanto a su ejercicio, por decisión libre y propia de la ley y del derecho convencional. Este segundo grupo de derechos es el que considera aplicable al derecho de circulación de los extranjeros.
Por último, menciona un tercer grupo de derechos cuya titularidad y ejercicio son exclusivos de los españoles.

Quinto, advierte, asimismo, que la libertad del legislador al configurar los derechos de los nacionales de los distintos Estados, en cuanto a su entrada y permanencia en España, es amplia. Pero no es absoluta. El Pacto Internacional de Derechos Civiles y Políticos de 1966, que —a diferencia del Cuarto Protocolo del Convenio Europeo de Derechos Humanos— se encuentra ratificado por España, no puede ser ignorado a la hora de interpretar los artículos 19 y 13 de la Constitución, por imperativo de su artículo 10.2 CE. Las leyes y tratados que regulan la circulación de extranjeros en España deben respetar el grado, limitado pero cierto, de libertad que reconocen los arts. 12 y 13 del Pacto Internacional a todas las personas que se hallan legalmente en el territorio del Estado. Así pues, los extranjeros que por disposición de una ley o de un tratado, o por autorización concedida por una autoridad competente, tienen derecho a residir en España, gozan de la protección del artículo 19 CE, aun cuando no sea necesariamente en idénticos términos que los españoles, sino en los que establezcan las leyes y tratados a los que se remite el art. 13.1 CE[115].

El Tribunal Constitucional sigue esta línea jurisprudencial en Sentencias posteriores como la Sentencia del Tribunal Constitucional 116/1993, de 29 de marzo[116], cuando recoge que resulta claro que los extranjeros son titulares de los derechos fundamentales a residir y a desplazarse libremente que recoge la Constitución en su art. 19, si bien en los términos que establezcan los tratados y la Ley (art. 13.1 CE).

Por su parte, la Sentencia del Tribunal Constitucional 242/1994, de 20 de julio[117], confirma que, en relación con el derecho de residencia y desplazamiento de los extranjeros en nuestro país, la referencia «los españoles» del artículo 19 CE no puede ser equivalente a una norma de exclusión de los extranjeros del ámbito subjetivo de dicho derecho fundamental. Junto al artículo 19 CE deben tenerse en cuenta otros preceptos para determinar la posición jurídica de los extranjeros. De esta manera, las condiciones en que un extranjero ha de acceder a los derechos reconocidos en el artículo 19 CE, han de ser determinadas por el legislador, pero, una vez que estas condiciones han sido legalmente cumplidas, puede concluirse que los extranjeros que por disposición de una Ley, o de un Tratado, o por autorización concedida por una autoridad competente, tienen derecho a residir en España, gozan de la protección del art. 19 CE, aun cuando no sea en idénticos términos que los españoles, sino en los que determinen las leyes y tratados a los que se remite el art. 13.1 CE.

También el Tribunal Constitucional se ha pronunciado expresamente sobre el derecho de entrada de los extranjeros. Así, en la STC 72/2005, de 4 de

115 *Cfr.* Sentencia del Tribunal Constitucional 94/1993, de 22 de marzo, Fundamento Jurídico 3.

116 *Cfr.* Sentencia del Tribunal Constitucional 116/1993, de 29 de marzo, Fundamento Jurídico 2.

117 *Cfr.* Sentencia Tribunal Constitucional 242/1994, de 20 de julio, Fundamento Jurídico 4.

abril[118], después de analizar los preceptos constitucionales y la normativa internacional concluye que el derecho a entrar en España, con el carácter de fundamental, sólo corresponde a los españoles y no a los extranjeros. Y, añade que el derecho a entrar en España no es derecho fundamental del que sean titulares los extranjeros por el artículo 19 CE, aunque, obviamente, quien esté de hecho en España puede solicitar la protección de ese derecho por los Jueces y Tribunales españoles, que deberán tutelarlo por lo dispuesto en el artículo 24 CE, al recoger un derecho del que son titulares los extranjeros. Confirma este pronunciamiento la Sentencia del Tribunal Constitucional 155/2015, de 9 de julio[119], cuando señala que la jurisprudencia constitucional ha establecido que solo los españoles tienen derecho a entrar en España.

En relación con el derecho a salir libremente de España, los extranjeros, de conformidad con el artículo 12.2 PIDCP, tienen derecho a salir libremente de cualquier país con las excepciones previstas en el apartado 3 del propio Pacto.

Cuestión distinta es la adopción de la medida de expulsión de los extranjeros cuya salida será obligatoria para ellos. El Tribunal Constitucional en la Sentencia 236/2007, de 7 de noviembre[120], ha señalado que la expulsión consiste en una medida que se acuerda legítimamente por parte del Estado español en el marco de su política de extranjería. Política que incluye el establecimiento de los requisitos y condiciones exigibles a los extranjeros para su entrada y residencia en España, no siendo un derecho fundamental del que aquéllos sean titulares con fundamento en el art. 19 CE.

Por tanto, y de conformidad con los pronunciamientos del Tribunal Constitucional, los extranjeros son titulares del derecho a la libertad de circulación en los términos que determinen las leyes y tratados a los que se remite el artículo 13 CE, siendo entonces admisible la diferencia de trato con los españoles en cuanto a su ejercicio, entendiendo además, que este derecho no está vinculado a la dignidad de las personas y que, en consecuencia, no tiene por qué tener un tratamiento idéntico al de los españoles.

Asimismo, no existe un derecho fundamental de los extranjeros a entrar en España. El sujeto de derecho al que se refiere la regulación del artículo 13.1 CE no es el extranjero sin más, sino el extranjero en España, circunstancia esta que actúa como presupuesto de la extensión de derechos que lleva a cabo el artículo 13.1 CE[121].

118 *Cfr.* Sentencia del Tribunal Constitucional 72/2005, de 4 de abril, Fundamentos Jurídicos 6-8.

119 *Cfr.* Sentencia del Tribunal Constitucional 155/2015, de 9 de julio, Fundamento Jurídico 2.

120 *Cfr.* Sentencia del Tribunal Constitucional 236/2007, de 7 de noviembre, Fundamento Jurídico 14.

121 Losada González, H., «Comentario al artículo 19 CE» en Rodríguez – Piñero y Bravo Ferrer, Miguel, Casas Baamonde, María Emilia, *Comentarios a la Constitución Española, XL aniversario,* Wolters Kluwer, Madrid, 2018, p. 570.

Pero, como ha manifestado el propio Tribunal Constitucional en la Sentencia 260/2007, de 20 de diciembre[122], el legislador no goza de absoluta libertad al configurar los derechos de los extranjeros en cuanto a su entrada y permanencia en España. Los artículos 12 y 13 del PIDCP, ratificados por España, y parámetros de interpretación de los arts. 19 y 13 CE por aplicación del artículo 10.2 CE, reconocen el derecho a la libre circulación de las personas que se hallan legalmente en el territorio del Estado, de forma que las leyes y tratados que regulan la circulación de extranjeros en España deben respetar ese grado de libertad y las medidas que repercuten sobre la libre circulación de las personas deben fundarse en una Ley, y aplicarla en forma razonada y razonable.

Ahora bien, el incumplimiento de los requisitos de estancia o residencia en España por parte de los extranjeros tampoco permite al legislador privarles de los derechos que les corresponden constitucionalmente en su condición de persona, con independencia de su situación administrativa[123].

Y, en relación a la última de las manifestaciones, los extranjeros tienen derecho a salir libremente de España, con las limitaciones previstas en los Tratados y resto de disposiciones aplicables.

Conviene en este punto mencionar la interpretación que CAMINO VIDAL FUEYO mantiene sobre esta cuestión. Defiende una interpretación sistemática del artículo 19 de la CE, a la luz de lo dispuesto en el artículo 10.2 CE. Esta autora sostiene que la titularidad de este derecho fundamental no la otorga ni el artículo 13 CE, ni la ley, ni los tratados, sino directamente el artículo 19 CE debidamente interpretado a la luz de lo dispuesto en el artículo 10.2 CE. Sostiene que el posible tratamiento desigual entre españoles y extranjeros no dependerá del grado de vinculación que con la dignidad humana tenga el derecho, sino de las consecuencias que pudieran derivarse del ejercicio de un derecho por parte de unos titulares determinados. Ahora bien, nunca podrán establecerse restricciones al ejercicio de los derechos a la libre circulación y residencia de los extranjeros derivadas exclusivamente de una supuesta falta de vinculación de estos derechos con la dignidad humana[124].

Sentado lo anterior, y teniendo en cuenta que el Tribunal Constitucional entiende que las leyes y los tratados podrán modular el ejercicio de derecho a la libertad de circulación en función de la nacionalidad de las personas, introduciendo tratamientos desiguales entre españoles y extranjeros en lo que atañe a entrar y salir de España, y a residir en ella, resulta necesario analizar la regulación legal existente.

---

122 *Cfr.* Sentencia del Tribunal Constitucional 260/2007, de 20 de diciembre, Fundamento Jurídico 5.

123 LOSADA GONZÁLEZ, H., «Comentario al artículo 19...», *op. cit.,* p. 570.

124 VIDAL FUEYO, C., *Constitución y Extranjería,* Centro de Estudios Políticos y Constitucionales, Madrid, 2002, pp. 203-204.

1.2.c).2. Configuración legal de las libertades de circulación

Para ello, analizaremos el contenido normativo legal español sobre el posible reconocimiento del ejercicio del derecho a la libertad de circulación a favor de los extranjeros nacionales de terceros países en situación irregular, desglosándolo en las tres manifestaciones expuestas en epígrafes anteriores:

a) La facultad de entrar en el territorio español, superando sus fronteras.

b) La facultad de circular libremente por el territorio español de quien no es nacional, así como de fijar su propia residencia (estancia, permanencia) en cualquier parte del territorio del Estado.

c) La facultad de salir del territorio español por parte de una persona no nacional del mismo.

En primer lugar, corresponde mencionar las normas que serán tenidas en cuenta para hacer el análisis de la cuestión. Fundamentalmente, el régimen general de extranjería se contiene en la LOE (la denominada Ley de Extranjería), la cual define el estatuto jurídico de los derechos y libertades de los extranjeros en el territorio español. El desarrollo reglamentario se contiene en el Real Decreto 557/2011, de 20 de abril, por el que se aprueba el Reglamento de la Ley Orgánica 4/2000, sobre derechos y libertades de los extranjeros en España y su integración social.

En relación al primer apartado objeto de análisis, esto es, la facultad de entrar en el territorio español, superando sus fronteras, estudiaremos las dos cuestiones siguientes: por un lado, en qué momento la entrada es efectiva en España, es decir, por dónde y cuándo debe el extranjero entrar en España, y, segundo, cuáles son los requisitos exigidos a los mismos para entrar en territorio español. Asimismo, analizaremos las consecuencias de estos incumplimientos.

En cuanto a la primera cuestión debemos partir del artículo 25 de LOE y los artículos 1 a 18 del Real Decreto 557/2011, de 20 de abril, por el que se aprueba el Reglamento de la Ley Orgánica 4/2000, que señalan que el extranjero que pretenda entrar en España deberá hacerlo por los puestos habilitados al efecto, denominados pasos fronterizos. Los pasos fronterizos pueden ser terrestres, aéreos o marítimos (artículo 2 del Reg.LOE).

Ahora bien, como consecuencia de la pertenencia del Estado español a la Unión Europea, resulta conveniente señalar que la aplicación del Acuerdo de Schengen suprime los puestos transfronterizos terrestres de carácter fijo. Aplicado al Estado español significa que, España, por un lado, y dada la delimitación geográfica que tiene en la Unión Europea, ha pasado a convertirse en frontera exterior del espacio Schengen, y debe, por tanto, controlar la entrada de extranjeros a su territorio y al territorio de la Unión Europea. Y, por otro lado, que la entrada en España de extranjeros nacionales de terceros países no ciudadanos de la Unión puede producirse de formas distintas: primera, cuando la entrada en España se realiza desde una frontera de la Unión Europea distinta de la española, y segunda, cuando la entrada se realiza a través de las fronteras del Estado español.

En relación al primer supuesto, esto es, si la entrada del extranjero en territorio español se hubiera realizado por una frontera interior, éste deberá declarar la entrada ante las autoridades policiales en dicho momento, y en caso de no hacerlo en ese momento, en el plazo de tres días hábiles (artículo 13 RegLOE y 22 Convenio de Aplicación del Acuerdo Schengen (CAAS). El extranjero que no cumpla con esta obligación deberá abandonar el territorio Schengen, salvo que disponga de permiso de residencia o de una autorización provisional de residencia en un Estado Schengen (artículo 23 párrafos 1 y 2 CAAS).

Por su parte, el extranjero que accede a España por las fronteras españolas deberá hacerlo a través de los pasos fronterizos fijados y en los días y horas señalados (artículo 1 RegLOE)[125].

En consecuencia, vemos que las condiciones de entrada descritas habilitan a los extranjeros nacionales de terceros países no ciudadanos de la Unión Europea a entrar en España. Ahora bien, además de las condiciones exigidas para la entrada, lo cierto es que el extranjero que pretenda entrar en España ha de cumplir también una serie de requisitos adicionales, (artículo 4 RegLOE en relación con el artículo 25 LOE).

Estos requisitos se pueden desglosar en:

- Condiciones documentales: titularidad del pasaporte o documentos de viaje necesarios conforme al artículo 5 RegLOE, titularidad del correspondiente visado, en los términos establecidos en el artículo 7 RegLOE así como la justificación del objeto y las condiciones de la estancia en los términos establecidos en el artículo 8 RegLOE.
- Condiciones de tipo económico: acreditación, en su caso, de los medios económicos suficientes para su sostenimiento su sostenimiento y el de las personas a su cargo que viajen con él durante el período de permanencia en España, o de estar en condiciones de obtenerlos, así como para el traslado a otro país o el retorno al de procedencia, en los términos establecidos en el artículo 9 RegLOE).

---

125 Recordar que la Disposición adicional décima de la LOE, en la redacción dada por la disposición final 1.1 de la Ley Orgánica 4/2015, de 30 de marzo, prevé que *los extranjeros que sean detectados en la línea fronteriza de la demarcación territorial de Ceuta o Melilla mientras intentan superar los elementos de contención fronterizos para cruzar irregularmente la frontera podrán ser rechazados a fin de impedir su entrada ilegal en España*. El TC ha declarado que esta disposición es conforme a la Constitución siempre que se interprete tal y como se ha indicado en el Fundamento Jurídico 8 c) de la Sentencia Tribunal Constitucional 172/2020, de 19 de noviembre.

- Condiciones sanitarias: presentación, en su caso, de los certificados médicos a los que se refiere el artículo 10 RegLOE así como no suponer un peligro para la salud pública, el orden público, la seguridad nacional o las relaciones internacionales de España o de otros Estados con los que España tenga un Convenio en tal sentido.
- Finalmente, el extranjero que pretenda acceder a España no puede estar sujeto a una prohibición de entrada, en los términos del artículo 11 RegLOE.

El incumplimiento de estos requisitos origina las dos consecuencias siguientes:

Primera, si la entrada no se efectúo por los pasos fronterizos establecidos ni durante las horas de apertura, la entrada debe considerarse ilegal por no reunir estos requisitos[126].

Y, segunda, si el extranjero no cumple con los requisitos documentales legalmente establecidos, entonces, se procederá a declarar, por parte de los funcionarios responsables del control de acceso, la denegación de la entrada, conforme al procedimiento normativamente establecido[127].

Como conclusiones al derecho de entrada de los extranjeros debemos señalar las siguientes:

Primera, si el acceso legal al territorio español viene determinado, no por las normas internacionales que nada señalan en este sentido ni por las normas europeas, sino por las normas internamente establecidas en el Estado español, entonces el derecho de entrada de los extranjeros nacionales de terceros países no ciudadanos de la Unión únicamente se reconocerá cuando se cumplan los dos requisitos mencionados: cumplimiento de requisitos documentales y acceso por puesto habilitado.

Segunda, el incumplimiento de los requisitos documentales origina la declaración de denegación de entrada y consiguiente retorno del extranjero a su país de origen.

Tercera, el incumplimiento del requisito por puesto no habilitado determina que la entrada del extranjero en España sea ilegal.

Cuarta y, finalmente, esa entrada ilegal es la que precisamente nos permite delimitar nuestro colectivo objeto de estudio.

Es decir, estudiaremos los derechos que puedan corresponder a aquel extranjero que entrando por el territorio Schengen incumpla la obligación de

126 Sentencia del Tribunal Superior de Justicia del País Vasco 1370/2003 (Sala de lo Contencioso, Sección 3.ª), de 14 de marzo de 2003, Fundamento Jurídico 5.

127 Sentencia del Tribunal Supremo, 7028/2006, (Sala de lo Contencioso, Sección 5.ª), de 17 de noviembre de 2006, Fundamento Jurídico 5.

declarar su entrada ante las autoridades policiales en el plazo máximo de tres días y decida igualmente permanecer en España; asimismo, también estudiaremos la situación de aquel extranjero que no entra en el territorio español por los pasos fronterizos legalmente habilitados y en el horario establecido. Precisamente, el extranjero nacional de un tercer país no ciudadano de la Unión Europea que se encuentra en alguna de estas dos situaciones ostentará la categoría jurídica de extranjero en situación administrativa irregular en España.

A continuación, corresponde analizar la regulación legal del derecho del extranjero de circular libremente por el territorio español, así como de fijar su propia residencia (estancia o permanencia) en cualquier parte del territorio del Estado.

Es preciso resaltar en este punto que el Tribunal Constitucional en la Sentencia 24/2000, de 31 de enero[128], ha señalado que resulta lícito que la Ley de Extranjería subordine el derecho de los extranjeros a residir en España al cumplimiento de determinadas condiciones, como son, entre otras, la de no estar implicados en actividades contrarias al orden público, o la de no cometer delitos de cierta gravedad.

Conclusión que corrobora la jurisprudencia del Tribunal Europeo de Derechos Humanos pues, aun cuando los Estados europeos deben respetar los derechos humanos plasmados en el Convenio de Roma, disponen también de una amplia potestad para controlar la entrada, la residencia y la expulsión de los extranjeros en su territorio. Ha señalado, entre otras, en la STEDH Caso Ahmut contra Países Bajos, de 28 de noviembre de 1996[129] que *como cuestión de derecho internacional bien establecido y sujeto a sus obligaciones en virtud de los tratados, un Estado tiene derecho a controlar la entrada de no nacionales en su territorio*.

El artículo 5 LOE reconoce que los extranjeros que se hallen en España tendrán derecho a circular libremente por el territorio español y a elegir su residencia, sin más limitaciones que las establecidas con carácter general por los tratados y las leyes, o las acordadas por la autoridad judicial y siempre que cumplan con lo establecido en el Título II, Capítulo II de la LOE.

En cualquier caso, debemos apuntar, en primer lugar, que del análisis del Derecho migratorio internacional y europeo se había concluido la subordinación del goce de toda persona a circular y residir libremente en el territorio de un Estado al hecho de que éste se halle regularmente en él. Ello significa que todo extranjero que se encuentre legalmente en España podrá desplazarse libremente, así como elegir de forma libre su residencia en el mismo, quedando garantizada la elección del lugar en el que fijar su domicilio personal.

128 *Cfr.* Sentencia Tribunal Constitucional 24/2000, de 31 de enero, Fundamento Jurídico 4.

129 *Cfr.* STEDH (Sala) Caso Ahmut contra Países Bajos, de 28 de noviembre de 1996, párrafo 67.

Por tanto, el derecho a la libre circulación y residencia en territorio español está supeditado a que los extranjeros se hallen legalmente en España.

Y, las situaciones que habilitan a un extranjero a encontrarse legalmente en España son las dos siguientes: situación de estancia (artículo 30 LOE) y situación de residencia (artículo 30 bis LOE). Veamos cada una de ellas con carácter general.

Podemos definir la situación de estancia como la permanencia en territorio español por un período de tiempo no superior a 90 días sin perjuicio de otras situaciones equivalentes a la estancia y que se recogen el artículo 33 LOE (actividades de carácter no laboral como cursar o ampliar estudios, realizar actividades de investigación o formación, participar en programas de intercambio de alumnos, realizar prácticas o realizar servicios de voluntariado).

Y, se entiende por situación de residencia cuando los extranjeros que se encuentren en España son titulares de una autorización para residir. A su vez, los residentes podrán encontrarse en la situación de residencia temporal o de residencia de larga duración.

Situación residencia temporal: es aquella en la que el extranjero se encuentra autorizado a permanecer en España por un periodo superior a noventa días e inferior a cinco años, sin perjuicio de lo establecido en materia de estancia por estudios, movilidad de alumnos, prácticas no laborales o servicios de voluntariado, (artículo 31 de la LOE, y artículo 45 del Reg.LOE).

Situación de residencia de larga duración: Se halla en esta situación el extranjero que haya sido autorizado a residir y trabajar en España indefinidamente en las mismas condiciones que los españoles, (artículo 32 LOE, y artículo 147 del Reg.LOE).

La atribución a los extranjeros del ejercicio del derecho de circulación y residencia, aun cuando cumplan todos los requisitos legalmente establecidos, está sujeta a una serie de límites, siguiendo el sistema normativo español lo previamente precisado por los textos internacionales (artículo 12.3 PIDCP y artículo 2.3 del Cuarto Protocolo del Convenio Europeo). En España, es el artículo 5 LOE el que indica posibles limitaciones derivadas de lo establecido en los Tratados y las Leyes. Son las relativas a las acordadas por autoridad judicial, así como la de aquellas que pudieran establecerse de forma específica cuando se acuerden la declaración de estado de excepción o de sitio o por razones de seguridad pública, de forma individualizada, motivada y en proporción a las circunstancias que concurran en cada caso, por resolución del Ministro del Interior.

Mención especial merece, para delimitar nuestro objeto de análisis, la previsión normativa sobre autorización de residencia temporal por razones humanitarias que se encuentra prevista en el artículo 126.2 del Reg.LOE. Este señala que *se podrá conceder una autorización por razones humanitarias a los extranjeros que acrediten sufrir una enfermedad sobrevenida de carácter grave que requiera asistencia sanitaria especializada, no accesible en su país de origen, y que el hecho de ser interrumpida o de no recibirla suponga un grave riesgo para la salud o la vida. A los efectos de acreditar la necesidad, será preciso un informe clínico expedido por la autoridad sanitaria correspondiente.*

Es importante aclarar que el análisis del procedimiento administrativo de concesión de este supuesto de autorización de residencia excede de nuestro ámbito objetivo de estudio, el derecho a la asistencia sanitaria. En este caso, si el extranjero padece una enfermedad sobrevenida de carácter grave que requiere de asistencia sanitaria especializada obtendrá una autorización de residencia temporal y habrá un tránsito desde una situación de irregularidad a otra regular. Nuestro estudio, sin embargo, se centra en analizar el derecho a la asistencia sanitaria de los inmigrantes que todavía se encuentran en situación administrativa irregular en España. Ello sin perjuicio de que, como se mencionará más adelante, la regulación reglamentaria del supuesto de hecho humanitario (una enfermedad sobrevenida grave que requiera asistencia sanitaria especializada, no accesible en su país de origen, y cuya interrupción o no tratamiento ponga en grave riesgo su salud o su vida), que permite poner en marcha este procedimiento administrativo excepcional de regularización, constituya precisamente una base para aplicar la reinterpretación constitucional del alcance del derecho a la asistencia sanitaria del colectivo objeto de estudio en este trabajo.

A la vista de lo expuesto podemos extraer las tres conclusiones siguientes:

Primera, solo cuando el extranjero nacional de un tercer país no ciudadano de la Unión Europea se halle en alguna de las situaciones descritas se puede decir que este se encuentra en situación administrativa de legalidad.

Segunda, el derecho a la libertad de circulación y residencia no podrá ser ejercido por quien se encuentre en situación administrativa irregular en España. Dentro de este apartado, se encontrarán en situación irregular aquellos extranjeros que, aun cuando su entrada fue legal, al quedarse más tiempo del que permite el visado se convierte en permanencia ilegal. La irregularidad puede incluso producirse cuando la entrada y también la residencia inicial eran legales, pero al tocar la renovación de los permisos de residencia y trabajo, un año o dos después de la llegada, no es posible renovarlos porque ha perdido el trabajo o se ha incurrido en alguna infracción que obstaculiza la renovación. Es la denominada «irregularidad sobrevenida»[130].

Tercera, nuestro objeto de estudio versará sobre los posibles otros derechos que puedan ostentar el grupo de extranjeros no nacionales de terceros países en situación administrativa irregular. No ostentar la titularidad y ejercicio de este derecho no impide que puedan ser titulares de otros derechos fundamentales recogidos en la CE, y, más particularmente del derecho a la asistencia sanitaria.

130 Aja, E., *Inmigración y Democracia... op. cit.,* p. 241.

Entrando ya en el análisis de la última perspectiva del derecho de circulación, esto es, el posible derecho de los extranjeros a salir de España, ya habíamos avanzado cuando analizamos el derecho migratorio internacional que, cualquier extranjero que se encuentre en España puede salir del país voluntariamente, sin distinguir las normas la situación de regularidad o irregularidad de esas personas (artículo 13.2 de la Declaración Universal de los Derechos Humanos, artículo 12.2 del Pacto de Derechos Civiles y Políticos y artículo 2.2 del Cuarto Protocolo del Convenio Europeo de los Derechos Humanos).

En todo caso, y siguiendo también en este punto la norma española lo recogido en los textos internacionales, es necesario mencionar las dos excepciones que no siguen la regla general de la salida voluntaria. Son las denominadas «prohibiciones de salida» y las «salidas obligatorias».

En cuanto a las primeras, los extranjeros, incluidos los que se encuentran en situación administrativa irregular, podrán ser privados del derecho a salir del país, con carácter excepcional, por el Ministro del Interior, en función de razones de seguridad nacional o de salud pública, en los siguientes casos (arts. 28.2 LOE y 22 RegLOE):

a) Extranjeros incursos en un procedimiento judicial, por la comisión de delitos en España, salvo los supuestos del artículo 57.7 LOE, cuando la Autoridad judicial permitiese su salida o expulsión.

b) Extranjeros condenados por la comisión de delitos en España a pena de privación de libertad y reclamados para, cualquiera que fuera el grado de ejecución de la condena, salvo los supuestos del artículo 57.7 LOE y los de aplicación de Convenios en los que España sea parte, sobre cumplimiento de penas en el país de origen.

c) Extranjeros reclamados y, en su caso, detenidos para extradición por los respectivos países, hasta que se dicte la resolución procedente.

d) Los supuestos de padecimiento de enfermedad contagiosa que, con arreglo a la legislación española o a los Convenios Internacionales, impongan la inmovilización o el internamiento obligatorio en establecimiento adecuado.

Es necesario poner de relieve estos supuestos porque cabe preguntarse qué sucederá con el derecho a la asistencia sanitaria de estas personas que encontrándose en situación irregular en España se ven obligados a no poder abandonar el país.

En cuanto a la segunda de las excepciones, la salida será obligatoria en cuatro supuestos, de conformidad con lo establecido en el artículo 28.3 de la LOE y artículo 24 Reg.LOE:

a) Expulsión del territorio español por orden judicial, en los casos previstos en el Código Penal;

b) Expulsión o devolución acordadas por resolución administrativa, en los casos previstos en la Ley, y

c) Denegación administrativa de las solicitudes formuladas por el extranjero para continuar permaneciendo en territorio español, o falta de autorización para encontrarse en España.

d) Cumplimiento del plazo en el que un trabajador extranjero se hubiera comprometido a regresar a su país de origen en el marco de un programa de retorno voluntario.

El incumplimiento de abandono del país en estos supuestos originará nuevamente situaciones de irregularidad sobrevenida. Es decir, las personas extranjeras que incumplan la orden de salida obligatoria deriva en que esas personas continúen o pasen a encontrarse en situación administrativa irregular en España y, por tanto, también será necesario analizar la posible titularidad y ejercicio del derecho a la asistencia sanitaria que les pudiera corresponder.

Por tanto, de este apartado podemos extraer, como conclusiones, las siguientes:

Primera, los extranjeros gozan del derecho a la libertad de circulación en nuestro país que brinda el artículo 19 CE, aun cuando no sea necesariamente en idénticos términos que los españoles, sino en los que determinen las leyes y tratados a los que se remite el artículo 13.1 CE que pueden modular el ejercicio de este derecho.

Segunda, no existe un derecho fundamental de los extranjeros a entrar en España. El sujeto de derecho al que se refiere la regulación del artículo 13.1 CE no es el extranjero sin más, sino el extranjero en España, circunstancia esta que actúa como presupuesto de la extensión de derechos que lleva a cabo el artículo 13.1 CE.

El derecho de entrada de los extranjeros nacionales de terceros países no ciudadanos de la Unión únicamente se reconocerá cuando se cumplan los requisitos documentales legalmente exigidos y el acceso al territorio se haya producido por los puestos habilitados. El incumplimiento de los mismos supondrá que la entrada del extranjero en España sea ilegal.

Tercera, el extranjero nacional de un tercer país no ciudadano de la Unión en situación administrativa irregular no podrá ejercer el derecho a la libertad de circulación y residencia en territorio español. Y, ello con independencia de la causa que haya provocado la situación de irregularidad (originaria o sobrevenida).

Los derechos de libertad de circulación y residencia de los extranjeros, de conformidad con la normativa vigente, sólo se reconocen a aquellos extranjeros que se hallen en situación administrativa legal en España.

Cuarta, con carácter general, el extranjero nacional de un tercer país no ciudadano de la Unión podrá salir voluntariamente de España, con independencia de su situación administrativa. Las excepciones a esta regla general vienen determinadas por los supuestos de prohibición de salida o en los casos de salidas obligatorias.

1.3. Recapitulación

Podemos concluir este primer Capítulo con las siguientes premisas metodológicas para delimitar el objeto de estudio:

Primera, este Capítulo tiene por objeto principal delimitar nuestro ámbito subjetivo objeto de estudio, dada la diversidad de regímenes jurídicos distintos en los que los extranjeros pueden encontrarse. El desarrollo de los apartados expuestos responde, por tanto, al propósito de delimitar de forma precisa los sujetos sobre los que se analizará el alcance de la titularidad, ejercicio y contenido del derecho a la asistencia sanitaria.

Segunda, es extranjero quién no sea español. Y, es inmigrante sólo el extranjero que acude a otro país para paliar el estado de necesidad derivado de la imposibilidad de alcanzar y/o sostener un nivel mínimo de subsistencia en su país de origen y el de su familia.

Tercera, nuestra investigación se centra en el estudio de aquellas personas que no son nacionales españolas y que, además, se encuentran en España con la intención de fijar allí su residencia en búsqueda de las condiciones adecuadas que le permitan sobrevivir en un contexto cultural determinado.

Cuarta, no existe un idéntico tratamiento jurídico de los extranjeros en España, sino que existen diversas categorías de extranjeros. La presente investigación tendrá como ámbito subjetivo objeto de estudio aquella categoría de extranjeros que se identifica con los extranjeros, incluidos en el régimen general, inmigrantes[131], que sean nacionales de terceros países no ciudadanos de la Unión Europea, y que, además, se encuentren en situación administrativa irregular en España. Quedan, en consecuencia, fuera del alcance de esta investigación el resto de categorías de extranjeros.

Quinta, nuestro colectivo objeto de estudio ostenta la categoría jurídica de nacional de tercer Estado no incluido dentro del estatuto de ciudadano de la Unión. Los extranjeros en situación administrativa irregular en España no son ciudadanos de la Unión Europea por no ostentar ni la nacionalidad española ni ostentar la condición de ciudadano de la Unión.

Sexta, el derecho de circulación que hemos analizado presenta tres manifestaciones diferentes. Una, la facultad de salir definitiva o temporalmente del territorio de un Estado del que es nacional, así como el consiguiente

131 A efectos de facilitar la lectura y comprensión de este estudio se empleará de forma genérica el término extranjero en situación administrativa irregular para referirnos a nuestro colectivo objeto de estudio.

derecho a entrar en otro Estado del que esa persona no es nacional. Dos, la facultad de circular libremente por el territorio de un Estado del que no es nacional, así como de fijar su propia residencia (estancia, permanencia) en cualquier parte del territorio de ese Estado. Y, tres, la facultad de salir una persona del territorio de un Estado del que no es nacional.

Séptima, los extranjeros nacionales de terceros países no ciudadanos de la Unión en situación administrativa irregular pueden salir libremente de sus países de origen. Sin embargo, no existe un derecho fundamental, ni humano, de los extranjeros a entrar en España. El sujeto de derecho al que se refiere la regulación del artículo 13.1 CE no es el extranjero sin más, sino el extranjero en España, circunstancia esta que actúa como presupuesto de la extensión de derechos que lleva a cabo el artículo 13.1 CE.

Por tanto, la entrada en el territorio de otro Estado requerirá el cumplimiento de los requisitos normativos fijados por ese Estado. En este caso, serán los requisitos fijados por la normativa de extranjería del Estado español.

Octava, el derecho de residencia y circulación por el territorio del Estado español sólo se reconoce a las personas que se encuentran legalmente en él. Los extranjeros nacionales de terceros países no ciudadanos de la Unión en situación administrativa irregular no tienen reconocido el derecho de residencia y circulación por el territorio de Estado español.

Novena, los extranjeros nacionales de terceros países no ciudadanos de la Unión en situación administrativa irregular pueden voluntariamente abandonar, con carácter general, el territorio del Estado español del que no son nacionales. Las excepciones a esta regla general vienen determinadas por los supuestos de prohibición de salida o en los casos de salidas obligatorias.

En consecuencia, esta delimitación subjetiva de nuestro objeto de estudio nos habilita, a continuación, a analizar el estatuto jurídico de los extranjeros inmigrantes nacionales de terceros países no ciudadanos de la Unión en situación administrativa irregular, y que, a su vez, permitirá delimitar la titularidad y ejercicio del derecho a la protección a la salud que pudiera corresponderles, propósito principal de la presente investigación.

CAPÍTULO II

EL ESTATUTO CONSTITUCIONAL DE LOS EXTRANJEROS EN SITUACIÓN IRREGULAR

El análisis para determinar la configuración del derecho a la asistencia sanitaria pública de los extranjeros inmigrantes en situación administrativa irregular en España exige previa y necesariamente conocer cuál es el estatuto constitucional de los extranjeros en situación irregular en nuestro país.

Para ello, se ha dividido el capítulo en el estudio de tres apartados diferenciados. Una primera parte destinada a profundizar en el alcance de la dignidad humana, cuya previsión constitucional se encuentra en el artículo 10.1 CE y que, como valor que fundamenta el orden político y social, impregna todo el sistema de derechos fundamentales recogido en el Título I de la CE y, por tanto, del estatuto iusfundamental que pueden tener los extranjeros en situación administrativa irregular en España. La segunda parte se centra en el papel que desempeña la previsión específica recogida en el artículo 10.2 CE para determinar el alcance de los derechos humanos en la interpretación de los derechos que pudieran corresponderle a los extranjeros en situación administrativa irregular. Y, finalmente, centraremos nuestra atención en la configuración constitucional de los derechos de los extranjeros en la Constitución española, y, específicamente, analizaremos los concretos derechos constitucionales que ostentan los extranjeros en situación irregular en España.

2.1. La dignidad humana como marco valorativo del estatuto iusfundamental de los extranjeros en situación irregular

La necesidad de poner de relieve la configuración jurídica de la dignidad humana en la presente investigación viene determinada por la relación que pudiera tener la misma en el reconocimiento de la titularidad y ejercicio de los derechos que pudieran ostentarlos extranjeros nacionales de terceros países que se encuentren irregularmente en el territorio español.

Para ello, estructuraremos el epígrafe en el análisis de los siguientes aspectos. Primero, centraremos nuestra atención en el concepto de la dignidad humana, tomando como referencia las distintas configuraciones que la misma ha tenido en otros ordenamientos jurídicos comparados y supranacionales. Será necesario determinar el alcance de su configuración como derecho, principio o valor en el ordenamiento constitucional español (artículo 10.1 CE). En segundo lugar, precisaremos como valor jurídico fundamental, el alcance subjetivo que la misma implica[132]. En este sentido, resultará útil determinar si el alcance de la titularidad de la dignidad humana se reconoce a cualquier persona en el ordenamiento jurídico español. A continuación, expondremos los posibles límites que puedan establecerse, así como las garantías que, en su caso, la rodean. Y, finalmente, haremos referencia a la relación que se establece entre la dignidad humana y el resto de derechos recogidos en el Título I de la misma.

Con carácter general, podemos definir la dignidad humana[133], en cuánto cualidad ínsita a todo ser humano y exclusiva del mismo, como la capacidad de decidir libre y racionalmente cualquier modelo de conducta, con la consecuente exigencia de respeto por parte de los demás[134].

Ahora bien, aun cuando la dignidad del hombre tiene una larga historia en la Filosofía y en la Teología, la misma resulta ser breve en la historia del Derecho constitucional.

Uno de los rasgos sobresalientes del constitucionalismo de la segunda postguerra es la elevación de la dignidad de la persona a la categoría de

---

132 A efectos de facilitar la exposición de esta investigación y por la relevancia que supone la dignidad humana para nuestro colectivo objeto de estudio, en numerosas ocasiones, nos referiremos a ella con el término «titularidad», si bien corresponde aclarar que, en ningún caso, queremos identificar a la dignidad humana como derecho fundamental cuyo régimen jurídico no le es aplicable (artículo 53 CE), sino como valor jurídico fundamental que se proyecta sobre los derechos individuales.

133 *Dignitas* es un sustantivo abstracto derivado del adjetivo *dignum* que a su vez proviene del verbo *decet*, un verbo impersonal. *Decet* significa «lo que conviene», «lo adecuado». Esta estructura de significado permanece en nuestra lengua, como lo prueba la necesidad de la estructura enunciativa «digno de». La familia de significados del término latino pone de manifiesto que *decet y dignum* aluden a un valor que se determina por relación; es el nexo relacional —o contextual— el que le permite cobrar significado. Esta servidumbre se ha mantenido hasta hoy. (*Vid.* Ricardo Chueca, «La marginalidad jurídica de la dignidad humana», en Ricardo Chueca (dir.), *Dignidad humana y derecho fundamental,* Centro de Estudios Políticos y Constitucionales, Madrid, 2015, p. 36).

134 Fernández Segado, F., «La dignidad de la persona como valor supremo del ordenamiento jurídico»*, Derecho PUCP: Revista de la Facultad de Derecho*, núm. 50, 1996, p. 24. Disponible en: https://revistas.pucp.edu.pe/index.php/derechopucp/article/view/5924 (30.04.2023).

núcleo axiológico constitucional, y por lo mismo, a valor jurídico supremo del conjunto ordinamental. Ello tiene una explicación fácilmente comprensible. Los errores de la Segunda Guerra Mundial impactarían de tal forma sobre el conjunto de la humanidad, que por doquier se iba a generalizar un sentimiento de rechazo, primero, y de radical rectificación después, que concluye con meridiana claridad el primer párrafo del Preámbulo de la Declaración Universal de Derechos Humanos de 10 de diciembre de 1948[135].

En el plano constitucional, la primera Constitución de un Estado que citó la dignidad del hombre fue la Constitución del Imperio alemán (Deutsche Reich) de 1919 (también denominada Constitución de Weimar), concretamente en conexión con las condiciones de vida económica. Después, también se citó la dignidad del hombre en la Constitución de Portugal de 1933(en el art. 6) y en el Preámbulo de la Constitución de Irlanda de 1937. No obstante, en realidad, en la historia contemporánea la protección jurídico-constitucional de la dignidad del hombre sólo empieza después del final de la Segunda Guerra Mundial. Ha sido precisamente en Alemania —bajo la entonces aún reciente conmoción por la aniquilación de la dignidad humana de millones de personas por el poder nacionalsocialista—donde se articularan los primeros cauces efectivos para la protección de la dignidad del hombre, primero en las Constituciones de algunos Länder, y después, en 1949, en la Ley Fundamental cuya inserción ha supuesto que, de uno u otro modo, el mismo se recoja en todas las constituciones europeas modernas[136].

Considerando lo anterior, y con la finalidad de delimitar el enunciado del contenido de la dignidad humana en el derecho español, resulta preciso analizar las distintas configuraciones que la misma ha tenido en las diversas constituciones europeas de nuestro entorno más próximo, así como en las normas internacionales y europeas[137]. Este análisis servirá de base para determinar cómo queda configurado el enunciado de la dignidad humana recogido en el artículo 10 de nuestro texto constitucional.

2.1.a) La dignidad humana en el derecho constitucional comparado

Entrando ya en el apartado de derecho comparado sobre la concepción de la dignidad humana, conviene adelantar que examinaremos cómo ha

135 Fernández Segado, F., «La dignidad de la persona como valor supremo...», *op. cit.*, p. 11.

136 Münch, I. V., «La dignidad del hombre en el Derecho constitucional alemán», (traducido por Alberto Oehling de los Reyes), *Foro, Nueva época*, Núm. 9/2009, p. 108.

137 La necesidad de exponer el entramado normativo internacional referente a la dignidad humana radica en que dichos textos internacionales han de informar la interpretación de las normas españolas relativas a los derechos fundamentales y libertades públicas, por mandato del artículo 10.2 CE.

quedado configurada la misma en las constituciones europeas de nuestro entorno cercano. Para ello, analizaremos brevemente los textos constitucionales de Alemania, Italia, Portugal y Francia, por ser textos, previos a nuestra Constitución, que constitucionalizaron la dignidad humana y sirvieron de modelo al constituyente de 1978.

En Alemania, el artículo 1.1 de la Ley Fundamental de Bonn (LFB), de 22 de mayo de 1949, afirma que la dignidad de la persona es intangible. Respetarla y protegerla es obligación de todo poder público.

El contenido de este precepto ha dado lugar a interpretaciones muy dispares por parte de la doctrina constitucionalista alemana sobre su configuración como derecho fundamental, valor o principio.

Sin embargo, para el constituyente alemán tras el final de la Segunda Guerra Mundial, y, en particular para el creador de la Ley Fundamental, quedaba fuera de toda duda que la protección de la dignidad del hombre debía ser un derecho fundamental verdadero, no sólo un principio general o uno de los llamados objetivos estatales. Esto ya se deduce formalmente del hecho de que el art. 1 de la Ley Fundamental se encuentra en la primera parte de la Ley Fundamental, que sobrelleva el título «los derechos fundamentales»[138].

En el año 1954 Nipperdey publicó su comentario al Artículo 1.1 de la Grundgesetz, Die Würde des Menschen —en el libro «Los derechos fundamentales. Manual de teoría y praxis de los derechos fundamentales»—, donde reconocía el carácter de derecho fundamental de la dignidad del hombre[139], interpretación, que después, ha sido bastante seguida por la doctrina, y que sería también ratificada por el Tribunal Constitucional federal.

La mayor característica de la jurisprudencia en relación al artículo 1.1 de la Grundgesetz por el Tribunal federal viene dado por el hecho de que la dignidad debe gozar de toda la protección jurisdiccional al máximo nivel, incluido el recurso de amparo constitucional (Verfassungsbeschwerde). Con la honestidad interpretativa que le caracteriza, el Tribunal alemán nos dice: «Si el artículo 1.1 de la Ley Fundamental afirma que "la dignidad del hombre es intangible", esto supone no sólo protección frente a intromisiones negativas. El segundo epígrafe dice también que "respetarla y protegerla es obligación de todo el poder público", y exige al Estado ciertamente un hacer positivo de protección, es decir, no sólo protección ante situaciones de necesidad mate-

138 MÜNCH, I. V., «La dignidad del hombre en el Derecho constitucional alemán...», *op. cit.*, p. 110.

139 Conviene aclarar que otros autores han defendido otras posiciones. Así, Günter Düring reconoce la dignidad humana como principio constitucional superior. Por su parte, Dreier señala que la dignidad humana actuaría como principio constitucional indisponible y garantía central de la Ley Fundamental. (*Vid.* GÓMEZ ORFANEL, G., «La dignidad de la persona en la Grundgesetz», en Ricardo CHUECA (dir.), *Dignidad humana y derecho fundamental,* Centro de Estudios Políticos y Constitucionales, Madrid, 2015, pp. 56-58).

rial, sino protección frente a lesiones de la dignidad por parte de terceros. La dignidad no sólo es un derecho fundamental individual, sino que concreta todos los demás derechos fundamentales»[140]. Por otro lado, el artículo 1.1 de la Grundgesetz también conforma un derecho fundamental garantizado y, aunque no fuese calificado así, eso no excluiría un compromiso del poder estatal respecto a este principio constitucional[141].

En consecuencia, para el ordenamiento jurídico alemán la dignidad humana se configura como un derecho fundamental.

Por su parte, y en lo que atañe a la configuración de la dignidad humana para el ordenamiento jurídico italiano lo primero que debemos señalar, es que son los artículos 3 y 41 los que se refieren a la dignidad humana, sin contar el texto constitucional con un precepto explícito referido a la misma, a diferencia de la constitución alemana. El primero de ellos, artículo 3, señala en su apartado primero que *todos los ciudadanos tendrán la misma dignidad social y serán iguales ante la ley, sin distinción de sexo, raza, lengua, religión, opiniones políticas ni circunstancias personales y sociales.* Y, el segundo, artículo 41.2, recoge la referencia a la dignidad humana como límite a *la libre iniciativa económica privada* garantizada en el primer párrafo[142].

En Italia, la jurisprudencia constitucional y la mayoría de la doctrina han reconocido la dignidad como un valor qué empapa en si el derecho positivo[143], como un principio supremo del ordenamiento constitucional que tiene un valor superior respeto a otras normas o leyes de rango constitucional que lo convierten incluso como límite para el legislador en materia de revisión constitucional[144].

Así lo confirma, por ejemplo, el pronunciamiento de la Corte Constitucional Italiana en la Sentencia 293-2000 que configura la dignidad humana como el valor constitucional que impregna el derecho positivo[145].

Mención especial merece la Sentencia 432-2005, cuando señala la existencia de *la garantía de un derecho irrenunciable a la salud como ámbito invio-*

---

140 BVerfGE 93, 266 (293).

141 Oehling de los Reyes, A., «El concepto constitucional de dignidad de la persona: forma de comprensión y modelos predominantes de recepción en la Europa continental», *Revista Española de Derecho Constitucional*, Núm. 91, enero-abril 2011, p. 152. Disponible en: https://recyt.fecyt.es/index.php/REDCons/article/view/40014 (15.05.2023).

142 Disponible en: hhttps://www.constituteproject.org/constitution/Italy_2020.pdf?lang=es (04.02.2023).

143 Entre la múltiple literatura al respecto, se puede hacer mención a Bartolomei, Franco, *La dignitáumana come concetto e valore costituzionale : saggio*. Editorial Giappichelli, Torino, 1987.

144 Miranda Bonilla, M. H., «La dignidad humana en la Jurisprudencia de la Corte Constitucional Italiana», *Revista de Ciencias Jurídicas*, N.° 119, 2009, p. 45.

145 *Cfr.* Sentencia de la Corte Constitucional Italiana número 293/2000.

lable de la dignidad humana. Señala la Sentencia que el núcleo esencial del derecho a la salud protegida por la Constitución como la dignidad humana inviolable, exige la prohibición de la creación de situaciones sin protección. Este núcleo irreductible de protección de la salud como un derecho humano también se concederá a los extranjeros, cualquiera que sea su posición en relación con las normas que regulan la entrada y residencia en el Estado, a pesar de lo que puedan disponer los diferentes modos de funcionamiento de la misma. Por lo tanto, incluso un extranjero que se encuentre ilegalmente en el país «tiene derecho a disfrutar de todos los beneficios que son urgentes e inaplazables, de acuerdo con los criterios indicados en el art. 35, párrafo 3 (del Decreto Legislativo. N. 286 de 1998), 286 de 1998)»[146].

Podemos entender, a la vista de lo expuesto, que la dignidad humana en la constitución italiana se configura con un valor supremo del ordenamiento jurídico, y que, además, la misma es tomada en consideración en la configuración y reconocimiento del derecho a la protección de la salud de las personas, incluidas las extranjeras.

Brevemente, y por lo que se refiere a la Constitución Portuguesa de 1976 es preciso señalar que son varios los preceptos que se refieren a la dignidad humana, desde el artículo 1 cuando señala que *Portugal es una República soberana, basada en la dignidad de la persona humana,* pasando por los artículos 13 cuando se refiere al principio de igualdad, el artículo 33 relativo al derecho a la intimidad, o el artículo 211 al referirse a las audiencias de los Tribunales.

El modelo propuesto por este ordenamiento jurídico ha derivado en un modelo que comprende la dignidad como un principio del Estado de Derecho, configurándola al mismo tiempo y de forma complementaria como un valor ético-jurídico envolvente de todo el sistema de derechos fundamentales y como una limitación del poder público propia del Estado de derecho[147].

Antes de finalizar este apartado, es necesario aludir al papel desempeñado por la Jurisprudencia constitucional portuguesa en la relevancia que se le ha concedido a la dignidad humana en la configuración de los derechos de los extranjeros en situación irregular en ese país. De la jurisprudencia del Tribunal Constitucional, la Sentencia n.º 296/2015, de 25 de mayo de 2015, concluye que, con excepción de los derechos imprescindibles para la dignidad de la persona humana, los demás derechos no se aplican plenamente a los ciudadanos extranjeros cuyo estatuto es irregular.

---

146 *Cfr.* Sentencia de la Corte Constitucional Italiana número 432/2005.

147 Miranda, J., «O Tribunal Constitucional Em 1999», en *Anuario Iberoamericano de la Justicia Constitucional*, Núm. 4, Madrid, Centro de Estudios Políticos y Constitucionales, 2000, p. 382. Disponible en https://recyt.fecyt.es/index.php/AIJC/article/view/50307 (23.04.2023).

Y, en relación con los derechos de prestación, como el derecho a la protección de salud, señala que «los extranjeros que no gocen de los derechos sociales integrados en los sistemas sociales contributivos gozan de las prestaciones inherentes a la garantía de un nivel mínimo de existencia, postulado por la dignidad de la persona humana», pero sin perjuicio de que «algunos de los derechos pueden ser reconocidos sólo a los "residentes extranjeros"». Es decir, en relación con el derecho a la protección de la salud se ha de garantizar el derecho constitucional a un mínimo de vida, de existencia digna, resultante del principio de la dignidad de la persona humana[148].

Podemos concluir que la dignidad humana en la constitución portuguesa se configura con un valor supremo del ordenamiento jurídico, y que, además, la misma es tomada en consideración en la configuración y reconocimiento del derecho a la protección de la salud de las personas extranjeras en situación irregular.

Finalmente, en relación con el constitucionalismo francés, conviene señalar que de las dos Cartas Fundamentales proclamadas a raíz de la Segunda Guerra Mundial —1946 y 1958—, ninguna contiene un catálogo de derechos y libertades con referencias expresas a la dignidad humana, sino simples remisiones a la Declaración de 1789. Sin embargo, podemos afirmar que la dignidad humana ha tenido un notable reconocimiento legislativo. En este sentido, el Código Penal de 1992, en su Libro II, Título II, Capítulo V, «Des atteintesà la dignité de la personne», normaliza ciertas conductas como contrarias a la dignidad. También el Código Civil, afirma que «la ley asegura la primacía de la persona humana, prohibiendo todo atentado contra la dignidad y garantizando el respeto del ser humano desde el comienzo de su vida» (art. 16)[149].

En esta línea, el Conseil Constitutionnel, en su Decisión 94-343-344DC, de 27 de julio de 1994[150], reconoce la salvaguarda de la dignidad de la persona humana contra toda forma de esclavitud y degradación como «principio de valor constitucional», iniciando así su perfilación jurisprudencial.

En este sentido, como la Constitución de 1958 no recoge la noción de dignidad, se ha dicho que lo que el *Conseil Constitutionnel* en realidad hace es entrever un principio contenido en el Preámbulo de la Constitución de 1946. Y, se ha limitado a acomodar *(réarranger)* estas palabras para darles la forma de principio. Pues bien, el Conseil hace suyo los términos de las leyes que enjuiciaba para proclamar «la primacía de la persona humana, el respeto del

148 *Cfr.* Sentencia del Tribunal Constitucional Portugués n.º 296/2015, de 25 de mayo de 2015, Fundamentos Jurídicos 22-25.

149 Disponible en: http://www.wipo.int/wipolex/es/details.jsp?id=14526 (23.04.2023).

150 Así lo recoge expresamente su apartado 2, en la Decisión 94-343-344DC, de 27 de julio de 1994.

ser humano desde el comienzo de su vida, la inviolabilidad, la integridad y la ausencia de carácter patrimonial del cuerpo humano, así como la integridad de la especie humana»; para reiterar más tarde que tales principios «tienden a asegurar el respeto del principio constitucional de la salvaguarda de la dignidad de la persona humana»[151].

Atención especial merece, para finalizar este apartado, el tratamiento que se le ha dado a la dignidad de la persona en relación con el poder público en Francia, en el denominado caso del *lanzamiento de enanos*[152]. El caso interesa porque plantea el conflicto entre la dimensión personal y pública de la dignidad humana. El *Conseild'Etat* resolvió a favor de la dimensión pública de la dignidad humana al considerar la práctica del lanzamiento de enanos atentatoria de la dignidad y alteradora del orden público[153].

En efecto, si bien la dignidad de la persona involucra el reconocimiento de un poder para autodeterminar su propia vida, también la dignidad es un bien común y un valor fundamental en el sistema ético-jurídico establecido por el Derecho internacional de los derechos humanos y las constituciones, dando lugar a una dimensión en que no existe la posibilidad de renuncia a la dignidad[154].

Por tanto, para el constitucionalismo francés y más concretamente por su posterior configuración jurisprudencial, la dignidad humana se configura como principio de valor constitucional.

En consecuencia, y considerando lo expuesto de antemano, podemos concluir que la mayoría de los países de nuestro entorno cercano han optado por configurar a la dignidad humana como un principio o valor superior del ordenamiento jurídico, a excepción del sistema jurídico alemán que se ha inclinado por reconocer la dignidad humana como un derecho fundamental.

---

151 Prieto Álvarez, T., *La dignidad de la persona: núcleo de la moralidad y el orden públicos, límite al ejercicio de libertades públicas,* Civitas, Navarra, 2005, pp. 172-173.

152 El caso se caracterizaba porque una sociedad de espectáculos promocionaba una atracción que consistía en el lanzamiento de enanos con las debidas protecciones, a corta distancia, sobre un colchón neumático, por los clientes del establecimiento en el que se organizaba el espectáculo, siendo una especie de alquiler de enanos para el divertimento. Dichos entretenimientos fueron prohibidos por las autoridades francesas por entender que atentaban contra en el artículo 3 (tortura y tratos inhumanos o degradantes) del Convenio Europeo para la protección de los derechos humanos y de las libertades fundamentales.

153 *Ibidem*, pp. 175-178.

154 Pascual Lagunas, E., *Configuración jurídica de la dignidad humana en la jurisprudencia del Tribunal Constitucional*, Bosch Editor, Barcelona, 2009, pp. 148-149.

2.1.b) La dignidad humana en el Derecho Internacional de los Derechos Humanos

Los compromisos internacionales asumidos por el Estado español a través de las normas internacionales de los derechos humanos serán tenidos en cuenta en la configuración constitucional de los derechos fundamentales, incluida la dignidad humana recogida en el artículo 10 CE, dentro del Título I. Por ello, a continuación, expondremos los principales instrumentos internacionales generales que contienen referencias a la dignidad humana.

En primer lugar, comenzaremos por la Declaración Universal de los Derechos Humanos de 1948 que se refiere a la dignidad humana, además de en su Preámbulo, en el artículo 1 de la misma. Concretamente, su Preámbulo proclama que la libertad, la justicia y la paz en el mundo tienen por base el reconocimiento de la dignidad intrínseca y de los derechos iguales e inalienables de todos los miembros de la familia humana. Seguidamente, afirma la fe de los pueblos de las Naciones Unidades en la dignidad humana de la persona y el valor de la persona humana, y en la igualdad de derechos de hombres y mujeres, señalando el artículo primero en su apartado primero que todos los seres humanos nacen libres en dignidad y derechos.

Como puede verse, desde este enfoque, todo ser humano, por el hecho de serlo, por el hecho de ser racional y libre y por tanto capaz de moralidad, es sujeto de dignidad, valor absoluto y no relativo, fin en sí y no medio. Y, precisamente porque tiene esa dignidad, ni deben tratarle los demás seres humanos como puro medio ni debe tratarse a sí mismo en condición de tal. Además, la declaración contenida en el artículo 1 del texto reconociendo que todos nacemos iguales en dignidad alude a una característica que expresa la realización de las potencialidades básicas de la vida humana, a la que se tiene derecho precisamente por ser sujetos de dignidad. Quien consigue esa realización tiene una vida digna; a quien se le impide se ve impedido a tener una vida que no es digna del ser humano. La dignidad vuelve a ser algo que se exige: todos podemos exigirla a la sociedad y al Estado, aunque también debamos poner por nuestra parte lo que nos toca, condiciones para hacer posible esa vida digna[155].

En segundo lugar, los Pactos de Derechos Civiles y Políticos y de Derechos Económicos, Sociales y Culturales de 1966 recogen en sus Preámbulos, concretamente, en su primer considerando, que la libertad, la justicia y la paz en el mundo tienen por base el reconocimiento de la dignidad inherente a todos los miembros de la familia humana.

155 ETXEBERRIA, X., «Fundamentación y orientación ética de la protección de los derechos humanos», en GÓMEZ ISA, Felipe, (dir.), *La protección internacional de los derechos humanos en los albores del siglo XXI*, Universidad de Deusto, Bilbao, 2004, pp. 71-72.

La inclusión de la dignidad humana en estos textos internacionales de protección de derechos humanos supone las dos consideraciones siguientes: por una parte, si los derechos humanos se enraízan en la dignidad, y ésta se nos muestra como universal e inalienable, en última instancia tenemos derecho a que se nos protejan nuestros derechos como humanos a través de los correspondientes mecanismos de protección, porque somos sujetos en dignidad. En principio, los mecanismos de protección ejercen una tarea preventiva, tratando de lograr que la instrumentalización no se produzca. Pero, cuando la instrumentalización se ha producido, se debe actuar con estrategias que lo frenan en lo posible, que reparan también en lo posible el daño sufrido y que previenen futuros quebrantamientos de derechos. El concepto de dignidad, a fin de marcar el sentido y los límites de la misma, supone que si circunstancias límite fuerzan al recorte de los derechos de algunos para proteger el disfrute de los derechos de todos, deberá hacerse con el mínimo inevitable de coacción, en un marco de seguridad jurídica que exprese los derechos humanos en esa situación.

Y, de otro lado, también la orientación de protección que surge desde la dignidad supone la necesidad de garantizar los mecanismos de protección de los derechos humanos que apunten a garantizar las condiciones de vida digna, lo que inevitablemente supone que se establezcan mecanismos de protección también para los derechos económicos, sociales y culturales[156].

Se configuran, pues, los derechos humanos como expresión y concreción sustancial de la idea de dignidad de la persona. Con la proclamación de la noción jurídica de la dignidad intrínseca de la persona en los textos reseñados se ha producido una extraordinaria innovación en el Derecho Internacional, consistente en la consideración del ser humano y de su dignidad intrínseca no como mero objeto del orden internacional. A diferencia del Derecho Internacional clásico o tradicional, que otorgaba el protagonismo exclusivo a los Estados, se afirma el reconocimiento del lugar supremo del interés humano en el orden de los valores, y, en consecuencia, la obligación de los Estados de hacer dicho interés, concretado en las ideas de dignidad y derechos fundamentales de la persona, universales e indivisibles, uno de los principios constitucionales del nuevo orden internacional. La dignidad personal se va a considerar en estos textos como el valor fundador fundamental de todos los derechos, siendo dichos derechos concreciones o manifestaciones de dicho valor. Se dice, por tanto, que la dignidad de la persona constituye el fundamento incuestionable de la idea de derechos humanos[157].

---

156 *Ibidem*. pp. 73-74.

157 Marín Castán, M.ª L., «La dignidad humana, los Derechos Humanos y los Derechos Constitucionales», *Revista de Bioética y Derecho*, N.º 9, enero 2007, p. 3. Disponible en: https://revistes.ub.edu/index.php/RBD/article/view/7833 (01.05.2023).

A nivel regional europeo, y aun cuando todos los textos internacionales recogen la noción de dignidad humana, el Convenio Europeo de Derechos Humanos (CEDH) constituye la excepción, dado que ni en su Preámbulo ni en su articulado se contiene mención alguna al término. Sin embargo, ello no ha sido obstáculo para que el Tribunal Europeo de Derechos Humanos haya tenido en cuenta en sus pronunciamientos el concepto de dignidad humana. Así, una primera sentencia que menciona este concepto es la Sentencia del Tribunal Europeo de Derechos Humanos, Caso Tyrer contra The United Kingdom, de 25 de abril de 1978[158], cuando señala que la demandante fue tratada en su castigo como un objeto en el poder de las autoridades, lo cual constituye un asalto a uno de los principales objetivos del artículo 3 del Convenio, como es protegerla dignidad de una persona y la integridad física.

El TEDH cuando se refiere a la dignidad humana toma en consideración la totalidad del Convenio como ha señalado en numerosos pronunciamientos. En unos casos refiriéndose a la totalidad del mismo para su interpretación[159] y, en otros, la exigencia de dignidad aparece como demanda no sólo del Estado sino también de la sociedad[160]. Asimismo, en otras sentencias emanadas por el TEDH la dignidad hace referencia al propio individuo[161].

Teniendo en cuenta las distintas significaciones expuestas, el significado para el TEDH de la dignidad humana podría sintetizarse de la siguiente manera:

En primer lugar, la dignidad humana ha tenido para el TEDH un carácter hermenéutico, constituyendo el sustrato al que se reconducen todos los derechos incluidos en el CEDH. En segundo lugar, la dignidad humana subraya la intangibilidad física y moral de cualquier ser humano, buscando destacar la intangibilidad del ser humano frente a ataques de terceros, ya sean Estado o particulares. Y, finalmente, el reconocimiento de la dignidad humana a cada individuo introduce un elemento clave en la lucha contra las discriminaciones ya sea frente a minorías o personas que se encuentren en una situación de inferioridad, puesto que la dignidad humana impone el elemento que iguala a todos los individuos por encima de sus (supuestas) diferencias[162].

---

158 *Cfr.* STEDH (Sala) Caso Tyrer contra The United Kingdom, de 25 de abril de 1978, párrafo 33.

159 *Cfr.* STEDH (Sección 4.ª) Caso Pretty contra The United Kingdom, de 29 de abril de 2002, párrafo 65, cuando señala que *la esencia misma de la Convención es el respeto de la dignidad humana y la libertad humana.*

160 *Cfr.* STEDH (Sección 1.ª) Caso Gündüz contra Turkey, de 4 de diciembre de 2003, párrafo 40, cuando señala que *la tolerancia y el respeto de la igual dignidad de todos los seres humanos constituyen los fundamentos de una sociedad democrática y pluralista.*

161 *Cfr.* STEDH (Gran Sala) Caso El-Masri contra «La Exrepública Yugoslava de Macedonia», de 13 de diciembre de 2012, párrafo 248, cuando señala que *una persona no debe ser tratada de una manera que cause una pérdida de dignidad.*

162 Elvira Perales, A., «La dignidad humana en el Tribunal Europeo de Derechos Humanos», en Ricardo Chueca (dir.), *Dignidad humana y derecho fundamental*, Centro de Estudios Políticos y Constitucionales, Madrid, 2015, p. 232.

Por su parte, la Carta Social Europea, firmada en Turín el 18 de octubre de 1961, (entrada en vigor el 26 de febrero de 1965)[163], tampoco hace referencia expresa a la dignidad humana, pero al invocar en su Preámbulo *los ideales y los principios que son su patrimonio común* y al remitirse también en su parte preambular a la Convención Europea de noviembre de 1950, debe entenderse la dignidad humana como uno de los principios que sustenta la Carta Social Europea[164].

En el seno de la Unión Europea, debemos señalar que la dignidad humana se menciona, por primera vez, en la Carta de Derechos Fundamentales de la Unión Europea de 7 de diciembre de 2000, tanto en su Preámbulo, párrafo segundo *(la Unión está fundada sobre los valores indivisibles y universales de la dignidad humana)*, como en su Capítulo primero, titulado *Dignidad,* señalando el artículo primero del mismo que *la dignidad humana es inviolable. Será respetada y protegida.*

Antes de la entrada en vigor de la Carta, el TJUE había hecho referencias marginales a la dignidad humana conectándola con el principio de igualdad, como, por ejemplo, en la STJUE de 30 de abril de 1996, Asunto C-13/94[165], sobre discriminación de una persona transexual. Su párrafo 22 señalaba que tolerar tal discriminación supondría atentar contra el respeto a la dignidad y a la libertad a la que esa persona tiene derecho, y que el Tribunal de Justicia debe proteger.

Sin embargo, desde la entrada en vigor de la Carta, la dignidad de la persona no sólo es en sí un derecho fundamental, sino que constituye la base misma de los derechos fundamentales como expresamente ella misma recoge en su Preámbulo. Esta nueva concepción de la dignidad humana como principio y derecho fundamental aparece ya recogida en las sentencias emanadas del TJUE. Sirva de ejemplo la STJUE de 9 de octubre de 2001, Asunto C-377/98[166], que la configura como un derecho fundamental.

---

163 España ha ratificado la Carta Social Europea a través del Instrumento de Ratificación, de 29 de abril de 1980, de la Carta Social Europea, hecha en Turín de 18 de octubre de 1961. BOE N.° 153, de 26.06.1980.
También España ha ratificado la Carta Social Europea (revisada), hecha en Estrasburgo el 3 de mayo de 1996. BOE N.° 139, de 11.06.2021.

164 Gros Espiell, H., «La dignidad humana en los instrumentos internacionales sobre derechos humanos», *Anuario de derechos humanos, Nueva Época*, Vol. 4, 2003, pp. 215-216. Disponible en: https://dialnet.unirioja.es/servlet/articulo?codigo=1291296 (01.05.2023).

165 *Cfr.* Sentencia Tribunal de Justicia de la Unión Europea de 30 de abril de 1996, Asunto C-13/94, P. contra S. y Cornwall County Council, párrafo 22.

166 *Cfr.* Sentencia Tribunal de Justicia de la Unión Europea de 9 de octubre de 2001, Asunto C-377/98, Reino de los Países Bajos contra Parlamento Europeo y Consejo de la Unión Europea, párrafo 70.

Ahora bien, cabría plantearse que sucede cuando un Estado miembro veta la aplicación del derecho comunitario por atentar el mismo contra la dignidad humana en dicho Estado. Al respecto se ha pronunciado la STJUE, de 14 de octubre de 2004, Asunto C-36/02[167], entendiendo el mismo que el ordenamiento jurídico comunitario trata innegablemente de garantizar el respeto de la dignidad humana como principio general del Derecho. Por tanto, es indudable que el objetivo de proteger la dignidad humana es compatible con el Derecho comunitario. Al imponerse el respeto de los derechos fundamentales tanto a la Comunidad como a sus Estados miembros, la protección de tales derechos constituye un interés legítimo que puede justificar, en principio, una restricción a las obligaciones impuestas por el Derecho comunitario, incluso en virtud de una libertad fundamental garantizada por el Tratado como la libre prestación de servicios. De lo expuesto, podemos concluir que es admisible que un Estado miembro, en aras de proteger la dignidad humana de las personas conforme a su derecho interno, pueda establecer medidas restrictivas a obligaciones derivadas del derecho de la Unión Europea.

Llegados a este punto conviene precisar que, teniendo en cuenta el ámbito subjetivo objeto de estudio de la presente investigación, la configuración jurídica de la dignidad humana prevista en el Derecho de la Unión será aplicable también a los extranjeros inmigrantes nacionales de terceros países en situación administrativa irregular, aun cuando no gocen de la condición de ciudadano de la Unión. Es decir, el conjunto de derechos y libertades reconocidos en los artículos 1 a 5 del Título I de la Carta, entre los que se encuentra la dignidad humana, se reconocen a toda persona al margen de la condición de ciudadano de la Unión[168].

Por tanto, y como corolario de este apartado debemos retener en el ámbito de nuestra investigación las siguientes consideraciones. La dignidad de la persona constituye el fundamento de los derechos humanos; es consustancial a la persona humana, tiene carácter universal, intangible e indivisible; posee un carácter hermenéutico en la configuración de los derechos recogi-

---

167 *Cfr.* STJUE (Sala 1.ª) de 14 de octubre de 2004, Asunto C-36-02, Omega Spielhallen —und Automatenaufstellungs— GmbH y Oberbürgermeisterin der Bundesstadt Bonn, párrafos 34-36. El denominado caso Omega presentaba los siguientes hechos: una sociedad alemana, explotaba unas instalaciones denominadas «lasérdromo». El «láser-sport» es un juego que se sirve de aparatos de láser en forma de pistolas-ametralladoras y de sensores-receptores de rayos instalados en chalecos que utilizan los jugadores. Omega importaba este equipamiento desde el Reino Unido. El juego practicado en el lasérdromo tenía como objetivo, entre otros, acertar con las pistolas-ametralladoras a los receptores colocados en los chalecos de otros jugadores. Las autoridades públicas alemanas prohibieron este juego al tener por objeto disparar a blancos humanos mediante rayos láser o rayos infrarrojos.

168 Rodríguez Mateos, P., Jiménez Blanco, P., Espiniella Menéndez, A., *Régimen jurídico de los extranjeros ..., op. cit.*, p. 518.

dos en los propios instrumentos internacionales y constituye un límite frente a la soberanía del Estado en la configuración y reconocimiento de sus derechos fundamentales.

Lo anterior implica que, por aplicación de las normas internacionales, incluida la Carta de Derechos Fundamentales de la Unión Europea, los extranjeros en situación administrativa irregular son titulares de la dignidad humana.

2.1.c) La dignidad humana en la Constitución Española de 1978

Expuestas de forma sistemática las principales ordenaciones de la dignidad humana en el derecho comparado e internacional, procede a continuación examinar la configuración de la dignidad humana prevista en el artículo 10.1 de la CE. Dicho precepto se encuentra ubicado dentro del Título I, como pórtico de la Sección Primera, pero no se encuentra dentro de la Sección 1.ª del Capítulo II de este Título, que versa sobre el conjunto de derechos fundamentales del Estado español.

El artículo 10.1 de la Constitución española reza como sigue:

> La dignidad de la persona, los derechos inviolables que le son inherentes, el libre desarrollo de la personalidad, el respeto a la ley y a los derechos de los demás son fundamento del orden político y de la paz social.

Con carácter general, el artículo 10.1 CE enuncia los fines últimos que debe perseguir el Estado democrático de derecho instaurado por la Constitución y, por los que, en consecuencia, puede considerarse globalmente justo y digno de acatamiento: dignidad de la persona y libre desarrollo de la personalidad. Y, concretamente, la dignidad humana constituye una afirmación de la prioridad de la persona sobre el Estado. Ello implica que los poderes públicos son un instrumento al servicio de los seres humanos, y no al revés. Los seres humanos no deben ser jamás tratados instrumentalmente respecto de los fines y políticas estatales[169].

Como señala la Sentencia del Tribunal Constitucional 207/2013, de 5 de diciembre[170], la dignidad de la persona y el libre desarrollo de su personalidad (art. 10.1 CE), suponen la base de nuestro sistema de derechos fundamentales.

Sentado lo anterior, el análisis del artículo 10.1 CE referido a la dignidad humana exige, hacer referencia, en primer lugar, a los antecedentes consti-

---

169 Díez Picazo, L. M., *Sistema de Derechos Fundamentales*, 4.ª Ed., Thomson Civitas, Navarra, 2013, p. 62.

170 *Cfr.* Sentencia del Tribunal Constitucional 207/2013, de 5 de diciembre, Fundamento Jurídico 5.

tucionales. En segundo lugar, determinaremos, de entre los modelos constitucionales expuestos, cuál o cuáles han sido los elegidos por el constituyente español, es decir, si estamos en presencia de un derecho fundamental, de un valor o de un principio, de acuerdo con la configuración y contenido enunciado por nuestro Tribunal Constitucional. A continuación, nos referiremos a la cuestión del ámbito subjetivo de la dignidad humana. Seguidamente, haremos referencia a las posibles garantías y, finalmente, dedicaremos nuestra atención a la relación existente entre dignidad humana y derechos fundamentales.

En cuanto a los antecedentes de nuestro constitucionalismo histórico[171], podemos señalar que no es hasta el proyecto de Constitución Federal de la República de 1873 cuando se menciona el derecho a la vida y a la seguridad y a la *dignidad* a la vida. Tanto las Constituciones anteriores de 1812, 1834, 1845 como la posterior Constitución de 1876 y la Constitución Republicana de 1931 no hacen mención expresa a la dignidad humana[172].

Finalmente, el iter del proceso constituyente de 1978[173] supuso que la dignidad humana en el Anteproyecto constitucional, encabezado en el Capítulo segundo (de las libertades públicas) del Título II (de los derechos y deberes fundamentales), el artículo 13 establecía que *la dignidad, los derechos inviolables de la persona humana y el libre desarrollo de la personalidad, son fundamento del orden político y de la paz social, dentro del respeto a la ley y a los derechos de los demás*[174].

Tras el informe de la Ponencia constitucional del Congreso, el texto queda ubicado en el artículo 10.1 CE[175], y con una redacción bastante similar en la

171 Mención aparte, por no ser un documento constitucional, merece las Leyes Fundamentales del Estado Nacional, concretamente, el Fuero de los Españoles aprobado por Ley de 17 de julio de 1945, cuando en su Título Preliminar, el Estado proclamaba como principio rector de sus actos el respeto a la dignidad, la integridad y la libertad de la persona, reconociendo al hombre, en cuanto portador de valores eternos y miembros de una comunidad nacional, titular de deberes y derechos, cuyo ejercicio garantiza en orden al bien común. Y, después de reconocer en este texto normativo tanto derechos de libertad como otros de carácter económico, social y cultural preveía que cualquier violación contra cualquiera de los derechos de este Fuero sería sancionada por las Leyes (artículo 36). La aplicación de este precepto resultó muy limitada porque no se formularon las leyes de desarrollo indispensables para que tales principios se encarnaran en la práctica. (*Vid.* RUIZ-GIMÉNEZ CORTÉS, J., «Comentario al artículo 10 CE», en *Comentarios a la Constitución de Alzaga,* tomo II, Edersa, Madrid, 1996, pp. 41-42*).*

172 El breve repaso histórico realizado toma como referencia a GONZÁLEZ PÉREZ, J., *La dignidad de la persona*, Ed. Civitas, Madrid, 1986, pp. 67-76.

173 ALEGRE MARTÍNEZ, M.A., *La dignidad de la persona como fundamento del ordenamiento constitucional español*, Universidad de León, León, 1996, pp. 37-40.

174 Véase Boletín Oficial de las Cortes Generales (BOCG), N.° 44, de 5 de enero de 1978.

175 En la Comisión constitucional del Senado, el texto recibido fue objeto de diversas enmiendas, si bien el debate giró más bien en torno a la enmienda número 707, de Unión de

que únicamente se ordenan de modo distinto sus contenidos, y que sería la definitiva: *la dignidad de la persona, los derechos inviolables que le son inherentes, el libre desarrollo de la personalidad, el respeto a la ley y a los derechos de los demás son fundamento del orden político y de la paz social*.

RUIZ-GIMÉNEZ CORTÉS, J.[176] ha puesto de relieve la triple función que a su juicio cumple el art. 10.1 de nuestra Constitución:

En primer término, una función legitimadora del orden político, en sí mismo, y del ejercicio de todos los poderes públicos, por cuanto únicamente será legítimo nuestro orden político cuando respete y tutele la dignidad de cada una y de todas las personas humanas radicadas en su órbita, sus derechos inviolables y el libre desarrollo de su personalidad; asegure el imperio de la ley y coordine el recto uso de todos esos derechos, como base y condición de la paz social.

En segundo lugar, una función promocional, en cuanto que ni la dignidad de la persona, ni los derechos inviolables a ella inherentes son elementos estáticos, fijados de una vez para siempre, sino dinámicos, abiertos a un constante enriquecimiento (aunque susceptible también, en el plano fáctico, de dolorosas amputaciones y retrocesos).

De ahí que en el apartado primero de este artículo constitucional se haga explícita referencia al «libre desarrollo de la personalidad», y que, en el apartado segundo, se conecte imperativamente la interpretación de las normas relativas a los derechos fundamentales y a las libertades que la Constitución reconoce, con lo prevenido en las Declaraciones y en los Pactos Internacionales sobre las mismas materias que España ratifique, en un proceso histórico de gradual despliegue de potencialidades.

Por último, una función hermenéutica que, de acuerdo con el artículo 10.1 CE opera como pauta interpretativa de todas las normas del ordenamiento jurídico, en un doble plano.

Centro Democrático, que, con fundamentación en la incorporación de España al orden internacional proponía añadir un segundo apartado: «las libertades y derechos serán tutelados y garantizados de conformidad con los acuerdos internacionales sobre derechos humanos ratificados por España».

En el Pleno del Senado, el texto del artículo 10, ya con sus dos apartados, fue objeto de un breve debate, que concluyó con una votación favorable al texto dictaminado por la Comisión. En la Comisión Mixta Congreso-Senado constituida con el fin de resolver las diferencias existentes entre los textos aprobados por ambas Cámaras tampoco varió la redacción del artículo 10.1, y sólo se introdujo alguna leve corrección de estilo en el párrafo segundo. Finalmente, el texto fue aprobado en las Sesiones plenarias del Pleno del Congreso y del Senado, el 31 de octubre de 1978.

Véase Boletín Oficial de las Cortes Generales (BOCG), N.º 157, de 6 de octubre de 1978.

176 RUIZ-GIMÉNEZ CORTÉS, J., «Comentario al artículo 10 CE», en *Comentarios a la Constitución de Alzaga,* tomo II, Edersa, Madrid, 1996, pp. 58-59.

En el interno, todos los poderes públicos (a nivel de Estado y a nivel de comunidades autónomas y demás instituciones subordinadas) han de evaluar el significado objetivo de las diversas disposiciones normativas, y, por consiguiente, aplicarlas y ejecutarlas con estricta exactitud a los valores y principios definidos en este artículo: «la dignidad de la persona, sus derechos inviolables, el libre desarrollo de la personalidad dentro del respeto a la ley y a los derechos de todos».

Y, en el orden supranacional, dado que el esclarecimiento y puntualización de todas las normas relativas a los derechos fundamentales y a las libertades, reconocidos por la Constitución, ha de realizarse «de conformidad con la Declaración Universal de Derechos Humanos y los tratados y acuerdos internacionales sobre las mismas materias ratificados por España», integrándose así nuestro ordenamiento interno y el ordenamiento jurídico internacional en una unidad normativa, en todo cuanto concierne a la protección de los derechos humanos básicos.

Por tanto, la configuración de la dignidad humana prevista en el artículo 10.1 CE cumple las tres funciones citadas (legitimadora, promocional y hermenéutica).

Delimitadas las funciones de este precepto constitucional, corresponde, a continuación, entrar en el análisis singularizado de la dignidad de la persona propiamente dicho.

En cuanto a la naturaleza del reconocimiento constitucional de la dignidad humana, corresponde delimitar el alcance de su configuración en el texto constitucional como valor, principio o derecho[177].

177 Defienden su configuración como Principio General de Derecho, GONZÁLEZ PÉREZ, J.. Señala que el artículo 10 CE supone la consagración de la persona y su dignidad como principio rector del Ordenamiento jurídico español. Principio general de Derecho que, sin dejar de serlo, al positivizarse en el artículo 10.1 de la Constitución adquiere la fuerza de norma inmediatamente —y no subsidiariamente— aplicable. (*Vid.* GONZÁLEZ PÉREZ, J., *La dignidad de la persona,* Ed. Civitas, Madrid,1986, pp. 80 y 87).

Por su parte, FERNÁNDEZ SEGADO, F. considera el reconocimiento constitucional de la persona y su dignidad como el principio rector supremo de ordenamiento jurídico. (*Vid.* FERNÁNDEZ SEGADO, F., «La Teoría jurídica de los derechos fundamentales en la doctrina constitucional», *Revista Española de Derecho Constitucional,* Año 13. Núm. 39. Septiembre-diciembre 1993, p. 201).

En la misma línea podemos citar a PECES-BARBA, G. cuando señala que la dignidad humana es el fundamento y razón de la necesidad de los valores superiores, es la raíz última de todo, y, su inclusión entre los valores superiores no es metodológicamente correcta, puesto que éstos son los caminos para hacer real y efectiva la dignidad humana, en (*Vid.* PECES-BARBA, G., *Los valores superiores,* Tecnos, Madrid, 1984, p. 86).

Otros autores, sin embargo, defienden su configuración como valor superior del ordenamiento jurídico. Destaca LUCAS VERDÚ, P. al señalar que, desde el punto de vista axiológico, la dignidad de la persona es el fundamento, principio y origen del Ordenamiento constitucional español, es la Grundnorm desde el punto de vista lógico, ontológico y deontológico. (*Vid.* LUCAS VERDÚ, P., *Estimativa y políticas constitucionales*, Universidad de

La dignidad humana es un valor, pero, al ser un valor universal, tiene una formulación tan abstracta y general que adquiere de por sí un sentido deontológico, o sea, de principio, y con tal carácter de principio figura en el artículo 10.1 CE. De ahí su inviolabilidad y la obligación de no desconocerla; de ahí también que, como principio, la dignidad humana se irradie al contenido de las normas iusfundamentales[178].

GAVARA DE CARA, J.C. considera que el principio de la dignidad humana debe ser considerado como un principio jurídico objetivo, en el sentido de ser una norma que obliga a que su contenido sea realizado en el mayor grado posible dentro de las posibilidades materiales y jurídicas, consistiendo en una obligación de optimación que puede ser realizada en grado diferenciado. Dentro de esta lógica de principios, el principio de inafectibilidad de la dignidad humana dependerá de la fijación de las circunstancias en que puede ser infringida la dignidad humana, sin que puedan ser fijadas de modo general, ya que dependen del caso concreto. El propio Tribunal Constitucional ha reconocido que la dignidad humana depende de las normas, valores o ideas sociales vigentes en cada momento, por lo que comporta un margen de imprecisión que ha de irse reduciendo por la concreción judicial[179].

Así lo recoge, por ejemplo, la Sentencia del Tribunal Constitucional 46/2002, de 25 de febrero[180], cuando afirma que *el derecho al honor (...) es un concepto jurídico que, aunque expresa de modo inmediato la dignidad constitucional inherente a toda persona, depende, en parte, de las normas, valores e ideas sociales vigentes en cada momento, por lo que comporta un margen de imprecisión que ha de irse reduciendo por la concreción judicial*.

Nuestro Tribunal Constitucional ha concretado también el significado constitucional de la dignidad humana en sus distintos pronunciamientos. En la Sentencia 53/1985, de 11 de abril, configura la dignidad humana como valor jurídico fundamental, reconocido en el artículo 10 CE como germen o núcleo de unos derechos que le son inherentes. Añade en esa misma Sentencia que la dignidad *es un valor espiritual y moral inherente a la persona, que se manifiesta singularmente en la autodeterminación consciente y responsable de la propia vida y que lleva consigo la pretensión al respeto por parte de los*

Madrid, Madrid, 1984, p. 117).

GARCÍA DE ENTERRÍA, E. sigue esta misma línea de considerar la dignidad humana como valor superior a cuyo servicio está la propia Constitución. (*Vid.* GARCÍA DE ENTERRÍA, E., «Los fundamentos constitucionales del Estado», *Revista española de Derecho Constitucional,* Año Núm. 18, Núm. 52, 1998, pp. 20-21).

178 BASTIDA FREIJEDO, F. Y OTROS, *Teoría General de los Derechos Fundamentales..., op. cit.* p. 80.

179 GAVARA DE CARA, J. C., *La proyección interna de la dimensión objetiva de los derechos fundamentales: el artículo 10.1 CE*, Cuadernos de Derecho Constitucional, Bosch Editor, Barcelona, 2011, p. 109.

180 *Cfr.* Sentencia Tribunal Constitucional 46/2002, de 25 de febrero, Fundamento Jurídico 6.

demás[181]. Posteriormente, el máximo intérprete adicionó un nuevo contorno de la misma, considerando a la dignidad humana como *mínimum invulnerable que todo estatuto jurídico debe asegurar, de modo que, sean unas u otras las limitaciones que se impongan en el disfrute de derechos individuales, no conlleven menosprecio para la estima que, en cuanto ser humano, merece la persona*[182].

Partiendo de esa base, se desprende que «los derechos individuales que le son inherentes» no pueden sino constituir medios suministrados al individuo para su realización plena[183]. Así lo sostiene el Tribunal Constitucional en la Sentencia 57/1994, de 28 de febrero[184], cuando señala que (...) los artículos 15 y 18.1 CE, son derechos que, además de estar estrechamente relacionados, ambos son proyección de la dignidad de la persona como valor jurídico fundamental que consagra el artículo 10.1 CE Por su parte, la Sentencia 214/1991, de 11 de noviembre[185], reconoce que el derecho al honor y otros de los derechos reconocidos en el artículo 18. CE aparecen como derechos fundamentales vinculados a la propia personalidad, derivados sin duda de la dignidad de la persona que reconoce el artículo 10 CE.

Otras sentencias posteriores confirman la configuración de la dignidad humana como valor jurídico fundamental, tales como la Sentencia 150/1991, de 4 de julio[186], cuando recoge que las normas constitucionales relativas a la dignidad de la persona consagradas en el artículo 10.1 CE, así como los valores superiores recogidos en el artículo 1.1 CE, integran mandatos jurídicos objetivos y tienen un valor relevante en la normativa constitucional. O, la Sentencia 337/1994, de 23 de diciembre[187], cuando reconoce que la dignidad de la persona constituye un valor superior del ordenamiento que se contiene en el artículo 10.1 CE como pórtico de los demás valores o principios allí consagrados, lo que revela su fundamental importancia.

Todo lo arriba expuesto, nos permite responder a la cuestión de su naturaleza jurídica. La dignidad de la persona es un valor superior jurídico fundamental, con una formulación tan abstracta y general que adquiere la categoría de principio, y, con tal carácter de principio es el punto de arranque, germen o núcleo de los derechos que le son inherentes.

---

181 *Cfr.* Sentencia Tribunal Constitucional 53/1985, de 11 de abril, Fundamentos Jurídicos 3 y 8. También Auto Tribunal Constitucional 238/1985, de 10 de abril, Fundamento Jurídico 1.

182 *Cfr.* Sentencia Tribunal Constitucional 120/1990, de 27 de junio, Fundamento Jurídico 4.

183 SÁNCHEZ GONZÁLEZ, S., «Comentario introductorio al Título I», en *Comentarios a la Constitución de Alzaga,* tomo II, Edersa, Madrid, 1996, p. 25.

184 *Cfr.* Sentencia Tribunal Constitucional 57/1994, de 28 de febrero, Fundamento Jurídico 4.

185 *Cfr.* Sentencia Tribunal Constitucional 214/1991, de 11 de noviembre, Fundamento Jurídico 1.

186 *Cfr.* Sentencia Tribunal Constitucional 150/1991, de 4 de julio, Fundamento Jurídico 4.

187 *Cfr.* Sentencia Tribunal Constitucional 337/1994, de 23 de diciembre, Fundamento Jurídico 12.

Por tanto, tal y como aparece recogida en el artículo 10.1 CE, la dignidad humana presenta un triple carácter[188]:

La dignidad, es, en primer lugar, la base y la razón de ser de los derechos inviolables inherentes a la persona. El reconocimiento y respeto de esos derechos es imprescindible para que la vida de la persona se desarrolle de modo conforme con su dignidad.

En segundo lugar, la dignidad funciona como un fin, tanto de reconocimiento de derechos, como de la previsión de garantías para la protección en el ejercicio de los mismos. El reconocimiento constitucional de unos determinados valores y su materialización de estas opciones axiológicas en un determinado elenco de derechos y libertades, va encaminado a posibilitar el desarrollo integral de la persona exigido por su propia dignidad.

Por último, la dignidad se convierte en un límite. La propia regulación constitucional nos permite comprender esta idea conforme al siguiente planteamiento: si a) el ejercicio de las propias libertades y el desarrollo de la personalidad a través del disfrute de los propios derechos encuentran sus límites en el respeto a la ley y a los derechos de los demás y, b) los derechos propios y los de los demás son consecuencia de su dignidad y medio para que su vida se desarrolle de acuerdo con la misma, entonces c) la dignidad ajena (y también la propia en la medida en que los derechos inherentes a la misma son irrenunciables) actúa como límite de los derechos propios. Si ello es así, si la dignidad es un límite, el respeto a esa dignidad (ajena y propia) y los derechos inviolables que son inherentes a la persona en razón de ella, es un deber genérico derivado de la propia dignidad.

Entrando ya en la cuestión relativa del alcance subjetivo de la dignidad humana en la Constitución española, debemos indagar si la dignidad lleva consigo un atributo humano que resulta indisponible, confiriendo la misma una condición de estado y no de proceso, que identifica a la persona con ser humano, sujeto real de la dignidad.

Pascual Lagunas, E. señala que la dignidad de la persona —así como todos los derechos que integran su contenido— en razón de ser cualidad inherente a todos los seres humanos, goza de titularidad universal[189].

Gavara de Cara, J. C., indica que la dignidad humana implica una especificación material independiente de cualquier tiempo y espacio que consiste en considerar como perteneciente a cada persona un espíritu impersonal que le capacita a adoptar las propias decisiones sobre sí mismo, sobre su conciencia y sobre la configuración del mundo que le rodea[190].

---

188 Alegre Martínez, M.A., *La dignidad de la persona..., op. cit.*, pp. 74-75.

189 Pascual Lagunas, E., *Configuración jurídica de la dignidad humana..., op. cit.*, p. 106.

190 Gavara de Cara, J. C., *La proyección interna de la dimensión objetiva de los derechos fundamentales..., op. cit.*, p. 100.

Nuestro máximo intérprete de la Constitución ha señalado en su doctrina jurisprudencial que *la dignidad es un valor espiritual y moral inherente a la persona, que se manifiesta singularmente en la autodeterminación consciente y responsable de la propia vida y que lleva consigo la pretensión al respeto por parte de los demás*. A continuación señala que *la dignidad está reconocida a todas las personas con carácter general*[191]. Por su parte, la Sentencia 181/2004, de 2 de noviembre[192], reconoce que *la dignidad de la persona constituye una cualidad ínsita a la misma que, por tanto, corresponde a todo ser humano con independencia de sus concretas características particulares, y a la que se contraponen frontal y radicalmente los comportamientos prohibidos en el art. 15 CE, bien porque cosifican al individuo, rebajándolo a un nivel material o animal, bien porque lo mediatizan o instrumentalizan, olvidándose de que toda persona es un fin en sí mismo*.

Pero el Tribunal Constitucional también ha tenido ocasión de pronunciarse sobre la dignidad humana en relación con nuestro colectivo objeto de estudio a la hora de examinar los derechos que corresponden a los extranjeros en España. La doctrina jurisprudencial establece que todos aquellos derechos que son imprescindibles para garantizar la dignidad humana han de corresponder por igual a españoles y extranjeros[193]. Expresamente reconoce la Sentencia del Tribunal Constitucional 236/2007, de 7 de noviembre[194], que *la dignidad de la persona, como «fundamento del orden político y la paz social» (art. 10.1 CE), obliga a reconocer a cualquier persona, independientemente de la situación en que se encuentre, aquellos derechos o contenidos de los mismos imprescindibles para garantizarla, erigiéndose así la dignidad en un mínimo invulnerable que por imperativo constitucional se impone a todos los poderes, incluido el legislador.*

En consecuencia, y en relación a la titularidad podemos afirmar que la dignidad tiene un predicamento universal y, por ende, es un atributo del ser humano. Es decir, la dignidad básica de la persona trasciende las fronteras territoriales y ha de ser respetada no sólo a todos los ciudadanos de un Estado, sino también a los extranjeros que transiten accidentalmente, o moren con mayor permanencia en él, aunque sigan conservando su nacionalidad originaria[195].

---

191 *Cfr.* Sentencia del Tribunal Constitucional 53/1985, de 11 de abril, Fundamento Jurídico 8.

192 *Cfr.* Sentencia del Tribunal Constitucional 181/2004, de 2 de noviembre, Fundamento Jurídico 13.

193 *Cfr.* Sentencia del Tribunal Constitucional 107/1984, de 23 de noviembre, Fundamento Jurídico 3 y Sentencia del Tribunal Constitucional 99/1985, de 30 de septiembre, Fundamento Jurídico 2.

194 *Cfr.* Sentencia del Tribunal Constitucional 236/2007, de 7 de noviembre, Fundamento Jurídico 3.

195 Ruiz-Giménez Cortés, J., «Comentario al artículo 10 CE...», *op. cit.*, pp. 68-69.

Aplicado a nuestro objeto de estudio podemos concluir que los extranjeros, incluidos los inmigrantes, con independencia de su situación administrativa, son titulares de la dignidad humana por ser un valor espiritual y moral inherente a las personas que trasciende las fronteras territoriales. Ahora bien, cuestión distinta será la relativa a la titularidad de los derechos que corresponden a los extranjeros, y a los que como vimos, el Tribunal Constitucional sólo vincula en algunos supuestos a la dignidad humana[196].

Seguidamente, pasamos a exponer las garantías constitucionales que rodean a la dignidad humana y que están condicionadas por la propia ubicación del artículo 10 CE como cabecera del Título I (de los derechos y deberes fundamentales).

Los mecanismos de protección jurisdiccional de los derechos fundamentales se hayan contenidos en el artículo 53.2 CE. En principio, la dignidad humana no goza de la protección constitucional vía recurso de amparo (artículo 161.1.b CE)[197], a diferencia de la que disponen el artículo 14 y los derechos fundamentales de la Sección 1 del Capítulo II de la CE. Sin embargo, la dignidad gozaría de protección por esta vía en aquellos supuestos en que el atentado contra la misma se traduzca en la vulneración de uno de los derechos protegidos por tal recurso[198]. Ahora bien, la vinculatoriedad del artículo 10 CE para los poderes públicos y los ciudadanos ha de traducirse en una protección por los jueces y tribunales ordinarios, en función de la naturaleza de los actos que atenten contra ella[199].

Por tanto, la dignidad humana no es susceptible de recurso de amparo como impugnación autónoma. Así lo recoge la Sentencia del Tribunal Constitucional 64/1986, de 21 de mayo[200], cuando sostiene que la norma contenida en el artículo 10.1 de la Constitución, con independencia de que pueda servir de criterio de interpretación de los derechos fundamentales y libertades públicas, en general, no puede servir de base a una pretensión autónoma de amparo, por impedirlo el artículo 53 CE. Dicho precepto permite a los ciudadanos recabar amparo para la tutela de las libertades públicas y derechos fundamentales, pero limitándolo a los reconocidos en el art. 14 CE, en la Sección primera del Capítulo segundo y del artículo 30.2 CE. Ahora bien, el artículo 10.1 CE lo que sí contiene es una declaración de carácter general relativa a la dignidad de la persona.

---

196 No procede el desarrollo de esta cuestión en este apartado, al disponer el presente estudio de un apartado específico para analizar profundamente la titularidad y ejercicio de los derechos de los extranjeros.

197 *Cfr.* Sentencia del Tribunal Constitucional 64/1986, de 21 de mayo, Fundamento Jurídico 1.

198 Alegre Martínez, M. A., *La dignidad de la persona..., op. cit.,* p. 118.

199 González Pérez, J., *La dignidad de la persona*, *op. cit.,* p. 176.

200 *Cfr.* Sentencia Tribunal Constitucional 64/1986, de 21 de mayo, Fundamento Jurídico 1.

Es preciso, asimismo, aclarar, que el desarrollo de la dignidad humana no está sometido a reserva de ley orgánica. Pronunciamiento que nuestro máximo intérprete constitucional materializó en la Sentencia 116/1999, de 17 de junio[201]. Expresó que uno de los razonamientos que sustentaba el motivo del recurso era el que hacía referencia a la necesidad de que la Ley tuviera carácter orgánico, por cuanto a través de ella se estaría desarrollando, en términos del artículo 81.1 de la Constitución, el derecho fundamental a la vida (artículo 15 CE), así como la dignidad de la persona (artículo 10 CE). No obstante, la reserva de ley orgánica establecida en el art. 81.1 de la Constitución hace referencia a los derechos y libertades públicas reguladas en la Sección Primera del Capítulo Segundo del Título I. Y, la dignidad de la persona no se encuentra entre ellos, sino que, es reconocida en nuestra Constitución como fundamento del orden político y de la paz social (artículo 10.1 CE).

Todo lo anterior implica que la dignidad humana, al no configurarse como un derecho fundamental, no se beneficia de las garantías constitucionales propias de los derechos fundamentales. Ahora bien, ello no impide que pueda ser alegada en amparo junto con el derecho fundamental que se entienda vulnerado, por ejemplo, junto con el derecho a la vida del artículo 15 CE.

Finalmente, corresponde exponer la relación que pudiera existir entre la dignidad humana y el resto de derechos. Si la dignidad humana no es un derecho fundamental, cabe plantearse que vinculación existe entre la dignidad humana y los derechos recogidos en el texto constitucional español.

Es cierto que el artículo 10.1 CE se sitúa en el frontispicio del título primero, relativo a los derechos y deberes fundamentales y, por tanto, dentro del mismo, y desde este punto de vista, podría aducirse que estamos ante un derecho fundamental cuando nos referimos a la dignidad de la persona. Pero hay dos aspectos relevantes que han de ser tenidos en cuenta: de un lado, la sistemática del Título, dividido en cinco Capítulos cuyos rótulos reflejan que no en todos ellos se acoge la enunciación de derechos, por lo que de la mera inserción en el Título no debe desprenderse que estemos ante la proclamación de un derecho fundamental, y de otro, que el artículo 53 CE, al enumerar las garantías de los derechos, se limita a contemplar los derechos del capítulo 2.° y los derechos(mal llamados principios) del capítulo 3.°. El hecho de que el artículo 10 CE se ubique al margen de los cinco capítulos en que se estructura el Título nos revela la intención del constituyente de enunciar más que unos derechos, unos principios rectores no ya del conjunto de los derechos y libertades que se enuncian en los artículos subsiguientes, sino, más ampliamente, del ordenamiento jurídico en su conjunto[202].

El Tribunal Constitucional ha corroborado esta tesis, rechazando que la dignidad de la persona pueda ser considerada como un derecho fundamental.

---

201 *Cfr.* Sentencia Tribunal Constitucional 116/1999, de 17 de junio, Fundamento Jurídico 4.

202 Fernández Segado, F., «La dignidad de la persona como valor supremo...», *op. cit.,* p. 31.

Y así, en la Sentencia del Tribunal Constitucional 120/1990[203],el Alto Tribunal razona que sólo en la medida en que los derechos individuales sean tutelables en amparo y únicamente con el fin de comprobar si se han respetado las exigencias que, no en abstracto, sino en el concreto ámbito de cada uno de aquellos, deriven de la dignidad de la persona, habrá de ser esta tomada en consideración por el Tribunal como referente. En cambio, no se tomará de modo autónomo para estimar o desestimarlas pretensiones de amparo que ante él se deduzcan.

Por su parte, la Sentencia 57/1994, de 28 de febrero[204]afirma que la regla del artículo 10.1 CE, proyectada sobre los derechos individuales, implica que la dignidad ha de permanecer inalterada cualquiera que sea la situación en que la persona se encuentre, de modo que las limitaciones que se impongan en el disfrute de derechos individuales no conlleven un menosprecio para la estima que, en cuanto ser humano, merece la persona, pero sólo cuando tales derechos sean tutelables en amparo y únicamente para comprobar si se han respetado las exigencias que, no en abstracto, sino en el concreto ámbito de cada uno de aquéllos, deriven de la dignidad de la persona.

También el Tribunal Constitucional ha analizado el contenido vinculante de los derechos fundamentales cuando se proyectan ad extra, esto es, el que, en virtud de su validez universal, pudiéramos denominar «contenido absoluto». Así, la Sentencia del Tribunal Constitucional 91/2000, de 30 de marzo[205], recoge que *para llevar a cabo esa determinación, la Constitución española de 1978, al proclamar que el fundamento «del orden político y de la paz social» reside, en primer lugar, en «la dignidad de la persona» y en «los derechos inviolables que le son inherentes» (artículo 10.1 CE) expresa una pretensión de legitimidad y, al mismo tiempo, un criterio de validez que, por su propia naturaleza, resultan universalmente aplicables*. De modo que la Constitución española salvaguarda absolutamente aquellos derechos y aquellos contenidos de los derechos que pertenecen a la persona y no como ciudadano, y, por tanto, imprescindibles para la garantía de la dignidad humana[206].

Y añade esa misma Sentencia que *para precisar, en concreto, cuáles son esos derechos y esos contenidos de derecho que la CE proclama de modo absoluto y, en consecuencia, proyecta universalmente, hemos de partir, en cada caso, del tipo abstracto de derecho y de los intereses que básicamente*

203 *Cfr.* Sentencia del Tribunal Constitucional 120/1990, de 27 de Junio de 1990, Fundamento Jurídico 4.

204 *Cfr.* Sentencia Tribunal Constitucional 57/1994, de 28 de febrero, Fundamento Jurídico 3.

205 *Cfr.* Sentencia del Tribunal Constitucional 91/2000, de 30 de marzo, Fundamento Jurídico 7.

206 Las expresiones «que pertenecen a la persona en cuanto tal y no como ciudadano» o, dicho de otro modo, «aquéllos que son imprescindibles para la garantía de la dignidad humana» pueden encontrarse en varias Sentencias del Tribunal Constitucional tales como STC 242/1994, de 20 de julio, Fundamento Jurídico 4; STC 107/1984, de 23 de noviembre, Fundamento Jurídico 2 y STC 99/1985, de 30 de septiembre, Fundamento Jurídico 2.

protege (es decir, de su contenido esencial, tal y como lo definimos en las SSTC 11/1981, de 8 de abril, 101/1991, de 13 de mayo y ATC 334/1991) para precisar si, y en qué medida, son inherentes a la dignidad de la persona humana concebida como un sujeto de derecho, es decir, como miembro libre y responsable de una comunidad jurídica que merezca ese nombre y no como mero objeto del ejercicio de los poderes públicos.

Por su parte, la Sentencia del Tribunal Constitucional 194/1994, de 23 de junio[207], define *los derechos fundamentales en tanto proyecciones de núcleos esenciales de la dignidad de la persona (artículo 10.1 CE), que se erigen en los fundamentos del propio Estado democrático de Derecho (artículo 1 CE)*.

Esta doctrina jurisprudencial lo que nos quiere decir es que de la dignidad de la persona dimanan unas exigencias mínimas en el ámbito de cada derecho en particular, o como afirma el Tribunal, un *mínimum invulnerable* que todo estatuto jurídico debe asegurar. En consecuencia, si bien es claro que, en nuestro ordenamiento constitucional, la dignidad de la persona no puede ser entendida como derecho fundamental, no lo es menos que la dignidad puede ser considerada como la fuente de todos los derechos[208].

Todos los derechos fundamentales vienen a ser una manera de articular normativamente la protección de la dignidad (el componente axiológico de la noción de derecho fundamental contiene siempre algo del valor de dignidad). Por ello, a la hora de identificar esa clase de derechos fundamentales más vinculados con la dignidad, uno podría pensar en los llamados derechos de la personalidad o en las garantías procesales; pero si el acento lo ponemos también en la idea de una existencia digna, a los anteriores habría que sumar también los llamados derechos sociales, que van dirigidos a garantizar la satisfacción de las necesidades básicas de los individuos, y a los que debe reconocerse prioridad frente a todos los otros. Sin ellos, no tendrían sentido los derechos que consideramos más vinculados a la libertad o a la igualdad[209].

Y, además, la dignidad humana será criterio interpretativo de los derechos fundamentales. La utilización del principio de dignidad humana como criterio interpretativo para la integración de lagunas en los derechos fundamentales implica su aplicación como mecanismo de identificación de un contenido, es decir, las principales funciones que se pueden extraer de su aplicación se refuerzan en la medida en que se pueden conectar con el ejercicio y la aplicación de los principales derechos fundamentales reconocidos en nuestra Constitución[210].

---

207 *Cfr.* Sentencia del Tribunal Constitucional 194/1994, de 23 de junio, Fundamento Jurídico 4.

208 Fernández Segado, F., «La dignidad de la persona como valor supremo...», *op. cit.* p. 32.

209 Atienza, M., *Sobre la dignidad humana,* Editorial Trotta, Madrid, 2022. p. 77.

210 Gavara de Cara, J. C., *La proyección interna de la dimensión objetiva de los derechos fundamentales..., op. cit.,* pp. 115-116.

Reconocen expresamente esa función de interpretación la Sentencia del Tribunal Constitucional 105/1994, de 11 de abril[211], cuando considerando a la dignidad humana como principio o valor, y siendo conocedores de que carece de virtualidad propia para servir de soporte inmediato y autónomo de la pretensión objeto de un proceso, en cambio, si puede ser de utilidad para esclarecer más de un aspecto de las cuestiones controvertidas. O, la Sentencia del Tribunal Constitucional 64/1986, de 21 de mayo[212], cuando señala que la norma contenida en el artículo 10.1 de la Constitución puede servir de criterio de interpretación de los derechos fundamentales y libertades públicas en general.

Teniendo en cuenta lo anterior, y aplicándolo a nuestra investigación, podemos entender que cuando se analice el contenido de los derechos que, susceptibles de amparo, pudieran ostentar los extranjeros en situación irregular en España habrá que tomar en consideración a la dignidad humana, ya que toda persona, por el hecho de serlo, ostenta unas garantías mínimas que se encuentran recogidas en los distintos derechos individuales fundamentales. Estas garantías tienen una doble traducción: la dignidad humana opera como garantía frente a las limitaciones que se impongan en el disfrute de derechos individuales, y, además, la misma será criterio interpretativo de los derechos fundamentales.

En consecuencia, de lo expuesto sobre la configuración constitucional de la dignidad humana extraemos las siguientes consideraciones:

Primera, la configuración de la dignidad humana prevista en el artículo 10.1 CE cumple tres funciones. Una función legitimadora por cuanto únicamente será legítimo nuestro orden político cuando respete y tutele la dignidad de cada una y de todas las personas humanas radicadas en su órbita. Una función promocional en el sentido de que estamos ante elementos dinámicos abiertos a un constante enriquecimiento, Y, una función hermenéutica como pauta interpretativa de todas las normas del ordenamiento jurídico.

Segunda, en cuanto a su configuración, la dignidad de la persona es un valor superior jurídico fundamental, con una formulación tan abstracta y general que adquiere la categoría de principio, y, con tal carácter de principio es el punto de arranque, germen o núcleo de los derechos que le son inherentes.

Tercera, en cuanto a su titularidad, la dignidad tiene un predicamento universal y, por ende, es un atributo del ser humano. Ello implica que todo ser humano se halla investido de igual dignidad con independencia de dónde o cómo se halle.

---

211 *Cfr.* Sentencia del Tribunal Constitucional 105/1994, de 11 de abril, Fundamento Jurídico 1.

212 *Cfr.* Sentencia del Tribunal Constitucional 64/1986, de 21 de mayo, Fundamento Jurídico 1.

Cuarta, la dignidad humana, al no configurarse como un derecho fundamental, no se beneficia de las garantías constitucionales propias de los derechos fundamentales. Ahora bien, ello no impide que pueda ser alegada en amparo junto con el derecho fundamental que se entienda vulnerado. Además, su desarrollo no está sometido a reserva de ley orgánica.

Quinta, cuando se analice el contenido de los derechos susceptibles de amparo habrá que tomar en consideración a la dignidad humana, al operar como garantía frente a las limitaciones que se impongan en el disfrute de derechos individuales, y, ser criterio interpretativo de los derechos fundamentales.

A la vista de lo expuesto a lo largo de este epígrafe podemos extraer las siguientes conclusiones:

Primera, la configuración constitucional de la dignidad humana en España y en los ordenamientos nacionales de nuestro entorno más cercano la configuran como un valor jurídico fundamental, que adquiere orden deontológico (principio), a excepción del ordenamiento alemán que la configura como un derecho fundamental.

Segunda, la dignidad de la persona no se concibe como un derecho humano, pero, constituye el fundamento incuestionable de la idea de derechos humanos; es consustancial a la persona humana, tiene carácter universal, intangible e indivisible.

La dignidad humana deberá ser tenida en cuenta, al poseer carácter hermenéutico, cuando los Estados parte de los Tratados Internacionales se refieran tanto a ella como a la configuración de los derechos recogidos en los propios instrumentos internacionales. Constituye, además, un límite frente a la soberanía del Estado en la configuración y reconocimiento de sus derechos fundamentales.

Tercera, los extranjeros inmigrantes, con independencia de su situación administrativa, son titulares de la dignidad humana por su carácter universal y ser un atributo propio del ser humano.

Cuarta, cuando se analice el contenido de los derechos que pudieran ostentar los extranjeros en situación irregular en España habrá que tomar en consideración a la dignidad humana. La dignidad humana en su relación con los derechos fundamentales ejerce una doble función. Primera, como criterio hermenéutico de los derechos fundamentales. Y, segunda, la dignidad humana constituye un *minimum invulnerable* que todo estatuto jurídico debe asegurar, de modo que, sean unas u otras las limitaciones que se impongan en el disfrute de derechos individuales no conllevarán menosprecio para la estima que, en cuanto ser humano, merece la persona.

Finalmente, no cabe duda que la dignidad humana también es inherente a las personas extranjeras en situación administrativa irregular. Cuestión distinta será la relativa a la titularidad y ejercicio de los derechos constitucionales que puedan corresponder a los mismos en España, y a los que como ya hemos adelantado, el Tribunal Constitucional sólo vincula en algunos supuestos a la dignidad humana.

2.2. Papel del Derecho Internacional de los derechos humanos en la interpretación de los derechos de los extranjeros en situación irregular. El artículo 10.2 de la Constitución Española

El objetivo del estudio de este apartado radica en exponer y reflexionar sobre el impacto del derecho internacional de los derechos humanos en España, y, especialmente, en la determinación de la titularidad y extensión del contenido de los derechos fundamentales atribuibles a los extranjeros en situación administrativa irregular. Para ello, razonaremos a lo largo de las próximas páginas sobre dos aspectos fundamentales. Primero, identificaremos cuál es el papel que desempeña la previsión específica recogida en el artículo 10.2 CE para determinar el alcance de los derechos humanos en la interpretación de los derechos que pudieran corresponder a nuestro colectivo objeto de estudio. Y, segundo, concretaremos los derechos que, con carácter general, reconocen los textos internacionales a los extranjeros en situación administrativa irregular en España.

Previamente, es preciso señalar, siguiendo a DÍEZ PICAZO[213], los rasgos que definen a los derechos humanos en el derecho internacional, como premisa del papel que juega la previsión del artículo 10.2 CE. Así, los derechos humanos se caracterizan por: A) son atribuidos y protegidos por normas internacionales y representan los cánones básicos de justicia internacionalmente aceptados. B) los derechos humanos contienen obligaciones exigibles a los Estados. C) Los derechos humanos, entendidos como obligaciones que pesan sobre los Estados, son obligaciones de resultado, que no prejuzgan los medios a emplear por los Estados para alcanzar tal objetivo. Ello significa que los Estados deben, por los medios que estimen oportunos, garantizar el respeto y efectividad de los valores encarnados en los derechos humanos. D) los derechos humanos imponen obligaciones mínimas, en el sentido de que los Estados pueden libremente adoptar *standars* de protección más elevados de esos mismos valores. Es decir, cuando la norma internacional es clara y precisa, sin dejar márgenes nacionales de apreciación, no cabe adoptar un *standard* distinto en el ordenamiento interno. Ello puede de interés cuando exista colisión entre distintos valores o bienes jurídicos: si la norma internacional se

213 DÍEZ PICAZO, L. M., *Sistema de Derechos Fundamentales..., op. cit.*, p. 154.

inclina por un equilibrio dado, ello es vinculante en el ordenamiento interno, sin que quepa adoptar una solución distinta so pretexto de que representa un *standard* más exigente.

Por tanto, son precisamente esos rasgos lo que merecen que prestemos especial atención a la influencia del marco internacional y europeo en el derecho de extranjería, y, más especialmente, en relación con los derechos reconocidos a los extranjeros inmigrantes nacionales de terceros países que se encuentren en situación administrativa irregular en España.

Sabemos que, en materia de extranjería, existe una alternancia entre instrumentos internacionales y normas de carácter interno de los propios Estados. Se ha ido produciendo, paulatinamente, y de modo especial en los últimos años, una creciente importancia en esta materia. Proceso de internacionalización que se manifiesta en un doble nivel: de una parte se asiste cada día con más frecuencia a una mayor reglamentación internacional del derecho de extranjería, originariamente reservado a la exclusiva competencia estatal; de otra parte, y como consecuencia de lo anterior, nos encontramos ante una evidente tensión entre la regulación de los derechos fundamentales y libertades públicas en los diferentes textos internacionales, y la primigenia exclusiva competencia estatal sobre la materia[214].

Por ello, es preciso mencionar las normas de Derecho Internacional que necesariamente habrá que interpretar en la configuración de los derechos de los extranjeros. El tratamiento jurídico otorgado a éstos ha venido ligado progresivamente al desarrollo de los Derechos Humanos que ha dado lugar a una serie de principios que la doctrina denomina «*mininum standard internacional*» por tratarse de una protección del ser humano como titular de unos derechos inalienables derivados de esa condición, de donde se desprende un mínimo[215].

La Constitución española no se refiere de forma expresa a las fuentes de derecho internacional general reconocidas internamente. La Constitución regula la recepción del derecho internacional convencional. De acuerdo con el artículo 96.1 CE, los tratados internacionales válidamente celebrados formarán parte del ordenamiento interno una vez publicados oficialmente en España. La publicación en el Boletín Oficial del Estado es condición imprescindible para la eficacia interna del Tratado, siendo consecuencia obligada de la celebración del Tratado.

Sin embargo, debemos plantearnos si el artículo 96 CE cumple una función diferente de la del artículo 10.2 CE. El primero se mueve en el plano formal de las fuentes del derecho, pues determina explícitamente cuales (y en qué términos) son los convenios ratificados por España. Y, sólo respecto de

---

214 FERNÁNDEZ ROZAS, J. C., *Legislación básica sobre extranjeros*, Tecnos, Madrid, 1987, p. 20.

215 SÁNCHEZ JIMÉNEZ, M. A. (Coord.), *Derecho de Extranjería..., op. cit.*, p. 165.

esos opera el artículo 10.2, porque así lo dice explícitamente el texto de este último. Este artículo, a su vez, cuando el tratado ya forma parte del derecho interno, lo dota de un valor especial, que el tratado ratificado no tendría por el mero hecho de ser un tratado ratificado. Incorpora un plus a estos especiales convenios, plus que no existe en los demás. Mientras cualquier otro tratado ratificado pasa a formar parte del derecho interno, pero puede ser declarado inconstitucional, los convenios relativos a los derechos humanos fuerzan una interpretación uniforme entre los mismos y el contenido del Título I de la CE. Mientras que el contenido de cualquier otro tratado ratificado no tiene por qué ser fuente interpretativa-integrativa del texto constitucional, el convenio ratificado a que se refiere el artículo 10.2 CE lo es por expreso mandato constitucional. Los restantes tratados no tienen más valor interpretativo-integrativo que el que tiene el derecho ordinario (infraconstitucional) español. En una palabra, el artículo 10.2 CE cuasi-constitucionaliza por reenvío estos tratados ratificados por España[216].

El Tribunal Constitucional ha reconocido este plus, entre otras, en la Sentencia 78/1982, de 20 de diciembre[217], cuando recoge que, a la vista del artículo 10.2 CE, debe interpretarse el alcance del derecho reconocido en el precepto constitucional de acuerdo con los convenios ratificados por España.

Dentro de los principios de interpretación constitucional, por tanto, se encuentra el principio de interpretación de los derechos fundamentales de conformidad con los Tratados internacionales ratificados por España[218].Este principio lo impone la propia CE en su art. 10.2 cuando señala que *las normas relativas a los derechos fundamentales y a las libertades que la Constitución reconoce, se interpretarán de conformidad con la Declaración Universal de Derechos Humanos y los tratados y acuerdos internacionales sobre la materia ratificados por España*.

El análisis de este precepto exige su estudio estructurado en los cuatro apartados siguientes. Primero, antecedentes, proceso de elaboración y posibles similitudes en el derecho comparado. Segundo, determinación del contenido del artículo 10.2 CE. Tercero, identificación de los derechos de los extranjeros a nivel supranacional, diferenciando la configuración normativa internacional del propio cuerpo normativo europeo. Y, finalmente, analizaremos las implicaciones que tiene el contenido de este artículo en relación a la titularidad y ejercicio de los derechos de los extranjeros inmigrantes en situación administrativa irregular en España.

Como antecedentes apuntar que el único precedente del constitucionalismo histórico que se puede señalar, como reconocimiento de los tratados y

216 ALONSO GARCÍA, E., *La interpretación de la Constitución*, Centro de estudios Constitucionales, Madrid, 1984, p. 400.

217 *Cfr.* Sentencia Tribunal Constitucional 78/1982, de 20 de diciembre, Fundamento Jurídico 4.

218 BASTIDA FREIJEDO, F. Y OTROS, *Teoría General de los Derechos Fundamentales..., op. cit.*, p. 81.

acuerdos internacionales en relación a los derechos y libertades reconocidos en la Constitución, es el previsto en la Constitución de la Segunda República Española de 1931, en concreto en su artículo 7[219], en el que se establece que «El Estado español acatará las normas universales del Derecho internacional, incorporándolas a su derecho positivo».

A diferencia de la redacción vigente del artículo 10.2 CE, el artículo 7 de la Constitución de la Segunda República Española obliga al Estado a acatar las normas universales de derecho internacional. Este precepto está inspirado en el artículo 4 de la Constitución de Weimar, y junto con el desarrollo de su artículo 65 puede entenderse en el contexto jurídico-internacional de la incipiente obra de la Sociedad de Naciones, así como en el contexto del debate doctrinal sobre el valor jurídico y la posición del Derecho internacional dentro del sistema de fuentes, y su relación con el Derecho interno. Por ello, es un avance esta incorporación al texto constitucional, y más si consideramos que el propio artículo 65[220] parece ubicar a los convenios por encima de la propia legislación interna, o al menos como normas con especial resistencia ante esta[221].

En el proceso constituyente de la CE de 1978, el artículo 10.2 CE no aparece hasta el Dictamen de la Comisión Constitucional del Senado. La inclusión del mismo suscitó importantes debates, pues se consideró inútil e incluso peligroso al poderse introducir, por la vía interpretativa, una variación grave e importante en la redacción del artículo en que se consagra el derecho a la educación, básico como es sabido en el esfuerzo de concordia realizado. Finalmente, la Comisión Mixta Congreso-Senado aprobó el apartado segundo en términos prácticamente idénticos a los previstos en el Dictamen de la Comisión del Senado[222].

Y, en el derecho comparado encontramos disposiciones en varias constituciones europeas que guardan similitudes con el artículo 10.2 CE, pero cuya redacción no es idéntica. La Constitución Portuguesa de 1976 contiene una

---

219 Artículo 7 Constitución de 1931 disponible en: https://www.cepc.gob.es/sites/default/files/2021-11/1931.pdf (10.04.2023).

220 Artículo 65 Constitución de 1931: *Todos los Convenios internacionales ratificados por España e inscritos en la Sociedad de las Naciones y que tengan carácter de ley internacional, se considerarán parte constitutiva de la legislación española, quc habrá de acomodarse a lo que en aquéllos se disponga*. Disponible en: https://www.cepc.gob.es/sites/default/files/2021-11/1931.pdf (10.04.2023).

221 Díaz Revorio, F. J., «Las disposiciones generales (Título Preliminar: Arts. 1-7)», en Oliver Araujo, J. y Ruiz Robledo, A., (directores), *Comentarios a la Constitución Española de 1931 en su 90 aniversario*, Centro de Estudios Políticos y Constitucionales, Madrid, 2021, p. 89. Disponible en: https://www.cepc.gob.es/sites/default/files/2022-07/a-938-comentarios-ce31-final.pdf (10.04.2023).

222 Sinopsis artículo 10. Disponible en: https://app.congreso.es/consti/constitucion/indice/sinopsis/sinopsis.jsp?art=10&tipo=2 (18.09.2022).

disposición similar al artículo 10.2 CE; nos referimos al artículo 16, apartado 2, que dice así: «los preceptos Constitucionales y legales relativos a derechos fundamentales deberán ser interpretados e integrados en armonía con la Declaración Universal de los Derechos del Hombre»[223]. La Constitución Italiana de 1941[224] señala en su artículo 10 que «el ordenamiento jurídico italiano se adecua a las normas de Derecho internacional generalmente reconocido». Por su parte, la Constitución Alemana de 1949[225] en su artículo 25 establece que las normas generales del Derecho internacional público son parte integrante del Derecho federal. Estas normas tienen primacía sobre las leyes y constituyen fuentes directas de Derecho y obligaciones para los habitantes del territorio federal. Y, finalmente, en la Constitución francesa de 1958[226], es su Preámbulo a la Constitución de 1946 (vigente) la que se refiere a esta cuestión cuando señala que «la República francesa, fiel a sus tradiciones, se ajustará a las reglas del Derecho Internacional Público».

En cuanto a su contenido, podemos sostener que el artículo 10.2 CE, al vincular la interpretación de los derechos fundamentales y libertades que la Constitución reconoce a los tratados sobre las mismas materias ratificadas por España, expresa en alguna medida la apertura del Estado al Derecho Internacional de los derechos humanos. No se trata ya sólo de la incorporación al Derecho Interno de los acuerdos, declaraciones, convenciones que tengan por objeto los derechos de las personas, que esto no es ninguna novedad (art. 96.1 CE); se trata, además y, sobre todo, de adecuar la actuación de los intérpretes de la Constitución a los contenidos de aquellos tratados, que devienen así, por imperativo constitucional, canon hermenéutico de la regulación de los derechos y libertades en la Norma Fundamental[227].

Así lo estipula la Sentencia del Tribunal Constitucional 38/1981, de 23 de noviembre[228], cuando afirma que los textos internacionales ratificados por España son instrumentos valiosos para configurar el sentido y alcance de los derechos que recoge la Constitución. Es decir, el artículo 10.2 CE conecta el derecho interno con el Derecho Internacional y provoca que estos se interrelacionen a través de la interpretación de los derechos constitucionales por los

---

223 Disponible en: http://confinder.richmond.edu/admin/docs/portugalsp.pdf(09.04.2023).

224 Disponible en: https://www.cortecostituzionale.it/documenti/download/pdf/Costituzione_della_Repubblica_italiana.pdf (09.04.2023).

225 Disponible en: https://www.btg-bestellservice.de/pdf/80206000.pdf (09.04.2023).

226 Disponible en: https://www.conseil-constitutionnel.fr/sites/default/files/2019-02/20190225_pre%C3%A1mbulo_1946.pdf (09.04.2023).

227 Saiz Arnaiz, A., *La apertura constitucional al derecho internacional y europeo de los derechos humanos. El artículo 10.2 CE*, Consejo General del Poder Judicial, Madrid, 1999, pp. 52-53.

228 *Cfr.* Sentencia del Tribunal Constitucional 38/1981, de 23 de noviembre, Fundamento Jurídico 4.

poderes públicos españoles de conformidad con los textos elaborados en el ámbito internacional de estas materias[229].

Lo anterior supone que el artículo 10.2 CE atribuye a dichos tratados una posición superior y muy diferente de la que se desprende de la fuerza pasiva que posee cualquier tratado internacional en virtud del artículo 96 CE. Si interpretar es concretar, el legislador nacional no sólo ha de guiarse en tal cometido por la comprensión que él haga del texto constitucional, sino del texto constitucional tal cual queda concretado por el legislador internacional (en el tratado firmado por España) que, de este modo rellena, sin saberlo, los enunciados iusfundamentales de la CE y se antepone al legislador español[230].

En este sentido, la Sentencia del Tribunal Constitucional 91/2000, de 30 de marzo[231], se refiere al contenido absoluto definido por los instrumentos internacionales como contenido vinculante de los derechos fundamentales cuando se proyectan *ad extra*.

Sentado lo anterior resulta necesario precisar la doble matización que sostiene el Tribunal Constitucional en relación con el artículo 10.2 CE. Una de ellas, como hemos apuntado, viene dada porque los textos internacionales ratificados por España sirven para configurar el sentido y alcance de los derechos fundamentales recogidos en la Constitución[232]. Y, la segunda, viene dada por la aclaración recogida en sus sentencias cuando señala que un precepto de un Convenio no puede fundamentar, por sí solo, la demanda de amparo, al margen y haciendo abstracción de la contemplación constitucional del derecho fundamental, porque una cosa es que la norma de dicho Convenio internacional haya de presidir la interpretación del derecho fundamental, y otra muy distinta es erigir dicha norma internacional en norma fundamental que pudiera sustanciar exclusivamente una pretensión de amparo, afirmación esta última que conllevaría la vulneración del artículo 53.2 CE, pues fuera de nuestra Constitución no ha de admitirse la existencia de norma fundamental alguna[233].

En resumen, la jurisprudencia constitucional señala que los derechos humanos reconocidos en los tratados internacionales ratificados por España son un instrumento obligatorio y privilegiado para la interpretación de los derechos fundamentales consagrados por la Constitución española; pero no

229 QUERALT JIMÉNEZ, A., *La interpretación de los derechos: del Tribunal de Estrasburgo al Tribunal Constitucional*, Centro de Estudios Políticos y Constitucionales, Madrid, 2008, p. 197.

230 BASTIDA FREIJEDO, F. Y OTROS, *Teoría General de los Derechos Fundamentales..., op. cit.*, p. 81.

231 *Cfr.* Sentencia del Tribunal Constitucional 91/2000, de 30 de marzo, Fundamento Jurídico 7.

232 *Cfr.* Sentencia Tribunal Constitucional 254/1993, de 20 de julio, Fundamento Jurídico 6.

233 *Cfr.* Sentencia Tribunal Constitucional 84/1989, de 10 de mayo, Fundamento Jurídico 5 y Sentencia Tribunal Constitucional 28/1991, de 14 de febrero, Fundamento Jurídico 5.

gozan por sí solos del régimen jurídico propio de los derechos fundamentales en el ordenamiento español, tal como está recogido en el artículo 53 CE[234].

Por ello, de acuerdo con la doctrina del Tribunal Constitucional, los textos internacionales y europeos no se convierten en canon de constitucionalidad (esto es, de validez de las normas desde la perspectiva de los derechos fundamentales), sino de canon de interpretación para configurar su sentido y alcance (artículo 10.2 CE). En efecto, los textos internacionales y europeos ayudan a la delimitación y contenido constitucionalmente declarado de los derechos y libertades constitucionales. Así, por ejemplo, por lo que al derecho de entrada y permanencia en España se refiere, el Tribunal Constitucional ha declarado que la libertad del legislador al configurar esos derechos «no es en modo alguna absoluta»[235], pues del Pacto internacional de derechos civiles y políticos de 1996 «se derivan límites a las posibilidades abiertas al legislador»[236].

De manera que, si los textos internacionales no son canon de constitucionalidad, la consecuencia lógica es que no existe inconstitucionalidad de las normas por simple vulneración de los textos internacionales de acuerdo al artículo 10.2. La violación de textos internacionales es una violación indirecta y mediata, dependiente de la infracción del derecho o libertad recogido por la CE. No se da rango constitucional a los derechos y libertades recogidos en un tratado, sino que el artículo 10.2 CE se limita a establecer una conexión entre su propio sistema de derechos fundamentales y libertades, de un lado, y los convenios y tratados internacionales sobre las mismas materias en los que sea parte España, de otro[237]. De hecho, la contradicción de un tratado internacional por una ley no sería medida de constitucionalidad[238].

Es decir, este precepto no atribuye un rango constitucional a los derechos y libertades proclamados en los textos internacionales que no estén también reconocidos en la CE y, por tanto, dichos textos no pueden servir, por sí solos, como fundamento de un recurso de amparo ante el Tribunal Constitucional. Pero no es menos cierto, de un lado, que el artículo 10.2 CE, al establecer una conexión entre los derechos y libertades que la Norma Fundamental contiene y los reconocidos en aquellos instrumentos internacionales, configura un mandato para el intérprete, ya que este deberá contrastar la norma interna con dichos instrumentos a los fines de determinar el contenido y alcance de los primeros. Y ello supone, de otro lado, una garantía respecto a los derechos reconocidos en la CE, pues dicha conexión impedirá

---

234 Díez Picazo, L. M., *Sistema de Derechos Fundamentales..., op. cit.*, p. 156.

235 *Cfr.* Sentencia Tribunal Constitucional 94/1993, de 22 de marzo, Fundamento Jurídico 3.

236 *Cfr.* Sentencia Tribunal Constitucional 242/1994, de 20 de julio, Fundamento Jurídico 5.

237 *Cfr.* Sentencia Tribunal Constitucional 36/1991, de 14 de febrero, Fundamento Jurídico 5.

238 Rodríguez Mateos, P., Jiménez Blanco, P., Espiniella Menéndez, A., *Régimen jurídico de los extranjeros..., op. cit*, p. 514-515.

que la interpretación de los preceptos constitucionales pueda restringir los derechos fundamentales si éstos poseen un contenido y alcance más amplio en las normas internacionales[239].

Señala en este sentido la Sentencia Tribunal Constitucional 36/1991, de 14 de febrero[240], que el artículo 10.2 CE recoge un mandato dirigido a los poderes públicos. Cuando el legislador o cualquier otro poder público adopta decisiones que, en relación con uno de los derechos fundamentales o las libertades que la Constitución enmarca, limita o reduce el contenido que al mismo atribuyen los citados Tratados o Convenios, el precepto constitucional directamente infringido será el que enuncia ese derecho o libertad, pero también la del artículo 10.2 CE, y aunque por definición no puede ser nunca autónoma, sino dependiente de otra, es la que le corresponderá apreciar al Tribunal Constitucional[241].

Los tratados internacionales, en tanto herramientas hermenéuticas, constituyen en palabras de nuestro máximo intérprete constitucional, una fuente interpretativa[242], obligada y valiosa que contribuye a configurar el contenido y alcance de los derechos fundamentales[243].

Estos pronunciamientos confirman la naturaleza obligatoria del artículo 10.2 CE en el que se dirige un mandato a los aplicadores del derecho que impone un estándar internacional como instrumento interpretativo en materia de derechos fundamentales[244]. Es decir, el artículo 10.2 CE dirige su mandato a todas las instituciones del Estado, pudiendo ser invocado por los particulares a fin de que dichas instituciones legislen, ejecuten y juzguen de conformidad con los instrumentos internacionales. Se dirige al Legislativo y a la Administración, de modo que no podrán aprobar leyes o disposiciones reglamentarias que lesionen el sentido general del tratado o los criterios interpretativos emanados de los órganos jurisdiccionales que prevean o puedan prever los convenios internacionales, incurriendo en caso contrario, en inconstitucionalidad. Y ante los órganos judiciales españoles se podrán hacer valer esos criterios discernidos por los órganos internacionales con jurisdic-

239 González Campos, Julio D., Sánchez Rodríguez, Luis I. y Andrés Sáenz de Santa María, P., *Curso de derecho internacional público,* Tercera Edición Revisada, Thomson Civitas, Madrid, 2003, p. 787.

240 *Cfr.* Sentencia Tribunal Constitucional 36/1991, de 14 de febrero, Fundamento Jurídico 5.

241 En idéntico sentido, véase la Sentencia del Tribunal Constitucional 80/2010, de 26 de octubre, Fundamento Jurídico 4.

242 *Cfr.* Sentencia Tribunal Constitucional 41/2002, de 25 de febrero, Fundamento Jurídico 2.

243 *Cfr.* Sentencia Tribunal Constitucional 46/2001, de 15 de febrero, Fundamento Jurídico 4.

244 Queralt Jiménez, A., *La interpretación de los derechos: del Tribunal de Estrasburgo al Tribunal Constitucional*, Centro de Estudios Políticos y Constitucionales, Madrid, 2008, p. 204.

ción al efecto y el conjunto y finalidades del tratado a fin de integrar (artículo 96) e interpretar (artículo 10.2) el contenido de los preceptos constitucionales sobre derechos humanos[245].

Es preciso identificar, asimismo, si el canon interpretativo viene dado solo por los Tratados internacionales o abarca también al resto de fuentes del derecho internacional, incluidos los acuerdos y resoluciones dimanantes de las organizaciones supranacionales.

Al tratar del Derecho internacional general debemos entender que, por vía del artículo 10.2 CE, las autoridades administrativas y judiciales han de asumir las normas consuetudinarias y los principios generales del Derecho cuando se trate de interpretar las normas (de cualquier rango) relativas a los derechos y libertades fundamentales reconocidos en la Constitución; y, analógicamente, tienen que apoyarse en los tratados internacionales para precisar el contenido de los derechos fundamentales previstos en nuestra Constitución. Además, un análogo criterio ha de prevalecer en relación con los acuerdos y las resoluciones dimanantes de las organizaciones supranacionales de que España forma parte, como también a las que se incorpore (singularmente en el seno de la Unión Europea)[246].

Avala esta postura la Sentencia del Tribunal Constitucional 38/1981, de 23 de noviembre[247], cuando, en su Fundamento Jurídico 4, señala que los Convenios de la Organización Internacional del Trabajo, ratificados por España, de acuerdo con el artículo 10.2 CE, constituyen textos invocables valiosos para configurar el sentido y alcance de los derechos que recoge la Constitución. Los convenios se incorporan al ordenamiento interno, y de estas normas internas surgen los derechos individuales, que cuando se recogen en el capítulo de derechos o libertades para cuya protección se abre el recurso de amparo, adquieren un valor capital las reglas del Convenio o Tratado. Las Recomendaciones de la O.I.T., aun cuando son distintas de los Convenios, son textos orientativos, que sin eficacia vinculante pueden operar como criterios interpretativos o aclaratorios de los Convenios.

Sobre dictámenes emitidos por organismos internacionales, la Sentencia del Tribunal Constitucional 116/2006, de 24 de abril[248], establece que aun cuando los Dictámenes del Comité no sean resoluciones judiciales, no tengan fuerza ejecutoria directa y no resulte posible su equiparación con las

245 Mangas Martín, A., «Cuestiones de Derecho Internacional Público en la Constitución española de 1978», *Revista de la Facultad de Derecho de la Universidad Complutense*, Núm. 61, 1980, pp. 152-153. Disponible en: https://aracelimangasmartin.com/wp-content/uploads/2017/02/Cuestiones-de-Derecho-Internacional-P%C3%BAblico-en-la-Constituci%C3%B3n-espa%C3%B1ola-de-1978-Revista-de-la-Facultad-de-Derecho-de-la-Universidad-Complutense.pdf (10.02.2023).

246 Ruiz-Giménez Cortés, J., «Comentario al artículo 10 CE...», *op. cit.*, p. 88.

247 *Cfr.* Sentencia Tribunal Constitucional 38/1981, de 23 de noviembre, Fundamento Jurídico 4.

248 *Cfr.* Sentencia del Tribunal Constitucional 116/2006, de 24 de abril, Fundamento Jurídico 5.

Sentencias del Tribunal Europeo de Derechos Humanos, no se traduce en que carezcan de efecto interno, ya que el Pacto forma parte de nuestro Derecho interno, (artículo 96.1 CE).Y, además, las normas relativas a los derechos fundamentales y libertades públicas recogidas en la Constitución deben interpretarse de conformidad con los tratados y acuerdos internacionales sobre las mismas materias ratificados por España (artículo 10.2 CE); interpretación que incluye la que, a su vez, llevan a cabo los órganos de garantía establecidos por esos mismos tratados y acuerdos internacionales.

Igualmente, pero referido a Convenciones y Resoluciones, la Sentencia del Tribunal Constitucional 158/2009, de 25 de junio[249], reconoce, para la resolución del caso, que deben ser tenidas en cuenta las normas internacionales de protección de la infancia (valor interpretativo art. 10.2 CE).Entre ellas, se encuentran la Convención de la Naciones Unidas sobre los derechos del niño (ratificada por España por Instrumento de 30 de noviembre de 1990), así como la Resolución del Parlamento Europeo relativa a la Carta europea de los derechos del niño (Resolución A 3- 0172/92 de 8 de julio).

Cierra esta exposición jurisprudencial la Sentencia del Tribunal Supremo 2747/2018, de 17 de julio de 2018[250], que, pronunciándose sobre el valor de los dictámenes de la CEDAW (Convención sobre la eliminación de toda forma de discriminación contra la mujer), recuerda que, con arreglo a la doctrina del Tribunal Constitucional, la lesión de diversos derechos reconocidos por la Convención y que declara el Dictamen del Comité de la CEDAW, puede y debe ser un elemento determinante para acreditar la posible vulneración de los derechos fundamentales. El contenido de aquellos derechos constituye parte también del de éstos, formando el estándar mínimo y básico de los derechos fundamentales de la persona en el Ordenamiento jurídico español, ya que los tratados y acuerdos internacionales que amparan ese Comité, además de ser Derecho interno propio con la jerarquía reconocida constitucionalmente, son también instrumentos hermenéuticos de los derechos fundamentales de la Constitución Española, por aplicación de su artículo 10.2.

Por tanto, cuando el artículo 10.2 CE se refiere a los Tratados internacionales, los órganos del Estado han de asumir también como canon interpretativo de los derechos fundamentales de la CE el resto de textos o documentos (Resoluciones, Dictámenes, Acuerdos o Recomendaciones) emanados de las organizaciones supranacionales de las que España forma parte.

Debemos, a continuación, determinar a qué derechos se refiere concretamente este artículo, máxime teniendo en cuenta los distintos términos que se emplean en la CE cuando se refiere a los derechos y libertades, y que ha dado lugar a opiniones doctrinales diversas.

---

249 *Cfr.* Sentencia Tribunal Constitucional 158/2009, de 25 de junio, Fundamento Jurídico 4.

250 *Cfr.* Sentencia del Tribunal Supremo 2747/2018, (Sala de lo Contencioso, Sección 4.ª) de 17 de julio de 2018, (Recurso 1002/2017), Fundamento Jurídico 7.

Hay autores que consideran que el ámbito del artículo 10.2 CE se circunscribe al Capítulo II del texto constitucional. De esta forma la remisión interpretativa que realiza este mandato constitucional al contenido de los tratados y convenios internacionales de entrada habrá de extenderse no sólo a los derechos de la Sección 1.ª, sino también a los de la Sección 2.ª[251].

Otros autores entienden que el canon hermenéutico del artículo 10.2 CE se proyecta sobre todos los derechos del Título I, con independencia de cuál sea su colocación en la sistemática del referido Título y, por lo tanto, de su sistema de garantías. Se defiende así, a estos efectos, un contenido amplio de los términos derechos fundamentales y libertades[252].

Por su parte, el Tribunal Constitucional en la Sentencia 36/1991, de 14 de febrero, enuncia el Capítulo segundo del Título I de nuestra Constitución como derechos que serán objeto de remisión interpretativa internacional[253].

Sin embargo, y posteriormente en la Sentencia 215/1994, de 14 de julio[254], incluye el Capítulo III dentro de los derechos susceptibles de interpretación internacional al referirse al artículo 49 CE. Por su parte, llama la atención la Sentencia 199/1996, de 3 de diciembre, cuando se refiere al Convenio de Roma así como las sentencias del Tribunal Europeo de Derechos Humanos en relación al derecho a disfrutar de un medio ambiente adecuado, derecho recogido en el Capítulo III del Título I (artículo 45 CE)[255].

Confirma que el ámbito del artículo 10.2 CE se circunscribe al Título I del texto constitucional la Sentencia del Tribunal Constitucional 198/2012, de 6 de noviembre[256], cuando señala que el artículo 10.2 CE recoge una directriz sobre el modo en que debe ser realizada la interpretación del título I de la CE. Y añade que la lesión al artículo 10.2 CE, en caso de darse, nunca sería autónoma, sino que dependería de la verificación de la lesión de uno de los derechos contenidos en ese título I, agravada por el hecho de que tal vulneración pondría de manifiesto la falta de respeto al único criterio interpretativo del texto constitucional que recoge expresamente la propia Constitución.

Especialmente relevante para esta investigación es el razonamiento del Tribunal Constitucional cuando pone en relación el derecho a la protección

---

251 Aparicio Pérez, M. A., «La cláusula interpretativa del artículo 10.2 de la Constitución Española, como cláusula de integración y apertura constitucional a los derechos fundamentales», *Jueces para la Democracia*, N.º 6, 1989, p. 11. Disponible en: https://dialnet.unirioja.es/servlet/articulo?codigo=2529904 (03.05.2023).

252 Saiz Arnaiz, A., *La apertura constitucional al derecho internacional..., op, cit.*, pp. 72-73.

253 *Cfr.* Sentencia Tribunal Constitucional 36/1991, de 14 de febrero, Fundamento Jurídico 5.

254 *Cfr.* Sentencia Tribunal Constitucional 215/1994, de 14 de julio, Fundamento Jurídico 2.

255 *Cfr.* Sentencia Tribunal Constitucional 199/1996, de 3 de diciembre, Fundamento Jurídico 2.

256 *Cfr.* Sentencia del Tribunal Constitucional 198/2012, de 6 de noviembre, Fundamento Jurídico 2 (b).

de la salud y los límites fijados por los Tratados Internacionales en relación al mismo. Señala la Sentencia del Tribunal Constitucional 139/2016, de 21 de julio[257], que la reforma sanitaria del año 2012 respeta el límite relativo al contenido del derecho a la salud delimitado por los tratados internacionales, al que nos remite el artículo 13 CE. Sostiene que los tratados y convenios internacionales no son, en sí mismos, canon de constitucionalidad de los preceptos recurridos. Las normas legales impugnadas deben ser contrastadas con los preceptos constitucionales que proclaman los derechos y libertades de los extranjeros en España, interpretados de acuerdo con el contenido de dichos tratados o convenios. En consecuencia, sólo podrá declararse su inconstitucionalidad si aquellas normas con rango de Ley vulneran el contenido constitucionalmente declarado de tales derechos y libertades.

Y, añade, en relación con el Pacto de derechos económicos, sociales y culturales, que cuando aborda la protección de la salud en su artículo 12.1, destaca que, aun cuando en su artículo 2.1 señala que los Estados partes se comprometen a adoptar medidas hasta el máximo de los recursos de que disponga, para lograr progresivamente la plena efectividad de los derechos reconocidos, y que, su artículo 4 reconoce que los derechos garantizados podrán ser sometidos a limitaciones legales sólo en la medida compatible con la naturaleza de esos derechos, ello no impide que las prestaciones en las que el derecho a la salud se materializa hayan de ser, siempre y en todo caso, gratuitas para sus destinatarios.

Por tanto, de la doctrina constitucional expuesta, el ámbito de la interpretación de conformidad con los tratados y acuerdos internacionales se refiere también a los derechos del Título I de la CE, incluido, por tanto, el derecho a la protección de la salud previsto en el artículo 43 CE.

De lo expuesto podemos extraer las consideraciones siguientes:

Primera, los tratados internacionales de derechos humanos, en tanto herramientas hermenéuticas, constituyen una fuente interpretativa obligada para configurar el sentido, contenido y alcance de los derechos fundamentales.

Segunda, los derechos humanos imponen obligaciones mínimas, en el sentido de que los Estados pueden libremente adoptar *standars* de protección más exigentes o elevados de esos mismos valores.

Tercera, la violación de textos internacionales es una violación indirecta y mediata, dependiente de la infracción del derecho o libertad recogido por la CE. No se da rango constitucional a los derechos y libertades recogidos en un tratado, sino que el artículo 10.2 CE se limita a establecer una conexión entre su propio sistema de derechos fundamentales y libertades, de un lado, y los convenios y tratados internacionales sobre las mismas materias en los que sea parte España, de otro.

---

257 *Cfr.* Sentencia del Tribunal Constitucional 139/2016, de 21 de julio, Fundamento Jurídico 10.

Es decir, este precepto no atribuye un rango constitucional a los derechos y libertades proclamados en los textos internacionales que no estén también reconocidos en la CE y, por tanto, dichos textos no pueden servir, por sí solos, como fundamento de un recurso de amparo ante el Tribunal Constitucional.

Cuarta, cuando el artículo 10.2 CE se refiere a los tratados internacionales, los órganos del Estado han de asumir, también, como canon interpretativo, el resto de textos y documentos emanados de las organizaciones supranacionales de las que España forma parte (Resoluciones, Acuerdos, Convenciones o Protocolos).

Finalmente, los tratados internacionales de derechos humanos que sirven de herramientas hermenéuticas se refieren al Título I de la CE. Incluyen, por tanto, los derechos del Capítulo III del Título I de la CE dentro de los derechos susceptibles de interpretación internacional por aplicación del artículo 10.2 CE. Entre ellos se encuentra el derecho a la protección de la salud de los extranjeros en situación administrativa irregular (artículo 43 CE).

Sentado el análisis del alcance constitucional del artículo 10.2 CE sobre el papel del derecho internacional de los derechos humanos en la interpretación de los derechos constitucionales, resulta útil, exponer a continuación, los principales instrumentos jurídicos supranacionales que recogen los derechos reconocidos a los extranjeros en situación irregular en las normas internacionales y europeas, y que presentan relevancia para nuestra investigación.

2.2.a) Textos internacionales

La progresiva protección internacional de un conjunto de derechos de la persona, independientemente de su nacionalidad, es fruto de una lenta evolución. El derecho anterior a la Carta de las Naciones Unidas ofrecía un precario amparo al extranjero, que sólo era protegido por el Estado de su nacionalidad si éste quería hacerlo, ya que la protección de las personas lesionadas por actos contrarios al Derecho Internacional cometidos por un Estado era una facultad discrecional del Estado de la nacionalidad de la persona que hubiese sufrido una violación del Derecho Internacional. Va a ser tras la Primera Guerra Mundial cuando la sociedad de Naciones promueva una progresiva protección internacional de los derechos de la persona, que se plasma, entre otros textos, en la Convención de Ginebra de 25 de septiembre de 1926, relativa a la supresión de la esclavitud en todas sus formas, en las Convenciones de 28 de octubre de 1933 y 10 de febrero de 1938, relativas al estatuto internacional de los refugiados y, sobre todo, a través de la acción protectora de los trabajadores extranjeros que llevó a cabo la Organización Internacional del Trabajo.

Con la entrada en vigor de la Carta de las Naciones Unidas, el 24 de octubre de 1945, se proclama con carácter general la dignidad intrínseca de todo ser humano y, con ella, la necesidad de garantizar a toda persona un estándar mínimo derechos. Pero cada uno de los Estados firmantes continuaban siendo soberanos para determinar qué derechos debían ser reconocidos en su territorio a los ciudadanos extranjeros, sin que estos estuvieran legitimados para, a título individual, poner en marcha mecanismos jurídicos que a nivel internacional pudiera valer sus derechos humanos violados[258].

En el caso de España, por aplicación de los artículos 10.2 y 96 CE, los tratados internacionales entran a formar parte del derecho interno, siendo especialmente importante aquellos textos internacionales que por aplicación del artículo 10.2 CE se constituyen en criterio hermenéutico para determinar el ámbito subjetivo de los derechos reconocidos a los extranjeros en el Título I de nuestra CE.

Sin ánimo exhaustivo destacaremos los principales textos de alcance general que sirven de criterio de interpretación en la configuración constitucional de los derechos de los extranjeros en España. Y, más concretamente, identificaremos aquellos textos internacionales que recogen derechos humanos, que servirán de canon hermenéutico a los derechos fundamentales a la vida e integridad física, (artículo 15 CE), y, dentro de los principios rectores de la política social y económica, el derecho a la protección de salud, (artículo 43 CE),cuya titularidad corresponda al extranjero en situación administrativa irregular, por ser estos dos preceptos constitucionales, los principales anclajes del derecho a la asistencia sanitaria pública de los extranjeros inmigrantes en situación irregular, objeto de este estudio. Todo ello, sin perjuicio de que su utilidad pudiera ser aprovechada cuando se pongan de manifiesto otros derechos constitucionales.

El cuerpo normativo vendrá constituido por la Declaración Universal de los Derechos Humanos de 1948, el Pacto Internacional de los Derechos Civiles y Políticos de 1966, el Pacto de los Derechos Económicos, Sociales y Culturales de 1966 y los dos protocolos facultativos al primero de los Pactos que configuran lo que se conoce como la Carta Internacional de los Derechos Humanos por su aspiración de universalidad. Asimismo, también es preciso tomar en consideración la Convención sobre los Derechos del Niño[259], adoptada el 20 de noviembre de 1989, la Convención sobre los derechos de las personas con discapacidad[260], adoptada el 13 de diciembre de 2006 así como

---

258 VIDAL FUEYO, C., *Constitución y extranjería..., op. cit.*, p. 88.

259 Convención sobre los Derechos del Niño, Nueva York, adoptada por la Asamblea General de las Naciones Unidas el 20 de noviembre de 1989. Boletín Oficial del Estado N.° 313, de 31 de diciembre de 1990, páginas 38897 a 38904.

260 Convención sobre los derechos de las personas con discapacidad, Nueva York, adoptada el 13 de diciembre de 2006. Boletín Oficial del Estado N.° 96, de 21 de abril de 2008, páginas 20648 a 20659 (12 págs.).

la Convención sobre la eliminación de todas las formas de discriminación contra la mujer, adoptada el 18 de diciembre de 1979[261].

La Declaración Universal de los Derechos Humanos fue adoptada en Nueva York el 10 de diciembre de 1948, mediante la Resolución 217 A (III) de la Asamblea General de Naciones Unidas, y, es considerada el fundamento de las normas internacionales de los Derechos Humanos.

Además, la Declaración de 1948 debe ser el punto de referencia en el Derecho internacional privado. Con ella se universaliza la reglamentación del tráfico jurídico externo. Es importante destacar que los derechos recogidos en la normativa internacional de derechos humanos son aplicables tanto a nacionales como a extranjeros. Estamos ante un auténtico «estatuto internacional de la persona» que se aplica en los distintos sistemas estatales, tanto para las situaciones privadas internas como para las internacionales[262].

Dos son las cuestiones que debemos analizar en relación a la Declaración. Primero, determinar su naturaleza y valor jurídico, ya que su aprobación por Resolución de la Asamblea General de las Naciones Unidas ha provocado cierta controversia para la comunidad Internacional, y, en segundo lugar, debemos resaltar algunos aspectos de su contenido.

En relación a la primera de las cuestiones el problema jurídico se plantea porque al aprobarse la Declaración por una Resolución de la Asamblea General de las Naciones Unidas únicamente constituye meras recomendaciones para los Estados pero no establece obligaciones jurídicas vinculantes. Sin embargo, hoy podemos decir que las disposiciones de la Declaración se han convertido en obligaciones jurídicas para los Estados por las siguientes razones:

- Primero, la Declaración se fue integrando en el Derecho de las Naciones Unidas como parte de la estructura constitucional de la comunidad internacional.

- Segundo, la Declaración constituyó una especie de modelo o estándar de referencia, con innegable significado y valor jurídico, como interpretación auténtica de las disposiciones de la Carta de Naciones Unidas en materia de Derechos Humanos[263].

---

261 Convención sobre la eliminación de todas las formas de discriminación contra la mujer, Nueva York, adoptada el 18 de diciembre de 1979. Boletín Oficial del Estado N.° 69, de 21 de 03 de 1984.

262 FERNÁNDEZ PÉREZ, A., *Los derechos fundamentales y libertades públicas de los extranjeros en España. Una visión desde la doctrina del Tribunal Constitucional*, Tirant lo Blanch, Valencia, 2016, p. 33.

263 CARRILLO SALCEDO, J. A., *Soberanía de los Estados y Derechos Humanos en el Derecho internacional contemporáneo*, 2.ª edición, Tecnos, Madrid, 2002, pp. 68-69.

- Y, tercero, alguno de sus artículos refleja el núcleo esencial de la noción universal de la dignidad humana cuyo respeto parece haber cristalizado como principio inspirador del Derecho Internacional Público[264].

Esta interpretación supondrá, para nuestro estudio, que, siendo el Estado español, parte de este instrumento internacional, deberá tener en cuenta el contenido de la Declaración cuando regule internamente cuestiones que puedan afectar a cualquiera de los derechos de los extranjeros en situación irregular recogidos en la misma. Y, además, en nuestro texto constitucional de 1978 la Declaración aparece mencionada expresamente en el artículo 10.2 CE, y, por tanto, se erige como canon de interpretación para delimitar el alcance de los preceptos constitucionales relativos a los derechos fundamentales y libertades que la Constitución reconoce.

Es importante destacar en este punto la Sentencia del Tribunal Constitucional 21/1981, de 15 de junio[265], cuando en su Fundamento Jurídico 10, señala que no cabe desconocer que los derechos fundamentales responden a un sistema de valores y principios de alcance universal que subyacen a la Declaración Universal y que, asumidos como decisión constitucional básica, han de informar todo nuestro ordenamiento jurídico.

Y, en segundo lugar, de la Declaración hay que resaltar la vocación de universalidad, regulando de forma conjunta en un mismo documento normativo los derechos civiles y políticos y, los derechos económicos, sociales y culturales. Podemos decir que la Declaración Universal inicia y formula el catálogo de los derechos humanos.

Por su parte, el Pacto Internacional de los Derechos Civiles y Políticos y el Pacto de los Derechos Económicos, Sociales y Culturales fueron adoptados por la Resolución 2200 (XXI) de la Asamblea General de las Naciones Unidas el 16 de diciembre de 1966, pero revistieron la forma de acuerdo internacional[266].

Estos Pactos suponen una continuidad en el desarrollo de los Derechos Humanos, y tienen como objetivo desarrollar y precisar con carácter general, a través de obligaciones jurídicas internacionales exigibles a los Estados partes que hayan consentido en obligarse, los derechos y libertades enunciados en la Declaración Universal. Pretenden ser la respuesta normativa a los principios enunciados en la Carta de las Naciones Unidas.

---

264 BONET PÉREZ, J., *Las políticas migratorias y la protección internacional de los derechos y libertades de los inmigrantes. Un análisis desde la perspectiva del ordenamiento jurídico español*, Universidad de Deusto, Bilbao, 2003, p. 26.

265 *Cfr.* Sentencia Tribunal Constitucional 21/1981, de 15 de junio, Fundamento Jurídico 10.

266 España es parte de ambos Tratados Internacionales (BOE, 103, de 30 de abril de 1977) y de los dos Protocolos Facultativos al PIDCP (BOE 79, de 2 de abril de 1985, y BOE 164, de 10 de julio de 1991).

En este punto es conveniente plantearse la cuestión siguiente: si la regulación de los derechos humanos políticos y civiles por un lado, y la regulación de los derechos económicos, sociales y culturales por otro, implica que estemos en presencia de dos categorías de derechos humanos distintas, independientes o incluso subordinados los segundos a los primeros, o si por el contrario, aun cuando se regulen en dos instrumentos jurídicos internacionales diferentes, en realidad tienen idéntico valor jurídico siendo necesario su conexión e interdependencia.

Mientras que la eficacia de los derechos civiles y políticos depende exclusivamente de la existencia de un orden jurídico que los reconozca y los garantice, convirtiéndose así en derechos subjetivos invocables ante los tribunales correspondientes, los derechos económicos, sociales y culturales dependen de la existencia de un orden social en el que pueda llevarse a cabo una justa distribución de los bienes, y sólo serán exigibles en la medida en que un Estado disponga de los recursos y los medios necesarios. Esto justifica que la titularidad de los derechos reconocidos en el Pacto Internacional de Derechos Civiles y Políticos se extienda todos los individuos que se encuentren en el territorio de un Estado parte (artículo 2.1), mientras que en el Pacto de Derechos Económicos, Sociales y Culturales reconoce que los Estados en vías de desarrollo podrán determinar en qué medida garantizarán los derechos económicos reconocidos en el presente Pacto a personas que no sean nacionales suyos, en clara alusión al carácter predominantemente prestacional de los derechos reconocidos en el mismo, frente a los derechos de libertad garantizados en el primero de los mencionados[267].

Finalmente, y de acuerdo con la jurisprudencia de nuestro Tribunal Constitucional, resulta preciso aclarar que esa interpretación no sólo se da en relación al contenido propio de los textos internacionales, sino que esa interpretación también se extiende a la llevada a cabo por los órganos de garantía establecidos por esos mismos tratados y acuerdos internacionales, tales como el Comité de derechos económicos, sociales y culturales de la ONU[268] o el Comité de Derechos Humanos de Naciones Unidas[269].

Todo lo anterior se traduce, en definitiva, en que los operadores jurídicos españoles cuando se refieran a la titularidad y ejercicio de los derechos fundamentales de los extranjeros en situación administrativa irregular deberán conocer los textos internacionales que sobre la materia hayan sido ratificados por España, ya que los mismos han de informar todo nuestro ordenamiento jurídico y tienen carácter vinculante para la interpretación de los derechos reconocidos en el Título I por la Constitución española.

---

267 Vidal Fueyo, C., *Constitución y extranjería*, *op. cit.*, p. 92.

268 *Cfr.* Sentencia Tribunal Constitucional 31/2018, de 10 de abril, Fundamento Jurídico 4.

269 *Cfr.* Sentencia Tribunal Constitucional 116/2006, de 24 de abril, Fundamento Jurídico 5.

2.2.b) Textos europeos

En cuanto al estudio de los instrumentos internacionales regionales los reduciremos a los de ámbito europeo, que son los que serán tenidos en cuenta en nuestro estudio.

El desarrollo de un sistema europeo de protección internacional de los derechos humanos ha girado en torno a la labor desarrollada por el Consejo de Europa[270]. La labor codificadora relativa a los derechos humanos en el seno de esta Organización se inicia con el Convenio Europeo para la protección de los Derechos Humanos y Libertades Fundamentales (en adelante CEDH), firmado en Roma el 4 de noviembre de 1950, y entrado en vigor el 3 de septiembre de 1953[271], donde se recogieron, básicamente, los derechos civiles y políticos. La necesidad de plasmar en el ámbito regional europeo, junto con los derechos civiles y políticos, el conjunto de derechos de contenido económico y social dio lugar a la adopción de la Carta Social Europea el 18 de octubre de 1961 en Turín[272]. Dentro de este entramado normativo debemos incluir a la Carta de los Derechos Fundamentales de la Unión Europea. La aplicación de la Carta de los Derechos Fundamentales de la Unión Europea abarca un ámbito territorial más limitado (27 Estados)[273], si lo comparamos con los Estados signatarios de la Carta Social Europea (46 miembros)[274].

Es necesario resaltar en este punto la figura del Tribunal Europeo de Derechos Humanos y la eficacia de sus pronunciamientos. El Convenio Europeo

270 El Consejo de Europa es una organización internacional que tiene como objetivo principal la defensa y protección de la democracia, el Estado de Derecho y los derechos humanos y libertades fundamentales de los Estados europeos. Su finalidad consiste en realizar una unión más estrecha entre sus miembros para salvaguardar y promover los ideales que constituyen su patrimonio común y favorecer su progreso económico y social, tal como recoge su propio Estatuto del Consejo de Europa. Engloba a la totalidad de las naciones europeas con la sola excepción de Bielorrusia. España se convirtió en miembro del Consejo de Europa el 24 de noviembre de 1977. Tiene su sede en Estrasburgo (Francia), y su órgano más activo es el Tribunal Europeo de Derechos Humanos. Disponible la información en: https://www.coe.int/es/web/about-us/who-we-are (03.05.2023).

271 España es parte del Convenio, BOE número 243, de 10 de octubre de 1979.

272 La Carta Social Europea de la que España es parte desde el 27 de abril de 1978 y el Convenio Europeo se complementan en el ámbito de protección de los extranjeros con las normas de los protocolos adicionales, siendo especialmente relevantes el Protocolo adicional 4 (contiene la prohibición de expulsiones colectivas de extranjeros), el Protocolo adicional 7 (garantías jurídicas para los procedimientos de expulsión) y el Protocolo adicional 12 (que recoge el principio de no discriminación), así como el Convenio para la prevención de la Tortura y de las Penas o Tratos inhumanos o Degradantes, adoptado el 26 de noviembre de 1987 y el Convenio Europeo relativo al Estatuto del Trabajador Migrante de 1977.

273 Disponible en: https://european-union.europa.eu/principles-countries-history/country-profiles_es?page=0 (12.05.2023).

274 Disponible en: https://www.coe.int/es/web/portal/46-members-states (12.05.2023).

ha supuesto un hito en el panorama del derecho internacional de los derechos humanos, ya que ha sido el primer tratado internacional de los derechos humanos, en introducir la posibilidad de recurso individual de los particulares afectados ante un genuino órgano jurisdiccional: El Tribunal Europeo de Derechos Humanos[275].

Podemos señalar, en consecuencia, que el CEDH prevé sus propios medios jurisdiccionales para hacer valer los derechos en ella recogidos. Aunque no estamos en presencia de un órgano supranacional, tal y como se ha encargado de recordar el Tribunal Supremo y el Tribunal Constitucional, las sentencias del TEDH, cuyo carácter no ejecutivo a la luz del Convenio resulta indiscutible, asumen un especifico valor interpretativo de la CE, por imperativo del artículo 10.2 CE. Sólo en este sentido puede afirmarse que las decisiones del Tribunal de Estrasburgo (las que implican condena a España) vinculan al Tribunal Constitucional y a los demás interpretes constitucionales[276].

Se trata, pues, de un órgano jurisdiccional de garantía que ha sido establecido por el propio CEDH. Así se ha plasmado por nuestra jurisprudencia constitucional cuando reconoce al TEDH como órgano de garantía[277] establecido por los propios tratados y acuerdos internacionales, que tiene por misión la interpretación del Convenio y cuyas decisiones son además obligatorias y vinculantes para nuestro Estado, cuando sea Estado demandado[278].

Es por ello que el propio Tribunal Constitucional acude a las sentencias del TEDH para la interpretación de los preceptos constitucionales tuteladores de los derechos fundamentales. Sucede, por ejemplo, en la Sentencia 91/2000, de 30 de marzo[279], cuando señala que *tales consideraciones han sido también claramente expresadas por el Tribunal Europeo de Derechos Humanos, en su Sentencia de 25 de abril de 1978 (Caso Tyrer c. Reino Unido) y 16 de diciembre de 1999 (casos T. y V. c. Reino Unido), al interpretar el art. 3 del Convenio Europeo para la Protección de los Derechos Humanos, y son plenamente aplicables a la interpretación del art. 15 de la Constitución española*.

Interesa destacar una particularidad del Convenio de Roma y es, de conformidad con su artículo 1, el compromiso que asumen los Estados parte al abarcar a toda persona que se halle dentro de su jurisdicción, cualquiera que sea su nacionalidad.

Esto significa que los derechos y las libertades reconocidos por el CEDH son universalmente disponibles para todos los individuos, incluidos los extranjeros, sean estos nacionales (por ejemplo, los inmigrantes o refugia-

---

275 Díez Picazo, L. M., *Sistema de Derechos Fundamentales..., op. cit.*, p. 158.

276 Saiz Arnaiz, A., *La apertura constitucional al derecho internacional..., op. cit.*, pp. 157-159.

277 *Cfr.* Sentencia Tribunal Constitucional 81/1989, de 8 de mayo, Fundamento Jurídico 2.

278 *Cfr.* Sentencia Tribunal Constitucional 245/1991, de 16 de diciembre, Fundamento Jurídico 3.

279 *Cfr.* Sentencia Tribunal Constitucional 91/2000, de 30 de marzo, Fundamento Jurídico 9.

dos) o no nacionales (por ejemplo, apátridas) de un Estado extranjero. De ello se desprende que las consideraciones de nacionalidad, residencia o domicilio son irrelevantes para la determinación de una reclamación por violación del CEDH[280].

Los derechos reconocidos en el Convenio europeo afectan por igual a toda persona que se halle bajo la jurisdicción de cualquiera de los Estados parte, tengan o no la nacionalidad del mismo, y con independencia de su situación administrativa.

Así lo confirma la STEDH Caso Hirsi Jamaa And y otros contra Italia, de 23 de febrero 2012[281], al establecer que el sistema europeo de protección de derechos y libertades se extiende a toda persona que se encuentre bajo la jurisdicción de un Estado signatario del Convenio europeo.

En consecuencia, el Convenio Europeo de Derechos Humanos y la jurisprudencia del TEDH resultarán de aplicación, con el alcance que la propia CE reconoce en su artículo 10.2, en la configuración de los derechos de los extranjeros, extensible a aquellos extranjeros que se encuentren en España en situación administrativa irregular.

Por su parte, la Carta Social Europea de 1961 recoge los derechos sociales que el Convenio de Roma no acoge. Se compone de 19 derechos, cuya realización aceptan las partes contratantes como objetivo de su política, y que se perfilan y desarrollan en los 19 artículos de la parte II, siendo el artículo 13 el relativo al derecho a la asistencia social y médica.

La Carta Social Europea, sin embargo, es un tratado internacional de corte mucho más tradicional que el Convenio de Europeo: a diferencia de éste, no prevé medios jurisdiccionales para hacer valor los derechos ni, por ello, recurso individual de las personas afectadas. Sus mecanismos de salvaguardia son de naturaleza diplomática y política[282].

En términos de interpretación de derechos fundamentales, por parte del Tribunal Constitucional, la Carta Social Europea no ha tenido un papel muy importante, inclusive se ha utilizado normalmente con escasa relevancia en la argumentación.

A modo de ejemplo, podríamos citar la Sentencia del Tribunal Constitucional 23/1983, de 28 de enero[283], cuando reconoce que, de acuerdo con el artículo 10.2 CE, las normas relativas a los derechos fundamentales y a las libertades que la misma reconoce han de interpretarse de conformidad con la

280 LAMBERT, H., *The position of aliens in relation to the European Convention on Human Rights*, Council of Europe Publishing, 2007, p. 9.

281 *Cfr.* Sentencia del Tribunal Europeo de Derechos Humanos, (Gran Sala), Caso Hirsi Jamaa Andy otros contra Italia, de 23 de febrero de 2012, párrafos 178-180.

282 DÍEZ PICAZO, L. M., *Sistema de Derechos Fundamentales..., op. cit*, p. 159.

283 *Cfr.* Sentencia Tribunal Constitucional 23/1983, de 25 de marzo, Fundamento Jurídico 2.

Declaración Universal de Derechos Humanos y los tratados y acuerdos internacionales sobre dichas materias ratificados por España y, entre ellos, está el Pacto de Derechos Económicos y Sociales de 1966 (art. 8.°) y la Carta Social Europea de 1961 (art. 5.°). Asimismo, también la Sentencia 236/2007, de 7 de noviembre[284], menciona, dentro de los textos internacionales, a la Carta Social Europea en relación con el derecho a sindicarse libremente.

Ahora bien, la Carta Social Europea resultará de aplicación al igual que el resto de textos internacionales, con el alcance que la propia CE reconoce, en la configuración de los derechos de los extranjeros, incluidos aquellos extranjeros que se encuentren en España en situación administrativa irregular.

Finalmente, la creación de una Carta de Derechos para la Unión Europea[285] fue decidida en la Cumbre Europea de Colonia, celebrada los días 3 y 4 de junio de 1999; fue proclamada en Niza el 7 de diciembre de 2000. Recoge un conjunto de derechos personales, civiles, políticos, económicos y sociales distribuidos en un preámbulo introductorio y cincuenta y cuatro artículos distribuidos en siete capítulos.

Debe resaltarse que, según el Tratado de Lisboa de 13 de diciembre de 2007, ratificado por España el 15 de julio de 2008, la Carta de los Derechos Fundamentales de la Unión Europea de 12 de diciembre de 2007 tendría el mismo valor jurídico que los Tratados.

Cuestión fundamental es dilucidar la postura de nuestro Tribunal Constitucional en orden a la incidencia interna de los derechos fundamentales que podemos llamar comunitarios. Ninguna diferencia se establece por el más alto intérprete de la Constitución en cuanto al empleo de los textos internacionales con fines hermenéuticos. El Derecho comunitario recibe el mismo trato que el Derecho internacional, convencional o institucional. Conviene hacer notar que el Tribunal asume el valor interpretativo no sólo de los Tratados fundacionales sino también de las normas de Derechos Comunitario, incluyendo la jurisprudencia del Tribunal de Justicia de la Unión Europea[286].

Sin embargo, poco servirá al Tribunal Constitucional el eventual uso de la Carta en la interpretación de las disposiciones iusfundamentales presentes en nuestro texto básico de 1978. Y ello porque también la Carta, que no se olvide llega casi veintidós años después de la Constitución y después, también, de abundante jurisprudencia constitucional, está redactada en unos términos, en la mayoría de las ocasiones, muy próximos a los que cualquier constituyente emplea al formular los derechos fundamentales[287].

284 *Cfr.* Sentencia Tribunal Constitucional 236/2007, de 7 de noviembre, Fundamento Jurídico 9.

285 Carta de los Derechos Fundamentales de la Unión Europea, DOUEN.° C 303 de 14 de diciembre de 2007.

286 Saiz Arnaiz, A., *La apertura constitucional al derecho internacional..., op. cit.*, p. 190.

287 Saiz Arnaiz, A., «La Carta de los Derechos Fundamentales de la Unión Europea y los

Nuestro Tribunal Constitucional se ha pronunciado sobre el alcance de la Carta de derechos fundamentales de la Unión Europea en la Declaración 1/2004, de 13 de diciembre, señalando que el valor interpretativo que tendría la Carta en materia de derechos fundamentales no causaría dificultades en nuestro Ordenamiento porque tanto nuestra propia doctrina constitucional (sobre la base del art. 10.2 CE) como el mismo artículo II-112 operan con un juego de referencias al Convenio europeo que terminan por erigir a la jurisprudencia del Tribunal de Estrasburgo en denominador común para el establecimiento de elementos de interpretación compartidos en su contenido mínimo[288].

Y, expresamente la Sentencia Tribunal Constitucional 41/2013, de 14 de febrero[289], reconoce el valor interpretativo de la Carta de derechos fundamentales de la Unión Europea para definir los perfiles exactos del contenido de un precepto constitucional definidor de un derecho o libertad. Añade, además, que la Carta tiene la misma eficacia jurídica vinculante que los Tratados, en virtud de lo dispuesto en el Tratado de Lisboa de 13 de diciembre de 2007.

La Carta de derechos fundamentales de la Unión Europea establece, siguiendo los textos internacionales sobre los derechos fundamentales y en consonancia con nuestras pautas constitucionales, la inviolabilidad de la dignidad humana, el derecho a la vida y a la integridad, el derecho a la libertad y seguridad, el derecho a la vida privada y familiar, el derecho a contraer matrimonio y a fundar una familia, la libertad de pensamiento, conciencia y religión, la libertad de expresión y de información y la libertad de reunión y de asociación, así como el establecimiento del principio de igualdad. Este conjunto de derechos y libertades se reconocen, como no podía ser de otro modo, respecto de toda persona, es decir, no están vinculados a la ciudadanía de la UE[290].

En consecuencia, la Carta de Derechos Fundamentales de la Unión Europea servirá de canon de interpretación de los derechos fundamentales citados y será aplicable, con el alcance que la propia CE reconoce, a los derechos de los extranjeros en situación administrativa irregular en España. Muchos de los derechos que se recogen se confieren a todas las personas, sin distinción de nacionalidad o residencia, y a pesar del énfasis inicial en la ciudadanía sólo se reservan a los ciudadanos de la Unión algunos derechos, fundamentalmente los políticos.

---

ordenamientos nacionales: ¿qué hay de nuevo?», *Cuadernos de Derecho Público*, N.º 13, mayo-agosto, 2001, p. 164. Disponible en: https://revistasonline.inap.es/index.php/CDP/article/view/617/672 (20.04.2023).

288 *Cfr.* Declaración Tribunal Constitucional 1/2004, de 13 de diciembre, Fundamento Jurídico 6.

289 *Cfr.* Sentencia Tribunal Constitucional 41/2013, de 14 de febrero, Fundamento Jurídico 2.

290 Rodríguez Mateos, P., Jiménez Blanco, P., Espiniella Menéndez, A., *Régimen jurídico de los extranjeros..., op. cit.*, p. 518.

En atención a lo expuesto, debemos retener que la configuración constitucional de los derechos de los extranjeros en situación administrativa irregular en España se interpretarán de conformidad con lo dispuesto en la configuración internacional de derechos humanos previstos en la Declaración Universal de Derechos Humanos y demás tratados y acuerdos internacionales y europeos sobre las mismas materias ratificados por España, ya que los mismos no sólo han de informar todo nuestro ordenamiento jurídico sino que tienen carácter vinculante para la interpretación de los derechos fundamentales y, abarcan, como ya hemos apuntando, los derechos reconocidos por la Constitución española en el Título I.

Finalmente, centraremos la atención para cerrar el epígrafe en identificar las implicaciones que el contenido de este artículo supone en relación a la titularidad y ejercicio de los derechos de los extranjeros en España. Para ello, será necesario relacionar el contenido del artículo 13 CE con lo dispuesto en el artículo 10.2 CE, de manera que el contenido del artículo 13.1 CE tendrá que ser interpretado conforme a las exigencias del citado artículo 10.2 de la Constitución.

Las exigencias de interpretación de las normas relativas a derechos constitucionalmente reconocidos (art. 10.2 CE), imponen que cualquier regulación referida a los derechos de los extranjeros, tenga que ser interpretada de conformidad con la Declaración Universal de Derechos Humanos y los tratados o convenios ratificados por España.

A ello se refiere, entre otras, la STC 236/2007, de 7 de noviembre[291], cuando señala que *el artículo 13 CE autoriza al legislador a establecer restricciones y limitaciones a los derechos de los extranjeros en España, pero sin afectar «al contenido delimitado para el derecho por... los tratados internacionales» (STC 242/1994, de 20 de julio, FJ 4), que debe observar para configurar el sentido y alcance de los derechos fundamentales*.

Por consiguiente, a partir de lo que, en conjunto, disponen estas disposiciones constitucionales, podemos deducir:

Primero, que las normas sobre derechos de los extranjeros, desde la Constitución hasta el último acto administrativo con valor normativo, deben ser necesariamente interpretadas de conformidad con la Declaración Universal y los tratados o acuerdos internacionales sobre derechos humanos ratificados por España. Estos textos internacionales contribuirán a determinar la configuración constitucionalmente adecuada de los derechos puesto que, los tratados o acuerdos ratificados, proporcionarán la medida o canon de constitucionalidad necesaria para que la interpretación de los derechos se ajuste a las previsiones de la Constitución.

Segundo, que los extranjeros, de acuerdo con el criterio interpretativo anterior, serán titulares de los derechos fundamentales que la Constitución no reserve en

291 *Cfr.* Sentencia Tribunal Constitucional 236/2007, de 7 de febrero, Fundamento Jurídico 5.

exclusiva a los españoles y de los derechos cuya titularidad pueda serles otorgada a partir de la Declaración Universal y los tratados ratificados por España[292].

Como finalización de este apartado podemos extraer las siguientes conclusiones:

Primera, en la configuración constitucional y legal de los derechos de los extranjeros se deberán conocer los textos internacionales que sobre la materia hayan sido ratificados por España.

Asimismo, cuando el artículo 10.2 CE se refiere a los tratados internacionales, los órganos del Estado han de asumir, también, como canon interpretativo, el resto de textos y documentos emanados de las organizaciones supranacionales de las que España forme parte (Resoluciones, Acuerdos, Convenciones o Protocolos).

Segunda, los propios textos internacionales introducen distinciones en el reconocimiento de la titularidad de los derechos de las personas. No todas las personas ostentan los mismos derechos, ni necesariamente los Estados tienen reconocidos el mismo tratamiento en cuanto al ejercicio de los derechos.

Tercera, la violación de textos internacionales es una violación indirecta y mediata, dependiente de la infracción del derecho o libertad recogido por la CE. No se da rango constitucional a los derechos y libertades recogidos en un tratado, sino que el artículo 10.2 CE se limita a establecer una conexión entre su propio sistema de derechos fundamentales y libertades, de un lado, y los convenios y tratados internacionales sobre las mismas materias en los que sea parte España, de otro.

Cuarta, de conformidad con el artículo 10.2 CE, en la configuración de los derechos de los extranjeros en situación administrativa irregular en España se deberá tener en cuenta la normativa internacional de los derechos humanos.

Quinta, los tratados internacionales de derechos humanos que sirven de herramientas hermenéuticas incluyen el derecho a la salud de los extranjeros en situación administrativa irregular como derecho susceptible de interpretación internacional.

Por consiguiente, la configuración constitucional de los derechos de los extranjeros en situación administrativa irregular en España se interpretará de conformidad con lo dispuesto en la configuración internacional de derechos humanos previstos en la Declaración Universal de Derechos Humanos y demás tratados y acuerdos internacionales y europeos sobre las mismas materias ratificados por España. El alcance concreto requiere, asimismo, del análisis del artículo 13 CE que será expuesto en el epígrafe siguiente.

292 Freixes T. y Remotti Carbonell, J. C., «Los derechos de los extranjeros en la Constitución Española y en la jurisprudencia del Tribunal Europeo de Derechos Humanos», *Revista de Derecho Político*, Núm. 44, 1998, pp. 108-113. Disponible en: https://dialnet.unirioja.es/servlet/articulo?codigo=57246 (03.05.2023).

2.3. La configuración constitucional de los derechos de las personas extranjeras en situación irregular

Resulta fundamental para determinar el alcance constitucional del derecho a la a la asistencia sanitaria pública de los extranjeros inmigrantes en situación administrativa irregular en España conocer previamente cual es la configuración constitucional de los derechos de los extranjeros en nuestra Constitución española.

A lo largo de este apartado abordaremos, en la primera parte, el principio de igualdad como garantía constitucional que rodea la configuración constitucional de los derechos de los extranjeros en situación administrativa irregular. A continuación, nos detendremos en el análisis del marco constitucional español aplicable a los extranjeros con carácter general, recogiendo una breve referencia a los antecedentes de nuestro constitucionalismo histórico y al último proceso constituyente. Fijado esto, dedicaremos la tercera parte a los concretos derechos constitucionales que ostentan los extranjeros en situación administrativa irregular en España.

2.3.a) La igualdad en la interpretación de los derechos de los extranjeros en situación irregular

Resulta necesario exponer el principio de igualdad en la interpretación del estatuto constitucional de los extranjeros en situación administrativa irregular. Concretamente, nos centraremos en el artículo 14 CE que recoge el principio de igualdad. La lectura de los preceptos de la CE que proclama la igualdad de los extranjeros y españoles no resulta muy clarificadora. El artículo 14 CE establece que los titulares del derecho a la igualdad ante la ley son los españoles. La interpretación de ese precepto exige su lectura conjunta con el artículo 13 CE. Sin embargo, la literalidad del artículo 13 CE tampoco parece contribuir a la equiparación de derechos entre nacionales y extranjeros, en la medida en que este precepto señala que los extranjeros gozarán de los derechos reconocidos en el Título I de la Constitución *en los términos que establezcan los tratados y la ley*.

No hay duda de que la igualdad tiene su base en la igual dignidad de los seres humanos. Hay una tendencia en la normativa internacional de derechos humanos de protección de derechos fundamentales de los no nacionales, de modo que los extranjeros no pueden ser excluidos del derecho a la igualdad, con independencia de que resulta posible un tratamiento desigual a ellos en relación a los españoles, diferencia de trato que puede resultar posible de otros preceptos constitucionales o de decisiones del legislador constitucionalmente legitimado para utilizar la no nacionalidad española (o en su caso, no comunitaria) como criterio de diferenciación, pero respetando los límites constitucionales expresos o las propias exigencias de razonabilidad del artículo 14 CE[293].

El Tribunal constitucional en la Sentencia 107/1984, de 23 de noviembre[294], reconoce la inexistencia en la CE de una declaración que proclame la igualdad entre españoles y extranjeros. Sin embargo, esta declaración no es argumento bastante para considerar resuelto el problema, estimando que la desigualdad de trato entre extranjeros y españoles resulta constitucionalmente admisible, o incluso que el propio planteamiento de una cuestión de igualdad entre extranjeros y españoles está constitucionalmente excluido. Y ello, porque no es únicamente el artículo 14 de la Constitución el que debe ser contemplado, sino que es preciso tener en cuenta otros preceptos para determinar la posición jurídica de los extranjeros en España. El problema de la igualdad en el ejercicio de los derechos depende del derecho afectado. La igualdad de trato vendrá determinada por la configuración que la ley y los tratados lleven a cabo de los derechos de los extranjeros, de acuerdo con el mandato del artículo 13 CE.

Por su parte, la Sentencia del Tribunal Constitucional 115/1987, de 7 de julio[295], señala que el artículo 13.1 de la Constitución reconoce *al legislador la posibilidad de establecer condicionamientos adicionales al ejercicio de derechos fundamentales por parte de los extranjeros, pero para ello ha de respetar, en todo caso, las prescripciones constitucionales. No se puede estimar que el legislador configure libremente el contenido mismo del derecho, cuando éste ya haya venido reconocido por la Constitución directamente a los extranjeros*. Y, añade que *una cosa es, autorizar diferencias de tratamiento entre españoles y extranjeros, y otra es entender esa autorización como una opción de legislar al respecto sin atender los mandatos constitucionales.*

Y, en la Sentencia del Tribunal Constitucional 130/1995, de 11 de septiembre[296], vuelve a pronunciarse sobre el derecho de igualdad por razón de la nacionalidad, y sobre si deben ser tratados igualmente en cuanto a la percepción de la prestación por desempleo. Concluye la Sentencia que el derecho (por discriminación en razón de su ciudadanía marroquí) a percibir la prestación por desempleo en igualdad con los trabajadores españoles del mismo

293 Rodríguez Piñero y Bravo Ferrer, M., y Fernández López, M. F., «Artículo 14-La igualdad ante la ley y en la aplicación de la ley», en Rodríguez – Piñero y Bravo Ferrer, Miguel, Casas Baamonde, María Emilia, *Comentarios a la Constitución Española, XL aniversario,* Wolters Kluwer, Madrid, 2018, pp. 346-347.

294 *Cfr.* Sentencia Tribunal Constitucional 107/1984, de 23 de noviembre, Fundamentos Jurídicos 3 y 4.

295 *Cfr.* Sentencia Tribunal Constitucional 115/1987, de 7 de julio, Fundamento Jurídico 3.

296 *Cfr.* Sentencia del Tribunal Constitucional 130/1995, de 11 de septiembre, Fundamento Jurídico 2.

sector, dependerá de que, por ley o por tratado internacional aplicable, ese derecho le esté atribuido como a los españoles, porque en tal supuesto le alcanzarán, como a éstos, los beneficios del régimen público de Seguridad Social a los que se refiere el art. 41 C.E.

Es decir, en lo que afecta a los extranjeros hay que afirmar que, en principio, son los españoles los titulares del derecho de igualdad, pues es a ellos a quienes la Constitución lo atribuye. No obstante, la exclusión de los extranjeros debe entenderse referida sólo, sin embargo, al derecho a la igualdad en la ley y aun respecto de él, con la importante salvedad de los derechos fundamentales, algunos de los cuales no toleran, en razón del bien protegido, que la extranjería pueda ser considerada como elemento de diferenciación[297].

Por tanto, aun faltando una jurisprudencia clara en la materia, no podemos afirmar que el Alto Tribunal haya reconocido de forma expresa el derecho de los extranjeros a no ser discriminados por razón de su nacionalidad[298].

Así, aun cuando el principio de igualdad se limita a los españoles, ello no obsta, interpretando la Sentencia 107/1984 citada *a sensu contrario*, que los tratados o la ley puedan regular igualitariamente para los extranjeros y los españoles su ejercicio o que hagan diferencias entre ellos sin que la Constitución se vea afectada. Entre ellos se encuentran tanto el derecho a la defensa nacional, que puede ser ampliado a los extranjeros bien por ley, bien por un tratado internacional, como los derechos sociales (derecho a la salud, derecho a la protección social, etc.), que, sin ser tampoco auténticos derechos subjetivos para los españoles, pueden extenderse a los extranjeros a través de tratados o de la ley regulando su ejercicio de manera igual o desigual para unos y otros[299].

Lo expuesto se traduce, pues, en que la igualdad de trato vendrá determinada por la configuración que la ley y los tratados lleven a cabo de los derechos de los extranjeros, incluidos los extranjeros en situación administrativa irregular. Ahora bien, también podría operar como parámetro de enjuiciamiento de la incidencia del legislador en la regulación de los derechos en relación con las personas extranjeras cuando es posible un trato diferenciado.

Por tanto, los extranjeros, con independencia de su situación administrativa, serán titulares en igualdad de condiciones que los españoles de aquellos derechos fundamentales que no admiten, en razón del bien protegido, que la extranjería pueda ser considerada como elemento de diferenciación (igual dignidad).

---

297 Suárez Pertierra, G. y Amérigo, F., «Artículo 14-Igualdad ante la ley», en *Comentarios a la Constitución de Alzaga,* tomo II, Edersa, Madrid, 1996, p. 263.

298 Díaz Crego, M., «El derecho a no ser discriminado por razón de la nacionalidad ¿un derecho de los extranjeros?», *Revista española de derecho constitucional*, N.° 89, 2010, p. 125. Disponible en: https://dialnet.unirioja.es/servlet/articulo?codigo=3273865 (08.04.2023).

299 Pérez Vera, E. y Abarca Junco, P., «Artículo 13-Extranjería», en *Comentarios a la Constitución de Alzaga,* tomo II, Edersa, Madrid, 1996, pp. 201-202.

Ahora bien, esa igualdad de trato de los extranjeros con respecto a personas de nacionalidad española hay que analizarla en razón de la naturaleza del concreto derecho cuando admite diferenciación. En nuestra investigación nos centraremos en el concreto derecho a la asistencia sanitaria de los extranjeros en situación administrativa irregular y su conexión o relación con otros derechos (principalmente los derechos a la vida e integridad física, a la intimidad o a la protección de datos).

2.3.b) Marco constitucional español de los derechos de los extranjeros

El punto de partida debemos centrarlo en el artículo 13 de nuestra norma suprema, principalmente sus apartados primero y segundo. Establece dicho precepto que los extranjeros gozarán en España de las libertades públicas que garantiza el Título I, de acuerdo a lo fijado en los tratados y la ley. Añade, en su párrafo segundo, que solamente los españoles serán titulares de los derechos reconocidos en el artículo 23, sin perjuicio de lo que, conforme a criterios de reciprocidad, pueda establecerse por tratado o ley para el derecho de sufragio activo y pasivo en las elecciones municipales. Y, finalmente, los apartados tercero y cuarto se dedican a la extradición y el derecho de asilo respectivamente.

Como antecedentes de la posición jurídica del extranjero en el constitucionalismo español debemos mencionar, en primer lugar, la Constitución de Cádiz de 1812[300] que, a pesar de lo amplio de su articulado, no dedica ninguno de sus Títulos a formular una declaración de derechos ni siquiera a favor de los españoles, por lo que la única referencia que se encuentra en relación a los extranjeros es la relativa a los supuestos de adquisición y pérdida de la nacionalidad española (artículo 5).

La Constitución de 1837[301] si hace una expresa declaración de derechos en el Título I, pero exclusivamente a favor de los españoles. Igual estructura presenta la Constitución de 1845, en sus dos etapas, período del que cabe destacar el Real Decreto de Extranjería, de 17 de noviembre de 1852, cuya vigencia ha llegado hasta la promulgación de la Ley Orgánica 7/1985, de 1 de julio, sobre derechos y libertades de los extranjeros en España, al no haber sido derogada expresamente, aunque sí sufrió modificaciones. Esta norma estableció el denominado fuero de extranjería donde se regulaban los requisitos de entrada y salida, así como los derechos y obligaciones de los extranjeros domiciliados en España.

300 Constitución política de la monarquía española. Promulgada en Cádiz a 19 de marzo de 1812. Disponible en: https://www.cepc.gob.es/sites/default/files/2021-11/1812.pdf (08.04.2023).

301 Constitución de 1837. Disponible en: https://www.cepc.gob.es/sites/default/files/2021-11/1837.pdf (08.04.2023).

Va a ser la Constitución de 1869 la que va a recoger, por primera vez, derechos atribuidos expresamente a los extranjeros. Así, por ejemplo, en su artículo 2 establece que ningún español o extranjero podrá ser detenido ni preso sino por causa de delito. También hacen referencia a los extranjeros, los artículos 5 (inviolabilidad del domicilio), 21 (libertad religiosa) o 25 (libertad personal)[302]. Se trata, por tanto, de una Constitución que rompe radicalmente con los textos anteriores, no sólo por el elevado número de derechos reconocidos, sino por el mayor alcance de la titularidad y garantías de los mismos.

El proyecto de Constitución federal de la República española (que no llegó a promulgarse), de 1873[303], llega más lejos y extiende a todas las personas la titularidad de todos los derechos subjetivos reconocidos en el Título Preliminar, incluidos los extranjeros, al estar formulados bajo la expresión «toda persona»[304].En este sentido, el nuevo Título preliminar, con el que se abre la Constitución, reconoce a «toda persona...todos los derechos naturales»; y, en particular, una serie de derechos, a los que el propio proyecto constitucional cualifica expresamente como «anteriores y superiores a toda legislación positiva»: como el derecho a la vida, y a la seguridad y dignidad. Este bloque de derechos recibía una especial superprotección constitucional —«ningún poder tiene facultades para cohibirlos ni ley ninguna autoridad para mermarlos»— y un tratamiento diferenciado al resto de los derechos constitucionales contemplados en el Título II: «De los españoles y sus derechos» (arts. 3-38)[305].

En el periodo de la Restauración se da un giro en la materia, y la Constitución de la monarquía española de 30 de junio de 1876 dedica su Título primero a los españoles y sus derechos. No obstante, y aunque los derechos reconocidos a los extranjeros disminuyen con respecto a los recogidos en los textos constitucionales del periodo revolucionario anterior, se consagran los derechos de todo extranjero a establecerse en territorio español u a ejercer en él su industria (art. 2), el derecho a no ser detenido, a la inviolabilidad del domicilio (art. 6) o a la libertad religiosa (art. 11).

302 Constitución promulgada el 6 de junio de 1869. Disponible en: http://www.congreso.es/docu/constituciones/1869/1869_cd.pdf (12.06.2020).

303 Proyecto de Constitución federal de la República española de 1873. Disponible en: http://www.congreso.es/docu/constituciones/1869/cons1873_cd.pdf (12.06.2020).

304 El proyecto de Constitución federal de la República española de 1873 recoge los siguientes derechos en el Título Preliminar: el derecho a la vida, y a la seguridad y dignidad; al libre ejercicio del pensamiento y a la libre expresión de su conciencia; a la libre enseñanza; los derechos de reunión y de asociación pacíficas; las libertades de trabajo, de industria, de comercio interior y crédito; el derecho de propiedad, sin facultad de vinculación ni amortización; la igualdad ante la ley; el derecho a ser jurado y a ser juzgado por los jurados; y a la libre defensa enjuicio y a la corrección por la pena.

305 PÉREZ AYALA, A., «La I República, marco político y proyecto constitucional», *Revista de estudios políticos*, N.º 105, 1999, p. 50. Disponible en: https://dialnet.unirioja.es/servlet/articulo?codigo=27573 (08.04.2023).

La Constitución de la República española, de 9 de diciembre de 1931[306], reconoce expresamente a favor de los extranjeros cuatro derechos en los artículos 29 (derecho a no ser detenido), 31 (inviolabilidad del domicilio), 33 (libertad de industria y comercio) y articulo 34 (libertad de expresión). Sin embargo, va a ser en esta época cuando se recrudece el control administrativo sobre los no nacionales, lo que se pone de manifiesto en el Decreto de 4 de octubre de 1935[307], que otorga a la Administración española plena discrecionalidad sobre la circulación y estancia de extranjeros en España, y en el Decreto de 29 de agosto de 1935 que somete a autorización administrativa, otorgada discrecionalmente, toda actividad lucrativa realizada por extranjeros. También pertenece a esta época la primera legislación sobre trabajadores extranjeros.

Tras la Guerra Civil se mantienen formalmente en vigor la mayor parte de los textos que en materia de extranjería se habían elaborado en el período republicano, pero se refuerzan notablemente las facultades de la autoridad gubernativa en relación con el control y sanción de los extranjeros[308].

En el iter del proceso constituyente de la CE de 1978 el Anteproyecto de Constitución recogía en su artículo 12 que *la condición jurídica del extranjero se regulará por la ley y por los tratados, atendiendo siempre al principio de efectiva reciprocidad. Solamente los españoles serán titulares de derechos políticos*. Añadía su párrafo segundo que *los extranjeros residentes en España gozarán de las libertades públicas del presente título, en los términos que la ley establezca*[309].

En origen esta redacción planteaba dos grandes problemas. En primer lugar, se limitaba el goce de las libertades públicas sólo a los extranjeros residentes, de forma tal que se reconocía la vinculación del extranjero al Estado español en virtud de la residencia legal, olvidando, en primer lugar, que la vinculación al Estado lo es con respecto a quienes se encuentren en su territorio y sobre los cuales el Estado ejerce su jurisdicción. En segundo lugar, se obviaba el propio concepto de derechos humanos que el Derecho Internacional general y la propia Teoría general de los derechos atribuyen a toda persona, independientemente de su origen nacional, criterio que ha quedado plasmado en los diversos Tratados y Convenios en materia de derechos y libertas de los que el Estado español es parte.

---

306 Constitución de la República española, de 9 de diciembre de 1931. Disponible en: https://www.boe.es/datos/pdfs/BOE/1931/344/A01578-01588.pdf (12.06.2020).

307 Decreto de 4 de octubre de 1935, Gaceta de Madrid, N.° 282. Disponible en: https://www.boe.es/datos/pdfs/BOE//1935/282/A00175-00181.pdf (12.06.2020)

308 El breve repaso histórico constitucional realizado toma como referencia a Vidal Fueyo, C., *Constitución y extranjería*, Centro de Estudios Políticos y constitucionales, Madrid, 2002, pp.29-35.

309 Boletín Oficial de las Cortes, N.° 44, de 5 de enero de 1978. Disponible en: http://www.congreso.es/public_oficiales/L0/CONG/BOCG/BOC_044.PDF (20.12.2022).

El segundo problema planteado, consistía en que se hacía depender el respeto de las libertades públicas de los inmigrantes de un desarrollo normativo posterior exclusivamente interno. Si el desarrollo legal puede resultar adecuado en la reglamentación del goce de los extranjeros de algunas de las libertades públicas consagradas en la Constitución, no es menos cierto que tal exigencia parece difícilmente admisible respecto de otras consagradas por el derecho internacional público y convencional. En la fecha en la que se elabora la CE, a nivel internacional, España se encontraba ya vinculada por los Pactos de las Naciones Unidas sobre derechos civiles y políticos y sobre derechos económicos, sociales y culturales, además de haber firmado el Convenios Europeo de Derechos Humanos y Libertades Fundamentales[310].

El debate constituyente y las enmiendas presentadas al texto, especialmente, la defensa hecha por Peces Barba, determinaron, por un lado, la necesidad de reconocer derechos y libertades a nacionales y extranjeros, independientemente de que estos últimos ostentaran o no la condición de residencia y, por otro lado, la necesidad de acudir a los Tratados Internacionales como criterio interpretativo para delimitar el alcance y contenido de los derechos y libertades reconocidos[311]. El resultado final del todo el proceso de debate constituyente desembocó en la redacción actual que se contiene en el artículo 13 de nuestro texto constitucional.

Sentado lo anterior, y centrando nuestra atención en el punto primero del artículo 13 CE, lo primero que llama nuestro interés es la inclusión del término *libertades públicas* y su relación con la denominación del Título I *de los derechos y deberes fundamentales.*

Este artículo se revela como paraje de partida, pero no debe ser nunca punto de llegada, puesto que una interpretación restrictiva de la construcción del régimen jurídico constitucional de los extranjeros centralizada en el artículo 13 CE no resultaría coherente con una interpretación sistemática y teleológica de nuestra Constitución[312].

El término «libertades públicas» carece de un significado técnico consolidado, al menos en España. Es verdad que aparece en la rúbrica de la Sección 1 del Capítulo II del Título I de la Constitución *(De los derechos fundamentales y de las libertades públicas)*; pero nadie le ha atribuido jamás una sustantividad propia. Se trata de una mera reiteración estilística. Debe entenderse, así, que los términos «libertades públicas» y «derechos fundamentales» son sinónimos. A lo sumo, en la expresión «libertades públicas» cabría apreciar

310 Pérez Vera, E. y Abarca Junco, P., «Artículo 13-Extranjería...», *op. cit.*, pp. 190-191.

311 Goig Martínez, J. M., *Derechos y libertades de los inmigrantes en España. Una visión constitucional, jurisprudencial y legislativa,* Editorial Universitas Internacional, Madrid, 2004, pp. 36-37.

312 García Vázquez, S., *El estatuto jurídico-constitucional del extranjero en España*, Tirant lo Blanch, Valencia, 2007, p. 39.

una especial idoneidad para referirse a aquellos derechos fundamentales que garantizan ámbitos de autonomía frente al Estado, en vez de facultades de participación[313].

La expresión libertades públicas recogida en el art. 13.1 CE ha de entenderse en sentido amplio. La falta de tradición histórica en España en lo que a la utilización de esta expresión se refiere, así como la falta de unanimidad doctrinal a la hora de establecer los criterios de delimitación de este concepto, el uso confuso que el propio texto constitucional hace del mismo, y la dificultad de llevar a cabo una construcción dogmática, nos inclinan a pensar que una interpretación restrictiva del término libertades públicas cuenta con más inconvenientes que ventajas. Por el contrario, siendo extensibles a las libertades públicas todas las notas que caracterizan a los derechos fundamentales: su directa vinculación, la existencia de un contenido esencial indisponible frente al legislador (art. 53.2 CE), la reserva de ley orgánica para su desarrollo (art. 81.1 CE), etc, notas que las convierten en elementos esenciales de nuestro ordenamiento jurídico, no tenemos más alternativa que optar por una interpretación amplia de esta expresión. Llegados a este punto, hemos aportado algunos argumentos para avalar la necesidad de unificar la terminología utilizada a lo largo del Título primero de la Constitución, sustituyendo la expresión libertades públicas por la de derechos fundamentales[314].

Esta es la línea defendida por nuestro Tribunal Constitucional, al menos mayoritariamente. El párrafo 1 del art. 13 de la Constitución significa que el disfrute por los extranjeros de los derechos y libertades reconocidos en el Título I de la Constitución (con las salvedades del mismo artículo 13 en su párrafo segundo) podrá atemperarse en cuanto a su contenido a lo que determinen los tratados internacionales y la ley interna española[315]. Pero existen derechos que corresponden por igual a españoles y extranjeros y cuya regulación ha de ser igual para ambos[316]. Junto a la posición mayoritaria, la Sentencia 115/1987, de 7 de julio[317], cuenta con un voto particular que formulan los Magistrados don Francisco Rubio Llorente, don Francisco Tomás y Valiente y don Fernando García-Monen el que se acoge una interpretación restrictiva del término. Para los Magistrados disidentes las libertades públicas van a constituir una categoría distinta a la de derechos fundamentales y

---

313 DÍEZ-PICAZO, L. M., *Sistema de Derechos Fundamentales..., op. cit.*, p. 32.

314 VIDAL FUEYO, C., «Al hilo de la reforma constitucional: los problemas de interpretación que genera la expresión de libertades públicas en la constitución española», *Parlamento y Constitución*. Anuario, Núm. 8, 2004, pp. 164-165. Disponible en: https://dialnet.unirioja.es/servlet/articulo?codigo=1370756 (09.04.2023).

315 *Cfr.* Sentencia Tribunal Constitucional 99/1985, de 30 de septiembre, Fundamento Jurídico 2.

316 *Cfr.* Sentencia del Tribunal Constitucional 107/1984, de 23 de noviembre, Fundamento Jurídico 4.

317 *Cfr.* Sentencia del Tribunal Constitucional 115/1987, de 7 de julio, Voto particular.

su contenido va a depender, exclusivamente, de lo que la ley y los tratados internacionales determinen.

En suma, podemos extraer que el concepto de libertades públicas reconocido en el artículo 13 de nuestra constitución es un término ambiguo que ha generado dudas en cuanto a su significado y configuración, tanto a nivel doctrinal como jurisprudencial. Ahora bien, de acuerdo con lo anterior y, aun cuando parece necesaria una ponderación en cada supuesto concreto asimilando el término a los derechos y libertades reconocidos en el Título I de la Constitución, lo cierto es que el Tribunal Constitucional no ha reconocido expresamente en sus pronunciamientos que libertades públicas de los extranjeros equivalen a derechos fundamentales de las personas.

2.3.c) Derechos constitucionales de los extranjeros en situación irregular en España

Entrando en el análisis del reconocimiento constitucional de los derechos de las personas extranjeras en España, el objetivo fundamental será determinar cuáles son las libertades públicas a las que podrán tener derecho los extranjeros y que están incluidas en el Título I de la CE.

Existen preceptos del Título I que con toda evidencia se refieren sólo a los españoles (art. 11 —nacionalidad española—; art. 12 —mayoría de edad de los españoles—; art. 30 —los españoles tienen el derecho y el deber de defender a España—), otros en los que utilizan los términos todos (art. 15) o nadie (art. 16), y de otro, el propio art. 13 de la Constitución, ubicado en aquel mismo Título I, referido a los extranjeros.

Para ello, determinaremos, por una parte, el contenido constitucional de estos derechos y libertades, su alcance y límites. Y, por otra, nos centraremos en la titularidad y ejercicio de estos derechos y libertades por los extranjeros en España.

En cuanto al contenido constitucional de estos derechos, su alcance y límites, el Tribunal Constitucional (Sentencia del Tribunal Constitucional 107/1984, de 23 de noviembre)[318] aclara el significado del primer párrafo del artículo 13 CE. La redacción dada en el artículo 13.1 CE «*supone que el disfrute de los derechos y libertadas —el término libertades públicas no tiene, obviamente, un significado restrictivo— reconocidos en el Título I de la Constitución se efectuará, en la medida en la que lo determinen los Tratados y la ley interna española, y de conformidad con las condiciones y contenido previsto en tales normas*». Sin embargo, añade el Tribunal Constitucional, que tal disposición no implica «*que se haya querido desconstitucionalizar la posición*

318 *Cfr.* Sentencia del Tribunal Constitucional 107/1984, de 23 de noviembre, Fundamento Jurídico 3.

jurídica de los extranjeros relativa a los derechos y libertades públicas, pues la Constitución no dice que los extranjeros gozarán en España de la libertades que les atribuyen los tratados y la ley, sino de las libertades que garantiza el presente Título en los términos que establezcan los Tratados y la ley, de modo que los derechos y libertades reconocidos a los extranjeros siguen siendo constitucionales y, por tanto, dotados —dentro de su específica regulación— de la protección constitucional, pero son todos ellos sin excepción, en cuanto a su contenido, "derechos de configuración legal"».

El Tribunal Constitucional también ha marcado los límites de las restricciones de los derechos y libertades de los extranjeros, afirmando que el artículo 13.1, si bien autoriza el legislador a restringirlos, no le otorga una libertad ilimitada. Esta limitación proviene tanto del artículo 10.1 de la Constitución (aquellos que son imprescindibles para la garantía de la dignidad humana que conforme al artículo 10.1 constituye fundamento del orden político español) como del artículo 10.2, ya que no puede afectar al contenido delimitado para el derecho «por la Constitución o los tratados internacionales suscritos por España», pues una cosa es «autorizar diferencias de tratamiento entre españoles y extranjeros y otra es entender esa autorización como una posibilidad de legislar al respecto sin tener en cuenta los mandatos constitucionales». Estos límites derivan también de la dicción literal de los artículos constitucionales que regulan concretos derechos y libertades[319].

Los límites constitucionales a la capacidad de configuración del legislador en los derechos de los extranjeros se recogen en un pronunciamiento reconocido por la Sentencia del Tribunal constitucional 115/1987, (Fundamento Jurídico 3) cuando afirma que *el art. 13.1 de la Constitución reconoce al legislador la posibilidad de establecer condicionamientos adicionales al ejercicio de derechos fundamentales por parte de los extranjeros, pero para ello ha de respetar, en todo caso, las prescripciones constitucionales. Una cosa es, en efecto, autorizar diferencias de tratamiento entre españoles y extranjeros, y otra es entender esa autorización como una posibilidad de legislar al respecto sin tener en cuenta los mandatos constitucionales*[320]. En idénticos términos se pronuncia el Tribunal en la Sentencia 236/2007, de 7 de noviembre[321].

Las previsiones del artículo 13 CE, no deben interpretarse como habilitación al legislador o a la autoridad administrativa para limitar los derechos de los extranjeros por el simple hecho de no ser españoles, sino como un mandato constitucional dirigido a organizar, tanto por vía legislativa ordinaria como administrativa, el régimen del ejercicio de los derechos, estableciendo

319 PÉREZ VERA, E. Y ABARCA JUNCO, P., «Artículo 13-Extranjería...», *op. cit.*, pp. 194-195.

320 *Cfr.* Sentencia Tribunal Constitucional 115/1987, de 7 de julio de 1987, Fundamento Jurídico 3.

321 *Cfr.* Sentencia Tribunal Constitucional 236/2007, de 7 de noviembre de 2007, Fundamento Jurídico 4.

los cauces adecuados para que los extranjeros puedan ejercer sus derechos constitucionales en toda su plenitud, pudiendo en todo caso establecerse peculiaridades en su ejercicio, pero en modo alguno desconocerlos u originar su ineficacia. El ejercicio de los derechos por parte de personas extranjeras no puede, pues, tomar como único referente las coordenadas propias de las denominadas políticas migratorias, puesto que la Constitución, en el Título I, dedicado a los derechos y deberes fundamentales, afirma que los extranjeros tienen derechos, precisamente los garantizados en el citado Título, y que gozarán de los mismos de conformidad con lo que establezcan los tratados y la ley.

Por consiguiente, la Constitución, lejos de presentar los derechos de los extranjeros como resultado de las políticas públicas que puedan ponerse en práctica por razones coyunturales o estructurales, los consolida como verdaderos derechos atribuidos a un colectivo concreto, las personas físicas que no tengan nacionalidad española, cuyo ejercicio puede ser que necesite de ciertas peculiaridades, pero que no puede serles negado en modo alguno, salvo en los supuestos en que la misma Constitución atribuya la titularidad concreta de un derecho únicamente a los españoles[322].

En consecuencia, el artículo 13 CE realiza por sí solo tres funciones[323] de gran importancia:

Primera, inserta al extranjero en el espacio de libertad constitucional diseñado para los españoles, sin que ello quiera decir que asimile su estatuto jurídico al de los ciudadanos.

Segunda, garantiza que la traducción de esas libertades en derechos respetará siempre el contenido esencial con el que se consagran en el Título I. El que el destinatario de uno de esos derechos fundamentales sea un extranjero no puede justificar establecer normas que no reproduzcan las pautas mínimas que establecen los preceptos de dicho Titulo.

Tercera, retiene a la ley y al tratado internacional como las dos fuentes idóneas para la regulación del ejercicio de esas libertades.

En cuanto a la segunda cuestión relativa a la titularidad y ejercicio de los derechos de los extranjeros en España, señalar que ha sido el Tribunal Constitucional el que, para resolver si es constitucionalmente legítimo o no introducir diferencias entre españoles y extranjeros en el diseño de la titularidad de los derechos, formula una construcción teórica específica y distinta de la desarrollada en relación con los límites a los derechos fundamentales en sentido general y prescindiendo de quienes sean los titulares de los mismos.

---

322 Freixes T. y Remotti Carbonell, J. C., «Los derechos de los extranjeros en la Constitución Española y en la jurisprudencia del Tribunal Europeo de Derechos Humanos», *Revista de Derecho Político*, Núm. 44, 1998, pp. 108-113. Disponible en: https://dialnet.unirioja.es/servlet/articulo?codigo=57246 (03.05.2023).

323 Espinar Vicente, J. M., *Extranjería e Inmigración..., op. cit.*, p. 41.

Se elaboran desde la jurisprudencia constitucional una serie de categorías propias y separadas para hablar de los límites al ejercicio de los derechos fundamentales de los extranjeros.

Por tanto, el estándar para analizar el ajuste constitucional de la limitación de los derechos fundamentales en general que afectan a los ciudadanos españoles no será el mismo —salvo excepciones— que el que se aplica para verificar la constitucionalidad de las limitaciones a los derechos de que son titulares los extranjeros.

Así, el canon genérico se construye sobre la afirmación de que es posible limitar el alcance de los derechos fundamentales siempre que la limitación supere un canon de control básico conformado por tres presupuestos: que el límite esté legalmente previsto, que persiga una finalidad constitucionalmente legítima y que responda al cumplimiento del principio de proporcionalidad, cuya verificación exige comprobar el cumplimiento de tres requisitos: que la medida restrictiva sea idónea o adecuada para la consecución de los fines que persigue, que sea necesaria en el sentido de que no pueda identificarse fácilmente otra medida menos restrictiva de derechos, y que se trate de una medida proporcionada en sentido estricto entre el alcance de la restricción de los principios y derechos constitucionales que resultan afectados, de un lado, y el grado de satisfacción de los fines perseguidos con ella por el legislador, de otro[324].

En cambio, el canon aplicable a los límites que condicionan el ejercicio de derechos por parte de los no nacionales es distinto. Si bien se parte de la misma aceptación inicial a la introducción de límites, en este caso se matiza admitiéndose la limitación, no ya del ejercicio, sino de la propia titularidad de los derechos fundamentales en razón de la nacionalidad del titular del derecho[325]. A partir de ahí, el Tribunal asume la posición preeminente del legislador en el diseño de los límites, afirmándose que los derechos que garantiza el Título I de la Constitución a los extranjeros se reconocen con arreglo a su configuración legal[326].

En consecuencia, la doctrina fijada por el Tribunal Constitucional en la Sentencia del Tribunal Constitucional 107/1984, de 23 de noviembre[327], junto

324 Doctrina contenida, entre otras, en la Sentencia Tribunal Constitucional 60/2010, de 7 de octubre, Fundamento Jurídico 9.

325 *Cfr.* Sentencia del Tribunal Constitucional 130/1995, de 11 de septiembre, Fundamento Jurídico 2.

326 Asúa Batarrita, A. y Gómez Fernández, I., «Derecho a tener derechos: participación y cohesión social en el sistema constitucional español. Prestaciones Sociales y ciudadanía», XVIII *Conferencia Trilateral* 6-8 de octubre 2016, Roma, pp. 12-13. Disponible en: https://www.tribunalconstitucional.es/es/trilateral/documentosreuniones/40/ponenciaespa%C3%B1a2016.pdf (08.04.2023).

327 *Cfr.* Sentencia del Tribunal Constitucional 107/1984, de 23 de noviembre, Fundamentos Jurídicos 3 y 4.

con las STC 236/2007, de 7 de noviembre, STC 115/1987, de 7 de julio, y STC 99/1985, de 30 de septiembre, nos permiten extraer las siguientes conclusiones en relación a la titularidad y ejercicio de los derechos de los extranjeros.

Primera, la configuración legal de los derechos de los extranjeros está en función del concreto derecho. Ello se refleja claramente en la citada Sentencia 107/1984, de 23 de noviembre, cuándo señala que la configuración legal puede prescindir de tomar en consideración, como dato relevante para modular el ejercicio del Derecho, la nacionalidad o ciudadanía del titular produciéndose así una completa igualdad entre españoles y extranjeros, como la que efectivamente se da respecto de aquellos derechos que pertenecen a la persona en cuanto tal y no como ciudadano o de aquellos que son imprescindibles para la garantía de la dignidad humana.

La segunda conclusión que podemos extraer de la sentencia 107/1984, de 23 de noviembre, y sobre la que posteriormente también fue ratificándose en sus pronunciamientos el Tribunal Constitucional es que el problema de la titularidad y ejercicio de los derechos de los extranjeros y, más en concreto, el problema de la igualdad en el ejercicio de los derechos depende del derecho afectado.

Sentado lo anterior y teniendo en cuenta que el título I de la CE contiene la regulación de los derechos constitucionales, veamos cómo afecta cada uno de ellos a la titularidad y ejercicio del concreto derecho a los extranjeros. La referencia a los derechos incluidos en el título I de la CE ha sido reconocida por nuestro máximo intérprete constitucional cuando, en la Sentencia 17/2013, de 31 de enero[328], señala que, su consolidada doctrina acerca de la determinación de la posición jurídica de los extranjeros, a partir de los arts. 10.1 y 13 CE, ha establecido, en cuanto a la titularidad y ejercicio de los derechos fundamentales de los extranjeros en España, una distinción tripartita que se basa en la distinta libertad del legislador al que remite el art. 13.1 CE para regular la titularidad y el ejercicio de los distintos derechos del título I, pues aquélla depende del concreto derecho afectado.

Para ello, estableceremos cuatros grupos diferenciados de derechos de los extranjeros.

Comenzaremos por aquellos derechos y libertades que, en tanto que inherentes a la dignidad humana, son idénticos en cuanto a su titularidad y ejercicio tanto para españoles como extranjeros. Son derechos universales, comunes a toda persona en cuanto a tal, independientemente de su ciudadanía, nacionalidad o situación administrativa[329]. Estaríamos dentro de la categoría de derechos que la jurisprudencia constitucional reconoció como inherentes a la dignidad humana. En esta situación se encontrarían el derecho a la

328 *Cfr.* Sentencia Tribunal Constitucional 17/2013, de 31 de enero, Fundamento Jurídico 2.

329 Rodríguez Mateos, P., Jiménez Blanco, P., Espiniella Menéndez, A., *Régimen jurídico de los extranjeros..., op. cit.*, p. 516.

vida, a la integridad física y moral, a la intimidad, la libertad ideológica (STC 107/1984, de 23 de noviembre, FJ 3), pero también el derecho a la tutela judicial efectiva (STC 99/1985, de 30 de septiembre, FJ 2), y el derecho a la asistencia jurídica gratuita (STC 95/2003, de 22 de mayo), el derecho a la libertad y a la seguridad (STC 144/1990, de 26 de septiembre, FJ 5) así como el derecho a la educación no obligatoria cuyo ejercicio no puede someterse a la circunstancia de la situación administrativa del menor (STC 236/2007, de 7 de noviembre, FJ 8).

Ahora bien, no se trata de una lista cerrada y podrían ampliarse en función del concreto derecho como ha afirmado el máximo intérprete constitucional. Existe, pues, un grupo de derechos fundamentales en los que ni la ley ni, debe suponerse, el tratado internacional puede distinguir entre nacionales y extranjeros. Los contornos del grupo no se encuentran claramente delimitados; el Tribunal Constitucional se limita a efectuar enunciados no exhaustivos. El carácter común de estos derechos hace que los extranjeros puedan recurrir en amparo ante el Tribunal Constitucional con independencia de la dicción literal del artículo 53.2 CE y del artículo 41.2 LOTC, que se refieren expresamente a los ciudadanos[330].

El segundo grupo estaría integrado por los derechos que pertenecerán o no a los extranjeros según lo dispongan los tratados y las leyes, siendo entonces admisible la diferencia de trato con los españoles en cuanto a su ejercicio[331].

Esta segunda categoría de derechos fundamentales es la de «derechos desiguales», es decir, el resto de derechos constitucionales de configuración legal, en los que es posible un trato desigual entre españoles y extranjeros y, por más razón, entre extranjeros en situación regular o irregular. En efecto, la desigualdad es constitucionalmente admisible, sin perjuicio de que, de acuerdo con el artículo 13 CE, «los extranjeros gozarán en España de las libertades públicas que garantiza el presente título en los términos que establezcan los tratados y la ley». Son, por tanto, derechos protegidos constitucionalmente pero de configuración legal[332].

Estos derechos son susceptibles, conforme a lo dispuesto en el art. 13 CE, de ser atribuidos por la Ley o los Tratados a los extranjeros. De producirse tal extensión, los derechos quedarían reconocidos a los extranjeros como derechos fundamentales y no como meros derechos legales en virtud de su capa-

---

330 Cruz Villalón, P., «Dos cuestiones de titularidad de derechos: los extranjeros y las personas jurídicas», *Revista Española de Derecho Constitucional*, Año 12, Núm. 35. Mayo-agosto 1992, p. 68. Disponible en: https://dialnet.unirioja.es/servlet/articulo?codigo=79456 (12.04.2023).

331 *Cfr.* Sentencia Tribunal Constitucional 115/1987, de 7 de julio, Fundamentos Jurídicos 2 y 3.

332 Rodríguez Mateos, P., Jiménez Blanco, P., Espiniella Menéndez, A., *Régimen jurídico de los extranjeros…, op. cit.*, p. 516.

cidad jurídica iusfundamental. La capacidad del legislador para regularlos es más amplia que la que tendría si sus titulares fuesen todas las personas, y, por tanto, cabe que introduzca diferencias de trato basadas en la extranjería de los sujetos, pero, al hacerlo, debe adecuarse a los Tratados internacionales sobre dichos derechos celebrados por España que operan como criterio limitativo también en este caso (parece avalar esta tesis la STC 94/1993, F. J. 2 y 3, con apoyo en otra jurisprudencia anterior)[333].

Entre los derechos de este grupo se cuentan, el derecho a entrar y salir libremente por el territorio nacional, el derecho a percibir una prestación de desempleo, y también con matizaciones el derecho de residencia y desplazamiento en España.

Igualmente, este sería el caso del derecho a la protección de la salud. Es decir, estamos ante un derecho de configuración legal, que corresponde regular al legislador respetando los valores y los principios constitucionales, así como el contenido que se desprende del art. 43 CE en lo que atañe a las condiciones de acceso a las prestaciones sanitarias. Es, por tanto, un derecho susceptible de ser modulado en su aplicación a los extranjeros.

En este sentido, señala la Sentencia del Tribunal Constitucional 95/2000, de 10 de abril[334], que, tanto el mantenimiento del sistema público de Seguridad Social (art. 41 CE) como el reconocimiento del derecho a la salud (art. 43 CE) y, consecuentemente, la obligación de los poderes públicos de organizarla y tutelarla mediante las medidas, prestaciones y servicios necesarios (art. 43 CE) se contienen en el Título I de la CE, lo que permite establecer la relación entre ellos y la previsión ya mencionada del art. 13.1 CE, deduciéndose el derecho de los extranjeros a beneficiarse de la asistencia sanitaria en las condiciones fijadas por las normas correspondientes.

Dicho razonamiento se confirma posteriormente por la Sentencia del Tribunal Constitucional 139/2016, de 21 de julio[335], cuando examina los cambios en el régimen de asistencia sanitaria a los extranjeros empadronados, sin autorización de residencia en España, introducidos por el Real Decreto-ley 16/2012, de 20 de abril, de medidas urgentes para garantizar la sostenibilidad del sistema nacional de salud y mejorar la calidad y seguridad de sus prestaciones.

En suma, conforme a nuestra doctrina, el derecho de los extranjeros a beneficiarse de la asistencia sanitaria será determinado y podrá ser limitado por las normas correspondientes. El legislador puede tomar en consideración el dato de su situación legal y administrativa en España, y, por ello, exigir a los extranjeros la autorización de su estancia o residencia como presupuesto

333 Bastida Freijedo, F. y otros, *Teoría General de los Derechos Fundamentales..., op. cit.*, p. 79.

334 *Cfr.* Sentencia del Tribunal Constitucional 95/2000, de 10 de abril, Fundamento Jurídico 3.

335 *Cfr.* Sentencia Tribunal Constitucional 139/2016, de 21 de julio, Fundamento Jurídico 10.

para el ejercicio de algunos derechos constitucionales que «por su propia naturaleza hacen imprescindible el cumplimiento de los requisitos que la misma ley establece para entrar y permanecer en territorio español».

Por tanto, el derecho a la protección de la salud de los extranjeros en situación administrativa irregular se incluye entre la categoría de los denominados derechos desiguales, pudiendo el legislador establecer un trato desigual entre españoles y extranjeros, y, a su vez, entre los propios extranjeros en función de su distinta situación administrativa.

La tercera categoría de derechos, se corresponden con los reconocidos en el artículo 23.1 CE en relación con el 13.2 CE, no pertenecen en modo alguno a los extranjeros. Es decir, esta categoría de derechos fundamentales es la que denominamos «derechos excluyentes», cuyos titulares son los españoles (artículo 23 CE)[336]. Este grupo está integrado por aquellos que serían privativos de los españoles o ciudadanos. El derecho político por excelencia, el derecho de sufragio activo y pasivo, y todos los vinculados a la nacionalidad forman parte de este grupo. El artículo 13.2 expresa que dichos derechos no sólo corresponden a los españoles, sino que además los extranjeros no tienen garantizado este derecho, estando excluidos del mismo; no está en manos del legislador ordinario reconocérselo discrecionalmente. La única excepción es la contenida expresamente en el artículo 13.2 como es el sufragio activo y pasivo en las elecciones municipales.

De acuerdo con la doctrina[337], podríamos mencionar una cuarta categoría de derechos, como los de asilo y refugio (art. 13.4 CE), que sólo pueden disfrutar los extranjeros y que, por la naturaleza de su objeto, no es posible que correspondan también a los españoles.

Esta configuración constitucional tiene su plasmación legal, fundamentalmente, en la Ley Orgánica 4/2000, de 11 de enero, sobre derechos y libertades de los extranjeros en España y su integración social. Dicha norma precisa el régimen particular de los distintos derechos, fundamentales y no fundamentales de los extranjeros, concretamente en su Título I. Se incluyen el derecho a la libertad de circulación, participación pública, las libertades de reunión y manifestación, la libertad de asociación, el derecho a la educación, el derecho al trabajo y a la Seguridad Social, la libertad de sindicación y huelga, el derecho a la asistencia sanitaria, los derechos en materia de vivienda y el derecho a la Seguridad Social y a los servicios sociales.

Es importante destacar teniendo en cuenta su artículo 1, referido al ámbito de aplicación, que en ella se encuentran incluidos los extranjeros en situación administrativa irregular al definir a los extranjeros como aquellos que

336 Rodríguez Mateos, P., Jiménez Blanco, P., Espiniella Menéndez, A., *Régimen jurídico de los extranjeros…, op. cit.*, p. 516.

337 Bastida Freijedo, F. y otros, *Teoría General de los Derechos Fundamentales…, op. cit.*, p. 93.

carezcan de la nacionalidad española. Ahora bien, las condiciones de su ejercicio podrían excluir a este colectivo de su ámbito de aplicación.

De todos ellos, se ejercen en las mismas condiciones que los españoles los derechos relativos a la reunión y manifestación, asociación, libertad de sindicación y huelga, así como el derecho a la Seguridad Social y a los servicios sociales.

El resto de derechos no fundamentales habrá que acudir a la normativa aplicable que regule la titularidad así como las condiciones del ejercicio de los mismos. En concreto, y por lo que aquí interesa, en materia de asistencia sanitaria, los extranjeros tendrán derecho a la misma en los términos previstos en la legislación vigente en materia sanitaria (artículo 12 LOE).

Aplicada esta teoría general a nuestro colectivo objeto de estudio podemos extraer las siguientes conclusiones:

Primera, el concepto de libertades públicas reconocido en el artículo 13 de nuestra Constitución es un término ambiguo que ha generado dudas en cuanto a su significado y configuración tanto a nivel doctrinal como jurisprudencial. Sin embargo, no debe ser interpretado como un concepto que tenga un significado restrictivo.

Segunda, han sido los pronunciamientos de nuestro Tribunal Constitucional los que han perfilado la configuración constitucional de los derechos de los extranjeros, posibilitando tener en cuenta la nacionalidad del individuo a la hora de atribuirle la titularidad de unos u otros derechos fundamentales, y, al mismo tiempo, existir diferencias de trato en cuanto a su ejercicio.

Tercera, los derechos y libertades reconocidos a los extranjeros son constitucionales y, por tanto, dotados de la protección constitucional, pero son todos ellos sin excepción, en cuanto a su contenido, derechos de configuración legal.

Ahora bien, esta configuración puede prescindir de tomar en consideración, como dato relevante para modular el ejercicio del derecho, la nacionalidad o ciudadanía del titular, produciéndose así una completa igualdad entre españoles y extranjeros.

Cuarta, existe, en consecuencia, un grupo de derechos reconocidos en la Constitución que pertenecen a la persona en cuanto tal y no como ciudadano, por ser imprescindibles para la garantía de la dignidad humana. Ello supondrá que los extranjeros son titulares y ejercerán esos derechos en las mismas condiciones que los nacionales, sin que, por lo tanto, las posibles leyes de desarrollo puedan establecer limitaciones específicas para ellos.

Aplicado a nuestro colectivo objeto de estudio significa que los extranjeros en situación administrativa irregular serán titulares de estos derechos y los ejercerán en las mismas condiciones que el resto de las personas, por ser inherentes a la dignidad humana. Ello entraña que, aun cuando los extranjeros inmigrantes en situación administrativa irregular no ostentan la condición de nacionales del Estado español, sin embargo, si serán titulares de aquellos derechos que por estar íntimamente vinculados a la dignidad de la persona les corresponden en cuanto seres humanos. Se incluyen en esta categoría el derecho a la vida, a la integridad física y moral, la libertad ideológica y religiosa, el derecho al honor, la intimidad y la propia imagen.

Quinta, el segundo grupo está integrado por los derechos, denominados desiguales, condicionados a la configuración legal. Aplicado a nuestro colectivo significará que podrán ser titulares de esos derechos de acuerdo con lo que dispongan las Leyes y los tratados, además, podrán ejercerlos siempre bajo las condiciones que las mismas establezcan. Bien es cierto que para ello ha de respetar, en todo caso, las prescripciones constitucionales al estar dotados de protección constitucional.

Sexta, los derechos de asilo y refugio sólo pueden disfrutarlos los extranjeros y, por la naturaleza de su objeto, no es posible que correspondan también a los españoles.

En consecuencia, los extranjeros inmigrantes en situación irregular serán titulares y ejercerán los derechos fundamentales, tales como el derecho a la vida e integridad física o intimidad, en las mismas condiciones que los españoles, por ser derechos imprescindibles para la garantía de la dignidad humana. Las posibles leyes de desarrollo no pueden establecer limitaciones específicas para ellos.

En el caso del derecho a la asistencia sanitaria de los extranjeros inmigrantes en situación administrativa irregular, las leyes podrán introducir diferencias en el ejercicio del derecho en relación con los españoles, e incluso, esas diferencias pueden darse dentro de la propia categoría de extranjeros en función de su situación administrativa, pero habrán de respetar, en todo caso, las limitaciones previstas en el artículo 10.1 y 2 CE.

2.4. Recapitulación

A la vista de lo expuesto, concluimos este Capítulo segundo con las siguientes reflexiones:

Primera, la dignidad humana es consustancial a la persona humana, tiene carácter universal, intangible e indivisible, siendo los extranjeros, con independencia de su situación administrativa, titulares de la misma.

Segunda, el legislador puede introducir restricciones, con límites, a los derechos y libertades de los extranjeros. Dichos límites provienen tanto del artículo 10.1 de la Constitución, por ser imprescindibles para la garantía de la dignidad humana, como del artículo 10.2, ya que no pueden afectar al contenido delimitado para el derecho por la Constitución o los tratados internacionales suscritos por España. Los límites derivan también de la dicción literal de los artículos constitucionales que regulan concretos derechos y libertades.

Tercera, cuando se analiza el contenido de los derechos que pudieran ostentar los extranjeros en situación irregular en España habrá que tomar en consideración a la dignidad humana. La dignidad humana en su relación con los derechos fundamentales ejerce una doble función. Primera, como criterio hermenéutico de los derechos fundamentales. Y, segunda, la dignidad humana constituye un *mínimum invulnerable* que todo estatuto jurídico debe asegurar, de modo que, sean unas u otras las limitaciones que se impongan en el disfrute de derechos individuales, no conllevarán menosprecio para la estima que, en cuanto ser humano, merece la persona.

Lo anterior se traduce en que será preciso identificar en la configuración del derecho a la protección de la salud de los extranjeros en situación administrativa irregular si existe un *mínimum invulnerable* que todo estatuto jurídico debe asegurar, y, en caso de ser afirmativo, los mismos serán titulares de ese núcleo esencial en igualdad de condiciones que los españoles.

Cuarta, en la configuración constitucional y legal de los derechos de los extranjeros se deberán tener en cuenta los textos internacionales que sobre la materia hayan sido ratificados por España. Los tratados internacionales de derechos humanos, como herramientas hermenéuticas, constituyen una fuente interpretativa obligada para configurar el sentido, contenido y alcance de los derechos fundamentales, de conformidad con el artículo 10.2 CE.

Quinta, el derecho a la protección de salud de los extranjeros en situación administrativa irregular, como derecho constitucional de configuración legal, admite que se introduzcan diferencias de trato basadas en la extranjería de los sujetos, pero, al hacerlo, debe adecuarse a los Tratados internacionales sobre dichos derechos celebrados por España y, las leyes que operan como criterio limitativo también en este caso.

Finalmente, los tratados internacionales de derechos humanos que sirven de herramientas hermenéuticas incluyen el derecho a la salud de los extranjeros en situación administrativa irregular como derecho que debe ser necesariamente interpretado de conformidad con la Declaración Universal y los tratados o acuerdos internacionales sobre derechos humanos ratificados por España por aplicación del artículo 10.2 CE, siendo este el límite relativo al contenido del derecho a la salud delimitado por los tratados internacionales.

Por consiguiente, y bajo estos parámetros generales, corresponde a continuación analizar el alcance y la configuración constitucional del derecho a la protección de la salud de las personas extranjeras en situación administrativa irregular en España.

CAPÍTULO III

LA CONFIGURACIÓN CONSTITUCIONAL DEL DERECHO A LA PROTECCIÓN DE LA SALUD

A lo largo de este Capítulo se profundizará en el estudio de la configuración constitucional del derecho a la protección de la salud, dentro del cual, como veremos, también se enmarca el derecho a la asistencia sanitaria para las personas extranjeras inmigrantes en situación irregular. Para ello, primeramente, se hará una introducción previa que pondrá de relieve la regulación internacional y europea del derecho a la protección de la salud. A continuación, se realizará un breve repaso de la regulación que el derecho a la protección de la salud encuentra en nuestro texto constitucional, así como el proceso de elaboración y redacción del vigente artículo 43 CE, precepto que regula expresamente este derecho. Seguidamente, dedicaremos nuestra atención a su naturaleza jurídica y a las dimensiones que presenta este derecho constitucional. En un apartado final analizaremos la configuración constitucional del derecho a la asistencia sanitaria de los extranjeros inmigrantes en situación administrativa irregular en España.

El derecho a la protección de la salud previsto en el artículo 43 CE, aparece dentro del Capítulo III del Título I de la CE relativo a los Principios Rectores de la Política Social y Económica, siendo la cuestión discutida su alcance constitucional y dimensión fundamental. El derecho a la protección de la salud tiene reflejo, además de la previsión recogida en el artículo 43 CE, en otros preceptos constitucionales, lo cual resulta especialmente importante cuando estudiamos los derechos de las personas extranjeras en situación administrativa irregular. Por ello, será necesario relacionar la titularidad que pudieran ostentar los extranjeros en situación administrativa irregular con cada una de las dimensiones que presenta este derecho y que se expondrán a lo largo de este Capítulo.

3.1. El derecho a la salud en el plano internacional

Las normas constitucionales, incluido el artículo 43 CE relativo al derecho a la protección de la salud, se interpretarán de conformidad con la Declaración Universal de Derechos Humanos y los tratados y acuerdos internacionales sobre las mismas materias ratificados por España (artículos 10.2 y 96 CE).

Dichos Tratados, como ya apuntamos, constituyen un marco de referencia que condiciona la producción normativa de los poderes públicos en todos sus órdenes a partir del nivel máximo interno, como es la aprobación de las Leyes, tanto por las Cortes Generales como por las Asambleas de las comunidades autónomas[338].

Es precisamente esta previsión constitucional de los artículos 10.2 y 96 CE la que nos lleva a examinar, previamente, el derecho a la protección de la salud en el plano internacional.

En el plano internacional, los instrumentos jurídicos fundamentales y con incidencia en la materia ratificados por España son la Declaración Universal de los Derechos Humanos de 10 de diciembre de 1948, el Convenio Europeo de Derechos Humanos de 4 de noviembre de 1950, el Pacto Internacional de los Derechos Económicos, Sociales y Culturales, hecho en Nueva York el 19 de diciembre de 1966 y la Convención de 20 de noviembre de 1989 sobre los Derechos del Niño, adoptada por la Asamblea General de las Naciones Unidas y la Conferencia de las Naciones Unidas, de 22 de julio de 1946, sobre Constitución de la Organización Mundial de la Salud así como la Carta Social Europea hecha en Estrasburgo el 3 de mayo de 1996[339].

En el ámbito normativo, la salud es un bien jurídico que, como muchos otros, no sólo vela por su propio ámbito, sino que convoca a otros y es convocado por otros para su realización plena, es a la vez derecho y materia del derecho, siendo su titular su persona. Definimos el bien jurídico salud como «una equilibrada y adecuada condición dinámica de la naturaleza biológica de la persona, objetivamente comprobable, moralmente aceptable (en cuanto socialmente, consensuada), que se podría mantener bajo ciertas

---

338 Borrajo Dacruz, E., «El derecho a la asistencia sanitaria de la Seguridad Social», en *El derecho a la asistencia sanitaria y la protección familiar en el derecho de la seguridad social*, (Ponencias III y IV), Ponencias, Comunicaciones, Actas y Conclusiones del I Congreso Nacional de Derecho del Trabajo y de la Seguridad Social, Volumen 2, Ediciones Sanidad y Seguridad Social, Madrid, 1981, pp. 543-544.

339 La Organización Mundial de la Salud define la salud como un estado de completo bienestar físico, mental y social y no solamente la ausencia de afecciones o enfermedades. (Preámbulo de la Constitución de la Organización Mundial de la Salud, que fue adoptada por la Conferencia Sanitaria Internacional, celebrada en Nueva York del 19 de junio al 22 de julio de 1946, firmada el 22 de julio de 1946 por los representantes de 61 Estados (Official Records of the World Health Organization, N.° 2, p. 100), y entró en vigor el 7 de abril de 1948. http://www.who.int/suggestions/faq/es/. (14.09.2018).

condiciones, vulnerable a ciertos factores, y potencialmente garantizable y/o recuperable mediante el uso de una determinada técnica, y, en cuanto tal, exigible jurídicamente»[340].

Sin perjuicio de los preceptos que resultarían de aplicación con carácter general en el tratamiento jurídico de los derechos y libertades de los extranjeros, es necesario citar, por estar directamente relacionados con el derecho a la protección de salud de los extranjeros no ciudadanos de la Unión Europea en situación irregular, el artículo 25 de la Declaración Universal de los Derechos Humanos de 1948, los artículos 9, 10 y 12 del el Pacto Internacional de Derechos Económicos, Sociales y Culturales de 1966, los artículos 11 y 13 de la Carta Social Europea de 1961 así como el artículo 24 de la Convención de 20 de noviembre de 1989 sobre los Derechos del Niño. Asimismo, los artículos 11 y 12 de la Convención sobre la Eliminación de todas las Formas de Discriminación contra la Mujer se refieren también al derecho a la protección de la salud, incluida la protección de la reproducción.

Sin ánimo de realizar un análisis pormenorizado del contenido de cada uno de estos preceptos, si conviene apuntar que la Comunidad Internacional ha distinguido la salud como un bien jurídico autónomo, es decir, que merece una protección independiente de la que posibilita la protección indirecta a través de otros derechos.

La propia Declaración Universal de los Derechos Humanos[341], en su artículo 25, señala que toda persona tiene derecho a un nivel de vida adecuado que le asegure la salud y el bienestar, y en especial la asistencia médica y los servicios sociales necesarios.

El Pacto Internacional de los Derechos Económicos, Sociales y Culturales, (PIDESC), de 1966 contiene el artículo más completo sobre el derecho a la salud de toda la legislación internacional relativa a los derechos humanos. En el párrafo 1 de su artículo 12 los Estados partes reconocen el derecho de toda persona al disfrute del más alto nivel posible de salud física y mental, mientras que en el párrafo 2 de ese mismo artículo se enumeran algunas medidas (la reducción de la mortinatalidad y de la mortalidad infantil, y el sano desarrollo de los niños y niñas; el mejoramiento en todos sus aspectos de la higiene del trabajo y del medio ambiente; la prevención y el tratamiento de las enfermedades epidémicas, endémicas, profesionales y de otra índole,

---

340 De Currea-Lugo, V., «La Salud como Derecho Humano, 15 requisitos y una mirada a las reformas», *Cuaderno Deusto de Derechos Humanos*, N.° 32, Universidad de Deusto, Bilbao, 2005, pp. 71-72.

341 Declaración Universal de los Derechos Humanos proclamada por la Asamblea General de las Naciones Unidas en París, el 10 de diciembre de 1948 en su Resolución 217 A (III). Disponible en: https://www.un.org/es/about-us/universal-declaration-of-human-rights (23.04.2023).

y la lucha contra ellas; la creación de condiciones que aseguren a todos asistencia médica y servicios médicos en caso de enfermedad) para alcanzar la efectividad de ese derecho.

Por tanto, una de las claves fundamentales de esta investigación radica en conocer la asistencia sanitaria médica mínima a la que todos los individuos tienen derecho como reconocimiento universal, cuya titularidad no admite distinción entre españoles y extranjeros, y, cuya regulación legal de su ejercicio deberá mínimamente respetar (artículo 10.1 y 2 CE).

Para ello, resulta necesario mencionar que el Comité[342] encargado de velar por el cumplimiento del PIDESC, reunido en mayo de 2000, adoptó la Observación General 14, sobre el derecho al disfrute del más alto nivel posible de salud, de 12 de mayo de 2000[343], de cuyo contenido interesa destacar los siguientes aspectos en relación a esta investigación.

Dicha Observación define a la salud como un derecho humano fundamental e indispensable para el ejercicio de los demás derechos humanos y reconoce que todo ser humano tiene derecho al disfrute del más alto nivel posible de salud que le permita vivir dignamente. Asimismo, también pone de manifiesto la estrecha relación existente entre el derecho a la salud y otros derechos humanos, señalando que el derecho a la salud está estrechamente vinculado con el ejercicio de otros derechos humanos y depende de esos derechos, siendo citados expresamente, entre otros, el derecho a la dignidad humana, a la vida[344], a la no discriminación, a la igualdad y a no ser sometido a torturas (...) (apartado 3).

342 El Comité de Derechos Económicos, Sociales y Culturales aclara también cuál es la eficacia interna del Pacto, en la Observación General N.° 9 (1998), *La aplicación interna del Pacto*, al señalar que los Estados parte tienen la obligación fundamental de dar efectividad a los derechos reconocidos en el Pacto por todos los medios apropiados.
Sin embargo, admite el Comité DESC que esta flexibilidad coexiste con la obligación de cada Estado parte de utilizar todos los medios de que disponga para hacer efectivos los derechos reconocidos en el Pacto. Y, añade que los ordenamientos internos de los Estados han de reconocer las normas del Pacto a través de los medios adecuados, las personas individuales o los grupos agraviados han de disponer de medios adecuados de reparación o recurso y se han de establecer mecanismos adecuados para garantizar la responsabilidad de los gobiernos. Disponible en: https://conf-dts1.unog.ch/1%20spa/tradutek/derechos_hum_base/cescr/00_1_obs_grales_cte%20dchos%20ec%20soc%20cult.html#GEN9 (02.12.2022).

343 Observación General 14, de 12 de mayo de 2000, del Comité de Derechos Económicos, Sociales y Culturales, sobre cuestiones sustantivas que se plantean en la aplicación del Pacto Internacional de Derechos Económicos, Sociales y Culturales. Disponible en: https://www.acnur.org/fileadmin/Documentos/BDL/2001/1451.pdf (28.11.2022).

344 Dado el interés que el derecho a la vida presenta para esta investigación es preciso recordar que reconocen el Derecho a la vida en el plano internacional el artículo 3 de la Declaración Universal de los Derechos Humanos, el artículo 6 del Pacto Internacional de Derechos Civiles y Políticos de 10 de diciembre de 1966 así como el artículo 6 de la Convención sobre los Derechos del Niño de 20 de noviembre de 1989.

Es decir, la salud está ligada a otros derechos. Por ello, podría decirse que, en determinadas ocasiones, su cumplimiento no depende siquiera de si es o no un derecho, o si es parte o no de otros derechos, sino que bastaría la garantía de otros derechos para garantizarla. En el caso de las urgencias médicas, el derecho al servicio es la garantía del derecho a la vida[345].

También la Observación se refiere a los principales derechos de los individuos y a las obligaciones de los Estados que lo ratifican. El derecho a la salud, como derecho humano que es, impone tres tipos de obligaciones a los Estados partes, que se especifican en los párrafos 34 a 37. Señala que al igual que todos los derechos humanos, el derecho a la salud impone tres niveles de obligaciones a los Estados partes: la obligación de respetar, proteger y cumplir.

Y, aclara en el párrafo 17 de la OG 14 que cuando el PIDESC se refiere en apartado d) del párrafo 2 del artículo 12 a la creación de condiciones que aseguren a todos asistencia médica y servicios médicos en caso de enfermedad, tanto física como mental, incluye el acceso igual y oportuno a los servicios de salud básicos preventivos, curativos y de rehabilitación.

En particular, y como obligaciones legales específicas, los Estados tienen la obligación de respetar el derecho a la salud, en particular absteniéndose de denegar o limitar el acceso igual de todas las personas, incluidos, los presos o detenidos, los representantes de las minorías, los solicitantes de asilo o los inmigrantes ilegales, a los servicios de salud preventivos, curativos y

---

En el Convenio Europeo de los Derechos Humanos (CEDH), hecho en Roma el 4 de noviembre de 1950, el derecho a la vida aparece recogido en su artículo 2 con el siguiente contenido: el derecho de toda persona a la vida está protegido por la Ley. Nadie podrá ser privado de su vida intencionadamente, salvo en ejecución de una condena que imponga pena capital dictada por un tribunal al reo de un delito para el que la ley establece esa pena. Y, el artículo 3 del mismo texto se refiere al derecho a la prohibición de torturas estableciendo literalmente que nadie podrá ser sometido a tortura ni a penas o tratos inhumanos o degradantes.

El derecho a la vida es el primero que aparece mencionado en el catálogo de derechos del CEDH. Ello es reflejo de que el bien protegido por este derecho es el presupuesto del ejercicio de los demás derechos y libertades. Así lo ha puesto de manifiesto el TEDH en el Asunto Pretty c. Reino Unido, de 29 de abril de 2002, p. 37 cuando establece que el artículo 2 «protege el derecho a la vida, sin el cual el goce de ninguno de los demás derechos y libertades garantizados por el Convenio sería ilusorio. Asimismo, señaló que el artículo 2.1 obliga al Estado no solamente a abstenerse de matar de forma intencionada e ilegal, sino también a tomar las medidas necesarias para proteger la vida de las personas que dependen de su Jurisdicción».

El propio Tribunal también señaló en el Asunto Haas contra Suiza, de 20 de enero de 2011, p. 54 que el artículo 2 del CEDH garantiza el derecho a la vida, y que el Estado debe asegurar la protección de la vida de la gente que tiene bajo su jurisdicción, es decir, el Estado tiene la obligación de proteger la vida. Ello significará que los Estados partes del Convenio deberán abstenerse de adoptar medidas que pongan en peligro la vida de las personas.

345 De Currea-Lugo, V., «La Salud como Derecho Humano...», *op. cit.*, pp. 110-111.

paliativos; abstenerse de imponer prácticas discriminatorias como política de Estado (apartado 34 de la Observación General 14).

Asimismo, recoge la delimitación de las obligaciones mínimas que corresponden a cada Estado. Este contenido mínimo, elaborado por el Comité de Derechos Económicos, Sociales y Culturales, se extrae de lo dispuesto en la Observación General 3[346] relativa a la índole de las obligaciones de los Estados partes (párrafo 1 del artículo 2 del Pacto) y en la Observación General 14[347] sobre el derecho al disfrute del más alto nivel posible de salud. Todo ello, por aplicación de la previsión constitucional del artículo 10.2 CE, al ser los tratados internacionales canon hermenéutico de los derechos del Título I CE, que incluyen asimismo el llamado *soft law*, y que, en este caso, son las dos Observaciones Generales dictadas al amparo del PIDESC.

Señala la Observación General 3, en su párrafo 10, que el Comité es de la opinión de que corresponde a cada Estado parte una obligación mínima de asegurar la satisfacción de por lo menos niveles esenciales de cada uno de los derechos. Así, por ejemplo, un Estado parte en el que un número importante de individuos está privado de atención primaria de salud esencial, (...) *prima facie* no está cumpliendo sus obligaciones en virtud del Pacto. Si el Pacto se ha de interpretar de tal manera que no establezca una obligación mínima, carecería en gran medida de su razón de ser, todo ello, sin perjuicio de que se tenga en cuenta el país de que se trata. Y, para que cada Estado parte pueda atribuir su falta de cumplimiento de las obligaciones mínimas a una falta de recursos disponibles, debe demostrar que ha realizado todo esfuerzo para utilizar todos los recursos que están a su disposición en un esfuerzo por satisfacer, con carácter prioritario, esas obligaciones mínimas.

Por su parte, la Observación General 14 establece, en su párrafo 43, las obligaciones básicas dimanantes del artículo 12 del PIDESC relativo al derecho al disfrute del más alto nivel posible de salud física y mental.

El Comité considera que entre esas obligaciones básicas figuran, como mínimo, las siguientes:

e) Garantizar el derecho de acceso a los centros, bienes y servicios de salud sobre una base no discriminatoria, en especial por lo que respecta a los grupos vulnerables o marginados;

f) Asegurar el acceso a una alimentación esencial mínima que sea nutritiva, adecuada y segura y garantice que nadie padezca hambre;

346 Observación General 3, de 14 de febrero de 1990, del Comité de Derechos Económicos, Sociales y Culturales, sobre la índole de las obligaciones de los Estados partes. Disponible en: https://www.acnur.org/fileadmin/Documentos/BDL/2001/1452.pdf (28.11.2022).

347 Observación General 14, de 12 de mayo de 2000, del Comité de Derechos Económicos, Sociales y Culturales, sobre cuestiones sustantivas que se plantean en la aplicación del Pacto Internacional de Derechos Económicos, Sociales y Culturales.

g) Garantizar el acceso a un hogar, una vivienda y unas condiciones sanitarias básicas, así como a un suministro adecuado de agua limpia potable;

h) Facilitar medicamentos esenciales, según las definiciones periódicas que figuran en el Programa de Acción sobre Medicamentos Esenciales de la OMS;

i) Velar por una distribución equitativa de todas las instalaciones, bienes y servicios de salud;

j) Adoptar y aplicar, sobre la base de las pruebas epidemiológicas, una estrategia y un plan de acción nacionales de salud pública para hacer frente a las preocupaciones en materia de salud de toda la población, y, deberá prestar especial atención a todos los grupos vulnerables o marginados.

Por tanto, el Estado español deberá mínimamente asumir estas obligaciones básicas para garantizar la asistencia sanitaria mínima y fundamental que corresponde a todo ser humano, con independencia de cuál sea la situación administrativa en que se encuentren las personas.

En el marco de la Unión Europea, y a tenor de lo dispuesto en el párrafo 2 del artículo 10 de la Constitución española y el apartado 8 del artículo 1 del Tratado de Lisboa[348], las normas relativas a los Derechos Fundamentales y a las Libertades que la Constitución reconoce se interpretarán de conformidad con lo dispuesto en la Carta de los Derechos Fundamentales de la Unión Europea[349]. Entre los derechos recogidos nos interesa señalar tres preceptos relacionados con la protección de la salud. El artículo 3 regulador del Derecho a la integridad de las personas, incluido en el Capítulo I relativo a la dignidad; los artículos 31.1 Condiciones de trabajo justas y equitativas, el artículo 34.1 Seguridad Social y Ayuda Social, y el Derecho a la asistencia sanitaria, recogido en el artículo 35 de la Carta de los Derechos Fundamentales de la Unión Europea que bajo el epígrafe de protección a la salud establece que *toda persona tiene derecho a acceder a la prevención sanitaria y a beneficiarse de la atención sanitaria en las condiciones establecidas por las legislaciones y*

348 Debe resaltarse, por último que, según el Tratado de Lisboa, de 13 de diciembre de 2007, ratificado por España el 15 de julio de 2008, la Carta de los Derechos Fundamentales de la Unión Europea, de 12 de diciembre de 2007, tendría el mismo valor jurídico que los Tratados, resultando del artículo 96 de la Constitución Española norma no sólo integrante del Ordenamiento Jurídico Español sino también criterio hermenéutico para determinar el alcance de los preceptos constitucionales. El Propio Tribunal de Justicia de la Unión Europea señala a la Carta como fuente de conocimiento del Derecho (Sentencia Tribunal de Justicia de la Unión Europea (Sala Segunda ampliada), de 30 de enero de 2002, Asunto T-54/99, *Max. Mobil Telekommunikation Service GmbH/Comisión*, párrafo 48.

349 Carta de los Derechos Fundamentales de la Unión Europea, Diario Oficial de la Unión Europea N.° C 303 de 14 de diciembre de 2007.

prácticas nacionales. Al definirse y ejecutarse todas las políticas y acciones de la Unión se garantizará un nivel elevado de protección de la salud humana.

Todo lo expuesto hasta aquí resulta necesario para esta investigación porque será preciso tomarlo en consideración cuando se analicen las distintas dimensiones que puede presentar el derecho a la protección de la salud.

Ello es así porque la mayoría de las normas internacionales citadas son estándares mínimos de tutela del derecho a la protección de la salud y a la atención sanitaria como derecho humano básico. Esto es, como un derecho inherente a la persona que tiene una relación próxima con la dignidad y con otros derechos fundamentales como el derecho a la vida y a la integridad física y moral. La característica de la universalidad, expresada normativamente mediante las palabras «toda persona» o «todos», supone la atribución de la titularidad del derecho a cualquier persona por el hecho de serlo y con independencia de la condición de nacional o extranjero, e incluso de la situación legal en la que se encuentre en el país. Como estándares mínimos de tutela del derecho, las normas internacionales obligan a los Estados firmantes a cumplirlas y a ajustar sus leyes al contenido de aquellas y a la interpretación realizada por sus órganos de supervisión, de acuerdo con el mandato contenido en el artículo 10.2 CE en relación con el artículo 96.1 CE. Y ello sin perjuicio de que algunas de las decisiones adoptadas por dichos órganos de control, como las observaciones generales o declaraciones del Comité DESC de Naciones Unidas o los informes u observaciones interpretativas del CEDS del Consejo de Europa, se sitúen en el ámbito del denominado *soft-law*. Esto es, de resoluciones que formulan recomendaciones a las autoridades de los Estados miembros para que complementen e integren sus normas internas y adopten medidas efectivas para garantizar la efectividad del derecho[350].

Como ya hemos apuntado y ha confirmado nuestro Tribunal Constitucional, los órganos del Estado han de asumir también como canon interpretativo de los derechos fundamentales de la CE el resto de textos o documentos, (Resoluciones, Dictámenes, Acuerdos o Recomendaciones), emanados de las organizaciones supranacionales de las que España forma parte.

Por tanto, de lo expuesto y a efectos de nuestra investigación debemos extraer las dos siguientes reflexiones finales:

El derecho a la protección de la salud se configura como un derecho humano fundamental e indispensable para el ejercicio de los demás derechos humanos. Y, el Estado español deberá garantizar la asistencia sanitaria médica mínima a la que todos los individuos tienen derecho como reconocimiento universal.

350 Delgado del Rincón, L. E., «Algunas consideraciones sobre el Derecho a la protección de la salud y el bien jurídico de la salud colectiva en tiempos de pandemia», *Colección Obras colectivas*, Fundación Manuel Giménez Abad, Zaragoza, 2020, p. 14. Disponible en: https://www.fundacionmgimenezabad.es/sites/default/files/Publicar/publicaciones/documentos/17_delgado_luis_derecho_a_la_salud.pdf (05.05.2023).

Y, la configuración constitucional del derecho a la protección de la salud de los extranjeros inmigrantes en situación administrativa irregular incluirá el artículo 43 CE dentro de los derechos susceptibles de interpretación internacional, por aplicación del artículo 10.2 CE, como garantía del derecho a la vida y la integridad física. Dicho canon de interpretación incluirá las observaciones generales, recomendaciones o declaraciones del Comité DESC de las Naciones Unidas, de acuerdo con la doctrina constitucional expuesta.

3.2. Configuración constitucional del derecho a la protección de la salud

En el plano constitucional español, la protección de la salud ha encontrado un extenso tratamiento, pues son numerosos los preceptos que se refieren de una manera más o menos concreta a este derecho.

Previamente, el propio Preámbulo de la Constitución española de 1978 proclama la voluntad de la Nación Española de asegurar a todos una calidad de vida digna. Pero junto a ello, existen otras menciones de alcance más general en las que de alguna forma queda comprendida la salud individual. Así, el artículo 10.1 CE hace de la dignidad de la persona uno de los fundamentos del orden político y de la paz social. Por su parte, el artículo 15 CE establece que todos tienen derecho a la vida y a la integridad física y moral. Por otro lado, los artículos 41 CE (seguridad social) y 45 CE (medioambiente) se refieren a temas que presentan claras conexiones con la protección de la salud.

Asimismo, dentro de su articulado, la salud resulta protegida en el artículo 40.2 CE al regular la seguridad e higiene en el trabajo. Igualmente, en el artículo 50 CE, cuando en relación a las personas de la tercera edad, indica que los poderes públicos atenderán sus problemas específicos de salud, así como el artículo 51 CE que protege la seguridad y salud de los consumidores.

Por su parte, no debemos olvidar la mención del Título VIII del texto constitucional que diseñó una nueva organización territorial del Estado, la cual posibilitaba la asunción por las CC. AA. de competencias en materia de sanidad, reservando para el Estado la regulación de las bases y la coordinación general de la Sanidad.

Ahora bien, en nuestra Constitución el reconocimiento expreso del derecho a la protección de la salud se recoge en su artículo 43 CE[351], encomendando a los poderes públicos una serie de mandatos, así como una remisión al legislador.

351 Lo más cercano a un precedente en materia de protección de la salud en el constitucionalismo español se encuentra en el artículo 46.2 de la Constitución de la República Española, de 9 de diciembre de 1931, según el cual «la legislación social (de la República) regulará los casos de seguro de enfermedad...», sin que existan referencias a la práctica deportiva o a la utilización del ocio. Disponible en: https://app.congreso.es/consti/constitucion/indice/sinopsis/sinopsis.jsp?art=43&tipo=2 (14.04.2023).

El Borrador[352] del texto constitucional recoge la primera redacción del derecho a la protección de la salud en el artículo 30 con el siguiente contenido: *1. Se reconoce el derecho a la protección de la salud.*

2. Compete a los poderes públicos la organización y tutela de la sanidad e higiene, así como garantizar las prestaciones y servicios necesarios. La ley establecerá los deberes de todos al respecto en este punto.

3. Los poderes públicos promueven la educación física, el deporte y el descanso necesario.

A su vez, el Anteproyecto constitucional reubica el derecho a la protección de la salud en su artículo 36, conservando el primer apartado, si bien modifica, tanto el apartado segundo, incluyendo la palabra *derechos,* como el apartado tercero, sustituyendo la expresión *descanso necesario* por *facilitar la adecuada utilización del ocio*[353].

Posteriormente, la Ponencia constitucional en su informe publicado en el Boletín Oficial de las Cortes Generales, (en adelante BOCG), de 17 de abril de 1978 mantiene el primer apartado, modificándose los apartados segundo y tercero consecuencia, respectivamente, de las propuestas de enmienda número 779 del Grupo de Unión de Centro Democrático para referir la organización de la sanidad e higiene sucesivas medidas preventivas y de índole prestacional, y de acuerdo con la enmienda número 383 del Grupo Socialista del Congreso que añade en el apartado tercero la mención a la educación sanitaria[354].

Finalmente, será la Comisión del Senado[355] la que introduzca una última matización en el apartado segundo del precepto, al introducir la expresión *salud pública*, sustituyendo los términos de *sanidad e higiene*, y modificando la redacción del apartado tercero. Con estas apreciaciones, la redacción del precepto queda definitivamente configurado, siendo asumida la misma tanto por el Pleno del Senado[356] como por la Comisión Mixta[357] del Congreso-Senado[358].

352 La revista Cuadernos para el Diálogo primero y varios periódicos al día siguiente (La Vanguardia, por ejemplo), publicaron uno de los borradores que sobre la Constitución había elaborado la Ponencia.

353 Publicado en el *Boletín Oficial de las Cortes Generales* de 5 de enero de 1978. Disponible en: http://www.congreso.es/public_oficiales/L0/CONG/BOCG/BOC_044.PDF (09.01.2023).

354 Publicado en el *Boletín Oficial de las Cortes Generales* de 17 de abril de 1978. Disponible en: http://www.congreso.es/public_oficiales/L0/CONG/BOCG/BOC_082.PDF (09.01.2023).

355 Publicado en el *Boletín Oficial de las Cortes Generales* de 6 de octubre de 1978. Disponible en:http://www.congreso.es/public_oficiales/L0/CONG/BOCG/BOC_157.PDF(09.01.2023).

356 Publicado en el *Boletín Oficial de las Cortes Generales* de 13 de octubre de 1978. Disponible en:http://www.congreso.es/public_oficiales/L0/CONG/BOCG/BOC_161.PDF(09.01.2019).

357 Publicado en el *Boletín Oficial de las Cortes Generales* de 28 de octubre de 1978. Disponible en:http://www.congreso.es/public_oficiales/L0/CONG/BOCG/BOC_170.PDF(09.01.2019).

358 El iter constituyente expuesto toma como referencia a Garrido Falla, F., *Comentarios a la Constitución*, 3.ª Edición, Civitas, Madrid, 2001, p. 878.

En consecuencia, el derecho a la protección de la salud recogido en el artículo 43 de nuestro texto constitucional vigente queda recogido con el siguiente tenor literal:

> 1. Se reconoce el derecho a la protección de la salud.
> 2. Compete a los poderes públicos organizar y tutelar la salud pública a través de medidas preventivas y de las prestaciones y servicios necesarios. La ley establecerá los derechos y deberes de todos al respecto.
> 3. Los poderes públicos fomentarán la educación sanitaria, la educación física y el deporte. Asimismo facilitarán la adecuada utilización del ocio.

De conformidad con el artículo 53.3. CE su eficacia como derecho subjetivo ante los tribunales la encomienda por completo al legislador y el individuo sólo podrá alegar ese derecho en los términos dispuestos en la ley.

Esta ubicación sistemática significa, por aplicación del artículo 53.2 CE, en el caso del derecho a la protección de salud, que los ciudadanos no podrán recabar la tutela de las libertades y derechos ante los Tribunales ordinarios por un procedimiento basado en los principios de preferencia y sumariedad, ni acudir vía recurso de amparo ante el Tribunal Constitucional.

Debe advertirse que el derecho reconocido en el artículo 43 CE no es el derecho a la salud sino el derecho a la protección de la salud. La precisión es altamente relevante por cuanto determina el contenido del derecho en el sentido de que el titular del mismo no es acreedor de una obligación de resultado, toda vez que el restablecimiento de la salud, en muchas ocasiones, está fuera de las posibilidades humanas, sino de medios, de manera que lo exigible es que se utilicen todos los medios disponibles[359].

Además, la salud como bien jurídico-constitucional es única, pues, en última instancia mira siempre hacia el interés de personas concretas. En definitiva, las expresiones «salud» del artículo 43.1 CE y «salud pública» del artículo 43.2 CE no aluden a objetos distintos sino a uno solo, que puede protegerse de dos maneras distintas[360]:

a) La protección de la salud individual abarca el conjunto de acciones dirigidas a tutelar la salud (esto es, conservar la vida, favorecer la autonomía y eliminar o paliar la enfermedad, el dolor y el sufrimiento) de personas concretas en casos concretos, normalmente a solicitud de estas. Los dos com-

359 Tajadura Tejada, I., «La protección de la salud, (artículo 43 CE)», en Tajadura Tejada, J., (Dir.), *Los Principios Rectores de la Política Social y Económica*, Biblioteca Nueva, Madrid, 2004, p. 205-206.

360 Escobar Roca, G., «Los derechos fundamentales sociales y la protección de la salud», *Revista de derecho político*, ISSN 0211-979X, N.° 71-72, 2008, p. 129. Disponible en: http://e-spacio.uned.es/fez/eserv.php?pid=bibliuned:DerechoPolitico2008-4&dsID=PDF (05.12.2022).

ponentes típicos del contenido del derecho, entendido en este sentido, son la asistencia sanitaria y, como prolongación de esta, el derecho al medicamento.

b) La protección de la salud pública (también llamada colectiva) abarca el conjunto de acciones (en su mayoría preventivas), dirigidas igualmente a tutelarla salud, pero con independencia de la situación de personas concretas. La determinación de las acciones que integran esta forma de protección es más difusa que la anterior, pero hoy día la normativa internacional y los antecedentes históricos (el Estado se preocupó antes de proteger la salud colectiva —policía sanitaria— que la salud individual —asistencia sanitaria—) permiten dibujar un conjunto bastante diferenciado y consolidado de actuaciones sobre las que difícilmente cabría marcha atrás, conformando así una suerte de garantía institucional de la salud pública, ahora consolidada por obra del artículo 43.2 CE.

Ahora bien, del análisis de este escenario normativo constitucional y de la propia elaboración del artículo 43 CE, acompañado de los distintos pronunciamientos jurisdiccionales, podemos extraer la actual configuración constitucional del derecho a la protección de la salud, y más concretamente, de la titularidad y ejercicio del derecho a asistencia sanitaria de las personas extranjeras en situación irregular en nuestro país.

Para ello, la tesis que propongo señalar para determinar la configuración constitucional del derecho a la protección de la salud de los extranjeros inmigrantes en situación administrativa irregular es la de que el derecho a la protección de la salud se proyecta en tres direcciones distintas[361] que constituyen otras dimensiones o aspectos propios del derecho a la protección de la salud:

a) Derecho a la salud como derecho de todo ciudadano a las prestaciones sanitarias del Estado o, en otros términos, a la atención médica organizada y dispensada por los poderes públicos.

b) Derecho a la salud como posición subjetiva en relación con la actividad desarrollada por los poderes públicos para proteger la salubridad pública (actividad relativa a aspectos como la sanidad ambiental, alimenticia, veterinaria, farmacéutica, etc).

c) Derecho a la salud como derecho de cada persona a que su propia salud no se vea amenazada ni dañada por actuaciones externas realizadas por cualquier sujeto público o privado. El derecho a la salud se comporta aquí como un derecho absoluto o de exclusión, oponible *erga omnes*: un derecho de la persona sobre un aspecto o cualidad

361 Pemán Gavín, J., *Derecho a la Salud y Administración Sanitaria,* Publicaciones del Real Colegio de España, Bolonia, 1989, pp. 79-80.

propia defendible frente a todos (como los derechos a la intimidad, a la propia imagen o a la integridad física).

En consecuencia, estructuraremos este apartado del capítulo en tres epígrafes, que analizarán el derecho a la protección de la salud desde las tres perspectivas singulares citadas. En primer lugar, nos detendremos en el análisis del derecho a la salud como derecho a las prestaciones sanitarias del Estado. Seguidamente, centraremos nuestra atención en el estudio del derecho a la protección de la salud pública. Y, finalmente, profundizaremos en el derecho a la salud como derecho fundamental.

Antes de pasar al análisis propio del contenido de cada una de las dimensiones del derecho a la protección de la salud, resulta necesario plantearse aquí la naturaleza jurídica de este derecho. Es decir, debemos cuestionarnos si, el derecho a la protección de la salud es un auténtico derecho subjetivo o si, por el contrario, tiene carácter de interés legítimo, puesto que la doctrina no es unánime a la hora de determinar la naturaleza del derecho contenido en el artículo 43 CE.

La problemática característica de los derechos sociales, entre ellos, se incluye el derecho a la protección de la salud, se plantea cuando estos presentan la estructura típica de los derechos de prestación. Los derechos fundamentales sociales de prestación se caracterizan porque estructuralmente exigen ante todo que el obligado por el derecho suministre a su titular prestaciones que son económicamente cuantificables, y que también podrían obtenerse a través del mercado[362].

Y, más concretamente, los derechos económicos y sociales en general, y el de la asistencia sanitaria en particular, llevarían aparejado un deber genérico consistente en que se diseñe un sistema institucional de provisión universal de bienes y servicios básicos, sistema al que todos los individuos habrían de contribuir de acuerdo con su capacidad económica y sin que dicha contribución suponga anular el tipo de vida que uno ha decidido vivir. Vulnera así un derecho económico y social el Estado que no se ponga a asegurar dichas prestaciones, pero también quiénes apoyen o sustenten un régimen político en el que no se garantiza a los individuos un acceso efectivo a los bienes y servicios que los derechos humanos protegen[363].

En nuestro caso, el primer condicionante para determinar su naturaleza viene dado por su propia ubicación, situado en el Título I del Capítulo III de la CE, que lleva por rúbrica *de los principios rectores de la política social y económica.* De esta ubicación del precepto se deducen consecuencias insoslayables, toda vez que el artículo 53 CE otorga una garantía diferente e inferior a los derechos reconocidos en el citado Capítulo, al limitarse a disponer que *el*

362 Escobar Roca, G., «Los derechos fundamentales sociales...», *op. cit.*, p. 114.

363 De Lora, P., y Zuñiga Fajuri, A., *El derecho a la asistencia sanitaria. Un análisis desde las teorías de la justicia distributiva*, Iustel, Madrid, 2009, pp. 197-198.

reconocimiento, el respeto y la protección del derecho a la salud informarán la legislación positiva, la práctica judicial y la actuación de los poderes públicos. Sólo podrán ser alegados ante la Jurisdicción ordinaria de acuerdo con lo que dispongan las leyes que los desarrollen[364].

En este asunto, podemos evidenciar la existencia de dos posturas doctrinales confrontadas. Por un lado, la defendida por GARRIDO FALLA que sostiene que para que una declaración constitucional tenga naturaleza de norma jurídica no basta con su inclusión en tal texto constitucional, sino que resulta necesario, además, que tenga estructura lógica de norma jurídica. Es decir, que consista en un mandato, una orden, prohibición o correlativa delimitación de esferas jurídicas entre sujetos, con establecimiento de recíprocas obligaciones y derechos. Intentando, pues, de nuevo resumir nuestras afirmaciones: es la estructura lógica de la norma la que, en definitiva, diferencia al Derecho de la retórica. Y en relación al Capítulo III sostuvo que estamos ante derechos que no tienen su origen inmediato en la Constitución. Los correspondientes preceptos constitucionales suelen ser *normas de acción*, que obligan a los poderes públicos; especialmente al legislativo y al ejecutivo, aunque el artículo 53.3 CE hable también expresamente, con discutible fortuna, de la *práctica judicial*[365].

Frente a la tesis del profesor Garrido Falla, el profesor GARCÍA DE ENTERRÍA sostiene que no todos los artículos de la Constitución tienen el mismo alcance y significación normativas, pero todos, rotundamente, enuncian efectivas normas jurídicas, sea cual sea su posible imprecisión o indeterminación. El artículo 53 ha establecido una distinción objetiva, la de los derechos y libertades fundamentales del capítulo II del Título I, por una parte, y la de los principios rectores de la política social y económica, por otra. Lo que, con toda claridad, pero con escasa fortuna, intenta decir el artículo es que al formular tales principios la Constitución no ha pretendido configurar verdaderos derechos fundamentales, sino principios propiamente dichos[366].

Sin embargo, ambos comparten un punto de acuerdo obvio: en el Capítulo III del Título I no se han pretendido definir auténticos derechos subjetivos (Garrido Falla) o configurar verdaderos derechos fundamentales (García de Enterría). Resulta, por tanto, de lo anterior que el proclamado derecho a la salud no es tal y auténtico derecho subjetivo, a pesar de la expresión que se utiliza, sino un mero principio informador o rector de la política social, que debe ser, eso sí, reconocido, respetado y protegido, y que informará la legis-

---

364 FERNÁNDEZ PASTRANA, J. M., *EL servicio público de la Sanidad: el marco constitucional,* Ed. Civitas S.A., Madrid, 1984, pp. 55-56.

365 GARRIDO FALLA, F., *Comentarios a la Constitución*, Ed. Civitas, S.A., Madrid, 1985, pp. 884-896.

366 GARCÍA DE ENTERRÍA, E., *La Constitución como norma y el Tribunal Constitucional*, Ed. Civitas, S.A., Madrid, 1981, pp. 68 y ss.

lación positiva, la práctica judicial y actuación de los poderes públicos. Y en relación a la expresión del artículo 53.3, cuando ordena que tales principios sólo podrán ser alegados ante la jurisdicción ordinaria de acuerdo con lo que dispongan las leyes que lo desarrollen, se trataría de una servidumbre de los llamados derechos sociales, que no gozan de la misma garantía que los derechos fundamentales y libertades públicas en sentido estricto y que se traduce en que el Estado social dependería de las circunstancias económicas y de la intervención concreta de la administración, más que de los preceptos constitucionales. Los derechos de participación en bienes sociales sólo tendrían sentido en el marco de lo adecuado o posible en cada momento, no siendo susceptibles de una garantía a través de una norma constitucional, forzosamente lapidaria e incapaz de sustituir o hacer innecesaria la regulación legal ordinaria. En fórmula breve: así como el Estado de derecho es perfectamente diseñable por la sola Constitución, el Estado social necesita, además, de la legislación y la Administración[367].

Por tanto, se podrá decir del derecho a la protección de la salud del artículo 43.1 y 2 CE lo que es válido para los demás principios rectores de la política social y económica, cuyos efectos son, cuando menos, los siguientes[368]:

a) Postulan una determinada política legislativa y elevan y califican la protección de la salud como un fin del Estado, a conseguir en cumplimiento de la Constitución.

b) Posibilitan, cuando no imponen, la atribución y distribución de competencias normativas y de ejecución, entre el Poder Central y los Poderes territoriales del Estado.

c) Posibilitan el control constitucional de las leyes de desarrollo, tanto desde el Tribunal Constitucional como de los Tribunales ordinarios. La dificultad del contenido del cometido no permite concluir sobre la imposibilidad del logro.

d) En todo caso, van más allá de una exigencia referida exclusivamente al Poder legislativo; tienen, por sí mismos, carácter informador del ordenamiento jurídico, tal y como dispone el Título Preliminar del Código Civil español.

e) Legitiman las exacciones patrimoniales coactivas de carácter específico que el Estado imponga a los particulares, así como, en cualquier caso, el sostenimiento de los servicios necesarios con cargo a los ingresos públicos generales.

367 Fernández Pastrana, J. M., *El servicio público de la Sanidad..., op. cit.*, pp. 59-61.

368 Borrajo Dacruz, E., «Comentario al artículo 43», en *Comentarios a la Constitución de Alzaga*, tomo IV, Edersa, Madrid, 1996, p. 195.

Por el contrario, otros autores, como DELGADO DEL RINCÓN mantienen que aunque es cierto que el derecho a la protección de la salud es un derecho social de libre configuración legislativa y que, desde el punto de vista formal, no es un verdadero derecho fundamental por carecer de la tutela del amparo constitucional, en determinados casos, por su estructura compleja y por su relación con otros derechos fundamentales como el derecho a la vida e integridad física, puede revestir el carácter de derecho materialmente fundamental con un contenido nuclear mínimo resistible frente a las actuaciones de los poderes legislativo y ejecutivo y susceptible de control judicial[369].

Expuesto el planteamiento jurídico general, a continuación, nos centraremos en el análisis de las distintas dimensiones propias del derecho a la salud.

3.2.a) El derecho a la salud como derecho a las prestaciones sanitarias del Estado

Corresponde analizar, dentro del primer apartado de este Capítulo, el derecho a salud como un derecho a las prestaciones sanitarias del Estado. Comienza el primer párrafo del artículo 43 CE con la siguiente redacción *se reconoce el derecho a la protección de la salud.*

Es importante destacar que el derecho a la protección de la salud del artículo 43.1 CE se integra, como ya expusimos, dentro del Capítulo III del Título I CE. Ello es relevante en relación con lo dispuesto en el artículo 53.3 CE por el valor jurídico que ostenta este derecho en el ordenamiento jurídico español.

Los principios no son derechos, sencillamente, porque así lo dice el artículo 53.3 CE *in fine*: *Sólo podrán ser alegados ante la Jurisdicción ordinaria de acuerdo con lo que dispongan las leyes que los desarrollen*. Se está afirmando que los principios rectores sólo serán alegables de acuerdo con lo que dispongan las leyes. Lo que la Constitución afirma aquí es que de los principios no nacerán derechos sino de acuerdo con las leyes. Es decir, antes de tales leyes de desarrollo el intérprete no puede reconocer en aquéllos ningún derecho subjetivo vinculante para el legislador. El derecho nacerá de la ley, por lo que en el Capítulo III no hay derechos que se impongan ya, a partir de la sola Constitución, frente al legislador. Los llamados derechos a la salud, al medio ambiente o al disfrute de una vivienda digna y adecuada carecen de contenido esencial (art. 53.1 CE) y, por ello, con toda coherencia, el artículo 53.3 CE supedita su invocación eficaz a lo que dispongan las leyes. Un dere-

369 DELGADO DEL RINCÓN, L .E., «Algunas consideraciones sobre el Derecho a la protección de la salud...», *op. cit*, p. 5.

cho subjetivo que necesita de la ley para ser hecho valer en juicio es sólo un derecho legal[370].

La jurisprudencia del Tribunal Constitucional en este sentido ha declarado que: *el «derecho a la protección de la salud» (art. 43.1 CE) representa uno de los «principios rectores de la política social y económica» proclamados por la Constitución, cuyo reconocimiento, respeto y protección ha de informar la actuación de todos los poderes públicos (art. 53.3 CE)*[371].

Confirman este planteamiento diversos pronunciamientos del Alto Tribunal. A modo ilustrativo, la Sentencia del Tribunal Constitucional STC 233/2007, de 5 de noviembre[372], cuando señala que *los principios rectores de la política social y económica no son meras normas sin contenido (STC 19/1982, de 5 de mayo, FJ 6). Antes bien, las resoluciones judiciales habrán de estar informadas por su reconocimiento, respeto y protección. De ese modo, una decisión que se adopte desconociendo la orientación que debió tener la aplicación de la legalidad conforme a dichos principios rectores de la política social y económica acentuaría su falta de justificación*.

Sentando lo anterior, podemos avanzar que la asistencia sanitaria (y el derecho a recibirla) sería solamente un aspecto del derecho a la protección de la salud reconocido en el artículo 43 CE. Se refiere al derecho a la salud como derecho de todo ciudadano a las prestaciones sanitarias del Estado o, en otros términos, a la atención médica organizada y dispensada por los poderes públicos.

Del artículo 43 CE pueden resultar intereses legítimos, pero pueden y deben, y éste es el mandato constitucional, resultar igualmente derechos subjetivos, y entre ellos, el derecho a recibir asistencia sanitaria y las demás prestaciones positivas pensables[373].

Esta concepción es también coherente con el significado general del precepto constitucional, que, como todos los incluidos en el Capítulo III del Título I, no define verdaderos derechos subjetivos, sino «principios generales» del Derecho, cuyo valor normativo está fuera de duda porque deben inspirar la legislación positiva, la práctica judicial y la actuación de los poderes públicos (art. 53.3 de la Constitución).

El derecho subjetivo que la Constitución reconoce no es de exigibilidad inmediata: es necesario que los poderes públicos organicen un servicio público, (palabra que no se pronuncia pero que se ha de suponer) cuya ley constitutiva establecerá los derechos y los deberes de todos al respecto. La

---

370 Jiménez Campo, J., *Derechos fundamentales: concepto y garantías*, Editorial Trotta, Madrid, 1999, pp. 123-124.

371 *Cfr.* Auto del Tribunal Constitucional 221/2009, de 21 de julio, Fundamento Jurídico 4.

372 *Cfr.* Sentencia Tribunal Constitucional 233/2007, de 5 de noviembre, Fundamento Jurídico 7.

373 Fernández Pastrana, J. M., *EL servicio público de la Sanidad..., op. cit.*, pp. 63-64.

técnica utilizada por la Constitución es una buena prueba de cómo se elaboran los textos fundamentales, teniendo más en cuenta la repercusión política que la jurídica. Aparentemente, el artículo 43 CE al emplear la palabra «derecho» contiene lo que los administrativistas llamamos una «norma jurídica de relación» —es decir, una norma que delimita las esferas jurídicas de la Administración y los administrados, con atribución de correlativos derechos y deberes—; pero en realidad es una simple norma de acción, no susceptible de ser alegada ante los Tribunales (artículo 53.3 CE), que ordena a los poderes públicos (ni siquiera se concreta cuales) la organización de los oportunos servicios para tutelar la salud pública (¿cómo y cuándo?)[374].

Es importante verificar, en este punto, el alcance de la normativa básica estatal en la cuestión del ámbito subjetivo del derecho de acceso a las prestaciones sanitarias, es decir, la naturaleza de la regulación básica del elemento subjetivo del Sistema de Salud.

Varios han sido los pronunciamientos de nuestro máxime interprete en relación con esta cuestión al hilo de controversias en materia de conflictos de competencia. Así, la Sentencia del Tribunal Constitucional 18/2018, de 22 de febrero[375], zanjó el asunto señalando que, tomando como antecedentes la STC 134/2017, de 16 de noviembre y la STC 139/2016, de 21 de julio, la normativa básica estatal cierra toda posibilidad a las normas autonómicas de desarrollo para configurar un sistema de acceso a las prestaciones sanitarias que no atienda a lo establecido en las bases. Es decir, la normativa básica estatal colma en su integridad el ámbito subjetivo del derecho de acceso a las prestaciones sanitarias, de tal manera que en el Sistema Nacional de Salud establecido para todo el territorio del Estado el derecho de acceso a la cartera de prestaciones sanitarias tiene el mismo nivel de cobertura subjetiva[376].

Asimismo, el Tribunal Constitucional señaló que, de la interpretación sistemática de los artículos 43.1 y 2 y 51.1 y 3 CE, junto con los artículos 149.1.1 y 139.2 CE, se infiere la exigencia constitucional de que exista un sistema normativo de la sanidad nacional, puesto que los derechos reconocidos por la Constitución en los artículos 43 y 51 CE o, complementariamente en otros, como el artículo 45.1 CE, que reconoce el derecho que todos tienen a disfrutar de un medio ambiente adecuado para el desarrollo de la persona, pertenecen a todos los españoles y, a todos se les garantiza por el Estado la igualdad en las condiciones básicas para el ejercicio de los mismos[377].

---

374 GARRIDO FALLA, F., *Comentarios a la Constitución..., op. cit.*, p. 879.

375 *Cfr.* Sentencia Tribunal Constitucional 18/2018, de 22 de febrero, Fundamento Jurídico 4.

376 *Cfr.* Sentencia Tribunal Constitucional 134/2017, de 16 de noviembre, Fundamento Jurídico 5.

377 *Cfr.* Sentencia Tribunal Constitucional 32/1983, de 28 de abril, Fundamento Jurídico 2.

Por tanto, el artículo 43 CE, como los demás principios rectores de la política social y económica, contiene una serie de mandatos dirigidos a los poderes públicos para que hagan efectivas las prestaciones que se definen como contenidos del Estado social y a las que los ciudadanos tendrán derecho a acceder en los términos que establezca la legislación positiva[378].

Corresponde al legislador determinar el contenido de esos cuidados médicos, es decir, el quantum de la asistencia sanitaria que se garantiza a los ciudadanos. En todo caso, parece que de la Constitución deriva un mandato de universalidad en la asistencia (el derecho a la salud se reconoce en términos genéricos sin distinciones) y de igualdad en la misma (lo que se deduce de la conexión del artículo 43 CE con otros preceptos constitucionales: artículos 9.2, 14 y 149.1.1).

Por otro lado, y en relación a las fórmulas organizativas tampoco hay precisiones constitucionales sobre cuáles utilizar, y esta misma apreciación es extensiva en cuanto a las fórmulas de financiación, por lo que será el legislador ordinario el que configure tanto la configuración del sistema, esto es, quiénes accederán, qué prestaciones se ofrecerán y sus posibles requisitos y condiciones, así como el sistema de financiación necesario para hacer frente a este derecho de prestación.

Además, el derecho a la asistencia sanitaria se proyecta exclusivamente sobre las relaciones Estado-ciudadanos, y no sobre las relaciones entre particulares. No hay, por tanto, posibilidad de hacer derivar de él la exigencia de asistencia sanitaria a profesionales o centros sanitarios que operen en el ejercicio privado de la Medicina. No es posible proyectar el derecho constitucional a la salud como derecho a la asistencia sanitaria sobre relaciones entre médicos o centros sanitarios privados o pacientes, salvo que se trate de centros privados que presten asistencia sanitaria por cuenta de algún ente público[379].

En este sentido, cabe plantearse también en qué medida el tratamiento constitucional separado de la protección de la salud (art. 43 CE) con respecto a la seguridad social (art. 41 CE) significa que se ha querido organizar la asistencia sanitaria pública al margen del sistema de Seguridad Social.

Pues bien, la Constitución permite, tanto una asistencia sanitaria configurada como una prestación a cargo de la Seguridad Social, como la articulación de esa asistencia sanitaria a través de un Servicio de salud abierto a todos los ciudadanos, al margen de la acción protectora de la Seguridad Social.

Esta interpretación queda avalada por los pronunciamientos de nuestro Alto Tribunal en asuntos relativos a la distribución de competencias entre el

378 MENÉNDEZ REXACH, A., «El derecho a la asistencia sanitaria y el régimen de las prestaciones sanitarias públicas», *Extraordinario XI Congreso Derecho y Salud*, Santa Cruz de Tenerife, Noviembre, 2002, p. 17. Disponible en: https://dialnet.unirioja.es/servlet/articulo?codigo=500299 (05.05.2023).

379 PEMÁN GAVÍN, J., *Derecho a la Salud..., op. cit.*, pp. 87 y 88.

Estado y las comunidades autónomas. La Sentencia del Tribunal Constitucional 98/2004, de 25 de mayo, ha establecido la independencia de la asistencia sanitaria respecto del complejo de Seguridad Social; independencia propia de los aspectos sanitarios respecto de los propios de la Seguridad Social.

Continúa el Alto Tribunal en la Sentencia 98/2004 que el precepto aquí impugnado se refiere a la fijación del sistema de financiación pública de una de las prestaciones (los medicamentos) proporcionadas por el «Sistema Nacional de Salud», por lo que nuestro control de la constitucionalidad determina que el marco conceptual y competencial específico aplicable aquí sea el de la «sanidad» (art. 149.1.16 CE) y no el de la «Seguridad Social» (art. 149.1.17 CE)[380].

Asimismo, la Sentencia del Tribunal Constitucional 206/1997, de 27 de noviembre, afirmó que *la constitución, y más cuando se trata de una materia como la Seguridad Social, no pretende imponer un único modelo. Consagra una institución protegiéndola contra alteraciones que puedan desnaturalizar su esencia, pero no cierra posibilidades para la evolución del sistema de Seguridad Social [...]Con respecto a las líneas estructurales básicas de la institución, la libertad de configuración del legislador es notoria y ello ya ha sido suficientemente reiterado por la jurisprudencia del Tribunal (SSTC 103/1983, 65/1987 y 134/1987)*[381].

Lo que sí afirma la Sentencia del Tribunal Constitucional 32/1983, de 28 de abril[382], es que, de la interpretación sistemática de varios preceptos constitucionales (artículos 43, 51, 149 y 139.2 CE), se infiere la exigencia constitucional de que exista un sistema normativo de la sanidad nacional, como denominador común a partir del cual las CC. AA. pueden desarrollar sus competencias en estas materias.

Por tanto, con la configuración actual de nuestro Sistema Nacional de Salud la universalidad de la asistencia implica que la condición de persona sea suficiente para beneficiarse de las prestaciones sanitarias del Estado y no es necesario que concurran otros títulos específicos. Ni siquiera que sea posible afirmar que cualquier modificación del statu quo existente en materia de prestaciones sanitarias en un sentido regresivo[383] deba ser tachada nece-

380 *Cfr.* Sentencia Tribunal Constitucional. 98/2004, de 25 de mayo de 2004, Fundamento Jurídico 5.

381 *Cfr.* Sentencia Tribunal Constitucional 206/1997, de 27 de noviembre de 1997, Fundamento Jurídico 5.

382 *Cfr.* Sentencia Tribunal Constitucional 32/1983, de 28 de abril, Fundamento Jurídico 2.

383 Es necesario tener en cuenta lo dispuesto en la OG 14 en su apartado 32 cuando reconoce que existe una fuerte presunción de que no son permisibles las medidas regresivas adoptadas en relación con el derecho a la salud. Si se adoptan cualesquiera medidas deliberadamente regresivas, corresponde al Estado parte demostrar que se han aplicado tras el examen más exhaustivo de todas las alternativas posibles y que esas medidas están debidamente justificadas por referencia a la totalidad de los derechos enunciados en el

sariamente de inconstitucional por moverse en sentido contrario al indicado en la Constitución[384].

Ahora bien, en todo caso hay un mínimo asistencial que queda garantizado y que constituye un límite para el legislador. Mínimo asistencial constituido por lo que se considera indispensable para la protección de la salud y cuyo desconocimiento podría dar lugar a una declaración de inconstitucionalidad de una ley por parte del Tribunal Constitucional, funcionando de modo semejante al contenido esencial de los derechos reconocidos en el Capítulo II del Título I CE.

Podríamos decir que este contenido mínimo está integrado por las acciones necesarias para proteger el objeto del derecho (la salud) constitucionalmente definido, de conformidad con los valores, también constitucionales, que le sirven de fundamento. Las dificultades de precisar este contenido (de separar entre contenido mínimo[385] y el contenido adicional) son obvias, de ahí que, en búsqueda del consenso, podamos asumir la determinación que realiza la OG 14, la cual, dejando fuera los llamados condicionantes de la salud, incluye obligaciones estatales en una serie determinada de materias[386].

Sentado lo anterior, podemos señalar que el derecho a la asistencia sanitaria presenta como elementos esenciales e interrelacionados, cuya aplicación dependerá de las condiciones prevalecientes del Estado, a la vista de lo dispuesto en el apartado 12 de la Observación General 14 (en adelante OG)[387], los cuatro rasgos siguientes:

1. Disponibilidad. El Estado debe contar con un número suficiente de establecimientos, bienes y servicios públicos de salud y centros de atención de salud. La sanidad pública española se configura desde la LGS con una organización única, denominada Sistema Nacional de Salud (SNS).

2. Accesibilidad: Los establecimientos, bienes y servicios de salud deben ser accesibles a todos, sin discriminación alguna. La accesibilidad presenta cuatro dimensiones superpuestas:

a) No discriminación: los establecimientos, bienes y servicios de salud deben ser accesibles, de hecho y de derecho, a los sectores más vulnerables y marginados de la población, sin discriminación alguna por cualquiera de los motivos prohibidos.

Pacto en relación con la plena utilización de los recursos máximos disponibles del Estado parte. Es decir, se admite retroceder pero siempre examinando previamente las alternativas y la debida justificación en relación a los recursos disponibles.

384 Pemán Gavín, J., *Derecho a la Salud..., op. cit.*, pp. 83 y ss.

385 El análisis pormenorizado se expondrá cuando analicemos la tercera de las dimensiones que presenta el derecho a la protección de salud como derecho fundamental.

386 Escobar Roca, G., «Los derechos fundamentales sociales...», *op. cit.*, p. 132.

387 *Cfr.* Observación general N.° 14: El derecho al disfrute del más alto nivel posible de salud (artículo 12) aprobada por el Comité de Derechos Económicos, Sociales y Culturales.

b) Accesibilidad física: los establecimientos, bienes y servicios de salud deberán estar al alcance geográfico de todos los sectores de la población, en especial los grupos vulnerables o marginados.

c) Accesibilidad económica (asequibilidad): los establecimientos, bienes y servicios de salud deberán estar al alcance de todos. Los pagos por servicios de atención de la salud y servicios relacionados con los factores determinantes básicos de la salud deberán basarse en el principio de la equidad, a fin de asegurar que esos servicios, sean públicos o privados, estén al alcance de todos, incluidos los grupos socialmente desfavorecidos. La equidad exige que sobre los hogares más pobres no recaiga una carga desproporcionada, en lo que se refiere a los gastos de salud, en comparación con los hogares más ricos.

d) Acceso a la información: ese acceso comprende el derecho de solicitar, recibir y difundir información e ideas acerca de las cuestiones relacionadas con la salud. Con todo, el acceso a la información no debe menoscabar el derecho de que los datos personales relativos a la salud sean tratados con confidencialidad.

3. Aceptabilidad. Todos los establecimientos, bienes y servicios de salud deberán ser respetuosos de la ética médica y culturalmente apropiados.

4. Calidad. Los establecimientos, bienes y servicios de salud deberán ser también apropiados desde el punto de vista científico y médico y ser de buena calidad. Ello requiere, entre otras cosas, personal médico capacitado, medicamentos y equipo hospitalario científicamente aprobados y en buen estado, agua limpia potable y condiciones sanitarias adecuadas.

De la lectura de estos elementos es importante destacar dos cuestiones para nuestro colectivo objeto de estudio. Una, que no garantiza la universalidad en el acceso, sino que señala que esa accesibilidad deberá respetar el principio de no discriminación. Y, dos, que accesibilidad económica no equivale a gratuidad.

En consecuencia, el derecho de los extranjeros a beneficiarse de la asistencia sanitaria como derecho de configuración legal será determinado y podrá ser limitado por las normas correspondientes. El derecho a la asistencia sanitaria a favor de los extranjeros nacerá en su caso de la ley. Por tanto, desde esta dimensión estamos ante un derecho subjetivo que necesita de la ley para ser hecho valer en juicio. Es decir, el reconocimiento del derecho a la asistencia sanitaria para nuestro colectivo objeto de estudio es un derecho legal, por lo que habrá que estar a lo dispuesto en el ámbito subjetivo recogido en las leyes reguladoras de la asistencia sanitaria.

De manera que el legislador puede tomar en consideración el dato de su situación legal y administrativa en España, y, por ello, exigir a los extranjeros la autorización de su estancia o residencia como presupuesto para el ejercicio de algunos derechos constitucionales que por su propia naturaleza hacen imprescindible el cumplimiento de los requisitos que la misma ley establece para entrar y permanecer en territorio español[388].

A modo de recapitulación y aplicado lo expuesto a nuestro colectivo objeto de estudio podemos extraer las siguientes conclusiones:

Primera, el derecho a la asistencia sanitaria reconocido en el artículo 43.1 CE se configura como un Principio Rector de la Política Social y Económica.

Segunda, el derecho a la asistencia sanitaria previsto en el artículo 43.1. CE no es un derecho subjetivo fundamental cuya titularidad está reconocida universalmente a todas las personas, sino que los sujetos tendrán derecho a acceder en los términos que establezca la legislación positiva. Dicha legislación definirá la titularidad, la configuración del modelo de prestación y su acceso, el contenido de las prestaciones, así como el sistema de financiación, facultades y deberes que definen el contenido del derecho y, por tanto, sus límites, así como la organización y funcionamiento de los servicios encargados de la provisión de las prestaciones.

Tercera, la normativa básica estatal colma en su integridad el ámbito subjetivo del derecho de acceso a las prestaciones sanitarias, de forma que las CC. AA. no podrán modificar el alcance de la titularidad del derecho en sus territorios. En consecuencia, las CC. AA. no podrían ampliar el ámbito subjetivo del derecho a las prestaciones sanitarias a los extranjeros inmigrantes en situación administrativa irregular respecto del alcance subjetivo fijado por la norma básica estatal.

Cuarta, los extranjeros inmigrantes en situación administrativa irregular tendrán derecho a la asistencia sanitaria en los términos que establezca la legislación vigente en cada momento. En todo caso, hay un mínimo asistencial que queda garantizado y que constituye un límite para el legislador. Mínimo asistencial constituido por lo que se considera indispensable para la protección de la salud y cuya determinación viene constituida por el contenido de la Observación General 14 aprobada por el Comité de Derechos Económicos, Sociales y Culturales sobre el derecho al disfrute del más alto nivel posible de salud.

Finalmente, será clave para este estudio, examinar si las normas legales que configuran el derecho a la asistencia sanitaria y que, excluyen o restringen de su acceso a los extranjeros inmigrantes en situación administrativa irregular, se adecuan a las previsiones constitucionales.

388 *Cfr.* Sentencia Tribunal Constitucional 139/2016, de 21 de julio, Fundamento Jurídico 10.

3.2.b) El derecho a la protección de la salud en el ámbito de la salud pública

Continuando con el análisis de las distintas perspectivas del derecho a la salud, corresponde en este apartado exponer el otro ámbito de acción y materialización de las Administraciones sanitarias. Ámbito que se identifica con la configuración del derecho a la protección a la salud pública, recogido dentro del Capítulo III del Título I de la CE, como Principio Rector de la Política Social y Económica (artículo 43.2 CE).

Reza así: *Compete a los poderes públicos organizar y tutelar la salud pública a través de medidas preventivas y de las prestaciones y servicios necesarios. La ley establecerá los derechos y deberes de todos al respecto.*

Efectivamente, un segundo aspecto del derecho a la salud es su consideración como posición subjetiva en relación con la actividad desarrollada por los poderes públicos para proteger la salud pública. Este aspecto aparece recogido expresamente en el párrafo segundo del artículo 43 CE al haber encomendado a los poderes públicos, a través de medidas preventivas y de las prestaciones y servicios necesarios, organizar y tutelar la salud pública.

La única dificultad respecto de la interpretación constitucional podría devenir del empleo, en el párrafo 2 del artículo 43, del término «salud pública», para determinar el objeto del sistema de protección y tutela que deben organizar los poderes públicos.

El concepto de salud pública ha sido entendido de diferentes maneras a lo largo del tiempo. La salud pública en general implica el control de riesgos y daños para las personas desde un punto de vista colectivo y no individual, aunque el daño sea siempre individual, mediante acciones de promoción de la salud, las que permiten incrementar el control individual de cada uno para mejorarla o para evitar que empeore, y mediante las acciones de prevención de la enfermedad[389].

Y, podríamos definirla como un concepto social y político destinado a mejorar la salud, prolongar la vida y mejorar la calidad de vida de las poblaciones mediante la promoción de la salud, la prevención de la enfermedad y otras formas de intervención sanitaria[390].

En la actualidad, ni siquiera apelando a los antecedentes parlamentarios del artículo 43 CE (en los que aparecían inicialmente los términos de sanidad e higiene en lugar de salud pública), es posible establecer una interpretación restrictiva del concepto de salud pública para referirlo sólo a medidas de alcance preventivo. El concepto más comúnmente aceptado hoy en día es el que pro-

---

389 Bestard Perelló, J. J., *La asistencia sanitaria pública,* Ediciones Díaz de Santos, 2015, p. 70.

390 Sánchez Trigueros,C., *Promoción y prevención de la salud, Capítulo II, Reforma de la Salud Pública y la Asistencia Sanitaria*, Aranzadi, Navarra, 2012, p. 110.

puso Wislow[391] al entender que la salud pública es la ciencia y el arte de prevenir las enfermedades, prolongar la vida, fomentar la salud y la eficiencia física y mental, mediante el esfuerzo organizado de la comunidad para:

1. El saneamiento del medio;
2. El control de las enfermedades transmisibles;
3. La educación de los individuos en los principios de la higiene personal;
4. La organización de los servicios médicos y de enfermería para el diagnóstico precoz y el tratamiento preventivo de las enfermedades;
5. El desarrollo de los mecanismos sociales que aseguren a todas las personas un nivel de vida adecuado para la conservación de la salud, organizando estos beneficios de tal modo que cada individuo esté en condiciones de gozar de su derecho natural a la salud y a la longevidad.

Por ello, podemos decir que la protección de la salud pública se manifiesta en una serie de actividades típicamente administrativas y que se pueden clasificar en tres[392] tipos: de regulación y control, de prestación y de fomento.

A) Las actividades de regulación y control se pueden referir a:

1. las personas, con la regulación y control sobre ciertas enfermedades contagiosas (venéreas, por ejemplo) y con la sanidad escolar;
2. las cosas: estas, a su vez, comprenderán:
   a) las que se refieren al medio ambiente, incluyendo en este epígrafe el suelo, la atmósfera, la vivienda, los establecimientos públicos (hostelería, piscinas, etc.);
   b) las referidas a la regulación e inspección sanitaria de los alimentos;
   c) las referidas a la regulación e inspección de la provisión de aguas;
   d) la regulación sanitaria animal, referida a las zoonosis transmisibles al hombre (toxoplasmosis, hidatidosis, etc.);
   e) la sanidad de buques y aeronaves (la antiguamente llamada sanidad exterior);
3. las actividades en general:
   a) actividades industriales y comerciales.
   b) actividades agropecuarias.
   c) el trabajo.

391 Winslow, «The untilled field of Public Health», *Science*, N.S., 1920; Vol. 51, p.23. Disponible en: https://www.jstor.org/stable/1645011?seq=1#metadata_info_tab_contents (09.01.2019).

392 Martín González, M., *Sanidad pública: concepto y encuadramiento,* Ministerio de Gobernación, Secretaría General Técnica, vol. III, Madrid, 1970, pp. 435 y ss.

d) actividades recreativas y deportivas.

e) obras y servicios de directo interés sanitario (mercados, abastecimiento y depuración de aguas, mataderos, etc.).

f) las actividades sanitarias, sean de la industria o de las profesiones. Dentro de las primeras, se refiere a la reglamentación e inspección de clínicas, lugares de baños medicinales, farmacias, industria farmacéutica y toda la industria para la salud (desde jeringuillas a scanner). En cuanto a las segundas, se tratará de la reglamentación y control del ejercicio de la medicina, sus 141 especialidades y las profesiones afines, al igual que el ejercicio farmacéutico.

B) Dentro de la actividad prestacional en materia de protección de la salud pública, se trata de todas las medidas dirigidas fundamentalmente al control y detección de las epidemias, la asistencia en catástrofes, la vacunación, y, por fin, la asistencia a los enfermos en tanto focos de riesgo para la salud pública.

De todas las formas de protección de la salud, esta es la que más se relaciona con el derecho a la asistencia sanitaria. Ello es así, porque estas actuaciones de salud pública se acaban materializando en los servicios de salud a través de prestaciones sanitarias.

C) La actividad de fomento comprende la promoción de las actividades e iniciativas privadas o públicas relacionadas con la salud pública, como la educación sanitaria, la educación física, etc.

Es conforme a los postulados de este concepto más amplio de salud pública como hay que interpretar el artículo 43 CE. En él se obliga, en consecuencia, a los poderes públicos, a organizar unos servicios sanitarios que ofrezcan a los ciudadanos todo tipo de prestaciones de carácter preventivo, curativo, rehabilitador, educativo, etcétera[393].

Es decir, para garantizar el derecho a la protección de la salud pública la ley que desarrolle la Constitución tratará, por un lado, de las obligaciones de los poderes públicos (fundamentalmente organización y tutela) y, por otro lado, regulará la conducta de los particulares. En el primer caso, se otorga una habilitación para que el Estado, las CC. AA. y demás poderes públicos administrativos, establezcan servicios propios (organización) y para que controlen y vigilen la actuación de las entidades públicas menores o de las entidades particulares gestoras o colaboradoras (tutela). En el segundo caso, dicha Ley General de Sanidad y sus posibles leyes específicas concordantes establecerán para los ciudadanos la tabla de sus derechos y sus obligaciones, y los

393 Muñoz Machado, S., *La formación y la crisis de los servicios sanitarios públicos*, Alianza Editorial, Madrid, 1995, p.96.

consiguientes beneficios y responsabilidades de las acciones de defensa del bien colectivo (popular, interdictal, participación en la programación de la gestión del plan sanitario), etc[394].

El derecho a la protección de la salud actúa aquí como posición subjetiva en relación con la actividad desarrollada por los poderes públicos para proteger la salud pública. El derecho a la salud opera como un mandato dirigido, en primer lugar, al legislador estatal y autonómico para que dicte la legislación protectora de la salud colectiva, o en su caso, la actualice en función de las cambiantes circunstancias. En segundo lugar, funciona como mandato dirigido a las Administraciones públicas competentes, para que dicten los Reglamentos necesarios y desarrollen la actividad ejecutiva que asegure el respeto a la normativa en vigor.

La protección jurídica del ciudadano en relación con esta actividad pública es la que se establece en cada caso por la legislación ordinaria, pudiendo citarse, como ejemplos, las denuncias de particulares para que la Administración incoe un expediente sancionador, la impugnación en vía administrativa o judicial de actos administrativos de contenido autorizatorio o las quejas ante el Defensor del Pueblo[395].

En esta misma línea, cabe entonces preguntarse si lo que el artículo 43 CE pretende no es otra cosa que el impedir que la Administración ostente facultades discrecionales en la determinación de los derechos de los usuarios del servicio público sanitario, cuando remite a la ley la fijación de los derechos y deberes de todos al respecto. Desde esta óptica entendemos que hay base para entender la accesibilidad garantizada a todos respecto de todos los servicios sanitarios públicos y en virtud de un derecho subjetivo del ciudadano que no consiente la arbitrariedad en el acceso. Pero no tiene por qué significar necesariamente la gratuidad de las prestaciones[396].

Debemos, en definitiva, cuestionarnos, una vez fijado el objeto y contenido, cuál es el ámbito subjetivo del derecho a la protección de la salud pública. Resulta de especial relevancia los pronunciamientos dictados por nuestro Tribunal Constitucional y que resume de forma concreta la Sentencia 139/2016[397] cuando señala el alcance del artículo 43.2 al exponer que «la naturaleza del derecho a la salud como principio rector no implica que el art. 43 CE constituya una norma únicamente programática, vacía de contenido, sin referencias que lo informen, especialmente con relación al legislador, que debe configurarlo en virtud del mandato del art. 43.2 CE para que establezca las prestaciones necesarias para tutelar la salud pública. (STC 233/2007, de

394 BORRAJO DACRUZ, E., «Comentario al artículo 43 CE...», *op. cit.,* pp. 191-192.

395 PEMÁN GAVÍN, J., *Derecho a la Salud..., op. cit.*, pp. 79 y siguientes.

396 FERNÁNDEZ PASTRANA, J. M., *EL servicio público de la Sanidad..., op. cit.*, p. 69.

397 *Cfr.* Sentencia del Tribunal Constitucional 139/2016, de 21 de julio, Fundamento Jurídico 8.

5 de noviembre, FJ 7; 154/2006, de 22 de mayo, FJ 8, y 14/1997, de 28 de enero, FJ 11). En consecuencia, el art. 43 CE debe ser considerado como un principio rector constitucional dirigido a orientar y determinar la actuación de los poderes públicos (ATC 221/2009, de 21 de julio, FJ 4), expresivo de "un valor de indudable relevancia constitucional" (ATC 96/2011, FJ 5), lo que se traduce en su obligación "de organizar" la salud pública y de "tutelarla a través de las medidas, las prestaciones y los servicios necesarios" (STC 95/2000, de 10 de abril, FJ 3). En suma, el desarrollo del art. 43 CE y la articulación del derecho a la protección de la salud requieren que el legislador regule las condiciones y términos en los que acceden los ciudadanos a las prestaciones y servicios sanitarios, respetando el contenido del mandato constitucional. Debe tenerse presente que, dada la ubicación sistemática del art. 43 CE, nos encontramos ante una remisión a la libertad de configuración del legislador ordinario que deriva de lo dispuesto en el art. 53.3 en relación con el art. 43.2 CE. Y, añade el párrafo siguiente que es posible, en términos constitucionales, la falta de identidad entre el derecho al acceso universal al sistema de salud pública de ese "todos" del art. 43 CE, con que ese acceso a la sanidad pública incluya beneficiarse de un concreto régimen de prestaciones sanitarias gratuitas o bonificadas con cargo a fondos públicos».

Por su parte, la Sentencia del Tribunal Constitucional 95/2000[398] alude a esta cuestión cuando señala que el reconocimiento del derecho a la salud (art. 43 CE) y, consecuentemente, la obligación de los poderes públicos de organizarla y tutelarla mediante las medidas, prestaciones y servicios necesarios (art. 43 CE) permiten establecer la relación entre ellos y la previsión del art. 13.1 CE, deduciéndose el derecho de los extranjeros a beneficiarse de la asistencia sanitaria en las condiciones fijadas por las normas correspondientes.

Es decir, será nuevamente el legislador ordinario el que ostente el margen de libertad para introducir distinciones en el acceso a la salud pública para beneficiarse de las prestaciones sanitarias y, además, poder regular que las mismas no tengan el carácter de gratuidad[399].En todo caso hay un mínimo

398 *Cfr.* Sentencia del Tribunal Constitucional 95/2000, de 10 de abril, Fundamento Jurídico 3.

399 Es necesario tener en cuenta lo dispuesto en la OG 14 en su apartado 32 cuando reconoce que existe una fuerte presunción de que no son permisibles las medidas regresivas adoptadas en relación con el derecho a la salud. Si se adoptan cualesquiera medidas deliberadamente regresivas, corresponde al Estado parte demostrar que se han aplicado tras el examen más exhaustivo de todas las alternativas posibles y que esas medidas están debidamente justificadas por referencia a la totalidad de los derechos enunciados en el Pacto en relación con la plena utilización de los recursos máximos disponibles del Estado parte. Es decir, se admite retroceder pero siempre examinando previamente las alternativas y la debida justificación en relación a los recursos disponibles. Las Observaciones generales 3, 13, 14, 15, 17 y 18 del Comité de Derechos Económicos, Sociales y Culturales fijan los términos del posible marco argumentativo del Estado.
Como ha señalado Christian Courtis, en *la prohibición de regresividad en materia de derechos sociales: apuntes introductorios,* el Estado sólo puede justificar la regresividad de

asistencial que queda garantizado y que constituye un límite para el legislador. Mínimo asistencial constituido por lo que se considera indispensable para la protección de la salud pública y cuyo desconocimiento podría dar lugar a una declaración de inconstitucionalidad de una ley por parte del Tribunal Constitucional funcionando de modo semejante al contenido esencial de los derechos reconocidos en el Capítulo II.

En consecuencia, esta dimensión del derecho a la salud aplicada a los extranjeros en situación administrativa irregular significará:

Que el derecho a la salud pública previsto en el artículo 43.2. CE no es un derecho subjetivo fundamental cuya titularidad está reconocida universalmente a todas las personas, sino que los sujetos tendrán derecho a acceder en los términos que establezca la legislación positiva.

Que los poderes públicos (legislador) regulará los términos y condiciones en los que se accederá a las prestaciones y servicios de salud pública.

Que los extranjeros en situación administrativa irregular podrán tener derecho al conjunto de acciones, prestaciones y actividades que integran el derecho a la salud pública. Estos serán beneficiarios de las mismas en los términos que establezca la legislación positiva y siempre que se respete ese mínimo constitucional infranqueable y que constituye un límite para el legislador.

Mínimo asistencial constituido por lo que se considera indispensable para la protección de la salud y cuya determinación viene constituida por el contenido de la Observación General 14 aprobada por el Comité de Derechos Económicos, Sociales y Culturales sobre el derecho al disfrute del más alto nivel posible de salud.

Finalmente, será clave para este estudio examinar si las normas legales que configuran el derecho a la salud pública, regulando el acceso (titularidad y ejercicio) de los extranjeros en situación administrativa irregular son o no constitucionales en relación al mínimo asistencial considerado indispensable para la protección de la salud pública.

---

una medida demostrando: a) que la legislación que propone, pese a implicar retrocesos en algún derecho, implica un avance teniendo en cuenta la totalidad de los derechos previstos en el Pacto, y b) que ha empleado todos los recursos de que dispone, incluyendo los que provengan de la cooperación internacional, y que, aun así, necesita acudir a ella para proteger los demás derechos del Pacto. Estas limitaciones resultan sumamente importantes, ya que el Estado no puede utilizar argumentos generales de política pública, disciplina fiscal o referirse a otros logros financieros o económicos, sino que debe señalar concretamente qué otros derechos previstos en el Pacto (es decir, derechos económicos, sociales y culturales, y no cualquier otro derecho) se vieron favorecidos por la medida. (*Vid.* Courtis, C., *Ni un paso atrás*, Ed. del Puerto, Buenos Aires, 2006, p. 38 Disponible en: https://www.academia.edu/10060677/El_contenido_esencial_del_derecho_a_la_salud_y_la_prohibici%C3%B3n_de_regresividad?email_work_card=title (04.12.2022)).

3.2.c) El derecho a la salud como derecho fundamental

El tercer aspecto del derecho a la protección de la salud contempla la salud como un bien individual objeto de protección fundamental por el ordenamiento jurídico. El estudio de este epígrafe se desglosa en el análisis de dos apartados. En primer lugar, nos referiremos a la reconstrucción dogmático-constitucional del derecho a la salud como derecho fundamental. Y, en segundo lugar, centraremos nuestra atención en el estudio de las garantías constitucionales del derecho a la Salud como derecho fundamental.

3.2.c).1. Reconstrucción dogmático-constitucional del derecho a la salud como derecho fundamental

Con carácter previo resulta relevante comprobar si los ordenamientos jurídicos de nuestro entorno europeo más próximo reconocen expresamente en sus textos constitucionales esta tercera dimensión del derecho a la protección de salud. Encontramos referencias a la protección constitucional del derecho a la salud en la Constitución Italiana y Portuguesa. También haremos referencia a la Constitución y jurisprudencia francesa en relación a este derecho por compartir con la CE y la portuguesa el reconocimiento del derecho a la protección de la salud y no al derecho a la salud, que sí recoge la Norma italiana.

Tienen en común con el sistema sanitario español los sistemas sanitarios italiano y portugués que son países que cuentan con SNS, que toman como base el Informe Beveridge de 1942, basado en un acceso y cobertura prácticamente universal (libre acceso de todos los ciudadanos), con financiación impositiva (y esquemas de pago directo por los pacientes, en general, de escasa cuantía), una provisión directamente regulada y profesionales (asalariados o retribuidos a partir de fórmulas capitativas) empleados por el Estado, reconociendo para el sector privado un papel complementario o residual[400].

Así, la Constitución Italiana de 1947 en el artículo 32 establece que el Estado protegerá la salud como derecho fundamental del individuo e interés básico de la colectividad y garantizará asistencia gratuita a los indigentes. Añade que en ningún caso la ley podrá violar los límites impuestos por el respeto a la persona humana.

El Tribunal Constitucional Italiano en la sentencia número 252/2001[401] reconoce que al extranjero le están garantizados todos los derechos fundamenta-

400 Blázquez Fernández, C., Cantarero Prieto, D. y Pascual Sáez, M., «Experiencia comparada europea y el reto de la descentralización sanitaria», *XX Encuentro de economía pública*, Sevilla, 31 enero-1 febrero 2013, p. 3. Disponible en: https://editorialexpress.com/cgi-bin/conference/download.cgi?db_name=xveep&paper_id=82 (05.12.2022).

401 *Cfr.* Sentencia Corte Constitucional Italiana 252/2001, de 17 de julio de 2001.

les que la constitución reconoce a la persona y, además, que hay un núcleo irreductible del derecho a la salud protegido por la Constitución como ámbito inviolable de la dignidad humana; que la Constitución requiere la prevención de situaciones sin protección, que de hecho puede afectar a la aplicación de este derecho. Añade que para los extranjeros presentes en el territorio nacional, pero que no cumplan con las reglas de entrada y estancia, en los hospitales públicos y acreditados se les garantiza un tratamiento urgente o esencial, pero aún en curso, ambulatorio y hospitalario debido a una enfermedad y un accidente, y se extienden los programas de medicina preventiva para salvaguardar la salud individual y colectiva; también están «específicamente» garantizadas la protección social del embarazo y la maternidad, la protección de la salud del niño, las vacunaciones y las intervenciones de profilaxis con especial atención a las enfermedades infecciosas, según una lista que no puede considerarse exhaustivo de las intervenciones de salud que deben garantizarse «de todos modos» al sujeto que se encuentra, por cualquier razón, en el territorio del Estado.

Mención especial merece la Sentencia 61/2011, *Considerando en Derecho* 5 al señalar la existencia de la garantía de un derecho irrenunciable a la salud como ámbito inviolable de la dignidad humana. Señala la Sentencia que este Tribunal reiteró que *el extranjero es [...] titular de todos los derechos fundamentales que la Constitución reconoce a la persona (sentencia núm. 148 de 2008) y en particular, en referencia al derecho a la salud, precisó que existe «un núcleo irreductible del derecho a la salud protegido por la Constitución como esfera inviolable de la dignidad humana, que impone la prevención de situaciones sin protección, que sí pueden poner en peligro la realización de ese derecho». Este último debe, por lo tanto, ser reconocido incluso para los extranjeros, cualquiera que sea su posición con respecto a las normas que rigen la entrada y estancia en el Estado*[402].

El derecho a la salud en Italia se caracteriza, por un lado, como derecho social, un derecho del ciudadano en relación con la actividad del Estado. Pero, por otra parte, es un derecho de la personalidad protegido constitucionalmente: un derecho de la persona sobre un aspecto o cualidad propio que se comporta como un derecho absoluto, esto es, que garantiza a su titular un ámbito de intangibilidad frente a cualquier sujeto[403].

Por su parte, la Constitución portuguesa de 1976 contiene la regulación más detallada y minuciosa de nuestro entorno del derecho a la protección de la salud. Configura, en su artículo 64, la protección de la salud con el carácter de derecho y en favor de todas las personas, y estableciendo una serie de obligaciones para los poderes públicos en ese ámbito. En su apartado primero, señala que *todos tienen derecho a la protección de la salud y el deber*

402 *Cfr.* Sentencia Corte Constitucional Italiana 61/2011, de 2 de marzo de 2011.

403 Pemán Gavín, J., *Derecho a la Salud..., op. cit.*, p. 57.

de defenderla y promoverla. Su apartado segundo proclama que el derecho a la protección de la salud se realiza promoviendo la vertiente prestacional y colectiva de la salud pública, y por ello prevé expresamente la existencia, de un servicio nacional de salud universal y general, que sea tendencialmente gratuito de acuerdo con las condiciones económicas y sociales de la ciudadanía. El Estado es el encargado de proteger especialmente la infancia, la juventud y la vejez, de mejorar las condiciones de vida y de trabajo, y de promover la educación y la cultura sanitaria, física y deportiva. Para ello, el Constituyente portugués dispuso en el apartado tercero del citado precepto la atribución al Estado de una serie de concreciones que ayudan a configurar esencialmente este derecho[404].

En el sistema jurídico francés, el Preámbulo de la Constitución Francesa de 1946, vigente por la remisión recogida en el Preámbulo de la vigente Constitución Francesa de 1958[405] *garantiza a todos, y especialmente al niño, a la madre y a los antiguos trabajadores, la protección de la salud, la seguridad material, el descanso y el ocio. Todo ser humano que, debido a su edad, su estado físico o mental o su situación económica, se encuentre incapacitado para trabajar, tiene derecho a obtener de la colectividad los medios de existencia necesarios*.

Interesa destacar como el Consejo Constitucional Francés en la Decisión de 29 de diciembre de 2003 (2003-488) declara constitucional una reforma del Código de acción social, en virtud de cuyo artículo 97 se exigía a los extranjeros en situación irregular una estancia mínima de tres meses en Francia para beneficiarse de la ayuda médica pública, salvo que se tratara de asistencia sanitaria de urgencia[406]. Expresamente señala que *teniendo en cuenta la finalidad del artículo 97, el legislador podía, sin violar el principio de igualdad, excluir la asistencia médica estatal, manteniendo el beneficio de la atención de urgencia, a los extranjeros que hayan estado en Francia menos de tres meses.* Es decir, que salvo que estuviésemos ante una situación de atención de urgencia se admite la exclusión del extranjero en situación administrativa irregular para beneficiarse de la ayuda médica pública.

En definitiva, la aproximación al tema desde el punto de vista del Derecho comparado europeo, y en particular sobre la base de los pronunciamientos de diversos Tribunales Constitucionales, ofrece buena muestra para reflejar la diversidad de las problemáticas que se plantean en cada país en torno al derecho a la protección de la salud, si bien todos parecen reconocer un núcleo irreductible del derecho a la salud protegido por la Constitución. En

---

404 El contenido de dicho precepto se encuentra disponible en: https://constituteproject.org/constitution/Portugal_2005.pdf?lang=es (04.07.2022).

405 Disponible en: https://www.senat.fr/fileadmin/Fichiers/Images/lng/constitution-espagnol_juillet2008.pdf (27.11.2022).

406 *Cfr.* Decisión de 29 de diciembre de 2003 (2003-488), Considerando 20.

definitiva, todos ellos reconocen una asistencia mínima a favor de los individuos, incluidos los extranjeros en situación administrativa irregular y exigible frente a los distintos Estados.

En el derecho español, desde esta dimensión, la salud es un bien de la persona susceptible de sufrir perturbaciones o agresiones desde el exterior y que reclama una protección jurídica frente a tales perturbaciones o agresiones. No se trata de un derecho que tiene por objeto la actividad del Estado relativa a la salud (prestaciones individuales o protección de la salud colectiva) sino de la propia salud como objeto mismo del derecho. Nos referimos a una posición subjetiva de cada persona en relación con un aspecto o cualidad propios defendible frente a cualquier sujeto. La estructura del derecho a la protección de la salud en este tercer aspecto coincide con la de los derechos de la persona constitucionalizados: derecho a la vida y a la integridad física (artículo 15 CE) o a la intimidad (artículo 18 CE)[407].

Por tanto, el derecho a la protección de la salud cuya bien jurídico protegido sea el derecho fundamental a la vida y a la integridad física nos obliga a distinguir entre dos vertientes, la positiva y la negativa. Es decir, no solo el Estado debe abstenerse de ejercer poder público en la esfera vital garantizada por el derecho fundamental, sino que también debe asumir obligaciones positivas, prestaciones, que garanticen la asistencia sanitaria universal mínima como garantía de la dignidad humana.

Así basándonos en el aspecto positivo que presenta este derecho, con fundamento último en el derecho fundamental a la vida, (artículo 15 CE), en condiciones de dignidad, el individuo necesitado por la carencia de recursos suficientes, ya sean propios o ya provengan de un sistema de seguros contributivos, es titular de un derecho subjetivo frente al Estado (poderes públicos) para obtener asistencia sanitaria. El Estado puede dispensar este servicio asistencial a través de órganos propios; o puede concertar la prestación con otras con otras entidades, públicas o privadas; o, en fin, puede entregar al necesitado una cantidad de dinero para que él obtenga la prestación sanitaria en el mercado libre de servicios. O, dicho de otro modo: el contenido positivo del derecho a la protección de la salud no conduce, inexorablemente, a la organización de un servicio público de gestión oficial, pero sí genera contra los poderes públicos, y de cara al necesitado, un deber concreto de prestación. Es decir, en esta modalidad el derecho a la protección sanitaria contiene una pretensión jurídica exigible frente a un sujeto pasivo público. Goza, pues, del beneficio de la judicialidad[408].

Por su parte, la denominada vertiente negativa del derecho a la protección de la salud significa que la salud constituye un límite a la actuación de los poderes públicos, caracterizada por la exigencia al Estado de abstenerse de menoscabar, dañar o interferir ilegítimamente mediante su actuación en la

407 Pemán Gavín, J., *Derecho a la Salud…, op. cit.*, pp. 93 y sigs.

408 Borrajo Dacruz, E., «Comentario al artículo 43 CE…», *op. cit.*, p. 196.

salud de las personas a título particular. Por tanto, bajo esta vertiente confluyen el derecho a la protección de la salud con los derechos a la vida e integridad física del art. 15 CE.

Esta faceta negativa, excluyente de perturbaciones externas, concibe al derecho como un derecho de defensa y hace que, en determinados casos, su naturaleza sea similar a la de derechos fundamentales de libertad como el derecho a la vida o a la integridad física, con los que guarda también conexión[409].

Pues bien, este planteamiento de relación subjetiva entre el derecho a la protección de la salud y los derechos de la persona constitucionalizados ha sido objeto de numerosos pronunciamientos judiciales, tanto en el ámbito internacional como nacional.

Lo primero que debemos apuntar es que nuestro Tribunal Constitucional ha señalado que no existe asimilación entre el derecho fundamental a la vida e integridad física y el derecho a la protección de la salud, al no ser coincidentes ni en su ámbito ni en el bien o valor constitucionalmente tutelados por cada uno de ellos[410]. Y, ha confirmado en el Auto 57/2007[411], de 26 de febrero, que no existe asimilación entre el derecho fundamental a la integridad física (art. 15 CE) con el derecho a la protección de la salud que, enunciado en el artículo 43.1 CE, no es un derecho fundamental, sino un principio rector de la política social y económica, que puede ser alegado ante la jurisdicción ordinaria de acuerdo con lo que dispongan las leyes que lo desarrollen (art. 53.3 CE). Sin embargo, no puede ser objeto de la tutela extraordinaria que para determinados derechos fundamentales supone el amparo constitucional (art. 53.2 CE). No puede aceptarse, sin banalizar el contenido de los derechos fundamentales reconocidos en el art. 15 CE, que todo supuesto de riesgo o daño para la salud implique una vulneración del derecho fundamental a la integridad física. El invocado derecho a la integridad física protege el derecho de la persona «a no sufrir lesión o menoscabo en su cuerpo o en su apariencia externa sin su consentimiento» (STC 207/1996, de 16 de diciembre)[412]. Para que la afectación de la salud de una persona por una determinada actuación de los poderes públicos suponga la lesión de su derecho fundamental a la integridad física es requisito necesario que como consecuencia de aquélla se «ponga en peligro grave e inmediato la salud» (STC 119/2001, de 24 de mayo)[413], o se produzca lo que la STC 220/2005, de 12 de septiembre[414], llamó

409 Delgado del Rincón, L. E., «Algunas consideraciones sobre el Derecho a la protección de la salud...», *op. cit.*, p. 4.

410 *Cfr.* Auto Tribunal Constitucional 192/1993, de 14 de junio, Fundamento Jurídico 1.

411 *Cfr.* Auto Tribunal Constitucional 57/2007, de 26 de febrero, Fundamento Jurídico 3.

412 *Cfr.* Sentencia Tribunal Constitucional 207/1996, de 16 de diciembre, Fundamento Jurídico 2.

413 *Cfr.* Sentencia Tribunal Constitucional 119/2001, de 24 de mayo, Fundamento Jurídico 6.

414 *Cfr.* Sentencia Tribunal Constitucional 220/2005, de 12 de septiembre, Fundamento Jurídico 4.

«un riesgo relevante» que genere «un peligro grave y cierto para la salud del afectado». Además, cuando se aleguen ante nosotros vulneraciones del derecho fundamental a la integridad física por haberse sometido al interesado al citado «riesgo relevante» para su salud, la declaración de la lesión del derecho fundamental a la integridad física que se infiera de ese riesgo relevante «sólo podrá ser efectuada en esta sede cuando resulte palmaria y manifiesta, pues la relevancia del peligro debe apreciarse con inmediación».

Por su parte, el TEDH ha señalado que los Estados tienen obligaciones positivas en virtud del artículo 2 para proteger la salud de las personas. Por ello, puede darse una violación del mismo cuando se demuestra que las autoridades han puesto en riesgo la vida de determinada clase de personas al negarles o dificultar que se les preste atención sanitaria que sí está disponible para la población en general[415]. Así ocurrió en el norte de Chipre con la minoría de origen griego por parte de las autoridades pro-turcas[416].

Y, también, se ha pronunciado sobre el derecho a la vida en relación a la prestación de medicamentos. En la STEDH, en el Caso Nitecki contra Polonia, de 21 de marzo de 2002[417], si bien acordó la inadmisibilidad de la demanda por entender que aun cuando el coste de un medicamento no tenía por qué ser sufragado en su totalidad por el sistema sanitario público polaco, sí recordó las obligaciones del Estado. Obligaciones que implican no sólo abstenerse de quitar la vida intencional e ilícitamente, sino también de tomar las medidas adecuadas para salvaguardar la vida de quienes se encuentran bajo su jurisdicción. Y, además, el alcance de las obligaciones positivas del Estado en la provisión de atención médica puede suponer un problema cuando se demuestre que las autoridades de un Estado pusieron en riesgo la vida de una persona a través de la negación de la atención médica que se han comprometido a poner a disposición de la población en general.

También el TEDH se ha manifestado, en numerosos pronunciamientos, sobre la conexión que existe entre el derecho a la protección de la salud y el derecho a la vida. Destacamos algunas de ellas.

En la Sentencia del TEDH de 8 de julio de 2004 en el Caso Vo contra Francia[418], estableció que *las obligaciones positivas implican el establecimiento por parte del Estado de un marco reglamentario que imponga a los hospitales, ya sean privados o públicos, la adopción de medidas capaces de garantizar la protección de la vida de los enfermos. Se trata igualmente de instaurar un sis-*

415 Murillo de la Cueva, E. L., «Derechos Humanos y atención sanitaria ante el Tribunal Europeo de Derechos Humanos», Vol. *29 Extraordinario XXVIII Congreso* 2019, p. 13. Disponible: http://www.ajs.es/sites/default/files/2020-03/vol29Extra_01_01_Ponencia.pdf (09.12.2022).

416 *Cfr.* STEDH (Gran Sala) Asunto Chipre c. Turquía, de 10 de mayo de 2001, p. 219.

417 *Cfr.* STEDH (Primera Sección) Asunto Nitecki c. Polonia, de 21 de marzo de 2002, p. 1.

418 *Cfr.* STEDH (Gran Sala) Caso Vo contra Francia, de 8 de julio de 2004, p. 89.

tema judicial eficaz e independiente que permita establecer la causa del fallecimiento de un individuo que se encuentre bajo la responsabilidad de los profesionales de la salud, tanto de los que actúan en el marco del sector público como de los que trabajan en el ámbito privado, y dado el caso, obligarles a responder de sus actos (Powell contra el Reino Unido [Res] núm. 45305/1999, TEDH 2000-V; Calvelli y Ciglio [TEDH 2002\1] anteriormente citada, ap. 49).

De manera análoga, la STEDH de 20 de marzo de 2007, en el Caso Tysiąc contra Poland[419] señala que *la falta de legislación interna de un procedimiento preventivo constituye un incumplimiento del Estado de sus obligaciones positivas de asegurarle a la solicitante el respeto efectivo de su vida privada a tenor de lo dispuesto en el artículo 8 del Convenio*.

Relevante también resulta la STEDH en el Caso Asiye Genç contra Turquía de 27 de abril de 2015[420], en la que muere un recién nacido por motivo de la descoordinación y la falta de medios, condenando al Estado por considerar que ha incumplido sus obligaciones en virtud del artículo 2 del Convenio, poniendo de relieve la estricta necesidad de que se garantice un servicio de urgencia adecuado.

En el ámbito nacional, a la determinación del derecho fundamental a la salud se ha referido el Tribunal Constitucional, entre otras, en la STC 120/1990, de 27 de junio[421]. Conforme a su doctrina *el derecho fundamental a la vida, en cuanto derecho subjetivo da a los titulares la posibilidad de recabar el amparo judicial o, en su caso, de este Tribunal, frente a toda actuación de los poderes públicos que amenace su propia vida, siempre que tal amenaza revista una determinada intensidad*.

Asimismo, la Sentencia del Tribunal Constitucional 35/1996, de 11 de marzo[422], confirma que *el derecho a la salud, o mejor aún, a que no se dañe o perjudique la salud personal, queda comprendido en el derecho a la integridad personal.*

Por su parte, la Sentencia del Tribunal Constitucional 119/2001, de 14 de mayo, cuando analiza la posible afección al derecho a la integridad física y moral concluye que, si bien es cierto que no todo supuesto de riesgo o daño para la salud implica una vulneración del art. 15 CE, sin embargo, cuando a consecuencia de una acción u omisión de los poderes públicos se ponga en peligro grave e inmediato la salud de las personas, podrá quedar afectado el derecho garantizado en el art. 15 CE[423].

---

419 *Cfr.* STEDH (Sección 4.ª) Caso Tysiąc contra Poland, de 20 de marzo de 2007, p. 118.

420 *Cfr.* STEDH (Sección 2.ª) Caso Asiye Genç contra Turquía, de 27 de abril de 2015, p. 87.

421 *Cfr.* Sentencia del Tribunal Constitucional 120/1990, de 11 de marzo, Fundamento Jurídico 7.

422 *Cfr.* Sentencia del Tribunal Constitucional 35/1996, de 11 de marzo, Fundamento Jurídico 3.

423 *Cfr.* Sentencia del Tribunal Constitucional 119/2001, de 24 de mayo, Fundamento Jurídico 6.

Este pronunciamiento unidos a otros (Sentencia Tribunal Constitucional 5/2002, de 14 de enero[424], y Sentencia 62/2007, de 27 de marzo de 2007)[425] nos permite concluir que si bien es cierto que no todo supuesto de riesgo o daño para la salud implica una vulneración del art. 15 CE, sin embargo, si es posible que cuando como consecuencia de una acción u omisión de los poderes públicos se ponga en peligro grave e inmediato la salud, entonces si podrá quedar afectado el derecho garantizado en el art. 15 CE. Es decir, el derecho al servicio sanitario, mínimo asistencial que ha de ser garantizado, es la garantía del derecho a la vida.

Finalmente, es la Sentencia del Tribunal Constitucional 139/2016, de 21 de julio[426], y confirmada por otras posteriores, la que concreta que el acceso a las urgencias se entienden prestadas en supuestos de riesgo grave para la salud e incluso para la vida, de manera que conectarían con el contenido mínimo imperativo que los poderes públicos deben asegurar y prestar (art. 43 CE) en cualquier circunstancia a cualquier persona con el fin de preservar el derecho fundamental a la vida y la integridad física contenido en el art. 15 CE.

De manera que, si bien no toda lesión del derecho a la protección a la salud supone la lesión del derecho a la vida y a la integridad física y moral, sí puede afirmarse que las lesiones de estos derechos fundamentales suponen el grado máximo de la lesión del derecho a la salud que permiten al ciudadano oponerse con éxito a los actos y omisiones de los poderes públicos que la lesionen o pongan en riesgo[427].

Por ello, aun cuando el derecho a la protección de la salud reconocido en el artículo 43 tiene un contenido, en buena medida, indeterminado; su concreción variará a tenor de la mayor o menor amplitud que se le dé a resultas del párrafo 2 del mismo artículo. Ahora bien, cualquiera que sea dicho contenido material, es posible concluir que el texto constitucional responde a un principio de máxima amplitud en la configuración de su ámbito subjetivo. El derecho que se reconoce es a favor de todos y cada uno de los individuos residentes en el territorio nacional. El artículo no llega a emplear la palabra «todos» en su párrafo primero, pero sí en su párrafo segundo, cuando indica que la Ley establecerá los derechos y deberes respecto de la salud pública. Ésta es una categoría jurídica limitada, pero no por eso puede concluirse que

---

424 *Cfr.* Sentencia del Tribunal Constitucional, 5/2002, de 14 de enero, Fundamento Jurídico 4.

425 *Cfr.* Sentencia del Tribunal Constitucional 62/2007, de 27 de marzo de 2007, Fundamento Jurídico 3.

426 *Cfr.* Sentencia del Tribunal Constitucional 139/2016, de 21 de julio, Fundamento Jurídico 10.

427 Fernández Montalvo, R., «Dimensión del derecho a la protección a la salud. Su tratamiento en la jurisprudencia del Tribunal Constitucional (TC)». Ponencias, Volumen 19, *Extraordinario XVIII Congreso*, Santander, 11 de noviembre de 2009, p. 7. Disponible en: http://mail.ajs.es/es/index-revista-derecho-y-salud/volumen-19-extraordinario-2010/dimension-del-derecho-la-proteccion-la (06.04.2023).

su ámbito subjetivo puede ser más amplio que el del derecho a la protección del párrafo primero del mismo artículo.

Podría argumentarse que los extranjeros gozarán de los derechos sanitarios en los términos que establezcan los Tratados y la Ley, a tenor del artículo 13 de la Constitución. La tesis no parece concluyente, pues dicho artículo se refiere exclusivamente a las «libertades públicas», en el sentido técnico de la sección 1.ª del capítulo II del título I, y el derecho a la protección de la salud tiene sistematización separada. En todo caso, la garantía máxima que se concreta en el derecho a la asistencia sanitaria precisa en situación de insuficiencia económica encontrará su fundamento en el derecho a la vida que, como no podía ser menos, el artículo 15 se refiere a «todos». Por tanto, el extranjero, en cuanto *enfermo* e *indigente*, tendrá frente a la asistencia sanitaria del régimen asistencial público los mismos derechos que el ciudadano español que se encuentre en la misma situación de necesidad[428].

Lo anterior aplicado a nuestro colectivo objeto de estudio nos permite extraer que los extranjeros en situación administrativa irregular como titulares del derecho a la vida y a la integridad física tendrán derecho a acceder a los servicios sanitarios como garantía de aquel derecho en las mismas condiciones que los españoles.

Ahora bien, este acceso gratuito a la asistencia sanitaria pública sólo tendrá lugar cuando los extranjeros en situación administrativa irregular se encuentren ante situaciones de peligro grave e inmediato para la salud. Precisamente, la dificultad estribará en determinar aquellos supuestos que se dan cuando un extranjero en situación irregular no tiene derecho a la asistencia sanitaria reconocida en la legislación positiva pero sí tiene derecho a los cuidados médicos por verse amenazada su propia vida y ser el extranjero titular de este derecho subjetivo, no pudiendo el legislador establecer limitaciones o modulaciones en cuanto a su ejercicio.

3.2.c).2. Garantías constitucionales del derecho a la salud como derecho fundamental

La dimensión del derecho a la protección de la salud como derecho fundamental vinculado al derecho a la vida y la integridad física del artículo 15 CE supondrá que el mismo estará sujeto a las garantías constitucionales establecidas tanto desde el punto de vista procedimental, sustantivo y jurisdiccional. Para ello, distinguiremos las garantías recogidas en el artículo 53 CE relativas a la reserva de ley y el contenido esencial, como garantías normativas, de las garantías jurisdiccionales como son la existencia de un procedimiento preferente y sumario y el recurso de amparo.

428 Borrajo Dacruz, E., «Comentario al artículo 43 CE...», *op. cit.,* pp. 181-182.

Corresponde, en primer lugar, analizar la prescripción constitucional según la cual *solo por ley (...) podrá regularse el ejercicio de tales derechos y libertades* (...), del artículo 53.1 CE.

El Tribunal Constitucional se ha pronunciado sobre el alcance constitucional de la previsión contenida en el artículo 53.1 CE. En la Sentencia 112/2006, de 5 de abril[429], ha señalado que el principio del artículo 53.1 CE, «entraña una garantía esencial de nuestro Estado de Derecho», siendo su significado último «el de asegurar que la regulación de los ámbitos de libertad que corresponden a los ciudadanos dependa exclusivamente de la voluntad de sus representantes». Y, añade, además, que el artículo 53.1 CE desempeña una doble función. Primera, asegurar «que los derechos que la Constitución atribuye a los ciudadanos no se vean afectados por ninguna injerencia estatal no autorizada por sus representantes»; y, segunda, «en un Ordenamiento jurídico como el nuestro en el que los Jueces y Magistrados se hallan sometidos únicamente al imperio de la Ley (...) garantizar las exigencias de seguridad jurídica en el ámbito de los derechos fundamentales y las libertades públicas».

Por otra parte, resaltar que regular el ejercicio será tanto el desarrollo (artículo 81.1 CE) de un derecho fundamental de la Sección 1.ª del Capítulo Segundo como la ordenación de un derecho de configuración legal (artículos 23 y 24). Regulación del ejercicio será también la ordenación de la intervención pública en los que cabe llamar derechos condicionales, esto es, susceptibles de constricción singular (números 2 y 3 del artículo 18)[430].

La fórmula utilizada por el constituyente para acoger la reserva de ley en el artículo 53.1 CE refleja, pues, la función limitadora del legislador, al tomar en consideración a los derechos en el momento de su ejercicio, cuando estos ya en acción, se incorporan a la vida social y son, por tanto, susceptibles de colisionar con otros derechos o intereses generales de la comunidad. En definitiva, el artículo 53.1 CE recuerda al legislador su esencial tarea de conciliar, en el momento de su ejercicio, los derechos entre sí y con los intereses públicos. Ahora bien, el legislador solo está habilitado para establecer aquellos límites que puedan fundamentarse en el propio texto constitucional[431].

El propio Tribunal Constitucional se ha pronunciado sobre estos dos extremos. En la Sentencia 292/2000, de 30 de noviembre[432], cuando afirma que *la primera constatación que debe hacerse, que no por evidente es menos capital,*

---

429 *Cfr.* Sentencia Tribunal Constitucional 112/2006, de 5 de abril, Fundamento Jurídico 5.

430 Jiménez Campo, J., *Derechos fundamentales..., op. cit.,* p. 63.

431 Medina Guerrero, M., «Comentario artículo 53.1 CE», en Rodríguez – Piñero y Bravo Ferrer, Miguel, Casas Baamonde, María Emilia, *Comentarios a la Constitución Española*, XL aniversario, Wolters Kluwer, Madrid, 2018, p. 1463-1464.

432 *Cfr.* Sentencia Tribunal Constitucional 292/2000, de 30 de noviembre, Fundamento Jurídico 11.

es que la Constitución ha querido que la Ley, y sólo la Ley, pueda fijar los límites a un derecho fundamental. Y, en la Sentencia 57/1994, de 28 de febrero[433], cuando recuerda que *los derechos fundamentales reconocidos por la Constitución sólo pueden ceder ante los límites que la propia Constitución expresamente imponga o ante los que de manera mediata o indirecta se infieran de la misma al resultar justificados por la necesidad de preservar otros derechos o bienes jurídicamente protegidos.*

En este punto es preciso mencionar, además, el papel que tiene el legislador en la regulación de los derechos fundamentales desde dos puntos de vista distintos. Uno, determinar quién son los legisladores de los derechos fundamentales en el Estado español, y dos, cuál es el alcance de la previsión del artículo 81 CE.

En cuanto al primer aspecto, el Tribunal Constitucional en la Sentencia 37/1981, de 16 de noviembre[434], recogió que la interpretación del art. 53 de la Constitución obliga a entender que, si bien la regulación del ejercicio de los derechos y libertades reconocidos en el Capítulo Segundo del Título I de la Constitución requiere siempre una norma de rango legal, esta norma sólo ha de emanar precisamente de las Cortes Generales cuando afecte a las condiciones básicas que garanticen la igualdad de todos los españoles en el ejercicio de los derechos y en el cumplimiento de los deberes constitucionales. Por el contrario, cuando la norma legal, aunque con incidencia sobre el ejercicio de derechos, no afecte a las condiciones básicas de tal ejercicio, puede ser promulgada por las comunidades autónomas cuyos Estatutos le atribuyan competencia legislativa sobre una materia cuya regulación implique necesariamente, en uno u otro grado, una regulación del ejercicio de derechos constitucionalmente garantizados.

En relación a la segunda cuestión el artículo 81 de la CE señala que son leyes orgánicas las relativas al desarrollo de los derechos fundamentales. La interpretación del Tribunal Constitucional sobre este extremo, se recogió, entre otras, en la STC 173/1998, de 23 de julio[435], estableciendo que se ha reservado a la ley orgánica los aspectos esenciales del contenido del derecho en lo tocante a la titularidad, a las facultades elementales que lo integran en sus varias vertientes, al alcance del mismo en las relaciones inter privatos, a las garantías fundamentales necesarias para preservarlo frente a las injerencias de los poderes públicos y, muy especialmente, corresponde en exclusiva al legislador orgánico la precisión de los límites. Ahora bien, el Tribunal Constitucional ha restringido el alcance de esta reserva de ley orgánica a los

433 *Cfr.* Sentencia Tribunal Constitucional 57/1994, de 28 de febrero, Fundamento Jurídico 6.

434 *Cfr.* Sentencia Tribunal Constitucional 37/1981, de 16 de noviembre, Fundamento Jurídico 2.

435 *Cfr.* Sentencia Tribunal Constitucional 173/1998, de de 23 de julio, Fundamento Jurídico 8.

derechos fundamentales y libertades públicas de la Sección 1.ª, Capítulo 2, Título I, dentro del cual se ubica el artículo 15 CE, de ahí que se analice el alcance de esta garantía.

Finalmente, es preciso advertir que, en relación con la intervención de las normas reglamentarias, el alcance de la reserva para la regulación del ejercicio de los derechos ha de ser tal que en la ley se encuentren ya definidas las determinaciones materiales o procedimentales que delimitan, condicionan o precisan el contenido del derecho, que establecen los cauces para su ejercicio o que definen la intervención pública en su ámbito. Nada de esto puede ser introducido *ex novo* por reglamento, desde luego, pero tampoco deferido por la ley a la potestad reglamentaria. Si esto último fuera posible, la reserva ex artículo 53.1 se devaluaría, sin duda hasta identificarse con lo que exige —en términos generales— el principio de legalidad (art. 9.3)[436].

El Tribunal Constitucional en la Sentencia 83/1984[437], de 24 de julio, establece que el principio de reserva de Ley entraña una garantía esencial del Estado de Derecho. Por ello hay que asegurar que la regulación de los ámbitos de libertad que corresponden a los ciudadanos dependa exclusivamente de la voluntad de sus representantes, por lo que tales ámbitos han de quedar exentos de la acción del ejecutivo y, en consecuencia, de sus productos normativos propios, que son los reglamentos. El principio no excluye la posibilidad de que las Leyes contengan remisiones a normas reglamentarias, pero sí que tales remisiones hagan posible una regulación independiente y no claramente subordinada a la Ley, lo que supondría una degradación de la reserva formulada por la Constitución en favor del legislador.

De lo expuesto extraemos que la reserva legal del artículo 53.1 CE se refiere al ejercicio de los derechos fundamentales, que la ley orgánica se relaciona con el desarrollo de los mismos, con su contenido esencial, indispensable y necesario, que el legislador autonómico ostenta competencias en esta materia con los límites del artículo 149.1 CE y que la Ley es la fuente que puede concretar el desarrollo y los límites de los derechos fundamentales, sin que se excluya la posibilidad de que las Leyes contengan remisiones a normas reglamentarias.

Aplicado a nuestra investigación significa que sólo el legislador podrá regular el ejercicio del derecho a la protección de la salud integrante en el derecho fundamental a la vida cuya titularidad ostentan los extranjeros en situación administrativa irregular en España. Ahora bien, ese desarrollo por ley orgánica no alcanzará la regulación de las formas de acceso a la asistencia sanitaria pública o del concreto contenido de las prestaciones sanitarias del Estado, al no afectar las mismas a las condiciones básicas del ejercicio al derecho fundamental a la vida e integridad física (artículo 15 CE).

---

436 JIMÉNEZ CAMPO, J., *Derechos fundamentales…, op. cit.*, p. 66.

437 *Cfr.* Sentencia Tribunal Constitucional 83/1984, de 24 de julio, Fundamento Jurídico 4.

Por otro lado, el artículo 53.1 CE se refiere al contenido esencial de los derechos fundamentales. Dice así: *Sólo por ley, que en todo caso deberá respetar su contenido esencial, podrá regularse el ejercicio de tales derechos y libertades (...)*. El TC en la Sentencia 123/1983, de 16 de diciembre, ha señalado que el contenido esencial de los derechos fundamentales vincula al legislador siendo un límite para este[438].

El contenido esencial no es un fragmento, núcleo interno o reducto del derecho. Es lo que ha de permanecer vivo pese al tiempo; lo que persiste abierto al cambio, reconocible siempre, pero nunca idéntico a sí mismo. La esencia del derecho —o el derecho, sin más— es lo que ha de mantenerse en el devenir, y su determinación, por tanto, no es indagación de un arquetipo imperturbable o desvelamiento de lo oculto bajo lo accesorio o lo contingente. El derecho fundamental se reconoce o no al enjuiciar la ley y en esto consiste su defensa jurisdiccional: en examinar si la legislación de cada tiempo puede verse como forma histórica del derecho que la Constitución creó[439].

Así, el contenido esencial lo que pretende es garantizar la vinculación del legislador a los derechos fundamentales de forma que éste sólo podrá fijar sus límites de acuerdo con lo que predetermina la Constitución.

El Tribunal Constitucional en la Sentencia 11/1981, de 8 de abril[440], definió el contenido esencial de los derechos fundamentales. Estableció que para tratar de aproximarse a la idea de contenido esencial cabe seguir dos caminos. El primero es acudir a lo que se suele llamar la naturaleza jurídica o el modo de concebir o de configurar cada derecho. Desde esta perspectiva, constituyen el contenido esencial de un derecho subjetivo aquellas facultades o posibilidades de actuación necesarias para que el derecho sea recognoscible como pertinente al tipo descrito y sin las cuales deja de pertenecer a ese tipo y tiene que pasar a quedar comprendido en otro desnaturalizándose, por decirlo así.

El segundo posible camino para definir el contenido esencial de un derecho consiste en tratar de buscar los intereses jurídicamente protegidos como núcleo y médula de los derechos subjetivos. Se puede entonces hablar de una esencialidad del contenido del derecho para hacer referencia a aquella parte del contenido del derecho que es absolutamente necesaria para que los intereses jurídicamente protegibles, que dan vida al derecho, resulten real, concreta y efectivamente protegidos. De este modo, se rebasa o se desconoce el contenido esencial cuando el derecho queda sometido a limitaciones que los hagan impracticable, lo dificulten más allá de lo razonable o lo despojan de la necesaria protección.

---

438 *Cfr.* Sentencia Tribunal Constitucional 123/1983, de 16 de diciembre, Fundamento Jurídico 3.

439 Jiménez Campo, J., *Derechos fundamentales..., op. cit.,* p. 71.

440 *Cfr.* Sentencia Tribunal Constitucional 11/1981, de 8 de abril, Fundamento Jurídico 8.

Los dos caminos propuestos se pueden considerar complementarios, de modo que, al enfrentarse con la determinación del contenido esencial de cada concreto derecho pueden ser conjuntamente utilizados para contrastar los resultados a los que por una u otra vía pueda llegarse.

Por su parte, la Sentencia del Tribunal Constitucional 292/2000, de 30 de noviembre[441], reitera que se rebasa o se desconoce el contenido esencial cuando el derecho queda sometido a limitaciones que lo hacen impracticable, lo dificultan más allá de lo razonable o lo despojan de la necesaria protección.

De este modo, una ley puede ser contraria a la Constitución por vulnerar el derecho fundamental, al haber regulado el ejercicio del haz de facultades que componen el contenido del derecho fundamental prescindiendo de las precisiones y garantías mínimas exigibles a una Ley sometida al insoslayable respeto al contenido esencial del derecho fundamental cuyo ejercicio regula (art. 53.1 CE). Es decir, el respeto al contenido esencial constituye una garantía para el derecho fundamental en cuestión.

En suma, el contenido esencial de un derecho fundamental es el resultado de su delimitación. Y es ese contenido el que debe respetar el legislador tanto cuando regula el ejercicio del derecho fundamental como cuando lo desarrolla[442].

Ahora bien, es preciso aclarar que ello no impide al legislador ordinario, como representante en cada momento histórico de la soberanía popular, confeccionar una regulación de las condiciones de ejercicio del derecho, ya sean más restrictivas o abiertas, de acuerdo con las directrices políticas que le impulsen, pero siempre que no rebase los límites impuestos por las normas constitucionales concretas y el límite genérico del art. 53 CE[443].

Aplicado a nuestra investigación significa que el contenido esencial del derecho a la protección de la salud integrante en el derecho fundamental a la vida y la integridad física se configura como un derecho fundamental, universal y subjetivo, de tal forma que la lesión al mismo por una acción u omisión de los poderes públicos que sobrepase las garantías del contenido esencial de ese derecho previstas en la CE implicará la efectiva lesión a los derechos fundamentales a la vida y a la integridad personal.

Finalmente, y para cerrar el apartado es preciso señalar que, además del contenido esencial de los derechos fundamentales y aun cuando no está previsto expresamente en la CE, el principio de proporcionalidad constituye

441 *Cfr.* Sentencia Tribunal Constitucional 292/2000, de 30 de noviembre, Fundamento Jurídico 10.

442 Bastida Freijedo, F. y otros, *Teoría General de los Derechos Fundamentales..., op. cit.*, p. 139.

443 *Cfr.* Sentencia Tribunal Constitucional 11/1981, de 8 de abril, Fundamento Jurídico 7.

el segundo de los instrumentos que utiliza el Tribunal Constitucional para controlar al legislador limitador de los derechos fundamentales[444].

Sobre este principio debemos retener, de acuerdo con una reiterada doctrina del Tribunal Constitucional[445], que la constitucionalidad de cualquier medida restrictiva de derechos fundamentales viene determinada por la estricta observancia del principio de proporcionalidad. Por tanto, para determinar si una medida restrictiva de un derecho fundamental supera el juicio de proporcionalidad, es necesario verificar que cumple los tres requisitos o condiciones siguientes. Primero, si la medida es susceptible de conseguir el objetivo propuesto (juicio de idoneidad). Segundo, que la medida sea necesaria, de manera que no exista otra medida más moderada para cumplir el propósito con igual eficacia (juicio de necesidad). Y, tercero, que la misma es ponderada o equilibrada, por derivarse de ella más beneficios o ventajas para el interés general que perjuicios sobre otros bienes o valores en conflicto (juicio de proporcionalidad en sentido estricto).

Aplicado a nuestra investigación significa que la introducción por el legislador de medidas restrictivas en aquella parte del derecho a la protección de la salud integrante en el derecho fundamental a la vida debe, además de respetar, en todo caso, el contenido esencial del derecho fundamental, superar el juicio de la proporcionalidad mediante el cumplimiento cumulativo de los tres requisitos citados cuando sea necesario.

Entrando ya en las garantías jurisdiccionales de los derechos fundamentales frente a las Administraciones públicas y el Poder Judicial constituyen el más poderoso instrumento en manos de los particulares, pues permiten a estos accionar ante un juzgado o tribunal y defender sus derechos en un proceso. Los derechos fundamentales son derechos de rango constitucional. La protección jurisdiccional de los derechos fundamentales frente a las Administraciones públicas y el Poder Judicial no es monopolio del Tribunal Constitucional. Esta corresponde primariamente a los tribunales ordinarios (artículo 53.2 CE), mientras que el Tribunal Constitucional cumple sólo una función subsidiaria o de garantía última (artículos 53.2 y 161 CE). Así lo demuestra que, para interponer el recurso de amparo, se requiera normalmente haber agotado «la vía judicial procedente» (artículo 43 Ley Orgánica Tribunal Constitucional, en adelante LOTC)[446].

Por tanto, en el artículo 53.2 CE, dada la transcendencia de las libertades y los derechos fundamentales consagrados por la Constitución (arts. 14 a 30), se prevé para la protección de estos derechos un doble mecanismo jurisdic-

444 Medina Guerrero, M., «Comentario al artículo 53.1 CE...», *op. cit.*, pp. 1467-1468.

445 *Cfr.* Sentencia Tribunal Constitucional 14/2003, de 28 de enero de 2003, Fundamento Jurídico 9.

446 Díez Picazo, L. M., «De las garantías, de las Libertades y Derechos Fundamentales», en *Comentarios a la Constitución de Alzaga*, tomo IV, Madrid, Edersa, 1996, p. 432.

cional escalonado, principal y general uno, que se atribuye a los Tribunales ordinarios; y otro, que corresponde al Tribunal Constitucional de carácter extraordinario y subsidiario. Estamos ante dos jurisdicciones distintas. Una, la del Poder Judicial que de forma exclusiva y excluyente tiene la potestad de juzgar y hacer ejecutar lo juzgado en todo tipo de procesos (Título VI CE) y es, por tanto, la común u ordinaria. Y, dos, la del Tribunal Constitucional (Tít. IX CE) cuyo ámbito de actuación o de jurisdicción se limita a las garantías constitucionales a través de los procesos del artículo 161 C.E. y, entre ellos, el recurso de amparo utilizable para proteger los derechos que no han sido reparados por la jurisdicción ordinaria cuando así lo entienda el justiciable[447].

Asimismo, el artículo 53.2 CE señala expresamente que cualquier ciudadano podrá recabar la tutela de las libertades y derechos reconocidos en el artículo 14 y la Sección primera del Capítulo segundo ante los Tribunales ordinarios por un procedimiento basado en los principios de preferencia y sumariedad. El desarrollo de este mandato se materializó inicialmente por medio de la Ley 62/1978, de 26 de diciembre, de Protección Jurisdiccional de los Derechos Fundamentales de la Persona.

Con el tiempo, la Ley 62/1978 ha ido siendo derogada y sus disposiciones sustituidas por procedimientos específicos contemplados en las leyes procesales sectoriales. Los artículos 6 a 10 han sido sustituidos por los artículos 114 y siguientes dentro del Título V, Capítulo I rubricado bajo la denominación de *Procedimiento para la protección de los derechos fundamentales de la persona*de la Ley 29/1998, de 13 de julio, de la Jurisdicción Contencioso-Administrativa (en adelante, LJCA). Dichos artículos se refieren a la legitimación, contenido, plazos para su interposición, así como el desarrollo del procedimiento.

En consecuencia, los ciudadanos que vean vulnerados los derechos mencionados en el artículo 53.2 CE acudirán al procedimiento de amparo judicial de las libertades y derechos previstos en el orden contencioso-administrativo.

Ahora bien, hay que aclarar el término ciudadanos que recoge el artículo 53.2 CE. El procedimiento preferente y sumario y el recurso de amparo resultan accesibles para todos los titulares de los derechos mencionados en el artículo 53.2 CE, habida cuenta de que la expresión «ciudadanos» que este utiliza no puede interpretarse en un sentido restrictivo excluyente de los no nacionales. Ambas vías están, por tanto, lógicamente expeditas para los extranjeros en relación con aquellos derechos y libertades de los sean titulares[448].

---

447 *Cfr.* Sentencia Tribunal Constitucional 113/1995, de 6 de julio, Fundamento Jurídico 6.

448 Medina Guerrero, M., «Comentario al artículo 53.1 CE...», *op. cit.*, p. 1475.

Ello supondrá que los extranjeros en situación administrativa irregular que vean vulnerado el derecho a la protección de la salud que forma parte del contenido fundamental del derecho a la vida y a la integridad física podrán acudir al procedimiento preferente y sumario previsto en el artículo 53.2 CE y desarrollado en los artículos 114 y siguientes de la LJCA.

Por lo que se refiere a la función de garantía constitucional última desempeñada por el recurso de amparo[449], conviene hacer dos observaciones: Por un lado, en un ordenamiento como el español que posee un sistema concentrado de control de constitucionalidad de las leyes, la existencia del recurso de amparo permite que los particulares por sí mismos —es decir, sin necesidad de la mediación del juez, inherente a la cuestión de inconstitucionalidad— hagan llegar al Tribunal Constitucional algunos de los más relevantes problemas que suscita la aplicación de la CE, como son los que inciden en los derechos susceptibles de amparo (Sección 1.ª del Capítulo II del Título I, más la igualdad ante la Ley y la objeción de conciencia al servicio militar). Ello permite, a su vez, que la CE funcione como norma directamente invocable por los ciudadanos, en vez de operar como una norma que limita al legislador. Por otro lado, es cierto que el Tribunal Constitucional tiende actualmente a concentrarse en aquellos asuntos de amparo que presentan un interés general y que pueden, por tanto, contribuir a perfilar mejor los derechos fundamentales en su faceta de valores objetivos; pero ello no obsta para que el recurso de amparo siga siendo el mecanismo central para supervisar la correcta tutela de los derechos fundamentales por parte de los tribunales ordinarios, y en definitiva, para que aquellos sean uniformemente interpretados y aplicados.

Las garantías jurisdiccionales de los derechos fundamentales no se agotan en el nivel nacional, ya que tanto el TJCE cuanto el TEDH son competentes en esta materia. Ahora bien, el primero sólo tutela tangencialmente los derechos fundamentales como criterio de validez de los actos comunitarios (reglamentos, directivas, etc), el segundo tiene por función específica supervisar el respeto de los derechos fundamentales por parte de aquellos Estados miembros del CEDH que hayan reconocido su jurisdicción, como es el caso de España. La jurisprudencia del TEDH ha dado vida, así, a un genuino *ius commune* europeo en materia de derechos fundamentales, que tiende a limar las diferencias interpretativas nacionales. Dos rasgos del TEDH merecen ser aquí destacados: primero, los particulares están legitimados para recurrir ante él, a condición de que se hayan agotado las correspondientes

449 El recurso de amparo tiene su regulación constitucional, además de la previsión contenida en el artículo 53.2 CE, en el artículo 161.1.b) CE, así como en el artículo 162 CE, que en cuanto a la legitimación dispone que *están legitimados para interponer el recurso de amparo, toda persona natural o jurídica que invoque un interés legítimo, así como el Defensor del Pueblo y el Ministerio Fiscal*; El desarrollo legal del recurso de amparo viene recogido en los artículos 41 a 58 de la Ley Orgánica 2/1979, de 3 de octubre, del Tribunal Constitucional, que han sido objeto de modificación en varias ocasiones.

vías jurisdiccionales nacionales (arts. 25 y 26 CEDH); segundo, las sentencias del TEDH no son directamente ejecutables en los ordenamientos nacionales, si bien vinculan a los Estados y estos deben, por tanto, adoptar las medidas necesarias para hacer cumplimientos (art. 50 CEDH)[450].

Asimismo, también las reservas de jurisdicción pueden tomarse como garantías de los derechos fundamentales, puesto que en algunos casos la CE, o bien los tratados internacionales sobre derechos humanos, exigen que determinadas decisiones que inciden sobre los derechos fundamentales sean adoptadas por un juez o tribunal, o al menos, previa autorización judicial. Se trata siempre de adoptar decisiones singulares sobre personas concretas, no de aprobar normas generales. Por ello, puede decirse que el sentido último de las reservas de jurisdicción radica en sustraer dichas decisiones a la Administración[451].

Aplicado a nuestra investigación significará que los extranjeros en situación administrativa irregular que vean vulnerado el derecho a la protección de la salud que forma parte del contenido fundamental del derecho a la vida y a la integridad física podrán acudir en amparo al Tribunal Constitucional, así como al TEDH al ser España Estado miembro del CEDH.

Finalmente, nos referiremos a otras garantías que tienen también plasmación constitucional como son el procedimiento de reforma y la figura del Defensor del Pueblo.

En relación a la primera cuestión debemos mencionar la garantía que se refleja en el procedimiento de reforma constitucional. Como sabemos, las normas constitucionales solo pueden ser reformadas a través de los procedimientos de reforma constitucional previstos en el Título X de la CE.

Se trata en todo caso, de procedimientos más solemnes y complejos que el procedimiento legislativo, y cuando la reforma constitucional afecte a alguno de los derechos de la Sección Primera del Capitulo Segundo del Título I tendrá que aprobarse por el procedimiento más gravoso, regulado en el artículo 168 CE, que es el mismo que debe usarse para una revisión total de la CE.

Otra garantía no jurisdiccional se enmarca en la figura del Defensor del Pueblo[452] designado por las Cortes Generales para la defensa de los derechos

450 Díez Picazo, L. M., «De las garantías, de las Libertades...», *op. cit.*, pp. 432-433.

451 Díez Picazo, L. M., *Sistema de Derechos Fundamentales*, 2.ª Ed., Madrid, Thomson Civitas, 2005, pp. 74 y 77.

452 *Cfr.* Artículo 54 CE: *Una ley orgánica regulará la institución del Defensor del Pueblo, como alto comisionado de las Cortes Generales, designado por éstas para la defensa de los derechos comprendidos en este Título, a cuyo efecto podrá supervisar la actividad de la Administración, dando cuenta a las Cortes Generales.* Y, según el artículo 29 de la LO 3/1981, de 6 abril, el *Defensor del Pueblo está legitimado para interponer los recursos de inconstitucionalidad y de amparo, de acuerdo con lo dispuesto en la Constitución y en la Ley Orgánica del Tribunal Constitucional.*

comprendidos en el Título I, a cuyo efecto podrá supervisar la actividad de la Administración (artículo 54 CE). Será la Ley Orgánica 3/1981, de 6 de abril, la que regule la institución del Defensor del Pueblo.

Se trata de un órgano constitucionalizado; de un órgano auxiliar, en tanto desarrolla funciones técnicas que, sin incidir en la creación normativa, contribuyen a una correcta actuación estatal; y, por último, de un órgano funcionalmente autónomo de las Cortes Generales.

Además, el artículo 54 CE construye esta figura en torno a la protección de los derechos reconocidos en el Título I. Al Defensor del Pueblo le corresponde controlar la actuación de cualquier Administración pública y sus agentes, empleando como parámetro principal los derechos fundamentales[453].

El artículo 10 de la Ley Orgánica 3/1981, de 6 de abril, del Defensor del Pueblo señala que podrá dirigirse al Defensor del Pueblo toda persona natural o jurídica que invoque un interés legítimo, sin restricción alguna. No podrán constituir impedimento para ello la nacionalidad, residencia, (...). En definitiva, los extranjeros en situación administrativa irregular ostentan legitimación activa para acudir al Defensor del Pueblo.

Lo anterior aplicado a nuestro colectivo objeto de estudio significará que el Defensor del Pueblo, de oficio o a instancia de algún miembro o órgano del Parlamento o del propio extranjero en situación administrativa irregular velará y garantizará el correcto funcionamiento de la administración en relación al derecho del que son titulares los extranjeros y que aquí interesa como es garantizar aquella parte del derecho a la protección de la salud como parte integrante del derecho a la vida y a la integridad física.

Del planteamiento expuesto sobre esta tercera dimensión del derecho a la salud extraemos las siguientes conclusiones relativas al contenido del derecho y a la titularidad del mismo:

El derecho a la protección de la salud, como derecho fundamental, comprende un aspecto positivo y negativo que opera como una garantía y límite frente a determinadas injerencias del poder público referidas a la vida, a la integridad física y moral y a no sufrir torturas ni tratos inhumanos o degradantes. Es decir, el derecho a la salud se configura, bajo esta dimensión, como un derecho fundamental de la persona, que desarrolla un papel complementario e integrante respecto a los derechos fundamentales a la vida y a la integridad física y moral y a no sufrir tortura ni tratos inhumanos o degradantes reconocidos en el artículo 15 CE.

Por ello, existirá un mínimo asistencial constituido por lo que se considera indispensable para la protección de la salud y cuyo desconocimiento podría dar lugar a una declaración de inconstitucionalidad de una ley por parte

453 Bastida Freijedo, F. y otros, *Teoría General de los Derechos Fundamentales..., op. cit.*, p. 197.

del Tribunal Constitucional funcionando de modo semejante al contenido esencial de los derechos reconocidos en el Capítulo II.

Este contenido mínimo, por aplicación del derecho internacional, estará integrado por las acciones necesarias para proteger el objeto del derecho (la salud) constitucionalmente definido, de conformidad con los valores, también constitucionales, que le sirven de fundamento. Como hemos apuntado, podemos asumir la determinación que realiza la Observación General 14, sobre el derecho al disfrute del más alto nivel posible de salud, de 12 de mayo de 2000[454], la cual, dejando fuera los llamados condicionantes de la salud, incluye obligaciones estatales en una serie determinada de materias.

Esas obligaciones asumidas por el Estado, plasmadas posteriormente en normas legales, habrán de garantizarse para cumplir con los mandatos internacionales de los que somos parte y, también, con los propios mandatos constitucionales. Serán los servicios de salud básicos preventivos, curativos y de rehabilitación, así como la obligación del Estado de abstenerse de imponer prácticas discriminatorias.

La titularidad del derecho a la protección de la salud como parte integrante del derecho fundamental, de acuerdo con doctrina jurisprudencial constitucional analizada pormenorizadamente en el Capítulo II de esta investigación, nos permite concluir que los extranjeros en situación administrativa irregular serán titulares del derecho a la protección de la salud en igualdad de condiciones que el resto de las personas cuando el contenido esencial de este derecho se incluye como parte integrante del derecho fundamental a la vida e integridad física (art. 15 CE).

Precisamente, la dificultad estribará en determinar aquellos supuestos que se dan cuando un extranjero en situación irregular no tiene derecho a la asistencia sanitaria reconocida en la legislación positiva como Principio Rector, pero sí tiene derecho a los cuidados médicos por verse amenazada su propia vida y ser el extranjero titular de este derecho subjetivo, no pudiendo el legislador establecer limitaciones o modulaciones en cuanto a su ejercicio.

Los extranjeros en situación administrativa irregular que vean vulnerado el derecho a la protección de la salud que forma parte de un derecho fundamental dispondrán de las garantías constitucionales previstas para los derechos fundamentales de acuerdo con el artículo 53.1. CE.

Finalmente, será clave para este estudio examinar si las normas legales que configuran el derecho a la protección de la salud de cuya titularidad ostentan los extranjeros en situación administrativa irregular son o no constitucionales en relación al mínimo asistencial constituido por lo que se considera indispensable para la protección de la salud.

---

454 Observación General 14, de 12 de mayo de 2000, del Comité de Derechos Económicos, Sociales y Culturales, sobre cuestiones sustantivas que se plantean en la aplicación del Pacto Internacional de Derechos Económicos, Sociales y Culturales.

3.3. Plasmación constitucional del derecho a la asistencia sanitaria de los extranjeros en situación irregular

En este Capítulo tercero hemos expuesto las tres dimensiones que presenta el derecho a la protección a la salud de acuerdo con las disposiciones recogidas en la vigente Constitución, así como de los distintos pronunciamientos judiciales, fundamentalmente del Tribunal Constitucional.

Resulta necesario, a continuación, delimitar, a la vista de lo expuesto, cuál es la configuración constitucional del derecho a la asistencia sanitaria de los extranjeros en situación administrativa irregular en España.

Para ello, resulta indispensable recapitular las principales consideraciones que hemos extraído de la configuración constitucional de los derechos de los extranjeros en situación administrativa irregular junto con las distintas dimensiones que presenta el derecho a la protección de la salud para aplicarlas a nuestro colectivo objeto de estudio.

Por un lado, debemos retener que el derecho a la protección de la salud presenta las tres dimensiones siguientes:

Derecho a la salud como derecho a las prestaciones sanitarias del Estado o, en otros términos, a la atención médica organizada y dispensada por los poderes públicos.

Derecho a la salud como posición subjetiva en relación con la actividad desarrollada por los poderes públicos para proteger la salud pública.

Derecho a la salud como derecho de cada persona a que su propia salud no se vea amenazada ni dañada por actuaciones externas realizadas por cualquier sujeto público o privado.

Por otro lado, y como ya adelantamos, la jurisprudencia constitucional cuando configura la titularidad de los derechos de los extranjeros, admite la introducción de límites, no ya del ejercicio, sino de la propia titularidad de los derechos fundamentales en razón de la nacionalidad del titular del derecho. Los derechos y libertades reconocidos a los extranjeros son constitucionales y, por tanto, dotados de la protección constitucional, pero son todos ellos sin excepción, en cuanto a su contenido, derechos de configuración legal.

Fruto de lo anterior, el Tribunal Constitucional ha establecido distintas categorías en relación a la cuestión de la titularidad de los derechos fundamentales por parte de los extranjeros.

Así, y en lo que aquí interesa, ha señalado que existe un grupo de derechos reconocidos en la Constitución que pertenecen a la persona en cuanto tal y no como ciudadano, por ser imprescindibles para la garantía de la dignidad humana. Ello supondrá que los extranjeros son titulares y ejercerán esos derechos en las mismas condiciones que los nacionales, sin que, por lo tanto, las posibles leyes de desarrollo puedan establecer limitaciones específicas para ellos.

Y, el otro grupo relevante para nuestra investigación está integrado por los derechos, denominados desiguales, condicionados a la configuración legal. Los extranjeros podrán ser titulares de esos derechos de acuerdo con lo que dispongan las Leyes y, además, podrán ejercerlos siempre bajo las condiciones que las mismas establezcan. Bien es cierto que para ello ha de respetar, en todo caso, las prescripciones constitucionales al estar dotados de protección constitucional.

Del análisis de las diferentes dimensiones que presenta el derecho a la protección de la salud y de la configuración constitucional de los derechos de los extranjeros, es posible distinguir, cuando los titulares son los extranjeros en situación administrativa irregular, dos alcances distintos en la configuración que haga el legislador cuando regule el ejercicio del derecho a la asistencia sanitaria de los mismos.

Uno, el derecho a la asistencia sanitaria previsto en el artículo 43.1. CE no es un derecho subjetivo fundamental cuya titularidad está reconocida universalmente a todas las personas, sino que los sujetos tendrán derecho a acceder en los términos que establezca la legislación positiva. Ahora bien, el Estado español deberá mínimamente asumir la asistencia sanitaria médica a la que todos los individuos tienen derecho como reconocimiento universal, cuya titularidad no admite distinción entre españoles y extranjeros, y, cuya regulación legal de su ejercicio deberá mínimamente respetar (artículo 10.1 y 2 CE).

Dicha legislación definirá la titularidad, la configuración del modelo de prestación y su acceso, el contenido de las prestaciones, así como el sistema de financiación, facultades y deberes que definen el contenido del derecho y, por tanto, sus límites, así como la organización y funcionamiento de los servicios encargados de la provisión de las prestaciones.

Bajo esta dimensión constitucional, los extranjeros en situación administrativa irregular pueden ser o no titulares del derecho a la asistencia sanitaria en los términos que establezcan los tratados y la ley.

En todo caso, hay un mínimo asistencial que queda garantizado y que constituye un límite para el legislador, que es el que se identifica con la dimensión iusfundamental del derecho a la salud.

Dos, el derecho a la salud, como derecho fundamental, comprende un aspecto positivo y negativo que opera como garantía y límite frente a determinadas injerencias del poder público referidas a la vida, a la integridad física y moral y a no sufrir torturas ni tratos inhumanos o degradantes. Es decir, el derecho a la salud se configura, bajo esta dimensión, como un derecho fundamental de la persona, que desarrolla un papel complementario e integrante respecto a los derechos fundamentales a la vida y a la integridad física y moral y a no sufrir tortura ni tratos inhumanos o degradantes reconocidos en el artículo 15 CE.

Este contenido mínimo, de conformidad con lo previsto en el artículo 10.1 y 10.2 CE, estará integrado por las acciones necesarias para proteger el objeto del derecho (la salud) constitucionalmente definido, de conformidad con los valores, también constitucionales, que le sirven de fundamento. Como hemos apuntado, podemos asumir la determinación que realiza la Observación General 14, sobre el derecho al disfrute del más alto nivel posible de salud, de 12 de mayo de 2000[455], la cual, dejando fuera los llamados condicionantes de la salud, incluye obligaciones estatales básicas en una serie determinada de materias. Son los servicios básicos de salud preventivos, curativos y de rehabilitación, así como la obligación del Estado de abstenerse de imponer prácticas discriminatorias.

Y, como derecho fundamental supondrá que el mismo estará sujeto a las garantías constitucionales establecidas tanto desde el punto de vista procedimental, sustantivo y jurisdiccional tales como la legitimación activa para el recurso de amparo.

Por consiguiente, y a la vista de lo expuesto, los extranjeros en situación administrativa irregular son titulares del derecho a la asistencia sanitaria en igualdad de condiciones que el resto de las personas cuando exista un peligro grave y cierto para la vida de la persona. Es decir, cuando estemos ante enfermedades graves que afecten de forma inminente a la salud, aunque no sean inmediatamente mortales. Es decir, tendrán derecho a los cuidados médicos necesarios al verse amenazada su propia vida. En este caso, el legislador no podrá establecer condicionamientos a su ejercicio.

Fuera de este mínimo invulnerable que todo estatuto jurídico debe asegurar, los extranjeros en situación administrativa irregular podrán ser titulares del derecho a la asistencia sanitaria de acuerdo con lo que dispongan las Leyes y, además, podrán ejercer ese derecho siempre bajo las condiciones que las mismas establezcan, pudiendo el legislador establecer limitaciones o modulaciones en cuanto a su ejercicio.

Por contra, nada impediría que el legislador, por libre creación del mismo, incluyese un contenido suplementario[456] o, en palabras del Tribunal Constitucional[457], contenido adicional a los mínimos indispensables del derecho fundamental, y, que se traduce en que los actos contrarios a esos derechos o facultades adicionales pueden ser vulneradores del derecho fundamental, ya

455 Observación General 14, de 12 de mayo de 2000, del Comité de Derechos Económicos, Sociales y Culturales, sobre cuestiones sustantivas que se plantean en la aplicación del Pacto Internacional de Derechos Económicos, Sociales y Culturales.

456 Medina Guerrero, M., «Comentario al artículo 53.1 CE...», *op. cit.*, p. 1485.

457 *Cfr.* Sentencia Tribunal Constitucional 51/1988, de 22 de marzo, Fundamento Jurídico 5. Reiterado también en la Sentencia Tribunal Constitucional 61/1989, de 3 de abril, Fundamento Jurídico 2.

que el derecho fundamental se integra no sólo por su contenido esencial, sino también por esos derechos o facultades que haya reconocido el legislador.

De forma gráfica y a efectos expositivos podría reflejarse la configuración constitucional del derecho a la protección de la salud de las personas previsto en el artículo 43 CE, por un lado, y del derecho a la asistencia sanitaria de los extranjeros inmigrantes en situación administrativa irregular de conformidad con los artículos 13, 10, 15 y 43 CE, por otro, de la siguiente manera:

DERECHO A LA PROTECCIÓN DE LA SALUD (Artículo 43 CE)

Fuente: elaboración propia

DERECHO A LA ASISTENCIA SANITARIA DE LOS EXTRANJEROS EN SITUACIÓN IRREGULAR (Artículos 13, 10, 15 y 43 CE)

Fuente: elaboración propia

Por ello será necesario analizar el cuerpo legislativo vigente en materia de asistencia sanitaria para determinar si queda garantizado ese mínimo asistencial cuya titularidad ostentan los extranjeros en situación irregular por ser titulares del derecho a la vida e integridad física en las mismas condiciones que los españoles.

3.4. Recapitulación

En definitiva, la exposición del Capítulo III de la presente investigación pone de manifiesto que las dimensiones del derecho a la salud se vuelven especialmente complejas cuando los destinatarios son colectivos especialmente vulnerables, como son los extranjeros inmigrantes en situación administrativa irregular.

La primera y la segunda dimensión del derecho a protección de la salud como derecho a la asistencia sanitaria (individual) y a la salud pública (colectiva) como PRPSE supone que los extranjeros en situación administrativa irregular están al albur de lo que dispongan las leyes que configuren el alcance y acceso de este derecho. Desde esta perspectiva son derechos de configuración legal y solo adquieren el carácter de subjetivo cuando media la ley que los regule. Por ello, serán las leyes las que determinen la titularidad, contenido y ejercicio de este derecho.

Sin embargo, la tercera dimensión del derecho a la protección de salud como parte integrante de derechos fundamentales por estar en íntima conexión con los mismos supone que los extranjeros en situación administrativa irregular en España sean titulares del mismo en las mismas condiciones que los españoles, no pudiendo introducir diferencias de trato entre los mismos.

Fuera de este mínimo invulnerable que todo estatuto jurídico debe asegurar, los extranjeros en situación administrativa irregular podrán ser titulares del derecho a la asistencia sanitaria de acuerdo con lo que dispongan las Leyes y, además, podrán ejercer ese derecho siempre bajo las condiciones que las mismas establezcan, pudiendo el legislador establecer limitaciones o modulaciones en cuanto a su ejercicio.

Por contra, nada impediría que el legislador, por libre creación del mismo, incluyese un contenido adicional a los mínimos indispensables del derecho fundamental, y, que se traduce en que los actos contrarios a esos derechos o facultades adicionales pueden ser vulneradores del derecho fundamental, ya que el derecho fundamental se integra no sólo por su contenido esencial, sino también por esos derechos o facultades que haya reconocido el legislador.

Asimismo, el Estado deberá abstenerse de todos aquellos actos u omisiones que impliquen el menoscabo de la dimensión de la protección de la salud que está integrada en el derecho a la vida y a la integridad física del artículo 15 CE.

La dificultad estriba en determinar cuando el legislador no respeta ni las garantías mínimas ni los límites propios del derecho fundamental a la salud. Cualquier legislación sanitaria que vulnere el contenido fundamental del derecho a la salud cuya titularidad y ejercicio corresponde también al colectivo en situación irregular será declarada inconstitucional. Por ello será necesario analizar el cuerpo legislativo vigente en materia de asistencia sanitaria en relación a nuestro colectivo objeto de estudio.

CAPÍTULO IV

LA CONFIGURACIÓN LEGAL DEL DERECHO DE ASISTENCIA SANITARIA DE LAS PERSONAS EXTRANJERAS EN SITUACIÓN IRREGULAR

A lo largo de este Capítulo nos centraremos en el análisis legal del derecho a la asistencia sanitaria en España. Resulta fundamental, a efectos de estudio, distinguir entre una primera parte destinada a exponer la configuración general del Sistema Nacional Salud español como marco institucional que articula la satisfacción del derecho a la asistencia sanitaria, y, una segunda parte, destinada a determinar la concreta asistencia sanitaria a la que, dentro del Sistema Nacional de Salud, tienen derecho los extranjeros en situación administrativa irregular. Y, finalmente, centraremos nuestro análisis en las eventuales disfunciones que presenta el modelo para satisfacer el derecho a la asistencia sanitaria de nuestro colectivo objeto de estudio.

4.1. Desarrollo legal del derecho a la protección de la salud en España. El Sistema Nacional de Salud

Sentada la configuración jurídica constitucional del derecho a la protección de la salud en España de las personas extranjeras en situación administrativa irregular, corresponde, a continuación, dirigir nuestra atención al examen de la configuración legal e institucional del derecho a la asistencia sanitaria en nuestro Estado.

Para ello, estructuraremos el desarrollo del epígrafe en el análisis de las siguientes cuestiones. Será útil, en primer lugar, examinar, desde un punto de vista jurídico, los antecedentes más inmediatos de la sanidad pública en nuestro país como premisa necesaria de comprensión de la realidad jurídica actual. Seguidamente, ahondaremos en el estudio de la configuración legal del Sistema Nacional de Salud, siendo la norma básica que inicia la andadura en la actual configuración del sistema sanitario español la Ley 14/1986, de 25 de abril, General de la Sanidad (LGS). Posteriormente, examinaremos el sistema de financiación que actualmente sirve de soporte al gasto sanitario español y su viabilidad para la sostenibilidad del sistema. Finalmente, reflexionaremos sobre la regulación de las prestaciones sanitarias, en la medida en que la financiación ha sido esgrimida legalmente como uno de los condicionantes de la extensión del contenido de la asistencia sanitaria de los extranjeros en situación irregular.

La exposición de estos apartados presenta especial interés para nuestra investigación por dos razones fundamentales. Primera, mostrando la evolución que ha tenido la configuración del sistema sanitario español nos permite identificar la evolución que en España ha tenido la configuración de la titularidad y contenido del derecho a la asistencia sanitaria. Y, segunda, esa descripción nos permitirá evidenciar como se ha ido configurando el alcance, titularidad y contenido del derecho a la asistencia sanitaria de los extranjeros en situación administrativa irregular en España.

4.1.a) El Sistema Nacional de Salud

4.1.a).1. Antecedentes

En este apartado, expondremos los antecedentes jurídicos que han servido de soporte a la actual configuración del sistema sanitario español. El proceso histórico de configuración legal de la asistencia sanitaria pública permite identificar los efectos que presenta la misma en la delimitación del ámbito subjetivo de cobertura sanitaria y del acceso a las prestaciones sanitarias. La exposición de esta evolución normativa nos permitirá conocer cómo afecta al alcance de la configuración actual de la titularidad del derecho a la asistencia sanitaria a favor de los extranjeros en situación administrativa irregular.

El punto de partida del proceso de consolidación de un sistema de asistencia sanitaria pública en España se asienta en la Ley de 14 de diciembre de 1942[458], que crea el Seguro Obligatorio de Enfermedad[459], con objeto de otorgar una protección sanitaria efectiva a los trabajadores y sus familias[460].

458 *Cfr.* Ley de 14 de diciembre de 1942, por la que se crea el seguro obligatorio de enfermedad. Disponible en: https://www.boe.es/datos/pdfs/BOE//1942/361/A10592-10597.pdf(12.03.2023).

459 En nuestro país, el primer seguro social que se establece con carácter obligatorio es el de Régimen de Retiro Obrero Obligatorio en 1919. Más tarde, en 1929, se introduce el Seguro Obligatorio de maternidad, al que se añadió en 1940 la Obra Maternal e Infantil. En 1929 se promulgó una legislación protectora frente a los accidentes de trabajo en el mar que se completó con disposiciones semejantes de protección laboral en la agricultura y en la industria.

460 González Díaz, F. A., *Contenido y límites de la prestación de asistencia sanitaria*, Aranzadi, Navarra, 2003, p. 21.

Hasta 1942 la provisión pública de asistencia médica sanitaria individualizada en nuestro país estuvo restringida a las personas pobres o indigentes amparadas por la beneficencia del Estado, de las diputaciones provinciales y de los ayuntamientos. La asistencia hospitalaria a los indigentes y a los dementes se prestaba a través de unos hospitales estatales, principalmente clínicos y universitarios, y, sobretodo, mediante los hospitales provinciales, propiedad de las Diputaciones, y los establecimientos hospitales de dependencia municipal o de entidades privadas, religiosas o benéficas, que eran sostenidos en todo o en parte por aportaciones municipales, o provinciales, encaminadas al pago de las asistencias médico-quirúrgicas de los pacientes pobres[461].

A partir de la promulgación de la Ley de 1942, el seguro obligatorio de enfermedad se concibe como un mecanismo de protección frente a las situaciones de enfermedad que puedan presentarse a los trabajadores asegurados y a sus familiares a su cargo, protección que se manifiesta, por un lado, en la prestación de la asistencia sanitaria requerida por la enfermedad que afecte a algún beneficiario del Seguro, y por otro lado, en el reconocimiento de un derecho al subsidio o indemnización sustitutiva del salario que dejan de percibir los trabajadores como consecuencia de la enfermedad.

La fórmula que se introduce descansa en el criterio de la obligatoriedad del aseguramiento a través de la correspondiente afiliación al Seguro (afiliación que es responsabilidad de los empresarios en relación con los trabajadores por cuenta ajena), y en la financiación tripartita de la protección asegurada: por un lado, se impone el pago de unas primas a trabajadores y empresarios a partes iguales y en proporción al salario pagado y, por otro lado, se establece el compromiso del Estado de contribuir también a la financiación de los gastos del Seguro. Las tareas de gestión del seguro se encomendaron a la entidad pública que en aquella época protagonizaban la gestión de los distintos seguros sociales en España: el Instituto Nacional de Previsión que venía caracterizado en la Ley (artículo 26) como *entidad aseguradora única* del Seguro de Enfermedad.

Debe notarse que no se pretende atender sanitariamente a todos los ciudadanos ni tampoco ocuparse globalmente de los diversos aspectos de la salud de las personas protegidas, sino estrictamente de atender a quienes se encuentran en situación de enfermedad mediante prestaciones curativas o de recuperación de la salud. A pesar de las limitaciones inherentes a la propia configuración del Seguro en la Ley de 1942, es bien sabido que su establecimiento fue la vía a través de la cuál vino a asegurarse de modo efectivo la protección sanitaria de un amplio sector de la población española y, además, la vía a través de la cual el Estado fue creando un amplio dispositivo

461 Rodríguez-Vigil Rubio, J. L., *Integración o desmoronamiento. Crisis y alternativas del sistema nacional de salud español*, Ed. Aranzadi, Navarra, 2008, pp. 70-71.

asistencial propio para la atención a los beneficiarios del Seguro mediante un sistema de prestaciones sanitarias directas[462].

Resaltar en este punto que el artículo 6 se refiere a los extranjeros estableciendo dos categorías. A tal efecto, establece *que a los efectos de esta Ley, los súbditos hispanoamericanos, los portugueses y los de Andorra quedan equiparados a los españoles. Los demás extranjeros que trabajen en España únicamente tendrán derecho a los beneficios del Seguro obligatorio de enfermedad en caso de reciprocidad pactada en Tratados o Convenios internacionales*.

Dicha Ley del seguro obligatorio de enfermedad estuvo vigente hasta la promulgación de una legislación general de Seguridad Social, que unifica y sistematiza los diversos seguros sociales que se habían ido creando en España de forma progresiva al amparo de una legislación propia y específica (accidentes de trabajo, retiro obrero, enfermedad protección familiar, desempleo, etc). Operación que tuvo lugar a través de Ley 193/1963, de 28 de diciembre, de bases de la Seguridad Social, y del texto articulado de la misma aprobado por Decreto 907/1966, de 21 de abril[463].

Con la aprobación de la Ley de bases de la Seguridad Social de 1963 se unifican los diversos seguros sociales existentes en aquel momento. La asistencia sanitaria se configura como una prestación de la Seguridad Social, ante las situaciones o contingencias de enfermedad común o accidente no laboral, maternidad, accidente laboral y enfermedad profesional. Se separa dicha prestación la prestación económica, sustitutiva del salario, y queda vinculada a la situación de incapacidad temporal transitoria.

En esta etapa, la asistencia sanitaria continúa vinculada al aseguramiento obligatorio del trabajador y su familia para hacer frente a las situaciones de enfermedad o accidente mediante las prestaciones asistenciales requeridas para recuperar la salud; aunque integrada en la Seguridad Social no protege a todos los ciudadanos; no abarca tampoco todos los aspectos básicos de la protección de la salud, aunque quede ampliado el contenido prestacional; y, como consecuencia de su integración en el Sistema de Seguridad Social, estamos ante una asistencia sanitaria de base mutualista, orientación reparadora, cobertura no universal y financiación por cuotas[464].

La Ley 193/1963, de 28 de diciembre, de bases de la Seguridad Social[465], en su base segunda sobre acción protectora de la Seguridad Social amplía

---

462 Pemán Gavín, J. M., *Asistencia Sanitaria y Sistema Nacional de Salud,* Editorial Comares, Granada, 2005, pp. 5-9.

463 Pemán Gavín, J. M., *Asistencia Sanitaria..., op. cit.*, p. 10.

464 Álvarez González, E. M., *Régimen Jurídico de la asistencia sanitaria pública. Sistema de prestaciones y coordinación sanitaria*, Comares, Granada, 2007, p. 34.

465 *Cfr.* Ley 193/1963, de 28 de diciembre, de bases de la Seguridad Social. Disponible en: https://www.boe.es/buscar/doc.php?id=BOE-A-1963-22667 (18.03.2023).

su campo de aplicación en el que, además de quedar encuadrados todos los españoles, se adoptan criterios flexibles para extender también sus beneficios a los extranjeros bajo ciertas condiciones. Específicamente recoge la equiparación de tratamiento con los españoles en la base II.8 cuando establece que *quedarán equiparados a los españoles, en los términos y condiciones que en cada caso acuerde el Gobierno, los súbditos de países hispanoamericanos, los andorranos, filipinos, portugueses y brasileños que residan en territorio español. Con respecto a los súbditos de los restantes países se estará a lo que se disponga en los Convenios o Acuerdos ratificados o suscritos al efecto o a cuanto les fuere aplicable en virtud de reciprocidad tácita o expresamente reconocida.*

Posteriormente, se aprueba el Decreto 2065/1974, de 30 de mayo, por el que se aprueba el texto refundido de la Ley General de la Seguridad Social[466], como texto refundido de varias normativas, y de acuerdo al mandato contenido en la Disposición final tercera de la Ley 24/1972, de 21 de junio, de financiación y perfeccionamiento de la acción protectora del Régimen General de la Seguridad Social. Su Capítulo IV del Título II se dedica a la asistencia sanitaria de la Seguridad Social.

Por tanto, hasta lo aquí expuesto, podemos señalar que las prestaciones sanitarias, en su origen, se encontraban limitadas en los siguientes aspectos: en cuanto a los sujetos beneficiarios, ya que requería la previa afiliación; en cuanto a su alcance, ya que se distinguía entre titulares y beneficiarios, y en cuanto a su financiación, que basaba exclusivamente en la contribución de los trabajadores. No obstante, el crecimiento económico y el consiguiente desarrollo social dieron lugar a que el Sistema de Seguridad Social fuera asumiendo mayor número de personas y colectivos dentro de su esquema de Seguro Sanitario[467].

A partir de este momento, la evolución normativa sanitaria dictada posteriormente se caracteriza por el tránsito progresivo hacia un Servicio de salud universalizado, siendo varios los factores que influyen en este proceso tales como las influencias de textos internacionales (Declaración Universal de los Derechos del Hombre y del Ciudadano y del Convenio Núm. 102 de la OIT) y de dos modelos de seguridad social imperantes en Europa[468] (el modelo

466 *Cfr.* Decreto 2065/1974, de 30 de mayo, por el que se aprueba el texto refundido de la Ley General de la Seguridad Social. Disponible en: https://www.boe.es/buscar/doc.php?id=-BOE-A-1974-1165.

467 Vida Fernández, J., «Las prestaciones sanitarias del SNS: catálogo de prestaciones y cartera de servicios», en Parejo, Luciano, Palomar, Alberto, Vaquer, Marcos, (Coords.), *La reforma del Sistema Nacional de Salud. Cohesión, calidad y estatutos profesionales,* Marcial Pons, Ediciones Jurídicas y Sociales, Madrid, 2004, p. 40.

468 En el marco de los países de la UE los sistemas sanitarios se configuran según estos dos grandes patrones: modelo Beveridge y modelo Bismark. Sus rasgos generales son:
Modelo Bismarkiano: Nace en Alemania en 1883 de la mano de Bismark. El que habitual-

inglés creado por Beveridge y el alemán por Bismarck) que penetraron en España dejándose sentir en el Sistema de Seguridad Social español que se configuró como un sistema mixto de Seguridad social que otorgará protección tanto a los individuos que contribuyen al sistema (nivel contributivo) como a los que se encuentran en situación de necesidad[469].

Otro factor a destacar puede observarse en las propuestas de cambio reflejadas en los documentos oficiales sobre la materia. Es el caso del denominado «Libro Blanco sobre la Seguridad social», donde se alude a la necesidad de avanzar hacia un sistema integrado de salud y se aboga por la priorización de actuaciones de carácter preventivo y de educación sanitaria y por la potenciación de la Medicina de familia[470].

Y, en el plano normativo, el paso fundamental hacia un servicio de salud universalizado se dio a partir de la promulgación de la Constitución Española de 1978, que vino a reconocer el derecho de todos a la protección de la salud en un precepto —el artículo 43 CE— que se refiere de modo específico a la materia, al margen, por cierto, del precepto constitucional relativo a la Seguridad Social (artículo 41 CE)[471].

Promulgada la Constitución pronto se dejó sentir la necesidad de dictar una nueva legislación general sobre Sanidad que renovase la ya obsoleta legislación sanitaria preconstitucional en el marco de los nuevos postulados constitucionales y que fijara las bases de la Sanidad contempladas en el artículo 149.1.16 CE como competencia exclusiva del Estado.

Autores como Beltrán Aguirre[472] afirman que la CE de 1978 «es el punto de partida para la independencia de la asistencia sanitaria pública respecto del

---

mente se denomina seguridad social. Se sustenta en la existencia de una o varias organizaciones públicas recaudadoras de cuotas de trabajadores y/o empresarios, las cuales, a su vez, financian la asistencia sanitaria de sus afiliados. Ejemplo de este modelo sanitario son los de Alemania, Francia, Bélgica, Holanda o España antes del periodo 1986-2001.
Modelo atlántico, Universal o Beveridgano: Nace en el Reino Unido en 1948 como resultado de los Informes Beveridge, fiel reflejo de las teorías de Keynes. Este sistema, desde su creación y dentro del siglo XX sufrió en el Reino Unido seis grandes reformas, concretamente en los años 1968, 1974, 1982, 1987, 1989 y 1997. Este modelo se sustenta en que la financiación del sistema sanitario emana de los Presupuestos Generales del Estado y no de cuotas de trabajadores y patronos. El dispositivo sanitario está bajo el control de la Administración pública y no existe autonomía de decisión en los centros sanitarios, dado que se entienden como propias de la Administración. Este modelo sirvió como base para la creación de los sistemas sanitarios de Suecia, Finlandia, Noruega, Dinamarca, Italia y Portugal.

469 Hernández Bejarano, M., *La ordenación sanitaria en España*, Aranzadi, Navarra, 2004, p. 82.

470 Pemán Gavín, J. M., *Asistencia Sanitaria..., op. cit.*, pp. 13-ss.

471 Pemán Gavín, J. M., *Asistencia Sanitaria..., op. cit.*, pp. 14-15.

472 Beltrán Aguirre, J. L., *Derecho Sanitario de Navarra*, Gobierno de Navarra, Pamplona, 2005, pp. 50-51. Disponible en: https://www.navarra.es/NR/rdonlyres/913EC53B-45CB-471D-9142-9B186D079240/305596/PL4.pdf (10.01.2023).

Sistema de Seguridad Social.... Este deslinde constitucional tiene su inmediato reflejo en los Estatutos de Autonomía...».

Es en el año 1986 cuando se promulga la Ley General de Sanidad como una legislación básica al amparo del título competencial 149.1.16 CE, título competencial relativo a la sanidad. Esta norma diseña un sistema de salud de base universalista y no contributivo prestado a través del Sistema Nacional de Salud, que se configura como distinto e independiente del Sistema de Seguridad Social.

En un servicio de salud universalizado desaparece el concepto de aseguramiento frente a la enfermedad —materializado en la exigencia de afiliación a un sistema protector y el pago de las cuotas correspondientes—, y en su lugar se abre paso la idea —mediante la constitucionalización del derecho a la protección de la salud— de que la condición de persona es título suficiente para fundamentar el otorgamiento del derecho a la asistencia sanitaria, de modo que basta con ser miembro de la comunidad —por tener la nacionalidad o la residencia en territorio nacional— para ser titular del derecho[473].

Esta progresiva separación de las prestaciones sanitarias del Sistema de Seguridad Social contributiva, y su consiguiente encaje en un sistema autónomo, esto es, el SNS, consiste en que éste disponga de unas estructuras administrativas y una normativa propias, dispuestas para el cumplimiento del mandato constitucional de proveer las medidas preventivas y las prestaciones y servicios necesarios para garantizar la protección de la salud.

Podemos identificar, por tanto, como diferencias que se van a producir entre ambos sistemas las tres siguientes. Primera, si bajo la perspectiva de la Seguridad Social la cobertura se limita, inicialmente, a los trabajadores afiliados, el nuevo SNS no condiciona la cobertura a la previa afiliación, sino que tiende a ser universal (si bien no lo es de forma inmediata, sino que se hace de forma progresiva). Segunda, si bien conforme al espíritu inicial del sistema de Seguridad Social quedan cubiertas exclusivamente las contingencias profesionales, bajo el SNS la cobertura tiene un carácter global, tanto de la enfermedad común como de la profesional, así como de cualquier situación de pérdida de la salud, independientemente del hecho causante. Y, tercera, el régimen de la Seguridad Social tiene carácter contributivo, es decir, se financia mediante las cuotas de los afiliados, el SNS tiene una base económica presupuestaria, con lo que las prestaciones sanitarias se desvinculan definitivamente de las aportaciones que hagan los ciudadanos (situación que no es inmediata, sino que no es hasta 1997 cuando se suprimen las cotizaciones sociales como fuente de financiación, pasando a financiarse vía Presupuestos Generales)[474].

---

473 PEMÁN GAVÍN, J. M., *Asistencia Sanitaria..., op. cit.*, p. 32.

474 VIDA FERNÁNDEZ, J., «Las prestaciones sanitarias del SNS: catálogo de prestaciones y cartera de servicios», en PAREJO, Luciano, PALOMAR, Alberto, VAQUER, Marcos, (Coords.), *La*

La relevancia de la aprobación de la LGS de 1986, viene marcada, en definitiva, por dar respuesta y desarrollarlas previsiones constitucionales, establecer los principios y criterios sustantivos como son el carácter público, la universalidad y gratuidad del sistema, la definición de los derechos y deberes de los ciudadanos y poderes públicos en este ámbito, la descentralización política de la sanidad y su financiación, la integración de las diferentes estructuras y servicios públicos al servicio de la salud en el SNS y su sistema de prestaciones, la organización en áreas de salud así como en las actividades asistenciales y de prevención, promoción y rehabilitación básica.

Resulta relevante para nuestra investigación, en este repaso normativo, mencionar el Acuerdo de la Comisión de Sanidad y Consumo, relativo al Informe de la Subcomisión creada en el seno de dicha Comisión, aprobado por el Pleno del Congreso de los Diputados[475], en su sesión del día 18 de diciembre de 1997, para avanzar en la consolidación del Sistema Nacional de Salud mediante el estudio de las medidas necesarias para garantizar un marco financiero estable y modernizar el Sistema Sanitario manteniendo los principios de universalidad y equidad en el acceso. Del mismo es preciso destacar que dentro de las propuestas formuladas en el apartado I Aseguramiento y prestaciones estaba la de *llevar a cabo la universalización efectiva del derecho a la asistencia sanitaria, extendiéndolo a todos los grupos sociales, y desvinculándolo de los regímenes de afiliación de la Seguridad Social.* Es decir, este Acuerdo proponía el acceso universal a una asistencia sanitaria pública y gratuita.

Posteriormente, y pocos años después, cierra este proceso de implantación del SNS, la aprobación de la Ley 16/2003, de 28 de mayo, de cohesión y calidad del Sistema Nacional de Salud, con un doble objeto[476]. En efecto, la Ley, de un lado, regula cuestiones relativas a la estructura, organización y funcionamiento coherente del sistema sanitario, y, de otro, mediante la regulación del catálogo de prestaciones sanitarias fija el contenido primario y común del derecho a la protección de la salud de todas las personas.

En consecuencia, y a la vista de este breve repaso histórico, podemos extraer dos importantes conclusiones:

Primera, paulatinamente, y fruto de la promulgación de la Constitución española de 1978, se ha ido desvinculando de la materia sanidad la acción

reforma del Sistema Nacional de Salud. Cohesión, calidad y estatutos profesionales, Marcial Pons, Ediciones Jurídicas y Sociales, Madrid, 2004, pp. 41-42.

475 Acuerdo de la Comisión de Sanidad y Consumo, relativo al Informe de la Subcomisión creada en el seno de dicha Comisión, aprobado por el Pleno del Congreso de los Diputados, publicado en el BOCG. Congreso de los Diputados, serie D, N.º 230, de 7 de enero de 1998. Disponible en: https://www.congreso.es/public_oficiales/L6/CONG/BOCG/D/D_230.PDF (12.03.2023).

476 Beltrán Aguirre, J. L., «Anotaciones a la Ley de Cohesión y Calidad del Sistema Nacional de Salud», *Revista Derecho y Salud*, Volumen 11, junio-diciembre, 2003, pp. 123-124. Disponible en: https://dialnet.unirioja.es/servlet/articulo?codigo=5154863 (01.01.2023).

protectora de los trabajadores, materia propia de la materia Seguridad Social, quedando ésta para la cobertura de las prestaciones económicas.

En el modelo de asistencia sanitaria universal, desaparece la condición del aseguramiento de la enfermedad como requisito para acceder a las prestaciones sanitarias, siendo la persona condición suficiente para tener acceso al sistema sanitario público.

Y, segunda, el punto de inflexión se produce en 1986, con la aprobación de la Ley 14/1986, de 25 de abril, General de Sanidad. Esta Ley configura la prestación sanitaria como una prestación universal, al establecer como titulares del derecho a la protección de la salud y a la atención sanitaria a todos los españoles y extranjeros que tengan establecida su residencia en el territorio nacional (artículo 1.2). Es más, se materializa un cambio de concepción, al pasar a vincular el derecho a la protección de la salud y a la atención sanitaria a la persona, al ciudadano, y no a la condición de afiliación y alta en el Sistema de Seguridad Social.

En el iter temporal descrito se observa el avance hacia el progresivo reconocimiento de un sistema universal de atención a las personas. Es más, en 1997, el Informe para avanzar en la consolidación del Sistema Nacional de Salud proponía el acceso universal a una asistencia sanitaria pública y gratuita.

4.1.a).2. Configuración vigente del sistema sanitario en España

Cada país organiza la prestación sanitaria en relación a los que conocemos por modelos sanitarios, los cuales dan cabida a sus propios sistemas sanitarios y, a su vez, en ellos se aplican los modelos de gestión sanitaria que atribuye el ordenamiento jurídico en relación a que se trate de recursos públicos o privados.

El término sistema sanitario es definido por la Organización Mundial de la Salud (OMS/WHO) como *un conjunto de elementos interrelacionados que contribuyen a la salud en los hogares, los lugares de trabajo, los lugares públicos y las comunidades, así como en el medio ambiente físico y psicosocial, y en el sector de la salud y otros sectores afines*.

El concepto de modelo sanitario hace referencia fundamentalmente a la forma o tipo con que el Estado, u organización territorial que corresponda, garantiza el aseguramiento o bien cuando lo hace el propio ciudadano si esta función no ha sido asumida por este primero, la forma o tipo de financiación de las prestaciones sanitarias, bien a través de impuestos, de cotizaciones o de pagos directos por parte del ciudadano, y finalmente, el modo o forma con el cual se asignan los recursos y se accede a los servicios, y dado que es un bien privado, se hará bien por el mercado o bien por los poderes públicos cuando el Estado lo entienda como un bien preferente[477].

477 Bestard Perelló, J. J., *La asistencia sanitaria pública..., op. cit.,* p. 101.

En España, la configuración vigente del sistema sanitario implica la necesidad de tener en cuenta dos variables simultáneas en su análisis, como son la organización y cohesión del Sistema Nacional de Salud que, a su vez, se encuentra condicionado por el modelo de sistema sanitario descentralizado, consecuencia de la distribución constitucional de competencias en materia sanitaria.

La Ley 14/1986, de 25 de abril, General de la Sanidad, es la norma central y básica reguladora del sistema sanitario en España. Se apoya fundamentalmente en los artículos 43 y 49 de la Constitución, en los que se reconoce el derecho de todos los ciudadanos, a la protección de la salud, derecho que, para ser efectivo requiere de los poderes públicos la adopción de las medidas idóneas para satisfacerlo; y en la atribución a las comunidades autónomas (artículos 148.1.21 y 149.1.16) de amplias competencias en materia de Sanidad.

La condición de norma básica de la Ley General de Sanidad se determinó en su art. 2 señalando que esta Ley tendrá la condición de norma básica en el sentido previsto en el art. 149.1.16 de la Constitución y será de aplicación a todo el territorio del Estado. Por su parte, las comunidades autónomas podrán dictar normas de desarrollo y complementarias de la presente Ley en el ejercicio de las competencias que les atribuyen los correspondientes Estatutos de Autonomía.

El objetivo principal que el legislador se planteó en la Ley General de Sanidad de 1986 es el establecimiento de un sistema sanitario único. Dicho sistema habría de integrar la pluralidad de los existentes hasta ese momento, los cuales, funcionando en paralelo, daban lugar al *derroche de las energías y de las economías públicas,* como indica su exposición de motivos. La mencionada ley rompe con la decisión legislativa tradicional de integrar el ámbito sanitario en la Seguridad Social[478].

Se pretendía así, por un lado, superar las disfuncionalidades de la etapa anterior integrando los servicios sanitarios en una organización específica distinta de la Seguridad Social, y, por otro, hacerlo en términos acordes con el diseño constitucional del Estado de las Autonomías. En todo caso, la acción pública sanitaria se articula, en ese nuevo contexto necesariamente descentralizado, desde una concepción integral de la sanidad, y que haga compatible el ejercicio de las competencias de las comunidades autónomas con la existencia de un único sistema sanitario público que garantice el derecho a la protección de la salud en condiciones mínimas igualitarias en todo el territorio nacional[479].

---

478 VILLAR CAÑADA, I., *Régimen jurídico de la organización y gestión sanitaria. El nuevo modelo legal de la sanidad pública: el Sistema Nacional de Salud,* Editorial Comares, Granada, 2007, p. 117.

479 ÁLVAREZ GONZÁLEZ, E. M., «El Sistema Nacional de Salud como sistema: realidad y carencias», *Revista Derecho y Salud*. Vol. 15, Núm. 1, enero-junio, 2007, p. 3.

Es más, de la Constitución no se desprende el contenido que deba poseer la Seguridad Social, siendo posibles diversos desarrollos. Así lo ha reconocido el Tribunal en la STC 206/1997, de 27 de noviembre[480], al señalar que el art. 41 C.E. establece el deber de los poderes públicos de mantener una determinada estructura protectora de los ciudadanos frente a situaciones de necesidad, pero no es un precepto apto para atribuir o distribuir competencias. Añade que del tenor del art. 41 C.E. no es posible partir de la consagración constitucional de un único modelo de Seguridad Social. La Constitución, y más cuando se trata de una materia como la Seguridad Social, no pretende imponer un único modelo, sino que la misma consagra la garantía institucional del sistema de Seguridad Social, *en cuanto impone el obligado respeto a los rasgos que la hacen reconocible en el estado actual de la conciencia social, lleva aparejado el carácter público del mencionado sistema y sólo impide que se pongan en cuestión los rasgos estructurales de la Institución Seguridad Social (STC 37/1994, fundamento jurídico 4.º*). Dentro de tales límites son constitucionalmente admisibles distintos modelos.

De lo expuesto se desprende que la configuración contemplada en la Ley General de Sanidad no venía impuesta por la Constitución, al no imponer la misma un modelo concreto sobre la prestación de los servicios de asistencia sanitaria. Es decir, la Constitución no imponía, ni la obligada inclusión de la asistencia sanitaria dentro de la materia propia de la Seguridad Social, ni que quedara al margen de esta.

En teoría, las opciones disponibles eran las siguientes[481]:

El primero de ellos partiría de que el sistema de la Seguridad Social se concreta en prestaciones estrictamente económicas y el sistema sanitario se estructura separadamente, cuyo objeto será la promoción, defensa y mejora de la salud;

Un segundo modelo caracterizado por el establecimiento de un sistema sanitario que separa prestaciones sanitarias de la Seguridad Social y los servicios de Sanidad pública, que serían administrados por Administraciones separadas.

Y, la tercera solución se caracterizaría porque la Seguridad Social englobara tanto la totalidad de las prestaciones económicas como las distintas medidas de protección de la salud, tanto consistan en la atención individualizada a los problemas de salud de los individuos, como en las colectivas atinentes a la salud pública.

La opción, sin embargo, la adoptó el legislador al aprobar la Ley General de Sanidad de 1986, al crear el Sistema Nacional de Salud, como sistema

480 *Cfr.* Sentencia del Tribunal Constitucional 206/1997, de 27 de noviembre, Fundamento Jurídico 5.

481 Muñoz Machado, S., *La formación y la crisis de los servicios op. cit.*, pp. 91-92.

único y a la vez descentralizado, basado en el principio de servicio universal, y situando como eje de tal servicio la actividad prestacional de las comunidades autónomas[482]. Por tanto, de las tres opciones mencionadas, el legislador español optó por la primera de ellas.

En consecuencia, la Ley General de Sanidad de 1986 define el Sistema Nacional de Salud como el conjunto de los Servicios de Salud de la Administración General de Estado y de los Servicios de Salud de las comunidades autónomas. Se trata, pues, en suma de un modelo organizativo basado en la integración de todos los servicios sanitarios públicos y la distribución de las correspondientes funciones y responsabilidades entre las distintas Administraciones públicas sanitarias implicadas.

También fue definido por el propio Tribunal Constitucional en la Sentencia 98/2004, de 25 de mayo[483], entendiendo por Sistema Nacional de Salud aquel que tiene por objeto y finalidad garantizar la protección de la salud de los ciudadanos, cometido que se instrumentaliza a través de un conjunto de servicios y prestaciones sanitarias de carácter preventivo, terapéutico, de diagnóstico, de rehabilitación, así como de promoción y mantenimiento de la salud. Con ello, proporciona a los ciudadanos prestaciones de atención sanitaria diversas, como la atención primaria y especializada, las prestaciones complementarias, los servicios de información y documentación sanitaria y la prestación farmacéutica.

El carácter descentralizado del Sistema Nacional de Salud nos permite traer a colación la distribución competencial entre el Estado y las comunidades autónomas en materia de Sanidad. El Tribunal Constitucional tuvo oportunidad de pronunciarse en numerosas ocasiones. Así, por ejemplo, en la Sentencia 98/2004, de 25 de mayo[484], establece que la Constitución exige al Estado que preserve la existencia de un sistema normativo sanitario nacional con una regulación uniforme mínima y de vigencia en todo el territorio español. Todo ello, sin perjuicio, bien de las normas que sobre la materia puedan dictar las comunidades autónomas en virtud de sus competencias, dirigidas, en su caso, a una mejora en su ámbito territorial de ese mínimo común denominador establecido por el Estado, bien de las propias competencias de gestión o de financiación que sobre la materia tengan conforme a la Constitución y a los Estatutos. Este pronunciamiento no viene sino a reiterar que al Estado le corresponde ejercer las competencias de bases y coordinación de la sanidad como mínimo común denominador. Es decir, las competen-

482 Tornos Más, J., «Sistemas de Seguridad Social versus Sistema Nacional de Salud», *Revista Derecho y Salud*, Vol. 10, Núm. 1, enero-junio 2002, p. 4. Disponible en: https://www.ajs.es/es/index-revista-derecho-y-salud/volumen-10-numero-1-2002/sistema-seguridad-social-sistema-nacional.

483 *Cfr.* Sentencia Tribunal Constitucional 98/2004, de 25 de mayo de 2004, Fundamento Jurídico 5.

484 *Cfr.* Sentencia Tribunal Constitucional 98/2004, de 25 de mayo, Fundamento Jurídico 7.

cias en materia de sanidad imponen al Estado una configuración unitaria del Sistema Nacional de Salud mientras que a las comunidades autónomas les corresponde ejercer las competencias normativas y ejecutivas en materia de sanidad e higiene, incluyendo la gestión en sentido amplio y el régimen de personal, pudiendo dictar normas que, en su respectivo ámbito territorial, mejoren la normativa mínima estatal.

Sin embargo, no es hasta la STC 134/2017, de 16 de noviembre, cuando específicamente el Tribunal Constitucional resuelve un conflicto de competencias en materia de sanidad en relación a quién o quiénes (Estado y/o CC. AA.) ostentan las competencias cuando legislan sobre el ámbito subjetivo de aplicación del derecho de acceso a la asistencia sanitaria pública por parte de los extranjeros[485].

En esta decisión, el Tribunal analiza, en primer lugar, el marco competencial aplicable, afirmando que la competencia del Estado que guarda una relación más estrecha con la controversia constitucional es la del artículo 149.1.16 CE sobre sanidad. Sin embargo, omite toda mención al principio rector del artículo 43 CE, al mandato dirigido a todos los poderes públicos (particularmente al legislador, ya sea estatal o autonómico) de protección de la salud de las personas, que debería de haberse puesto en relación con los demás títulos competenciales aplicables. En relación a la cuestión nuclear de la sentencia, primera vez que se aborda por el Tribunal, sobre si dentro de la materia sanitaria, las comunidades autónomas pueden, en desarrollo de la legislación básica estatal, ampliar o mejorar el ámbito subjetivo de acceso a las prestaciones sanitarias, la mayoría del Pleno del Tribunal opta por una concepción cualitativa de las bases. Conforme a ella, la legislación básica, con una clara vocación de exhaustividad, amparada en unos intereses generales justificados por el Estado, puede colmar el ámbito normativo de un subsector de la materia de sanidad e impedir a las comunidades autónomas extender el ámbito subjetivo de las prestaciones sanitarias más allá de los límites establecidos en la norma básica estatal, el art. 3 LCSNS[486].

Pronunciamiento que afecta tanto al alcance del ámbito subjetivo de nuestro colectivo objeto de estudio como a las competencias que pueden ejercer las CC. AA. Como vemos, la Sentencia del Tribunal Constitucional limita las competencias que las CC. AA. puedan ejercer en materia de configuración de la titularidad del derecho de acceso a las prestaciones sanitarias de las personas que se encuentren en sus respectivos territorios. Es decir, la normativa básica estatal puede colmar en su integridad el ámbito subjetivo del derecho

485 *Cfr.* Sentencia Tribunal Constitucional 134/2017, de 16 de noviembre, Fundamento Jurídico 5.

486 Delgado del Rincón, L. E., «La concepción de lo básico en la determinación del ámbito subjetivo del derecho a la asistencia sanitaria», *Revista Vasca de Administración Pública*, Núm. 112, septiembre-diciembre 2018, p. 43. Disponible en: https://dialnet.unirioja.es/servlet/articulo?codigo=6773543.

de acceso a las prestaciones sanitarias, incluidos los extranjeros en situación administrativa irregular.

La relevancia de esta configuración para nuestro colectivo objeto de estudio radica, al estar disociadas las legislaciones de la Sanidad y la Seguridad Social, en que la asistencia sanitaria se desvincule de la exigencia de la condición de trabajador a los extranjeros o de su situación administrativa de residencia.

De manera que bajo la configuración de nuestro modelo de Sistema Nacional de Salud no existiría impedimento para que los extranjeros en situación administrativa irregular tuvieran acceso a las prestaciones sanitarias de forma gratuita con cargos a los fondos públicos, mientras que en el ámbito de las prestaciones de la Seguridad Social las mismas se vinculan con la condición de residente. Precisamente, durante 12 años (2000-2012), los extranjeros, con independencia de su situación administrativa, siempre que estuvieran empadronados en el padrón del municipio en el que tuvieran su domicilio habitual accedían al disfrute del derecho a la asistencia sanitaria en las mismas condiciones que los españoles.

Junto con la ley de cabecera sanitaria, se promulgó la Ley 16/2003, de 28 de mayo, de Cohesión y Calidad del Sistema Nacional de Salud, con un doble objeto. En efecto, la Ley, de un lado, regula cuestiones relativas a la estructura, organización y funcionamiento coherente del sistema sanitario, y, de otro, mediante la regulación del catálogo de prestaciones sanitarias fija el contenido primario y común del derecho a la protección de la salud de todas las personas[487].

Asimismo, dentro del conjunto normativo básico que actualmente da forma al Sistema Nacional de Salud debemos hacer referencia a la Ley 33/2011, de 4 de octubre, General de Salud Pública, cuya exposición de motivos indica que los poderes públicos ostentan la obligación de asegurar y mejorar la salud de la población. Añade, además, que la búsqueda de la salud debe ser una tarea solidaria y compartida que no reconozca fronteras. Esto cobra especial importancia en el mundo globalizado del siglo XXI, marcado por profundas desigualdades que siguen un patrón social entre países y dentro de los propios países, y hace de la aspiración a la equidad no sólo un fin, sino un medio para lograr una mejor salud para todas las personas. La equidad es al fin y al cabo consustancial a la salud y sólo las sociedades que procuran la igualdad consiguen buenos resultados en salud.

Por ello, su objeto se centra, tal como establece el artículo 1 de la misma, en establecer las bases para que la población alcance y mantenga el mayor nivel de salud con la finalidad de actuar sobre los procesos y factores que

487 Beltrán Aguirre, J. L., «Anotaciones a la Ley de Cohesión y Calidad...», *op. cit.*, pp. 123-124.

más influyen en la salud, y así prevenir la enfermedad y proteger y promover la salud de las personas, tanto en la esfera individual como en la colectiva.

La Ley persigue, en consecuencia, brindar una respuesta completa al requerimiento contenido en el artículo 43 de la CE, y, en consecuencia, tratar de alcanzar el máximo nivel de salud posible de la población.

A los efectos de este estudio, interesa destacar del análisis de esta norma, el derecho a la igualdad recogido en su artículo 6 estableciendo que todas las personas tienen derecho a que las actuaciones de salud pública se realicen en condiciones de igualdad sin que pueda producirse discriminación, entre otras, por razón de nacimiento, origen racial o étnico, enfermedad o cualquier otra condición o circunstancia personal o social. De la lectura de este precepto se desprende que todas las personas, sin distinción, serán tratadas en condiciones de igualdad cuando se lleven a cabo actuaciones de salud pública. Es decir, los extranjeros, con independencia de su situación administrativa, serán también beneficiarios de estas actuaciones.

Finalmente, cierra este marco normativo legal estatal, la Ley Orgánica 3/1986, de 14 de abril, de Medidas Especiales en materia de Salud Pública que contempla los supuestos en los que la intervención administrativa basada en razones de salud pública puede significar la limitación de los derechos fundamentales.

Es preciso destacar que dentro del ámbito subjetivo de aplicación de esta Ley se incluyen los extranjeros en situación administrativa irregular. Sirva de muestra el caso reciente por el que las Autoridades sanitarias autonómicas valencianas acordaron, como medida sanitaria urgente durante la pandemia de COVID-19, el aislamiento de un total de 16 inmigrantes irregulares (todos ellos súbditos argelinos) procedentes del desembarco de una partera, que se encontraban en la comisaría de Benidorm[488].

Asimismo, apuntar en este apartado que en la XIV Legislatura se inició la tramitación, sin llegar a aprobarse, del Proyecto de Ley por la que se modifican diversas normas para consolidar la equidad, universalidad y cohesión del Sistema Nacional de Salud[489]. Este Proyecto de Ley afectaba nuevamente a la regulación del contenido de la configuración de acceso de los extranjeros en situación administrativa irregular a las prestaciones sanitarias, si bien seguía condicionando el acceso gratuito con cargo a los fondos públicos al cumplimiento de una serie de requisitos[490].

488 *Cfr.* Auto del Juzgado Contencioso administrativo 414/2020, de 28 de julio, por el que se ratifican medidas sanitarias de aislamiento personal.

489 Disponible en: https://www.congreso.es/public_oficiales/L14/CONG/BOCG/A/BOCG-14-A-110-1.PDF (01.01.2023).

490 La redacción que afectaba a nuestro colectivo aparece redactada en los siguientes términos: Dos. El artículo 3 bis queda redactado de la siguiente forma:
Artículo 3 bis. Protección de la salud y atención sanitaria a las personas extranjeras no titulares del derecho.

Sentadas las distintas bases normativas que han configurado y configuran el actual Sistema Nacional de Salud, corresponde, ahora, entrar en el análisis de la estructura organizativa que actualmente presenta el SNS y que, precisamente garantiza la cohesión del mismo. Dicha estructura aparece residenciada actualmente en el llamado Consejo Interterritorial del Sistema Nacional de Salud (CISNS), definido en el Preámbulo de la LCSNS como órgano básico de cohesión.

El Consejo Interterritorial del Sistema Nacional de Salud fue creado por la LGS de 1986 como instrumento fundamental para la coordinación sanitaria[491] entre las Administraciones públicas. El artículo 69 de la LCSNS lo define

1. Las siguientes personas extranjeras tienen derecho a la protección de la salud y a la atención sanitaria en las mismas condiciones que las personas titulares del derecho durante su permanencia en España:

a) Personas solicitantes de protección internacional.

b) Personas solicitantes y beneficiarias de protección temporal.

c) Víctimas de trata de seres humanos o de explotación sexual que hayan sido identificadasen el marco de lo dispuesto por el artículo 59 bis de la Ley Orgánica 4/2000, de 11 de enero, dederechos y libertades de los extranjeros en España y su integración social o que hayan sido acreditadas como tales en el marco de lo dispuesto por el artículo 47 del Real Decreto-ley 6/2022,de 29 de marzo, por el que se adoptan medidas urgentes en el marco del Plan Nacional de respuesta a las consecuencias económicas y sociales de la guerra en Ucrania.

d) Personas no registradas ni autorizadas como residentes en España.

Y, añade en su apartado 3 que en el caso de las personas no registradas ni autorizadas como residentes en España la citada asistencia será con cargo a los fondos públicos de las administraciones competentes siempre que dichas personas cumplan todos los siguientes requisitos:

a) No tener la obligación de acreditar la cobertura obligatoria de la prestación sanitaria por otra vía, en virtud de lo dispuesto en el derecho de la Unión Europea, los convenios bilaterales y demás normativa aplicable.

b) No poder exportar el derecho de cobertura sanitaria desde su país de origen o procedencia.

c) No existir un tercero obligado al pago.

Estos requisitos podrán acreditarse ante las administraciones competentes mediante declaración responsable de la persona solicitante.

491 El Tribunal Constitucional en la Sentencia 32/1983, de 28 de abril, en su Fundamento Jurídico 2, ha definido la competencia del Estado en materia de coordinación sanitaria. Afirma que la coordinación persigue la integración de la diversidad de las partes o subsistemas en el conjunto o sistema, evitando contradicciones y reduciendo disfunciones que, de subsistir, impedirían o dificultarían respectivamente la realidad misma del sistema. En este sentido, hay que entender la competencia estatal de coordinación general, a propósito de la cual conviene señalar las siguientes precisiones: a) aunque constituye un reforzamiento o complemento de la noción de bases, es una competencia distinta a la de fijación de las bases; b) la competencia de coordinación general presupone lógicamente que hay algo que debe ser coordinado, esto es, presupone la existencia de competencias de las Comunidades en materia de sanidad, competencias que el Estado, al coordinarlas, debe obviamente respetar, pues nunca ni la fijación de bases ni la coordinación general deben llegar a tal grado de desarrollo que dejen vacías de contenido las correspondientes competencias de las Comunidades; c) la competencia estatal de coordinación general sig-

como el órgano permanente de coordinación, cooperación, comunicación e información de los servicios de salud entre ellos y con la Administración del Estado. Y, tiene como finalidad promover la cohesión del Sistema Nacional de Salud a través de la garantía efectiva y equitativa de los derechos de los ciudadanos en todo el territorio del Estado.

Es interesante poner de manifiesto la existencia de este órgano en al ámbito de esta investigación porque se trata de un órgano que vela por la cohesión del sistema sanitario. Si ello es así, debería garantizar la aplicación efectiva del tratamiento jurídico uniforme en todo el territorio del Estado español en la configuración subjetiva del acceso a las prestaciones sanitarias, que, como bien apuntamos y de acuerdo con la jurisprudencia constitucional, corresponde al Estado.

Su naturaleza jurídica no es fácil de determinar. Con anterioridad a la LCCSNS se afirmaba que el CISNS participaba en principio de la naturaleza propia de las Conferencias Sectoriales como cauce de cooperación interadministrativa, pero a ello se añadía un elemento adicional derivado de su condición de soporte orgánico para el ejercicio de la competencia estatal de coordinación. La Ley rehúye nominarlo como «Conferencia Sectorial» o incardinarlo en alguna de las categorías legalmente establecidas. Se trata de un órgano administrativo y colegiado estatal, si bien parece que es intención del legislador que el Consejo Interterritorial siga en gran medida acomodándose a la naturaleza jurídica de las Conferencias Sectoriales según vienen regulados en la normativa de régimen Jurídico de las Administraciones públicas.

El hecho de que el Sistema Nacional de Salud no sea una organización con personalidad jurídica propia no impide en términos jurídicos la conformación de un Consejo Interterritorial que funcione a modo de Consejo de Administración, esto es, con verdadera capacidad decisoria. La Ley formal, que en el marco de la Constitución lo puede todo, es norma jurídica suficiente para crear y conformar entes singulares adaptados a situaciones específicas. La cuestión es que el legislador, en el capítulo de la Ley dedicado al Consejo Interterritorial, no ha querido o no se ha atrevido a dar el importante paso de atribuir al Consejo Interterritorial el real y efectivo ejercicio de las funciones de *coordinación general sanitaria* y de fijación de normativa básica, y a los acuerdos adoptados en ejercicio de estas competencias alcance vinculante[492].

nifica no sólo que hay que coordinar las partes o subsistemas (esto es, las competencias comunitarias) del sistema general de sanidad, sino que esa coordinación le corresponde hacerla al Estado; d) en consecuencia la coordinación general debe ser entendida como la fijación de medios y de sistemas de relación que hagan posible la información recíproca, la homogeneidad técnica en determinados aspectos y la acción conjunta de las autoridades sanitarias estatales y comunitarias en el ejercicio de sus respectivas competencias de tal modo que se logre la integración de actos parciales en la globalidad del sistema sanitario.

492 Beltrán Aguirre, J. L., *Derecho Sanitario..., op. cit.,* pp. 122-129.

Podríamos definir su naturaleza como un órgano administrativo colegiado de creación legal, de colaboración interadministrativa multilateral y de relevancia política[493].

Tras la Ley de Cohesión, el elenco de atribuciones asignadas al CISNS es de tal amplitud y relevancia que cabe afirmar que, sin perder ninguno de sus roles anteriores, adquiere la condición de un verdadero órgano de gobierno del Sistema Nacional de Salud, utilizando la expresión gobierno como concepto que aglutina todo un extenso abanico de atribuciones administrativas y políticas. De este modo, puede decirse que se ha consagrado una fórmula de gobierno colegiado de nuestro sistema sanitario, sin perjuicio de la función de impulso y liderazgo que corresponde al Ministerio de Sanidad[494].

En relación a su composición señalar que aquí la Ley de Cohesión y Calidad cambia radicalmente la composición del Consejo. Deja de tener una composición paritaria y ahora se integra por el Ministro de Sanidad y Consumo, que ostenta la presidencia de manera permanente, y por todos los Consejeros autonómicos competentes en la materia. La vicepresidencia la ostentará uno de los Consejeros (artículo 70 LCCSNS).

En lo que se refiere a sus competencias, las mismas vienen recogidas en el artículo 71 LCCSNS recogiendo un amplio elenco de funciones, distinguiendo entre cuatro tipos de funciones esenciales como son las relativas a la configuración del Sistema Nacional de Salud, a las funciones de asesoramiento, planificación y evaluación en el Sistema Nacional de Salud, y, finalmente, un último conjunto de funciones de cooperación entre el Estado y las comunidades autónomas. De todo ello cabe deducir que el Consejo ostenta una competencia cuasi universal en nuestro SNS, pudiendo decirse que nada que afecte al funcionamiento del mismo como conjunto le es ajeno.

Finalmente, mencionar que los acuerdos del Consejo se plasmarán a través de recomendaciones que se aprobarán, en su caso, por consenso (artículo 73.2 LCCSNS). Es decir, se opta por un criterio que implica sin duda el fortalecimiento de la posición individual de cada consejero en la formación de la voluntad del Consejo respecto a la que derivaría de la regla general de la aplicación de acuerdos por mayoría simple o también respecto de la que derivaría de las fórmulas de mayoría calificada[495]. Sin embargo, en otros artículos de la Ley se reconoce al Consejo capacidad de decisión en ámbitos en que la

---

493 VAQUER CABALLERÍA, M., «La coordinación y el Consejo Interterritorial del Sistema Nacional de Salud», en PAREJO, Luciano, PALOMAR, Alberto, VAQUER, Marcos, (Coords.), *La reforma del Sistema Nacional de Salud. Cohesión, calidad y estatutos profesionales,* Marcial Pons, Ediciones Jurídicas y Sociales, Madrid, 2004, p. 126.

494 PEMÁN GAVÍN, J. M., *Asistencia Sanitaria..., op. cit.*, pp. 216-217.

495 PEMÁN GAVÍN, J. M, *op. cit.*, 2005, p. 213.

competencia corresponde al Estado, como, por ejemplo, la fijación de criterios básicos o la coordinación de actuaciones en materia de salud pública[496].

En definitiva, la cuestión es que el legislador, en el capítulo de la Ley dedicado al Consejo Interterritorial, no ha querido o no se ha atrevido a dar el importante paso de atribuir al Consejo Interterritorial el real y efectivo ejercicio de las funciones de «coordinación general sanitaria» y de fijación de normativa básica, y a los acuerdos adoptados en ejercicio de estas competencias alcance vinculante. Sí lo hace, sin embargo, en otros capítulos de la Ley[497].

De lo expuesto, la pregunta a resolver radica en cómo es posible que a pesar de la existencia de este órgano que actúa también sobre la materia de la asistencia sanitaria de los extranjeros en situación administrativa irregular se produzcan disfunciones en el cumplimiento de las bases fijadas por el Estado y que son de aplicación mínima y uniforme para las todas las CC. AA., impidiendo la adecuada cohesión del SNS.

Pensemos, por ejemplo, en la Resolución de 20 de junio de 2019 sobre Recomendaciones para el procedimiento de solicitud, registro y expedición del documento certificativo que acredita a las personas extranjeras que encontrándose en España no tengan residencial legal en territorio español para recibir asistencia sanitaria[498]. La misma señala que se adopta para garantizar la homogeneidad del sistema, a petición de las CC. AA., siendo elaboradas las mismas por la Comisión de Prestaciones, Aseguramiento y Financiación del Consejo Interterritorial del Sistema Nacional de Salud.

Asimismo, en el período controvertido de aplicación del Real Decreto-ley 16/2012, de 20 de abril, de medidas urgentes para garantizar la sostenibili-

---

496 El problema sería la formalización de los concretos acuerdos del Consejo que impliquen el ejercicio de la función de coordinación general sanitaria en cuánto competencia estatal. Según la doctrina del Tribunal Constitucional, sentada en su Sentencia 32/1983, de 28 de abril, la competencia de coordinación frecuentemente se une a la de dictar las bases, si bien le corresponde hacerla al Estado. La competencia de coordinación general presupone la existencia de competencias de las Comunidades en materia de sanidad, competencias que el Estado, al coordinarlas, debe respetar, no pudiendo dejar vacías de contenido las competencias de las Comunidades. Por tanto, debe entenderse la coordinación general como la fijación de medios y de sistemas de relación para conseguir la información recíproca, la homogeneidad técnica y la acción conjunta de las autoridades sanitarias estatales y comunitarias en el ejercicio de sus respectivas competencias para lograr la integración de actos parciales en la globalidad del sistema sanitario. (*Cfr.* Sentencia Tribunal Constitucional 32/1983, de 28 de abril, Fundamento Jurídico 2.

497 Beltrán Aguirre, J. L., *Derecho Sanitario..., op. cit.*, p. 129.

498 Recomendaciones para el procedimiento de solicitud, registro y expedición del documento certificativo que acredita a las personas extranjeras que encontrándose en España no tengan residencial legal en territorio español para recibir asistencia sanitaria. Disponible en: https://www.mscbs.gob.es/profesionales/prestacionesSanitarias/CarteraDeServicios/ContenidoCS/docs/Recomen_proc_personas_extranjeras.pdf (08.01.2023).

dad del Sistema Nacional de Salud y mejorar la calidad y seguridad de sus prestaciones, el Consejo Interterritorial del Sistema Nacional de Salud fue informado de los proyectos normativos generados como consecuencia de la reforma sanitaria del año 2012, y sin embargo, las CC. AA., conocedoras de estas normas, adoptaron disposiciones normativas que contradecían las mismas.

Sirva de muestra como proyecto normativo sometido al CISNS el Proyecto de Real Decreto por el que se regula la condición de asegurado y de beneficiario a efectos de la asistencia sanitaria en España, con cargo a fondos públicos, a través del Sistema Nacional de Salud, entre ellas los extranjeros en situación administrativa irregular que señala en su Preámbulo *habiendo sido informado (...)por el Comité Consultivo del Consejo Interterritorial del Sistema Nacional de Salud y por el Consejo Interterritorial del Sistema Nacional de Salud*[499].

Y, como ejemplo de CC. AA., el caso del Principado de Asturias, que adopta las Instrucciones para el Servicio de Salud del Principado de Asturias sobre la autorización de asistencia sanitaria, con carácter provisional, a las personas extranjeras en situación irregular sin recursos[500].

En consecuencia, podemos extraer que el Consejo Interterritorial del Sistema Nacional de Salud resulta clave en la cohesión y coordinación del SNS. Asimismo, tal como fue configurado se trata de un órgano colegiado exclusivo del SNS, al margen de del sistema de la Seguridad Social. Y, además, comprobamos que también participa en aquellas actuaciones de su competencia que tienen relación con la asistencia sanitaria de los extranjeros en situación administrativa irregular. Como hemos comprobado, en unos casos cohesionando, y en otros participando de los asuntos cuando informa los mismos, si bien en su seno pueden existir miembros que mantengan posturas diferentes a las líneas estratégicas o proyectos normativos fijados por la normativa estatal, y que, adoptados inicialmente por consenso en el seno del CISNS, modifiquen posteriormente su postura en su ámbito autonómico.

Junto al Consejo Interterritorial del Sistema Nacional de Salud se sitúa la Alta Inspección (artículos 76 a 79 LCSNS). Sin perjuicio de la descripción de sus funciones previstas en el artículo 76.2 LCSNS, el apartado primero atribuye al Estado el ejercicio de la Alta Inspección definiéndola como *función de garantía y verificación del cumplimiento de las competencias estatales y de las comunidades autónomas en materia de sanidad y de atención sanitaria del Sistema Nacional de Salud, de acuerdo con lo establecido en*

499 *Cfr.* Acta N.° 102, de 27 de junio de 2012, del CISNS. Disponible en: https://www.sanidad.gob.es/organizacion/consejoInterterri/docs/890.pdf (01.01.2023).

500 *Cfr.* Instrucciones para el Servicio de Salud del Principado de Asturias sobre la autorización de asistencia sanitaria, con carácter provisional, a las personas extranjeras en situación irregular sin recursos de 14 de junio de 2012 (BOPA 18.06.2012).

la Constitución, en los estatutos de autonomía y en las leyes. Asimismo, se prevé un sistema de vigilancia y requerimiento por parte de las autoridades sanitarias del Estado al órgano competente de la comunidad autónoma en materia sanitaria cuando, como consecuencia del ejercicio de las funciones de Alta Inspección, se comprueben incumplimientos por parte de la comunidad autónoma. Si una vez efectuada dicha advertencia se comprobase que persiste la situación de incumplimiento, el Gobierno, de acuerdo con lo establecido en la Constitución, requerirá formalmente al órgano competente de la comunidad autónoma para que adopte las medidas precisas, sin precisar la LCSNS el alcance de las mismas.

Por tanto, el SNS, además de disponer de un órgano de gobierno colegiado, también cuenta con un órgano supervisor de vigilancia y seguimiento de las actuaciones sanitarias llevadas a cabo en todo en territorio nacional con la finalidad de garantizar un Sistema Nacional de Salud común, cohesionado y uniforme en España.

En consecuencia, debemos concluir que la configuración de nuestro sistema sanitario como SNS, disociado de la Seguridad Social, no exige para su acceso la condición de trabajador a los extranjeros o de encontrarse en situación administrativa legal. Asimismo, el CISNS como órgano que vela por la cohesión del sistema sanitario, debería garantizar la aplicación efectiva del tratamiento jurídico uniforme en todo el territorio del Estado español en la configuración subjetiva del acceso a las prestaciones sanitarias, que, como bien apuntamos y de acuerdo con la jurisprudencia constitucional, corresponde al Estado. Y, finalmente, la realidad práctica demuestra que, en el seno del CISNS, pueden existir miembros que mantengan posturas diferentes a las líneas estratégicas fijadas a nivel estatal. De manera que, adoptados acuerdos inicialmente por consenso en el seno del CISNS, esos miembros modifiquen posteriormente su postura en su ámbito autonómico. Así, sucedió, por ejemplo, con la aprobación de normas derivadas de la reforma sanitaria acordada en el año 2012.

4.1.a).3. Sostenibilidad financiera del sistema sanitario en España

A lo largo de este apartado se expondrá la sostenibilidad del sistema sanitario en España. Se pondrá de relieve si la necesidad de garantizar la sostenibilidad financiera del sistema sanitario público español está directamente relacionada con la configuración del derecho de acceso a la asistencia sanitaria pública de los extranjeros en situación irregular. Será necesario determinar si el gasto sanitario que genera este colectivo es determinante para garantizar la sostenibilidad del sistema sanitario español, y si, efectivamente limitando el acceso de estas personas, se preserva la sostenibilidad del mismo.

Este análisis incluirá la necesidad de ver la relación que existe entre el fenómeno llamado «turismo sanitario», y extranjero inmigrante irregular en

España, así como su conexión con la financiación del SNS y el gasto público consumido por estos dos colectivos, con la finalidad de determinar «quiénes» ponen en riesgo la sostenibilidad financiera del sistema sanitario público.

Es importante señalar que el término «turismo sanitario» en el que nos vamos a centrar es el que incluye prestaciones proporcionadas por el SNS, es decir, prestaciones financiadas con cargos a los presupuestos públicos. En estos casos, el paciente aprovecha una estancia en nuestro país para obtener un tratamiento de financiación gratuita del Sistema sanitario español, frente a la necesidad de pago o pago requerido en sus países de origen.

Las crisis económicas han puesto de relieve la necesidad de establecer medidas de estabilidad presupuestaria y contención del déficit para garantizar la viabilidad y sostenibilidad del Estado del bienestar. Ello ha planteado la posibilidad de reconsiderar la titularidad y el alcance de las prestaciones sociales, por las dificultades en asumir el gasto que pueda producir su crecimiento ilimitado en un contexto de escasez de recursos.

La Organización Mundial de la Salud en el *Informe sobre la Salud en el Mundo. La financiación de los sistemas de salud. El camino hacia la cobertura universal* (OMS, 2010)[501], además de indicar que la salud es fundamental para el bienestar humano y para el desarrollo económico y social sostenible, fija el objetivo de desarrollar los sistemas de financiación sanitaria para garantizar que todas las personas puedan utilizar los servicios sanitarios mientras están protegidas contra las dificultades económicas asociadas al pago de los mismos. Y, añade que, los países, en su camino hacia la cobertura universal, se encuentran con tres problemas fundamentales relacionados entre sí.

El primero es la disponibilidad de recursos. Ningún país, con independencia de su riqueza, ha sido capaz de garantizar a todas las personas el acceso inmediato a todas las tecnologías o intervenciones que puedan mejorar la salud o prolongar la vida.

La segunda barrera para la cobertura universal es la dependencia excesiva de los pagos directos en el momento en que se necesita asistencia. Esto incluye los pagos de medicamentos sin recetas y las cuotas de las consultas y los procedimientos. Aun disponiendo de algún tipo de seguro médico, puede ser obligatorio contribuir en forma de copagos, coaseguros o deducibles. La obligación de pagar directamente por los servicios en el momento de necesitarlos impide que millones de personas reciban asistencia médica cuando la necesitan. Para aquellos que realmente buscan tratamiento, esto puede dar lugar a una situación económica grave, llegando incluso a empobrecerse.

501 Informe sobre la Salud en el Mundo. La financiación de los sistemas de salud. El camino hacia la cobertura universal, 2010. Disponible en: https://iris.who.int/handle/10665/44373 (23.03.2023).

El tercer obstáculo para avanzar más rápido hacia la cobertura universal es el uso ineficiente y no equitativo de los recursos. Se malgasta el 20-40 % de los recursos destinados a la salud, siendo ésta una estimación conservadora. Reducir este despilfarro mejoraría en gran medida la capacidad de los sistemas sanitarios para prestar servicios de calidad y mejorar la salud.

Vemos así como el camino hacia la cobertura universal propuesto por la OMS se traduce en que los países deben recaudarlos fondos suficientes, disminuir la dependencia de los pagos directos para financiar los servicios y mejorar la eficiencia y la equidad, sin que, en ningún caso, se cuestione como medida para garantizar la sostenibilidad del derecho a la protección a la salud la limitación en el alcance subjetivo y objetivo de la cobertura sanitaria (sujetos y prestaciones).

Aplicado al Estado español, esto puede traducirse en la puesta en marcha de dos líneas de actuación para garantizar la sostenibilidad del Sistema Nacional de Salud[502].

La primera línea de actuación es gastar menos, pero no a través de recortes en las prestaciones o en la disponibilidad de recursos, sino logrando que disminuya la incidencia y prevalencia de las enfermedades mediante actividades de promoción de la salud y prevención de enfermedades, lo que implica aplicar a la salud una perspectiva poblacional y no meramente individual. Promover la salud y prevenir las enfermedades (gastar menos), es más necesario que nunca, para disminuir la presión de los sistemas sanitarios que han pasado de tratar enfermedades agudas a crónicas, con costosos tratamientos y un gasto farmacéutico en aumento a lo largo de períodos muy prolongados para cada enfermo.

Junto a ello, la segunda línea de trabajo ha de centrarse en el objetivo de gastar de mejor manera, aumentando la eficiencia del gasto. Para ello habrá que resolver previamente cuatro tipos de problemas que se pueden sintetizar en: un problema de actitudes ciudadanas y de la opinión pública sobre el Estado de Bienestar y el gasto público, fundamento de la convivencia y de la cohesión social; un problema organizativo de gran complejidad referido a la desintegración de la atención primaria y la atención especializada; los problemas de recursos humanos e incentivos; y, finalmente, la falta de aplicación sistemática de la evaluación de tecnologías sanitarias con carácter normativo

En España, si tenemos en cuenta las dos medidas propuestas, observamos que no se incluyen como medidas para garantizar la sostenibilidad del Sistema Nacional de Salud español aquellas que guardan relación con limitaciones subjetivas del acceso a las prestaciones sanitarias.

---

502 Lobo, F., «La economía, la innovación y el futuro del Sistema Nacional de Salud». *Funcas*, 2017, p. 207. Disponible en: https://www.funcas.es/wp-content/uploads/Migracion/Publicaciones/PDF/2078.pdf (23.03.2023).

Sin embargo, el proceso de adelgazamiento del Estado y las políticas de contención del gasto y de reducción del déficit ante la demoledora crisis y recesión económica mundial y su especial incidencia en la denominada «zona euro» ha llevado a un drástico recorte de la financiación de los servicios sociales. Ello ha puesto en cuestión el mantenimiento de determinadas coberturas y prestaciones sociales, pese a ser más necesarias que nunca ante el aumento de situaciones de necesidad de los ciudadanos[503].

Todas las previsiones en el ámbito de la Unión Europea señalan la existencia de una continua presión sobre el gasto público en asistencia sanitaria, por lo que es imprescindible equilibrar las necesidades de asistencia sanitaria con los recursos disponibles[504].

Y, es el curso de los acontecimientos el que confirma que se imponga la propuesta reductora del acceso y contenido de las prestaciones en aras de unas exigencias financieras que están condicionadas por datos económicos más próximos a la primacía del mercado que a la realización del modelo del Estado Social[505].

Estos condicionantes fueron los que llevaron a que en la reforma introducida por el Real Decreto-Ley 16/2012 se justificara la modificación del derecho de acceso en la necesidad de que, entre otras finalidades, según su Exposición de Motivos, tuviera como objetivo fundamental «afrontar una reforma estructural del Sistema Nacional de Salud dotándolo de solvencia, viabilidad y reforzando las medidas de cohesión para hacerlo sostenible en el tiempo», dentro del «actual contexto socioeconómico». Se explica, en los apartados I y II del Preámbulo del Real Decreto-ley, los argumentos y los motivos que justificaron el requisito de la extraordinaria necesidad y la aprobación de la norma señalando que el sistema sanitario público atraviesa una «situación de grave dificultad económica sin precedentes desde su creación»; con «una alta morosidad y en insostenible déficit en las cuentas públicas sanitarias». «Se hace, pues, imprescindible la adopción de medidas urgentes que garanticen su futuro y que contribuyan a evitar que este problema persista».

Sentado lo anterior, es necesario distinguir entre la constitucionalidad de la medida adoptada y la justificación aducida para adoptar la misma. En rela-

503 Ezquerra Huerva, A., (Coord.), *El marco jurídico de los servicios sociales en España realidad actual y perspectivas de futuro,* Atelier, 2012, p. 63.

504 Moreno Vida, M.ª N., «El objetivo de garantizar la sostenibilidad, la cohesión y la calidad del sistema nacional de salud. Insuficiencia de los instrumentos legales existentes y propuestas de reforma», *Revista de Derecho de la Seguridad Social*, N.º Extraordinario 4, p. 173. Disponible en: https://revista.laborum.es/index.php/revsegsoc/article/view/634/728 (23.03.2023).

505 García Herrera, M. A., «Veinticinco años de derechos sociales en la experiencia Constitucional Española», *Revista de Derecho Político*, núms. 58-59 (2003-2004), p. 294.

ción a su constitucionalidad, y tal como ha señalado el Tribunal Constitucional, el derecho a la asistencia sanitaria y a sus prestaciones y servicios no es absoluto e ilimitado, sino que, *por el contrario, se trata de un derecho prestacional y de configuración legal, cuyo contenido y concretas condiciones de ejercicio corresponde delimitarlos al legislador atendiendo a los intereses públicos y privados implicados y a las concretas disponibilidades presupuestarias*[506]. Conforme ha dicho también el Tribunal, *la sostenibilidad del sistema sanitario público impone a los poderes públicos la necesidad de adoptar medidas de racionalización del gasto sanitario, necesarias en una situación caracterizada por una exigente reducción del gasto público, de manera que las Administraciones públicas competentes tienen la obligación de distribuir equitativamente los recursos públicos disponibles y favorecer un uso racional de este Sistema*[507].

De lo expuesto podemos deducir que es constitucionalmente posible la adopción de medidas necesarias para racionalizar el gasto y garantizar la sostenibilidad del sistema, debido a que ninguno de los elementos prestacionales del derecho puede entenderse con carácter absoluto. Ahora bien, esto no quiere decir que tales elementos estén sujetos a la disponibilidad presupuestaria, sino que sólo puede exigirse, constitucionalmente hablando, un contenido mínimo, no todos los contenidos posibles[508].

En consecuencia, debemos plantearnos si la medida específicamente adoptada de limitar el acceso a la asistencia sanitaria de los extranjeros en situación irregular cumple la mínima exigencia constitucional, presenta el debido equilibrio y la suficiente motivación.

Precisamente, señala la Exposición de Motivos del Real Decreto-ley 7/2018, de 27 de julio, sobre el acceso universal al Sistema Nacional de Salud que los argumentos esgrimidos en la modificación del año 2012 fueron, en su mayoría, coyunturales y de limitado alcance temporal. Los mismos no han sido evaluados y, por tanto, no han demostrado una mejora de la eficiencia en el ámbito sanitario. Y, además, añade que, asentada en tales principios, esta regulación prescindió de garantizar legalmente el debido equilibrio entre la necesidad de asegurar la sostenibilidad financiera de la sanidad pública y la indiscutible exigencia de hacer efectivo el derecho a la protección de la salud de todas las personas.

De la lectura del párrafo anterior se deduciría, de los términos recogidos en el Real Decreto-ley 7/2018, de 27 de julio, la ausencia del debido equilibrio de la medida adoptada en 2012 en relación a la necesidad de garantizar la sostenibilidad del sistema. En consecuencia, para poder aclarar este escenario de argumentos contradictorios resulta necesario exponer dos cuestiones.

506 *Cfr.* Sentencia del Tribunal Constitucional 16/1994, de 20 de enero, Fundamento Jurídico 3.

507 *Cfr.* Auto Tribunal Constitucional 96/2011, de 21 de junio, Fundamento Jurídico 6.

508 Escobar Roca, G., «Los derechos fundamentales sociales...», *op. cit.*, p. 136.

Por un lado, la configuración que la Ley General de Sanidad y las leyes posteriores dictadas han establecido en relación a la financiación de la sanidad española, teniendo en cuenta el marco de financiación de las CC. AA. Y, por otro lado, la necesidad de precisar el *quantum económico*, es decir, el gasto efectivo que representa el acceso a la asistencia sanitaria por parte de los extranjeros en situación irregular, así como los posibles ingresos que se recaudan por parte de este colectivo.

En relación al sistema de financiación, de conformidad con el artículo 2.e) LCSNS, constituye uno de sus principios informadores el relativo a la financiación pública del Sistema Nacional de Salud de acuerdo con el vigente sistema de financiación autonómica. Y, el sistema de financiación sanitaria toma como punto de partida de la estructura financiera sanitaria actual el marco normativo general de financiación fijado por la Ley General de Sanidad de 1986. Concretamente, es el Capítulo V el que se refiere *a la financiación,* (artículos 78 a 83).

El modelo de financiación fijado con la entonces Ley 21/2001, de 27 de diciembre, (hoy derogada), por la que se regulan las medidas fiscales y administrativas del nuevo sistema de financiación de las comunidades autónomas de régimen común y Ciudades con Estatuto de Autonomía, se sustentaba básicamente con impuestos cedidos total o parcialmente por el Estado, lo que supone otorgar una mayor autonomía financiera a las CC. AA. al incrementarles su grado de corresponsabilidad fiscal.

En la actualidad, y paralela a la culminación de la totalidad de las transferencias de la gestión sanitaria desde el Estado central a las CC. AA., son éstas las responsables de la gestión financiera de los servicios sanitarios en su territorio (artículo 10 LCSNS).

En España, la asistencia sanitaria es una prestación no contributiva cuya financiación se realiza a través de los impuestos y está incluida en la financiación general de cada comunidad autónoma, existiendo dos fondos adicionales, el de Cohesión gestionado por el propio Ministerio de Sanidad y Consumo y el Programa de Ahorro temporal en Incapacidad Temporal.

Por tanto, la atención a la salud constituye uno de los principales instrumentos de las políticas redistributivas de la renta entre los ciudadanos españoles: cada persona aporta impuestos en función de su capacidad económica y recibe servicios sanitarios según sus necesidades de salud[509].

La principal dificultad a la que nos enfrentamos a la hora de determinar si la financiación de la sanidad pública española es adecuada o no, consiste en la ausencia de relación directa entre la obtención de los ingresos necesarios y su aplicación en forma de gasto sanitario de los servicios prestados. El carácter universal que nuestra sanidad pública comporta, necesariamente, se des-

509 Bestard Perelló, J. J., *La asistencia sanitaria pública..., op. cit.,* p. 172.

vincula de la capacidad de pago de la ciudadanía; a diferencia de otro tipo de prestaciones contributivas ofrecidas por el Régimen de la Seguridad Social, que están directamente afectadas a las cotizaciones sociales aportadas por los posibles beneficiarios del sistema. En consecuencia, al ser tratada la asistencia sanitaria como si fuera una prestación del Régimen de la Seguridad Social de naturaleza no contributiva, su principal vía de financiación son las transferencias realizadas por las Administraciones públicas correspondientes —Estado, comunidades autónomas o Corporaciones locales—, las cuales provienen fundamentalmente de los ingresos impositivos del sector público.

Los impuestos son por definición ingresos tributarios de naturaleza coactiva exigidos sin establecer contraprestación directa alguna a los contribuyentes. Esta ausencia de contraprestación directa en el pago del impuesto impide su posterior afectación a partidas de gasto concretas, de modo que resulta imposible determinar si el Sistema Nacional de Salud —así establecido— es deficitario o no[510].

Por tanto, este sistema de financiación «universalizado» supone que el servicio de salud se financia a través del sistema tributario e implica que todos contribuyen a su financiación de acuerdo con su capacidad económica y los principios de igualdad y progresividad (artículo 31.1 CE). Es claro que todos deben poder beneficiarse de sus prestaciones. Resulta a todas luces inadmisible que haya personas que en su condición de contribuyentes se ven obligados a soportar la carga que corresponde al gasto sanitario y, en cambio, carecen del derecho a beneficiarse del mismo por superar un nivel de pobreza estricta y quedar fuera de las complejas y obsoletas reglas vigentes sobre determinación de los beneficiaros de la asistencia sanitaria[511].

Lo mismo podemos decir que sucede con nuestro colectivo objeto de estudio. Los extranjeros en situación administrativa irregular, con el pago de impuestos, al menos indirectos, contribuyen al sostenimiento del sistema sanitario, y, sin embargo, no tienen garantizado el acceso a las prestaciones sanitarias, al estar condicionado a los términos que fije la ley en cada momento.

De lo expuesto debemos extraer, por tanto, que los extranjeros en situación administrativa irregular financian gasto sanitario a través de la vía impositiva. Y, además, ese ingreso no está afectado a la financiación de sus potenciales necesidades de prestaciones sanitarias, sino que financian el gasto de todas las prestaciones sanitarias que se integran en el conjunto del SNS, y que son demandadas por los titulares del derecho que tengan reconocido su ejercicio.

---

510 BENITEZ LLAMAZARES, N., «La financiación de la sanidad pública española. Especial referencia a la crisis sanitaria generada por COVID-19», *E-Revista Internacional de la Protección Social*, 2020, Vol. V, N.º 2, pp. 365-366. Disponible en: https://revistascientificas.us.es/index.php/erips/article/view/14309 (12.05.2023).

511 PEMÁN GAVÍN, J. M., *Asistencia Sanitaria..., op. cit.*, pp. 40-41.

En consecuencia, lo anterior nos lleva a plantearnos si la financiación del sistema sanitario está fuertemente condicionada por el gasto efectivo de las personas extranjeras en situación administrativa irregular, de forma tal que hace insostenible la suficiencia financiera del sistema y originan la necesidad de limitar el acceso de estas personas a las prestaciones sanitarias financiadas con cargo a los fondos públicos.

Comprobaremos, a continuación, el coste sanitario por persona en relación a la población inmigrante irregular en España, y expondremos las conclusiones de un estudio sobre consumo sanitario de las personas en situación administrativa irregular.

Por lo que se refiere a población a finales de 2019, el número de inmigrantes que residían de manera irregular en España se calcula entre 390.000 y 470.000 personas. Esta horquilla —estimada de acuerdo a dos posibles metodologías[512]— supone entre el 11 % y el 13 % de los inmigrantes extracomunitarios registrados en el Padrón Municipal, y alrededor del 0,8 % de la población total que reside en España. Las cifras absolutas son, aproximadamente, una tercera parte del millón doscientos mil de 2005, cuando España realizó la última regularización trabajadores sin papeles[513].

512 Se trata de una estimación dada la dificultad que existe para comprobar la población inmigrante irregular. La irregularidad es, por naturaleza, un fenómeno difícil de medir con certidumbre. El riesgo de ser deportado, la imposibilidad de firmar un contrato laboral o la exclusión de los sistemas públicos de salud hacen que muchos países de destino se enfrenten a una verdadera bruma estadística cuando se trata de analizar la realidad de los inmigrantes irregulares, empezando por sus magnitudes. España, sin embargo, tiene una ventaja sobre casi todos los demás: hasta este momento, las autoridades han permitido —incluso incentivado— el registro de todos los extranjeros en el Padrón Municipal, con independencia de su origen o condición administrativa. De este modo, en nuestro país es posible estimar el número de ciudadanos extranjeros sin papeles mediante una simple comparación entre las cifras del padrón y los permisos de residencia oficiales. Un segundo método permite amortiguar las limitaciones del padrón y capturar algunos datos añadidos es la Encuesta de Población Activa, que, comparada con las afiliaciones de extranjeros extracomunitarios a la Seguridad Social, permite obtener una fotografía más detallada de las ocupaciones y sectores en las que se podrían encontrar los inmigrantes irregulares. Finalmente, algunos autores han sugerido el uso de fuentes complementarias de información, como la disposición y uso de las tarjetas sanitarias, para conocer otros elementos relevantes de este fenómeno. La calidad de la información es un bien necesario en cualquier política pública, con independencia de la orientación o el propósito de esa política. Las medidas coercitivas que empujan a los inmigrantes irregulares a la opacidad administrativa les perjudican tanto a ellos como a las sociedades en las que residen. (*Vid*. Gonzalo FANJUL (Fundación por Causa) e Ismael GÁLVEZ-INIESTA (Universidad Carlos III de Madrid), *Informe sobre extranjeros, sin papeles e imprescindibles: Una fotografía de la inmigración irregular en España*, junio 2020, p. 5).

513 Gonzalo FANJUL (Fundación por Causa) e Ismael GÁLVEZ-INIESTA (Universidad Carlos III de Madrid), *Informe sobre extranjeros, sin papeles e imprescindibles: una fotografía de la inmigración irregular en España*, junio 2020. Disponible en: https://porcausa.org/wp-content/uploads/2020/07/RetratodelairregularidadporCausa.pdf (12.09.2020).

En relación al gasto sanitario público, con los datos oficiales disponibles, en el año 2018 en España supuso 71.145 millones de euros, lo que representa el 5,9 por ciento del producto interior bruto (PIB). El gasto per cápita ascendió a 1.523 euros por habitante[514].

Aplicado a nuestro colectivo de población significaría, aproximadamente que el gasto anual por la atención a estas personas (470.000*1523) equivaldría a 716 millones de €/año aproximadamente. Teniendo todo esto en cuenta, podría concluirse que el impacto económico es equivalente al 1 % del total del gasto sanitario público. Como se puede comprobar, el impacto económico es muy reducido pero el impacto negativo en la salud personal, la salud pública, la organización y capacidad de respuesta de los centros sanitarios puede resultar muy elevado para el conjunto de la población.

A ello debemos sumar las conclusiones de un estudio llevado a cabo en Aragón sobre la utilización global de la atención médica por parte de los migrantes irregulares realizado en el 2021. El estudio analiza el uso real del sistema sanitario público español por parte de una gran cohorte de inmigrantes, incluidos los inmigrantes indocumentados, durante un periodo (2011) en el que los inmigrantes tenían acceso ilimitado al sistema sanitario independientemente de su estatus legal. Concluye el estudio que, *en condiciones de igualdad de acceso, el uso de los servicios sanitarios por parte de los inmigrantes irregulares es notablemente inferior al de los nacionales españoles (así como a los inmigrantes documentados), independientemente de la zona de origen y el tiempo de estancia en España*[515].

Es más, el uso del sistema sanitario por parte de la población migrante en situación irregular es escasísimo. En general, menor del 10 % del consumo medio de una persona española. Por tanto, la financiación que recibían los sistemas sanitarios por parte de los usuarios de estas tarjetas sanitarias servía en el fondo para sobre financiar el gasto del resto de la población, incrementando algo nuestros exiguos recursos sanitarios públicos[516].

Por ello, ante este planteamiento de sostenibilidad y financiación actual podemos formular la siguiente reflexión en relación con nuestro colectivo objeto de estudio. Si los extranjeros en situación administrativa irregular con-

514 Rodríguez Blas, M.ª C., «Estadística de gasto sanitario público 2018: principales resultados», Edición Marzo 2020, p. 2. Disponible en: https://www.mscbs.gob.es/estadEstudios/estadisticas/docs/EGSP2008/egspPrincipalesResultados.pdf (12.09.2020).

515 Gimeno-Feliu, L. A., Pastor-Sanz, M., Poblador-Plou, B. *et al.* «¿Uso excesivo o infrauso? Uso de los servicios sanitarios entre inmigrantes irregulares en una región del noreste de España». *Revista Internacional para la equidad en salud 20*, 41 (2021). Disponible en: https://doi.org/10.1186/s12939-020-01373-3 (01.01.2023).

516 Gimeno Feliú, L. A., «Uso de la sanidad pública por la población migrante: prejuicios y realidad», *Espacio sanitario*, 4 de marzo de 2021.Disponible en: https://www.actasanitaria.com/opinion/punto-de-vista/uso-de-la-sanidad-publica-por-la-poblacion-migrante-prejuicios-y-realidad_1567451_102.html (01.01.2023).

tribuyen, en mayor o menor medida, a la sostenibilidad del sistema nacional de salud a través de la vía impositiva cabría plantearse hasta qué punto es jurídicamente razonable la introducción de la limitación en el acceso a la asistencia sanitaria.

Si estamos ante una materia en la cual se aplica una política redistributiva, esto es, cada persona aporta impuestos en función de su capacidad económica y recibe servicios sanitarios según sus necesidades de salud, quizás habría que plantearse si la situación de contribuir a la financiación del sistema sanitario público por parte de este colectivo sin recibir a cambio las prestaciones sanitarias que el sistema ofrece no atenta al derecho de igualdad de estas personas. Y, en segundo lugar, las reformas de limitación del ámbito subjetivo para poder acceder a las prestaciones sanitarias no deberían justificarse en la necesidad de garantizar la sostenibilidad del sistema sanitario debido a que el coste sanitario que genera la población inmigrante, objetivamente, resulta de muy reducido impacto en relación con el elevado gasto total invertido por España en materia de sanidad.

Ahora bien, cuestión distinta es que ese gasto sanitario público provenga del consumo generado por las personas que practican el llamado «turismo sanitario», y que no se identifican con los extranjeros inmigrantes en situación administrativa irregular. Para ello, es importante clarificar esta confusión.

El Tribunal de Cuentas en el año 2012 en su *Informe sobre de fiscalización de la Gestión de las Prestaciones de Asistencia Sanitaria derivadas de la aplicación de los Reglamentos Comunitarios y Convenios Internacionales de la Seguridad Social*[517] puso de manifiesto la relación existente entre turismo sanitario y gasto público sanitario. Entre sus conclusiones reconoció que la asistencia sanitaria prestada a personas extranjeras sin recursos económicos suficientes ha sido abusiva. Concluía, además, que estos sujetos no reunían los requisitos legamente establecidos bien porque estaban cubiertas sus prestaciones en sus Estados de origen o bien por disponer de los recursos económicos suficientes.

Sin embargo, es preciso desgranar el Informe para llegar a la verdadera realidad de esta cuestión. En primer lugar, porque define la figura de «persona sin recursos económicos suficientes», como aquella condición que conlleva la gratuidad de las prestaciones sanitarias, originando el riesgo de utilización del sistema. Y, además, identifica este colectivo con personas que ya tienen cubiertas sus prestaciones sanitarias por la Seguridad Social de sus respec-

517 Resolución de 18 de diciembre de 2012, aprobada por la Comisión Mixta para las Relaciones con el Tribunal de Cuentas en relación con el Informe de fiscalización de la Gestión de las Prestaciones de Asistencia Sanitaria derivadas de la aplicación de los Reglamentos Comunitarios y Convenios Internacionales de la Seguridad Social, conclusiones 3.4. (BOE 25 marzo 2013). Disponible en: https://www.boe.es/diario_boe/txt.php?id=-BOE-A-2013-3242 (10.06.2022).

tivos Estados de origen, o bien porque disponen dentro o fuera de España de recursos económicos suficientes. Y, en segundo lugar, porque identifica a las personas sin recursos económicos suficientes con 284 personas titulares de una Tarjeta Sanitaria Europea emitida por otros Estados miembros, y que, obtuvieron también la tarjeta sanitaria individual española. Como podemos comprobar el Tribunal de Cuentas está identificando «persona sin recursos económicos suficientes» con turismo sanitario europeo, estando al margen de estos supuestos nuestro colectivo objeto de estudio, ya que no disponen de tal tarjeta sanitaria europea.

Como vemos, fundamentalmente, la falta de la recaudación y el uso abusivo se daba entre los nacionales de países a los que resultaba de aplicación la normativa comunitaria. Así, señalaba expresamente que *este Tribunal ha comprobado que, a 15 de junio de 2010, residían en España 453.349 personas cuya nacionalidad pertenecía a alguno de los 37 Estados del Espacio Económico Europeo, a Suiza y a alguno de los siete Estados con los que España tenía suscritos Convenios Bilaterales con derecho a la asistencia sanitaria gratuita a cargo de la Seguridad Social española, por carecer de recursos económicos suficientes.*

En consecuencia, no se debe confundir el acceso a la asistencia sanitaria reconocida en los reglamentos comunitarios[518] y aplicables a las personas beneficiarias de los mismos, del acceso a la asistencia sanitaria de aquellos extranjeros nacionales de terceros países en situación administrativa irregular, cuya situación administrativa y sanitaria excede de la llevada a cabo por las personas que quieren beneficiarse del SNS a través del turismo sanitario. La diferencia radica principalmente en que el colectivo irregular no pretende beneficiarse de la asistencia sanitaria de mejor calidad prestada por el estado de destino respecto de la asistencia sanitaria que le ofrecería su país de origen. Además, el colectivo irregular, en la mayoría de los casos, no dispone de recursos económicos suficientes que les permitan hacerse cargo del coste de la misma.

En cualquier caso, dicho Informe sirvió de motivación y justificación a la aprobación del Real Decreto-ley 16/2012, de 20 de abril, de medidas urgentes para garantizar la sostenibilidad del Sistema Nacional de Salud y mejorar la calidad y seguridad de sus prestaciones cuyo Preámbulo recogía que, a la vista de los informes emitidos por el Tribunal de Cuentas, resultaba imprescindible regular, sin más demora, la condición de asegurado.

Y, añadía, que el Tribunal de Cuentas había puesto de manifiesto que el Sistema Nacional de Salud estaba asumiendo, con cargo a sus presupues-

518 Reglamento (CEE) número 1408/71, de 14 de junio, del Consejo, relativo a la aplicación de los regímenes de Seguridad Social a los trabajadores por cuenta ajena, a los trabajadores por cuenta propia y a los miembros de sus familias que se desplazan dentro de la Comunidad.

tos, la asistencia sanitaria de personas que la tienen ya cubierta, bien por sus instituciones de seguridad social en origen, bien por esquemas de seguros privados, lo cual está erosionando enormemente su capacidad financiera e impidiendo que sus gestores puedan seguir realizando mejoras en los servicios.

En consecuencia, se buscó, al menos en apariencia, solucionar el problema del turismo sanitario, limitando el derecho a la asistencia sanitaria a los extranjeros en situación irregular en España.

Sin embargo, en relación al mayor gasto sanitario por parte de turistas europeos que pasan largas estancias en España, éste no supondría ningún riesgo para la sostenibilidad de nuestro sistema sanitario, si se facturasen correctamente los costes sanitarios a sus países de origen.

Es importante retener la siguiente información recogida en el Informe mencionado. Señala que

> el importe facturado por el INSS por la asistencia sanitaria prestada a los asegurados a cargo de los países del ámbito de aplicación de los Reglamentos comunitarios y a cargo de los siete países con los que España tenía suscrito Convenios Bilaterales en el ejercicio 2009 ascendió a un total de 446.134.747,58 euros, un 627,06% superior al importe de la facturación recibida por la asistencia prestada en dichos países a asegurados a cargo de España, que ascendió a 61.361.532,13 euros. La diferencia entre ambas magnitudes (entendidas, en términos de gestión, como «España Acreedora» y «España Deudora») se debe a que España es un país eminentemente receptor de turistas y residentes extranjeros, por lo que la eficacia y eficiencia interna en la gestión de la facturación de las prestaciones de asistencia sanitaria que efectúan es especialmente relevante.
>
> A su vez, los cobros recibidos por el INSS (369.106.506,98 euros) superaron en un 851,76% a los pagos efectuados en el ejercicio 2009 por el INSS, que fueron de 38.781.527,38 euros.

Y, como muestra, el propio Informe expresamente incluye que

> la facturación emitida en el ejercicio 2009 a Portugal en virtud de la utilización de TSE y demás formularios de derecho de estancia temporal asimilados (13.499 formularios por importe de 4.495.190,57 euros), el mayor volumen de facturación correspondió a las prestaciones de asistencia sanitaria servidas en la provincia de Badajoz a asegurados a cargo de dicho país que, con una cifra de 1.493 formularios por importe de 1.008.627,49 euros, concentró el 11,1% del total de los formularios expedidos y el 22,4% de su importe.
>
> El análisis de las bases de datos de E-125 emitidos por la asistencia sanitaria prestada en Badajoz ha permitido comprobar a este Tribunal de Cuentas que el 70,7% de dichos formularios, es decir, un total de 1.056 formularios por importe de 616.967,88 euros, tuvieron su origen en la asistencia sanitaria prestada en el Hospital Materno-Infantil de dicha provincia, lo que induce a este Tribunal de Cuentas a concluir que, en estos casos, el desplazamiento a España de mujeres embarazadas

procedentes de Portugal habría tenido como fin el procurar ser atendidas en hospitales españoles en el momento del parto. Y, concluye que existen turistas que se desplazan a nuestro país con el fin de recibir asistencia sanitaria sin el formulario de asistencia autorizada establecido al efecto.

Por tanto, estamos ante turistas europeos que disponen de tarjeta sanitaria europea y que planifican y programan una atención sanitaria para beneficiarse de la asistencia sanitaria pública y gratuita, pero que, nada tiene que ver con la situación de los extranjeros inmigrantes en situación irregular que llegan a España para satisfacer sus necesidades básicas.

Como propuesta de solución al turismo sanitario, y siguiendo las indicaciones del Tribunal de Cuentas, se deben mejorar las técnicas de facturación para que el coste de esta asistencia sanitaria pueda ser repercutido a los respectivos países de origen. Y se debe agilizar la compensación económica por atención a pacientes entre comunidades autónomas, estableciendo un sistema eficaz de facturación a terceros y vigilando y sancionando los casos de doble cobertura o el uso fraudulento de la Tarjeta Sanitaria[519]. Entre las medidas propuestas no se incluía la restricción de acceso a la asistencia sanitaria a los extranjeros inmigrantes en situación administrativa irregular.

Nuestro Tribunal Constitucional, al hilo de los pronunciamientos sobre la constitucionalidad del Real Decreto-ley 16/2012, de 20 de abril, admite como válida la motivación relativa al turismo sanitario dada por el Gobierno para justificar la necesaria conexión entre la situación de urgencia definida y la medida concreta adoptada para afrontarla.

Concretamente, en la Sentencia 139/2016, de 21 de julio[520], admite como justificación la argumentación ofrecida en el debate de convalidación del Real Decreto-ley 16/2012 («Diario de Sesiones. Congreso de los Diputados», N.° 31, de 17 de mayo, correspondiente a la sesión plenaria N.° 30), por la Sra. Ministra de Sanidad, Servicios Sociales e Igualdad.

Afirmó la Ministra que la reforma trata de hacer frente a una situación excepcional, actuando con urgencia y determinación para impedir que la situación económica del Sistema Nacional de Salud se vuelva irreversible. Uno de los factores que configurarían el presupuesto habilitante fue que «falta de adaptación de la legislación española a la normativa europea ha abierto las puertas a los abusos del llamado turismo sanitario y ha ocasionado gastos indebidos por valor de más de 1.000 millones de euros en un solo ejercicio económico, en el año 2009». En relación con ello, afirmó la

519 Díaz Pérez, C., Chamorro, E., Álvarez, O. «Comunicación: Influencia del "turismo sanitario" en la sostenibilidad financiera del sistema público de salud», Vol. 24 *Extraordinario XXIII Congreso* 2014, pp. 185-186.

520 Sentencia del Tribunal Constitucional 139/2016, de 21 de julio, Fundamento Jurídico 2.

Sra. Ministra que las medidas propuestas mejoran los procedimientos para el acceso a la asistencia sanitaria «para evitar el descontrol que suponía que cualquier persona, sin concurrir los requisitos legales y por el mero hecho de empadronarse en nuestro país, tuviese acceso a la tarjeta sanitaria. Esto es lo que ha permitido, entre otras cosas, que determinadas personas viajasen a nuestro país a sacarse la tarjeta sanitaria, volviesen al suyo para operarse, por ejemplo, y la sanidad española se hiciera cargo de pagar esa operación».

Sin embargo, autores como Delgado del Rincón entienden que el Gobierno ofreció un razonamiento muy somero, general e insuficiente, basado en razones económicas pero sin ofrecer unos datos objetivos y contrastados; sobre todo, respecto de la medida concreta aprobada por el decreto ley de regulación de la condición de asegurado y de exclusión de la atención sanitaria a los extranjeros empadronados en situación administrativa irregular. Así puede deducirse de la exposición de motivos y del debate de convalidación de la norma, en el que la Sra. ministra de Sanidad, Servicios Sociales e Igualdad reitera prácticamente lo expuesto en el preámbulo, mezclando problemas diferentes como el de la exclusión de la asistencia sanitaria a los extranjeros en situación administrativa irregular y el del turismo sanitario. Sin embargo, el Tribunal, en la sentencia analizada, siguiendo la interpretación flexible que realiza sobre del decreto ley, considera, que el Gobierno ha aportado razones explícitas y suficientes que justifican la extraordinaria y urgente necesidad y, que ha existido, además, una conexión de sentido entre la situación definida y las medidas adoptadas en la norma. Por otro lado, el Tribunal elude pronunciarse sobre la concurrencia del presupuesto de hecho legitimador de la norma en relación con la medida de exclusión de la asistencia sanitaria pública a los extranjeros empadronados que no posean una autorización de residencia. Para el Tribunal, la medida adoptada está dentro del margen que tiene el Gobierno para delimitar el ámbito subjetivo del derecho a la atención sanitaria pública, incluyendo a unos sujetos y excluyendo a otros[521].

Por tanto, el Tribunal Constitucional ha avalado la medida que limita el acceso a la asistencia sanitaria de los extranjeros en situación administrativa irregular aceptando como motivación de la modificación normativa la falta de adaptación de la legislación española a la normativa europea que ha abierto las puertas a los abusos del llamado turismo sanitario.

---

521 Delgado del Rincón, L. E., «El derecho a la protección de la salud de los inmigrantes en situación administrativa irregular: reflexiones críticas sobre la reciente jurisprudencia constitucional acerca de las restricciones introducidas por el Decreto Ley 16/2012, de 20 de abril», *Revista Española de Derecho Constitucional*, núm. 112, 2018, pp. 296-297. Disponible en: https://recyt.fecyt.es/index.php/REDCons/article/view/64474 (03.01.2023).

En consecuencia, de lo expuesto podemos extraer las siguientes consideraciones:

Primera, los poderes públicos poseen la capacidad de adoptar medidas, en caso de ser necesarias, para racionalizar el gasto y garantizar la sostenibilidad del sistema sanitario. Y, esas medidas, tal como hemos expuesto, no se agotan con limitaciones de acceso y prestaciones, sino que son múltiples las alternativas posibles, que no implican limitaciones en la titularidad del derecho a la asistencia sanitaria. Incluso, la propia OMS propone avanzar en la universalidad del derecho a la asistencia sanitaria mediante la revisión de las vías de financiación existentes en los distintos países.

Segunda, esas medidas deben ser motivadas y guardar relación directa con la restricción propuesta. No se puede adoptar una medida restrictiva, necesaria para garantizar la sostenibilidad financiera del sistema sino se identifica adecuadamente el colectivo consumidor del mayor gasto sanitario.

La identificación del gasto sanitario basada en datos objetivos puede condicionar y limitar el ejercicio del derecho a la asistencia sanitaria de los extranjeros en situación administrativa irregular. Ahora bien, la clave para que se restrinja el acceso no puede venir motivada por un análisis general que no distinga fundadamente quién se beneficia y abusa realmente del fenómeno conocido como turismo sanitario.

Tercera, aun cuando existe turismo sanitario, el mismo no debe equipararse con el uso que los extranjeros en situación administrativa irregular hacen del SNS.

Como el propio Tribunal de Cuentas ha señalado, el turismo sanitario está íntimamente vinculado con la libre circulación de los usuarios sanitarios en la Unión Europea y el Espacio Económico Europeo, siendo en este ámbito subjetivo donde se produce el abuso y se sobrepasan los límites normativamente establecidos. Ámbito subjetivo que no se identifica con los extranjeros inmigrantes en situación administrativa irregular.

Cuarta, para garantizar la sostenibilidad del Sistema Nacional de Salud español es necesario realizar una gestión eficiente de los recursos que conlleve un ahorro del gasto sanitario mediante medidas diversas como las propuestas por el propio Tribunal de Cuentas.

Quinta, controlar el turismo sanitario no puede equivaler a adoptar una medida que restrinja el acceso al sistema sanitario de un colectivo extranjero que no se incluye entre aquellos nacionales de terceros países que llevan a cabo esta práctica «abusiva» y «fraudulenta».

Por tanto, la reforma sanitaria llevada a cabo en el año 2012, reduciendo el acceso de los extranjeros en situación irregular a las prestaciones sanitarias, no resultó suficientemente justificada ni proporcionada en lo relativo a garantizar la sostenibilidad del sistema, tal como demuestran los estudios y datos estadísticos, llegando a poner esta reforma, en entredicho, el contenido mínimo indisponible del derecho a la asistencia sanitaria por propio mandato constitucional.

4.1.b) Prestaciones del sistema sanitario español

La exposición del análisis en esta investigación del sistema de prestaciones sanitarias ofrece interés jurídico, ya que los extranjeros en situación administrativa irregular que ejerzan el derecho a la asistencia sanitaria se beneficiarán de las prestaciones sanitarias existentes, con el contenido establecido y las garantías legales que les rodean.

Para ello, distribuiremos el apartado en una exposición general de la configuración actual. A continuación, nos centraremos en las garantías que rodean a las prestaciones sanitarias. Asimismo, haremos una mención especial a la tarjeta sanitaria individual y, finalmente, entraremos en el contenido de las mismas.

4.1.b).1. Consideraciones generales

El derecho a la asistencia sanitaria comporta la obligación de los poderes públicos de organizar y mantener un sistema de prestaciones que garanticen su efectividad (art. 43.2 de la Constitución). El origen de las prestaciones sanitarias, como ya apuntamos, está vinculado al sistema de Seguridad Social. Actualmente, sin embargo, el marco legal se contiene fundamentalmente en la normativa de sanidad, quedando vinculadas residualmente prestaciones al régimen de Seguridad Social.

La Constitución no reconoce un derecho a las prestaciones sanitarias, sino que en el propio artículo 43.2 CE establece un mandato a los poderes públicos para que organicen y tutelen la salud pública a través de medidas preventivas y de las prestaciones y servicios que sean necesarios. Esto significa que el derecho a las prestaciones sanitarias, o más concretamente a la asistencia sanitaria, es un derecho de configuración legal. Por lo tanto, ha de ser el legislador estatal el que establezca el contenido básico de ese derecho a las prestaciones sanitarias a través de ley formal y el legislador autonómico el que desarrolle, en su caso, lo dispuesto a nivel estatal[522].

En este sentido, la Ley General de Sanidad de 1986, aunque proclama su propósito de regular todas las acciones que permitan hacer efectivo el derecho a la protección de la salud, no reconoce expresamente un específico derecho a la asistencia sanitaria de los usuarios del Sistema Nacional de Salud. Por ello, conviene destacar que el derecho a la protección de la salud engloba todo un conjunto de acciones administrativas diversas a tal fin, y entre ellas, las relativas a la asistencia sanitaria pública.

Posteriormente, la Ley 16/2003, de 28 de mayo, de Cohesión y Calidad del Sistema Nacional de Salud vino ya a reconocer y concretar expresamente el

522 Vida Fernández, J., «Las prestaciones sanitarias del SNS...», *op. cit.*, p. 49.

derecho a la asistencia sanitaria al establecer, con rango legal, las prestaciones a las que el usuario tiene derecho, y regular el Catálogo de Prestaciones del SNS, como el conjunto de servicios preventivos, diagnósticos, terapéuticos, rehabilitadores y de promoción de la salud dirigidos a los ciudadanos para garantizar las condiciones básicas y comunes de una atención integral, continuada y en el nivel adecuado de atención[523].

El desarrollo normativo de las prestaciones sanitarias, que tiene carácter básico para todo el territorio nacional, culminó con la aprobación del Real Decreto 1030/2006, de 15 de septiembre, por el que se establece la cartera de servicios comunes del Sistema Nacional de Salud y el procedimiento para su actualización. Establece el contenido de la cartera de servicios comunes de las prestaciones sanitarias de salud pública, atención primaria, atención especializada, atención de urgencia, prestación farmacéutica, ortoprotésica, de productos dietéticos y de transporte sanitario, así como la fijación de las bases del procedimiento para la actualización de la cartera de servicios comunes del Sistema Nacional de Salud.

La ordenación de las prestaciones sanitarias, además, debe tener en cuenta el modelo territorial descentralizado y, por tanto, habrá de respetar la distribución constitucional de competencias en materia de sanidad (artículo 149.1.16 CE y artículo 148.1.21 CE). Es decir, nuestro sistema sanitario público se estructura de forma descentralizada.

El Tribunal Constitucional se ha pronunciado sobre el alcance competencial de las prestaciones sanitarias desde la perspectiva del ámbito subjetivo y objetivo en numerosas ocasiones[524]. En el plano objetivo, entre otras, la Sentencia del Tribunal Constitucional 136/2012, de 19 de junio[525], recoge que, en materia de sanidad, la Constitución exige al Estado que preserve la existencia de un sistema normativo sanitario nacional con una regulación uniforme mínima y de vigencia en todo el territorio español.

Añade que debemos considerar el carácter básico en lo que se refiere a la garantía de financiación pública del sistema, cuando define las personas que tienen derecho a las prestaciones sanitarias en los términos legalmente establecidos, y las cuestiones relativas a las diferentes modalidades de prestaciones sanitarias, comenzando por las que constituyen el núcleo esencial o epicentro de la propia materia de sanidad, la denominada «cartera común básica», y finalizando por las prestaciones suplementarias y de servicios accesorios. Por tanto, concluye que la decisión acerca de quiénes deban

---

523 ÁLVAREZ GONZÁLEZ, E. M., *Régimen Jurídico de la asistencia sanitaria pública. Sistema de prestaciones y coordinación sanitaria*, Comares, Granada, 2007, pp. 283-284.

524 *Cfr.* Sentencia Tribunal Constitucional 98/2004, Fundamento Jurídico 7, doctrina reiterada en las SSTC 22/2012, de 16 de febrero, FJ 3; STC 211/2014, FJ 4; STC 33/2017, FJ 4; STC 64/2017, de 25 de mayo, FJ 4, y STC 99/2017, de 20 de julio, FJ 3.

525 *Cfr.* Sentencia del Tribunal Constitucional 136/2012, de 19 de junio, Fundamento Jurídico 5.

ser beneficiarios de las prestaciones sanitarias y cuáles sean dichas prestaciones, pertenece indudablemente al núcleo de lo básico, pues define los ámbitos subjetivo y objetivo de la propia materia. Vinculado con ello, forma lógicamente también parte del ámbito de lo básico la concreta definición de las diferentes modalidades de prestaciones sanitarias comunes (básicas, suplementarias o de servicios accesorios). Ahora bien, dichas bases habilitan un margen para el desarrollo, por parte de las comunidades autónomas, de su propia política sanitaria. Éstas podrán, respetando el mínimo formado por las carteras comunes, aprobar sus propias carteras de servicios, y establecer servicios adicionales para sus residentes. Es decir, las comunidades autónomas podrán mejorar el mínimo estatal, pero en ningún caso empeorarlo.

Por tanto, en el ámbito de las prestaciones sanitarias las carteras, común de servicios, común básica de servicios asistenciales y común de servicios accesorios, del Sistema Nacional de Salud, constituyen el mínimo común denominador para todo el Estado. Y, podrán, por su parte, las comunidades autónomas desarrollar y mejorar el catálogo de prestaciones sanitarias en sus respectivos ámbitos territoriales, a través de la cartera de servicios complementaria.

Un problema que cabe plantear aquí, de carácter más teórico que práctico, es si los poderes públicos sólo están obligados a garantizar las prestaciones financiadas total o parcialmente con fondos públicos o si, en los centros y establecimientos de los que sean titulares, deben ofrecer cualesquiera otras que permita el «estado del arte», aunque el usuario tenga que pagar. La práctica ofrece, sin duda, una respuesta afirmativa en este último sentido, pero en términos estrictamente jurídicos no es fácil responder a esta cuestión, entre otras razones porque tampoco hay un imperativo constitucional de que las prestaciones se ofrezcan por establecimientos de titularidad pública. En principio, los poderes públicos sólo están obligados a garantizar las prestaciones que financian (el artículo 43.2 CE no generaliza el derecho a obtener gratuitamente las prestaciones), lo que no impide que ofrezcan otras diferentes en coherencia con una concepción integral de la asistencia sanitaria y de la protección de la salud. Con este enfoque, el problema se reconduce de nuevo a la delimitación de cuales sean las prestaciones a financiar con fondos públicos y cuáles quedan fuera de dicha financiación[526]. Por ello, la concreción de dicho derecho como prestación pública y que reciben financiación pública sólo ocurrirá cuando se contenga en el Catálogo de Prestaciones y se desarrolle en la cartera de servicios[527].

526 Menéndez Rexach, A., «El derecho a la asistencia sanitaria y el régimen de las prestaciones sanitarias públicas», *Revista Derecho y Salud*, Volumen 11 Extraordinario, Mayo 2003, p. 35.

527 Vida Fernández, J., «Las prestaciones sanitarias del SNS...», *op. cit.*, p. 51.

Finalmente, y dentro de este planteamiento general, un conflicto jurídico que puede suscitarse en este punto es el relativo a la irreversibilidad de las prestaciones sanitarias una vez reconocidas, cuya cuestión ha sido tratada doctrinal y jurisprudencialmente. Esta cuestión fue puesta de manifiesto con la aprobación del Real Decreto Ley 16/2012, de 20 de abril, en el sentido de que la norma propuesta suponía restringir o limitar prestaciones sanitarias que ya habían sido reconocidas, entre otros, a los extranjeros en situación administrativa irregular.

La Observación General 14, de 12 de mayo de 2000, del Comité de Derechos Económicos, Sociales y Culturales, sobre cuestiones sustantivas que se plantean en la aplicación del Pacto Internacional de Derechos Económicos, Sociales y Culturales[528], en su apartado 32, reconoce que existe una fuerte presunción de que no son permisibles las medidas regresivas adoptadas en relación con el derecho a la salud. Si se adoptan cualesquiera medidas deliberadamente regresivas, corresponde al Estado parte demostrar que se han aplicado tras el examen más exhaustivo de todas las alternativas posibles y que esas medidas están debidamente justificadas por referencia a la totalidad de los derechos enunciados en el Pacto en relación con la plena utilización de los recursos máximos disponibles del Estado parte.

La Constitución no fija pautas o criterios de orden concreto que vayan más allá del respeto a los postulados de universalidad e igualdad en la configuración de las prestaciones sanitarias, así como el respecto a un nivel asistencial mínimo que puede considerarse constitucionalmente garantizado. Mínimo asistencial al que cabe atribuir también un carácter evolutivo o dinámico —dada la propia naturaleza de la materia sobre la que recae— y cuyo desconocimiento por los poderes públicos podría tacharse de inconstitucional[529].

En el marco de la Constitución de 1978 debe abordarse partiendo de la distinción entre los verdaderos derechos subjetivos y los principios rectores de la política social y económica, que no configuran situaciones concretas de poder jurídico susceptibles de protección e inmediatamente exigibles. Pues bien, lo que no puede hacer nunca el legislador ordinario es apartarse de dichos principios (art. 53.3 de la Constitución), pero sí podrá, sobre todo si se ve obligado por las circunstancias, establecer una regulación que, respetando esos principios, suponga una modificación «in peius» del régimen vigente con anterioridad, que debería justificarse en la falta de recursos y en la necesidad de distribuir equitativamente los disponibles. En definitiva, la

528 Observación General 14, de 12 de mayo de 2000, del Comité de Derechos Económicos, Sociales y Culturales, sobre cuestiones sustantivas que se plantean en la aplicación del Pacto Internacional de Derechos Económicos, Sociales y Culturales.

529 Pemán Gavín, J. M., «Las prestaciones sanitarias públicas: configuración actual y perspectivas de futuro», *Revista de Administración Pública*, Núm. 156. Septiembre-diciembre 2001. p. 124. Disponible en: https://www.cepc.gob.es/sites/default/files/2021-12/243962001156101.pdf (10.05.2023).

escasez de los recursos impide afirmar el carácter irrenunciable e irreductible de todas y cada una de las conquistas que los ciudadanos alcancen en el marco del Estado Social. Esa debe ser la tendencia, como mejora de la calidad de vida que garantiza un mayor bienestar. Pero no siempre podrá ser así, si los poderes públicos no disponen de recursos no ya para elevar la calidad de vida sino ni siquiera para garantizar la alcanzada[530].

El Tribunal Constitucional en su Sentencia 81/1982, de 21 de diciembre[531], tuvo ocasión de abordar este tema, declarando que, dado el carácter social y democrático del Estado de Derecho que nuestra Constitución erige y la obligación que al Estado imponen los artículos 9.2 y 35 de la Constitución, debe entenderse que no se puede privar al trabajador sinrazón suficiente para ello de las conquistas sociales ya conseguidas.

En definitiva, no parece existir inconveniente para diseñar y ensayar, siempre que ésta sea razonablemente coherente con una determinada situación económica, una política legislativa que fije unos niveles de prestaciones distintos, mayores o menores, a los alcanzados y reconocidos legalmente en un momento dado. Cierto que la actuación de los poderes públicos está condicionada inexorablemente por las posibilidades económicas. No obstante, la Constitución impide la acción del legislador encaminada directamente y sin contraprestación a la supresión pura y simple de una conquista social. Más aún cuando se trata de prestaciones vitales para el ser humano como son los servicios sanitarios asistenciales[532].

Por tanto, resulta jurídicamente admisible que se puedan introducir menos niveles de prestaciones de las disponibles en un momento determinado, si bien es cierto que el fin ha de ser legítimo y estar justificada cada una de las limitaciones establecidas. Aplicado a nuestro colectivo objeto de estudio implica que se puedan aprobar normas jurídicas que limiten el acceso a las prestaciones sanitarias en un momento dado, siempre y cuando respete y no afecte el contenido esencial indisponible del derecho a la protección de la salud.

4.1.b).2. Garantías de las prestaciones sanitarias

A lo largo de este apartado visualizaremos dos cuestiones. Por un lado, las garantías legales que rodean las prestaciones sanitarias y por otro, haremos referencia a la regulación normativa existente en relación a la tarjeta sanitaria individual como documento que sirve de puerta de entrada al sistema sanitario.

530 Menéndez Rexach, A. «El derecho a la asistencia sanitaria»*, op. cit.*, p. 34.

531 *Cfr.* Sentencia Tribunal Constitucional 81/1982, de 21 de diciembre, Fundamento Jurídico 3.

532 Beltrán Aguirre, J. A., «Prestaciones sanitarias del Sistema Nacional de Salud: aspectos jurídicos», *Revista Derecho y Salud,* Vol. 2, enero-diciembre 1994, p. 89. Disponible en: https://www.ajs.es/sites/default/files/2020-05/Vol0201-9.pdf (01.01.2023).

Debemos poner de relieve las garantías de las prestaciones sanitarias, ya que como señala la propia Exposición de Motivos de la LCCSNS, las garantías de las prestaciones constituyen un aspecto esencial de su regulación, al ser el valor de la garantía la que permita el reconocimiento de ese derecho.

Las garantías vienen recogidas, por tanto, en la Ley 16/2003, de 28 de mayo, de cohesión y calidad del Sistema Nacional de Salud, y, las mismas se aplican tanto a los centros públicos como privados, independientemente de la financiación de las prestaciones que estén ofreciendo en cada momento, siendo responsabilidad de las Administraciones públicas sanitarias, para los centros de su ámbito, velar por su cumplimiento.

En este sentido, debemos aludir a la garantía de la accesibilidad que se traduce en que todos los usuarios del SNS tienen derecho al acceso a las prestaciones sanitarias contempladas en la Ley de Cohesión y Calidad del SNS en condiciones de igualdad efectiva (artículo 23).

En segundo lugar, debemos mencionar la movilidad que implica que el acceso a las prestaciones sanitarias comunes se garantizará con independencia del lugar del territorio nacional en el que se encuentren en cada momento los usuarios del Sistema Nacional de Salud (artículo 24.1 Ley 16/2003).

En tercer lugar, la Ley se refiere a la garantía del tiempo y se traduce en que el ciudadano que vaya acceder a una determinada prestación conozca de antemano el tiempo máximo de espera (artículo 25.1 LCSNS). Quedan fuera de este tipo de garantías las intervenciones quirúrgicas de trasplantes de órganos y tejidos, cuya realización depende de la disponibilidad de órganos, así como la atención sanitaria antes situaciones de catástrofe (artículo 25.2 LCSNS). Es el Real Decreto 605/2003, de 23 de mayo, el que establece medidas para el tratamiento homogéneo de la información sobre listas de espera en el SNS, siendo numerosas las CC. AA.[533] que han regulado esta cuestión en su ámbito territorial. Por el Real Decreto 1039/2011, de 15 de julio, se establecen los criterios marco para garantizar un tiempo máximo de acceso a las prestaciones sanitarias del Sistema Nacional de Salud.

Finalmente, nos encontramos con la garantía de información, de seguridad y de calidad cuyo contenido viene recogido, respectivamente, en los artículos 26, 27 y 28 de la LCSNS. Se identifican con las garantías de información a los ciudadanos de derechos y deberes, de las prestaciones y de la cartera de servicios, así como con la garantía de protección al usuario mediante el uso tutelado respecto a las técnicas, tecnologías o procedimientos sobre los que no existe suficiente información.

---

533 En la Comunidad autónoma Principado de Asturias desarrolló esta garantía con la aprobación del Decreto 59/2018, de 26 de septiembre, sobre garantía de tiempo máximo de acceso a las prestaciones sanitarias del Servicio de Salud del Principado de Asturias, información sobre listas de espera y Registro de Demanda Asistencial del Principado de Asturias (BOPA 08.10.2018).

En otro orden de ideas, y antes de entrar en el desarrollo del contenido de las prestaciones sanitarias debemos hacer referencia a la tarjeta sanitaria individual, ya que esta cuestión es de especial relevancia para nuestro objeto de investigación. La Ley 16/2003 de 28 de mayo, de cohesión y calidad del Sistema Nacional de Salud, recoge en su artículo 57 que *el acceso de los ciudadanos a las prestaciones de la atención sanitaria que proporciona el Sistema Nacional de Salud se facilitará a través de la tarjeta sanitaria individual, como documento administrativo que acredita determinados datos de su titular*. Este documento, que atenderá a los criterios establecidos con carácter general en la Unión Europea cumple una serie de funciones[534], relevantes en orden al acceso a las prestaciones, pudiendo mencionar las siguientes:

Primera, podemos referirnos a una función acreditativa ya que esta tarjeta constituye un documento administrativo que incluirá los datos básicos de identificación: del titular, del derecho que le asiste en relación con la prestación farmacéutica y del servicio de salud o entidad responsable de la asistencia sanitaria.

La tarjeta es gestionada, en el ámbito territorial respectivo, por cada CC. AA., debiendo establecer unos dispositivos que permitan que la lectura y comprobación de los datos sea técnicamente posible en todo el territorio del Estado y para todas las Administraciones públicas.

Segunda, con la tarjeta sanitaria individual se lleva cabo una función de control. Cada titular de la tarjeta se le asigna un código de identificación personal único, con el objeto de que el Ministerio competente en materia de Sanidad desarrolle una base de datos que recoja la información básica de asegurados del SNS, de tal manera que los Servicios de Salud dispongan de un servicio de intercambio de información sobre la población protegida, mantenido y actualizado por los propios integrantes del sistema. Este servicio de intercambio permitirá la depuración de los titulares de la tarjeta (artículo 57.3 LCSNS).

Tercera, también cabe referirse a una función informativa en el sentido de que deberá posibilitarse el acceso a esta información sanitaria a los profesionales debidamente autorizados.

Y, finalmente, podemos aludir a una función adaptadora ya que sobre estas tarjetas podrán realizarse los ajustes necesarios para su adaptación a la normalización que pueda establecerse para el conjunto de las Administraciones públicas y en el seno de la Unión Europea.

Aplicado a nuestro objeto de estudio se nos plantean los siguientes interrogantes, que pasamos a exponer. Primero, cabe plantearse si los extranjeros

534 Sempere Navarro, A. V., González Díaz, F. A., «El contenido del derecho. El régimen jurídico de las prestaciones sanitarias. Estudio jurídico-práctico», en Monereo Pérez, J. L., Molina Navarrete, C., y Moreno Vida, M. A., (directores), *Comentario práctico a la legislación reguladora de la Sanidad en España,* Editorial Comares, Granada, 2007, p. 217.

en situación administrativa irregular son titulares de la tarjeta sanitaria individual, al menos para las prestaciones a las que puedan acceder. Por otro lado, los menores extranjeros de 18 años podrían serán titulares de esta tarjeta si tienen reconocido el acceso a las prestaciones sanitarias en las mismas condiciones que los españoles. Ahora bien, esta situación choca frontalmente con la situación administrativa reguladora de algunas CC. AA.

Un claro ejemplo es la situación de la CC. AA. Principado de Asturias donde fue precisamente la tarjeta sanitaria individual la que les permitió, en 2012, acceder a la asistencia sanitaria. Según establece el artículo 1 de las Instrucciones para el Servicio de Salud del Principado de Asturias sobre la autorización de asistencia sanitaria, con carácter provisional, a las personas extranjeras en situación irregular sin recursos, aún hoy sin derogar[535], las mismas tienen derecho a solicitar en el centro de atención primaria un Código de Identificación Personal (CIP).

Asimismo, y en línea con lo anterior, también debemos poner de manifiesto las disfunciones que actualmente presentan los medios identificativos para materializar el acceso a la asistencia de los extranjeros en situación administrativa irregular, teniendo en cuenta la normativa existente anterior a las reformas sanitarias de los años 2012 y 2018 y la normativa que se fue elaborando como consecuencia de estas.

Por el Real Decreto 183/2004, de 30 de enero, se regula la tarjeta sanitaria individual, reglamento plenamente vigente en el momento actual. Concretamente, señala su artículo 2.1 que *las Administraciones sanitarias autonómicas y el Instituto Nacional de Gestión Sanitaria emitirán una tarjeta sanitaria individual con soporte informático a las personas residentes en su ámbito territorial que tengan acreditado el derecho a la asistencia sanitaria pública.*

Es decir, los extranjeros en situación administrativa irregular disponían, siempre que tuvieran acreditado el derecho a la asistencia sanitaria pública, de tarjeta sanitaria individual emitida por la administración autonómica donde residan los mismos. Así se venía gestionando hasta el año 2012, momento en el que se vinculó el derecho a la asistencia sanitaria con la condición de asegurado y beneficiario, lo que supuso la retirada de la misma para aquellos extranjeros que se encontrasen en situación administrativa irregular[536].Expre-

535 Disponible en: https://sede.asturias.es/bopa/2012/09/01/2012-15641.pdf (08.04.2023).

536 Resulta relevante en este punto las consideraciones recogidas en el Informe N.º 937, de 29 de marzo de 2012, de Fiscalización de la gestión de las prestaciones de asistencia sanitaria derivadas de la aplicación de los Reglamentos comunitarios y convenios internacionales de la Seguridad Social cuando analizando esta cuestión recoge los requisitos que se han de cumplir para poder obtener tarjeta sanitaria individual por parte de los extranjeros que carecen de recursos económicos suficientes. Señalan que los mismos debían acreditar tres requisitos. *Por tanto, los extranjeros pueden acceder al sistema sanitario español a través del derecho a la asistencia sanitaria a «personas sin recursos económicos suficientes».*
Para ello deben acreditar el cumplimiento de los tres requisitos siguientes, de acuerdo con el artículo 3 de la Orden de 13 de noviembre de 1989:

samente el Real Decreto 1192/2012, de 3 de agosto, señalaba en su Preámbulo que *todas las personas que ostenten la condición de aseguradas o de beneficiarias tendrán garantizada la asistencia sanitaria en España, con cargo a fondos públicos, a través del Sistema Nacional de Salud, la cual se hará efectiva por las administraciones sanitarias competentes mediante la expedición de la tarjeta sanitaria individual*.

A día de hoy, se obvia para nuestro colectivo la existencia del Real Decreto 183/2004, de 30 de enero, debido a que las CC. AA. solicitaron una aplicación uniforme sobre el procedimiento para acreditar el derecho de estas personas a la asistencia sanitaria. Fruto de esa petición se aprueban las *Recomendaciones para el procedimiento de solicitud, registro y expedición del documento certificativo que acredita a las personas extranjeras que encontrándose en España no tengan residencial legal en territorio español para recibir asistencia sanitaria*[537]. Tal y como establece el apartado 3.5 de las mismas, una vez revisado el cumplimiento de los requisitos, se le asignará a dichas personas un código de Identificación Personal del SNS (CIP-SNS), y, a continuación, la administración sanitaria autonómica emitirá documento acreditativo/tarjeta que acredite tal condición (apartado 3.6). Es decir, la solución administrativa establecida es la misma que la existente en 2004 pero con una denominación distinta.

En consecuencia, de lo expuesto podemos extraer las siguientes consideraciones.

Primera, la reforma del año 2012 alteró el procedimiento vigente para la obtención de la tarjeta sanitaria individual a favor de los extranjeros en situación administrativa irregular, eliminando su emisión o cancelando las existentes a quién no tuviera la condición de beneficiario o asegurado.

---

a) La residencia en territorio nacional, mediante certificado de empadronamiento.

b) La insuficiencia de recursos económicos, mediante declaración jurada de los interesados.

c) La no inclusión en cualquiera de los Regímenes de la Seguridad Social, bien sea como titular o como beneficiario, mediante manifestación expresa de los interesados.

Además, proponía la siguiente medida para este colectivo en relación con la tarjeta sanitaria individual ante los riesgos de abuso de esta prestación: *Por otra parte, las tarjetas sanitarias individuales emitidas por los Servicios de Salud de las comunidades autónomas a este colectivo deberían tener un código identificativo, con el fin de poder realizar un control eficiente sobre estas personas, ante el riesgo de uso fraudulento de la figura de «personas sin recursos económicos suficientes», así como realizar un seguimiento periódico con objeto de verificar que el beneficiario sigue manteniendo los requisitos exigidos para el acceso a prestaciones sanitarias a través de la misma*. Pp. 213-218. Disponible en: https://www.tcu.es/repositorio/6a875861-340f-4662-8142-0bb8d1bd03be/I937.pdf (02.01.2023).

537 Resolución de 20 de junio de 2019 de la Dirección General de la Cartera Básica de Servicios del Sistema Nacional de Salud y Farmacia por la que se hacen públicas las recomendaciones para el procedimiento de solicitud, registro y expedición del documento certificativo que acredita a las personas extranjeras que encontrándose en España no tengan residencial legal en territorio español para recibir asistencia sanitaria.

Sin embargo, en alguna CC. AA., como el Principado de Asturias, la tarjeta sanitaria fue el documento acreditativo que servía a estos extranjeros para acceder a la asistencia sanitaria al margen de la normativa básica estatal. Por tanto, se producía una clara contradicción, ya que, si bien los extranjeros en situación administrativa irregular no tenían la condición de destinatarios de la tarjeta, sin embargo, en algunas CC. AA. sería el instrumento y soporte fundamental para garantizar el acceso de aquellos a las prestaciones sanitarias.

Segunda, la normativa reguladora del desarrollo de la tarjeta sanitaria individual no sufrió modificaciones en este punto desde el año 2004. Sin embargo, aun cuando en estos momentos podría seguir aplicándose en los mismos términos que se venía haciendo antes del año 2012, se ha optado por establecer unas Recomendaciones en el seno del CISNS para llegar a la misma materialización de acreditación del derecho. Esto es, la emisión de documento acreditativo/tarjeta que acredite el acceso a la asistencia sanitaria a los extranjeros en situación administrativa irregular en España. Ahora bien, la única diferencia radica en que este documento no se denomina tarjeta sanitaria individual sino simplemente tarjeta acreditativa constando los datos de ambas tarjetas en la Base de Datos de Población Protegida del Sistema Nacional de Salud (BDPP-SNS). Sin embargo, en ambos casos, estamos ante un documento administrativo que acredita determinados datos de su titular.

4.1.b).3. Sistema de prestaciones del Sistema Nacional de Salud

El sistema de prestaciones del Sistema Nacional de Salud integra el contenido del derecho a la prestación sanitaria. Los extranjeros en situación administrativa irregular se benefician de las prestaciones sanitarias. Ahora bien, es necesario analizar si pueden existir diferencias en el acceso a las prestaciones según las mismas se vinculen o bien al derecho de acceso a la asistencia o bien, al contenido esencial indisponible del derecho a la protección de salud de los que son titulares, sin limitaciones en su ejercicio, los extranjeros en situación administrativa irregular.

Legalmente, el sistema de prestaciones del SNS se contiene fundamentalmente en la Ley 16/2003, de 28 de mayo, de cohesión y calidad del Sistema Nacional de Salud. La aprobación del Real Decreto-Ley 16/2012, de 20 de abril, de medidas urgentes para garantizar la sostenibilidad del Sistema Nacional de Salud y mejorar la calidad y seguridad de sus prestaciones, también ha introducido modificaciones en la Ley 16/2003 en el apartado relativo a las modalidades de atención sanitaria, ya que el «catálogo de prestaciones del Sistema Nacional de Salud» se sustituye por la «cartera común de servicios».

Para abordar de forma correcta el desarrollo de este epígrafe resulta oportuno aclarar, como paso previo, la diferencia conceptual entre catálogo de prestaciones y cartera de servicios del SNS recogida en la Ley de Cohesión.

Partiendo del artículo 7.1 LCSNS el catálogo de prestaciones aparece como un instrumento jurídico esencial para el funcionamiento del propio sistema sanitario (porque en él se determina, a nivel prestacional, los elementos comunes de aplicación homogénea en todo el sistema), pero también de referencia o guía necesaria para los usuarios y/o pacientes del mismo (porque en él se contiene la oferta prestacional pública y las condiciones para su ejercicio).

El contenido del catálogo deberá incluir: el cuadro de prestaciones sanitarias de aplicación común en todo el SNS que permita dar cobertura, de forma integral y continuada, a las exigencias asistenciales que demanda la población (artículo 7.1, párrafo 2.º); la definición de cada prestación; el conjunto de actuaciones que contiene cada una de ellas (artículos 11 a 19); las prestaciones cuyo importe se ha de reclamar a terceros obligados al pago (anexo IX RD 1030/2006) y pacientes privados; y las prestaciones excluidas. Asimismo, el catálogo deberá identificar en qué centros sanitarios se podrá dispensar tales prestaciones (artículo 9); el personal que harán efectivas dichas prestaciones, así como las garantías necesarias para el adecuado y correcto acceso y utilización de las prestaciones que dispensa el sistema (artículos 23 a 29). No se trata de un catálogo cerrado, sino que se encuentra abierto a todo aquello que permita garantizar la finalidad prevista en el artículo 7.1 de la Ley de cohesión.

Añade el párrafo 2 del mismo precepto que el catálogo comprenderá las prestaciones correspondientes a salud pública, atención primaria, atención especializada, atención sociosanitaria, atención de urgencias, la prestación farmacéutica, la ortoprotésica, de productos dietéticos y de transporte sanitario.

En consecuencia, el catálogo de prestaciones puede definirse como el conjunto de criterios y elementos comunes del SNS dispuestos para garantizar el desarrollo de una atención sanitaria integral, continuada y adecuada a las necesidades asistenciales de la población. Concretamente, la Ley se ocupa en particular de precisar el contenido fundamental de las prestaciones sanitarias a través de la determinación del catálogo de prestaciones —en torno a nueve conceptos a los que dedica sucesivamente los artículos 11 a 19—, así como de establecer una serie de garantías relacionadas con la efectividad de la asistencia sanitaria y con las condiciones materiales en las que ésta se presta —artículos 23 a 28—.

Por el contrario, y siguiendo el art. 8 LCSNS, la cartera de servicios[538] es un conjunto de técnicas, tecnologías o procedimientos que permiten materiali-

538 De conformidad con el artículo 71.1.a) y b) LCSNS, corresponde al CISNS *el desarrollo de la cartera de servicios correspondiente al Catálogo de Prestaciones del Sistema Nacional de Salud, así como su actualización*. Y, también *el establecimiento de prestaciones sanitarias complementarias a las prestaciones básicas del Sistema Nacional de Salud por parte de las comunidades autónomas*.

zar las prestaciones sanitarias contenidas en dicho catálogo. Pero no cualquier técnica, tecnología o procedimiento podrá quedar incluida en la cartera de servicio, sino sólo aquellos métodos, actividades y recursos que estén basados en el conocimiento y la experimentación científica. Esto significa que quedan fuera de la cartera de servicios aquellas técnicas, tecnologías o procedimientos cuya evidencia científica no se halle suficientemente probada (art. 20.3)[539].

Ahora bien, la Ley distingue dentro de la cartera común modalidades diferentes (artículo 8 LCSNS):

a) Cartera común básica de servicios asistenciales del Sistema Nacional de Salud.

b) Cartera común suplementaria del Sistema Nacional de Salud.

c) Cartera común de servicios accesorios del Sistema Nacional de Salud.

Formarán parte de la Cartera común básica de servicios asistenciales del Sistema Nacional de Salud todas las actividades asistenciales de prevención, diagnóstico, tratamiento y rehabilitación que se realicen en centros sanitarios o sociosanitarios, así como el transporte sanitario urgente, actividades éstas caracterizadas por estar cubiertas de forma completa por la financiación pública (artículo 8 bis LCSNS).

Por el contrario, las prestaciones farmacéuticas, ortoprotésicas y de productos dietéticos, así como el transporte sanitario no urgente se incluyen en la Cartera suplementaria del Sistema Nacional de Salud (artículo 8 ter LCSNS). Se caracterizan porque su provisión se realiza mediante dispensación ambulatoria y por estar sujetas a aportación del usuario (cofinanciación).

Finalmente, formarán parte de la Cartera común de servicios accesorios del Sistema Nacional de Salud (artículo 8 quáter LCSNS), todas aquellas actividades, servicios o técnicas, sin carácter de prestación, que no se consideran esenciales y/o que son coadyuvantes o de apoyo para la mejora de una patología de carácter crónico y que se caracterizan por estar sujeta a aportación y/o reembolso por parte del usuario (financiación enteramente privada).

Además, como novedad, se establece la posibilidad de que las comunidades autónomas, en el ámbito de sus competencias, aprueben sus respectivas carteras de servicios siempre que incluyan, al menos, la cartera común de servicios del Sistema Nacional de Salud en sus modalidades de básica de servicios asistenciales, suplementaria y de servicios accesorios (artículo 8 quinquies LCSNS).

En cuanto a la financiación, en la actualidad, las prestaciones sanitarias del SNS son responsabilidad financiera de las CC. AA., de conformidad con

539 HERNÁNDEZ BEJARANO, M., «Reflexiones críticas sobre el catálogo de prestaciones y la cartera de servicios del Sistema Nacional de Salud», *Temas Laborales* Núm. 88/2007, 2007, pp. 57-58. Disponible en: https://idus.us.es/handle/11441/40963 (04.05.2023).

los acuerdos de transferencias y el vigente sistema de financiación autonómica y deben llevarse a cabo las prestaciones de asistencia sanitaria a través de los Servicios Públicos de Salud de cada CC. AA. (artículo 10 LCSNS).

Partiendo de este marco general del sistema de prestaciones resulta clave analizar, a continuación, si dentro del catálogo de prestaciones es posible distinguir entre aquellas que pudieran estar vinculadas al derecho a la protección de la salud como derecho fundamental de aquellas que son inherentes a su configuración como un principio rector de la política social y económica a la vista de la regulación contenida en los artículos 11 a 19 de la LCSNS y los Anexos del Real Decreto 1030/2006, de 15 de septiembre, por el que se establece la cartera de servicios comunes del Sistema Nacional de Salud y el procedimiento para su actualización.

Teniendo en cuenta que la vulneración al derecho fundamental a la vida e integridad física y moral se dará siempre que se genere un peligro grave, inmediato y cierto para la salud podemos concluir que formarán parte del contenido de este derecho todas aquellas prestaciones del catálogo que con su omisión no protejan este parte fundamental del derecho. Ello no se traduce en unas prestaciones concretas y determinadas, sino que será la situación y causa de enfermedad del paciente la que provoque la realización de una determinada prestación que, según cada caso, afectará al contenido fundamental de este derecho. Es decir, dentro de la atención primaria se incluye la prestación de urgencia, pero no toda atención urgente afectará al derecho fundamental de la salud, sino solamente aquella que genere un peligro grave, inmediato y cierto para la salud de las personas.

En el mismo sentido cabe indicar que la norma no distingue entre prestaciones fundamentales indisponibles para las administraciones obligadas a prestarlas en todo caso, de prestaciones que admiten la introducción de condiciones para que puedan ejercerse. Es más, una misma prestación, pensemos, por ejemplo, la asistencia especializada en consultas propia de la atención especializada, puede requerirse de forma indispensable cuando la prescripción de un tratamiento inmediato sea la clave para salvar la vida de una persona (el hallazgo de un tumor que requiere de un tratamiento precoz para garantizar la vida). Y, en otros supuestos, esas consultas pueden ser simplemente para mejorar su salud acudiendo (seguimiento por endocrino de dieta saludable para bajar peso). En el primer caso, cualquier persona, con independencia de su situación administrativa, tendría derecho a la misma mientras que en el segundo supuesto el acceso a las prestaciones estaría condicionado por los requisitos establecidos en las leyes.

En consecuencia, los extranjeros inmigrantes en situación irregular tendrán acceso a las prestaciones sanitarias en igualdad de condiciones que los españoles cuando la actuación médica dispensada se incluya dentro del contenido fundamental del derecho a la salud. A sensu contrario, sólo tendrán derecho de acceso a las prestaciones sanitarias cuando su cobertura quede garantizada por cumplir los requisitos recogidos en el artículo 3 ter de la LCSNS, de acuerdo con la redacción introducida por el Real Decreto-ley 7/2018, de 27 de julio, sobre el acceso universal al Sistema Nacional de Salud.

Por ello, lo que condiciona el acceso a las prestaciones sanitarias en sus distintas modalidades no es la regulación del contenido de la prestación sanitaria propiamente dicha sino la delimitación de la titularidad y ejercicio del derecho de acceso a la asistencia sanitaria reconocida a favor de las personas extranjeras en situación administrativa irregular en España. En unos casos, el acceso público y gratuito será en igualdad de condiciones que los españoles y, en otros, condicionado a los requisitos legalmente establecidos en el artículo 3 ter de la LCSNS.

Esta conclusión no deja de presentar ciertos interrogantes difíciles de respuesta en la práctica, especialmente para los facultativos a la hora de tomar las decisiones asistenciales. Por ejemplo, que sucede con la prestación a la salud pública en una situación de crisis sanitaria como la actual ocasionada por la COVID-19 en relación con aquellos extranjeros que no cumplan todos los requisitos del artículo 3 ter de la LCSNS y cuya actuación precoz resulta determinante para proteger la salud del conjunto de la población. O, que sucede cuando estamos ante cuidados sanitarios de larga duración cuya omisión de prestación puede causar el fallecimiento de estas personas por no cumplir con los requisitos del artículo 3 ter.

En definitiva, partiendo de la configuración constitucional del derecho a la protección de la salud y de la estructura que presenta nuestro sistema sanitario, tal como acabamos de exponer, debemos referirnos, a continuación, a la configuración legal del derecho a la asistencia sanitaria de los extranjeros en situación administrativa irregular y su adecuación al marco constitucional español.

4.2. Cobertura sanitaria de los extranjeros en situación irregular conforme a la vigente Ley 16/2003

Dentro de este epígrafe, clave para nuestro colectivo objeto de estudio, examinaremos la configuración legal del ámbito subjetivo del derecho a la asistencia sanitaria pública. Expondremos, con carácter previo, las posibles similitudes y diferencias que existen en España cuando configura el acceso a la asistencia de los extranjeros en situación administrativa irregular respecto a los países de nuestro entorno más próximo. Y, a continuación, desarrollaremos la cobertura sanitaria de los extranjeros en situación irregular en España.

Es importante destacar que no existe —y de momento no hay intención de crearlo— un modelo europeo de asistencia sanitaria, proveniente del Derecho Social de la Unión Europea. Los reglamentos de coordinación comunitaria respetan el principio de competencia (y bajo el primado del principio de subsidiariedad en la intervención de la regulación europea) en virtud del cual los países miembros de la Unión organizan libremente las prestaciones y la gestión de la asistencia sanitaria, limitándose las instancias comunitarias a coordinar y subsidiariamente completar la acción de los Estados[540].

En relación al estudio sobre el análisis de sistemas sanitarios comparados a nivel europeo, (Estados miembros UE y no miembros, como Reino Unido), en relación con los extranjeros en situación administrativa irregular y fruto del estudio de investigación referenciado[541] procede trasladar aquí sus conclusiones, dada la importancia que las mismas puedan tener para esta investigación:

Todos los Estados de nuestro entorno aplican normas limitativas al acceso a la sanidad pública para los inmigrantes irregulares.

Todos los Estados de nuestro entorno ofrecen atención hospitalaria a los inmigrantes irregulares en el caso de urgencia médica, aunque la definición de «urgencia» no siempre es coincidente entre los diferentes servicios médicos nacionales. Con frecuencia, la normativa general que regula los servicios médicos, que obliga a los hospitales a atender a cualquiera que acuda a ellos en un estado de peligro para su vida, entra en contradicción con la normativa diseñada para evitar la estancia de los inmigrantes irregulares. En algunos países, como el Reino Unido, Austria y Suecia, se espera del inmigrante irregular atendido en el hospital que pague su factura médica. Si no es capaz de hacerlo, este impago puede ser la causa de que en el futuro las autoridades de migración impidan su entrada al país o no le concedan un permiso de estancia.

La denegación del acceso a la sanidad pública a los inmigrantes irregulares en Europa persigue dos objetivos: combatir la presencia de esa inmigración y ahorrar costes al sistema sanitario. Sin embargo, la mayoría de los Estados hacen excepciones a esta denegación cuando se trata de niños, a los que a menudo se conceden todos los derechos sanitarios. Existe al respecto una amplia variedad en la definición de la categoría infantil: hasta los seis años o hasta los 18 años.

Por otra parte, la defensa de la salud pública de la población general choca con las normas diseñadas para evitar la inmigración irregular y la primera

540 Monereo Pérez, J. L., «Fundamentos del derecho fundamental a la salud en los sistemas europeos», *Revista de Derecho de la Seguridad Social. Laborum*, N.° Extraordinario 4, 2022, p. 31. Disponible en: https://dialnet.unirioja.es/servlet/articulo?codigo=8733009 (23.03.2023).

541 González Enriquez, C., «La atención sanitaria a los inmigrantes irregulares: una comparación europea», *ARI53, Real Instituto Elcano*, 2012. Disponible en: https://www.realinstitutoelcano.org/analisis/la-atencion-sanitaria-a-los-inmigrantes-irregulares-una-comparacion-europea/ (02.01.2023).

preocupación ha vencido en la mayor parte de los casos cuando se trata de la prevención y el cuidado de enfermedades contagiosas peligrosas, como el SIDA y la tuberculosis, que reciben un tratamiento específico. Varios Estados han puesto en marcha servicios gratuitos que permiten el análisis anónimo de individuos que sospechan tener alguna de estas enfermedades y su tratamiento posterior.

Los Estados que han girado hacia posiciones restrictivas, como ocurrió en los Países Bajos en 1998, se han encontrado con una notable resistencia médica a aplicar las nuevas normas que obligan al personal sanitario a tener en cuenta el estatus legal del paciente antes de atenderle. En los Países Bajos, la discrecionalidad médica es la norma que finalmente regula el derecho del inmigrante. Por el contrario, en los sistemas sanitarios que se basan en el pago estatal a médicos privados, muchos de éstos rechazan la atención a inmigrantes irregulares ante el temor a no poder cobrar después por el servicio prestado. Las normas en este terreno no son siempre lo suficientemente claras, sobre todo cuando se trata de diferenciar entre atención urgente y no urgente.

Con frecuencia, esta falta de definiciones claras en las normas que delimitan a qué tipo de servicios médicos tienen derecho los inmigrantes irregulares se salda con una infrautilización por parte de éstos de la atención sanitaria, ante el temor a verse rechazados o denunciados. En algunos países, como Alemania, los empleados públicos tienen la obligación de denunciar la presencia de un inmigrante irregular. Aunque los médicos están excluidos, tienen que remitir información sobre el caso a los servicios sociales para poder cobrar su asistencia, y son estos servicios sociales los que denuncian al inmigrante.

En los sistemas federales o muy descentralizados, la distribución de competencias sanitarias entre el gobierno central, las regiones o Estados y los gobiernos locales se detecta una variedad de prácticas administrativas, en la que la atención sanitaria a los inmigrantes irregulares depende de su lugar de residencia. La escasa precisión de las normas facilita la diferencia de interpretaciones por los empleados públicos y por los médicos.

Por último, el estudio también concluye que los servicios sociosanitarios ofrecidos por las Iglesias católica y protestantes o por las ONG dedicadas a la salud o a la inmigración cumplen en muchos países un papel suplente o complementario esencial en el cuidado a los inmigrantes irregulares. A menudo, como en Suecia y Austria, estos servicios son los únicos disponibles.

Estas conclusiones reflejan, al igual que en nuestro país, la tensión normativa que existe en los distintos países europeos cuando se trata de regular el derecho a la asistencia sanitaria de los extranjeros en situación irregular. Especialmente llamativa es la sensibilización a prestar asistencia pública gratuita a los extranjeros en situación administrativa irregular cuando padecen una enfermedad transmisible. Igualmente, debe destacarse la visión normativa instaurada en los Países Bajos, al ser la discrecionalidad médica la norma que finalmente regula el derecho de acceso del extranjero. Y, finalmente, también debe enfatizarse en la dispersión normativa que se da cuando estamos en presencia de Estado federales, cuya norma a aplicar sobre acceso a la atención médica depende de su lugar de residencia.

La diversidad de configuraciones distintas en el acceso a la asistencia de los extranjeros en situación administrativa irregular permitirá comparar las similitudes y diferencias que existen con España, así como sus virtudes y defectos.

Sentado lo anterior, y entrando ya en el análisis del derecho a la asistencia sanitaria de los extranjeros en situación administrativa irregular, haremos referencia, a efectos expositivos, a tres escenarios normativos distintos. Estos escenarios coinciden con las modificaciones legislativas adoptadas por el legislador fijando distintos requisitos o condiciones en la configuración de la titularidad del derecho a la asistencia sanitaria de los extranjeros en situación administrativa irregular en España, condicionando el ejercicio del mismo.

Distinguiremos la legislación sanitaria vigente antes de la reforma sanitaria llevada a cabo en el año 2012. A continuación, entraremos en el análisis del Real Decreto-ley 16/2012, de 20 de abril, de medidas urgentes para garantizar la sostenibilidad del Sistema Nacional de Salud y mejorar la calidad y seguridad de sus prestaciones. Y, la última parte, se dedicará a estudiar el contenido vigente del derecho de acceso a la asistencia sanitaria del colectivo examinado, como consecuencia de la aprobación del Real Decreto-ley 7/2018, de 27 de julio, sobre el acceso universal al Sistema Nacional de Salud.

Previamente es preciso indicar que el régimen jurídico del derecho a la asistencia sanitaria en España de los extranjeros en situación administrativa irregular se encuentra regulado en el ámbito de la legislación estatal sanitaria en tres leyes: la Ley 14/1986, de 25 de abril, General de Sanidad; la Ley 16/2003, de 28 de mayo, de cohesión y calidad del Sistema Nacional de Salud; y la Ley 33/2011, de 4 de octubre, General de Salud Pública. Y, en lo que se refiere a la prestación farmacéutica su regulación legal se contiene en el Real Decreto Legislativo 1/2015, de 24 de julio, por el que se aprueba el texto refundido de la Ley de garantías y uso racional de los medicamentos y productos sanitarios.

Por otro lado, en el ámbito del derecho de extranjería, la primera legislación de extranjería posterior a la CE y anterior a la legislación básica sanitaria no contenía ninguna referencia al derecho a la asistencia sanitaria. El hecho de que España haya sido tradicionalmente un país de emigración que apenas recibía personas extranjeras parece haber influido en que, pese a que el reconocimiento del derecho a la asistencia sanitaria es una de las reivindicaciones más antiguas de las entidades defensoras de los derechos de los inmigrantes, ni la LO 7/1985, de 1 de julio, sobre derechos y libertades de los extranjeros en España, ni su primer desarrollo reglamentario (Real Decreto 1119/1986, de 26 de mayo), abordaran dicha cuestión. Es, por tanto, el Reglamento de 1996, aprobado por RD 155/1996, de 2 de febrero, el que por vez primera hace referencia a los derechos y deberes de los extranjeros en España (arts. 1-11), y en su artículo 9 precisa que los extranjeros que se encuentren legalmente en territorio español podrán acceder a las prestaciones y servicios sociales organizados por los poderes públicos para la protección de la salud, de acuerdo con lo dispuesto por la legislación específica en la materia[542].

Actualmente, se contiene una referencia al derecho a la asistencia sanitaria de los extranjeros en la Ley Orgánica 4/2000, de 11 de enero, sobre derechos y libertades de los extranjeros, concretamente en su artículo 12, si bien, tras la reforma llevada a cabo en el año 2012, este precepto únicamente contiene una remisión a la legislación vigente en materia sanitaria.

La Ley General de Sanidad recoge en su artículo 1 que son titulares del derecho a la protección de la salud y a la atención sanitaria todos los españoles y los ciudadanos extranjeros que tengan establecida su residencia en el territorio nacional, añadiendo en su apartado siguiente que los extranjeros no residentes en España, así como los españoles fuera del territorio nacional, tendrán garantizado tal derecho en la forma que las leyes y convenios internacionales establezcan. En ese contexto debemos destacar la disposición transitoria quinta de la LGS, cuando establece, que la extensión de la asistencia sanitaria pública a la que se refieren los artículos 3.2 y 20 de la presente de la Ley se efectuará de forma progresiva, como premisa de un proceso dirigido a alcanzar la universalidad del sistema sanitario español.

Sin embargo, será la LCCSNS la que regula de forma pormenorizada la determinación subjetiva del derecho a la asistencia sanitaria al Sistema Nacional de Salud de los extranjeros en situación administrativa irregular en España.

Finalmente, y en lo que aquí interesa es preciso señalar que la Ley 16/2003 ha sido objeto de dos modificaciones especialmente relevantes en la determinación subjetiva del derecho a la protección de la salud a través de la figura normativa del Real decreto-ley, modificando ambos, entre otros preceptos, el contenido de su artículo 3 relativo a la titularidad del acceso a las prestaciones sanitarias. Concretamente, introdujeron sendas reformas los Reales Decretos-leyes 16/2012, de 20 de abril, de medidas urgentes para garantizar la sostenibilidad del Sistema Nacional de Salud y mejorar la calidad y seguridad de sus prestaciones y 7/2018, de 27 de julio, sobre el acceso universal al Sistema Nacional de Salud.

542 Fernández Collados, M.ª B., «Avances y retrocesos en la universalización de las prestaciones de asistencia sanitaria. Especial atención a las personas extranjeras», *Revista Derecho Social y Empresa*, N.º 10, Febrero 2019, p. 13. Disponible en: https://dialnet.unirioja.es/servlet/articulo?codigo=6883590 (01.01.2023).

4.2.a) Universalización de la asistencia sanitaria pública

Antes de la aprobación del Real Decreto-ley 16/2012, de 20 de abril, la Ley General de Sanidad, su posterior desarrollo reglamentario y las Leyes, de Cohesión y Calidad del Sistema Nacional de Salud y General de Salud Pública, además de las leyes propias existentes en las distintas comunidades autónomas, constituían el bloque normativo en materia sanitaria caracterizado por la progresiva consolidación de la universalización en el acceso a las prestaciones sanitarias, incluidas las personas extranjeras en situación irregular.

De conformidad con el artículo 12 de la Ley Orgánica 4/2000, de 11 de enero, sobre derechos y libertades de los extranjeros en España y su integración social, en la redacción modificada por la Ley Orgánica 2/2009, de 11 de diciembre, establecía expresamente:

> 1. Los extranjeros que se encuentren en España, inscritos en el padrón del municipio en el que tengan su domicilio habitual, tienen derecho a la asistencia sanitaria en las mismas condiciones que los españoles.
> 2. Los extranjeros que se encuentren en España tienen derecho a la asistencia sanitaria pública de urgencia por enfermedad grave o accidente, cualquiera que sea su causa, y a la continuidad de dicha atención hasta la situación de alta médica.
> 3. Los extranjeros menores de dieciocho años que se encuentren en España tienen derecho a la asistencia sanitaria en las mismas condiciones que los españoles.
> 4. Las extranjeras embarazadas que se encuentren en España tienen derecho a la asistencia sanitaria durante el embarazo, parto y postparto.

El criterio que se utilizaba para atribuir el derecho a la protección de la salud a los extranjeros era el de la residencia efectiva en un municipio. Así, podían obtener la tutela de ese bien jurídico tanto los extranjeros que tenían la autorización de residencia como los que sin tenerla estaban empadronados en un municipio. Los extranjeros no empadronados, los que no tuvieran una residencia efectiva, podían acceder a la asistencia sanitaria a través del servicio de urgencias en casos de enfermedad grave o de accidente, al igual que los transeúntes[543].

En conclusión, antes de la reforma sanitaria operada en el año 2012 el acceso a la asistencia sanitaria de los extranjeros en situación administrativa irregular estaba reconocido siempre que cumplieran con el requisito del empadronamiento en el municipio donde residían habitualmente, es decir, cumpliendo esta formalidad administrativa, los extranjeros tenían reconocido aquel derecho en las mismas condiciones que los españoles.

---

543 Delgado del Rincón, L. E., «El derecho a la protección de la salud de los inmigrantes en situación administrativa irregular...», *op. cit.*, pp. 190-191.

4.2.b) Cambio hacia un modelo de aseguramiento

La aprobación del Real Decreto-ley 16/2012, de 20 de abril, de medidas urgentes para garantizar la sostenibilidad del Sistema Nacional de Salud y mejorar la calidad y seguridad de sus prestaciones[544], supuso modificaciones de cierto calado en la configuración del derecho a la protección de la salud y ha introducido importantes cambios en los aspectos básicos configuradores de nuestro modelo público de asistencia sanitaria. Entre esas modificaciones se encuentra la que afecta a la universalidad y gratuidad de las prestaciones sanitarias, estableciendo una nueva regulación de la titularidad del derecho a la asistencia pública sanitaria que ha supuesto la exclusión de un determinado sector de la población mediante el recurso al nuevo concepto de asegurado y de beneficiario.

El Capítulo I del Real Decreto-ley 16/2012, de 20 de abril, de medidas urgentes para garantizar la sostenibilidad del Sistema Nacional de Salud y mejorar la calidad y seguridad de sus prestaciones lleva por título «de la asistencia sanitaria en España» y viene a modificar expresamente el artículo 3 de la Ley 16/2003, de 28 de mayo, de Cohesión y Calidad del Sistema Nacional de Salud reformulando el derecho de acceso a la protección de la salud, cambiando su rúbrica de «titulares del derecho» por «de la condición de asegurado».

En el mencionado Real Decreto-ley, se recuperó, por tanto, el concepto de asegurado, un concepto que había sido eliminado por la Ley 14/1986, General de Sanidad, y que supuso volver a vincular el derecho de acceso a la protección de la salud en función de la vinculación de los ciudadanos a la Seguridad Social. La nueva normativa aprobada (RDL 16/2012 y RD 1192/2012), provocó un cambio de modelo de la sanidad universal pasándose a un modelo de aseguramiento en el que se define la figura de la persona asegurada o beneficiaria, y que, además, debe ser reconocida como tal por el Instituto Nacional de la Seguridad Social (INSS).

Esta nueva regulación afecta de forma muy directa al colectivo objeto de estudio de la presente investigación, esto es, a los extranjeros inmigrantes nacionales de terceros países en situación administrativa irregular. Con la regulación anterior a esta reforma, el artículo 3 de la Ley 16/2003, de 28 de mayo, de Cohesión y Calidad del Sistema Nacional de Salud, reconocía como titulares del derecho a la protección de la salud y a la asistencia sanitaria a todos los españoles y los extranjeros en el territorio nacional en los términos previstos en el artículo 12 de la Ley Orgánica 4/2000, de 11 de enero, sobre derechos y libertades de los extranjeros en España y su integración social. Sin embargo, la nueva regulación suprime dicho redactado y añade un artículo 3 ter relativo a la asistencia sanitaria en situaciones especiales enten-

544 BOE N.° 98, de 24.04.2012.

diendo por tales aquellas situaciones que afectan a los extranjeros que se encuentren irregularmente en España, bien por no ser titulares de una autorización para residir o bien porque no se encuentran debidamente registrados.

Así, el artículo 3 ter de la Ley 16/2003, de 28 de mayo, de Cohesión y Calidad del Sistema Nacional de Salud quedaba redactado como sigue:

> Artículo 3 ter: Asistencia sanitaria en situaciones especiales.
>
> Los extranjeros no registrados ni autorizados como residentes en España, recibirán asistencia sanitaria en las siguientes modalidades:
>
> a) De urgencia por enfermedad grave o accidente, cualquiera que sea su causa, hasta la situación de alta médica.
>
> b) De asistencia al embarazo, parto y postparto.
>
> En todo caso, los extranjeros menores de dieciocho años recibirán asistencia sanitaria en las mismas condiciones que los españoles.

Este marco normativo ha traído consigo críticas y conflictividad tanto en el ámbito nacional como internacional, por entender que dicho contenido pudiera no ser conforme a los mandatos recogidos en las normas internacionales y constitucionales.

4.2.b).1. Ámbito internacional

A nivel internacional debemos poner de manifiesto dos importantes documentos que en su día cuestionaron la oportunidad y validez jurídica de esta reforma.

Por una parte, el documento Observaciones finales del Comité sobre los Derechos Económicos, Sociales y Culturales, aprobadas en el 48 período de sesiones del 30 de abril al 18 de mayo de 2012[545].

Señala el documento que el Comité está preocupado por las modificaciones introducidas por el Real Decreto ley 16/2012, del 20 de abril de 2012, en particular al Derecho de la extranjería, que recortan los derechos de acceso de los inmigrantes en situación irregular a los servicios públicos de salud (art. 12). Por ello, el Comité recomienda al Estado parte asegurar que, de conformidad con el Comentario General 14 y con el principio de universalidad de las prestaciones sanitarias, las reformas adoptadas no limiten el acceso de las personas que residen en el Estado parte a los servicios de salud, cualquiera que sea su situación legal. También recomienda que el Estado parte evalúe el impacto de toda propuesta de recorte en cuanto al acceso de las personas y colectivos desfavorecidos y marginados a los servicios de salud.

545 Observaciones finales del Comité sobre los Derechos Económicos, Sociales y Culturales, aprobadas en el 48 período de sesiones del 30 de abril al 18 de mayo de 2012. Disponible en: https://www.acnur.org/fileadmin/Documentos/BDL/2012/8779.pdf (25.12.2020).

Por otra parte, debemos tomar en consideración las Conclusiones XX-2 (2013) del Comité Europeo de Derechos Sociales, del Consejo de Europa conclusiones 2013, donde estimaba que la nueva configuración de acceso a la asistencia sanitaria de los extranjeros irregulares en España resultaba contraria al artículo 11 de la Carta[546].

El Comité considera que la denegación de acceso a la salud a los extranjeros adultos (mayores de 18 años) presentes en el país de forma irregular resulta contrario al artículo 11 de la Carta. Con respecto específicamente al artículo 11, el Comité ha señalado que el párrafo 1 requiere que los Estados partes adopten medidas adecuadas para eliminar las causas de la mala salud y que, según la interpretación del Comité, esto significa, entre otras cosas, que los Estados deben garantizar que todas las personas tengan derecho de acceso a la atención médica y que el sistema de salud debe ser accesible para toda la población, en la medida en que la atención de la salud es un requisito previo para la preservación de la dignidad. En este sentido, el Comité Europeo de Derechos Sociales, en la decisión de fondo de la reclamación 14/2003, Federación Internacional de Derechos Humanos contra Francia, afirmaba que la dignidad humana representa el valor fundamental que se encuentra en el núcleo del derecho europeo positivo en materia de derechos humanos [...] y los cuidados médicos constituyen una condición previa esencial para la preservación de la dignidad humana, por lo que cualquier legislación o práctica que limitara el acceso a la asistencia sanitaria de los extranjeros, aún en situación irregular, es contraria a la Carta Social Europea. Y, añadía que la crisis económica no puede servir de pretexto para restringir o denegar el acceso a la asistencia sanitaria que afecta a la sustancia misma de dicho derecho.

4.2.b).2. Ámbito nacional

A nivel interno, han sido varios los pronunciamientos fijados en este ámbito material por nuestro supremo intérprete constitucional, siendo las decisiones adoptadas sin unanimidad de sus miembros, constando en cada uno de los pronunciamientos los votos particulares de los distintos magistrados, que pusieron de manifiesto la dificultad y controversia jurídica que generó esta previsión normativa.

Resulta, pues, necesario exponer las conclusiones de nuestro Alto Tribunal por resultar de interés para la presente investigación en relación a la interpretación constitucional de la configuración subjetiva del derecho a la asistencia sanitaria de los extranjeros en situación irregular en España. Para ello, extraeremos las principales consideraciones emanadas de cada una de ellas.

546 European Social Charter, European Committee of Social Rights Conclusions XX-2, (Espagne), Articles 3, 11, 12, 13 and 14 of the 1961 Charter, november 2014. Disponible en: https://www.idhc.org/arxius/noticies/1418903800-SpainXX2_en.pdf (25.12.2020).

De la Sentencia del Tribunal Constitucional 139/2016, de 21 de julio[547], interesa resaltar lo dispuesto en el Fundamento Jurídico 8, cuando señala que el derecho a la protección de la salud y a la atención sanitaria es universal, en lo que implica de acceso a las prestaciones sanitarias públicas y en la medida en que no puede excluirse a ninguna persona del derecho a ser atendido. Pero ese derecho se configura y concreta de acuerdo con lo que dispone la Ley, que debe regular las condiciones en los que se accede a las prestaciones y servicios sanitarios. Es posible, en términos constitucionales, la falta de identidad entre el derecho al acceso universal al sistema de salud pública de ese «todos» del artículo 43 CE, con que ese acceso a la sanidad pública incluya beneficiarse de un concreto régimen de prestaciones sanitarias gratuitas o bonificadas con cargo a fondos públicos. El que los poderes públicos deban organizar las prestaciones y servicios necesarios para garantizar la protección de la salud no significa que estas prestaciones hayan de ser necesariamente gratuitas para todos sus potenciales destinatarios. Añade ese mismo fundamento que la universalización legislativamente proclamada ha sido más bien un objetivo a conseguir, atendiendo a las circunstancias, entre las que ocupan un lugar destacado las económicas.

La pretensión de universalidad del artículo 43 CE se ha articulado de acuerdo con las previsiones legales existentes en cada momento, sin que hasta el momento haya significado el derecho incondicionado de toda persona residente o transeúnte que se halle en España a obtener gratuitamente todo tipo de prestaciones sanitarias. La universalidad, en lo que significa como derecho de acceso y la correlativa obligación de los servicios sanitarios del Sistema Nacional de Salud de atender a los usuarios que reclaman atención sanitaria, no puede confundirse con un derecho a la gratuidad en las prestaciones y los servicios sanitarios. Esta consecuencia ha de ser apreciada por el legislador atendiendo a las circunstancias concurrentes.

Y, pronunciándose expresamente sobre la regulación normativa dirigida a los extranjeros en situación administrativa irregular, en su Fundamento Jurídico 10, advierte el Tribunal que el derecho de los extranjeros a beneficiarse de la asistencia sanitaria será determinado y podrá ser modulado por las normas correspondientes. El legislador puede tomar en consideración el dato de su situación legal y administrativa en España, y, por ello, exigir a los extranjeros la autorización de su estancia o residencia como presupuesto para el ejercicio de algunos derechos constitucionales.

Puntualiza expresamente que las urgencias a las que se refiere el artículo 3 ter Ley 16/2003, de 28 de mayo, de cohesión y calidad del Sistema Nacional de Salud, se entienden prestadas en supuestos de riesgo grave para la

547 *Cfr.* Sentencia Tribunal Constitucional 139/2016, de 21 de julio, Fundamentos Jurídicos 8 y 10.

salud e incluso para la vida, de manera que conectarían con el contenido mínimo que hace reconocible el mandato imperativo que los poderes públicos deben asegurar y prestar (art. 43 CE), en cualquier circunstancia y a cualquier persona, con el fin de preservar el derecho fundamental a la vida y la integridad física contenido en el art. 15 CE.

Y, finaliza señalando que las normas examinadas responden a una lícita opción del legislador que queda dentro de su margen de configuración que le es propio, sin que con ello se vulnere el art. 43 CE en relación con el art. 13 CE[548].

548 Este pronunciamiento del Tribunal Constitucional delimita el alcance de la titularidad y ejercicio del derecho a la asistencia sanitaria de los extranjeros inmigrantes en situación administrativa irregular. Por ello, resulta conveniente recoger los razonamientos de los votos particulares y su argumentación para evidenciar que esta delimitación no fue pacífica y que, existe otra argumentación motivada de las razones por las que entiende que la Sentencia debió declarar la inconstitucional y nulidad del art. 3 ter de la Ley 16/2003, en la redacción establecida por el art. 1.3 del Real Decreto-ley 16/2012, de 20 de abril.

Centrándonos en el voto particular que formula el Magistrado don Fernando Valdés Dal-Ré a la Sentencia dictada en el recurso de inconstitucionalidad núm. 4123-2012, y al que se adhiere la Magistrada doña Adela Asua Batarrita, sobre el análisis de la infracción por el Real Decreto-ley 16/2012 del art. 43 CE argumentan que el tema esencial, el que nos coloca ante el dilema de la constitucionalidad de la medida, es si la exclusión de un determinado colectivo puede basarse en un criterio como el origen nacional o la condición administrativa vinculada a la residencia legal, circunstancias éstas que ninguna conexión tienen con la capacidad económica que, al menos a priori, debería ser la condición determinante para exigir o no el pago de determinados servicios.

Continúa su argumentación señalando que para determinar si la exclusión de los inmigrantes sin permiso de residencia del sistema público sanitario es compatible con el reconocimiento del derecho a la salud, resulta más razonable admitir que, pudiendo introducirse límites al ejercicio de los derechos, es preciso que los mismos estén previstos en ley, sean necesarios en una sociedad democrática y sean proporcionales al fin que persiguen. Entienden que el elemento ausente consiste en que los límites impuestos, la exclusión declarada, no son proporcionales al fin que se dice perseguido, que remite a la sostenibilidad financiera del sistema público sanitario, al no haber tenido en cuenta la capacidad económica de aquellos a quienes se excluye. Quien carece de medios económicos para subvenir a sus necesidades sanitarias ni va a pagar la asistencia en el servicio público, ni va a derivar a un servicio privado, terminando en numerosas ocasiones por hacer uso del servicio público de urgencias, que sí está previsto independientemente de la situación económica y de la condición administrativa del usuario. En el ATC 239/2012, de 12 de diciembre, FJ 5, el Tribunal Constitucional reconoció la dificultad de cuantificar en términos económicos los perjuicios asociados al mantenimiento de los extranjeros «irregulares» en el marco del sistema público sanitario.

También apelan a las obligaciones positivas de los Estados derivadas del artículo 2 del Convenio Europeo de Derechos Humanos. El Tribunal de Estrasburgo viene manifestando que el Convenio europeo para la protección de los derechos humanos y de las libertades fundamentales insta a los Estados firmantes no sólo a abstenerse de provocar la muerte de manera intencional e ilegalmente, sino que además les obliga a tomar medidas

Así las cosas, y confirmada por el Tribunal Constitucional la constitucionalidad de la legislación estatal restrictiva de la universalidad al disfrute del derecho a la asistencia sanitaria, algunas comunidades autónomas con una visión política distinta trataron, en el ejercicio de sus competencias, de ampliar subjetivamente el acceso a las prestaciones sanitarias para que también pudieran acceder los extranjeros en situación administrativa irregular más allá de las situaciones extraordinarias previstas por el Real Decreto-ley 16/2012, de 20 de abril.

La inmediata reacción de algunas comunidades autónomas en ese momento va a provocar de nuevo uno de los efectos que la reforma trataba de evitar. En unas —País Vasco[549] y Navarra[550]— hasta que el Tribunal Constitucional se pronunciase al respecto, los extranjeros que residan de forma irregular en sus respectivos territorios ostentarán el derecho en las mismas condiciones que los residentes legales y los españoles, y en otras —Gali-

apropiadas para salvaguardar el derecho a la vida de las personas que se sitúan bajo su jurisdicción, por lo que no puede excluirse que actos y omisiones de las autoridades en el ámbito de la política de salud puedan, en ciertas circunstancias, comprometer su responsabilidad (entre otras, las SSTEDH Powell c. Reino Unido, 4 de mayo de 2000, y Nitecki c. Polonia de 21 de marzo de 2002). En consecuencia, la decisión de excluir a determinado colectivo del sistema de prestaciones sanitarias gratuitas, aunque resulte una opción posible dentro de la política nacional de salud y por justificado que pueda estar desde el ámbito de la eficiencia económica del modelo, puede comprometer la responsabilidad del Estado conforme al artículo 2 CEDH.

Otro argumento es que hubiera sido exigible que el legislador —en este caso el Gobierno— hubiera aportado una motivación reforzada por tratarse de una medida regresiva a la que es aplicable la doctrina del Comité del Pacto internacional de derechos económicos sociales y culturales, del que es parte España. En su Observación N.° 14, se recoge la necesidad de que los Estados aporten una justificación de las medidas regresivas. Ninguna justificación de este tipo concurre en este caso, de modo que el Gobierno ha contravenido la doctrina predicable del Pacto, doctrina que se proyecta sobre el art. 43 CE.

Por último, concluyen los magistrados que el art. 10. 2 CE confiere una base de mínimos a partir de la cual los poderes públicos pueden elevar el estándar de protección constitucional de los derechos fundamentales. Que los estándares internacionales de protección de los derechos humanos no impongan una serie de medidas positivas a los Estados en un ámbito, no justifica la reducción de los estándares internos para ajustarse a los mínimos internacionales.

549 Decreto 114/2012, de 26 de junio, sobre régimen de las prestaciones sanitarias del Sistema Nacional de Salud en el ámbito de la Comunidad autónoma de Euskadi (Boletín Oficial del País Vasco 29 de junio de 2012).

550 Decreto Foral 117/2012, de 31 de octubre, por el que se modifica el Decreto Foral 640/1996, de 18 de noviembre, por el que se establecen el procedimiento y las condiciones para el acceso a las prestaciones del Régimen de Universalización de la Asistencia Sanitaria Pública en la Comunidad Foral de Navarra (Boletín Oficial de Navarra 9 de noviembre de 2012).

cia[551], Canarias[552] y Asturias[553]— se limitaban al tratamiento «básico» de las enfermedades, excluyendo la prestación farmacéutica[554].

Sobre este extremo se pronunció también el Tribunal Constitucional. El contenido del Fundamento Jurídico 5 de la Sentencia del Tribunal Constitucional 134/2017, de 16 de noviembre[555], dedicado al alcance competencial entre el Estado y las comunidades autónomas en la delimitación subjetiva del derecho de acceso a las prestaciones sanitarias concluye que la normativa básica estatal cierra toda posibilidad a las normas autonómicas de desarrollo para configurar un sistema de acceso a las prestaciones sanitarias que no atienda a los conceptos de asegurado o beneficiario. En otras palabras, las comunidades autónomas no disponen de competencias para legislar ampliaciones en la configuración subjetiva de acceso a las prestaciones sanitarias[556].

---

551 Resolución de 31 de agosto de 2012, de la Secretaría General Técnica de la Consellería de Sanidad, por la que se acuerda la publicación de la Instrucción de 31 de agosto de 2012 sobre la prestación de asistencia sanitaria en Galicia a las personas que no tienen la condición de asegurado o de beneficiario reconocida por el Instituto Nacional de la Seguridad Social o, en su caso, por el Instituto Social de la Marina (Diario Oficial de Galicia 13 de septiembre de 2012).

552 Orden de 14 diciembre 2012, de la Consejería de Sanidad, por la que se acuerda la puesta en marcha de las actuaciones en materia de promoción de la salud, la prevención de la enfermedad y la prestación de asistencia sanitaria, dirigidas a personas extranjeras no autorizadas ni registradas como residentes en territorio español, que carecen de recursos económicos suficientes (BOC 18 de enero de 2013).

553 Instrucciones de 30 de agosto de 2012, del Consejero de Sanidad, para el Servicio de Salud del Principado de Asturias sobre la autorización de asistencia sanitaria, con carácter provisional, a las personas extranjeras en situación irregular sin recursos (BOPA 1 de septiembre de 2012).

554 Gómez Martín, M., *Tratado de derecho sanitario,* Vol. I, Aranzadi, Navarra, 2013, pp. 534-535.

555 *Cfr.* Sentencia del Tribunal Constitucional 134/2017, de 16 de noviembre, Fundamento Jurídico 5.

556 En lo que a los votos particulares se refiere se concluye lo contrario, es decir, que el precepto estatal no debiera restringir la capacidad de las comunidades autónomas para establecer una mejora en su ámbito territorial de ese mínimo común denominador establecido por el Estado, siempre que, lógicamente, sea respetado tal mínimo igualitario de vigencia y aplicación en todo el territorio nacional del derecho al disfrute de las prestaciones sanitarias. Así, las bases estatales suponen un mínimo común uniforme, pero mejorable por las comunidades autónomas. Sin embargo, la sentencia abandona la senda así emprendida para convertir la legislación básica en un muro infranqueable, que impide por completo el despliegue de las competencias autonómicas de desarrollo legislativo. Y, añaden los magistrados que resulta desmedida la noción de lo básico, que no se diferencia sustancialmente de una competencia legislativa exclusiva del Estado, socavando por esta vía una más que consolidada doctrina constitucional sobre las competencias normativas compartidas en un Estado de estructura plural.

En términos semejantes se pronuncia el Tribunal Constitucional en la Sentencia 145/2017, de 14 de diciembre[557], que resuelve un recurso de inconstitucionalidad en relación con el Decreto-ley del Consell de la Generalitat Valenciana 3/2015, de 24 de julio, por el que se regula el acceso universal a la atención sanitaria en la Comunidad Valenciana. Concluye con la inconstitucionalidad del Decreto-ley por ampliar la cobertura sanitaria en el ámbito subjetivo de las prestaciones a los extranjeros no autorizados como residentes en España, siendo este un supuesto que no se contemplaba por la normativa básica estatal[558].

Con esta doctrina constitucional quedaron fijados los contenidos materiales y competenciales sobre la materia, quedando validada jurídicamente la reforma operada por el Real Decreto-ley 16/2012, de 20 de abril, de medidas urgentes para garantizar la sostenibilidad del Sistema Nacional de Salud y mejorar la calidad y seguridad de sus prestaciones y, confirmando la constitucionalidad de la norma reguladora del acceso a la asistencia sanitaria de los extranjeros en situación administrativa irregular.

De acuerdo con el marco constitucional expuesto en los Capítulos II y III, podemos concluir que la reforma operada por el Real Decreto-ley 16/2012, de 20 de abril, bajo una interpretación sistemática de la CE, encaja en los parámetros constitucionales expuestos. Ahora bien, la dificultad, en la práctica, vendría determinada en la necesidad de identificar, caso por caso, el mínimo asistencial indisponible al legislador que debe quedar garantizado, y que se corresponde con la dimensión fundamental del derecho a la protección de la salud. Es decir, el problema se plantea a la hora de conocer cuando un extranjero inmigrante en situación administrativa irregular tiene derecho a los cuidados médicos necesarios por verse amenazada su propia vida. En estos casos, los extranjeros inmigrantes en situación administrativa irregular, al ser titulares del derecho a la asistencia sanitaria, tendrán derecho a cualquier prestación pública financiada por el SNS, siempre que exista un peligro grave y cierto para la vida de la persona.

---

557 *Cfr.* Sentencia Tribunal Constitucional 145/2017, de 14 de diciembre, Fundamento Jurídico 2.

558 Junto con estos pronunciamientos también se han interpuesto recursos de inconstitucionalidad relacionados con diversos preceptos del Real Decreto-ley 16/2012, de 20 de abril, de medidas urgentes para garantizar la sostenibilidad del Sistema Nacional de Salud y mejorar la calidad y seguridad de sus prestaciones. En este sentido podemos citar la Sentencia del Tribunal Constitucional 33/2017, de 1 de marzo, así como la Sentencia del Tribunal Constitucional 63/2017, de 25 de mayo. Los asuntos sometidos a enjuiciamiento versaban sobre límites de los decretos-leyes, derecho a la protección de la salud y competencias sobre sanidad: constitucionalidad de los preceptos legales estatales que modifican la regulación jurídica de la condición de asegurado del Sistema Nacional de Salud, el régimen de prescripción de medicamentos y productos sanitarios, la acción social destinada al personal estatutario de los servicios públicos de salud o las funciones ejecutivas atribuidas a la Organización Nacional de Trasplantes).

Finalmente, y tal como hemos señalado en este estudio, la CE no impone un determinado modelo sanitario. Por tanto, la vinculación de acceso a la asistencia sanitaria con la condición de asegurado y/o beneficiario que recoge el Real Decreto-ley 16/2012, de 20 de abril, encaja dentro del marco constitucional español.

4.2.c) El retorno a la universalidad (matizada)

Seis años más tarde se lleva a cabo una nueva reforma de la configuración subjetiva del derecho a la asistencia sanitaria, reforma que continúa vigente en la actualidad. Dicha reforma se materializó a través del Real Decreto-ley 7/2018, de 27 de julio, sobre el acceso universal al Sistema Nacional de Salud[559].

Por tanto, a lo largo de este apartado examinaremos la configuración legal vigente del derecho a la asistencia sanitaria de los extranjeros inmigrantes en situación administrativa irregular en España.

Para ello, centraremos nuestra atención, en primer lugar, en los motivos que originaron su promulgación y, posteriormente analizaremos el contenido de la misma en lo que concierne a nuestro colectivo objeto de estudio.

4.2.c).1. Justificación de la reforma

El Real Decreto-ley 7/2018, de 27 de julio, sobre el acceso universal al Sistema Nacional de Salud pretende, según declara en su parte expositiva, la recuperación de la titularidad del derecho a la protección de la salud y a la atención sanitaria a todas las personas, independientemente de su nacionalidad, que tengan establecida su residencia en el territorio español, incluyendo aquellas que en aplicación de los reglamentos comunitarios o convenios bilaterales tengan acceso a la misma en la forma que estas disposiciones lo indiquen.

Cuatro son los objetivos fundamentales que persigue la reforma del Real Decreto ley 7/2018: a) garantizar el derecho a la protección de la salud y la atención sanitaria, en las mismas condiciones, a todas las personas que se encuentren en el Estado español, es decir, restituir la atención sanitaria pública a favor de las personas excluidas por la reforma del Real Decreto-ley 16/2012; b) hacer efectivo el cumplimiento de los tratados internacionales de carácter vinculante suscritos por España, teniendo en cuenta los informes y consideraciones realizadas por los organismos internacionales, la Comisión Europea, el Defensor del Pueblo y otros colectivos de la sociedad civil; c) acabar con la situación de inseguridad jurídica y desigualdad en el acceso a

559 BOE N.° 183, de 30 de julio de 2018.

la asistencia sanitaria que había generado el Real Decreto- ley 16/2012 y d) acabar con la inseguridad jurídica que ha supuesto a lo largo de estos años el hecho de que algunas comunidades autónomas, en disconformidad con lo establecido en el Real Decreto-ley 16/2012, de 20 de abril, hayan desarrollado diferentes procedimientos normativos para prestar asistencia sanitaria a las personas excluidas[560].

Por último, en el texto de la Exposición, se señala que la recuperación del carácter universal de la sanidad pública se llevará a cabo con las necesarias cautelas para no comprometer la sostenibilidad financiera del Sistema Nacional de Salud, estableciendo criterios para evitar el uso inapropiado del derecho a la asistencia sanitaria.

Asimismo, con esta reforma se restablece también la aportación farmacéutica para las personas extranjeras no autorizadas como residentes en España, para lo cual se modifica el Real Decreto Legislativo 1/2015, de 24 de julio, por el que se aprueba el texto refundido de la Ley de garantías y uso racional de los medicamentos y productos sanitarios.

Finalmente, además de estas dos reformas, el Real Decreto-ley deroga, en su disposición derogatoria única, los artículos 2 a 8 del Real Decreto 1192/2012, de 3 de agosto, por el que se regula la condición de persona asegurada y de beneficiaria a efectos de la asistencia sanitaria en España, con cargo a fondos públicos, a través del Sistema Nacional de Salud.

4.2.c).2. Contenido del Real Decreto-ley 7/2018, de 27 de julio, sobre el acceso universal al Sistema Nacional de Salud

La modificación de la Ley 16/2003, de 28 de mayo, de cohesión y calidad del Sistema Nacional de Salud introducida por el Real Decreto-ley 7/2018, de 27 de julio, en lo que respecta al derecho a la protección de la salud y a la atención sanitaria consiste en la modificación de tres preceptos: el artículo 3, el «3 bis» y «3 ter» de tal texto.

En primer lugar, señalar que la redacción dada al artículo 3 de la citada LCSNS tiene como primera llamada de atención la reformulación de su título cambiando su rúbrica «de la condición de asegurado» por «titulares del derecho a la protección a la salud y a la atención sanitaria».

En segundo lugar, y en cuanto al contenido del artículo, su apartado primero indica quien ostenta la titularidad del derecho a la protección de la

560 Delgado del Rincón, L. E., «Nuevos avances en la universalización de la asistencia sanitaria en España: a propósito de la reforma apresurada, imprecisa e incompleta introducida por el Decreto Ley 7/2018, de 27 de julio», *Revista de Estudios Políticos*, 186, 2019. pp. 114-115. Disponible en: https://www.cepc.gob.es/sites/default/files/2021-12/38793rep-18604delgado-del-rincon.pdf (27.04.2023).

salud y a la atención sanitaria, señalando el apartado segundo los supuestos en los que procede reconocer el mismo. Ahora bien, añade el apartado tercero que se tendrá derecho igualmente a la asistencia sanitaria en los demás supuestos, si bien no se sufragará con cargo a los fondos públicos, pudiendo obtener dicha prestación mediante el pago de la correspondiente contraprestación o cuota derivada de la suscripción de un convenio especial.

Las condiciones, requisitos, supuestos y procedimiento sobre la suscripción del convenio especial ha sido objeto de desarrollo reglamentario a través del Real Decreto 576/2013, de 26 de julio, por el que se establecen los requisitos básicos del convenio especial de prestación de asistencia sanitaria a personas que no tengan la condición de aseguradas ni de beneficiarias del Sistema Nacional de Salud y se modifica el Real Decreto 1192/2012, de 3 de agosto, por el que se regula la condición de asegurado y de beneficiario a efectos de la asistencia sanitaria en España, con cargo a fondos públicos, a través del Sistema Nacional de Salud.

En este punto, llama la atención que siga vigente la redacción original prevista en la Disposición adicional tercera del Real Decreto 1192/2012, de 3 de agosto, por el que se regula la condición de asegurado y de beneficiario a efectos de la asistencia sanitaria en España, con cargo a fondos públicos, a través del Sistema Nacional de Salud. Y, es que dicha Disposición sigue vinculando la suscripción del convenio especial de prestación de asistencia sanitaria para aquellas personas que no ostentan la condición de aseguradas o beneficiarias, y siempre que no tengan acceso a un sistema de protección sanitaria pública por cualquier otro título[561]. La regulación legal vigente prevista en el artículo 3 LCSNS ya no a hace referencia a la condición de asegurado y beneficiario.

Por su parte, la redacción dada al artículo 3 bis, que ahora lleva por título «reconocimiento del derecho a la protección de la salud y a la atención sanitaria con cargo a fondos públicos», señala que corresponde al Ministerio de Sanidad, Consumo y Bienestar Social el reconocimiento y control del derecho a la protección de la salud y a la atención sanitaria. A continuación, aclara que la gestión de los derechos de asistencia sanitaria derivados de las normas internacionales de coordinación de los sistemas de seguridad social corresponderá al Instituto Nacional de la Seguridad Social.

Y, en su punto segundo, prescribe que el derecho se hará efectivo por las administraciones sanitarias competentes, facilitando el acceso de los ciudadanos a las prestaciones de asistencia sanitaria mediante la expedición de la tarjeta sanitaria individual.

561 Disposición adicional tercera. *A efectos de lo dispuesto en el artículo 3.5 de la Ley 16/2003, de 28 de mayo, podrán obtener la prestación de asistencia sanitaria mediante el pago de la correspondiente contraprestación o cuota derivada de la suscripción de un convenio especial aquellas personas que, no teniendo la condición de aseguradas o beneficiarias, no tengan acceso a un sistema de protección sanitaria pública por cualquier otro título.*

Ello implica, en consecuencia, que con esta regulación las comunidades autónomas con competencias en materia de sanidad no podrían expedir tarjetas sanitarias en favor de sus titulares si previamente no se ha reconocido el derecho a la protección de la salud y a la atención sanitaria con cargo a fondos públicos por el Ministerio de Sanidad, Consumo y Bienestar Social. De seguirse literalmente el tenor del precepto no se podrían expedir tarjetas sanitarias a personas hasta ahora excluidas de la atención sanitaria sin contar con el previo reconocimiento expreso por parte del Ministerio, a salvo del desarrollo reglamentario que en su caso pueda establecerse, y que no existe en el momento presente.

La última parte del precepto recoge cuestiones relacionadas con la comunicación de datos entre Ministerios y entidades públicas. Prevé que se recaben los datos que resulten imprescindibles para realizar la comprobación necesaria del reconocimiento y control del derecho a la protección de la salud y a la atención sanitaria con cargo a fondos públicos. Y añade, además, que dichos datos pueden obtenerse sin contar con el consentimiento del interesado.

Finalmente, el último de los preceptos modificados por el Real Decreto-ley 7/2018, de 27 de julio, sobre el acceso universal al Sistema Nacional de Salud es el artículo 3 ter de la LCSNS, el corazón de nuestra investigación.

Lo primero que debe llamarnos la atención es su rúbrica, ya que pasamos de «asistencia sanitaria en situaciones especiales» a «protección de la salud y atención sanitaria a las personas extranjeras que encontrándose en España no tengan su residencia legal en el territorio español».

Así, el artículo 3 ter de la Ley 16/2003, de 28 de mayo, de Cohesión y Calidad del Sistema Nacional de Salud queda redactado como sigue:

> Artículo 3 ter. Protección de la salud y atención sanitaria a las personas extranjeras que encontrándose en España no tengan su residencia legal en el territorio español.
>
> 1. Las personas extranjeras no registradas ni autorizadas como residentes en España tienen derecho a la protección de la salud y a la atención sanitaria en las mismas condiciones que las personas con nacionalidad española, tal y como se establece en el artículo 3.1.
>
> 2. La citada asistencia será con cargo a los fondos públicos de las administraciones competentes siempre que dichas personas cumplan todos los siguientes requisitos:
>
> a) No tener la obligación de acreditar la cobertura obligatoria de la prestación sanitaria por otra vía, en virtud de lo dispuesto en el derecho de la Unión Europea, los convenios bilaterales y demás normativa aplicable.
>
> b) No poder exportar el derecho de cobertura sanitaria desde su país de origen o procedencia.
>
> c) No existir un tercero obligado al pago.

2. La asistencia sanitaria a la que se refiere este artículo no genera un derecho a la cobertura de la asistencia sanitaria fuera del territorio español financiada con cargo a los fondos públicos de las administraciones competentes, sin perjuicio de lo dispuesto en las normas internacionales en materia de seguridad social aplicables.

3. Las comunidades autónomas, en el ámbito de sus competencias, fijarán el procedimiento para la solicitud y expedición del documento certificativo que acredite a las personas extranjeras para poder recibir la prestación asistencial a la que se refiere este artículo.

En aquellos casos en que las personas extranjeras se encuentren en situación de estancia temporal de acuerdo con lo previsto en la Ley Orgánica 4/2000, de 11 de enero, sobre Derechos y Libertades de los Extranjeros en España y su Integración Social, será preceptiva la emisión de un informe previo favorable de los servicios sociales competentes de las comunidades autónomas.

4. Las comunidades autónomas deberán comunicar al Ministerio de Sanidad, Consumo y Bienestar Social, mediante el procedimiento que se determine, los documentos certificativos que se expidan en aplicación de lo previsto en este artículo.

Analicemos detenidamente el contenido de cada uno de los apartados del precepto reseñado, dado que es el precepto que se refiere específicamente al colectivo objeto de análisis en esta investigación. Nos detendremos, primero, en el análisis de los requisitos exigidos por la norma. A continuación, centraremos nuestra atención en el procedimiento establecido para la obtención del documento certificativo que reconozca la asistencia sanitaria a las personas extranjeras que no tengan la residencia legal en España. Asimismo, se valorará la exigencia recogida en la norma de disponer de un informe previo favorable de los servicios sociales autonómicos para los supuestos de personas extranjeras que se encuentren en situación de estancia temporal. Y, finalmente, resaltaremos, al ser aplicable a nuestro objeto de estudio, el contenido del artículo segundo y la disposición final segunda del citado Real Decreto-ley 7/2018, de 27 de julio.

En cuanto a los requisitos exigidos, el primer apartado señala que las personas extranjeras no autorizadas como residentes en España son titulares del derecho, en las mismas condiciones que las españolas, a la protección de la salud y a la atención sanitaria. Es decir, se les reconoce el derecho a la protección de la salud como derecho de todo ciudadano a las prestaciones sanitarias del Estado o, en otros términos, a la atención médica organizada y dispensada por los poderes públicos.

Ahora bien, la equiparación inicial entre españoles y extranjeros sin autorización de residencia aparece condicionada, en el apartado segundo del artículo 3 ter LCSNS, al cumplimiento de determinados requisitos que se expresan en sentido negativo.

Estos requisitos son prevenciones que tienen por objeto evitar una utilización indebida del derecho, aunque, por su redacción imprecisa, pueden dar lugar también a una interpretación restrictiva y limitadora de su ejercicio. El precepto enumera unos requisitos para acceder al sistema sanitario público que obligan a las personas sin permiso de residencia a obtener determinados documentos para probar que no se encuentran en las situaciones descritas en la norma: acreditar que no se tiene la cobertura obligatoria de la atención sanitaria por otra vía (cuál), o que no se puede exportar el derecho de cobertura sanitaria desde su país de origen o procedencia (cómo). En la mayoría de las ocasiones, las personas afectadas difícilmente podrán obtener los documentos y certificados correspondientes de los consulados en España o de las instituciones competentes de sus países de origen, máxime cuando han salido de estos países de forma irregular[562]. Como tercer requisito cumulativo se incluye que además no habrá de existir un tercero obligado al pago.

La exposición de motivos del Real Decreto-ley 7/2018, de 27 de julio, sobre el acceso universal al Sistema Nacional de Salud justifica la exigencia de los tres requisitos en la necesidad de no comprometer la sostenibilidad financiera del Sistema Nacional de Salud, *estableciendo criterios para evitar el uso inapropiado del derecho a la asistencia sanitaria, como son que la asistencia será con cargo a fondos públicos siempre que no exista un tercero obligado al pago, o que no se tenga la obligación de acreditar la cobertura obligatoria por otra vía, o bien, que no se pueda exportar el derecho de cobertura sanitaria desde su país de origen o procedencia. Todo ello en virtud de lo dispuesto en la normativa nacional, en el derecho de la Unión Europea, los convenios bilaterales y demás normativa aplicable*.

La justificación de sostenibilidad financiera del sistema es similar a la recogida en el Real Decreto-ley 16/2012, de 20 de abril, de medidas urgentes para garantizar la sostenibilidad del Sistema Nacional de Salud y mejorar la calidad y seguridad de sus prestaciones, cuando señala que el Sistema Nacional de Salud está asumiendo, con cargo a sus presupuestos, la asistencia sanitaria de personas que la tienen ya cubierta, bien por sus instituciones de seguridad social en origen, bien por esquemas de seguros privados, lo cual está afectando a la capacidad financiera del mismo.

Ahora bien, esa utilización indebida del sistema que justifica la adopción por parte de los poderes públicos de medidas regresivas y restrictivas debería ponerse en relación directa con aquellas personas que ya tienen cubierta la asistencia sanitaria pero aprovechan la estancia en nuestro país para beneficiarse de la gratuidad de las prestaciones sanitarias, el denominado turismo sanitario. Como ya se dijo *supra*, esta situación, no debe confundirse, y difiere claramente de la situación del extranjero inmigrante en situación administrativa irregular que llega a nuestro país para cubrir sus necesidades básicas, sin que su objetivo sea llegar a España para beneficiarse de la asistencia sanitaria pública y gratuita. Por tanto, para justificar la adopción de medidas más

562 Delgado del Rincón, L. E., «Nuevos avances en la universalización de la asistencia sanitaria en España», *op. cit.*, p. 123.

restrictivas con fundamento en la garantía de la sostenibilidad financiera del sistema debería analizarse separadamente el consumo sanitario (gasto sanitario) de uno y otro grupo de colectivos. Ello permitirá adoptar las medidas necesarias para garantizar la sostenibilidad financiera, si bien deben justificarse y motivarse separadamente para los distintos colectivos.

En relación al procedimiento para el reconocimiento de la asistencia sanitaria, el apartado tercero del art. 3 ter LCSNS se remite a las comunidades autónomas para que, en el ámbito de sus competencias, fijen el procedimiento para la solicitud y expedición del documento certificativo que acredite a las personas extranjeras para poder recibir la prestación asistencial a la que se refiere este artículo. La prestación asistencial a los extranjeros en situación irregular a la que alude este precepto será la misma que la dispensada a los españoles, sin perjuicio de que pueda variar en función del contenido que tenga la cartera complementaria autonómica en la comunidad autónoma en la que residan.

El artículo 3 ter apartado cuarto de la LCSNS específica la necesidad de que exista un documento certificativo expedido por las comunidades autónomas para identificar a las personas extranjeras sin autorización de residencia a las que se les reconozca la prestación asistencial.

De la utilización de ese término parecería deducirse que dichas personas no dispondrían de la tarjeta sanitaria individual, sino de un documento que les acredite el acceso al sistema sanitario público en la comunidad autónoma en la que tengan su residencia habitual. La norma cede, por tanto, a las comunidades autónomas la competencia para regular todo lo relativo a la solicitud y expedición de ese documento acreditativo. Competencia que, por otro lado, ya venían ejerciendo, pues la mayoría de ellas, al aprobar las normas que extendían la atención sanitaria a los extranjeros residentes ilegalmente en España, habilitaban un procedimiento para solicitar y emitir este tipo de documentos identificativos. Ahora bien, con esta medida se deja la puerta abierta a que las comunidades autónomas regulen de forma diferente los requisitos para solicitar y expedir los certificados identificativos de acceso al derecho de asistencia sanitaria, tal y como había sucedido hasta ahora[563].

Asimismo, hay que valorar en este estudio la exigencia recogida en la norma de disponer de un informe previo favorable de los servicios sociales para la situación de estancia temporal. A este respecto, llama la atención la previsión contenida en el apartado tercero, párrafo segundo, al exigir la norma un informe previo favorable de los servicios sociales autonómicos para los supuestos de personas extranjeras que se encuentren en situación de estancia temporal.

En primer lugar, este contenido entra en contradicción con el propio título del artículo que se refiere a personas extranjeras que no tengan la residencia

563 *Ibidem*, pp. 126-127.

legal. De conformidad con el artículo 29 de la Ley Orgánica 4/2000, de 11 de enero, sobre derechos y libertades de los extranjeros en España y su integración social, relativo a la enumeración de las situaciones de los extranjeros en España señala que los mismos podrán encontrarse en las situaciones de estancia[564] o residencia[565]. En consecuencia, la situación de estancia es distinta de la residencia, pero esa diferencia no se traduce en que la persona extranjera en España se encuentre en situación administrativa irregular. Nuevamente, el legislador, en aras de garantizar la sostenibilidad financiera del sistema, podría estar adoptando medidas relacionadas con el denominado turismo sanitario. Todo ello, porque los extranjeros inmigrantes en situación administrativa irregular no se encuentran en situación de estancia de España al no contar con una autorización legal de estancia, de acuerdo con la LOE.

En segundo lugar, cabe plantearse cuál es el alcance del informe previo favorable, que parámetros valora, que requisitos se exige para su emisión. El precepto solo indica la necesidad de disponer del informe favorable para tener acceso a la asistencia sanitaria en España.

Y, en tercer lugar, cabe mencionar la posible disparidad de tratamiento jurídico que puede darse en las distintas comunidades autónomas, al disponer éstas de competencias exclusivas en materia de asistencia social de conformidad con lo dispuesto en el artículo 148.1.20 CE y al involucrar a un órgano ajeno a la sanidad para su valoración[566].

---

564 De conformidad con el artículo 30 de la Ley Orgánica 4/2000, de 11 de enero, sobre derechos y libertades de los extranjeros en España y su integración social, la estancia es la permanencia en territorio español por un período de tiempo no superior a 90 días, sin perjuicio de lo dispuesto en el artículo 33 para la admisión a efectos de estudios, intercambio de alumnos, prácticas no laborales o servicios de voluntariado.

565 De conformidad con el artículo 30 bis de la Ley Orgánica 4/2000, de 11 de enero, sobre derechos y libertades de los extranjeros en España y su integración social, son residentes los extranjeros que se encuentren en España y sean titulares de una autorización para residir, pudiendo ser esta temporal o de larga duración.

566 Tres son las críticas que formulan Yo sí Sanidad Universal en el documento *Valoración del Real Decreto-Ley 7/2018, de 27 de julio, sobre el acceso universal al Sistema Nacional de Salud*.
En primer lugar, para hacer efectivo el derecho se exigen una serie de requisitos que además aparecen redactados en negativo. Esto implica que no se enumera quién tiene derecho a acceder a los servicios sanitarios y cómo se le reconoce este derecho, sino que por el contrario se enumeran unos requisitos que tiene que probar cada persona, en situación precaria también administrativamente, para poder acceder al sistema. Hay, por tanto, una barrera de prueba entre la persona y el acceso, y la mayoría son pruebas que están en gran medida fuera del alcance de la persona que precisa ser atendida. Por ejemplo, la solicitud de un documento que certifique «no poder exportar el derecho de cobertura sanitaria desde su país de origen o procedencia», o que acredite que no se tiene cobertura por otra vía, es una barrera casi infranqueable.
En segundo lugar, mantiene en las CC. AA. el procedimiento para tramitar la solicitud y reconocer el derecho a la asistencia sanitaria. Dejar que sean las CC. AA. las que decidan cómo acreditar el acceso a las personas sin papeles es mantener la situación que existe

Para finalizar el análisis del contenido del Real Decreto-ley 7/2018 debemos resaltar, por resultar aplicable a nuestro objeto de estudio, el artículo segundo y la disposición final segunda.

El artículo segundo modifica el texto refundido de la Ley de garantías y uso racional de los medicamentos y productos sanitarios, aprobado por Real Decreto Legislativo 1/2015, de 24 de julio, añadiendo un nuevo párrafo e) al apartado 5 del artículo 102 relativo a la aportación de los usuarios y sus beneficiarios en la prestación farmacéutica ambulatoria señalando que, con carácter general, el porcentaje de aportación del usuario será de un 40 % del PVP para las personas extranjeras no registradas ni autorizadas como residentes en España a los que se refiere el artículo 3 ter de la Ley 16/2003, de 28 de mayo.

Por su parte, la Disposición final segunda recoge una referencia expresa a la lista de espera de trasplantes indicando que, mediante Orden de la Ministra de Sanidad, Consumo y Bienestar Social, previo informe favorable del Consejo Interterritorial del Sistema Nacional de Salud, se establecerán los requisitos y período mínimo para que las personas extranjeras que no tengan su residencia legal en el territorio español puedan acceder a la lista de espera de trasplantes.

Resulta sorprendente que se establezcan límites en un campo de la asistencia sanitaria como los trasplantes y la donación de órganos, cuyo pilar fundamental es la solidaridad y la generosidad, en el que se garantiza la prioridad de aquella persona que más se pueda beneficiar.

Cabe la inquietante pregunta: ¿se abriría la puerta a algo tan perverso como que las personas extranjeras pudieran ser donantes de órganos destinados a españoles, pero no puedan ser receptores de un órgano compatible disponible?[567]

En el momento actual aún no ha sido dictada la Orden prevista en dicha disposición por lo que cabe plantearse el siguiente interrogante, y es, en qué situación se encuentran estas personas. Es decir, tienen derecho a acceder a la lista de espera sin cumplir ningún requisito y periodos mínimos o, por

actualmente, en las que todas las CC. AA. (salvo dos únicas excepciones) ya tienen sus maneras de acreditar este acceso.

Por último, resulta especialmente grave e injustificable, por sus perversos efectos sobre las personas muy vulnerables, que no se haya hecho una mención en el RDL 7/2018 a colectivos que gozan de una especial protección como los menores, las embarazadas y las personas que precisan atención urgente, de modo que se garantice su atención en todos los casos.

(*Vid. en Yo sí Sanidad Universal, Valoración del Real Decreto-Ley 7/2018, de 27 de julio, sobre el acceso universal al Sistema Nacional de Salud. p. 9. Disponible en:* https://yosisanidaduniversal.net/media/pages/noticias/valoracion-del-real-decreto-ley-7-2018/1177499792-1576313747/valoracion_yosi_rdl_7_2018.pdf *(06.06.*2023)).

567 *Vid.* Yo sí, Sanidad Universal, *Valoración del Real Decreto-Ley 7/2018, de 27 de julio, sobre el acceso universal al Sistema Nacional de Salud.*

el contrario, no pueden ser beneficiarios de trasplantes en ningún supuesto mientras no se desarrolle reglamentariamente esta previsión.

4.2.c).3. Aplicación por las comunidades autónomas del artículo 3 ter

Sentada la normativa vigente corresponde a continuación entrar en el análisis práctico de la misma, y comprobar de facto si este marco legal satisface los objetivos perseguidos por la propia exposición de motivos del Real Decreto-ley 7/2018, de 27 de julio, sobre el acceso universal al Sistema Nacional de Salud cuando señala que *el acceso al Sistema Nacional de Salud en condiciones de equidad y de universalidad es un derecho primordial de toda persona*, o cuando añade que *el presente real decreto-ley obedece fundamentalmente a la necesidad de garantizar la universalidad de la asistencia.*

Una de las finalidades, por tanto, que buscaba la norma, según su propio Preámbulo, fue la recuperación de la titularidad del derecho a la protección de la salud y a la atención sanitaria para los extranjeros en situación administrativa irregular. Es decir, la norma se dirige a garantizar el derecho a la protección de la salud y a la atención sanitaria, en las mismas condiciones, a todas las personas que se encuentren en el Estado Español.

Por ello, el primer aspecto sobre el que debemos indagar es si la aplicación de la normativa en las distintas comunidades autónomas ha supuesto la homogeneización de acceso al sistema sanitario por los extranjeros en situación administrativa irregular, objetivo, como hemos expuestos, recogido en el Preámbulo de la reforma llevada a cabo en el año 2018.

El art. 3.ter.1 LCSNS, que devuelve a los extranjeros sin autorización de residencia la titularidad del derecho a la atención sanitaria pública en las mismas condiciones que los españoles, previo cumplimiento de los requisitos establecidos en el apartado 2.° del art. 3.ter LCSNS, es una norma básica del Estado aprobada al amparo de la competencia del art. 148.1.16 CE, cuyo desarrollo y ejecución corresponde a las comunidades autónomas. En consecuencia, estas tienen que aplicar el art. 3.ter LCSNS y modificar las normas aprobadas antes de la reforma del Real Decreto ley 7/2018 —cuando no fueron declaradas inconstitucionales por el Tribunal Constitucional o ilegales por los tribunales ordinarios—, o aprobar otras para desarrollarla y adecuarlas a su contenido[568].

Aun cuando no han sido objeto de necesario y obligado desarrollo reglamentario las nuevas previsiones legales, lo cierto es que desde el Ministerio de Sanidad, previa solicitud y por consenso de las comunidades autónomas mediante Acuerdo de 24 abril de 2019 en el seno de la Comisión de Prestaciones Aseguramiento y Financiación del Consejo Interterritorial del Sistema

568 Delgado del Rincón, L. E., «Nuevos avances en la universalización de la asistencia sanitaria en España...», *op. cit.*, p. 129.

Nacional de Salud adoptaron las *Recomendaciones para el procedimiento de solicitud, registro y expedición del documento certificativo que acredita a las personas extranjeras que encontrándose en España no tengan residencial legal en territorio español para recibir asistencia sanitaria*[569].

Lo primero que debemos resaltar es que se trata de recomendaciones para homogeneizar, es decir, no son obligatorias para las CC. AA. Sin embargo, en numerosos apartados podríamos concluir que su contenido es más propio de una norma reglamentaria cuando señala la vigencia de la certificación y su renovación (apartado 3.6), o cuando indica los supuestos de pérdida del derecho a las prestaciones reconocidas (apartado 5). También llama la atención dentro del apartado 3 dos aspectos: la ausencia de uno de los requisitos exigidos en el artículo 3.ter de la LCSNS (no tener la obligación de acreditar la cobertura obligatoria de la prestación sanitaria por otra vía, en virtud de lo dispuesto en el derecho de la Unión Europea, los convenios bilaterales y demás normativa aplicable), y el añadido de un requisito no exigido legalmente (certificado o volante de empadronamiento actualizado en un municipio de la CC. AA. o de las ciudades de Ceuta y Melilla, prestadora de la asistencia sanitaria con una antelación mínima de tres meses).

Especial trascendencia tiene también el resultado de la resolución del procedimiento. Si la resolución es desestimatoria no podrá acceder al SNS, y, además, si durante el período comprendido desde el inicio del procedimiento y hasta que se notifica la resolución, se hubiese recibido asistencia sanitaria, se procederá, según los procedimientos establecidos, para que se pueda facturar la asistencia prestada. Y, si la resolución es estimatoria se procederá a la inclusión de la persona tanto en la base de datos de población protegida o del INGESA como en la del SNS, (párrafo primero del epígrafe 3.5) así como a la expedición del documento certificativo (epígrafe 3.6).

Es importante destacar que este documento certificativo constituye un documento distinto de la tarjeta sanitaria individual, con una vigencia de dos años. Ahora bien, esto se traduce en tres consecuencias. Primera, todas las personas que tengan derecho a acceder a la asistencia sanitaria en territorio español dispondrán de un código de identificación personal del SNS (Disposición adicional novena del RD 1192/2012). Dos, las personas extranjeras que, encontrándose en España no tengan residencia legal en territorio español, dispondrán, además, de un documento certificativo de vigencia bianual, pero no serán titulares de la tarjeta sanitaria individual prevista en el artículo 57 de la Ley 16/2003. Tercera, en ambos casos se registran los datos en la base de Datos de Población Protegida del Sistema Nacional de Salud.

569 Resolución de 20 de junio de 2019 de la Dirección General de la Cartera Básica de Servicios del Sistema Nacional de Salud y Farmacia por la que se hacen públicas las recomendaciones para el procedimiento de solicitud, registro y expedición del documento certificativo que acredita a las personas extranjeras que encontrándose en España no tengan residencial legal en territorio español para recibir asistencia sanitaria.

Sin embargo, la plasmación documental de la acreditación del derecho se materializa mediante dos formas distintas (tarjeta sanitaria individual en unos casos, y documento certificativo para los extranjeros en situación administrativa irregular). Vemos como la diferencia entre ambos soportes documentales radica en su denominación. En ambos casos, estamos ante un documento administrativo que acredita determinados datos de su titular. Se ha establecido, en consecuencia, una duplicidad de formatos para la misma finalidad: identificar a los sujetos que tienen derecho de acceso a las prestaciones de la atención sanitaria que proporciona el Sistema Nacional de Salud.

En conexión con lo expuesto hasta aquí, también debemos poner de relieve que, en el momento actual, perviven normativas autonómicas insuficientes, contradictorias y carentes de homogeneidad por las siguientes razones:

Todas las comunidades autónomas cuentan con algún tipo de mecanismo para dar cobertura sanitaria a las personas extranjeras en situación irregular. Varias de estas medidas, adoptadas para paliar la situación creada por el RDL 16/2012, constituyeron importantes núcleos de resistencia a la injusticia de la exclusión sanitaria y contribuyeron a evitar que el sufrimiento de miles de personas fuera aún mayor. Sin embargo, cuentan con importantes límites que han impedido que garanticen la plena universalidad de la atención sanitaria[570].

En primer lugar, al tratarse de medidas adoptadas desde cada comunidad autónoma sin coordinación alguna desde el ámbito estatal, ha dado lugar a una realidad territorial muy dispar, con 17 sistemas sanitarios[571] que reconocen diferentes grados de cobertura y exigen distintos requisitos de entrada, algunos de muy difícil cumplimiento.

En segundo lugar, a ello hay que sumar la incertidumbre generada en algunas comunidades autónomas por las sentencias emitidas por el Tribunal Constitucional que anulan algunas de estas normativas[572]. Por último, estas

---

570 *Cfr.* Informe de la Red de Denuncia y Resistencia al RDL 16/2012 REDER, *Es urgente garantizar la sanidad universal. No dejar a nadie atrás,* (2018), disponible en: https://www.fadsp.org/index.php/sample-sites/notas-de-prensa/1794-reder-es-urgente-garantizar-la-sanidad-universal-no-dejar-a-nadie-atras(08.01.2021).

571 En la Xunta de Galicia, por ejemplo, se arrastra la *Instrucción de creación del Programa galego de protección social de salud pública* aprobada en el año 2012 para ampliar la cobertura a los extranjeros en situación irregular. En el año 2018 se modifica, manteniendo la exigencia del requisito del empadronamiento pero con una duración menor. Se justifica la modificación de exigencia de un plazo menor de empadronamiento para adaptarse a la reforma sanitaria del año 2018, si bien este requisito no es exigido por el artículo 3ter LCSNS. (*Vid.* Servicio Gallego de Salud (SERGAS), https://www.sergas.es/Tarxeta-sanitaria/Programa-galego-de-protecci%C3%B3n-social-da-sa%C3%BAde-p%C3%BAblica?idioma=es (06.05.2023).

572 Por ejemplo, podemos citar la Sentencia del Tribunal Constitucional en la Sentencia 145/2017, de 14 de diciembre, que resuelve un recurso de inconstitucionalidad en relación con el Decreto-ley del Consell de la Generalitat Valenciana 3/2015, de 24 de julio, por el que

normativas no reconocen la igualdad de derechos entre personas migrantes y personas con ciudadanía española, sino que configuran un acceso «de beneficencia» para aquellas personas que no pueden ser consideradas aseguradas o beneficiarias conforme a la normativa anterior. Todas estas circunstancias provocan una situación de desigualdad en el acceso al derecho a la protección de la salud en función de la comunidad autónoma de residencia.

En tercer lugar, la mayoría de normativas autonómicas en vigor condicionan el acceso a la atención sanitaria normalizada a que la persona acredite llevar empadronada un mínimo de tres meses[573]. Esta exigencia no se corresponde con lo previsto en el RDL 7/2018. La norma reconoce el derecho a la protección de la salud y a la atención sanitaria en las mismas condiciones que las personas con nacionalidad española a las personas extranjeras no registradas ni autorizadas como residentes en España. En ningún momento se hace referencia al empadronamiento como medio de prueba de que la persona vive de forma efectiva en territorio español. Dicha circunstancia se ve incluso agravada en enclaves como Melilla donde el acceso al padrón está condicionado a que la persona se encuentre ya regularizada.

En consecuencia, podemos establecer las siguientes conclusiones:

Primera, las continuas reformas de los últimos años en la configuración del acceso a la asistencia sanitaria de las personas extranjeras nacionales de terceros países en situación administrativa irregular distorsionan los principios de acceso al sistema sanitario, como son los de igualdad efectiva y superación de los desequilibrios territoriales y sociales (artículo 3 LGS).

Segunda, aun cuando la reforma del 2018 desvincula la configuración de acceso a la asistencia sanitaria de la condición de asegurado y beneficiario introducida en el año 2012, no es menos cierto que con la misma se haya alcanzado la universalidad del acceso a la misma.

Los extranjeros en situación administrativa irregular serán titulares del derecho y accederán a las prestaciones sanitarias de acuerdo con las condiciones legales fijadas. Los requisitos legales fijados en 2018 dieron un paso adelante hacia la universalidad, pero no se volvió a la situación anterior al año 2012, donde los extranjeros, con independencia de su situación administra-

---

se regula el acceso universal a la atención sanitaria en la Comunidad Valenciana. Concluye con la inconstitucionalidad del Decreto-ley por ampliar la cobertura sanitaria en el ámbito subjetivo de las prestaciones a los extranjeros no autorizados como residentes en España, siendo este un supuesto que no se contemplaba por la normativa básica estatal.

573 Sirva de ejemplo de esta realidad la exigencia establecida por la Comunidad autónoma de Cantabria donde en el modelo de solicitud de asistencia sanitaria (Anexo I) se exige documento de empadronamiento actual en algún municipio de la Comunidad autónoma de Cantabria y que acredite una residencia mínima de 3 meses inmediatamente anteriores a la fecha de solicitud, en algún municipio de España. (*Vid. Servicio Cántabro de Salud.* Disponible en: https://www.scsalud.es/asistencia-extranjeros-no-registrados *(09.01.2021))*.

tiva, accedían al disfrute del derecho a la asistencia sanitaria en las mismas condiciones que los españoles, con el único requisito de exigencia del empadronamiento. En este sentido, el Estado español parece seguir la misma configuración, con matices, de los países europeos de nuestro entorno cercano.

Tercera, la adopción por parte de los poderes públicos de medidas regresivas y restrictivas debería ponerse en relación directa con aquellas personas que ya tienen cubierta la asistencia sanitaria pero aprovechan la estancia en nuestro país para beneficiarse de la gratuidad de las prestaciones sanitarias, el denominado turismo sanitario. Esta situación, no debe confundirse, y difiere claramente de la situación del extranjero inmigrante en situación administrativa irregular que llega a nuestro país para cubrir sus necesidades básicas, sin que su objetivo sea llegar a España para beneficiarse de la asistencia sanitaria pública y gratuita. Por tanto, para justificar la adopción de medidas más restrictivas con fundamento en la garantía de la sostenibilidad financiera del sistema debería analizarse separadamente el consumo sanitario (gasto sanitario) de uno y otro grupo de colectivos. Ello permitirá adoptar las medidas necesarias para garantizar la sostenibilidad financiera, si bien no deben ser tratadas ni justificarse de forma idéntica situaciones distintas.

Cuarta, en el momento actual parecen seguir vigentes tres normativas distintas, la anterior a 2012 (exigencia empadronamiento), la reforma de 2012 (CC. AA. que mantienen el mismo criterio), y la norma vigente desde 2018 (acreditación de nuevos requisitos). Este escenario está ocasionado por la falta de claridad y uniformidad de tratamiento normativo. Estamos ante CC. AA. que mantienen exigencias de requisitos no previstos actualmente por la normativa básica estatal, recomendaciones sin fuerza vinculante y falta de homogeneidad en la configuración del acceso. No debemos olvidar que el Tribunal Constitucional concluyó que la delimitación del ámbito subjetivo de acceso a la asistencia sanitaria entra dentro de la competencia básica estatal, no pudiendo ampliarlo las CC. AA.

Quinta, factores tales como inseguridad jurídica, dispersión normativa, diferencias de tratamientos estarán presentes en el derecho al acceso a la asistencia sanitaria de los extranjeros en situación irregular en España en tanto en cuanto no se altere, modifique o desarrolle las previsiones legales vigentes arriba expuestas. Este escenario muestra similitudes con la realidad existente en los países europeos de carácter federal.

4.3. Disfunciones en la satisfacción del derecho a la asistencia sanitaria de los extranjeros irregulares

Llegados a este punto, el estudio de este apartado viene determinado por la necesidad de confirmar que, de acuerdo con ley vigente, la configuración del acceso a la asistencia sanitaria pública de los extranjeros en situación administrativa irregular garantiza el contenido **mínimo asistencial** previsto en el artículo 43 CE, contenido cuya titularidad se reconoce en las mismas condiciones que los españoles, por ser titulares del derecho a la vida previsto en el artículo 15 CE. Ese contenido mínimo tiene lugar cuando exista un peligro real, grave y cierto para la vida de la persona, teniendo, en consecuencia, derecho a los cuidados médicos necesarios al verse amenazada su propia vida.

Para ello, distinguiremos distintos supuestos a los que actualmente, o bien la norma expresamente no los reguló, a diferencia de la reforma del año 2012, o bien no alcanza la normativa vigente. Asimismo, mencionaremos la normativa específica prevista para determinados colectivos. Y, finalmente, dedicaremos un apartado al papel que desempeñan las entidades del tercer sector y otras organizaciones en el funcionamiento de la prestación de la asistencia sanitaria. Su interés, para esta investigación, radica en la intervención y participación activa de estas entidades en la defensa del derecho a una sanidad universal pública y gratuita, de la cual se beneficiaría especialmente nuestro colectivo objeto de estudio.

4.3.a) Atención sanitaria en situaciones extraordinarias

Si bien la reforma llevada a cabo en el año 2012 estuvo llena de abundantes críticas jurídicas[574], sin embargo, sí recogía en su seno un mínimo asistencial en caso de urgencia por enfermedad grave o accidente a toda persona extranjera nacional de terceros países que se encontrarse en situación administrativa irregular en España, en consonancia con las disposiciones internacionales y europeas dictadas en este ámbito competencial.

Pues bien, la reforma operada en el año 2018 no recoge expresamente estas situaciones. A pesar de tener como objetivo garantizar la universalidad

574 El ejemplo más patente fueron las normas aprobadas por las distintas CC. AA. reconociendo el acceso universal a los extranjeros en situación administrativa irregular. A nivel internacional dos importantes documentos en su día cuestionaron la oportunidad y validez jurídica de esta reforma. Por una parte, el documento Observaciones finales del Comité sobre los Derechos Económicos, Sociales y Culturales, aprobadas en el 48 período de sesiones del 30 de abril al 18 de mayo de 2012 y de otra, las Conclusiones XX-2 (2013) del Comité Europeo de Derechos Sociales, del Consejo de Europa conclusiones 2013. Asimismo, Organizaciones no Gubernamentales (Médicos del mundo, Yo sí, Sanidad Universal o la Red de Denuncia y Resistencia al RDL 16/2012 (REDER)) se mostraron críticas con la reforma llevada a cabo.
También autores como CANTERO MARTÍNEZ, J., en su artículo «A vueltas con el Real Decreto-ley 16/2012 y sus medidas urgentes para garantizar la sostenibilidad del Sistema Nacional de Salud», *Gaceta Sanitaria*, vol. 28 N.° 5, Barcelona, sep./oct. 2014. Disponible en: https://scielo.isciii.es/scielo.php?script=sci_arttext&pid=S0213-91112014000500001 (01.01.2023).

del acceso al SNS, lo cierto es que, del tenor literal de la norma se desprende que de no darse el cumplimiento de los tres requisitos cumulativos mencionados en el apartado 1 del artículo 3 ter de la LCSNS, las personas extranjeras que no tengan su residencia regular en territorio español no tendrán garantizado el acceso a las prestaciones del SNS en las denominadas situaciones especiales previstas en el Real Decreto-ley 16/2012, de 20 de abril. Dichas situaciones tenían lugar en los casos de urgencia por enfermedad grave o accidente, cualquiera que sea su causa, hasta la situación de alta médica para mayores de 18 años, de asistencia al embarazo, parto y postparto en caso de las mujeres y, en todo caso, los extranjeros menores de dieciocho años recibirán asistencia sanitaria en las mismas condiciones que los españoles[575].

Ahora bien, con rango de norma reglamentaria y estando en vigor actualmente, el Real Decreto 1192/2012, de 3 de agosto, por el que se regula la condición de asegurado y de beneficiario a efectos de la asistencia sanitaria en España, con cargo a fondos públicos, a través del Sistema Nacional de Salud, sí reconoce que tanto los menores de 18 años como las mujeres embarazadas que no tengan residencia regular en España tendrán derechos de acceso a las prestaciones sanitarias que sean necesarias con la misma extensión reconocida a las personas que ostentan la condición de aseguradas siendo el tipo de aportación del usuario para las prestaciones de la cartera de servicios del Sistema Nacional de Salud que la exijan el correspondiente a los asegurados en activo (Disposición adicional octava. Asistencia sanitaria pública en supuestos especiales). Es decir, tendrán acceso, pero deben aportar lo mismo que les correspondería a los asegurados en activo. Nada dice en relación a las personas mayores de 18 años en situación administrativa irregular en España[576].

575 Con anterioridad a la reforma sanitaria del año 2012, la Ley Orgánica 4/2000, de 11 de enero, sobre derechos y libertades de los extranjeros en España y su integración social, sí recogía la referencia a las denominadas situaciones extraordinarias.
En su artículo 12, de acuerdo con la redacción dada por la Ley Orgánica 2/2009, de 11 de diciembre, prescribía que los extranjeros que se encuentren en España tienen derecho a la asistencia sanitaria pública de urgencia por enfermedad grave o accidente, cualquiera que sea su causa, y a la continuidad de dicha atención hasta la situación de alta médica. Los extranjeros menores de dieciocho años que se encuentren en España tienen derecho a la asistencia sanitaria en las mismas condiciones que los españoles. Y, las extranjeras embarazadas que se encuentren en España tienen derecho a la asistencia sanitaria durante el embarazo, parto y postparto.

576 En el Informe sobre exclusión sanitaria a un año del RDL 7/2018 sobre acceso universal al Sistema Nacional de Salud elaborado por «Yo sí, Sanidad Universal» se recogen numerosos supuestos que reflejan como esta falta de previsión normativa en situaciones especiales ha supuesto denegaciones de acceso al sistema. Sirva de ejemplo el siguiente:
Madrid, 02/2019 Madrid: deniegan la atención a un bebé y maltratan verbalmente a la familia «Buenos días, mi hijo con nacionalidad española recién vino a vivir a Madrid junto a su esposa y bebé de 5 meses ambos extranjeros; se está tramitando en el Registro Civil la inscripción tanto como el de matrimonio así como el de nacimiento (existe el resguardo de

El impacto de esta previsión normativa específica da lugar a la formulación de las siguientes observaciones:

Primera, la inseguridad jurídica y asistencial, caracterizada por la ausencia de una previsión normativa que sería de utilidad tanto para los profesionales sanitarios y no sanitarios del SNS como para que los extranjeros en situación administrativa irregular tuvieran conocimiento de las posibilidades de acceso a la asistencia sanitaria cuando se den estos supuestos.

Segunda, la técnica normativa empleada. Hasta ahora esas situaciones extraordinarias se recogían en normas con rango de ley (LOE y LCSNS). Actualmente, sólo se recoge y de forma parcial (mujeres y menores de edad) en una norma de rango reglamentario (Real Decreto 1192/2012, de 3 de agosto).

Tercera, no ha quedado suficientemente clarificado el contenido del derecho a la protección de la salud que resulta indisponible para el legislador, en consonancia con las disposiciones internacionales dictadas en este ámbito competencial.

La regulación actual condiciona el acceso a la asistencia sanitaria de los extranjeros en situación administrativa irregular al cumplimiento de los requisitos fijados en el artículo 3 ter LCSNS, pero no se reconoce expresamente, ni en la legislación sanitaria ni en la legislación de extranjería, el contenido mínimo indisponible para el legislador al que tienen derecho todas las personas, incluidas nuestro colectivo objeto de estudio.

Es preciso traer a colación el pronunciamiento reciente del Tribunal de Justicia de la Unión Europea en su Sentencia de 22 de noviembre de 2022[577]. Recoge la imposibilidad de que se dicte una decisión de expulsar al nacional de un tercer país que se encuentre en situación irregular y esté aquejado de una enfermedad grave cuando existan razones serias y fundadas para creer que en el tercer país al que sería expulsado el interesado quedaría expuesto al peligro de un aumento considerable, irreparable y rápido de su dolor, en caso de retorno, debido a la prohibición en dicho país del único tratamiento analgésico que es eficaz.

---

que esto es así) están empadronados en el hogar familiar y lamentablemente al bebé de 5 meses le niegan la atención médica en el centro de salud por estar menos de 3 meses en territorio español y dicen que es turista. Y sólo le atenderían en caso vital o si el bebé estaría sangrando». (*Vid.* en Yo sí, sanidad universal, Informe sobre exclusión sanitaria a un año del RDL 7/2018 sobre acceso universal al Sistema Nacional de Salud, 2019. Disponible en: https://yosisanidaduniversal.net/media/pages/materiales/informes/informe-sobre-la-exclusion-sanitaria-un-ano-despues-del-rdl-7-2018/1275290117-1576313745/informe-sobre-exclusion-a-1-ano.pdf (09.01.2023)).

577 *Cfr.* STJUE (Gran Sala) de 22 de noviembre de 2022, Asunto C-69/21, X contra Staatssecretaris van Justitie en Veiligheid, párrafo 76.

Entiende el Tribunal que resultaría contrario a la dignidad humana en la medida en que pudiera ocasionarle trastornos psíquicos graves e irreversibles cuando está acreditado que en el país de destino legalmente no puede administrársele el único tratamiento analgésico eficaz.

Y concluye el Tribunal que el hecho de que se vaya a interrumpir el tratamiento en caso de retorno, por no estar disponible en su país, no supone por sí mismo un impedimento para la adopción de la decisión de retorno o de la medida de expulsión, si no que se exige que la interrupción del tratamiento le exponga al peligro real de tratos inhumanos o degradantes.

Por tanto, cuando un extranjero en situación administrativa irregular se encuentre gravemente enfermo y solo el Estado español disponga del único tratamiento que le evite someterse a tratos inhumanos o degradantes no procederá ordenar la orden de retorno o expulsión. Ahora bien, la adopción de tal decisión o medida no vulnera ese derecho por el mero hecho de que, en caso de retorno al país de destino, fuera a quedar expuesto al riesgo de que su estado de salud se deteriorara, siempre que ese riesgo no alcance el umbral de gravedad exigido por las normas.

Esta sentencia corrobora las dificultades que existen en la aplicación práctica para determinar cuando la enfermedad reviste gravedad, cómo son los tratamientos disponibles en los países de procedencia y cuando se produce una lesión a los derechos fundamentales cuya titularidad y ejercicio ostentan nuestro colectivo objeto de estudio en igualdad de condiciones que los españoles.

Finalmente, esta situación puede comportar, además, que el hecho de no tratar a tiempo enfermedades con un alto potencial de transmisibilidad, sean graves y/o urgentes, puede redundar, no sólo en un aumento del coste sanitario, sino en un riesgo para la salud pública, extensible al resto de la población española que pudiera resultar afectada.

4.3.b) Otras situaciones

En este apartado mencionaremos, a modo de ejemplo, otras situaciones que pueden provocar dificultades en la aplicación de la normativa vigente sobre el acceso a la asistencia sanitaria de enfermos mentales, enfermos crónicos o enfermedades transmisibles, que también afectan a los extranjeros inmigrantes en situación administrativa irregular.

Algunos trastornos mentales son enfermedades caracterizadas por no dar síntomas específicos, que mantienen intacto su potencial de daño individual y colectivo durante largos períodos de tiempo. Cabría preguntarse qué sucede cuando un extranjero irregular de nuestro colectivo objeto de estudio padece una enfermedad mental, de la cual o bien no está siquiera diagnosticado (potencial peligro para la población) o bien, está diagnosticado pero no tiene acceso a las prestaciones sanitarias propias de la salud mental[578].

De la redacción del actual artículo 3 ter LCSNS podemos entender que, de no reunir los requisitos cumulativos en él previsto aquella persona enferma mental no tendrá acceso a la asistencia sanitaria en SNS español, con independencia del riesgo que suponga para el resto de la población o del riesgo para su propia vida en los casos más graves. Con la redacción del precepto vigente, resulta más restrictivo el acceso a esta prestación con la reforma llevada a cabo en 2018 respecto de la reforma del 2012, pues ni siquiera se tiene acceso de forma expresa e inmediata en los supuestos calificados como enfermedades graves, en el caso de que tuviera esa calificación el enfermo mental que la padeciese.

En este apartado cobra especial relevancia la prestación farmacéutica. Los enfermos mentales, diagnosticados y con el seguimiento adecuado del tratamiento prescrito, tienen bien controlada su enfermedad. De no disponer de tratamiento pueden suponer un potencial riesgo para el conjunto de la población.

Señala el artículo 102.5.e) del Real Decreto Legislativo 1/2015, de 24 de julio, por el que se aprueba el texto refundido de la Ley de garantías y uso racional de los medicamentos y productos sanitarios que, con carácter general, el porcentaje de aportación del usuario será de un 40 % del PVP para las personas extranjeras no registradas ni autorizadas como residentes en España a los que se refiere el artículo 3 ter de la Ley 16/2003, de 28 de mayo.

Las situaciones que en la práctica pueden producirse podrían ser, al menos, las dos siguientes:

Primera, aquellos extranjeros en situación irregular que, padeciendo una enfermedad mental, tienen acceso a la asistencia sanitaria gratuita, pero no pueden asumir el copago de la prestación farmacéutica correspondiente a su medicación.

En estos casos, nuestro colectivo objeto de estudio tendrá reconocido el acceso a unas prestaciones sanitarias pero no el derecho a la asistencia sanitaria. La consecuencia se traduce en que como la medicación condiciona el mantenimiento de la salud individual, de no administrarse ésta, estaría poniéndose en riesgo no sólo la salud del enfermo mental sino también generando un peligro para la población general.

---

578 Las prestaciones sanitarias propias de la salud mental se recogen en el Anexo III.7. Atención a la salud mental previsto en Real Decreto 1030/2006, de 15 de septiembre, por el que se establece la cartera de servicios comunes del Sistema Nacional de Salud y el procedimiento para su actualización.

Segunda, aquellos extranjeros en situación irregular con enfermedad mental diagnosticada que requieren de medicación permanente y no tengan acceso a la misma por no estar incluidos en los supuestos del artículo 3 ter de la LCSNS ni disponer de recursos económicos para hacer frente al copago.

Esta situación resulta más comprometida que la anterior porque estos sujetos no son titulares del derecho a la asistencia sanitaria en los términos del artículo 3 ter LCSNS. En este caso, además de no tener acceso a la prestación farmacéutica tampoco podrá ser sometido a revisiones periódicas de la enfermedad mental diagnosticada. Nuevamente, las consecuencias serían las mismas, pero con el agravante de que no tendrá ningún tipo de seguimiento médico.

Esto puede traducirse en un verdadero problema de salud pública para el conjunto de la población, al existir un potencial peligro real y cierto sobre su vida e integridad física para el resto de las personas.

Cabría plantearse si esta situación no formaría parte del derecho a la asistencia de los extranjeros en situación administrativa irregular como contenido mínimo indisponible para el legislador, y, por tanto, debería estar financiada gratuitamente por nuestro SNS.

Otro supuesto de especial atención se da cuando los extranjeros en situación administrativa irregular padecen enfermedades crónicas e irreversibles[579].

Estas enfermedades se caracterizan por mantenerse en el tiempo y donde la ralentización del agravamiento de la enfermedad está íntimamente relacionada con el diagnóstico precoz de la misma, especialmente si estamos ante personas mayores o con enfermedades irreversibles. Una de las consecuencias para la población inmigrante en situación irregular vendrá dada porque puede quedar de lado la prevención y los tratamientos en fases tempranas de la enfermedad, lo que puede conducir al agravamiento y cronificación de la misma.

Cabría distinguir dos situaciones distintas. Una, aquellas situaciones de enfermos diagnosticados con enfermedad crónica que lleguen a España en situación administrativa irregular y que no han podido acreditar el derecho de acceso reconocido en el artículo 3 ter LCSNS por no disponer de la docu-

579 Dentro de este apartado pueden destacarse las enfermedades (recogidas en el apartado 6.4.1. del Anexo II del Real Decreto 1030/2006, de 15 de septiembre): a) *Diabetes mellitus*, incluyendo el suministro al paciente diabético del material necesario para el control de su enfermedad. b) Enfermedad pulmonar obstructiva crónica y asma bronquial. c) Hipercolesterolemia. d) Hipertensión arterial. e) Insuficiencia cardiaca crónica. f) Cardiopatía isquémica. g) Obesidad. h) Problemas osteoarticulares crónicos o dolor crónico musculoesquelético.

mentación exigida. Y, dos, personas extranjeras irregulares que comienzan a padecer una enfermedad crónica sin acreditar el cumplimiento de los tres requisitos cumulativos del citado artículo 3 ter.

En estos casos, podríamos estar en una situación de vulnerabilidad mayor que la que tuvo lugar con la reforma del 2012. La normativa actual no admite ni siquiera la problemática que se planteaba con la interpretación de los términos enfermedad grave o situación de urgencia. Con la reforma del 2012 el primer interrogante versaba sobre si los enfermos crónicos encajaban dentro de una enfermedad que genera un peligro grave, inmediato y cierto para la salud para poder acceder al sistema sanitario. En la actualidad, de no cumplir los tres requisitos exigidos por el actual artículo 3 ter de la LCSNS, o que, cumpliendo los requisitos, aún no tenga acreditado o reconocido el derecho de acceso al SNS español no se les reconocerá el derecho a la protección de la salud y a la asistencia sanitaria.

Piénsese, por ejemplo, en situaciones que no siendo enfermedades crónicas graves si generan situaciones de atención de urgencia (hipertensión arterial) o situaciones que siendo especiales reclaman la asistencia sanitaria urgente no revistiendo gravedad (ataques epilépticos controlados, hiperglucemia por la enfermedad de la diabetes).

Esta realidad jurídica nos devuelve al mismo escenario interpretativo originado con la reforma sanitaria del año 2012. Es decir, pone de manifiesto el peligro real que existirá cuando los profesionales sanitarios tengan que decidir si están o no en presencia de una enfermedad que genera un peligro grave, inmediato y cierto para la salud como parte integrante del derecho fundamental a la vida e integridad física, cuando el paciente extranjero irregular crónico no tiene garantizado el acceso a la asistencia sanitaria gratuita con cargos a los fondos públicos.

En consecuencia, en supuestos como los señalados, queda en entredicho la afirmación recogida en el Preámbulo del mismo Real Decreto Ley 7/2018. Señala expresamente que el mismo obedece fundamentalmente a la necesidad de garantizar la universalidad de la asistencia, es decir, a garantizar el derecho a la protección de la salud y a la atención sanitaria, en las mismas condiciones, a todas las personas que se encuentren en el Estado Español.

Podemos decir que en el caso de los enfermos crónicos e irreversibles el acceso a la asistencia sanitaria de los extranjeros en situación administrativa irregular, de no darse los requisitos del artículo 3 ter de la LCSNS, su situación sanitaria está sometida a la misma inseguridad jurídica y sanitaria que con la reforma de 2012. La incertidumbre será determinar cuándo ese enfermo crónico o irreversible tiene derecho al contenido mínimo de asistencia sanitaria indisponible para el legislador.

Finalmente, destacaremos también aquellas situaciones que están íntimamente relacionadas con la prestación de salud pública cuya actuación precoz resulta determinante para proteger la salud del conjunto de la población[580].

Esta situación merece ser puesta de relieve porque estamos ante enfermedades con un elevado riesgo potencial de transmisibilidad y el hecho de no tratarlas con la premura y el corto tiempo exigido, redundará, no sólo en un riesgo para la salud pública, sino en un aumento del coste sanitario, extensible la enfermedad contraída al resto de la población española que pudiera resultar afectada[581].

Cuando un paciente inicialmente excluido de la asistencia sanitaria acude al médico, será porque su enfermedad se encuentra en una fase evolutiva avanzada, y, en caso de ser transmisible, habrá desarrollado su potencial contagio en la comunidad. Esto se traducirá en más personas enfermas, incluidas las que tienen derecho a la asistencia sanitaria gratuita y, en consecuencia, redundará en más costes económicos para paliar y curar al colectivo afectado. El factor agravante en estas enfermedades es la necesidad de que previamente sean diagnosticadas de forma prematura para su inmediato control y prevención de la transmisión. Y, también serán distintos los supuestos en los que el tratamiento no se ha iniciado o bien el mismo se ve interrumpido.

Nuevamente estas situaciones nos llevan a extraer la misma conclusión. Cualquier persona no autorizada en España tiene derecho a la atención sani-

---

580 Como ejemplo real podemos citar la situación de crisis sanitaria ocasionada por la COVID-19 debido al virus Coronavirus SARS-CoV-2, si bien hay otros muchos ejemplos como el de la tuberculosis o las infecciones de transmisión sexual (ITS) o el VIH.

581 En relación a esta cuestión la Sociedad Española de Salud Pública y Administración Sanitaria (SESPAS) y del resto de organizaciones firmantes han elaborado un comunicado, con fecha 9 de marzo de 2022, solicitando a las distintas Administraciones públicas afectadas que faciliten a las personas inmigrantes en situaciones irregular y a las personas solicitantes de protección internacional con enfermedades infecto-transmisibles el acceso a la asistencia sanitaria, reduciendo los requisitos burocráticos, agilizando la tramitación de las solicitudes y admitiendo diferentes documentos para probar la residencia efectiva en una determinada comunidad autónoma. Fundamentan el comunicado en la especialmente delicada situación en que se encuentran aquellas personas que están infectadas por el VIH o que están en riesgo de infectarse. Las barreras de acceso al diagnóstico y al tratamiento profiláctico (la PrEP) o terapéutico (los antirretrovirales) impiden la consecución de unos objetivos clínicos, epidemiológicos, de economía de la salud y de salud pública que redundarán en beneficio no sólo de la persona atendida sino de toda la sociedad. (*Vid. Sociedad Española de Salud Pública y Administración Sanitaria (SESPAS), Posicionamiento por un acceso a la asistencia sanitaria sin demora y sin restricciones para migrantes en situación irregular y solicitantes de protección internacional, 2022. Disponible en:* https://sespas.es/2022/03/10/posicionamiento-por-un-acceso-a-la-asistencia-sanitaria-sin-demora-y-sin-restricciones-para-migrantes-en-situacion-irregular-y-solicitantes-de-proteccion-internacional/ *(06.01.2023))*.

taria con cargo a los fondos públicos de la Administración si se cumplen los tres requisitos fijados por el artículo 3[582] ter LCSNS[583].

De lo expuesto podemos extraer que las personas inmigrantes en situación irregular con enfermedades transmisibles en España continúan teniendo barreras de acceso al sistema sanitario a pesar de la reforma llevada a cabo en el año 2018 cuando no se cumplen con las condiciones establecidas en el artículo 3 ter LCSNS. Estas dificultades tienen que ver con una legislación estatal que no garantiza la universalidad, con interpretaciones y exigencias administrativas al margen de la norma y con medidas autonómicas insufi-

582 Resulta interesante traer a colación el *Informe Barreras y dificultades en el acceso a la atención y tratamiento de las personas migrantes y solicitantes de asilo con el VIH en España*, elaborado por el Ministerio de Sanidad, donde parece poner de manifiesto que las CC. AA. han establecido un reconocimiento de acceso a la asistencia sanitaria de los extranjeros en situación irregular «al margen» de las prescripciones legales vigentes. Distingue el Informe dos situaciones que se dan en las CC. AA. Acceso para estancias inferiores a 90 días donde solo es suficiente el informe de los Servicios Sociales, y acceso para estancias superiores a 90 días donde la exigencia de acreditación de la inscripción de empadronamiento resulta admisible para acceder a la asistencia sanitaria por parte de los extranjeros en situación administrativa irregular. Como vemos, ninguno de estos requisitos vienen recogidos en el artículo 3 ter LCSNS. Y propone, para evitar las disparidades que se están dando en las CC. AA. sobre los procedimientos para la solicitud y expedición del documento certificativo que acredite a las personas extranjeras recibir la prestación asistencial, la elaboración de un Reglamento de desarrollo de la Ley 16/2003, en el que se establezcan los mecanismos de control para garantizar el cumplimiento del derecho al acceso a la sanidad se ha identificado como una posible solución a esta problemática. (*Vid. Informe Barreras y dificultades en el acceso a la atención y tratamiento de las personas migrantes y solicitantes de asilo con el VIH en España. División de Control de VIH, ITS, Hepatitis virales y Tuberculosis. Ministerio de Sanidad. Marzo de 2022. Disponible en*:https://www.sanidad.gob.es/ciudadanos/enfLesiones/enfTransmisibles/sida/INFORMES/DificultadesAcceso-ServiciosSanitarios_Final_2022.pdf*(10.08.2022))*.

583 Resulta interesante, también, el estudio llevado a cabo con la finalidad de medir el impacto de la entrada en vigor del RDL 16/2012 en relación con su aplicación por las comunidades autónomas, y cómo ha afectado a la atención médica de los inmigrantes irregulares infectados por el VIH. El resultado obtenido fue que la respuesta de las CC. AA. ha sido heterogénea, contribuyendo escasamente en algunos casos a paliar el efecto negativo del RDL 16/2012. A esto hay que sumar una compleja burocracia para acceder a los beneficios ofrecidos por algunas CC. AA., a menudo inaccesible para los sujetos más vulnerables. La falta de informaciones al colectivo sanitario y ONG involucradas en la atención a inmigrantes dificulta el acceso de esta población a la asistencia sanitaria y el establecimiento de medidas de control de enfermedades con impacto en la salud pública. En conclusión el RDL 16/2012 ha tenido un impacto negativo en la práctica asistencial, generando la existencia de profundas inequidades en el territorio nacional. (*Vid.* José A. Pérez-Molina, Federico Pulido, *Comité de expertos del Grupo para el Estudio del Sida (GESIDA) de la Sociedad Española de Enfermedades Infecciosas y Microbiología Clínica (SEIMC)*, «¿Cómo está afectando la aplicación del nuevo marco legal sanitario a la asistencia de los inmigrantes infectados por el VIH en situación irregular en España?» *Enfermedades Infecciosas Microbiología Clínica*, 2015. Disponible en: https://www.elsevier.es/es-revista-enfermedades-infecciosas-microbiologia-clinica-28-articulo-como-esta-afectando-aplicacion-del-S0213005X14003620 *(06.01.2023))*.

cientes, sin armonizar y dispares. Sin embargo, y de acuerdo con el estudio expuesto en esta investigación, esta situación es tratada en otros países europeos con especial sensibilización, prestando asistencia pública gratuita a los extranjeros en situación administrativa irregular cuando padecen una enfermedad transmisible y gravemente contagiosa.

Y, en cuanto a su impacto, podemos extraer que la exclusión del derecho a la asistencia sanitaria pública de los extranjeros en situación administrativa irregular cuando padecen enfermedades transmisibles implica un riesgo para el conjunto de la población, aunque tengan reconocido el acceso, a la par que se traducirá en mayor demanda asistencial que repercutirá económicamente generando mayor gasto sanitario.

4.3.c) Colectivos que cuentan con normativa específica

Mencionaremos en este apartado varios supuestos de colectivos que, aun encontrándose en situación administrativa irregular, cuentan con una normativa específica en materia de asistencia sanitaria. Estamos ante supuestos que operan por leyes especiales con respecto a la regulación genérica prevista en el artículo 3 ter LCSNS. El desarrollo individualizado de cada uno de ellos excede de esta investigación por la propia entidad que presentan estos grupos, por lo que aquí sólo nos limitaremos a destacar los aspectos más relevantes.

Para ello, haremos referencia, en primer lugar, a aquellos extranjeros que pueden encontrarse en una situación de doble vulnerabilidad, por su condición de irregular y por ser una persona con discapacidad.

El artículo 10 del Real Decreto Legislativo 1/2013, de 29 de noviembre, por el que se aprueba el Texto Refundido de la Ley General de derechos de las personas con discapacidad y de su inclusión social, se refiere expresamente al derecho a la protección de la salud siendo especialmente relevante lo dispuesto en sus apartados primero y segundo cuando señalan que *las personas con discapacidad tienen derecho a la protección de la salud*, y que *las actuaciones de las Administraciones públicas y de los sujetos privados prestarán atención específica a las necesidades de las personas con discapacidad, conforme a la legislación sanitaria general y sectorial vigente*.

En definitiva, las personas con discapacidad que se encuentren en situación irregular en España tendrán el derecho a la asistencia sanitaria en los mismos términos que el resto de extranjeros en situación administrativa irregular, ya que la normativa específica remite tanto a la legislación en materia de extranjería como a la legislación sanitaria. Es decir, que la situación de vulnerabilidad adicional que presentan estas personas no amplía la titularidad del derecho a la asistencia sanitaria prevista para los extranjeros en situación irregular.

Ello supone, por ejemplo, que una persona tetrapléjica extranjera irregular mayor de edad tendrá derecho a la asistencia sanitaria gratuita con cargo a los fondos públicos españoles siempre que no tenga la obligación de acreditar la cobertura obligatoria de la prestación sanitaria por otra vía, no pueda exportar el derecho de cobertura sanitaria desde su país de origen o procedencia y siempre que no exista un tercero obligado al pago.

En segundo lugar, citaremos como segundo supuesto el de las personas extranjeras en situación administrativa irregular que están siendo tuteladas por la Administración. Presentan como característica común que, en ambos casos, estamos ante situaciones de especial sujeción con la Administración. En unos casos, por encontrarse cumpliendo condena en un centro penitenciario y, en otros, por encontrarse en un centro de internamiento para extranjeros por tener pendiente la resolución de su situación administrativa de expulsión, devolución o regreso.

En relación a las instituciones penitenciarias, la legislación penitenciaria parte de la total equiparación de las personas reclusas que se encuentren en instituciones penitenciarias en el ámbito de la asistencia sanitaria. Así lo reconoce, con carácter general, el artículo 3.cuarto de la Ley Orgánica 1/1979, de 26 de septiembre, General Penitenciaria, cuando señala que la Administración penitenciaria velará por la vida, integridad y salud de los internos.

Y, expresamente el artículo 208 del Real Decreto 190/1996, de 9 de febrero, por el que se aprueba el Reglamento Penitenciario señala que *a todos los internos sin excepción se les garantizará una atención médico-sanitaria equivalente a la dispensada al conjunto de la población. Tendrán igualmente derecho a la prestación farmacéutica y a las prestaciones complementarias básicas que se deriven de esta atención.*

Sobre la relación existente entre la Administración penitenciaria y las personas internas privadas de libertad ha tenido ocasión de pronunciarse el Tribunal Constitucional en la Sentencia 2/1987, de 21 de enero[584].En la misma, aclara que el interno se integra en una institución preexistente y que proyecta su «autoridad» sobre quienes, al margen de su condición común de ciudadanos, adquieren el status específico de individuos sujetos a un poder público que no es el que, con carácter general, existe sobre el común de los ciudadanos. Esto significa, aplicado a nuestro colectivo objeto de estudio, que mientras el extranjero mantenga la vinculación especial con la Administración penitenciaria no existirá situación administrativa de irregularidad, aun cuando antes de entrar en prisión ostentara la condición de extranjero en situación administrativa irregular.

De lo expuesto podemos concluir que las condiciones para ejercer el acceso a la asistencia sanitaria de las personas extranjeras que se encuentren en una institución penitenciaria dispone de regulación específica, y está

584 *Cfr.* Sentencia Tribunal Constitucional 2/1987, de 21 de enero, Fundamento Jurídico 2.

contenida en la normativa penitenciaria específica, la Ley Orgánica 1/1979, de 26 de septiembre, General Penitenciaria y el Real Decreto 190/1996, de 9 de febrero, por el que se aprueba el Reglamento Penitenciario. Asimismo, se puede concluir que la legislación penitenciaria no establece ningún tipo de distinción en la garantía de la asistencia sanitaria a los reclusos, sin tener en cuenta el dato de la residencia legal de los mismos.

En relación con los centros de internamiento el artículo 60.2 de la LOE[585] aclara que los lugares de internamiento para extranjeros no tendrán carácter penitenciario. Recoge que estarán dotados de servicios sociales, jurídicos, culturales y sanitarios. Y, clarifica que los extranjeros internados estarán privados únicamente del derecho ambulatorio.

Por su parte, el artículo 62 bis de la LOE, después de definir los centros de internamiento de extranjeros[586] (en adelante CIEs) enumera entre los derechos de los extranjeros internos en los mismos el derecho a recibir asistencia médica y sanitaria adecuada.

Es el Real Decreto 162/2014, de 14 de marzo, el reglamento que regula el funcionamiento y régimen interior de los centros de internamiento de extranjeros, regulación que incluye el derecho, las condiciones y medios personales y materiales en materia sanitaria.

Interesa destacar como particularidad que en este caso es el Ministerio del Interior el competente para la prestación de servicios de asistencia sanitaria en los centros, sin perjuicio de que tales prestaciones puedan concertarse con otros ministerios o con entidades públicas o privadas (artículo 4 del Reglamento).

En los centros existirá un servicio de asistencia sanitaria con disponibilidad de personal, instrumental y equipamiento necesario para la atención permanente y de urgencia de los internos (artículo 7.4).

---

585 El artículo 149.1.2.º de la Constitución, atribuye al Estado la competencia exclusiva en materia de inmigración. A su vez, la Disposición Adicional 3.ª de la Ley Orgánica 2/2009, de 11 de diciembre, de reforma de la Ley Orgánica 4/2000, de 11 de enero, sobre derechos y libertades de los extranjeros en España y su integración social encomienda al Gobierno la regulación del régimen de internamiento de los extranjeros.

586 Se definen como establecimientos públicos de carácter no penitenciario, dependientes del Ministerio del Interior, destinados a la custodia preventiva y cautelar de extranjeros para garantizar su expulsión, devolución o regreso por las causas y en los términos previstos en la legislación de extranjería, y de los extranjeros que, habiéndoseles sustituido la pena privativa de libertad por la medida de expulsión, el juez o tribunal competente así lo acuerde en aplicación de lo dispuesto por el artículo 89.6 del Código Penal. El ingreso y estancia en los centros tendrá únicamente finalidad preventiva y cautelar, y estará orientado a garantizar la presencia del extranjero durante la sustanciación del expediente administrativo y la ejecución de la medida de expulsión, devolución o regreso (artículo 1 del Real Decreto 162/2014, de 14 de marzo, por el que se aprueba el reglamento de funcionamiento y régimen interior de los centros de internamiento de extranjeros).

A su vez, el artículo 18, «De los deberes de los internos» se establece el deber de someterse a reconocimiento médico a la entrada y salida del centro, así como en aquellos casos en que, por razones de salud colectiva, apreciadas por el servicio de asistencia sanitaria y a instancia del mismo, lo disponga el director. En caso de negativa del interno, será preciso recabar autorización judicial previa del Juez de Control, y, también deberá ser reconocido por el servicio de asistencia sanitaria si se produce un hecho excepcional que lo aconseje o si se dieran determinadas eventualidades en el centro que indiquen la conveniencia de ser reconocido.

De lo expuesto podemos extraer que la competencia para la gestión de los CIEs recae en el Ministerio del Interior. Asimismo, es el Ministerio del Interior el competente también para la prestación de servicios de asistencia sanitaria. Y, además, las condiciones para ejercer el acceso a la asistencia sanitaria de las personas extranjeras que se encuentren en CIEs dispone de regulación específica, al margen de la general sanitaria, y está contenida fundamentalmente en el Reglamento de organización y funcionamiento de los CIEs, cuya financiación es íntegramente con cargo a los fondos públicos. La condición de encontrarse el extranjero antes del ingreso en situación de irregularidad no supone obstáculo alguno para acceder a los servicios sanitarios en el caso de estar en un CIEs, a diferencia de los extranjeros que no se encuentren internos, donde el acceso a los servicios sanitarios sólo se producirá, con carácter general, si se cumplen los tres requisitos cumulativos del artículo 3 ter de la Ley 16/2003.

Otro colectivo que cuenta con previsión normativa específica en materia sanitaria son las personas víctimas de trata de seres humanos. En el ámbito normativo sanitario, destaca la novedad introducida por el Real Decreto 1192/2012, de 3 de agosto (Disposición adicional quinta). Señala el artículo que las víctimas de trata de seres humanos cuya estancia temporal en España haya sido autorizada durante el período de restablecimiento y reflexión recibirán, mientras permanezcan en esta situación, asistencia sanitaria con la extensión prevista en la cartera común básica de servicios asistenciales del Sistema Nacional de Salud regulada en el artículo 8 bis de la Ley 16/2003, de 28 de mayo. Ello comprende todas las actividades asistenciales de prevención, diagnóstico, tratamiento y rehabilitación que se realicen en centros sanitarios o sociosanitarios, así como el transporte sanitario urgente, cubiertos de forma completa por financiación pública.

Pues bien, la normativa sanitaria prevé que, si la persona víctima de trata de seres humanos tiene vigente una autorización provisional de período de restablecimiento y reflexión, tendrá derecho a la asistencia sanitaria propia de la cartera común básica de los recursos asistenciales del SNS y con financiación pública. Por el contrario, si la persona víctima de trata de seres humanos se encuentra en situación administrativa irregular en España, entonces, la extensión del derecho a la asistencia sanitaria se reduce al contenido del artículo 3 ter de la Ley 16/2003, es decir, el acceso a los servicios sanitarios sólo se producirá si se cumplen los tres requisitos cumulativos previstos en dicho artículo[587].

Finalmente, corresponde examinar el derecho a la asistencia sanitaria de apátridas y refugiados. Estamos ante ciertas situaciones o excepcionalidades del derecho a desplazarse de los extranjeros, ya que, a pesar de encontrarse en una situación de irregularidad, su regulación jurídica escapa de la normativa general internacional expuesta[588]. Concretamente, haremos referencia al estatuto de los refugiados, a los solicitantes de asilo[589] y a los apátridas[590].

587 Actualmente se encuentra en elaboración la Ley Orgánica Integral contra la Trata y explotación de Seres Humanos para contar con un marco legal adecuado para la prevención, persecución y protección de las víctimas de trata. Presta especial atención a la detección e identificación de las mismas, así como a la atención integral y a la reparación, en línea con las directrices marcadas por la normativa internacional y lo dispuesto en la Directiva 2011/36/UE del Parlamento Europeo y del Consejo, aún no incorporada a nuestro ordenamiento jurídico.

588 Resulta de interés poner de manifiesto la diferencia entre migrante y refugiado. Los migrantes eligen salir por diversos motivos, distintos a una amenaza directa de persecución o por violaciones graves a los derechos humanos. Esto puede incluir la búsqueda de oportunidades para mejorar su calidad de vida, a través de un trabajo, o en algunos casos, en búsqueda de una mejor educación, reunificación familiar u otras razones. A diferencia de los refugiados, quienes no pueden regresar a casa de forma segura, los migrantes no tienen impedimento para regresar. Si deciden regresar a casa, continuarán recibiendo la protección de su gobierno.
Los refugiados son personas que huyen de la persecución o de daños severos, incluyendo violaciones a los derechos humanos, conflictos armados y persecución. En ausencia de protección en sus países de origen, la cual el Estado no quiere o no puede proveer, son forzados a cruzar una frontera internacional y buscar seguridad en otros países. (Disponible en: https://help.unhcr.org/faq/es/how-can-we-help-you/asilo-y-condicion-refugiado/ (15.08.2022)).

589 Convención sobre el Estatuto de los Refugiados, Adoptada en Ginebra, Suiza, el 28 de julio de 1951 por la Conferencia de Plenipotenciarios sobre el Estatuto de los Refugiados y de los Apátridas Naciones Unidas), convocada por la Asamblea General en su resolución 429 (V), del 14 de diciembre de 1950, y su Protocolo, suscrito en Nueva York el 31 de enero de 1967. España forma parte del mismo desde 1978. (BOE N.° 252, de 21 de octubre de 1978).
De acuerdo con el artículo 1.A.2 de la Convención de Ginebra sobre el Estatuto de los Refugiados de 1951, un refugiado es una persona que *debido a fundados temores de ser perseguida por motivos de raza, religión, nacionalidad, pertenencia a determinado grupo social u opiniones políticas, se encuentre fuera del país de su nacionalidad y no pueda o, a causa de dichos temores, no quiera acogerse a la protección de tal país; o que, careciendo de nacionalidad y hallándose, a consecuencia de tales acontecimientos, fuera del país donde antes tuviera su residencia habitual, no pueda o, a causa de dichos temores, no quiera regresar a él*.

590 Convención sobre el Estatuto de los Apátridas, hecha en Nueva York el 28 de septiembre de 1954. España forma parte del mismo desde 1997 (BOEN.° 159, de 4 de julio de 1997).
De acuerdo con el artículo 1 de la Convención sobre el Estatuto de los Apátridas, el término apátrida designará a toda persona que no sea considerada como nacional suyo por ningún Estado, conforme a su legislación.

El derecho a la asistencia sanitaria en territorio español de las personas que tienen la condición de refugiados y apátridas está previsto en una ley específica. Es la Ley 12/2009, de 30 de octubre, reguladora del derecho de asilo y de la protección subsidiaria. Concretamente, su artículo 16 reconoce, en su apartado primero, que las personas nacionales no comunitarias y las apátridas presentes en territorio español tienen derecho a solicitar protección internacional en España. Y, añade, en su apartado segundo, que, para su ejercicio, los solicitantes de protección internacional tendrán derecho a asistencia sanitaria, que se extenderá a la formalización de la solicitud y a toda la tramitación del procedimiento, y que se prestará en los términos previstos en la legislación española en esta materia.

Es decir, en el momento de presentar la solicitud los solicitantes de asilo tienen derecho a la asistencia sanitaria. *A priori,* podríamos señalar que un solicitante de asilo tiene acceso directo e inmediato a las prestaciones del SNS, mientras que un extranjero en situación administrativa irregular solo tendrá acceso si cumple los tres requisitos exigidos por el artículo 3 ter de la Ley 16/2003.

Se complementa esta regulación con lo dispuesto en el Real Decreto 1192/2012, de 3 de agosto, por el que se regula la condición de asegurado y de beneficiario a efectos de la asistencia sanitaria en España, con cargo a fondos públicos, a través del Sistema Nacional de Salud. Su Disposición adicional cuarta, relativa a la prestación de asistencia sanitaria para solicitantes de protección internacional, señala que las personas solicitantes de protección internacional cuya permanencia en España haya sido autorizada por este motivo recibirán, mientras permanezcan en esta situación, asistencia sanitaria con la extensión prevista en la cartera común básica de servicios asistenciales del Sistema Nacional de Salud. Dichos servicios asistenciales comprenden todas las actividades asistenciales de prevención, diagnóstico, tratamiento y rehabilitación que se realicen en centros sanitarios o sociosanitarios, así como el transporte sanitario urgente, cubiertos de forma completa por financiación pública (artículo 8 bis LCSNS).

Finaliza el precepto en su párrafo segundo señalando que se proporcionará la atención necesaria, médica o de otro tipo, a los solicitantes de protección internacional con necesidades especiales.

Por su parte, y una vez concedido el asilo, indica el artículo 39 de la Ley 12/2009, de 30 octubre, referido a los efectos de la concesión del derecho de asilo o de la protección subsidiaria que, en todo caso, implicará el acceso a la asistencia sanitaria en las mismas condiciones que los españoles.

Es decir, concedido el derecho de asilo, los refugiados o apátridas serán titulares del derecho a la protección a la salud y a la atención sanitaria con cargo a los fondos públicos y tendrán derecho a la asistencia en las mismas condiciones que los españoles. Cabría plantearse aquí si en este supuesto habría que aplicar el artículo 3 bis de la Ley 16/2003 sobre la necesidad de reconocimiento del derecho por parte del Ministerio de Sanidad. Podría tener encaje este supuesto en la previsión del artículo 3bis.3 cuando señala que los órganos competentes en materia de extranjería podrán comunicar al Ministerio de Sanidad, sin contar con el consentimiento del interesado, los datos que resulten imprescindibles para realizar la comprobación necesaria del reconocimiento y control del derecho a la protección de la salud y a la atención sanitaria con cargo a fondos públicos.

Una vez reflexionado individualmente sobre cada uno de los supuestos expuestos, procede extraer las siguientes consideraciones finales:

Primera, la reforma sanitaria del año 2018 no resuelve las carencias normativas introducidas por la reforma sanitaria del año 2012.

Segunda, con la reforma del año 2018 no ha quedado suficientemente clarificado el contenido del derecho a la protección de la salud que resulta indisponible para el legislador, a diferencia de la modificación introducida en el 2012.

Tercera, partiendo del binomio asistencia sanitaria-sostenibilidad del sistema sanitario, el legislador olvida que no garantizar la asistencia sanitaria a los extranjeros en situación administrativa irregular cuando padecen enfermedades transmisibles repercutirá económicamente, generando mayor gasto sanitario, al tener que destinar cuidados médicos al conjunto de la población que se hubiese contagiado.

Cuarta, en los supuestos de enfermedades mentales, la no atención sanitaria puede generar un verdadero problema de salud pública para el conjunto de la población, al existir un potencial peligro real y cierto sobre su vida e integridad física para el resto de las personas.

Quinta, la existencia de normativas específicas previstas para algunos colectivos extranjeros irregulares especialmente vulnerables puede provocar situaciones discriminatorias en el acceso a la asistencia sanitaria de nuestro Sistema Nacional de Salud. Pensemos, por ejemplo, en las personas extranjeras que se encontraban en situación administrativa irregular, y una vez que están en el CIE, tendrán acceso pleno a la asistencia sanitaria. En el supuesto general, sin embargo, su ejercicio se encuentra condicionado por los requisitos legalmente establecidos.

Sexta, el estatuto de refugiado debe distinguirse de los extranjeros que se encuentran en situación administrativa irregular, al disponer de una normativa específica sanitaria. Será distinto el alcance del derecho a la asistencia sanitaria en España en función de la situación administrativa del estatuto de refugiado (solicitante/reconocimiento).

Las personas solicitantes de protección internacional cuya permanencia en España haya sido autorizada por este motivo recibirán, mientras permanezcan en esta situación, asistencia sanitaria con la extensión prevista en la cartera común básica de servicios asistenciales del Sistema Nacional de Salud.

Sin embargo, concedido el derecho de asilo, los refugiados o apátridas serán titulares del derecho a la protección a la salud y a la atención sanitaria con cargo a los fondos públicos y tendrán derecho a la asistencia en las mismas condiciones que los españoles.

En definitiva, la normativa vigente, aun cuando pretende tener una vocación de universalidad, no atiende a supuestos que pueden incluso cuestionar el respeto y garantía del contenido mínimo del Derecho a la protección de la salud indisponible para el legislador. Es decir, existen supuestos que pueden suponer un peligro, grave y cierto para la salud del extranjero en situación administrativa irregular y, sin embargo, no tienen garantizado, en la práctica, el derecho de acceso a la asistencia sanitaria pública y gratuita del Sistema Nacional de Salud español.

4.3.d) El papel de las entidades del tercer sector y otras organizaciones

Este apartado pondrá de relieve el papel que desarrollan las entidades del tercer sector y otras organizaciones en el ámbito del derecho a la asistencia de los extranjeros en situación administrativa irregular.

En España existen organizaciones profesionales, sociedades científicas, organizaciones sociales no gubernamentales, así como plataformas[591] que defienden el derecho de acceso universal a los servicios de salud con carácter público y gratuito, en general y, también más específicamente, a favor de los extranjeros en situación administrativa irregular.

Esta intervención se desarrolla jugando varios papeles: por un lado, reivindicando el acceso universal, público y gratuito del derecho a la asistencia sanitaria. También mediante formulación de propuestas, En otros casos, facilitando información a los usuarios del SNS. Y, por otro lado, denunciado los comportamientos y actuaciones sanitarias contrarios a las normas.

Aun cuando estas organizaciones siempre han existido como garantía y defensa de la sanidad pública, fue precisamente la reforma sanitaria introducida por el RDL 16/2012, de 20 de abril, de medidas urgentes para garantizar la sostenibilidad del Sistema Nacional de Salud y mejorar la calidad y seguridad de sus prestaciones[592] la que supuso una intensa participación activa de este tipo de entidades.

591 A título meramente enunciativo podemos citar organizaciones sindicales o entidades como Médicos del Mundo, Yo sí, Sanidad Universal, Amnistía Internacional, Médicos Sin Fronteras España, Organizaciones Colegiales o la Federación de Asociaciones para la Defensa de la Sanidad Pública (FADSP).

592 Se crearon en ese momento organizaciones específicas contra la norma como la Red de Denuncia y Resistencia al RDL 16/2012 (REDER) considerada como una alianza de colectivos, movimientos, organizaciones y personas individuales que defiende del acceso univer-

Resulta ilustrativa del papel que jugaron estas entidades el estudio titulado *el derecho de acceso sanitario en el contexto del Real Decreto-ley 16/2012: la perspectiva de organizaciones de la sociedad civil y asociaciones profesionales*[593] donde se lleva a cabo la revisión narrativa de publicaciones de organizaciones de la sociedad civil y asociaciones profesionales relacionadas con el RDL 16/2012, de 20 de abril, en el contexto español. Identificaron 66 documentos, 47 publicados por organizaciones de la sociedad civil, 17 por asociaciones profesionales y 2 con participación mixta (organizaciones de la sociedad civil y asociaciones profesionales), que incluyen informes, declaraciones, comunicados, notas de prensa, campañas de firmas, cartas dirigidas a autoridades políticas y modelos de objeción de conciencia.

Ahora bien, superada la reforma sanitaria del año 2012, es preciso apuntar que, en el momento actual, estas entidades siguen desarrollando esa misma actividad de defensa del derecho de acceso a la sanidad pública universidad para los extranjeros en situación administrativa irregular. La explicación a esta situación radica en que, si bien entre el contenido de las dos reformas sanitarias se produjo un avance en la ampliación de la configuración subjetiva del derecho a la asistencia sanitaria a favor de este colectivo, lo cierto es que no se alcanzó la pretendida universalidad pública y gratuita reivindicada por las citadas organizaciones.

Por tanto, después de la reforma sanitaria llevada a cabo por el RDL 7/2018, de 27 de julio, sobre el acceso universal al Sistema Nacional de Salud, lo cierto es que el papel de estas organizaciones sigue siendo fundamental[594]. El conocimiento de primera mano del funcionamiento del sistema sanitario permite que informen de forma continua de las disfunciones que presenta el mismo. En sus Informes ponen de manifiesto las disparidades normativas, la necesidad de mayor concreción normativa, el posible déficit de atención sanitaria que sufre nuestro colectivo objeto de estudio, las trabas burocráticas exigidas como paso previo al acceso o los retrasos injustificados en la atención sanitaria requerida.

---

sal a la salud en España y denuncia los casos de exclusión sanitaria que dan actualmente. Disponible en: https://www.reder162012.org/quienes-somos/ (07.01.2023).

593 Amets Suess, Ruiz Pérez, I., Ruiz Azarola, A. y March Cerdà, J. C., «El derecho de acceso sanitario en el contexto del Real Decreto-ley 16/2012: la perspectiva de organizaciones de la sociedad civil y asociaciones profesionales», *Gaceta Sanitaria*, 2014, pp. 461-469. Disponible en: https://scielo.isciii.es/pdf/gs/v28n6/original4.pdf (06.01.2023).

594 Sirvan de ejemplo los dos Informes emitidos por la Red de Denuncia y Resistencia al RDL 16/2012 (REDER). Informe (octubre, 2018) Es urgente garantizar la sanidad universal: no dejar a nadie de atrás, disponible en: https://issuu.com/medicosdelmundoespana/docs/reder_oct18_esp (01.06.2023). Informe (abril, 2021), *Nadie está a salvo hasta que todo el mundo esté a salvo*, disponible en: https://www.reder162012.org/wp-content/uploads/2022/03/Informe_Sanidad_Universal_2021-1.pdf (01.06.2023).

De lo expuesto podemos concluir que la existencia de este tipo de organizaciones en nuestro país, por un lado, coadyuva en la defensa del derecho a la asistencia sanitaria de los extranjeros en situación administrativa irregular y, por otro, controla el cumplimiento del régimen jurídico aplicable a este colectivo especialmente vulnerable.

4.4. Recapitulación

Por tanto, podemos extraer como conclusiones de este CAPÍTULO IV las siguientes:

Primera, que nuestro sistema sanitario es producto de una continua evolución histórica que ha sufrido numerosas modificaciones legislativas, entre ellas, las relativas a la delimitación del ámbito subjetivo del derecho de acceso a la asistencia sanitaria.

La Ley 14/1986, de 25 de abril, General de Sanidad, crea el Sistema Nacional de Salud, como sistema único y a la vez descentralizado, basado en el principio de servicio universal. Materializa, asimismo, un cambio de concepción, al pasar a vincular el derecho a la protección de la salud y la atención sanitaria a la persona, y no a la condición de afiliación y alta en el Sistema de Seguridad Social.

Bajo la configuración del modelo de Sistema Nacional de Salud no existiría impedimento para que los extranjeros en situación administrativa irregular tuvieran acceso a las prestaciones sanitarias de forma gratuita con cargos a los fondos públicos, mientras que en el ámbito de las prestaciones de la Seguridad Social las mismas se vinculan con la condición de residente. Precisamente, durante 12 años (2000-2012), los extranjeros, con independencia de su situación administrativa, accedían al disfrute del derecho a la asistencia sanitaria en las mismas condiciones que los españoles.

La reforma sanitaria operada en el año 2012 marcará un cambio de sentido al volver a vincular el acceso a la asistencia sanitaria con la condición de asegurado y beneficiario, y, alterar, en consecuencia, la configuración subjetiva del acceso a la asistencia sanitaria. La configuración de la asistencia sanitaria deja de ser un servicio universalizado. Se justificó la extraordinaria aprobación de la norma en la necesidad de garantizar la sostenibilidad del sistema sanitario público dada la situación de grave dificultad económica. Esta reforma llegó a poner, en entredicho, el contenido mínimo del derecho a la asistencia sanitaria por propio mandato constitucional aun cuando los datos demuestran que el coste sanitario que genera la población inmigrante, objetivamente, resulta de muy reducido impacto en relación con el elevado gasto total invertido por España en materia de sanidad.

Se justificó la extraordinaria aprobación de la norma en la necesidad de garantizar la sostenibilidad del sistema sanitario público dada la situación de grave dificultad económica. Esta reforma llegó a poner, en entredicho, el contenido mínimo del derecho a la asistencia sanitaria por propio mandato constitucional, aun cuando los datos demuestran que el coste sanitario que genera la población extranjera inmigrante en situación administrativa irregular, objetivamente, resulta de muy reducido impacto en relación con el elevado gasto total invertido por España en materia de sanidad.

La reforma puntual del año 2012 tendrá una escasa vigencia ya que como consecuencia del cambio llevado a cabo en el año 2018 en la Ley 16/2003, de 28 de mayo, de cohesión y calidad del Sistema Nacional de Salud, el ámbito subjetivo de acceso a la asistencia sanitaria volverá a ser objeto de modificación en el sentido de superar la vinculación del acceso a la asistencia sanitaria a la condición de asegurado y/o beneficiario.

Segunda, los extranjeros en situación administrativa irregular contribuyen, en mayor o menor medida, a la sostenibilidad del sistema nacional de salud a través de la vía impositiva, fundamentalmente indirecta.

Las reformas de limitación del ámbito subjetivo para poder acceder a las prestaciones sanitarias no deberían justificarse en la necesidad de garantizar la sostenibilidad del sistema sanitario, debido a que el coste sanitario que genera la población inmigrante, objetivamente, resulta de muy reducido impacto en relación con el elevado gasto total invertido por España en materia de sanidad. Incluso, la propia OMS propone avanzar en la universalidad del derecho a la asistencia sanitaria mediante la revisión de las vías de financiación existentes en los distintos países.

Aun cuando existe turismo sanitario, el mismo no debe equipararse con el uso que los extranjeros inmigrantes en situación administrativa irregular hacen del SNS. Para garantizar la sostenibilidad del Sistema Nacional de Salud español es necesario realizar una gestión eficiente de los recursos, que conlleve un ahorro del gasto sanitario mediante adopción de medidas alternativas a las llevadas a cabo y de las cuales disponen los poderes públicos.

Por tanto, los poderes públicos poseen la capacidad de adoptar medidas, en caso de ser necesarias, para racionalizar el gasto y garantizar la sostenibilidad del sistema sanitario, sin que las mismas se agoten con limitaciones en la titularidad del derecho a la asistencia sanitaria. Entre otras hemos mencionado medidas que disminuyan la incidencia y prevalencia de las enfermedades mediante actividades de promoción de la salud y prevención de enfermedades, basadas en una perspectiva poblacional y no meramente individual.

Tercera, las prestaciones sanitarias suponen la materialización del derecho a la asistencia sanitaria, siendo este un derecho de configuración legal. Ahora bien, lo que condiciona el acceso a las prestaciones sanitarias en sus distintas modalidades, no es la regulación del contenido de la prestación sanitaria propiamente dicha, sino la delimitación de la titularidad y ejercicio del derecho de acceso a la asistencia sanitaria. En nuestro estudio se identifica con la titularidad y ejercicio del derecho a la asistencia sanitaria reconocida a favor de las personas extranjeras en situación administrativa irregular en España.

Reconocido el derecho a los extranjeros en situación administrativa irregular tendrán acceso a las prestaciones sanitarias en condiciones de igualdad efectiva, como el resto de usuarios del SNS, y ello, con independencia del lugar del territorio español donde se encuentre. Además, se incluirán en la misma lista de tiempos de espera que cualquier ciudadano español, debiendo tener conocimiento de antemano del tiempo máximo de espera en sus diagnósticos, pruebas y/o intervenciones sanitarias. Por el contrario, en relación con la tarjeta sanitaria individual, se ha optado por establecer la emisión de un documento acreditativo/tarjeta que acredite el acceso a la asistencia sanitaria a los extranjeros en situación administrativa irregular en España, con la misma finalidad que la tarjeta sanitaria individual, pero con denominación diferente.

Cuarta, la configuración legal del derecho a la asistencia sanitaria pública de los extranjeros en situación administrativa irregular, tras la reforma del 2018, desvincula el acceso con la condición de asegurado y beneficiario introducida en el año 2012, pero, no ha alcanzado la universalidad del acceso a la misma, a pesar de la justificación recogida en su Exposición de motivos.

Los extranjeros en situación administrativa irregular serán titulares del derecho y accederán a las prestaciones sanitarias de acuerdo con las condiciones legales fijadas. Los requisitos legales fijados en 2018 dieron un paso adelante hacia la universalidad, pero no se volvió a la situación anterior al año 2012, donde los extranjeros, con independencia de su situación administrativa, accedían al disfrute del derecho a la asistencia sanitaria en las mismas condiciones que los españoles, con el único requisito de exigencia del empadronamiento. En este sentido, el Estado español parece seguir la configuración establecida por los países europeos de nuestro más próximo.

Además, la reforma sanitaria del año 2018 no resuelve las disfunciones legales introducidas por la reforma sanitaria del año 2012, ya que muchas de las situaciones descritas y analizadas anteriormente están al albur de las decisiones médicas, últimos responsables de garantizar el acceso a la asistencia sanitaria a nuestro colectivo objeto de estudio.

Quinta, teniendo en cuenta la configuración constitucional del derecho a la asistencia sanitaria de los extranjeros en situación administrativa irregular, detectamos que la regulación legal vigente prevista en la LCSNS fruto de la reforma del año 2018, no clarifica suficientemente el contenido del derecho a la protección de la salud que resulta indisponible para el legislador, a diferencia de la modificación introducida en el año 2012. Es decir, existen supuestos que pueden suponer un peligro real, grave y cierto para la salud del extranjero en situación administrativa irregular, y, sin embargo, no quede garantizado, en la práctica, el derecho de acceso a la asistencia sanitaria pública y gratuita del Sistema Nacional de Salud español.

Partiendo del binomio asistencia sanitaria-sostenibilidad del sistema sanitario, el legislador olvida que no garantizar la asistencia sanitaria a los extranjeros en situación administrativa irregular cuando padecen cierto tipo de enfermedades (mentales, transmisibles y contagiosas) repercutirá económicamente, generando mayor gasto sanitario y afectando negativamente a la sostenibilidad del sistema sanitario, al tener que destinar de forma obligada cuidados médicos al conjunto de la población.

Finalmente, las organizaciones, cuyo objeto social es la defensa de la sanidad universal, constituyen un apoyo y respaldo en la defensa del derecho a la protección de la salud de los extranjeros en situación administrativa irregular en España.

CAPÍTULO V

EL ESTATUTO DEL PACIENTE EXTRANJERO EN SITUACIÓN IRREGULAR

Vista la configuración jurídica del derecho a la protección de la salud y a la atención sanitaria pública de las personas extranjeras no autorizadas como residentes en España, corresponde en este último Capítulo analizar el estatuto del paciente extranjero inmigrante en situación administrativa irregular en España. Dicho estatuto engloba el conjunto de normas que se refieren a los derechos y obligaciones que, en materia de información y documentación clínica, afectan al personal sanitario, a las instituciones sanitarias y a los pacientes extranjeros en situación irregular, así como el derecho a su intimidad en el ámbito sanitario. Igualmente, dedicaremos la parte final de este Capítulo al estudio de las distintas formas de acceso al sistema sanitario con las que cuentan los extranjeros en situación administrativa irregular y los correspondientes gastos sanitarios que las mismas pudiesen originar.

Podemos decir que en el Capítulo IV hemos estudiado el derecho al servicio sanitario público y gratuito (acceso, cobertura) de los extranjeros en situación administrativa irregular, mientras que en el Capítulo V nos referiremos fundamentalmente a los derechos que se disfrutan durante la prestación del servicio sanitario (intimidad, información) de este mismo colectivo.

5.1. Estatuto del paciente extranjero en situación irregular: Relevancia constitucional en relación con el derecho a la asistencia sanitaria

Corresponde en este primer epígrafe abordar la configuración constitucional que presentan los derechos que pudieran integrar el estatuto del paciente extranjero inmigrante no autorizado como residente en España.

La cuestión tiene que ver con los derechos constitucionales que resultan afectados en el desarrollo legal de los derechos de los pacientes. La regulación legal vigente de los derechos de los pacientes, con carácter general, está contenida fundamentalmente en la Ley 41/2002, de 14 de noviembre, básica reguladora de la autonomía del paciente y de derechos y obligaciones en materia de información y documentación clínica (LAP). Asimismo, también la Ley 14/1986, de 25 de abril, General de Sanidad, reconoce una serie de derechos a los pacientes (artículo 10) y Ley 16/2003, de 28 de mayo, de cohesión y calidad del Sistema Nacional de Salud, se refiere a los derechos en su artículo 4[595].

Concretamente, de este desarrollo normativo podemos deducir tres bloques de derechos. Un primer bloque está relacionado con el derecho a la información del paciente, afectando al derecho constitucional a la integridad física. El segundo grupo engloba la autonomía del paciente, cuyo exponente fundamental reside en el consentimiento informado íntimamente relacionado con el derecho constitucional a la integridad física y moral (artículo 15 CE) y la dignidad humana (artículo 10 CE). Y, una tercera categoría está en íntima conexión con el derecho constitucional a la intimidad del paciente (artículo 18.1 CE), y con la protección de datos e historia clínica (artículo 18.1 y 18.4 CE).

Antes de entrar en el análisis individualizado de cada uno de ellos es necesario justificar la elección de estos tres bloques como objeto de análisis en este Capítulo. Aun cuando el estatuto de los pacientes está integrado por el conjunto de la totalidad de derechos que pueden afectarles (incluido el derecho a la eutanasia, instrucciones previas o derecho de participación en actividades sanitarias), esta investigación se centrará en aquellos derechos más vinculados directamente con la prestación asistencial del acceso a la asistencia sanitaria de los extranjeros en situación administrativa irregular. Estos residen en el derecho a la información, el derecho al consentimiento informado, el derecho a la intimidad y el derecho a la historia clínica o el derecho a acudir al Defensor del Paciente. Como vemos, estos derechos están presentes cuando se produce la asistencia sanitaria del enfermo extranjero en situación administrativa irregular.

Uno de los primeros interrogantes que debemos plantearnos radica en el carácter normativo que la legislación de desarrollo debería adoptar a la vista de los derechos constitucionales afectados, esto es, ley ordinaria o ley orgánica.

El Tribunal Constitucional ha solventado cualquier duda sobre la dimensión constitucional del derecho a la información previa y al consentimiento informado, en el sentido de interpretar que forman parte del contenido de

595 En el ámbito de la Comunidad autónoma Principado de Asturias, la Ley 7/2019, de 29 de marzo, de Salud dedica todo su Título IV a la regulación de los derechos y deberes en el ámbito de la salud. Disponible en: https://www.boe.es/buscar/act.php?id=BOE-A-2019-7841 (10.10.2022).

ciertos derechos fundamentales. La STC 37/2011, de 28 de marzo[596], razona sobre el derecho a la información y sobre el consentimiento informado.

En relación al primero de ellos, el derecho a la información, señala la Sentencia, que el consentimiento y la información se manifiestan como dos derechos tan estrechamente imbricados que el ejercicio de uno depende de la previa correcta atención del otro, razón por la cual la privación de información no justificada equivale a la limitación o privación del propio derecho a decidir y consentir la actuación médica, afectando así al derecho a la integridad física del que ese consentimiento es manifestación.

Y, en relación con el consentimiento informado, se pronuncia señalando que el art. 15 CE no contiene una referencia expresa al mismo, lo que no implica que este instituto quede al margen de la previsión constitucional de protección de la integridad física y moral. Recoge, en su Fundamento Jurídico 5, que el consentimiento del paciente a cualquier intervención sobre su persona es algo inherente a su derecho fundamental a la integridad física. Y, añade, además, que esa facultad de consentir, de decidir sobre los actos médicos que afectan al sujeto, para que pueda ejercerse con plena libertad, es imprescindible que el paciente cuente con la información médica adecuada sobre las medidas terapéuticas, pues sólo si dispone de dicha información podrá prestar libremente su consentimiento.

Estos derechos forman parte del contenido de derechos fundamentales y no son meros derechos de exclusiva configuración legal. En la medida en que esta Ley 41/2002, al regular la autonomía del paciente, hace, en algunos de sus preceptos, un desarrollo directo de derechos fundamentales debería tener, conforme al artículo 81 CE carácter de ley orgánica, en lo que a ellos se refiere. Por ejemplo, dentro de su capítulo IV, «el respeto a la autonomía del paciente», lo relativo a los límites del «consentimiento informado» o lo referente al concepto de «instrucciones previas»[597].

En este punto es preciso traer a colación la diferencia que existe entre acudir al instrumento jurídico de la ley orgánica o de la ley ordinaria cuando se legislen sobre derechos fundamentales. El Tribunal Constitucional, entre otras, en su Sentencia 292/2000, de 30 de noviembre[598], se pronuncia sobre la distinción entre ambas figuras. Señala que los límites a los derechos fundamentales o bien pueden ser restricciones directas del derecho fundamental mismo, o bien pueden ser restricciones al modo, tiempo o lugar de ejercicio del derecho fundamental. En el primer caso, regular esos límites es una forma de desarrollo del derecho fundamental. En el segundo, los límites que

596 *Cfr.* STC 37/2011, de 28 de marzo, Fundamentos Jurídicos 4 y 5.

597 Xiol, J. A. y Bastida F. J., *Autonomía del paciente, responsabilidad patrimonial y derechos fundamentales*, Fundación Coloquio Jurídico Europeo, Madrid, 2012, p. 189.

598 *Cfr.* Sentencia Tribunal Constitucional 292/2000, de 30 de noviembre, Fundamento Jurídico 11.

se fijan lo son a la forma concreta en la que cabe ejercer el haz de facultades que compone el contenido del derecho fundamental en cuestión, constituyendo una manera de regular su ejercicio, lo que puede hacer el legislador ordinario a tenor de lo dispuesto en el artículo 53.1 CE. La primera constatación que debe hacerse es que la Constitución ha querido que la Ley, y sólo la Ley, pueda fijar los límites a un derecho fundamental. Los derechos fundamentales pueden ceder ante bienes, e incluso intereses constitucionalmente relevantes, siempre que el recorte que experimenten sea necesario para lograr el fin legítimo previsto, proporcionado para alcanzarlo y, en todo caso, sea respetuoso con el contenido esencial del derecho fundamental restringido[599].

En términos semejantes, se pronuncia la Sentencia del Tribunal Constitucional 53/2002, de 27 de febrero[600], donde recoge que en relación con la reserva de ley orgánica (artículo 81.1 CE) este Tribunal viene acogiendo, desde la STC 5/1981, de 13 de febrero, un criterio de interpretación estricto. Tanto en lo que se refiere al término «desarrollar» como a la «materia» objeto de reserva. Se trata de evitar petrificaciones del ordenamiento jurídico y de preservar la regla de las mayorías parlamentarias no cualificada[601]. Los límites legales o bien pueden ser restricciones directas del derecho fundamental mismo, o bien pueden ser restricciones al modo, tiempo o lugar de ejercicio del derecho fundamental. En el primer caso, regular esos límites es una forma de desarrollo del derecho fundamental. En el segundo, los límites que se fijan lo son a la forma concreta en la que cabe ejercer el haz de facultades que compone el contenido del derecho fundamental en cuestión, constituyendo una manera de regular su ejercicio, lo que puede hacer el legislador ordinario a tenor de lo dispuesto en el artículo 53.1 CE.

El Tribunal Constitucional interpreta que la legislación reguladora del consentimiento informado, y singularmente, la Ley 41/2002, de 14 de noviembre, básica reguladora de la autonomía del paciente y de derechos y obligaciones en materia de información y documentación clínica, es, más allá de una concreción del derecho a la protección de la salud (artículo 43 CE), el cumplimiento de un mandato general del legislador para garantizar la efectividad de algunos derechos fundamentales. Parece, por tanto, fuera de discusión que la relación del derecho al consentimiento informado con algunos derechos fundamentales —y singularmente con el derecho a la vida y a la integridad personal— no es tangencial, sino que forma parte de su contenido, y en este sentido, su configuración debería hacerse por ley orgánica. Como conse-

---

599 *Cfr.* Sentencia Tribunal Constitucional 57/1994, de 28 de febrero, Fundamento Jurídico 6; Sentencia Tribunal Constitucional 18/1999, de 22 de febrero, Fundamento Jurídico 2.

600 *Cfr.* Sentencia del Tribunal Constitucional 53/2002, de 27 de febrero, Fundamento Jurídico 12.

601 *Cfr.* SSTC 173/1998, de 23 de julio, Fundamento Jurídico 7; STC 129/1999, de 1 de julio, Fundamento Jurídico 2.

cuencia, la concreción del procedimiento para obtener tal consentimiento ha de considerarse que es una regulación de su ejercicio, conforme al artículo 53.1 CE[602].

Es decir, al menos aquellos preceptos de la Ley 41/2002, que delimiten el contenido fundamental de un derecho fundamental deberían ser objeto de ley orgánica, mientras que, cuando los artículos sólo contengan una regulación del ejercicio del derecho en cuestión, los mismos serán propios del contenido de la ley ordinaria.

Sin embargo, a pesar de lo expuesto, lo cierto es que la LAP se dicta al amparo de lo establecido en el artículo 149.1.1.ª y 16.ª de la Constitución, con carácter de legislación básica, (Disposición adicional primera).

En conclusión, la base que toma el legislador para la consideración de legislación básica de la Ley 41/2002 viene determinada por lo dispuesto en el art. 43 CE (se reconoce el derecho a la protección de la salud), cuyo desarrollo no necesita del carácter de Ley Orgánica, completado por la necesidad de equipar derechos y establecer las bases de la coordinación del sistema sanitario en todo el territorio estatal.

Como desarrollo de esta norma fundamental (artículo 43 CE) se dictó la Ley General de Sanidad[603], primera ley en sentido estricto de nuestra historia que venía a regular los derechos y deberes de los usuarios. En la misma se recogieron una serie de preceptos sobre la obligación de los poderes públicos de informar de sus derechos y deberes a los usuarios de los servicios del Sistema Sanitario Público o vinculados a él[604].

A la necesidad de una reforma y actualización de la normativa contenida en la Ley General de Sanidad responde la aprobación de la LAP con el carácter de norma básica (Disposición adicional primera). No obstante, no todos los preceptos de la LAP tienen el carácter de norma básica. En el ámbito de los proyectos de investigación, extracción y trasplante de órganos, técnicas de reproducción asistida humana, así como los que tengan regulación especial, las normas de esta Ley en materia de información asistencial, información para el ejercicio de la libertad de elección de médico y de centro, el consentimiento informado y la documentación clínica, la LAP tiene carácter supletorio respecto a lo dispuesto en la legislación especial[605]. Es decir, la

602 Xiol, J. A. y Bastida F. J., *Autonomía del paciente..., op. cit.*, pp. 193 y 195.

603 Artículo 9 de la Ley 14/1986, de 25 de abril, General de Sanidad.

604 Sanchez-Caro, J. y Abellán F., *Derechos y deberes de los pacientes (Ley 41/2002, de 14 de noviembre: consentimiento informado, historia clínica, intimidad e instrucciones previas)*, Derecho Sanitario Asesores, Granada, 2003, p. 7.

605 Méjica, J. y Díez J. R., *El estatuto del paciente a través de la nueva legislación sanitaria estatal*, Aranzadi, Navarra, 2006, pp. 22-23.

LAP en estos supuestos tiene carácter supletorio respecto de la legislación específica vigente en estos ámbitos materiales especiales (Disposición adicional segunda).

A la vista de lo expuesto, la configuración constitucional del estatuto del paciente extranjero no autorizado como residente en España viene determinado por lo establecido en el artículo 43.2 CE cuando señala que *la ley establecerá los derechos y deberes de todos al respecto*. En consecuencia, de conformidad con el ordenamiento vigente serán titulares de los derechos legalmente reconocidos como pacientes cuya titularidad y ejercicio se extienda a los extranjeros en situación administrativa irregular.

Ahora bien, habrá que determinar el alcance de esta titularidad en función del concreto derecho afectado, de acuerdo con la doctrina constitucional expuesta en el Capítulo II sobre la configuración constitucional de los derechos fundamentales de los extranjeros en situación administrativa irregular en nuestro país. Si la titularidad de un derecho como paciente forma parte de un derecho fundamental, por ejemplo, el derecho a la integridad física, ello supondrá que los extranjeros en situación administrativa irregular serán titulares de estos derechos en igualdad de condiciones que los españoles.

De darse estos supuestos podríamos encontrarnos con situaciones fácticas de diversa índole. Por ejemplo, ser titular del derecho a ser informado y prestar consentimiento como paciente en todo momento, pero no tener acceso a la prestación sanitaria si no cumpliera los tres requisitos cumulativos exigidos en el artículo 3 ter de la LCSNS. Pensemos, por ejemplo, en un accidente de tráfico donde, sin cumplir los requisitos cumulativos del artículo 3 ter, fue necesario recabar, en todo caso, el consentimiento informado a una intervención quirúrgica por criterio médico acordando la atención sanitaria.

Por tanto, lo anterior evidencia que la LAP, al menos, algunos de sus preceptos, deberían poseer carácter orgánico. Los extranjeros en situación administrativa irregular serán titulares de algunos de esos derechos precisamente por ser titulares, en igualdad de condiciones que los españoles, de los derechos fundamentales de los que traen causa y que son inherentes a la dignidad humana. En estos supuestos de afectación al desarrollo de un derecho fundamental, la ley ordinaria no podría introducir para nuestro colectivo objeto de estudio limitaciones a su titularidad y ejercicio.

5.2. El derecho a la información sanitaria: especial referencia al derecho al diagnóstico

En este apartado profundizaremos en el derecho de información que asiste a los pacientes, y especialmente, centraremos nuestra atención, por la importancia que supone para el extranjero inmigrante en situación administrativa irregular, en el alcance del derecho a obtener un diagnóstico como puerta de entrada al sistema sanitario.

Dentro de la información sanitaria es preciso distinguir varios tipos de información. Así, nos encontramos con la información clínica, entendida como la dirigida al paciente a fin de que pueda, entre los distintos tratamientos disponibles, tomar una decisión acorde con sus intereses, y, por ende, consentir o no en la aplicación de una actuación médica. Igualmente, debemos hacer referencia a la información epidemiológica, a la información sobre el Sistema Nacional de Salud, y a la información sobre la libre elección de médico y de centro[606].

5.2.a) Información clínica.

La Ley Básica de Autonomía del Paciente regula el derecho a la información asistencial en su artículo 4, señalando, en lo que aquí interesa, que *los pacientes tienen derecho a conocer, con motivo de cualquier actuación en el ámbito de su salud, toda la información disponible sobre la misma, salvando los supuestos exceptuados por la Ley*. Añade su apartado segundo que *la información clínica forma parte de todas las actuaciones asistenciales, será verdadera, se comunicará al paciente de forma comprensible y adecuada a sus necesidades y le ayudará a tomar decisiones de acuerdo con su propia y libre voluntad.*

El artículo 3 de la Ley Básica de Autonomía del Paciente, por su parte, indica que el deber de información clínica comprende *todo dato, cualquiera que sea su forma, clase o tipo, que permite adquirir o ampliar conocimientos sobre el estado físico y la salud de una persona, o la forma de preservarla, cuidarla, mejorarla o recuperarla.*

Interesa recordar en este punto lo apuntado por el Tribunal Constitucional. Señala la Sentencia del Tribunal Constitucional 37/2011, de 28 de marzo[607], que el consentimiento y la información se manifiestan como dos derechos tan estrechamente imbricados que el ejercicio de uno depende de la previa correcta atención del otro, razón por la cual la privación de información no justificada equivale a la limitación o privación del propio derecho a decidir y consentir la actuación médica, afectando así al derecho a la integridad física del que ese consentimiento es manifestación.

Recoge la Sentencia del Tribunal Constitucional 220/2005, de 12 de septiembre, que el derecho a la integridad física puede verse lesionado no sólo por acciones, sino también por omisiones de los poderes públicos, que deben ser amparadas por los Tribunales si como consecuencia de aquéllas se produjera una lesión del derecho de modo real y efectivo[608]. Y, añade la Senten-

606 MÉJICA, J. Y DÍEZ J. R., *El estatuto del paciente…, op. cit.,* p. 32.

607 *Cfr.* Sentencia Tribunal Constitucional 37/2011, de 28 de marzo, Fundamentos Jurídicos 4 y 5.

608 *Cfr.* Sentencia Tribunal Constitucional 220/2005, de 12 de septiembre, Fundamento Jurídico 4.

cia del Tribunal Constitucional 118/2019, de 16 de octubre[609], que, para que pueda apreciarse la vulneración del artículo 15 CE, será necesario que se produzca una actuación que derive en un riesgo o se produzca un daño a la salud. El derecho a la integridad física, tal y como está configurado constitucionalmente, protege a todas las personas, frente a actuaciones materiales sobre el cuerpo humano, que dañen la integridad corporal, que supongan un peligro grave y cierto para la salud, o que se produzcan sin consentimiento del afectado y sin el deber jurídico de soportarlas[610].

Es decir, cuando al extranjero inmigrante en situación administrativa irregular se le prive de la información clínica que derive en un riesgo o daño grave, cierto e inminente para su salud se le estará afectando al derecho fundamental a la integridad física. Nuestro colectivo objeto de estudio es titular del derecho, en igualdad de condiciones que los españoles, por ser este un derecho fundamental de la Sección Primera, Capítulo II, del Título I de la CE. Por tanto, este colectivo es titular del derecho a la información clínica, sin limitaciones en su ejercicio, cuando afecte al derecho a decidir y consentir la actuación médica.

Lo anterior nos lleva a resolver de forma conjuntados interrogantes. Primero, debemos identificar cuándo el extranjero inmigrante en situación irregular adquiere la condición de paciente. Y, segundo, que actuaciones se incluyen en la expresión *cualquier actuación en el ámbito de su salud.* Debemos indagar, especialmente, si el acto de diagnóstico forma parte de este concepto. Para nuestro colectivo objeto de estudio este acto sanitario resulta especialmente relevante, al poder concretar, en muchos casos, la urgencia o gravedad de la enfermedad de la persona y el alcance del derecho a la asistencia sanitaria pública y su gratuidad.

Señala la Ley 41/2002, de 14 de noviembre, básica reguladora de la autonomía del paciente y de derechos y obligaciones en materia de información y documentación clínica, en su artículo 3 *las definiciones legales.* Entiende por paciente *la persona que requiere asistencia sanitaria y está sometida a cuidados profesionales para el mantenimiento o recuperación de su salud.*

Por su parte, la Declaración para la promoción de los derechos de los pacientes en Europa promovida por la Oficina Regional para Europa de la OMS define al paciente como *usuario de los servicios sanitarios, ya sea sano o enfermo*[611].

---

609 *Cfr.* Sentencia del Tribunal Constitucional 118/2019, de 16 de octubre, Fundamento Jurídico 4.

610 *Cfr.* Sentencia del Tribunal Constitucional 120/1990, de 27 de junio, Fundamento Jurídico 8, y Sentencia del Tribunal Constitucional 215/1994, de 14 de julio, Fundamento Jurídico 4.

611 Declaración para la promoción de los derechos de los pacientes en Europa Consulta Europea sobre los Derechos de los Pacientes. Ámsterdam, 28-30 de marzo de 1994. Disponible en: https://www.ffis.es/ups/documentacion_ley_3_2009/Declaracion_promocion_derechos_pacientes_en_Europa.pdf (8.10.2022).

Sin embargo, esta definición difiere de la definición específica de usuario, distinta de la de paciente, recogida en el artículo 3 de la LAP, arriba citada. Así, es usuario *la persona que utiliza los servicios sanitarios de educación y promoción de la salud, de prevención de enfermedades y de información sanitaria.*

A efectos de clarificación, la diferencia estriba en que el usuario utiliza determinados servicios sanitarios, mientras que el paciente requiere asistencia sanitaria y está sometido a cuidados profesionales[612].

Aplicada esta normativa a nuestro colectivo objeto de estudio será paciente aquel extranjero en situación administrativa irregular que requiera de asistencia sanitaria y está sometido a cuidados profesionales para el mantenimiento o recuperación de su salud.

En cuanto a la expresión cualquier actuación en el ámbito de su salud, la Ley 41/2002, recoge la definición *intervención en el ámbito de la salud* en su artículo 3, definiéndola como *toda actuación realizada con fines preventivos, diagnósticos, terapéuticos, rehabilitadores o de investigación.*

Lo anterior nos debe llevar directamente al concepto de acción, y al concepto de acto médico.

Ha de entenderse por acción todo obrar humano voluntario y por ello objetivamente imputable; es decir, concebido como controlable por la voluntad a la cual se imputa el hecho[613].

Y, acto médico es toda actuación directa o indirecta sobre un cuerpo humano por un médico en el ejercicio de su propia profesión, entendiendo como médico aquél que estando en posesión del título académico de licenciado en medicina y cirugía, y en su caso, de especialista, además de estar colegiado, ejercen la profesión de forma privada o por cuenta ajena[614].

En cualquier caso, para que estemos ante un acto médico es necesario que tenga las siguientes notas[615]:

1. Que esté ligado al ejercicio de la profesión médica.
2. Que esté directamente vinculado a la actividad curativa que se desarrolla sobre el paciente.

---

612 Domínguez Luelmo, A., *Derecho Sanitario y responsabilidad médica. Comentarios a la Ley 41/2002, de 14 de noviembre, sobre derechos del paciente, información y documentación clínica*, Lex Nova, Valladolid, 2007, p. 191.

613 Larenz, K., «Derecho de obligaciones», *Editorial Revista de Derecho Privado*, Madrid, 1958, p. 465.

614 García Hernández, T., *Elementos de derecho sanitario en la responsabilidad civil y penal de los médicos por mala praxis*, Ed. Edisofer, Madrid, 2002, p. 17.

615 Guerrero Zaplana, J., *Las reclamaciones por la defectuosa asistencia sanitaria: doctrina, jurisprudencia, legislación y formularios*, 5.º Ed., Lex Nova, Valladolid, 2006, p. 60.

El Comité de Expertos en problemas legales del Consejo de Europa consideró como actos médicos *toda clase de tratamiento, intervención o examen con fines diagnósticos, profilácticos, terapéuticos o de rehabilitación llevados a cabo por un médico o bajo su responsabilidad*, y, además, como tales pueden ser considerados cualquier otra actividad como la investigación, tanto en cuestiones de salud como de enfermedad[616].

El diagnóstico, por tanto, forma parte de la clase de actos que puede o debe desarrollar el médico, y podemos definirlo como aquel acto encaminado a determinar la naturaleza de la enfermedad sobrevenida al paciente mediante el examen de sus síntomas[617].

De lo anterior, se deduce que el acto diagnóstico forma parte de una actuación sanitaria, emanado por un médico, y cuyo acto tiene lugar ante personas que tienen la condición de paciente. Pero, lo más importante es que, si el acto de diagnóstico determina la enfermedad, entonces el diagnóstico forma parte de la información clínica ya que la misma comprende *todo dato, cualquiera que sea su forma, clase o tipo, que permite adquirir o ampliar conocimientos sobre el estado físico y la salud de una persona, o la forma de preservarla, cuidarla, mejorarla o recuperarla*.

Por ende, debemos distinguir entre el derecho a la asistencia sanitaria pública y gratuita del extranjero en situación administrativa irregular y el derecho a obtener un diagnóstico.

Como sabemos, en el ámbito del Sistema Nacional de Salud, nuestro colectivo objeto de estudio tendrá derecho a la asistencia sanitaria en los dos supuestos siguientes:

Primera, cuando el titular del derecho a la protección de la salud cumpla los tres requisitos cumulativos del artículo 3 ter de la LCSNS. Legalmente se exigen dos condiciones. Una, la persona ha de requerir de asistencia sanitaria y, dos, ha de estar sometida a cuidados profesionales para el mantenimiento o recuperación de su salud.

Segunda, también tienen derecho a la asistencia sanitaria los pacientes extranjeros que, encontrándose en supuestos de urgencia por enfermedad grave o accidente, están excluidos del artículo 3 ter LCSNS. Es decir, tendrán derecho a recibir asistencia sanitaria en aquellos supuestos donde el derecho afectado es el derecho fundamental a la vida como parte integrante del derecho a la protección de la salud cuya titularidad ostentan los extranjeros no autorizados como residentes en España. En este caso, el derecho al diagnóstico (conocer qué enfermedad padece la persona por estar ante un riesgo real y cierto para su vida) constituye una pieza clave como acto médico para

---

616 Carrasco Gómez, J. J., *Responsabilidad médica y psiquiatría*, Editorial Colex, Madrid, 1998, p. 58.

617 García Hernández, T., *Elementos de derecho sanitario…*, *op. cit.*, pp. 18 y ss.

garantizar el derecho a la vida. Por ende, ese acto se integra dentro del contenido esencial de un derecho fundamental, al existir un peligro grave y cierto para la vida, cuya titularidad ostentan los extranjeros en situación irregular en igualdad de condiciones con los españoles.

Por su parte, el derecho al diagnóstico no admite distinción alguna. Forma parte del derecho fundamental a la información clínica, por formar parte, como ha manifestado el propio Tribunal Constitucional, del derecho a la integridad física del artículo 15 CE. Si, además, el Tribunal Constitucional[618] señaló que el derecho fundamental a la integridad física es un derecho inherente a la dignidad humana, del que son titulares los extranjeros con independencia de su situación administrativa, y en igualdad de condiciones que los españoles, entonces, los extranjeros inmigrantes en situación administrativa irregular son titulares del derecho al diagnóstico, que como contenido integrante de la información clínica sirve para determinar el alcance de la enfermedad. Cuestión distinta será si, una vez el paciente es diagnosticado, el mismo tiene derecho a acceder a las prestaciones sanitarias públicas y gratuitas financiadas por el SNS.

5.2.b) Información epidemiológica

La Ley 41/2002, de 14 de noviembre, básica reguladora de la autonomía del paciente y de derechos y obligaciones en materia de información y documentación clínica, proclama el derecho de todos los ciudadanos a conocerlos problemas sanitarios de la colectividad, cuando impliquen un riesgo parala salud pública o para su salud individual, y, el derecho a que esta información se difunda en términos verdaderos, comprensibles y adecuados para la protección de la salud, de acuerdo con lo establecido por la Ley (artículo 6)[619].

La nueva ley da un paso de gigante con respecto a la Ley General de Sanidad, que sólo contemplaba la información asistencial de forma individual y en el ámbito de la relación clínica[620].

Asegurar el cumplimiento de este derecho implica que se eliminen las barreras lingüísticas que se puedan encontrar los extranjeros inmigrantes en

618 *Cfr.* Sentencia Tribunal Constitucional 107/1984, de 23 de noviembre, Fundamento Jurídico 3: *Derechos tales como el derecho a la vida, a la integridad física y moral, a la intimidad, la libertad ideológica, etc., corresponden a los extranjeros por propio mandato constitucional, y no resulta posible un tratamiento desigual respecto a ellos en relación a los españoles.*

619 La Ley 33/2011, de 4 de octubre, General de Salud Pública recoge el derecho a la información en el ámbito de la salud pública en el artículo 4 empleando el término ciudadanos. Dice así: *Los ciudadanos, directamente o a través de las organizaciones en que se agrupen o que los representen, tiene derecho a ser informados, con las limitaciones previstas en la normativa vigente, en materia de salud pública por las Administraciones competentes.*

620 Sánchez-Caro, J. y Abellán F., *Derechos y deberes de los pacientes…, op. cit.* p. 39.

situación administrativa irregular. Si como extranjero en situación administrativa irregular tienes derecho a conocer la información relativa a los problemas de salud pública, pero el idioma constituye una barrera, entonces se estaría incumpliendo este derecho. Ahora bien, como contrapartida, esto pudiera afectar a la sostenibilidad financiera del sistema sanitario por el impacto económico que pudiera suponer garantizar este derecho a todas las personas. Sería necesario disponer de traductores o de la traducción de un volumen ingente de documentos a numerosos idiomas por ser extranjeros llegados de muy diversos países, todo ello, además, teniendo en cuenta la existencia de 17 CC. AA. que cuentan, cada una de ellas, con su propio servicio de salud con competencias de desarrollo legislativo y de ejecución (artículo 148.1.21 CE).

Al margen de lo anterior, en estos casos, disponer de información sobre problemas sanitarios de la colectividad, ya impliquen un riesgo para la salud pública o para su salud individual, forman parte del contenido del derecho fundamental a la vida. Pensemos, por ejemplo, la enfermedad por coronavirus (COVID-19), enfermedad infecciosa causada por el virus SARS-CoV-2 cuyo contagio pone en riesgo la vida de todas las personas. En estos supuestos, los extranjeros en situación administrativa irregular tendrán derecho a la información epidemiológica necesaria, en igualdad de condiciones que los españoles, por afectar dicha información al contenido de un derecho fundamental cuya titularidad ostentan nuestro colectivo investigado.

5.2.c) Derecho de información sobre el Sistema Nacional de Salud

La previsión legal de este derecho viene reconocida en varias leyes sanitarias.

La primera de ellas, la LGS, en su artículo 10.2, cuando recoge que todos tienen, con respecto a las distintas Administraciones públicas sanitarias, el derecho a la información sobre los servicios sanitarios a que puede acceder y sobre los requisitos necesarios para su uso.

Asimismo, el artículo 12 de la Ley 41/2002, reconoce que *los pacientes y los usuarios del Sistema Nacional de Salud tendrán derecho a recibir información sobre los servicios y unidades asistenciales disponibles, su calidad y los requisitos de acceso a ellos*. Ahora bien, la propia Exposición de motivos de la Ley recoge el derecho a la información como derecho del ciudadano cuando demanda la atención sanitaria.

En relación al catálogo de prestaciones del Sistema Nacional de Salud la norma establece que las personas que reciban estas prestaciones tendrán derecho a la información y documentación sanitaria y asistencial de acuerdo con la Ley 41/2002, de 14 de noviembre, básica reguladora de la autonomía del paciente y de derechos y obligaciones en materia de información y documentación clínica (artículo 7.2 LCSNS).

Por su parte, el artículo 26 de la Ley 16/2003, de 28 de mayo, de cohesión y calidad del Sistema Nacional de Salud establece que los servicios de salud informarán a la ciudadanía de sus derechos y deberes, de las prestaciones y de la cartera de servicios del Sistema Nacional de Salud, de los requisitos necesarios para el acceso a éstos y de los restantes derechos recogidos en la Ley básica reguladora de la autonomía del paciente y de los derechos y obligaciones en materia de información y documentación clínica, así como de los derechos y obligaciones establecidos en la Ley General de Salud Pública y en las correspondientes normas autonómicas, en su caso.

Y, en materia de centros, establecimientos y servicios sanitarios existirá un Registro general de carácter público, que permitirá a los usuarios conocer los centros, establecimientos y servicios, de cualquier titularidad, autorizados por las comunidades autónomas.

Desde el punto de vista subjetivo del derecho a la información al Sistema Nacional de Salud, los términos mencionados por las leyes son nuevamente el de todos (artículo 10.2 LGS), paciente (artículo 12 Ley 41/2002), persona (artículo 7.2 LCSNS), ciudadanía (artículo 26.1 LCSNS) y usuario (artículo 26.2 LCSNS).

Aplicado este derecho a nuestro colectivo objeto de estudio extraemos las siguientes consideraciones:

Una primera reflexión que podemos extraer de la regulación de este derecho es la ausencia de tratamiento armonizado en la delimitación del ámbito subjetivo del derecho de información sobre el Sistema Nacional de Salud.

En segundo lugar, a salvo del artículo 10.2 LGS y 7.2 de la LCSNS que emplean los términos «todos» y «persona», el resto vinculan el ámbito subjetivo a conceptos acotados y delimitados jurídicamente.

Como reflexión última de este apartado cabe deducir que los extranjeros en situación administrativa irregular serán titulares del derecho de información sobre el Sistema Nacional de Salud cuando ostenten la condición de paciente o usuario.

Y, el derecho a la asistencia sanitaria de los extranjeros en situación irregular, con cargo a los fondos públicos, como hemos expuesto en esta investigación, está englobado dentro de los derechos condicionados a la configuración legal, salvo cuando el derecho a la protección de la salud afecte al contenido esencial del derecho fundamental a la vida.

Aplicado a nuestro colectivo objeto de estudio significará que serán titulares de este derecho, sin condición, cuando la información que demanden del Sistema Nacional de Salud sea parte integrante del contenido del derecho fundamental a la vida. Podríamos mencionar, como ejemplo, tener derecho a conocer la localización de los centros sanitarios, así como de los servicios sanitarios de urgencia disponibles a los que tengan acceso.

En el resto de casos serán titulares del derecho a la información del Sistema Nacional de Salud cuando sean titulares del derecho de acceso a las prestaciones sanitarias públicas y gratuitas, de conformidad con las exigencias legales recogidas en el artículo 3 ter LCSNS. Por ejemplo, cuando estemos ante información sobre los servicios sanitarios a los que no tenga acceso por no cumplir los requisitos del artículo 3 ter LCSNS.

5.2.d) El derecho de información sobre la libre elección de médico y centro

El último de los prismas del derecho a la información viene dado por la libre elección de médico y centro. Los usuarios y pacientes del Sistema Nacional de Salud, tanto en la atención primaria como en la especializada, tendrán derecho a la información previa correspondiente para elegir médico y centro[621], correspondiendo a los servicios de salud la fijación de términos y condiciones (artículo 13 LAP).

Se entiende por libre elección la facultad del paciente o usuario de optar, libre y voluntariamente, entre dos o más alternativas asistenciales, entre varios facultativos o entre centros asistenciales, en los términos que fijen los servicios de salud (artículo 3 LAP).

La LGS, en el artículo 10 apartado 13, indica que todos tienen derecho en las Administraciones públicas sanitarias a elegir el médico y los demás sanitarios titulados de acuerdo con las condiciones contempladas en esta Ley, en las disposiciones que se dicten para su desarrollo y en las que regulen el trabajo sanitario en los Centros de Salud.

Por su parte, la LCSNS, en su artículo 28, incorpora además de la libre elección de facultativo, la segunda opinión en los términos que reglamentariamente se establezcan por las instituciones asistenciales. En este caso, la redacción del precepto va dirigida a las instituciones asistenciales, encontrándose dentro del apartado de *Garantías de calidad y servicios de referencia,* y no dentro de la regulación de los derechos de información.

Aplicado a nuestro colectivo objeto de estudio significará que serán titulares de del derecho de libre elección de facultativo o centro en el Sistema Nacional de Salud, con cargo a los fondos públicos, siempre quesean titu-

621 La elección de médico en Atención Primaria se desarrolla en el Real Decreto 1575/1993, de 10 de septiembre, por el que se regula la libre elección de médico en los servicios de atención primaria del Instituto Nacional de la Salud. Disponible en: https://www.boe.es/buscar/act.php?id=BOE-A-1993-24302 (12.10.2022).
Y, en Atención Especializada la libre elección se encuentra regulada en el Real Decreto 8/1996, de 15 de enero, sobre libre elección de médico en los servicios de atención especializada del Instituto Nacional de la Salud. Disponible en: https://www.boe.es/buscar/act.php?id=BOE-A-1996-1927 (12.10.2022).

lares del derecho de acceso a la asistencia sanitaria, en los términos que establezca la legislación vigente en cada momento.

5.3. El consentimiento informado. Especial referencia al menor y discapacitado extranjero irregular

Es necesario ahora entrar a valorar un aspecto especialmente relevante del derecho sanitario e íntimamente ligado al derecho a la información asistencial como es la institución del consentimiento informado. Otro de los derechos fundamentales que está presente en el ámbito de las actuaciones médicas es el derecho a la integridad física de las personas, del que el consentimiento informado es su manifestación más típica. La Exposición de Motivos de la LAP incluye como objetivo reforzar el derecho de autonomía del paciente. Con ese propósito la norma realiza una regulación exhaustiva de todo lo concerniente al consentimiento informado.

Para ello, estructuraremos el epígrafe en el estudio de dos apartados. Uno, de carácter general, referido al consentimiento informado. Y, dos, nos detendremos en las situaciones específicas del consentimiento por representación en el caso de las personas extranjeras en situación administrativa irregular con capacidad limitada y de las personas menores de edad.

5.3.a) El consentimiento informado

En este apartado, después de esbozar el panorama jurídico general, analizaremos el alcance de esta figura en relación con los extranjeros en situación administrativa irregular.

El derecho del paciente a ser informado sobre el estado de su salud, sobre posibles tratamientos y las consecuencias y riesgos de su aplicación, se ha convertido en nuestros días en un elemento esencial de la relación entre el médico y el paciente. De hecho, la progresiva toma de conciencia social sobre el mayor protagonismo que el paciente ha de tener en el seno de la relación médica, mediante la debida información y la exigencia de su consentimiento como paso previo a cualquier intervención sobre su salud, ha alcanzado ya el rango de exigencia legal y está siendo igualmente consolidado por la jurisprudencia[622].

La LAP define el consentimiento informado en el artículo 3 como *la conformidad libre, voluntaria y consciente de un paciente, manifestada en el pleno uso de sus facultades después de recibir la información adecuada, para que tenga lugar una actuación que afecta a su salud*.

622 González Torre, A. P., *El derecho a la autonomía del paciente en la relación médica. El tratamiento jurisprudencial del consentimiento informado*, Comares, Granada, 2009, p. 29.

El consentimiento informado tiene dos caras. El ejercicio de la autonomía de la voluntad a través del consentimiento requiere la previa información del médico. La autonomía de la voluntad fundamenta el consentimiento y constituye un *prius* lógico respecto de la información, aunque, en su realización práctica la información haya de preceder, cronológicamente, al consentimiento. Por otra parte, el paciente tiene derecho a ser informado, de donde surge el deber de información del médico, pero también lo que debe ser especialmente subrayado, el derecho a no ser informado o a que no se difunda la información obtenida, a salvo de situaciones excepcionales[623]. Es decir, que cuando el paciente manifieste expresamente su deseo de no ser informado, habrá de respetarse su voluntad haciendo constar su renuncia documentalmente, sin perjuicio de la obtención de su consentimiento previo en caso de que tenga que ser intervenido.

Cabe preguntarse, dentro de este contexto y a efectos de este estudio, por sus bases y declaraciones internacionales, su naturaleza jurídica y la configuración constitucional y legal que actualmente tiene el consentimiento informado.

Por lo que se refiere a su reconocimiento internacional cabe destacar el Convenio para la protección de los derechos humanos y la dignidad del ser humano con respecto a las aplicaciones de la Biología y la Medicina (Convenio relativo a los derechos humanos y la biomedicina)[624], hecho en Oviedo el 4 de abril de 1997, cuyo artículo 5 alude al consentimiento informado como regla general. Dicho precepto incluye que una intervención en el ámbito de la sanidad sólo podrá efectuarse después de que la persona afectada haya dado su libre e informado consentimiento, y, además, la persona deberá recibir previamente una información adecuada acerca de la finalidad y la naturaleza de la intervención, así como sobre sus riesgos y consecuencias. Concluye que en cualquier momento la persona afectada podrá retirar libremente su consentimiento.

Es importante destacar que en el contenido de esta previsión normativa se emplea el término «persona», sin distinguir sobre las situaciones administrativas en las que puedan encontrarse las mismas. Aplicado a nuestro colectivo supondrá que cualquier extranjero en situación administrativa irregular que se someta a una intervención en el ámbito de la sanidad deberá, una vez recibida la adecuada información clínica, dar su libre e informado consentimiento.

---

623 MENDOZA BUERGO, B., *Autonomía personal y decisiones médicas. Cuestiones éticas y jurídicas*, Aranzadi, Navarra, 2010, p. 100.

624 Convenio para la protección de los derechos humanos y la dignidad del ser humano con respecto a las aplicaciones de la Biología y la Medicina (Convenio relativo a los derechos humanos y la biomedicina), hecho en Oviedo el 4 de abril de 1997, ratificado por España en 1999 y en vigor desde el 1 de enero de 2000 (BOE de 20 de octubre de 1999).

Por otra parte, la Declaración Universal sobre el genoma humano y los derechos humanos, de la UNESCO[625], de 11 de noviembre de 1997[626] declara en su artículo 5 que cualquier investigación, tratamiento o diagnóstico en relación con el genoma de un individuo sólo podrá efectuarse previa evaluación rigurosa de los riesgos y las ventajas que entraña, debiendo recabarse, en todos los casos, el consentimiento previo, libre e informado de la persona interesada. Añade a renglón seguido que deberá respetarse el derecho de toda persona a decidir que se le informe o no de los resultados de un examen genético y de sus consecuencias.

En el ámbito europeo, la Carta de los Derechos Fundamentales de la Unión Europea de 7 de diciembre de 2000[627], reconoce, dentro del derecho a la integridad de la persona, que en el marco de la medicina y la biología se respetarán en particular el consentimiento libre e informado de la persona de que se trate, de acuerdo con las modalidades establecidas en la ley (artículo 3.2).

En cuanto a su relevancia constitucional, podemos indicar que el consentimiento informado no es ni más ni menos que un mecanismo de garantía, un instituto constitucionalmente relevante que hace posible en el ámbito médico el contenido objetivo de los derechos fundamentales, un haz de facultades jurídicas atribuidas al paciente para defender sus derechos frente a cualquier otra actuación médica. Por tanto, la garantía del consentimiento informado tiene una función encadenada de servicio al derecho subjetivo, al derecho fundamental correspondiente, y ello implica también una obligación para el Estado de actuar positivamente[628].

La interpretación constitucional del consentimiento informado podemos encontrarla en la Sentencia del Tribunal Constitucional 37/2011, de 28 de marzo[629]. Esta Sentencia tiene por objeto dilucidar si la omisión del consentimiento informado ha producido o no una lesión del derecho a la integridad física, operación que conlleva la ineludible determinación de la naturaleza del consentimiento informado, para concretar si forma parte del derecho fundamental a la integridad física y moral (art. 15 CE). El Tribunal considera que el consentimiento del paciente a cualquier intervención sobre su persona es algo inherente, entre otros, a su derecho fundamental a la integridad física. Se trata de una facultad de autodeterminación que legitima al paciente, en uso de su autonomía de la voluntad, para decidir libremente sobre las medi-

---

625 Organización de las Naciones Unidas para la Educación, la Ciencia y la Cultura, conocida abreviadamente como UNESCO.

626 Declaración Universal sobre el genoma humano y los derechos humanos, de la UNESCO, de 11 de noviembre de 1997.

627 Carta de los Derechos Fundamentales de la Unión Europea.

628 Rovira, A., *Autonomía personal y tratamiento médico. Una aproximación constitucional al consentimiento informado*, Aranzadi, Pamplona, 2007, p. 112.

629 *Cfr.* Sentencia Tribunal Constitucional 37/2011, de 28 de marzo, Fundamento Jurídico 5.

das terapéuticas y tratamientos que puedan afectar a su integridad, consintiendo su práctica o rechazándolas. Ésta es precisamente la manifestación más importante de los derechos fundamentales que pueden resultar afectados por una intervención médica: la de decidir libremente entre consentir el tratamiento o rehusarlo, posibilidad que ha sido admitida por el TEDH[630], aun cuando pudiera conducir a un resultado fatal[631].

Ahora bien, para que esa facultad de consentir, de decidir sobre los actos médicos pueda ejercerse con plena libertad, es imprescindible que el paciente cuente con la información médica adecuada sobre las medidas terapéuticas, pues sólo si dispone de dicha información podrá prestar libremente su consentimiento. De esta manera, el consentimiento y la información se manifiestan como dos derechos tan estrechamente imbricados que el ejercicio de uno depende de la previa correcta atención del otro, razón por la cual la privación de información no justificada equivale a la limitación o privación del propio derecho a decidir y consentir la actuación médica, afectando así al derecho a la integridad física del que ese consentimiento es manifestación.

Continúa la Sentencia señalando que la información previa, lo que se ha venido en llamar consentimiento informado, puede ser considerada como un procedimiento o mecanismo de garantía para la efectividad del principio de autonomía de la voluntad del paciente y, por tanto, de los preceptos constitucionales que reconocen derechos fundamentales que pueden resultar concernidos por las actuaciones médicas, así como una consecuencia implícita y obligada de la garantía del derecho a la integridad física y moral, alcanzando así una relevancia constitucional que determina que su omisión o defectuosa realización puedan suponer una lesión del propio derecho fundamental[632].

Este pronunciamiento constitucional unido a la configuración constitucional de los derechos de los extranjeros en España[633] nos permite concluir que el derecho al consentimiento informado como manifestación del derecho fundamental a la integridad física (artículo 15 CE) forma parte de aquellos

---

630 *Cfr.* STEDH (Sección 4.ª), caso Pretty c. Reino Unido, de 29 de abril de 2002, párrafo 63: *En la esfera del tratamiento médico, la negativa a aceptar un tratamiento particular podría, inevitablemente, conducir a un desenlace fatal, pero la imposición de un tratamiento médico, sin el consentimiento de un paciente adulto mentalmente competente, interferiría con la integridad física de una persona. de una manera capaz de comprometer los derechos protegidos por el artículo 8 § 1 de la Convención*.

631 *Cfr.* Sentencia Tribunal Constitucional 154/2002, de 18 de julio, Fundamento Jurídico 9.

632 Este razonamiento jurisprudencial también ha sido puesto de manifiesto por el propio Tribunal Constitucional en la Sentencia 11/2023, de 23 de febrero, Fundamento Jurídico 3.

633 *Cfr.* Sentencia Tribunal Constitucional 107/1984, de 23 de noviembre, Fundamento Jurídico 3: *Derechos tales como el derecho a la vida, a la integridad física y moral, a la intimidad, la libertad ideológica, etc., corresponden a los extranjeros por propio mandato constitucional, y no resulta posible un tratamiento desigual respecto a ellos en relación a los españoles.*

derechos reconocidos en la Constitución que pertenecen a la persona en cuanto seres humanos, y no como ciudadanos, por ser imprescindibles para la garantía de la dignidad humana.

Aplicado a nuestro colectivo significa que los extranjeros en situación administrativa irregular serán titulares del derecho al consentimiento informado y lo ejercerán en las mismas condiciones que el resto de las personas, por ser inherentes a la dignidad humana. En consecuencia, los extranjeros inmigrantes en situación administrativa irregular tienen derecho a prestar el consentimiento informado frente a cualquier intervención o actuación sanitaria sobre su persona.

En cuanto al desarrollo legislativo actual, dejando a un margen el precedente de la LGS (artículo 10), se contiene en la LAP en sus artículos 8 (consentimiento informado), 9 (límites del consentimiento informado y consentimiento por representación) y 10 (condiciones de la información y consentimiento por escrito).

Expuesto el marco jurídico legal del consentimiento informado debemos responder a continuación a los siguientes interrogantes. Primero, el alcance de la redacción legal de la titularidad del consentimiento informado a favor de los extranjeros en situación irregular en la LAP. Y, segundo, que sucede en aquellos supuestos donde el idioma puede suponer un obstáculo que impide manifestar al extranjero su consentimiento, tanto verbal como escrito, así como recibir previamente la debida información sanitaria.

En relación a la primera de las cuestiones debemos señalar que en la definición contenida en el artículo 3 se refiere al consentimiento como derecho del paciente. Sin embargo, del contenido del artículo 8 se refiere al consentimiento como derecho del afectado en su apartado 1 cuando establece que *toda actuación en el ámbito de la salud de un paciente necesita el consentimiento libre y voluntario del afectado,* mientras que el resto del artículo se refiere a paciente *(3. El consentimiento escrito del paciente será necesario (...); 4. Todo paciente o usuario tiene derecho a ser advertido sobre la posibilidad de utilizar los procedimientos de pronóstico, diagnóstico y terapéuticos (...); 5. El paciente puede revocar libremente por escrito su consentimiento en cualquier momento).*

De lo anterior, se deduce que el consentimiento informado forma parte de la actuación sanitaria, que ha de ir precedido del derecho a ser informado y que ese derecho se reconoce a las personas que tienen la condición de paciente. Y, de conformidad con el Convenio para la protección de los derechos humanos y la dignidad del ser humano con respecto a las aplicaciones de la Biología y la Medicina (Convenio relativo a los derechos humanos y la biomedicina (artículo 10.2 CE), su titularidad incluye a los extranjeros en situación administrativa irregular.

Asimismo, y de acuerdo con nuestra doctrina constitucional, el derecho fundamental a la integridad física no distingue entre españoles y extranjeros, por lo que los extranjeros en situación administrativa irregular son titulares de este derecho en igualdad de condiciones que los españoles. Los extranjeros en situación administrativa irregular, entonces, tienen derecho a prestar el consentimiento informado frente a cualquier intervención sobre su persona, por ser una garantía inherente a su derecho fundamental a la integridad física y por ser todo ser humano potencialmente paciente en algún momento de su vida. Este derecho abarca las siguientes facultades: la de prestar, limitar o renunciar al consentimiento informado en los términos reconocidos por la LAP.

En relación a la cuestión de la accesibilidad a la atención sanitaria de la población migrante, esto es, a las barreras lingüísticas que pueden manifestarse entre los profesionales y los usuarios del sistema sanitario público que no dominan el castellano, lo cierto es que la legislación sanitaria básica no contiene ninguna obligación expresa de contar con un servicio de traducción, si bien es cierto que una garantía básica del sistema es la de la accesibilidad *(Artículo 28.1. LCSNS: Las comunidades autónomas garantizarán la calidad de las prestaciones. (...). Asimismo, abordarán actuaciones para la humanización de la asistencia y para la mejora de la accesibilidad administrativa y de su confortabilidad)*.

Ahora bien, como hemos indicado, el consentimiento informado es un mecanismo de garantía de los preceptos constitucionales que reconocen derechos fundamentales que pueden resultar concernidos por las actuaciones médicas, además de ser una garantía del derecho fundamental a la integridad física. Por tanto, debemos identificar las garantías que rodean, desde la perspectiva del art. 15 CE, a toda intervención médica que afecte a la integridad corporal del paciente para determinar si forma parte de esa garantía la eliminación de las barreras lingüísticas que pudieran fácilmente darse.

En este caso, la propia Sentencia del Tribunal Constitucional 37/2011, de 28 de marzo, en su Fundamento Jurídico 4, señala que partiendo, de un lado, de los tratados y acuerdos en la materia ratificados por España, por el valor interpretativo que les reconoce el art. 10.2 CE y, de otro, de la doctrina del Tribunal Europeo de Derechos Humanos[634], que también ha de servir de criterio interpretativo en la aplicación de los preceptos constitucionales tuteladores de los derechos fundamentales, de acuerdo con el mismo art. 10.2 CE, las garantías que han de rodear la intervención médica viene determinada por la obligación de los Estados de adoptar las normas adecuadas para garantizar el respeto a la integridad física de los pacientes, debiendo imponer las normas precisas para que los médicos se pregunten sobre las consecuencias previsibles de la intervención médica proyectada sobre la integridad física de

634 *Cfr.* STEDH (Gran Sala), Caso GUERRA y Otros contra Italia, de 19 de febrero de 1998, párrafo 60. También y de forma más específica podemos citar la STEDH (Sección 3.ª) Caso Codarcea contra Rumania, de 2 de junio de 2009, párrafo 104.

sus pacientes e informen a éstos convenientemente sobre aquéllas, de modo que la persona pueda consentir el acto con conocimiento de causa.

Por consiguiente, los extranjeros inmigrantes en situación administrativa irregular que necesiten prestar el consentimiento informado tendrán derecho a que, por parte de las autoridades sanitarias, y, a través de los profesionales sanitarios, se lo faciliten en el idioma que sea necesario. Esta obligación abarca no sólo el documento de consentir propiamente dicho sino también la información previa y necesaria que asegure la efectividad del principio de autonomía de la voluntad del paciente. Su omisión o defectuosa realización pueden suponer una lesión del propio derecho fundamental del que son titulares, lo que puede desembocar en la exigencia de responsabilidad patrimonial sanitaria de las Administraciones públicas, sin perjuicio de la posible responsabilidad penal que pudiera existir, en su caso.

5.3.b) El consentimiento informado por representación de los extranjeros en situación administrativa irregular con capacidad limitada y de los menores de edad

Para finalizar este apartado debemos referirnos a dos situaciones específicas, como son el consentimiento informado de los extranjeros en situación administrativa irregular con capacidad limitada y el de las personas menores de edad. Estamos ante los denominados supuestos de consentimiento informado por representación[635].

El contenido normativo en el ámbito sanitario del consentimiento informado por representación se encuentra en el artículo 9.3 de la LAP[636].

---

635 En esta materia, el artículo 9.1 del Código Civil, que establece que la capacidad y la minoría de edad se rige por la ley nacional del sujeto, no resulta aplicable, pues no se trata de supuestos relativos a la esfera del Derecho privado, sino del Derecho público, en el que las normas sanitarias juegan con carácter territorial.

636 *Artículo 9.3. LAP: Se otorgará el consentimiento por representación en los siguientes supuestos:*
a) Cuando el paciente no sea capaz de tomar decisiones, a criterio del médico responsable de la asistencia, o su estado físico o psíquico no le permita hacerse cargo de su situación. Si el paciente carece de representante legal, el consentimiento lo prestarán las personas vinculadas a él por razones familiares o de hecho.
b) Cuando el paciente tenga la capacidad modificada judicialmente y así conste en la sentencia.
c) Cuando el paciente menor de edad no sea capaz intelectual ni emocionalmente de comprender el alcance de la intervención. En este caso, el consentimiento lo dará el representante legal del menor, después de haber escuchado su opinión, conforme a lo dispuesto en el artículo 9 de la Ley Orgánica 1/1996, de 15 de enero, de Protección Jurídica del Menor.
4. Cuando se trate de menores emancipados o mayores de 16 años que no se encuentren en los supuestos b) y c) del apartado anterior, no cabe prestar el consentimiento por repre-

5.3.b).1. El consentimiento informado por representación de los extranjeros en situación administrativa irregular con capacidad limitada

En el caso de la prestación del consentimiento por representación de personas con capacidad limitada debemos distinguir entre dos supuestos:

1. Paciente extranjero en situación administrativa irregular incapaz para tomar decisiones según apreciación del médico o bien porque su estado físico o psíquico no le permita hacerse cargo de su situación (artículo 9.3.a LAP).

En tales casos, el consentimiento será sustituido por el de su representante legal, si lo tuviera (lo cual es ciertamente dudoso, pues se trata, con carácter general de personas adultas y, en principio, capaces), y, en su defecto, las personas vinculadas a él por razones familiares o de hecho. Por supuesto, la intervención de un tercero en la toma de decisión no impide que sea tenida

---

sentación.

No obstante lo dispuesto en el párrafo anterior, cuando se trate de una actuación de grave riesgo para la vida o salud del menor, según el criterio del facultativo, el consentimiento lo prestará el representante legal del menor, una vez oída y tenida en cuenta la opinión del mismo.

5. La práctica de ensayos clínicos y la práctica de técnicas de reproducción humana asistida se rigen por lo establecido con carácter general sobre la mayoría de edad y por las disposiciones especiales de aplicación.

Para la interrupción voluntaria del embarazo de menores de edad o personas con capacidad modificada judicialmente será preciso, además de su manifestación de voluntad, el consentimiento expreso de sus representantes legales. En este caso, los conflictos que surjan en cuanto a la prestación del consentimiento por parte de los representantes legales, se resolverán de conformidad con lo dispuesto en el Código Civil.

6. En los casos en los que el consentimiento haya de otorgarlo el representante legal o las personas vinculadas por razones familiares o de hecho en cualquiera de los supuestos descritos en los apartados 3 a 5, la decisión deberá adoptarse atendiendo siempre al mayor beneficio para la vida o salud del paciente. Aquellas decisiones que sean contrarias a dichos intereses deberán ponerse en conocimiento de la autoridad judicial, directamente o a través del Ministerio Fiscal, para que adopte la resolución correspondiente, salvo que, por razones de urgencia, no fuera posible recabar la autorización judicial, en cuyo caso los profesionales sanitarios adoptarán las medidas necesarias en salvaguarda de la vida o salud del paciente, amparados por las causas de justificación de cumplimiento de un deber y de estado de necesidad.

7. La prestación del consentimiento por representación será adecuada a las circunstancias y proporcionada a las necesidades que haya que atender, siempre en favor del paciente y con respeto a su dignidad personal. El paciente participará en la medida de lo posible en la toma de decisiones a lo largo del proceso sanitario. Si el paciente es una persona con discapacidad, se le ofrecerán las medidas de apoyo pertinentes, incluida la información en formatos adecuados, siguiendo las reglas marcadas por el principio del diseño para todos de manera que resulten accesibles y comprensibles a las personas con discapacidad, para favorecer que pueda prestar por sí su consentimiento.

en cuenta la opinión del paciente. Y, en caso de urgencia vital, el médico podrá intervenir sin necesidad de consultar a las personas anteriormente señaladas. Aunque la referencia a los familiares es clara, considero que no es comprensible que no se haya establecido cuál debe prestar el consentimiento por sustitución en el caso de que existan varios parientes. El choque de voluntades producirá, en no pocos casos, problemas irresolubles al facultativo, que se arriesgará a acciones legales sea cual sea su actuación[637].

Como criterio orientador habría que estar a lo que mejor convenga al paciente según el criterio del médico, o en último término, del juez. Sin embargo, la vía judicial debe considerarse el último recurso, al que habría que acudir sólo si fuera estrictamente necesario, si se quiere respetar al máximo el principio de autonomía del paciente, en particular en los casos en que el paciente incapaz manifestó su voluntad en un momento anterior, cuando todavía era capaz, entre las personas a él vinculadas[638].

Este supuesto presenta dificultades añadidas en el caso de que la persona incapaz, según criterio médico, sea un extranjero en situación administrativa irregular. Son muchos los extranjeros irregulares que residen solos en nuestro país, y que no disponen de una red familiar o social que pueda representarles en este tipo de situaciones. Por tanto, si no existen personas vinculadas a él por razones familiares o de hecho, será el médico responsable el que tenga la responsabilidad de adoptar la decisión, bien de continuar con la asistencia sanitaria o bien de comunicarlo a la autoridad judicial para que actúe en consecuencia.

En este punto resulta relevante poner de manifiesto la doctrina del Tribunal Constitucional sobre la cesión de datos de los extranjeros en situación administrativa irregular (artículo 18.4 CE). Debemos poner de manifiesto la trascendencia e implicación que tiene este derecho en relación a la situación de irregularidad cuando el médico solicite autorización judicial previa.

Lo primero que aclara el Tribunal Constitucional en la Sentencia 17/2013, de 31 de enero[639], es que los extranjeros gozan en España del derecho fundamental derivado del artículo 18.4 CE, protección de datos personales, en las mismas condiciones que los españoles. Y, añade que el establecimiento de límites al mismo ha de respetar su contenido constitucionalmente declarado y encontrar su fundamento en otros bienes o derechos constitucionalmente protegidos.

Corresponde al legislador determinar cuándo concurre ese bien o derecho que justifica la restricción del derecho a la protección de datos personales

637 Rodríguez López, P., *La autonomía del paciente. Información, consentimiento y documentación clínica*, Dilex, Madrid, 2004, pp 136-137.

638 Mendoza Buergo, B., *Autonomía personal y decisiones médicas...*, *op. cit.*, p. 116.

639 *Cfr.* Sentencia Tribunal Constitucional 17/2013, de 31 de enero, Fundamentos Jurídicos 4, 5 y 8.

y en qué circunstancias puede limitarse. Es claro cuando señala la finalidad que persigue este derecho fundamental. Por un lado, garantizar a la persona un poder de disposición sobre el uso y destino de sus datos con el propósito de impedir su tráfico ilícito y lesivo para la dignidad y derecho del afectado, garantizando a los individuos un poder de disposición sobre esos datos. Y, por otro lado, para los poderes públicos, el derecho fundamental a la protección de los datos personales impone la prohibición de que se conviertan en fuentes de esa información sin las debidas garantías.

Por su parte, la Sentencia del Tribunal Constitucional 53/2002, de 27 de febrero[640], refiere que *el cumplimiento de la ley —en especial de la legislación de extranjería— es un bien constitucional con asiento en los artículos. 10.1 y 13.1 CE: expresamente se refiere el art. 10.1 CE al «respeto a la ley» como fundamento del orden político y de la paz social. Además, el art. 13.1 CE expresamente remite a la Ley el régimen de libertades de los extranjeros en España. Por lo dicho, ninguna duda puede caber de que el respeto a la legislación sobre entrada, estancia y residencia en España goza de relevancia constitucional.*

Pero, también recuerda la Sentencia 17/2013, de 31 de enero, que cuando se identifica la existencia de un bien constitucional al que sirve la restricción del derecho fundamental a la protección de datos, debemos declarar que el respeto a la ley (así, a la de extranjería) sólo permite restricciones limitadas, controladas y ciertas sobre otro bien constitucional.

Por tanto, como recoge la Sentencia, el tratamiento de los datos por las Administraciones públicas estará subordinado a su estricta adecuación a los fines de interés público que los justifican. Y, los datos cedidos han de ser los estrictamente necesarios para el cumplimiento de las funciones asignadas a los órganos administrativos de forma que deberá motivarse la petición de aquellos datos que resulten relevantes. Por ello, cualquier cesión de los datos del padrón debe fundamentarse en la necesidad por parte de la Administración cesionaria, de conocer, en cada caso concreto, el dato relativo al domicilio de la persona afectada, extremos que han de ser adecuadamente valorados por la cedente a fin de apreciar si los datos que se solicita son realmente necesarios, pertinentes y proporcionados, atendiendo a la competencia que pretende ejercer la Administración cesionaria (Fundamento Jurídico 8).

Aplicada esta doctrina al supuesto planteado, la autoridad sanitaria, a través del médico, cuando solicita autorización judicial debe facilitar única y exclusivamente los datos clínicos estrictamente necesarios para obtener la autorización judicial, entre los que no parece que deban estar, (en principio), la información relativa a la situación jurídico-administrativa de estancia en España de la persona. Si la información trasladada excediese de estos

640 *Cfr.* Sentencia Tribunal Constitucional 53/2002, de 27 de febrero, Fundamento Jurídico 9.

extremos deberá contar con el consentimiento de la persona extranjera inmigrante en situación administrativa irregular.

2. Paciente extranjero en situación irregular necesitado de apoyo para la prestación del consentimiento informado en virtud de declaración judicial (artículo 9.3.b) LAP).

El artículo 6 del Convenio relativo a los derechos humanos y la biomedicina señala que cuando, según la ley, una persona mayor de edad no tenga capacidad, a causa de una disfunción mental, una enfermedad o un motivo similar, para expresar su consentimiento para una intervención, ésta no podrá efectuarse sin la autorización de su representante, una autoridad o una persona o institución designada por la Ley. Y añade que, en la medida de lo posible, la persona afectada deberá intervenir en el procedimiento de autorización.

Este supuesto previsto en la LAP debe ponerse en relación con la reforma operada por la Ley 8/2021, de 2 de junio, por la que se reforma la legislación civil y procesal para el apoyo a las personas con discapacidad en el ejercicio de su capacidad jurídica. La reforma sienta las bases del nuevo sistema basado en el respeto a la voluntad y las preferencias de la persona con discapacidad, regulándose en los artículos 249 y siguientes del Código Civil las medidas de apoyo a las personas con discapacidad[641].

De conformidad con su Disposición derogatoria única *quedan derogadas cuantas disposiciones de igual o inferior rango contradigan, se opongan o resulten incompatibles con lo dispuesto en la presente Ley.* Por tanto, con la entrada en vigor de esta Ley queda derogada la previsión contenida en el artículo 9.3.b) LAP.

641 Señala la Exposición de Motivos que el Título XI del Libro Primero del Código Civil se redacta de nuevo y pasa a rubricarse «De las medidas de apoyo a las personas con discapacidad para el ejercicio de su capacidad jurídica», de suerte que el elemento sobre el que pivota la nueva regulación no va a ser ni la incapacitación de quien no se considera suficientemente capaz, ni la modificación de una capacidad que resulta inherente a la condición de persona humana y, por ello, no puede modificarse. La idea central del nuevo sistema es la de apoyo a la persona que lo precise, apoyo que, tal y como la ya citada Observación General de 2014 recuerda, es un término amplio que engloba todo tipo de actuaciones: desde el acompañamiento amistoso, la ayuda técnica en la comunicación de declaraciones de voluntad, la ruptura de barreras arquitectónicas y de todo tipo, el consejo, o incluso la toma de decisiones delegadas por la persona con discapacidad. Cabe añadir, incluso, que en situaciones donde el apoyo no pueda darse de otro modo y solo ante esa situación de imposibilidad, este pueda concretarse en la representación en la toma de decisiones. Es importante señalar que podrá beneficiarse de las medidas de apoyo cualquier persona que las precise, con independencia de si su situación de discapacidad ha obtenido algún reconocimiento administrativo. Es también relevante que, a diferencia de lo que hacían los códigos decimonónicos, más preocupados por los intereses patrimoniales de la persona que por la protección integral de esta, la nueva regulación trata de atender no solo a los asuntos de naturaleza patrimonial, sino también a los aspectos personales, como pueden ser los relativos a decisiones sobre las vicisitudes de su vida ordinaria —domicilio, salud, comunicaciones, etc—.

En consecuencia, el consentimiento informado de los extranjeros en situación administrativa irregular necesitados de medidas de apoyo se regirá por las disposiciones del Código Civil. Con esta reforma, no se da el supuesto de incapacitación judicial a la persona, sino que se establecen medidas de apoyo para complementar su capacidad y puedan ejercer así su capacidad jurídica (medidas de apoyo voluntario, guarda de hecho, curatela o defensor judicial, según los casos).

Ahora bien, en el ámbito de la extranjería esta regulación debe acompañarse de sus determinantes sociales. En numerosas ocasiones no contarán con personas que puedan apoyar ese consentimiento, y en otras tantas, no contarán con la resolución judicial de apoyo para quienes lo precisen de modo continuado (curatela). Estas situaciones se traducirán en que será el médico el que tenga que asumir una mayor responsabilidad sobre la decisión de cómo y cuándo puede manifestar el consentimiento el paciente extranjero irregular con discapacidad. Solicitar la intervención judicial será residual por la propia naturaleza del acto, y estará condicionado en gran medida por la urgencia del tratamiento y la complejidad de la intervención sanitaria.

De lo anteriormente expuesto, se deduce que los extranjeros necesitados de medidas de apoyo en situación administrativa irregular son titulares del derecho a prestar el consentimiento informado frente a cualquier intervención sobre su persona, por ser una garantía inherente a su derecho fundamental a la integridad física. Tendrán derecho, igualmente, a que se le faciliten las medidas de apoyo necesarias en atención a sus circunstancias. Este derecho abarca, también, para estas personas las siguientes facultades: la de prestar, limitar o renunciar al consentimiento informado en los términos reconocidos por la LAP.

5.3.b).2. Extranjeros en situación administrativa irregular menores de edad (artículo 9.3.c) y 9.4 LAP)

En relación con el consentimiento informado de los menores de edad extranjeros en situación administrativa irregular debemos partir de la siguiente premisa. Los menores extranjeros de dieciocho años no autorizados como residentes en España a los que se refiere el artículo 3 ter de la Ley 16/2003, de 28 de mayo, tendrán derecho a la asistencia sanitaria pública y gratuita por el Sistema Nacional de Salud con la misma extensión reconocida a las personas que ostentan la condición de aseguradas (Disposición adicional octava del Real Decreto 1192/2012, de 3 de agosto).

Asimismo, la Ley Orgánica 1/1996, de 15 de enero, de Protección Jurídica del Menor, de modificación parcial del Código Civil y de la Ley de Enjuiciamiento Civil (en adelante LOPJM) establece que los menores extranjeros que se encuentren en España tienen derecho a la asistencia sanitaria, en las mismas condiciones que los menores españoles (artículo 10.3).

Con carácter general[642], debemos señalar que los menores son titulares de los derechos fundamentales si bien su ejercicio puede no ser autónomo sino a través de un representante como sucede en el ámbito sanitario y se recoge en la normativa vigente.

Cuando el menor dada su falta de madurez, no puede prestar su consentimiento para la celebración de un negocio jurídico a cuyo través se ejerce una facultad iusfundamental, como, por ejemplo, ejercer su derecho de asociación formando parte de una sociedad civil o mercantil, o ejercer su derecho a la propia imagen, decidiendo su explotación comercial a un tercero, sus padres pueden ejercer esa facultad en su nombre (*sensu contrario* del artículo 162 CC en relación con el artículo 1263 CC). Lo propio cabe decir de las facultades del ejercicio del derecho fundamental que se manifiestan en relación con la Administración pública. Los padres pueden prestar en nombre del menor su consentimiento para una operación quirúrgica que conlleve una injerencia en su integridad física[643].

Hasta hace bien poco la minoría de edad se concebía como un estatus jurídico que impedía al menor ejercer por sí mismo sus derechos, teniendo que hacerlo por representación. Sin embargo, hoy en día no cabe esta exclusión, ya no se pueden identificar con la mayoría de edad legal, sino con la «madurez personal» del menor de edad para poder decidir por sí mismo. Sólo cuando carezca de esta madurez se le podrá impedir al menor la autotutela de sus intereses iusfundamentales y el Estado deberá garantizarlos mediante la representación legal (heterotutela)[644].

La necesidad de que la heteroprotección deje paso paulatinamente a la autoprotección obtiene mayor reflejo mediante un criterio como el de la madurez que mediante la fijación de una o varias edades a las que se adquiere capacidad para ejercer ciertos derechos. Por ello, sea cual fuere el criterio utilizado por el legislador, el mismo sólo encuentra justificación constitucional, por lo que se refiere a la limitación de la capacidad de obrar iusfundamental del menor, si tiene en cuenta su gradual autonomía volitiva como criterio para que sea desplazada en el tiempo por su autoprotección[645].

---

642 El TC en su Sentencia 141/2000, de 29 de mayo, afirma que los menores de edad son titulares plenos de sus derechos fundamentales, sin que el ejercicio de los mismos y la facultad de disponer sobre ellos se abandonen por entero a lo que puedan decidir aquellos que tengan atribuida su guarda y custodia o, como en este caso, su patria potestad, cuya incidencia sobre el disfrute del menor de sus derechos fundamentales se modulará en función de la madurez del niño y los distintos estadios en que la legislación gradúa su capacidad de obrar. (*Cfr. STC 141/2000, de 29 de mayo, Fundamento Jurídico 5).*

643 Aláez Corral, B., *Minoría de edad y Derechos Fundamentales*, Tecnos, Madrid, 2003, p. 145.

644 Xiol, J. A. y Bastida F. J., *Autonomía del paciente..., op. cit.*, p. 310.

645 Aláez Corral, B., *Minoría de edad..., op. cit.*, pp. 151-152.

La LAP establece el criterio de la madurez en relación con el consentimiento informado de los menores, unido al parámetro de la edad, dando lugar a la distinción de varios supuestos.

Existirá consentimiento por representación cuando el paciente menor de edad no sea capaz intelectual ni emocionalmente de comprender el alcance de la intervención.

Cuando se trate de menores emancipados o mayores de 16 años no cabe prestar el consentimiento por representación, salvo que se trate de una actuación de grave riesgo para la vida o salud del menor, según el criterio del facultativo, en cuyo caso, el consentimiento lo prestará el representante legal del menor, una vez oída y tenida en cuenta la opinión del mismo.

Para los supuestos de la práctica de ensayos clínicos y la práctica de técnicas de reproducción humana asistida rige lo establecido con carácter general sobre la mayoría de edad.

Esta normativa general debe compaginarse con la problemática situación fáctica que viven los extranjeros menores en situación irregular. Dos notas son especialmente relevantes en relación con el consentimiento informado. Una, la determinación de la edad del menor extranjero en situación irregular. Y dos, la situación de los menores extranjeros no acompañados por las personas que deberían ejercer la representación en el ejercicio de consentir.

El problema jurídico se plantea a la hora de determinar la edad del menor que entra o se encuentra irregularmente en España sin documentación y, en muchos casos, no acompañados por las personas responsables de su cuidado, que determinan la preceptiva declaración de desamparo y la subsiguiente asunción de la tutela por la Administración, siempre que éste no se encuentre emancipado.

Por ello, para determinar si el menor de edad extranjero en situación administrativa irregular tiene derecho a la asistencia sanitaria pública y gratuita, y consiguientemente, a prestar consentimiento informado, lo primero que tenemos que clarificar es la edad del extranjero, en cuanto que de ella dependerá la medida concreta a adoptar.

Se establece una cautela en relación con la determinación de la edad de menores extranjeros en el artículo 12.4 de la Ley Orgánica 1/1996, de 15 de enero, de Protección Jurídica del Menor, de modificación parcial del Código Civil y de la Ley de Enjuiciamiento Civil, y es que, también, se exige la necesidad de contar con el consentimiento informado.

En el supuesto de que no pueda ser establecida la mayoría de edad de una persona, será considerada menor de edad, en tanto se determina su edad. Para ello, el Fiscal deberá realizar un juicio de proporcionalidad que pondere adecuadamente las razones por las que se considera que el pasaporte o documento equivalente de identidad presentado, en su caso, no es fiable. La realización de pruebas médicas para la determinación de la edad de los menores se someterá al principio de celeridad, exigirá el previo consentimiento informado del afectado y se llevará a cabo con respeto a su dignidad y sin que suponga un riesgo para su salud, no pudiendo aplicarse indiscriminadamente. Se establecen como límites que, en ningún caso, podrán realizarse desnudos integrales, exploraciones genitales u otras pruebas médicas especialmente invasivas[646].

En el ámbito sanitario público implicará que el extranjero en situación administrativa irregular tendrá derecho a la asistencia sanitaria siempre que cumpla con los requisitos legales fijados por el artículo 3 ter LCSNS y, siempre que requiera asistencia sanitaria que afecte al contenido esencial del derecho a la vida como parte integrante del derecho a la protección de la salud. En cambio, si la determinación de la edad confirma que estamos ante un menor de edad, éste tendrá derecho a la asistencia sanitaria en las mismas condiciones que los españoles. Ahora bien, en ambos casos, los extranjeros en situación administrativa irregular serán titulares del derecho para prestar el consentimiento informado.

Si se trata de menores extranjeros no acompañados serán puestos a disposición de los servicios de protección de menores, a la par que habrá de resolverse entre su repatriación o permanencia en España (art. 35.2 y 3 LOE). Y, en este caso, la representación del consentimiento recaerá en los servicios competentes de protección de menores de la comunidad autónoma en la que se halle, al ser éstos sus representantes legales.

En consecuencia, podemos deducir que la determinación de la edad en las personas extranjeras que se encuentren irregularmente en España resultará fundamental para poder acceder a la asistencia sanitaria en igualdad de condiciones que los españoles. Y, esa determinación, sin embargo, carece de trascendencia en relación con el derecho al consentimiento informado, ya que la edad no condiciona el ejercicio de la prestación del consentimiento informado, por ser titulares del derecho todas las personas con independencia de su situación administrativa.

646 La jurisprudencia del Tribunal Supremo ha sentado doctrina en varias Sentencias sobre cuando procede realizar las pruebas de determinación de la edad. Ha establecido que *el inmigrante de cuyo pasaporte o documento equivalente de identidad se desprenda su minoría de edad no puede ser considerado un extranjero indocumentado para ser sometido a pruebas complementarias de determinación de su edad, pues no cabe cuestionar sin una justificación razonable por qué se realizan tales pruebas cuando se dispone de un pasaporte válido. Por tanto, procede realizar un juicio de proporcionalidad y ponderar adecuadamente las razones por las que se considera que el documento no es fiable y que por ello se debe acudir a las pruebas de determinación de la edad. En cualquier caso, ya se trate de personas documentadas como indocumentadas, las técnicas médicas, especialmente si son invasivas, no podrán aplicarse indiscriminadamente para la determinación de la edad. (Cfr. STS Sala de lo Civil, Sección 1.ª, 2065/2015, de 22 de mayo de 2015, Fundamento Jurídico 3).*

5.4. Derecho a la intimidad

Dentro del ámbito sanitario no sólo es necesario el estudio del derecho a la asistencia sanitaria de los extranjeros en situación administrativa irregular. El derecho a la intimidad de las personas también juega un papel crucial en el ámbito de la salud. El derecho a la intimidad entra en conexión con el derecho a la asistencia sanitaria desde el mismo momento en que los datos de salud, fruto de la asistencia sanitaria recibida, gozan de especial protección, lo que exige garantizar un uso legítimo de los mismos.

Este derecho está presente no sólo frente a la protección de la intimidad de las personas que reciben la asistencia sanitaria sino que también va acompañado de obligaciones para las propias instituciones sanitarias y para los profesionales sanitarios, entendiendo estos en un sentido amplio (médicos, enfermeros y personal no sanitario).

La organización sanitaria debe permitir garantizar la salud como derecho inalienable de la población mediante la estructura del Sistema Nacional de Salud, y debe asegurarse en condiciones que garanticen el respeto a la intimidad personal, garantizando la confidencialidad de la información relacionada con los servicios sanitarios que se prestan y sin ningún tipo de discriminación.

Por ello, resulta conveniente examinar la configuración jurídica del derecho a la intimidad relativa a la salud en relación a las personas de nuestro colectivo objeto de estudio. Por ello, en este apartado analizaremos el alcance del derecho a la intimidad de los extranjeros en situación administrativa irregular en el ámbito sanitario.

Para ello, estructuraremos en dos partes el estudio de este epígrafe. Un primer apartado referido a la intimidad de las personas como derecho del extranjero en situación administrativa irregular desde la vertiente de cuál es su opción para vivir o sufrir su enfermedad. Y, un segundo apartado, referido al carácter confidencial de los datos referentes a su salud.

El reconocimiento constitucional del derecho a la intimidad aparece en el artículo 18.1 CE: *se garantiza el derecho al honor, a la intimidad personal y familiar y a la propia imagen.*

Entrando en el concepto y búsqueda de una definición jurídica de la intimidad existen pronunciamientos varios tanto por la doctrina como por la jurisprudencia. Bajo Fernández[647] indica que por esfera íntima ha de entenderse ese ámbito personal donde cada uno, preservado del mundo exterior, encuentra las posibilidades de desarrollo y fomento de su personalidad. Se

647 Bajo Fernández, M., «El secreto profesional en el proyecto de Código Penal», *Anuario de Derecho Penal y Ciencias Penales*, Tomo 33, Fasc/Mes 3, 1980, p. 599. Disponible en: https://dialnet.unirioja.es/servlet/articulo?codigo=46173 (30.10.2022).

trata de un ámbito personal reservado a la curiosidad pública, absolutamente necesario para el desarrollo humano y donde enraíza la personalidad[648].

Por su parte, el Tribunal Constitucional se ha pronunciado en reiteradas ocasiones sobre el alcance y contenido del derecho a la intimidad, aportando notas definidoras del mismo, más que definiciones en sentido estricto, en las que se reitera la idea del mantenimiento a salvo de un ámbito de la vida privada de la persona[649]. Igualmente, también se ha pronunciado sobre su titularidad.

Así, la Sentencia del Tribunal Constitucional 73/1982, de 2 de diciembre[650], recoge que la intimidad es un ámbito o reducto en el que se veda que otros penetren y que no guarda por sí solo relación directa con la libertad de relacionarse con otras personas o derecho a tener amistades.

Por su parte, la Sentencia del Tribunal Constitucional 115/2000, de 5 mayo[651], afirma que corresponde a cada individuo reservar un espacio, según su voluntad, que quede resguardado de la curiosidad ajena, sea cual sea lo contenido en ese espacio. Y, en correspondencia, puede excluir que las demás personas que han tenido acceso a tal espacio den a conocer extremos relativos a su esfera de intimidad o prohibir su difusión no consentida, salvo los límites que se derivan de los restantes derechos fundamentales y bienes jurídicos constitucionalmente protegidos. Pues a nadie se le puede exigir que soporte pasivamente la revelación de datos, reales o supuestos, de su vida privada, personal o familiar. Y, esa misma sentencia señala que esta doctrina se corrobora con la sentada por la jurisprudencia del Tribunal Europeo de Derechos Humanos (Sentencias de 26 de marzo de 1985, caso X e Y; de 26 de marzo de 1985, caso Leander; de 7 de julio de 1989, caso Gaskin; de 25 de marzo de 1993, caso Costello-Robert y de 25 de febrero de 1997, caso Z).

Así, en la Sentencia del Tribunal Europeo de Derechos Humanos, de 26 de marzo de 1985, Caso X e Y se refiere a la intimidad cuando señala que el artículo 8 del Convenio Europeo de Derechos Humanos no sólo impone al Estado una obligación negativa de no injerencia en el ámbito de la intimidad, sino también una positiva de protección efectiva de este ámbito mediante medi-

648 IGLESIAS CUBRÍA manifiesta que íntimo es lo reservado de cada persona, que no es lícito a lo demás invadir, ni siquiera con una toma de conocimiento. Forma parte de mi intimidad todo lo que yo puedo lícitamente sustraer al conocimiento de otras personas y afirma, que la traducción jurídica más exacta de la intimidad es la realizada en función de los efectos de su protección de cara a los demás: los demás no tienen derecho a conocer ni a violar mi intimidad. (*Vid.* IGLESIAS CUBRÍA, M., «El derecho a la intimidad». *Discurso inaugural del año académico 1970-71,* Universidad de Oviedo, Oviedo, 1970, p. 21).

649 MIGUEL SÁNCHEZ, N., *Secreto médico, confidencialidad e información sanitaria*, Marcial Pons, Madrid, 2002, p. 25.

650 *Cfr.* Sentencia Tribunal Constitucional 73/1982, de 2 de diciembre, Fundamento Jurídico 4.

651 *Cfr.* Sentencia Tribunal Constitucional 115/2000, de 5 de mayo, Fundamento Jurídico 4.

das adecuadas tendentes a asegurar el respeto de la vida privada incluso en las relaciones de los individuos entre sí[652].

Y, la Sentencia del Tribunal Europeo de Derechos Humanos sobre el derecho a la vida privada, de 25 de marzo de 1993, Caso Costello-Roberts c. el Reino Unido[653], señala que la noción de «vida privada» es amplia, lo cual, no es susceptible de una definición exhaustiva. Y añade que no todo acto o medida que pueda considerarse perjudicial para la integridad física o moral de una persona da lugar necesariamente a una injerencia en la vida privada de una persona.

Asimismo, también nuestro Tribunal Constitucional señaló que el derecho a la intimidad se expresa como una derivación de la dignidad de la persona, y, por lo tanto, implica la existencia de un ámbito propio y reservado frente a la acción y el conocimiento de los demás, necesario según las pautas de nuestra cultura, para mantener una calidad mínima de la vida humana[654]. Son varias las Sentencias del Tribunal Constitucional[655] que confirman nuevamente esa argumentación cuando reiteran que el derecho a la intimidad personal, consagrado en el art. 18.1 C.E., se configura como un derecho fundamental estrictamente vinculado a la propia personalidad y que deriva, sin ningún género de dudas, de la dignidad de la persona que el art. 10.1 C.E. reconoce. Y, añade la Sentencia 20/1992, de 14 de febrero[656], que la intimidad personal y familiar es, en suma, un bien que tiene la condición de derecho fundamental (art. 18.1 de la Constitución) y sin el cual no es realizable, ni concebible, la existencia en dignidad que a todos quiere asegurar la norma fundamental (art. 10.1).

Por tanto, debemos retener, como ya apuntamos en Capítulos precedentes, que la dignidad humana es consustancial a la persona humana y tiene carácter universal. También sabemos que el legislador podrá introducir restricciones al derecho a la intimidad, pero salvaguardando los límites que provienen tanto del artículo 10.1 de la Constitución, por ser imprescindibles para la garantía de la dignidad humana, como del artículo 10.2, ya que no pueden afectar al contenido delimitado para el derecho por la Constitución o los tratados internacionales suscritos por España. Los límites derivan también de la dicción literal de los artículos constitucionales que regulan concretos derechos y libertades.

652 *Cfr.* STEDH (Sala) Caso X e Y contra Países Bajos, de 26 de marzo de 1985, párrafos 22-27.

653 *Cfr.* STEDH (Sala) Caso Costello-Roberts contra el Reino Unido, 25 de marzo de 1993, párrafos 33-36.

654 *Cfr.* Sentencia Tribunal Constitucional 143/1994, de 9 de mayo. Fundamento Jurídico 6.

655 *Cfr.*, entre otras, STC 231/1988, Fundamento Jurídico 3; 197/1991, Fundamento Jurídico 3; 57/1994, Fundamento Jurídico 5.

656 *Cfr.* Sentencia Tribunal Constitucional 20/1992, de 14 de febrero, Fundamento Jurídico 3.

Este contenido del derecho a la intimidad, en el caso de nuestra investigación, es necesario ponerlo en relación con quiénes son titulares del mismo. Es decir, tendremos que determinar la titularidad y alcance de este derecho en relación a los extranjeros en situación administrativa irregular.

Centrándonos en la titularidad de este derecho, tal como hemos expuesto en otro Capítulo de este trabajo, la Sentencia del Tribunal Constitucional 107/1984, 23 de noviembre[657], reconoce que el derecho a la intimidad corresponde también a los extranjeros por propio mandato constitucional, y no resulta posible un tratamiento desigual respecto a ellos en relación a los españoles, por lo que los extranjeros en situación administrativa irregular son titulares de este derecho en igualdad de condiciones que los españoles.

Y, dentro del ámbito sanitario, se reconoce el derecho a la intimidad como un derecho del usuario en el Sistema Nacional de Salud. Se reconoce el respeto a su personalidad, dignidad humana e intimidad, sin que pueda ser discriminado por razones de raza, de tipo social, de sexo, moral, económico, ideológico, político o sindical.

Se trata del derecho a la intimidad en su sentido más amplio como protección de la esfera privada y personal del individuo frente a la acción y el conocimiento de los demás. Pero al margen de ese reconocimiento no existe en la legislación básica sanitaria un mecanismo concreto para su efectiva protección jurídica. La concepción del derecho a la intimidad como derecho del paciente a vivir o sufrir su enfermedad de manera íntima y limitada al entorno familiar, entendemos forma parte del derecho fundamental reconocido en el artículo 18.1 CE y previsto, aún de forma genérica, en el artículo 10 LGS[658]. En consecuencia, es una necesidad de primer orden garantizar, en la medida de lo posible, la privacidad de la enfermedad, pues forma parte de la esfera íntima de la persona[659].

Lo anterior extendiéndolo a nuestro colectivo objeto de estudio significa que, al igual que sucede con el resto de pacientes del SNS, los extranjeros en situación administrativa irregular verán respetado su derecho fundamental a la intimidad en las mismas condiciones que existen actualmente para los españoles en el ámbito del SNS.

657 *Cfr.* STC 107/1984, de 23 de noviembre, Fundamento Jurídico 3: *Derechos tales como el derecho a la vida, a la integridad física y moral, a la intimidad, la libertad ideológica, etc., corresponden a los extranjeros por propio mandato constitucional, y no resulta posible un tratamiento desigual respecto a ellos en relación a los españoles.*

658 Artículo 10.1 LGS: *Todos tienen los siguientes derechos con respecto a las distintas Administraciones públicas sanitarias: 1. Al respeto a su personalidad, dignidad humana e intimidad, sin que pueda ser discriminado por su origen racial o étnico, por razón de género y orientación sexual, de discapacidad o de cualquier otra circunstancia personal o social.*

659 Álvarez González, E. M., *Régimen Jurídico de la asistencia sanitaria pública..., op. cit.*, pp. 277-279.

Y, el respeto al contenido de ese derecho se traduce, de acuerdo con la doctrina del Tribunal Constitucional[660], en la existencia de un ámbito propio y reservado frente a la acción y el conocimiento de los demás, necesario para mantener una calidad mínima de la vida humana. Y, además, el artículo 18.1 CE confiere a la persona el poder jurídico de imponer a terceros, sean estos poderes públicos o simples particulares, el deber de abstención de intromisiones salvo que estén fundadas en una previsión legal que tenga justificación constitucional y que sea proporcionada, o que exista un consentimiento eficaz que lo autorice, pues corresponde a cada persona acotar el ámbito de intimidad personal y familiar que reserva al conocimiento ajeno.

En consecuencia, los extranjeros en situación administrativa irregular, de acuerdo con la jurisprudencia constitucional expuesta, son titulares, en igualdad de condiciones que los españoles, del derecho fundamental a la intimidad (artículo 18.1 CE), extensible y exigible también en el ámbito sanitario para mantener la calidad mínima de vida humana.

Sentado lo anterior, procede entrar en el análisis de la segunda parte de este apartado del derecho a la intimidad, referido al carácter confidencial de los datos referentes a la salud.

El derecho a la autonomía del paciente se expresa también en su derecho a la autodeterminación informativa, es decir, en el control sobre sus datos sanitarios, que pertenecen al ámbito de su intimidad y que sólo pueden ser revelados por iniciativa propia o en los casos expresamente previstos por ley. Un uso indebido de estos datos lesiona el derecho fundamental a la intimidad (artículo 18.1 CE) y, también, si afecta a la custodia de una base de datos, a su derecho de habeas data (protección de datos personales, artículo 18.4 CE)[661].

Señala la Sentencia del Tribunal Constitucional 202/1999, de 8 de noviembre[662], siguiendo su jurisprudencia constitucional anterior, que la previsión del artículo 18.4 CE conforma un instituto de garantía de otros derechos, fundamentalmente el honor y la intimidad, pero también de un instituto que es, en sí mismo, un derecho o libertad fundamental, el derecho a la libertad frente a las potenciales agresiones a la dignidad y a la libertad de la persona provenientes de un uso ilegítimo del tratamiento mecanizado de datos. Y, añade que la garantía de la intimidad adopta hoy un entendimiento positivo que se traduce en un derecho de control sobre los datos relativos a la propia persona.

Por tanto, vemos como el derecho a la protección de datos tiene una doble configuración constitucional. Como garantía del derecho fundamental a la intimidad (similar al consentimiento informado en relación al derecho funda-

---

660 *Cfr.* Sentencia Tribunal Constitucional 66/2022, de 2 de junio, Fundamento Jurídico 4.

661 Xiol, J. A. y Bastida F. J., *Autonomía del paciente..., op. cit.*, pp. 290-291.

662 *Cfr.* Sentencia del Tribunal Constitucional 202/1999, de 8 de noviembre, Fundamento Jurídico 2.

mental a la integridad física), pero, también, como derecho fundamental a la libertad frente a las potenciales agresiones a la dignidad.

Esta configuración constitucional debemos ponerla nuevamente en relación con la configuración constitucional[663] de los derechos de los extranjeros en España. El derecho a la protección de datos como derecho fundamental y como garantía del derecho fundamental a la intimidad (artículo 18.1 CE) forma parte de aquellos derechos reconocidos en la Constitución que pertenecen a la persona en cuanto seres humanos, y no como ciudadanos, por ser imprescindibles para la garantía de la dignidad humana.

Aplicado a nuestro colectivo significa que los extranjeros inmigrantes en situación administrativa irregular serán titulares del derecho a la protección de datos en el ámbito de la salud, y lo ejercerán en las mismas condiciones que el resto de las personas, por ser este un derecho fundamental inherente a la dignidad humana y garantía del derecho fundamental a la intimidad.

Dentro del articulado de la LAP encontramos una disposición expresa referida al derecho a la intimidad de datos. Concretamente, su artículo 7 contiene dos apartados. El primero de ellos reconoce que toda persona tiene derecho a que se respete el carácter confidencial de los datos referentes a su salud. Añade que ese derecho también se extiende a que nadie pueda acceder a esos datos sin previa autorización amparada por la Ley. Es importante destacar que este precepto reconoce el derecho a la persona, por lo que dicho artículo incluye a los extranjeros en situación administrativa irregular.

El apartado segundo recoge la obligación para los centros sanitarios de adoptar las medidas oportunas para garantizar estos derechos, elaborando, cuando proceda, las normas y los procedimientos protocolizados que garanticen el acceso legal a los datos de los pacientes.

Por tanto, una vez que hemos deducido que los extranjeros en situación irregular son titulares del derecho a la protección de los datos relativos a su salud, es preciso, a continuación, identificar los datos de la salud que son objeto de protección.

En este punto, hay que detenerse en la definición de datos referentes a la salud. La Recomendación Núm. R (97) 5, de 13 de febrero de 1997[664], del Comité de Ministros del Consejo de Europa a los Estados miembros relativa a la protección de los datos médicos, afirma que la expresión datos médicos

663 *Cfr.* Sentencia del Tribunal Constitucional 107/1984, de 23 de noviembre, Fundamento Jurídico 3: *Derechos tales como el derecho a la vida, a la integridad física y moral, a la intimidad, la libertad ideológica, etc., corresponden a los extranjeros por propio mandato constitucional, y no resulta posible un tratamiento desigual respecto a ellos en relación a los españoles.*

664 Recomendación N.° R (97) 5, de 13 de febrero de 1997, del Comité de Ministros del Consejo de Europa a los Estados miembros. Disponible en: https://archivos.juridicas.unam.mx/www/bjv/libros/5/2290/45.pdf (10.10.2022).

hace referencia a todos los datos de carácter personal relativos a la salud de una persona. Afecta igualmente a los datos manifiesta y estrechamente relacionados con la salud, así como a las informaciones genéticas.

Actualmente, el Reglamento (UE) 2016/679 del Parlamento Europeo y del Consejo de 27 de abril de 2016 relativo a la protección de las personas físicas en lo que respecta al tratamiento de datos personales y a la libre circulación de estos datos y por el que se deroga la Directiva 95/46/CE (Reglamento general de protección de datos) (en adelante RGPD), en el Considerando 35, señala que quedan incluidos entre los datos personales relativos a la salud todos los datos relativos al estado de salud del interesado que dan información sobre su estado de salud física o mental pasado, presente o futuro. Se incluye la información sobre la persona física recogida con ocasión de su inscripción a efectos de asistencia sanitaria; todo número, símbolo o dato asignado a una persona física que la identifique de manera unívoca a efectos sanitarios; la información obtenida de pruebas o exámenes de una parte del cuerpo o de una sustancia corporal, incluida la procedente de datos genéticos y muestras biológicas, y cualquier información relativa, a título de ejemplo, a una enfermedad, una discapacidad, el riesgo de padecer enfermedades, el historial médico, el tratamiento clínico o el estado fisiológico o biomédico del interesado, independientemente de su fuente, por ejemplo un médico u otro profesional sanitario, un hospital, un dispositivo médico, o una prueba diagnóstica *in vitro*.

Los datos de la salud tienen, además, la consideración de datos sujetos a un régimen especial de protección, de tal forma que no pueden tratarse automáticamente sino mediante las garantías adecuadas previstas (art. 6 del Convenio N.° 108 del Consejo de Europa, de 28 de enero de 1981, para la protección de las personas con respecto al tratamiento automatizado de datos de carácter personal[665] y artículo 9 RGPD).

En consecuencia, un extranjero en situación administrativa irregular tendrá derecho a la protección de la totalidad de los datos incluidos en el concepto «datos de salud», y, con las mismas garantías previstas para cualquier usuario del SNS.

Sobre este aspecto, aclara el Tribunal Constitucional, en su Sentencia 70/2009, de 23 de marzo[666], que el derecho a la intimidad no sólo preserva al individuo de

665 Convenio para la protección de las personas con respecto al tratamiento automatizado de datos de carácter personal, hecho en Estrasburgo el 28 de enero de 1981.

666 *Cfr.* Sentencia del Tribunal Constitucional 70/2009, de 23 de marzo, Fundamento Jurídico 2: *El derecho a la intimidad contenido en el art. 18.1 CE no sólo preserva al individuo de la obtención ilegítima de datos de su esfera íntima por parte de terceros, sino también de la revelación, divulgación o publicidad no consentida de esos datos, y del uso o explotación de los mismos sin autorización de su titular. Lo que el art. 18.1 CE garantiza es, por tanto, el secreto sobre la propia esfera de vida personal y, por tanto, veda a los terceros, particulares o poderes públicos, decidir sobre los contornos de la vida privada (STC 83/2002, de 22 de abril, FJ 5).*

la obtención ilegítima de datos de su esfera íntima por parte de terceros, sino también de la revelación, divulgación o publicidad no consentida de esos datos, y del uso o explotación de los mismos sin autorización de su titular. Y, además, recuerda que la información relativa a la salud física o psíquica de una persona es una información íntima especialmente sensible y, por tanto, digna de especial protección desde la garantía del derecho a la intimidad.

Y, posteriormente, la Sentencia del Tribunal Constitucional 159/2009, de 29 de junio[667], analizando el caso de una posible injerencia del derecho a la intimidad por trasmisión de datos de salud analiza tres planos de consideración. Primero, si la información relativa a la salud se incluye dentro del derecho a la intimidad del artículo 18 CE. Segundo, la posible existencia de límites en cuanto al derecho al secreto sobre la información relativa a datos referentes a la salud y, en ese caso, y, finalmente, si puede haber intromisiones legítimas en ese ámbito de intimidad.

Sintetizando su doctrina exponemos brevemente sus conclusiones. La información relativa al estado de salud de una persona forma parte del reducto de privacidad que garantiza el artículo 18.1 CE. Los límites que puedan existir respecto al carácter secreto de los datos relativos a la salud se identifican cuando medie el previo consentimiento eficaz del afectado. También cuando la injerencia o intromisión en el derecho a la intimidad encuentre su fundamento en la necesidad de preservar el ámbito de pro-

---

Dentro de ese ámbito propio y reservado frente a la acción y el conocimiento de los demás que preserva el derecho a la intimidad contenido en el art. 18.1 CE, se comprende, sin duda, la información relativa a la salud física o psíquica de una persona, en la medida en que los datos que a la salud se refieren constituyen un elemento importante de su vida privada (en este sentido STEDH de 10 de octubre de 2006, caso L.L. c. Francia, § 32). A esta afirmación se añade la monición del Tribunal Europeo de Derechos Humanos que establece que, teniendo en cuenta que el respeto al carácter confidencial de la información sobre la salud constituye un principio esencial del sistema jurídico de todos los Estados parte en la Convención, la legislación interna debe prever las garantías apropiadas para impedir toda comunicación o divulgación de datos de carácter personal relativos a la salud contraria a las garantías previstas en el art. 8 del Convenio europeo de derechos humanos (SSTEDH caso Z. c. Finlandia de 25 de febrero de 1997, § 95, y caso L.L. c. Francia, de 10 de octubre de 2006, § 44).

La información relativa a la salud física o psíquica de una persona, en suma, es no sólo una información íntima (SSTC 202/1994, de 4 de julio, FJ 2; y 62/2008, de 26 de mayo, FJ 2), sino además especialmente sensible desde este punto de vista y por tanto digna de especial protección desde la garantía del derecho a la intimidad (art. 6 del Convenio N.° 108 del Consejo de Europa, de 28 de enero de 1981, para la protección de las personas con respecto al tratamiento automatizado de datos de carácter personal, así como el art. 8 de la Directiva 95/46/CE del Parlamento Europeo y del Consejo, de 24 de octubre de 1995, relativa a la protección de las personas físicas en lo que respecta al tratamiento de datos personales y a la libre circulación de estos datos). El derecho a la intimidad queda así relevantemente afectado cuando, sin consentimiento del paciente, se accede a datos relativos a su salud o a informes relativos a la misma.

667 *Cfr.* Sentencia Tribunal Constitucional 159/2009, de 29 de junio, Fundamento Jurídico 3.

tección de otros derechos fundamentales u otros bienes jurídicos constitucionalmente protegidos, y siempre que se respete el contenido esencial del derecho. Además, las limitaciones del derecho fundamental a la intimidad personal deberán estar fundadas en una previsión legal que tenga justificación constitucional, sea proporcionada y que exprese con precisión todos y cada uno de los presupuestos materiales de la medida limitadora. Lo que impide el artículo 18.1 CE son las injerencias en la intimidad arbitrarias o ilegales.

Consecuentemente, existirá intromisión ilegítima de la intimidad cuando la penetración en el ámbito reservado del sujeto no sea acorde con la Ley, no sea eficazmente consentida o, aun autorizada, subvierta los términos y el alcance para el que se otorgó el consentimiento, quebrando la conexión entre la información personal que se recaba y el objetivo tolerado para el que fue recogida[668], o bien cuando, aun persiguiendo un fin legítimo previsto legalmente (de forma tal que se identifique el interés cuya protección se persigue de forma concreta y no genérica)[669], la medida adoptada no sea necesaria para lograr el fin previsto, no resulte proporcionada o no respete el contenido esencial del derecho[670].

Por tanto, los extranjeros en situación administrativa irregular tienen derecho, no sólo a que sus datos de salud sean protegidos, sino a que se proteja su no divulgación, revelación o publicidad cuando no medie autorización o consentimiento eficaz por parte de la persona sobre esos datos, o cuando no exista previsión legal que dé cobertura al límite impuesto, consecuencia de la necesaria ponderación con otros bienes jurídicos dignos de igual protección.

5.5. Derecho a disponer de una historia clínica y acceder a ella

Dentro de este Capítulo final también es preciso prestarle atención a la importancia de la historia clínica de los extranjeros en situación administrativa irregular. Serán dos las cuestiones relevantes objeto de análisis. La primera, en qué momento se le reconoce al extranjero en situación irregular el derecho a disponer de su historia clínica. Y, la segunda, el alcance del derecho de acceso a la historia clínica que puedan tener los extranjeros en

668 *Cfr.* Sentencia Tribunal Constitucional 196/2004, de 15 de noviembre, Fundamento Jurídico 2.

669 *Cfr.* Sentencia Tribunal Constitucional 292/2000, de 30 de noviembre, Fundamento Jurídico 11.

670 *Cfr.* Sentencia Tribunal Constitucional 70/2009, de 23 de marzo, Fundamento Jurídico 3.

situación irregular, cuando habiendo sido titulares del derecho a la asistencia sanitaria disponían de historia clínica, pero de forma sobrevenida perdieron tal condición y desean acceder al contenido de la misma. También se incluyen en este segundo apartado el caso de aquellos extranjeros en situación administrativa irregular que, habiendo sido atendidos, de forma urgente, puntual y esporádica por el SNS, desean posteriormente acceder al contenido de su historia clínica.

5.5.a) Derecho del extranjero en situación irregular a disponer de historia clínica

Como hemos indicado, dedicaremos este apartado a determinar en qué momento se le reconoce al extranjero en situación administrativa irregular el derecho a disponer de su propia historia clínica.

Así, se define la historia clínica, de conformidad con el artículo 3 de la LAP, como el conjunto de documentos que contienen los datos, valoraciones e informaciones de cualquier índole sobre la situación y la evolución clínica de un paciente a lo largo del proceso asistencial. Por ello, la historia clínica comprende el conjunto de los documentos relativos a los procesos asistenciales de cada paciente, con la identificación de los médicos y de los demás profesionales que han intervenido en ellos, con objeto de obtener la máxima integración posible de la documentación clínica de cada paciente, al menos, en el ámbito de cada centro (artículo 14.1 LAP).

Es decir, la historia clínica es la narración escrita, en soporte papel o informático, clara, precisa, detallada y ordenada de todos los datos y conocimientos, tanto personales como familiares, que se refieren a un paciente y que sirven de base para el juicio definitivo de su enfermedad actual o de su estado de salud. Resumen la herencia y hábitos de un ser humano, su constitución, fisiología y psicología, su ambiente y, siempre que sea posible, la etiología y evolución de la enfermedad[671].

Por tanto, la historia clínica tiene como finalidad principal facilitar la atención o asistencia sanitaria del ciudadano. Existen otras finalidades (gestión del sistema sanitario, supervisión o inspección del sistema sanitario, investigación clínica, investigación epidemiológica, judicial, medio de prueba, conocimiento del estado de salud, etc.), en principio subordinadas a la finalidad asistencial indicada.

671 VV. AA., *El derecho a la protección de datos en la historia clínica y la receta electrónica,* Aranzadi, Navarra, 2009, p. 131.

Desde esta perspectiva la historia clínica puede ser concebida como una suerte de biografía sanitaria, o si se prefiere como el relato patobiográfico[672] de un usuario del sistema sanitario. Es un reflejo de la evolución sanitaria y vital del usuario, cuya identidad se plasma y puede ser extraída del conjunto de documentos que reproducen la historia clínica[673].

En lo que aquí interesa y dentro de las características que debe reunir la historia clínica, una de ellas es que la historia clínica sea lo más completa posible, en el sentido de que recoja todos los actos médicos realizados con el paciente[674]. Completa en cuanto los contenidos de la historia deben referirse indistintamente a todas las fases de la atención sanitaria, incluyendo, por lo tanto, contenidos relativos al pronóstico, diagnóstico, tratamiento e incluyendo informaciones tan variadas como las ofrecidas verbalmente por el paciente, los resultantes de las pruebas diagnósticas o las apreciaciones del facultativo o facultativos intervinientes[675].

Y, en cuanto al contenido de la historia clínica debemos distinguir el contenido desde dos puntos de vista distintos, el médico y el de la protección de datos.

A pesar de que el concepto legal de historia clínica gira casi de forma exclusiva en torno a la vertiente asistencial de este tipo de documentos, no puede desconocerse que la historia clínica es también un conjunto organizado de datos de carácter personal sometido al régimen jurídico de la Ley Orgánica 3/2018, de 5 de diciembre, de Protección de Datos Personales y garantía de los derechos digitales, y a sus disposiciones de desarrollo.

De este modo, y ante la ausencia en el Ordenamiento español de una norma específica que regule de forma unitaria e integrada las especificidades del tratamiento de los datos relativos a la salud de las personas, la historia clínica está sujeta a una doble regulación: la de la legislación sanitaria esta-

672 Según la Real Academia Española se define patografía como descripción de las enfermedades. Disponible en: https://dle.rae.es/patograf%C3%ADa (06.01.2023).

673 SEOANE RODRÍGUEZ, J. A., «¿A quién pertenece la historia clínica? Una propuesta armonizadora desde el lenguaje de los derechos», *Derecho y salud*, Vol. 10, N.º 2, 2002, p. 249. Disponible en: https://dialnet.unirioja.es/servlet/articulo?codigo=279736(29.10.2022).

674 SÁNCHEZ-CARO, J. Y ABELLÁN F., *Derechos y deberes de los pacientes..., op. cit.,* p. 70.

675 RODRÍGUEZ LÓPEZ, P., *La autonomía del paciente. Información, consentimiento y documentación clínica.* Editorial Dilex, S.L., Madrid, 2004. p. 196.

tal[676] y autonómica[677], y la de la normativa general sobre protección de datos de carácter personal[678].

Desde el punto de vista médico es el artículo 15.2 de la LAP, el que, con carácter básico, recoge el contenido mínimo[679].

---

676 Por Real Decreto 1093/2010, de 3 de septiembre, se aprueba el conjunto mínimo de datos de los informes clínicos en el Sistema Nacional de Salud, tiene la condición de norma básica, y regula el formato y los contenidos de los informes clínicos de asistencia y de pruebas complementarias en los distintos ámbitos asistenciales, que han de ser compartidos por todos los profesionales del Sistema Nacional de Salud.

677 En la Comunidad autónoma Principado de Asturias, la Ley del Principado de Asturias 7/2019, de 29 de marzo, de Salud, reconoce en su artículo 58 el derecho de los pacientes a que quede constancia de todo su proceso, y que, al finalizar el episodio asistencial se le entreguen los informes previstos en la legislación vigente, a acceder a su historia clínica y a obtener los informes y resultados de las exploraciones que sobre su estado de salud o enfermedad se incluyan en la misma, así como una copia de dichos documentos. Su desarrollo reglamentario tuvo lugar mediante la aprobación del Decreto 51/2019, de 21 de junio, por el que se regulan la historia clínica y otra documentación clínica, que desarrolla reglamentariamente los preceptos de la Ley 41/2002, de 14 de noviembre, dedicados a la historia clínica, concretando el contenido de los mismos, especificando los diferentes usos de la historia clínica y, de forma muy especial, estableciendo los supuestos, las condiciones y los límites del uso, acceso, y cesión de los datos contenidos en las historias clínicas de conformidad con la normativa vigente en materia de información y documentación clínica y de protección de datos personales, todo ello con especial atención a la historia Clínica Electrónica. Asimismo, se desarrollan otros preceptos de esta ley relativos a otra documentación clínica, como el informe de alta, el informe de urgencias o el certificado médico.

678 VV. AA., «El derecho de acceso a la historia clínica por el paciente: propuesta para la reserva de anotaciones subjetivas», *Derecho y Salud*, Volumen 18, Número 1. enero-junio 2009, pp. 22-23. Disponible en: https://dialnet.unirioja.es/servlet/articulo?codigo=3016224 (30.10.2022).

679 Artículo 15.2 LAP: *2. La historia clínica tendrá como fin principal facilitar la asistencia sanitaria, dejando constancia de todos aquellos datos que, bajo criterio médico, permitan el conocimiento veraz y actualizado del estado de salud.*
El contenido mínimo de la historia clínica será el siguiente:
a) La documentación relativa a la hoja clínico-estadística.
b) La autorización de ingreso.
c) El informe de urgencia.
d) La anamnesis y la exploración física.
e) La evolución.
f) Las órdenes médicas.
g) La hoja de interconsulta.
h) Los informes de exploraciones complementarias.
i) El consentimiento informado.
j) El informe de anestesia.
k) El informe de quirófano o de registro del parto.
l) El informe de anatomía patológica.
m) La evolución y planificación de cuidados de enfermería.
n) La aplicación terapéutica de enfermería.
ñ) El gráfico de constantes.

Desde el punto de vista de la protección de datos, el contenido de la historia clínica abarca, como contenido mínimo, lo descrito a continuación:

- Recoger los datos que sean adecuados, pertinentes y no excesivos en relación con el ámbito y las finalidades determinadas, explicitas y legítimas para las que se obtienen.
- No podrá usarse para finalidades incompatibles con aquellas para las que los datos hubieran sido recogidos.
- Los datos de carácter personal serán exactos y puestos al día de forma que respondan con veracidad a la situación del afectado.
- Si los datos de carácter personal registrados resultaran ser inexactos, en todo o en parte, o incompletos, serán cancelados y sustituidos de oficio por los correspondientes datos rectificados o completados.
- Los datos de carácter personal serán cancelados cuando hayan dejado de ser necesarios o pertinentes para la finalidad para la cual hubieran sido recabados o registrados.
- No serán conservados en forma que permita la identificación del interesado durante un período superior al necesario para los fines en base a los cuales hubieran sido recabados o registrados.
- Los datos de carácter personal serán almacenados de forma que permitan el ejercicio del derecho de acceso, salvo que sean legalmente cancelados.
- Se prohíbe la recogida de datos por medios fraudulentos, desleales o ilícitos[680].

En definitiva, la historia clínica es el documento que se origina con motivo del primer contacto que se establece con el sistema sanitario, bien sea por enfermedad, por control o por el inicio de un proceso asistencial. Se abre una historia clínica, por lo tanto, a todos los pacientes de manera individualizada que soliciten asistencia por vez primera en el centro sanitario. Cada paciente tendrá un número de identificación personal único (NIP) asignado de la apertura. Éste se utilizará en lo sucesivo para toda la documentación que se genere[681].

Aplicado este marco general a nuestro colectivo objeto de estudio debemos plantearnos el siguiente interrogante. Si los datos deben ser exactos y

---

o) El informe clínico de alta.
Los párrafos b), c), i), j), k), l), ñ) y o) sólo serán exigibles en la cumplimentación de la historia clínica cuando se trate de procesos de hospitalización o así se disponga.

680 VV. AA., *El derecho a la protección de datos en la historia clínica y la receta electrónica,* Aranzadi, Navarra, 2009, p. 133.

681 Gil Membrado, C., *La historia clínica. Deberes del responsable del tratamiento y derechos del paciente*, Comares, Granada, 2010. pp. 25-26.

puestos al día, qué sucede con aquellos extranjeros en situación irregular que llegan a los servicios de urgencia sin poder acreditar sus datos personales como pueden ser nombre, edad o la propia situación administrativa. Pues bien, si la historia clínica ha de contener los datos adecuados, pertinentes y no excesivos en relación con el ámbito y las finalidades determinadas, recoger el dato de la situación administrativa del extranjero inmigrante en situación administrativa irregular excede de los datos pertinentes para el acceso a la asistencia sanitaria. Por tanto, no se puede exigir obligatoriamente este dato como condición necesaria para acceder al sistema sanitario.

La historia clínica tiene su origen en el Servicio de Admisión, en el momento en el que el paciente accede al hospital, estando este obligado a facilitar los datos relativos a su identidad. Estos datos son datos de filiación o administrativos que pasan a formar parte del «Fichero Maestro de Pacientes». Por otra parte, Admisión adjudica a cada individuo un número de HC única por paciente que se mantendrá a lo largo de sus asistencias al hospital, ya sea en régimen de ambulatorio o de ingresado. Desde el momento en que a través de este número de HC los datos relativos a la salud generados por la asistencia se pongan en contacto con el «Fichero Maestro de Pacientes» la persona a la que dicha información haga referencia será identificada[682].

El Fichero Maestro de Pacientes se define como el registro de pacientes que han sido atendidos en el hospital, lo cual, es sinónimo de personas con historia clínica abierta en el centro sanitario. Cada registro contiene la información necesaria para relacionar de manera unívoca a un paciente con su número de historia clínica y a dicho número con el paciente al que pertenece. Con ello se evita la duplicidad de las historias clínicas respecto de un mismo paciente. Este fichero se compone por un conjunto de datos básicos propios del paciente y mediante ellos se establece una relación de carácter unívoco entre el número de identificación de la historia clínica y el paciente. Aunque no contenga datos clínicos[683], sí contiene personales. Pero sin duda su mayor atributo es que va a ser la vía ordinaria de relacionar los datos de salud contenidos en la historia clínica con una persona física, por lo que el usuario que tenga acceso al fichero maestro de pacientes y la oportunidad de poner en contacto esta base de datos con la historia, tratará información personal relativa a la salud[684].

---

682 Gil Membrado, C., *La historia clínica..., op. cit.*, p. 43.

683 Los datos fijos son, además del número de historia clínica, el primer y segundo apellidos, el nombre, el sexo y la fecha de nacimiento, así como los números de identificación personal: el DNI, el pasaporte o la tarjeta de identificación sanitaria. Los datos variables son la dirección, el municipio, la provincia, el distrito postal, el país, el teléfono, la persona de contacto, el garante que cubre la asistencia y otros. Estos datos variables deben ser confirmados o modificados por el Servicio de Admisión cada vez que el paciente acude al hospital.

684 Gil Membrado, C., *La historia clínica..., op. cit.*, pp. 79-80.

Ahora bien, la cuestión relevante para nuestro colectivo objeto de estudio radica en identificar si, para acceder a la asistencia sanitaria es requisito indispensable e ineludible contar previamente con los datos de filiación y administrativos del sujeto que demanda asistencia.

Para ello podríamos distinguir los siguientes escenarios y conclusiones:

Con respecto al extranjero en situación irregular que pueda corroborar que tiene derecho a la asistencia sanitaria debería primar la materialización de este derecho frente a una identificación incompleta de sus datos de filiación o administrativos.

Con respecto al extranjero en situación irregular que no pueda corroborar que tiene derecho a la asistencia sanitaria ni pueda acreditar su identidad en el Servicio de Admisión, implicaría que este Servicio debería trasladar dicha situación al médico para que valore el alcance de la situación clínica, al margen de la situación administrativa.

Si la situación no afectase al derecho fundamental a la vida como parte integrante del derecho a la protección de la salud, debería valorarse por los servicios médicos la atención sanitaria. La regularización administrativa puede producirse en un momento posterior, y, en su caso, podría procederse a la facturación de los servicios sanitarios que estén fuera de la cobertura sanitaria con financiación pública.

Y, en último lugar, si el estado clínico del sujeto afectase al derecho fundamental a la vida como parte integrante del derecho a la protección de la salud deberíamos entender que la atención sanitaria debe primar sobre la acreditación de la identidad del sujeto, cuya regularización puede producirse en un momento posterior. Garantizar el derecho fundamental a la vida de las personas no admite dilación administrativa si la atención médica ha de ser inmediata y, por tanto, financiada de forma gratuita con cargos a los fondos públicos del SNS.

La segunda cuestión relevante objeto de análisis viene dado por el momento en que deba de abrirse la historia clínica del extranjero en situación irregular. Es decir, se abre sólo para anotar que acudiste a los servicios sanitarios sin tener derecho de acceso a la asistencia sanitaria para recoger tal extremo, a pesar de presentar una situación clínica que, por razones de urgencia o gravedad, debe ser atendida de inmediato, o sólo se abre cuando después de revisar los requisitos administrativos puedes acceder al sistema sanitario.

Pues bien, si el diagnóstico, como se dijo anteriormente, constituye el acto médico encaminado a determinar la naturaleza de la enfermedad sobrevenida al paciente mediante el examen de sus síntomas, el extranjero en situación administrativa irregular tendrá derecho a disponer de historia clínica siempre que requiera de atención sanitaria. En este caso, la historia clínica pasaría a ser un instrumento que tendría que habilitarse por parte del médico para incluir los datos, valoraciones e informaciones de cualquier índole sobre la situación y la evolución clínica del extranjero en situación administrativa irregular.

Sin embargo, resulta llamativo el contenido recogido en el apartado 3.5, alta en la base de datos del SNS, de las *Recomendaciones para el procedimiento de solicitud, registro y expedición del documento certificativo que acredita a las personas extranjeras que encontrándose en España no tengan residencial legal en territorio español para recibir asistencia sanitaria*[685].

Recoge en relación a la historia clínica que hasta que el usuario no esté dado de alta en la Base de Datos de la Población Protegida del SNS (BDSNS), no será posible disponer de Historia Clínica Digital del SNS ni de recetas interoperables.

Sin embargo, esta Recomendación choca frontalmente con la jurisprudencia constitucional expuesta. Si el derecho al diagnóstico forma parte del contenido esencial del derecho fundamental a la integridad física, no se puede condicionar estar dado de alta en la base de datos para disponer de historia clínica digital en el SNS. Los datos que forman parte del diagnóstico han de registrarse en la historia clínica, siendo indiferente el soporte sobre el que se produzcan los asientos registrales.

En consecuencia, los extranjeros en situación administrativa irregular que necesiten de un diagnóstico tendrán derecho a disponer de la historia clínica, al menos, en papel, al ser ésta, como hemos expuesto, un documento necesario e indispensable para llevar a cabo la actuación médica.

5.5.b) Derecho del extranjero en situación irregular para acceder a su historia clínica

La segunda cuestión a la que debemos hacer frente viene dada por el alcance del derecho de acceso a la historia clínica que puedan tener los extranjeros en situación irregular cuando, habiendo sido titulares del derecho a la asistencia sanitaria disponían de historia clínica, pero de forma sobrevenida perdieron tal condición y desean acceder al contenido de la misma. También se incluyen en este apartado el caso de aquellos extranjeros en situación administrativa irregular que, habiendo sido atendidos, de forma urgente, puntual y esporádica por el SNS, desean posteriormente acceder al contenido de su historia clínica.

Señala el Tribunal Constitucional que el derecho a la protección de datos atribuye a su titular una serie de facultades consistente en diversos poderes jurídicos cuyo ejercicio impone a terceros deberes jurídicos, que sirven a la capital función de garantizar a la persona un poder de control sobre sus datos personales, lo que sólo es posible y efectivo imponiendo a terceros los

685 Resolución de 20 de junio de 2019 de la Dirección General de la Cartera Básica de Servicios del Sistema Nacional de Salud y Farmacia por la que se hacen públicas las recomendaciones para el procedimiento de solicitud, registro y expedición del documento certificativo que acredita a las personas extranjeras que encontrándose en España no tengan residencial legal en territorio español para recibir asistencia sanitaria.

deberes de hacer. A saber: el derecho a que se requiera el previo consentimiento para la recogida y uso de los datos personales, el derecho a saber y ser informado sobre el destino y uso de esos datos y el derecho a acceder, rectificar y cancelar dichos datos. En definitiva, el poder de disposición sobre los datos personales[686].

En la normativa sanitaria específica, el derecho de acceso del paciente a su historia clínica se plasmó por primera vez en los artículos 10.5 y 61 de la Ley 14/1986, de 25 de abril, General de Sanidad, siendo reconocido como una prestación del Sistema Nacional de Salud[687].Actualmente es el paciente el que tiene el derecho de acceso a la documentación de la historia clínica y a obtener copia de los datos que figuran en ella, con las reservas señaladas en el apartado 3 de este artículo (artículo 18.1 de la Ley 41/2002).

Las reservas del apartado 3 se refieren a que el derecho del paciente de acceso a la documentación de la historia clínica no puede ejercitarse en perjuicio del derecho de terceras personas a la confidencialidad de los datos que constan en ella, recogidos en interés terapéutico del paciente, ni en perjuicio del derecho de los profesionales participantes en su elaboración, los cuales pueden oponer al derecho de acceso la reserva de sus anotaciones subjetivas.

Ahora bien, la cuestión de si el paciente que pretende acceder a su historial clínico debe justificar su pretensión acreditando un interés legítimo, o si, por el contrario, basta para el ejercicio de este derecho la acreditación de su capacidad y de su condición de titular de los datos, no ha sido abordada de manera explícita por la normativa estatal o autonómica[688].

Con carácter general, el acceso del paciente a la información de la historia clínica parece evidente, dado que la misma se redacta y conserva para facilitar su asistencia, lo que supone dar a conocer al paciente la biografía patológica contenida en su historial, si bien, desde el punto de vista doctrinal, se puede distinguir entre el acceso del paciente (o sus representantes) por un interés particular o un interés sanitario[689].

686 *Cfr.* STC 292/2000, de 30 de noviembre de 2000, Fundamento Jurídico 6.

687 Gallego Riestra, S., «Los derechos de acceso, rectificación, cancelación y oposición del paciente sobre su historia clínica», *Revista Derecho y Salud*, Volumen 26. Extraordinario, 2016, p. 133.Disponible en: https://www.ajs.es/sites/default/files/2020-05/volExtra2016_b11_Ponencia.pdf (30.10.2022).

688 Sáiz Ramos, M. y Larios Risco, D., «El derecho de acceso a la historia clínica por el paciente: propuesta para la reserva de anotaciones subjetivas», *DS: Derecho y Salud,* Volumen 18, Número 1, enero-junio 2009, p. 26. Disponible en: https://dialnet.unirioja.es/servlet/articulo?codigo=3016224 (30.10.2022).

689 Sánchez Caro, J., «La historia clínica electrónica gallega: un paso importante en la gestión del conocimiento», *Derecho y Salud*, Volumen 18, Número 1. Enero-junio 2009, p. 64. Disponible en: https://www.ajs.es/es/index-revista-derecho-y-salud/volumen-18-numero-1-2009/la-historia-clinica-electronica-gallega-un (30.10.2022).

Ahora bien, el paciente puede acceder en cualquier momento a la documentación de la historia clínica y a obtener copia de los datos que figuran en ella. Las únicas dos limitaciones se recogen, como vimos, en el artículo 18.3 LAP.

Por su parte, la normativa de protección de datos señala que el derecho de acceso del afectado se ejercitará de acuerdo con lo establecido en el artículo 15 del Reglamento (UE) 2016/679, (artículo 13 Ley Orgánica 3/2018, de 5 de diciembre, de Protección de Datos Personales y garantía de los derechos digitales).A su vez, indica el artículo 15.3 del Reglamento 2016/679, de 27 de abril de 2016, relativo a la protección de las personas físicas en lo que respecta al tratamiento de datos personales y a la libre de estos datos y por el que se deroga la Directiva 95/46/CE (Reglamento general de protección de datos), que el responsable del tratamiento facilitará una copia de los datos personales objeto de tratamiento.

En cuanto al procedimiento para ejercitar el derecho de acceso, la LO 3/2018, de 5 de diciembre, no contiene demasiada información al respecto, encontrándose actualmente su regulación vía desarrollo reglamentario, de forma que es el Real Decreto 1720/2007, de 21 de diciembre, por el que se aprueba el Reglamento de desarrollo de la Ley Orgánica 15/1999, de 13 de diciembre, de protección de datos de carácter personal, la norma de referencia para estas cuestiones de procedimiento, (artículos 24 a 30).

De lo expuesto se deduce que por normativa sanitaria sólo el paciente tiene derecho a acceder a su historia clínica. Esto significa que el extranjero en situación administrativa irregular que tenga la condición de paciente podrá acceder a su historia clínica.

Sin embargo, es preciso aclarar si los extranjeros en situación administrativa irregular, una vez que no tienen la condición de pacientes, tienen derecho de acceso a la historia clínica. En este punto, debemos determinar si los extranjeros en situación administrativa irregular son titulares, en igualdad de condiciones que los españoles, del derecho fundamental a la protección de datos reconocido en el artículo 18 CE.

Señala, entre otras, la Sentencia del Tribunal Constitucional 254/1993, de 20 de julio[690], que las facultades de información forman parte del contenido

---

690 *Cfr.* Sentencia Tribunal Constitucional 254/1993, de 20 de julio, Fundamento Jurídico 7: *Esta constatación elemental de que los datos personales que almacena la Administración son utilizados por sus autoridades y sus servicios, impide aceptar la tesis de que el derecho fundamental a la intimidad agota su contenido en facultades puramente negativas, de exclusión. Las facultades precisas para conocer la existencia, los fines y los responsables de los ficheros automatizados dependientes de una Administración pública donde obran datos personales de un ciudadano son absolutamente necesarias para que los intereses protegidos por el art. 18 C.E., y que dan vida al derecho fundamental a la intimidad, resulten real y efectivamente protegidos. Por ende, dichas facultades de información forman parte del contenido del derecho a la intimidad, que vincula directamente a todos los poderes públicos,*

del derecho a la intimidad, que vincula directamente a todos los poderes públicos, y ha de ser salvaguardado por este Tribunal, haya sido o no desarrollado legislativamente. Asimismo, sustentan esta doctrina Sentencias posteriores como la STC 143/1994, de 9 de mayo, Fundamento Jurídico 7[691]o STC 11/1998, de 13 de enero, en su Fundamento Jurídico 4[692].

Unido lo anterior a la tantas veces citada Sentencia del Tribunal Constitucional 107/1984, 23 denoviembre[693], se deduce que el derecho a la protección de datos personales de las personas físicas no distingue entre españoles y extranjeros, por lo que los extranjeros en situación administrativa irregular son titulares de este derecho en igualdad de condiciones que los españoles.

Aplicado a nuestro colectivo objeto de estudio podemos concluir que los extranjeros en situación administrativa irregular en España tienen derecho a acceder, en cualquier momento que lo consideren oportuno, a su historia clínica. El ejercicio de este derecho se podrá materializar en las formas previstas reglamentariamente en la normativa de protección de datos. La única salvedad que debe tenerse en cuenta es que la LAP establece como plazo mínimo de conservación de la documentación clínica cinco años[694].

---

y ha de ser salvaguardado por este Tribunal, haya sido o no desarrollado legislativamente (STC 11/1981, fundamento jurídico 8.°, y 101/1991, fundamento jurídico 2.°).

691 *Cfr.* Sentencia Tribunal Constitucional 143/1994, de 9 de mayo, Fundamento Jurídico 7: *En consecuencia con ello, habría que convenir en que un sistema normativo que, autorizando la recogida de datos incluso con fines legítimos, y de contenido aparentemente neutro, no incluyese garantías adecuadas frente a su uso potencialmente inversor de la vida privada del ciudadano, a través de su tratamiento técnico, vulneraría el derecho a la intimidad de la misma manera en que lo harían las intromisiones directas en el contenido nuclear de ésta*.

692 *Cfr.* Sentencia Tribunal Constitucional 11/1998, de 13 de enero en su Fundamento Jurídico 4: *La garantía de la intimidad, latu sensu, adopta hoy un entendimiento positivo que se traduce en un derecho de control sobre los datos relativos a la propia persona. La llamada libertad informática es así derecho a controlar el uso de los mismos datos insertos en un programa informático (habeas data) y comprende, entre otros aspectos, la oposición del ciudadano a que determinados datos personales sean utilizados para fines distintos de aquel legítimo que justificó su obtención.*

693 *Cfr.* Sentencia Tribunal Constitucional 107/1984, de 23 de noviembre, Fundamento Jurídico 3: *Derechos tales como el derecho a la vida, a la integridad física y moral, a la intimidad, la libertad ideológica, etc., corresponden a los extranjeros por propio mandato constitucional, y no resulta posible un tratamiento desigual respecto a ellos en relación a los españoles.*

694 Artículo 17.1 LAP: *Los centros sanitarios tienen la obligación de conservar la documentación clínica en condiciones que garanticen su correcto mantenimiento y seguridad, aunque no necesariamente en el soporte original, para la debida asistencia al paciente durante el tiempo adecuado a cada caso y, como mínimo, cinco años contados desde la fecha del alta de cada proceso asistencial.*

5.6. Otros derechos como paciente: derecho a acudir al defensor del paciente

Con carácter general, los usuarios de la sanidad española que detecten que se han vulnerado sus derechos pueden presentar las correspondientes reclamaciones. Señala el artículo 10.12 de la LGS que *todos tienen derecho con respecto a las distintas Administraciones públicas sanitarias (...) a utilizar las vías de reclamación y de propuesta de sugerencias en los plazos previstos. En uno u otro caso deberá recibir respuesta por escrito en los plazos que reglamentariamente se establezcan*. Las reclamaciones pueden ser de muy diversa índole como tiempos de espera, desatenciones, vulneración del respeto a su intimidad o del carácter confidencial de los datos referentes a su salud.

Por tanto, cualquier paciente tiene derecho a presentar una reclamación cuando entienda vulnerando sus derechos, aun cuando no exista la figura del Defensor del paciente. En caso de existir, la figura del Defensor del paciente es un órgano administrativo, cuyas reclamaciones se resuelven, por tanto, en el propio seno de las Administraciones públicas.

En este apartado estudiaremos que ocurre con la titularidad del derecho a reclamar en el caso de los extranjeros en situación irregular.

Lo primero que indicaremos es la normativa vigente en nuestro país. Tanto la Ley General de Sanidad como la LAP, se refieren al derecho a formular reclamaciones y sugerencias en los artículos 10.12 y 12.2 respectivamente. Ahora bien, son las comunidades autónomas las que tienen las competencias relativas a la protección de los derechos de los pacientes (artículo 12.3 Ley 41/2002, de 14 de noviembre).

Aunque las distintas comunidades autónomas pueden adoptar las soluciones que estimen más oportunas, es de destacar que bastantes de ellas han optado por crear un órgano específico para la defensa de los derechos que utilizan el sistema sanitario correspondiente: un Defensor del Usuario del sistema salud[695].

Por tanto, será cada comunidad autónoma la que determine el alcance del derecho a la protección de los pacientes.

En la Comunidad de Madrid si bien inicialmente la Ley 12/2001, de 21 de diciembre, de Ordenación Sanitaria de la Comunidad de Madrid regulaba la figura del Defensor del Paciente (artículos 36 a 39), por Ley 9/2010, de 23

---

695 DOMÍNGUEZ LUELMO, A., *Derecho Sanitario y responsabilidad médica. Comentarios a la Ley 41/2002, de 14 de noviembre, básica reguladora de la autonomía del paciente y de derechos y obligaciones en materia de información y documentación clínica*, 2.ª Edición, Lex Nova, Valladolid, 2007, p. 467.

de diciembre, de Medidas Fiscales, Administrativas y de Racionalización del Sector Público, se suprime expresamente esta figura en el artículo 26[696].

En el Principado de Asturias, la Ley 1/1992, de 2 de julio, del Servicio de Salud del Principado de Asturias, actualmente derogada, creaba la figura del Defensor de los Usuarios del Servicio de Salud del Principado de Asturias como órgano independiente de la Administración y de todo organismo o corporación singular, encargado de la defensa de los derechos de los usuarios de dichos servicios, reconocidos de forma expresa en la norma. Posteriormente, la figura fue suprimida por la Ley 5/2005, de 16 de diciembre, del Procurador General del Principado de Asturias, figura que también ha sido objeto de supresión. Situación similar también se dio en la Comunidad de Castilla La Mancha al derogarse también la figura del Defensor del Pueblo creado por Ley 16/2001, de 20 de diciembre, del Defensor del Pueblo de Castilla-La Mancha.

Esto se traduce en que, en el Principado de Asturias, actualmente, esta comunidad únicamente tiene como vía de protección de los derechos de los usuarios la previsión contenida en el artículo 61 de Ley del Principado de Asturias 7/2019, de 29 de marzo[697], de Salud, referido al derecho a formular sugerencias y presentar quejas, vinculado al concepto de ciudadano[698]. En

---

696 Artículo 26 Ley 9/2010, de 23 de diciembre: *Queda extinguido el Defensor del Paciente, órgano de la Administración Sanitaria creado y regulado por los artículos 36 a 39 de la Ley 12/2001, de 21 de diciembre, de Ordenación Sanitaria de la Comunidad de Madrid, integrándose el conjunto de bienes, derechos y obligaciones resultantes de su extinción en la Consejería competente en materia de atención al paciente.* Disponible en: https://boe.es/buscar/doc.php?id=BOE-A-2011-8629 (23.10.2022).

697 Artículo 61. Ley del Principado de Asturias 7/2019, de 29 de marzo, de Salud. Derecho a formular sugerencias y quejas. *1. Los ciudadanos tienen derecho a formular, por procedimientos ágiles y efectivos, sugerencias y quejas cuando consideren que tienen motivo justificado para hacerlo, así como a recibir respuesta por escrito en los términos que se establezcan reglamentariamente.*
2. Todos los centros, servicios y establecimientos sanitarios están obligados a mantener permanentemente a disposición de los usuarios formularios de sugerencias y reclamaciones. En lo referente al Sistema Sanitario Público, deberán estar habilitados cauces en la web institucional.
3. Todos los centros, servicios y establecimientos sanitarios están obligados a dotarse de un procedimiento escrito o electrónico de gestión de sugerencias y reclamaciones, así como del registro adecuado de las mismas y las acciones realizadas en función de su contenido.
Disponible en: https://www.boe.es/buscar/doc.php?id=BOE-A-2019-7841 (23.10.2022).

698 El extranjero también ejerce soberanía, al habérsele otorgado facultades más o menos directas para participar en el desarrollo de su positividad al más alto nivel. La ciudadanía ha nacido de la mano de la nacionalidad, pero en la actual era postnacional tiende a desvincular su base teórica de la de la nacionalidad y a crear diferentes niveles de pertenencia a la comunidad (política, social, económica, cultural) ligados a la titularidad de diferentes grupos de derechos fundamentales. (*Vid.* Aláez Corral, B., «Nacionalidad, ciudadanía y democracia en la configuración de la nación/pueblo», en *El pueblo del Estado. Nacio-*

este caso, debemos entender que este concepto incluye el derecho de los extranjeros en situación administrativa irregular a presentar las reclamaciones pertinentes cuando entiendan vulnerados sus derechos.

Resulta llamativa, por contraposición a la anterior, la regulación normativa de la Comunidad Autónoma de Extremadura recogida en la Ley 10/2001, de 28 de junio, de Salud de Extremadura. En primer lugar, porque tiene reconocida la figura del Defensor del Usuario como órgano encargado de la defensa de los derechos de los usuarios, quien desempeñará sus funciones con plena autonomía e independencia (artículo 16). En segundo lugar, porque reconoce el derecho de toda persona a acudir al mismo (artículo 18.1)[699]. En tercer lugar, porque dentro del ámbito de aplicación de esta Ley se incluyen a todos los extremeños y residentes en cualquiera de los municipios de Extremadura, con independencia de su situación legal o administrativa (artículo 2). Y, finalmente, porque la Ley 1/2005, de 24 de junio, de tiempos de respuesta en la atención sanitaria especializada del sistema sanitario público de Extremadura también incluye a las personas en situación administrativa irregular (artículo 3)[700]. Regulación semejante se contiene en la Ley 5/2003, de 4 de abril, de Salud de las Illes Balears para la comunidad de las Islas Baleares[701].

Por su parte, en la Rioja sigue vigente la figura del Defensor del Usuario del Sistema Público de Salud de La Rioja como órgano unipersonal encargado de la defensa de los derechos de los usuarios, quien desempeñará sus funciones con plena autonomía e independencia en la Ley 2/2002, de 17 de abril, de Salud (artículos 25 a 31). Reconoce como titulares de los derechos de esta Ley a aquellas personas que tengan vecindad administrativa en cualquiera de los municipios de la Comunidad Autónoma de La Rioja (artículo

---

nalidad y Ciudadanía en el Estado Constitucional-Democrático, Fundamentos: Cuadernos monográficos de teoría del estado, derecho público e historia constitucional, N.° 7, Junta General del Principado de Asturias, Oviedo, 2012, p. 101 y 128).

699 Artículo 18.1 Ley 10/2001, de 28 de junio, de Salud de Extremadura: *El Defensor de los Usuarios podrá actuar de oficio o a instancia de toda persona natural o jurídica que invoque un interés legítimo*. Disponible en: https://www.boe.es/buscar/pdf/2001/BOE-A-2001-14418-consolidado.pdf (23.10.2022).

700 Artículo 3. Ley 1/2005, de 24 de junio. Beneficiarios. 1. *De conformidad con lo dispuesto en el apartado a) del artículo 2 de la Ley 10/2001, de 28 de junio, de Salud de Extremadura, serán beneficiarios de las garantías establecidas en esta Ley todos los extremeños y residentes en cualquiera de los municipios de Extremadura, con independencia de su situación legal y administrativa. Los no residentes gozarán de los mismos derechos en la forma y condiciones previstas en la legislación estatal y en los Convenios nacionales e internacionales que sean de aplicación.* Disponible en: https://www.boe.es/buscar/act.php?id=-BOE-A-2005-13022 (23.10.2022).

701 Artículo 22.1 Ley 5/2003 de 4 de abril. Actuaciones. *El Defensor de los usuarios podrá actuar de oficio o a solicitud de cualquier persona natural que invoque un interés legítimo.* Disponible en: https://www.boe.es/buscar/pdf/2003/BOE-A-2003-9336-consolidado.pdf (23.10.2022).

4). En este caso, vincula la titularidad del derecho a la condición de vecino y empadronamiento. Lo anterior se traduce en que el extranjero en situación administrativa irregular tiene reconocido el derecho a acudir al defensor del usuario de del sistema público de salud de La Rioja.

La anterior muestra por comunidades autónomas, aplicada a nuestro colectivo objeto de estudio, nos permite extraer las siguientes conclusiones:

Primera, existe una clara disparidad sobre la figura del Defensor del paciente en España condicionada por la regulación normativa que haya realizado cada comunidad autónoma.

Segunda, existe una tendencia a la supresión de esta figura como sucedió en tres comunidades autónomas: Principado de Asturias, Castilla La Mancha y Comunidad de Madrid. En estos casos, el extranjero en situación administrativa irregular, al igual que el resto de los residentes en estos territorios, no tendrán acceso a esta figura para reclamar sus derechos como pacientes.

Tercera, el acceso a esta figura se reconoce en función de las condiciones incluidas en los ámbitos subjetivos de las leyes autonómicas reguladoras de los servicios de salud. En unos casos vinculados a la condición de ciudadanos, en otros a la vecindad y en otros reconociendo el derecho a todos los residentes, con independencia de su situación legal o administrativa.

Cuarta, los extranjeros en situación administrativa irregular en España tendrán derecho a acudir a la figura del Defensor del Paciente en función de la comunidad autónoma donde residan al no existir una normativa uniforme. Este derecho, en consecuencia, queda condicionado a lo que dispongan las leyes autonómicas reguladoras de sus servicios de salud.

5.7. Gastos sanitarios y formas de acceso al Sistema Nacional de Salud

Se analizan, finalmente, los distintos supuestos de gastos sanitarios originados por la persona en situación administrativa irregular al haber accedido al Sistema Nacional de Salud. Para ello, será preciso distinguir entre aquellas personas en situación administrativa irregular que accediendo al sistema no dispongan de recursos económicos para hacer frente al gasto sanitario no financiado con cargo a los fondos públicos. Asimismo, distinguiremos el supuesto del extranjero en situación irregular que, a diferencia del anterior, dispone de recursos económicos para afrontar los gastos sanitarios no financiados por el Sistema Nacional de Salud. Finalmente, en el último apartado, estudiaremos el acceso a prestaciones sanitarias cuya financiación pública puede presentar dificultades de cobertura gratuita (cirugía plástica reparadora, rehabilitación, farmacéutica).

El punto de partida para el análisis de este apartado podemos situarlo en el artículo 16 de la LGS cuando establece que las normas de utilización de los servicios sanitarios serán iguales para todos, independientemente de la condición en que se acceda a los mismos. Añade a renglón seguido que pueden acceder a los servicios sanitarios con la consideración de pacientes privados los usuarios sin derecho a la asistencia de los Servicios de Salud.

De este artículo interesa destacar dos consideraciones. Primera, la realidad es que la asistencia sanitaria y forma de acceso de aquellas personas que no tengan derecho a la prestación con cargo a los fondos públicos o en que exista un tercero obligado al pago, será la misma que para el resto de pacientes o beneficiarios con derecho a la asistencia gratuita. Y, segunda, si la forma de acceso es igual para todos los pacientes, pero no todos tienen el derecho a la prestación gratuita, debemos buscar la particularidad de la que trae causa la distinción. La diferencia será precisamente la consideración a efectos de financiación; en unos supuestos se accede con la condición de paciente «público» y en otros el acceso se hace con la consideración de paciente «privado».

Pues bien, la consideración de paciente privado implica que el cargo de la asistencia no le corresponde al Estado, al SNS, por lo que se realiza una factura para pasar el coste a un tercero. Como regla general, la facturación por la atención de estos pacientes será efectuada por las respectivas administraciones de los Centros, tomando como base los costes efectivos. En principio esta factura se rige por el derecho privado si bien puede regularse por la Administración competente un precio público o tasa, o regir algún convenio de diversa naturaleza[702].

Además, y como ya hemos indicado, el acceso de los ciudadanos a la asistencia sanitaria pública se encuentra regulado en la Ley 16/2003, de 28 de mayo, de cohesión y calidad del Sistema Nacional de Salud (artículo 3).

Por ello, teniendo en cuenta la normativa vigente, los extranjeros en situación irregular en España que accedan a los servicios de salud del SNS, podrán encontrarse, desde el punto de vista de la asunción del gasto sanitario (quién debe asumir el coste sanitario generado) ante los siguientes supuestos:

- Personas extranjeras no autorizadas como residentes en España cuya financiación será con cargo a los fondos públicos de las administraciones competentes siempre que cumplan los requisitos cumulativos del artículo 3 TER de la LCSNS.
- Personas extranjeras no autorizadas como residentes en España sin derecho a la asistencia sanitaria que accede a la asistencia sanitaria con la condición de paciente privado.

702 Gómez Zamora, L. J., «Terceros obligados al pago y régimen jurídico del aseguramiento obligatorio de la asistencia sanitaria», en Palomar Olmeda, A. (dir.), *Tratado de derecho sanitario,* Vol. I, Aranzadi, Navarra, 2013, pp. 260-261.

- Personas extranjeras no autorizadas como residentes en España sin derecho a la asistencia sanitaria y sin recursos económicos.

Veamos de forma pormenorizada los dos últimos supuestos[703]:

5.7.a) Asistencia sanitaria de las personas extranjeras no autorizadas como residentes en España sin derecho a la asistencia sanitaria que accede a la asistencia sanitaria con la condición de paciente privado

Este escenario tiene lugar cuando el extranjero en situación irregular no tiene reconocido el derecho de acceso a la asistencia sanitaria con financiación gratuita, pero dispone de recursos económicos propios para la subrogación de los gastos sanitarios generados.

Esta posibilidad tiene encaje normativo en el artículo 16 LGS antes citada, y ha sido reconocida expresamente en el artículo 3.3 de la LCSNS al permitir que aquellas personas que no tengan derecho a la asistencia sanitaria con cargo a fondos públicos podrán obtener dicha prestación mediante el pago de la correspondiente contraprestación o cuota derivada de la suscripción de un convenio especial.

De este precepto se deducen dos formas de acceso a la prestación. Una, mediante el pago de la contraprestación, y, dos, mediante la suscripción de un convenio especial.

En cuanto al primero de ellos debemos destacar dos consideraciones. Una, que la reclamación del coste de los servicios prestados dispone de respaldo normativo en los artículos 83 de la LGS[704] y la Disposición adicional 10 del Real Decreto Legislativo 8/2015, de 30 de octubre, por el que se aprueba el Texto Refundido de la Ley General de la Seguridad Social (en adelante TRLGSS)[705], cuyo procedimiento está recogido en el Real Decreto 450/1995,

703 El primer supuesto ha sido tratado a lo largo del Capítulo IV relativo a la asistencia sanitaria de las personas extranjeras no autorizadas como residentes en España con financiación a cargo de los fondos públicos.

704 Artículo 83 LGS: *Los ingresos procedentes de la asistencia sanitaria en los supuestos de seguros obligatorios especiales y en todos aquellos supuestos, asegurados o no, en que aparezca un tercero obligado al pago, tendrán la condición de ingresos propios del Servicio de Salud correspondiente. Los gastos inherentes a la prestación de tales servicios no se financiarán con los ingresos de la Seguridad Social. En ningún caso estos ingresos podrán revertir en aquellos que intervinieron en la atención a estos pacientes. A estos efectos, las Administraciones públicas que hubieran atendido sanitariamente a los usuarios en tales supuestos tendrán derecho a reclamar del tercero responsable el coste de los servicios prestados.*

705 Disposición Adicional 10 del TRLGSS: *Ingresos por venta de bienes y servicios prestados a terceros.*

de 24 de marzo, sobre ingreso en efectivo de recursos económicos de centros del Instituto Nacional de la Salud, comprendidos en la disposición adicional vigésima segunda del texto refundido de la Ley General de la Seguridad Social.

Y, dos, la LGS aclara que la facturación por la atención de estos pacientes será efectuada por las respectivas administraciones de los Centros, tomando como base los costes efectivos. Estos ingresos tendrán la condición de propios de los Servicios de Salud. En ningún caso estos ingresos podrán revertir directamente en aquellos que intervienen en la atención de estos pacientes (artículo 16.3 LGS).

Resaltar en este punto que el Tribunal Supremo ha dejado claro que si bien existe el deber de los profesionales médicos de consignar en toda factura que han de expedir la descripción de la operación realizada por el médico en la atención de cada paciente y que justifica el percibo de este de la contraprestación total, esa descripción al llevar aparejada la necesidad de consignar en tales documentos datos privados no patrimoniales de la persona que es asistida por aquel facultativamente, —descripción de la enfermedad padecida y asistencia facultativa prestada—, implica la necesidad de contar con la aquiescencia del paciente para que se consignen dichos datos. En caso contrario, la expresión en los aludidos documentos de tal descripción atenta contra los derechos fundamentales de la persona a su intimidad personal y familiar, así como a la propia imagen, a que se refieren los servicios médicos prestados y obligatoriamente descritos en mencionados documentos[706].

Por tanto, cuando los extranjeros en situación administrativa irregular no presten su consentimiento a que se consignen en la factura la descripción de la enfermedad padecida y asistencia facultativa prestada, el médico responsable de su atención no podrá recoger dichos datos. Esta situación podría traducirse en que el profesional que tramite y efectúe el cobro al extranjero, distinto del médico de la atención, no tenga la seguridad suficiente de los importes a facturar, al desconocer el alcance de la efectiva asistencia sanitaria prestada que identifique el coste efectivo de la prestación.

Y, la segunda cuestión a reseñar es que este reclamo puede llevarse a cabo mediante diferentes formas. Puede establecerse un precio público e incluso tasas para el reintegro de estos gastos. Pero si no existe un instrumento jurí-

---

1. No tendrán la naturaleza de recursos de la Seguridad Social los que resulten de las siguientes atenciones, prestaciones o servicios:
a) Los ingresos a los que se refieren los artículos 16.3 y 83 de la Ley 14/1986, de 25 de abril, General de Sanidad, procedentes de la asistencia sanitaria prestada por el Instituto Nacional de Gestión Sanitaria a los usuarios sin derecho a la asistencia sanitaria de la Seguridad Social, así como en los supuestos de seguros obligatorios privados y en todos aquellos supuestos, asegurados o no, en que aparezca un tercero obligado al pago.

706 *Cfr.* Sentencia Tribunal Supremo de 6 de marzo de 1999 (Rj 1989, 2177). Fundamento jurídico 4.

dico previo que rija la relación habrá que acudir al sistema común de realizar una factura y reclamarla en régimen de derecho privado[707].

La otra forma posible de acceso al sistema sanitario público es la relativa a la suscripción de un convenio especial.

El apartado 3 del art. 3 LCCSNS sigue ofreciendo la posibilidad de suscribir un convenio especial de atención sanitaria, mediante el pago de la correspondiente contraprestación o cuota para aquellas personas que, de acuerdo con el apartado 2, no tengan derecho a la asistencia sanitaria con cargo a fondos públicos. Obviamente, la suscripción de este convenio especial es voluntaria[708].

Con la reforma acometida por el Real Decreto-Ley 7/2018 se quedaría prácticamente sin relevancia un instrumento creado para el aseguramiento sanitario público de las personas que anteriormente no fueran beneficiarios o asegurados: el convenio especial de prestación de asistencia sanitaria.

Estos convenios suponían una suerte de póliza de seguro de asistencia sanitaria pública en la que aquellas personas que no dispusieran de cobertura sanitaria, previo pago de una cuota mensual podían utilizar los servicios públicos, pero no tuvieron mucho éxito entre otras razones porque su coste era similar e incluso superior al de un seguro privado y porque los destinatarios principales(extranjeros en situación irregular) carecían de recursos para costear este tipo de recursos, dado que la atención de urgencias sí se cubría y que en algunas comunidades autónomas sí se prestaba asistencia sanitaria gratuita bajo la cobertura de diversos instrumentos[709].

Esta previsión, a pesar de la modificación operada en 2018, es una de las pocas que quedan vigente en el prácticamente derogado en su totalidad Real Decreto 1192/2012, de 3 de agosto, por el que se regula la condición de asegurado y de beneficiario a efectos de la asistencia sanitaria en España, con cargo a fondos públicos, a través del Sistema Nacional de Salud. Su Disposición adicional tercera señala que, a efectos de lo dispuesto en el artículo 3.5 de la Ley 16/2003, de 28 de mayo, podrán obtener la prestación de asistencia sanitaria mediante el pago de la correspondiente contraprestación o cuota derivada de la suscripción de un convenio especial aquellas personas que, no teniendo la condición de aseguradas o beneficiarias, no tengan acceso a un sistema de protección sanitaria pública por cualquier otro título.

707 Gómez Zamora, L. J., «Terceros obligados al pago...», *op. cit.*, p. 263.

708 Delgado Del Rincón, L. E., «Nuevos avances en la universalización de la asistencia sanitaria en España...», *op. cit.,* p. 122.

709 Gómez Zamora, L. J., «Comentario al Real decreto-ley 7/2018, de 27 de julio, sobre el acceso universal al Sistema Nacional de Salud», *Gabilex, Revista del Gabinete Jurídico de Castilla La Mancha*, N.° 15, Septiembre 2018, p. 325. Disponible en: https://gabilex.castillalamancha.es/sites/gabilex.castillalamancha.es/files/pdfs/leopoldo_j_gomez_zamora.pdf (14.10.2022).

Los requisitos básicos del convenio especial de prestación de asistencia sanitaria han sido fijados en el Real Decreto 576/2013, de 26 de julio, por el que se establecen los requisitos básicos del convenio especial de prestación de asistencia sanitaria a personas que no tengan la condición de aseguradas ni de beneficiarias del Sistema Nacional de Salud y se modifica el Real Decreto 1192/2012, de 3 de agosto, por el que se regula la condición de asegurado y de beneficiario a efectos de la asistencia sanitaria en España, con cargo a fondos públicos, a través del Sistema Nacional de Salud.

Su propio Preámbulo reconoce que esta vía de acceso mediante suscripción de un convenio especial de prestación de asistencia sanitaria permitirá obtener la prestación sanitaria mediante el pago de una contraprestación o precio público que cubre el coste medio real de la misma y que se configura como un ingreso de derecho público del Servicio de Salud. Este contenido prestacional al que puede acceder la persona que suscriba el convenio especial tiene carácter básico y, en consecuencia, podrá ser incrementado por las comunidades autónomas mediante la inclusión en dicho convenio de otras prestaciones asistenciales propias de la cartera de servicios complementaria de las comunidades autónomas.

De este modo, la suscripción del convenio especial de prestación de asistencia sanitaria garantizará a las personas que no ostentan la condición de aseguradas ni de beneficiarias, y esta es precisamente su finalidad, el acceso a las prestaciones de la cartera común básica de servicios asistenciales en las mismas condiciones de extensión, continuidad asistencial y cobertura en todo el Sistema Nacional de Salud de que disfrutan las personas que sí son aseguradas o beneficiarias.

Y, como vía de acceso a la prestación de asistencia sanitaria del Sistema Nacional de Salud distinta de la que corresponde a las personas aseguradas y beneficiarias, la formalización del convenio especial no conllevará, en atención a lo dispuesto en el artículo 57 de la Ley 16/2003, de 28 de mayo, y en el artículo 4 del Real Decreto 1192/2012, de 3 de agosto[710], la expedición de tarjeta sanitaria para la persona que lo suscriba, precisamente por no ostentar la condición de persona asegurada o beneficiaria del Sistema Nacional de Salud.

Finalmente, queda por señalar que el acceso de estos pacientes privados al SNS se llevan a cabo bajo criterios que distinguen entre acceso a atención primaria y hospitalización. En la atención primaria, se les aplicarán las mismas normas sobre asignación de equipos y libre elección que al resto de los usuarios. Y, el ingreso en centros hospitalarios se efectuará a través de la unidad de admisión del hospital, por medio de una lista de espera única, por

710 El citado Real Decreto dispone de un articulado compuesto de siete artículos referido a los requisitos para la suscripción y el mantenimiento del convenio especial, procedimiento, contenido mínimo, contraprestación económica y supuestos de extinción del mismo.

lo que no existirá un sistema de acceso y hospitalización diferenciado según la condición del paciente[711].

De lo expuesto podemos concluir que la reforma llevada a cabo en el 2018 no suprimió preceptos que siguen vinculando el acceso a la asistencia sanitaria a la condición de asegurado y beneficiario (Real Decreto 1192/2012, de 3 de agosto).

Las personas extranjeras en situación irregular en España que no tengan reconocido el acceso gratuito al SNS podrán acceder al sistema sanitario público mediante el pago de la contraprestación o mediante la cuota derivada de la suscripción de un convenio especial.

5.7.b) Personas extranjeras no autorizadas como residentes en España sin derecho a la asistencia sanitaria y sin recursos económicos

El contexto planteado tiene lugar cuando el extranjero en situación irregular no tiene reconocido el derecho de acceso a la asistencia sanitaria con financiación gratuita y, además, no dispone de recursos económicos propios para la subrogación de los gastos sanitarios generados, pero acude al SNS.

En definitiva, cabe plantearse que sucede en aquellos supuestos en los que el colectivo inmigrante irregular no ha suscrito el convenio especial, y acude a los servicios sanitarios para ser atendido. Conviene precisar que el problema del pago no sólo viene dado por la falta de recursos económicos de estas personas, sino porque muchas veces carecen de documentos que hacen casi imposible identificarlas correctamente.

Ante el vacío legal existente, las situaciones que en la práctica pueden tener lugar son las dos siguientes:

- El inmigrante en situación irregular accede al SNS, pero se le niega la asistencia por no pagar por adelantado. A día de hoy no existe ninguna norma que recoja que haya que pagar por adelantado los servicios sanitarios que se requieran en cada caso, máxime si tenemos en cuenta que el posible diagnóstico determinará en gran medida el importe de la contraprestación.
- Se accede a prestarle asistencia sanitaria, y, una vez atendido no realiza contraprestación alguna, aunque se hubiera expedido la factura correspondiente. En este caso y aun cuando se genera un crédito frente a la Seguridad Social, se estaría reconociendo *de facto* el acceso a la asistencia sanitaria pública y gratuita a los extranjeros en situación administrativa irregular.

711 Artículo 16.1 LGS.

A falta de una normativa específica que determine otra cosa, el correspondiente servicio podrá emitir una factura que, tomando como base los costes efectivos del servicio, podrá remitir a la correspondiente persona física o jurídica su pago conforme a las reglas del derecho civil o mercantil según proceda. Ante el impago también podrá reclamar judicialmente la deuda en la jurisdicción civil[712], incluso iniciando el correspondiente proceso monitorio[713].

Finalmente, cabría preguntarse si se generaría gasto sanitario a favor de un paciente en supuestos de urgencia por enfermedad grave o accidente, cuando el médico después de prestarle asistencia sanitaria decide emitir la correspondiente factura. Es decir, que sucede en aquellos supuestos donde el derecho afectado es el derecho fundamental a la vida como parte integrante del derecho a la protección de la salud cuya titularidad ostentan los extranjeros no autorizados como residentes en España. Bajo este supuesto, la atención sanitaria estaría incluida dentro una prestación sanitaria financiada con fondos públicos, siendo incorrecto el comportamiento médico de repercutir el coste sanitario al extranjero. En este caso, los servicios de salud no deberían repercutir el gasto sanitario al extranjero en situación administrativa irregular por tener cubierta esta prestación de forma gratuita y con cargo a los fondos públicos.

La regulación actual, como vemos, da lugar a situaciones con resultados incoherentes. A modo de ejemplo, dentro del contenido de la cartera de servicios comunes de prestación de atención de urgencia[714] se incluye la atención telefónica, a través de los centros coordinadores de urgencias sanitarias. La cuestión que se plantea en el plano teórico es la siguiente: la atención telefónica es una prestación que puede ser o no urgente en función del diagnóstico de la enfermedad.

Podríamos pensar que si del diagnóstico se deduce que en realidad no existía ningún peligro grave y cierto para la salud el gasto sanitario generado debería ser facturado al extranjero. Sin embargo, como esta atención telefónica fue requisito necesario para obtener el diagnóstico médico, entonces los extranjeros en situación administrativa irregular tienen reconocido el derecho al mismo en igualdad de condiciones que los españoles. Por tanto, dicha atención telefónica tendrá carácter gratuito y será sufragada con fondos públicos.

---

712 Artículos 812 y ss. de la Ley 1/2000, de 7 de enero, de Enjuiciamiento Civil.

713 Gómez Zamora, L. J., *Terceros obligados al pago..., op. cit.*, p. 263.

714 Real Decreto 1030/2006, de 15 de septiembre, por el que se establece la cartera de servicios comunes del Sistema Nacional de Salud y el procedimiento para su actualización: *Anexo IV.2. Contenido. La cartera de servicios comunes de la prestación de atención de urgencia comprende: 2.1 La atención telefónica, a través de los centros coordinadores de urgencias sanitarias, que incluye la regulación médica de la demanda asistencial asignando la respuesta más adecuada a cada urgencia sanitaria; la información y la orientación o consejo sanitario.*

Lo anterior evidencia la complejidad de supuestos que pueden darse y que la norma vigente no resuelve, encontrándose los extranjeros en situación administrativa irregular con situaciones de vulnerabilidad que no existían antes de la reforma llevada a cabo en el 2012 y que la reforma de 2018 no ha resuelto de forma satisfactoria.

5.7.c) Los gastos sanitarios derivados de ciertas prestaciones sanitarias (la cirugía plástica reparadora, rehabilitación, farmacéutica)

En este epígrafe estudiaremos situaciones de diversa índole que podríamos agrupar en los dos grandes bloques siguientes. Uno, que sucede con aquellas prestaciones sanitarias que son prolongación de otra prestación previa y cuya realización es necesaria para culminar el proceso de recuperación de la salud (cirugía plástica reparadora, rehabilitación). Y, dos, que sucede con aquellas prestaciones de la cartera común suplementaria del Sistema Nacional de Salud cuya provisión se realiza mediante dispensación ambulatoria y están sujetas a aportación del usuario (prestación farmacéutica).

5.7.c).1. Prestaciones sanitarias vinculadas

Se trata de analizar que sucede cuando los extranjeros en situación administrativa irregular necesitan varias prestaciones sanitarias para curarse de su dolencia y recuperar su salud.

Las situaciones que podríamos describir serían, a modo de ejemplo, las siguientes:

Extranjeros en situación administrativa irregular sobrevenida que requieran de cirugía plástica reparadora con el objetivo de mejorar la función y el aspecto físico en las lesiones que guarden relación con accidente, enfermedad o malformación congénita[715];por ejemplo, quemaduras, cirugía de mamas voluminosas o cirugía facial para corregir asimetrías causadas por una parálisis facial.

En estos supuestos, o bien la persona se encuentra pendiente de culminar el proceso de recuperación de la salud, o bien, las dolencias que padece pueden no afectarle a un problema de salud inmediato. Las actuaciones médicas

715 Real Decreto 1030/2006, de 15 de septiembre, por el que se establece la cartera de servicios comunes del Sistema Nacional de Salud y el procedimiento para su actualización recoge en su Anexo III Cartera de servicios comunes de atención especializada apartado *5. Indicación o prescripción, y la realización, en su caso, de procedimientos diagnósticos y terapéuticos: Se excluyen todos los procedimientos diagnósticos y terapéuticos con finalidad estética, que no guarden relación con accidente, enfermedad o malformación congénita, los tratamientos en balnearios y las curas de reposo.*

estarían dentro de actuaciones sanitarias de carácter preventivo que, de no materializarse a su debido momento, podrían llegar a causar un peligro grave para la salud (vida) de la persona.

Para resolverlo debemos recordar que los extranjeros en situación administrativa irregular son titulares del derecho a la asistencia sanitaria en igualdad de condiciones que el resto de las personas cuando exista un peligro grave y cierto para la vida de la persona. Fuera de este mínimo invulnerable que todo estatuto jurídico debe asegurar, los extranjeros en situación administrativa irregular podrán ser titulares del derecho a la asistencia sanitaria de acuerdo con lo que dispongan las Leyes y, además, podrán ejercer ese derecho siempre bajo las condiciones que las mismas establezcan, pudiendo el legislador establecer limitaciones o modulaciones en cuanto a su ejercicio.

Aplicado a nuestra investigación podemos extraer que aquellos extranjeros en situación administrativa irregular que teniendo acceso a la asistencia sanitaria gratuita pierdan su condición por causas sobrevenidas, los mismos no podrán acceder a estas prestaciones financiadas con cargo a los fondos públicos, siempre que dicha prestación no sea necesaria para prestar asistencia sanitaria a un paciente que se encuentra ante un peligro cierto, grave e inmediato para la salud. Por el contrario, las personas que cumplan los requisitos cumulativos del artículo 3 ter de la LCSNS tendrán acceso a las mismas en las mismas condiciones que los españoles.

Y, por otro lado, estarían aquellos casos de extranjeros en situación administrativa irregular que requieran de la prestación de rehabilitación para recuperar la salud. Pensemos, por ejemplo, en tratamientos fisioterapéuticos en trastornos neurológicos[716] o la rehabilitación en pacientes con déficit funcional recuperable encaminados a facilitar, mantener o devolver el mayor grado de capacidad funcional e independencia posible al paciente, con el fin de reintegrarlo en su medio habitual[717].

Aplicado a nuestro colectivo podemos extraer que aquellos extranjeros en situación administrativa irregular que teniendo acceso a la asistencia sanitaria gratuita pierdan su condición por causas sobrevenidas, los mismos

716 Real Decreto 1030/2006, de 15 de septiembre, por el que se establece la cartera de servicios comunes del Sistema Nacional de Salud y el procedimiento para su actualización recoge en su Anexo II Cartera de servicios comunes de atención primaria, apartado 5. *Rehabilitación básica. Incluye: (…) 5.4 Tratamientos fisioterapéuticos en trastornos neurológicos.*

717 Real Decreto 1030/2006, de 15 de septiembre, por el que se establece la cartera de servicios comunes del Sistema Nacional de Salud y el procedimiento para su actualización recoge en su Anexo III apartado 8. *Rehabilitación en pacientes con déficit funcional recuperable: comprende los procedimientos de diagnóstico, evaluación, prevención y tratamiento de pacientes con déficit funcional, encaminados a facilitar, mantener o devolver el mayor grado de capacidad funcional e independencia posible al paciente, con el fin de reintegrarlo en su medio habitual.*

no podrán acceder a estas prestaciones financiadas con cargo a los fondos públicos, siempre que dicha prestación no sea necesaria para prestar asistencia sanitaria a un paciente que se encuentra ante un peligro cierto, grave e inmediato para la salud. Por el contrario, las personas que cumplan los requisitos cumulativos del artículo 3 ter de la LCSNS tendrán acceso a las mismas en las mismas condiciones que los españoles.

En algunos casos, nos encontraremos con situaciones en las que será difícil determinar si la prestación sanitaria demandada forma parte del derecho fundamental a la vida e integridad física cuya titularidad ostentan los extranjeros en situación irregular. Pensemos en la prestación de rehabilitación como prestación indispensable para recuperar la movilidad derivada de un accidente grave. Estos supuestos se caracterizan porque la gravedad viene dada por el accidente y es lo que requiere atención de urgencia. Sin embargo, la rehabilitación, aun cuando pueda ser necesaria, no implica que el paciente se encuentre ante un peligro cierto, grave e inmediato para su salud.

Lo anterior pone de manifiesto la necesidad de plantearse que sobre ciertas prestaciones sanitarias se declare su acceso universal, público y gratuito, por afectar a el contenido de la prestación a derechos fundamentales cuya titularidad y condiciones de ejercicio deberían reconocerse por igual a todas las personas, incluidos los extranjeros en situación administrativa irregular.

5.7.c).2. Prestación farmacéutica

La prestación farmacéutica comprende los medicamentos y los productos sanitarios, así como el conjunto de actuaciones encaminadas a que los pacientes los reciban y los utilicen de forma adecuada a sus necesidades clínicas y en las dosis precisas según sus requerimientos individuales, durante el período de tiempo adecuado, con la información necesaria para su correcto uso y al menor coste posible[718]. Y, se entiende por prestación farmacéutica ambulatoria la que se dispensa al paciente mediante receta médica u orden de dispensación hospitalaria, a través de oficinas o servicios de farmacia.

Señala el artículo 102.5.e) del Real Decreto Legislativo 1/2015, de 24 de julio, por el que se aprueba el texto refundido de la Ley de garantías y uso racional de los medicamentos y productos sanitarios que, con carácter general, el porcentaje de aportación del usuario será de un 40 % del PVP para las personas extranjeras no registradas ni autorizadas como residentes en España a los que se refiere el artículo 3 ter de la Ley 16/2003, de 28 de mayo.

718 Preámbulo del Real Decreto Legislativo 1/2015, de 24 de julio, por el que se aprueba el texto refundido de la Ley de garantías y uso racional de los medicamentos y productos sanitarios.

Esta previsión normativa se incluye en el documento *Recomendaciones para el procedimiento de solicitud, registro y expedición del documento certificativo que acredita a las personas extranjeras que encontrándose en España no tengan residencial legal en territorio español para recibir asistencia sanitaria*[719]. En su apartado 3.5 señala, además del porcentaje de aportación del usuario de un 40 % del PVP, que la codificación en la base de datos será en todos los casos con la identificación F003.

Además, el artículo 102 (apartados 3 y 4) establece dos requisitos adicionales. Uno, que la aportación del usuario se efectuará en el momento de la dispensación del medicamento o producto sanitario y dos, que la aportación del usuario será proporcional al nivel de renta que se actualizará, como máximo, anualmente.

Como vemos, esta prestación sanitaria está íntimamente relacionada con la financiación del sistema sanitario y el gasto sanitario que los fármacos representan para el SNS. Imponer un 40 % del PVP de aportación por parte del usuario extranjero en situación administrativa irregular, en muchos casos, careciendo de los recursos económicos suficientes, puede suponer que indirectamente se le esté impidiendo el acceso a esta prestación sanitaria.

Es posible en este punto plantearse si no hubiese sido más proporcional al nivel de renta, tal como exige el precepto, exigir como aportación a este colectivo la prevista para los pensionistas de la Seguridad Social y sus beneficiarios cuya aportación es de un 10 % del PVP (artículo 102.5.d) del Real Decreto Legislativo 1/2015, de 24 de julio, por el que se aprueba el texto refundido de la Ley de garantías y uso racional de los medicamentos y productos sanitarios).

En la práctica se nos plantearan situaciones tales como las de aquellos extranjeros en situación irregular con enfermedades diagnosticadas que requieren de medicación permanente y, sin embargo, no tienen acceso a la misma por no estar incluidos en los supuestos del artículo 3 ter de la LCSNS ni disponer de recursos económicos para hacer frente al copago.

Esta situación resulta delicada porque estos sujetos no son titulares del derecho a la asistencia sanitaria, e implicará que además de no tener acceso a la prestación farmacéutica tampoco podrá ser sometido a revisiones periódicas de la enfermedad diagnosticada. Pensemos, por ejemplo, en la enfermedad de la esclerosis lateral amiotrófica o ELA. E incluso en un problema de salud pública cuando estemos en presencia de una enfermedad mental.

---

719 Resolución de 20 de junio de 2019 de la Dirección General de la Cartera Básica de Servicios del Sistema Nacional de Salud y Farmacia por la que se hacen públicas las recomendaciones para el procedimiento de solicitud, registro y expedición del documento certificativo que acredita a las personas extranjeras que encontrándose en España no tengan residencial legal en territorio español para recibir asistencia sanitaria.

En consecuencia, la fijación del copago farmacéutico para el extranjero en situación administrativa irregular presenta dificultades añadidas para garantizar el acceso a la asistencia sanitaria de quiénes son titulares de la misma. Además, pueden llegar a poner en riesgo la propia vida de estas personas cuando ni siquiera pueden ejercer el derecho a esta prestación. Igualmente, como la norma exige que la aportación del usuario se efectúe en el momento de la dispensación del medicamento, no es posible ni fraccionar el pago ni prever su abono en un momento posterior, lo que dificultará aún más acceder a esta prestación sanitaria para nuestro colectivo objeto de estudio, afectando al proceso de recuperación de la salud de los mismos.

5.8. Recapitulación

Por tanto, podemos extraer como conclusiones de este CAPÍTULO V las siguientes:

Primera, la exposición de este Capítulo presenta una especial relevancia en el análisis de esta investigación.

No sólo hemos expuesto aquellos derechos más vinculados directamente con la prestación asistencial del acceso a la asistencia sanitaria de los extranjeros en situación administrativa irregular, sino que además esta exposición nos ha permitido verificar incoherencias en el tratamiento jurídico de los extranjeros en situación administrativa irregular en el ámbito sanitario.

Como hemos visto, en el Capítulo IV hemos estudiado el derecho al servicio sanitario público y gratuito (acceso, cobertura) de los extranjeros en situación administrativa irregular, mientras que en el Capítulo V nos referimos fundamentalmente al derecho en el servicio sanitario (intimidad, información) de este mismo colectivo.

Pues bien, mientras que el acceso a la asistencia sanitaria pública de los extranjeros en situación administrativa irregular aparece condicionada su titularidad y ejercicio por la configuración legal dispuesta por el legislador, por el contrario, una vez que los extranjeros en situación irregular se encuentran dentro del servicio sanitario muchos de los derechos allí presentes son derechos fundamentales cuya titularidad y ejercicio les corresponden en igualdad de condiciones que los españoles al ser derechos inherentes a la dignidad humana (intimidad, consentimiento informado o protección de datos personales).

Es decir, el ordenamiento jurídico español puede condicionar el acceso a la asistencia sanitaria de nuestro colectivo objeto de estudio, pero una vez se accede al servicio existen derechos que no admiten condiciones en su ejercicio. Esto pone de manifiesto la complejidad y relevancia que presenta la configuración de los derechos de los extranjeros, en general, y del derecho a la protección de la salud de las personas, en particular. Esta configuración se agrava especialmente cuando lo ponemos en relación con colectivos vulnerables, como son los extranjeros en situación administrativa irregular.

Lo anterior evidencia que al menos algunos de los preceptos de la LAP, reguladora fundamentalmente de los derechos de las personas una vez se accede al SNS, deberían poseer carácter orgánico.

Segunda, a lo largo del Capítulo se ha podido evidenciar una continua confusión terminológica. El desarrollo de un mismo derecho aparece reconocido a «las personas», «a todos», «a los ciudadanos» o «a los pacientes». Avanzar en la uniformidad de los términos garantizando un tratamiento jurídico común, cohesionado y coherente, generaría mayor seguridad jurídica en la configuración de los derechos de los extranjeros en situación administrativa irregular en España.

Tercera, el derecho a la información engloba cuatro perspectivas diferentes. Si estamos ante información de carácter clínica constituye una garantía del derecho fundamental a la integridad física (artículo 15 CE). Si es el derecho a la información epidemiológica, disponer de información sobre problemas sanitarios de la colectividad, ya impliquen un riesgo para la salud pública o para su salud individual, forman parte del contenido del derecho fundamental a la vida. Pensemos, por ejemplo, la enfermedad por coronavirus (COVID-19), enfermedad infecciosa causada por el virus SARS-CoV-2. Y, finalmente, los extranjeros en situación administrativa irregular serán titulares del derecho a la información del Sistema Nacional de Salud, y a la libre elección de médico y centro cuando sean titulares del derecho de acceso a las prestaciones sanitarias públicas y gratuitas, de conformidad con las exigencias legales recogidas en el artículo 3 ter LCSNS.

Cuarta, el acto de diagnóstico únicamente puede ser dictado por un médico. Este detalle legal reviste importancia dada la especial vulnerabilidad que presenta nuestro colectivo objeto de estudio cuando acuden a un servicio sanitario. Es decir, solamente los médicos podrán diagnosticar las enfermedades que, en su caso, padezcan los extranjeros en situación administrativa irregular. Por ende, el cumplimiento de los requisitos administrativos legalmente exigibles (identificación, filiación, etc.) no pueden suponer una barrera de acceso a la prestación de la asistencia sanitaria. El personal no sanitario debe facilitar el acceso del extranjero al personal médico para identificar el diagnóstico de la enfermedad, así como su gravedad y urgencia.

Los extranjeros inmigrantes en situación administrativa irregular son titulares del derecho a la información clínica, sin limitaciones en su ejercicio, cuando afecte al derecho a decidir y consentir la actuación médica. No podrá privársele de la información clínica cuando derive en un riesgo o daño para su salud al afectar al derecho fundamental a la integridad física (artículo 15 CE).

Por tanto, no se debe confundir la configuración constitucional del derecho a la asistencia sanitaria del extranjero inmigrante en situación administrativa irregular (artículo 43 CE), con la configuración del derecho a ser diagnosticado como derecho a la información clínica integrante del derecho fundamental a la integridad física (artículo 15 CE).

Y, si la información clínica forma parte del derecho fundamental a la integridad física y, los extranjeros en situación administrativa irregular son titulares de este derecho, entonces el derecho al diagnóstico forma parte del derecho a la información clínica. Al integrarse en el contenido de este derecho, los extranjeros en situación administrativa irregular tendrían derecho al diagnóstico de su enfermedad en cualquier supuesto, con independencia del derecho a acceder a la asistencia sanitaria. Difícilmente se puede disponer de información clínica y del alcance de la enfermedad sino te diagnostican (informan) previamente de la misma.

Quinta, los extranjeros en situación administrativa irregular son titulares del derecho al consentimiento informado y lo ejercerán en las mismas condiciones que el resto de las personas, por ser inherente a la dignidad humana. Tienen derecho a prestar el consentimiento informado frente a cualquier intervención o actuación sanitaria sobre su persona, por ser una garantía inherente a su derecho fundamental a la integridad física (artículo 15 CE). Este derecho abarca las siguientes facultades: la de prestar, limitar o renunciar al consentimiento informado en los términos reconocidos por la LAP.

Por consiguiente, los extranjeros inmigrantes en situación administrativa irregular que necesiten prestar el consentimiento informado tendrán derecho a que, por parte de las autoridades sanitarias, a través de los profesionales sanitarios, se lo faciliten en el idioma que sea necesario. Esta obligación abarca no sólo el documento de consentir propiamente dicho, sino también la información previa y necesaria que asegure la efectividad del principio de autonomía de la voluntad del paciente.

Los extranjeros con discapacidad en situación administrativa irregular son titulares del derecho a prestar el consentimiento informado frente a cualquier intervención sobre su persona, por ser una garantía inherente a su derecho fundamental a la integridad física. Tendrá derecho, igualmente, a que se le faciliten las medidas de apoyo necesarias en atención a sus circunstancias. Este derecho abarca, también, para estas personas las siguientes facultades: la de prestar, limitar o renunciar al consentimiento informado en los términos reconocidos por la LAP.

La regulación del consentimiento informado en el caso de los menores de edad, con carácter general, resulta compleja. Los menores son titulares del derecho al consentimiento informado, siendo la edad y la madurez los criterios que modularán el ejercicio del derecho a la asistencia sanitaria. La LAP establece el criterio de la madurez en relación con el consentimiento informado de los menores.

La determinación de la edad es importante porque condiciona la configuración del derecho a la asistencia sanitaria, su titularidad, acceso y ejercicio.

En unos casos, limitándola si demuestra la mayoría de edad (adultos), y, en otros, garantizando un acceso universal (menores de edad). Sin embargo, en ambos casos, los extranjeros en situación administrativa irregular serán titulares del derecho para prestar el consentimiento informado. En este caso, la determinación de la edad carece de trascendencia al no condicionar el ejercicio de la prestación del consentimiento informado, por ser un derecho de todas las personas con independencia de su situación administrativa.

Sexta, los extranjeros inmigrantes en situación administrativa irregular verán respetado su derecho fundamental a la intimidad en las mismas condiciones que existen actualmente para los españoles en el ámbito del Sistema Nacional de Salud. Debe garantizarse la existencia de un ámbito propio y reservado frente a la acción y el conocimiento de los demás, necesario para mantener una calidad mínima de la vida humana.

La titularidad a favor de los extranjeros inmigrantes en situación administrativa irregular del derecho fundamental a la intimidad se extiende también al derecho a la protección de datos. Es decir, los datos de salud de los extranjeros en situación administrativa irregular son datos íntimos, tienen la categoría de especial protección, están sometidos a un tratamiento normativo específico y quedan englobados dentro del derecho fundamental a la intimidad reconocido en el artículo 18.1 CE. Este derecho implica, no sólo que sus datos de salud sean protegidos, sino que se proteja su no divulgación, revelación o publicidad cuando no medie consentimiento eficaz por parte de la persona o cuando no exista previsión legal que dé cobertura al límite impuesto, consecuencia de la necesaria ponderación con otros bienes jurídicos dignos de igual protección.

Asimismo, se incluye dentro de esta protección la llamada «libertad informática», (artículo 18.4 CE) entendida como el derecho a controlar el uso de los datos insertos en un programa informático (habeas data) que comprende, entre otros aspectos, la oposición del paciente a que determinados datos personales sean utilizados para fines distintos de aquél legítimo que justificó su obtención.

Séptima, la disponibilidad de la historia clínica de los extranjeros inmigrantes en situación administrativa irregular presenta una problemática específica derivada de su situación administrativa, que está estrechamente relacionada con la adecuada identificación de estas personas y con el cumplimiento de los requisitos legales para acceder al sistema sanitario.

Sin embargo, los extranjeros en situación administrativa irregular en España tienen derecho a acceder, en cualquier momento que lo consideren oportuno, a su historia clínica. El ejercicio de este derecho se podrá materializar en las formas previstas reglamentariamente en la normativa de protección de datos. La única salvedad que debe tenerse en cuenta es que la LAP establece como plazo mínimo de conservación de la documentación clínica cinco años.

Octava, en relación con la figura del Defensor del paciente en España, la misma se encuentra condicionada por la regulación normativa que haya realizado cada comunidad autónoma, por lo que existe una clara disparidad.

Los extranjeros inmigrantes en situación administrativa irregular en España tendrán derecho a acudir a la figura del Defensor del Paciente en función de la comunidad autónoma donde residan al no existir una normativa uniforme. Este derecho, en consecuencia, queda condicionado a lo que dispongan las leyes autonómicas reguladoras de sus servicios de salud.

Novena, las personas extranjeras inmigrantes en situación irregular en España que no tengan reconocido el acceso gratuito al SNS podrán acceder al sistema sanitario público mediante el pago de una contraprestación o mediante la cuota derivada de la suscripción de un convenio especial.

Parte de esta regulación evidencia como la reforma llevada a cabo en el 2018 no suprimió aquellos preceptos que siguen vinculando el acceso a la asistencia sanitaria a la condición de asegurado y beneficiario (Real Decreto 1192/2012, de 3 de agosto).

Décima, cuando el extranjero inmigrante en situación irregular no tiene reconocido el derecho de acceso a la asistencia sanitaria con financiación gratuita y, además, no dispone de recursos económicos propios para la subrogación de los gastos sanitarios generados, y acude al SNS puede derivar en el reconocimiento tácito del derecho a la asistencia sanitaria. Es decir, si no se abonan los gastos sanitarios derivados de la actuación asistencial recibida significa que el SNS se ha hecho responsable con cargo a los fondos públicos de la asistencia prestada al extranjero en situación administrativa irregular.

Lo anterior evidencia la complejidad de supuestos que pueden darse y que la norma vigente no resuelve, encontrándose los extranjeros en situación administrativa irregular con situaciones de vulnerabilidad que no existían antes de la reforma llevada a cabo en el 2012 y que, la reforma de 2018 no ha resuelto de forma satisfactoria.

Décima primera, limitar el acceso a la asistencia sanitaria de los extranjeros en situación irregular condiciona necesariamente el acceso a las prestaciones sanitarias mientras se encuentran en proceso de recuperación, como consecuencia de las modulaciones que se pueden introducir en la titularidad y ejercicio del acceso a la asistencia sanitaria por la normativa legal vigente, es decir, cuando lo decida el legislador.

Esto se traduce en que nuestro colectivo objeto de estudio puede ver interrumpido, durante el proceso de recuperación, el acceso a las prestaciones sanitarias, y esas esporádicas o continuas suspensiones pueden condicionar la retirada de tratamientos médicos necesarios para la total recuperación de la salud.

Este escenario se ve agravado por las continuas reformas que ha llevado a cabo el legislador en los años 2012 y 2018, y que, a día de hoy, siguen sin solución jurídica, provocando mayor vulnerabilidad a nuestro colectivo objeto de estudio.

Décima segunda, la fijación del copago farmacéutico para el extranjero en situación administrativa irregular presenta dificultades añadidas que obstaculizan, aún más, poder garantizar el acceso a la asistencia sanitaria de quiénes son titulares de la misma. Asimismo, pueden llegar a poner en riesgo la propia vida de estas personas cuando ni siquiera sean titulares de este derecho.

Y, además, como la norma exige que la aportación del usuario se efectúe en el momento de la dispensación del medicamento, al no ser posible ni fraccionar el pago ni prever su abono en un momento posterior, dificultará, aún más, acceder a esta prestación sanitaria para nuestro colectivo objeto de estudio, afectando al proceso de recuperación de la salud de los mismos.

CONCLUSIONES FINALES

Teniendo como objetivo facilitar el seguimiento del trabajo al lector, y de acuerdo con la estructura que presenta esta investigación, se han ido recogiendo las conclusiones más importantes de cada uno de los capítulos al final de los mismos. Por ello, en este apartado se recogerán las conclusiones más importantes extraídas de los distintos capítulos.

Primera

El Capítulo I tiene por objeto principal delimitar nuestro ámbito subjetivo objeto de estudio, dada la diversidad de regímenes jurídicos distintos en los que los extranjeros pueden encontrarse. El desarrollo de los apartados expuestos respondió, por tanto, al propósito de delimitar de forma precisa los sujetos sobre los que se analizará el alcance de la titularidad, ejercicio y contenido del derecho a la asistencia sanitaria.

Es extranjero quién no sea español. Y, es inmigrante sólo el extranjero que acude a otro país para paliar el estado de necesidad derivado de la imposibilidad de alcanzar y/o sostener un nivel mínimo de subsistencia en su país de origen y el de su familia. Por tanto, nuestra investigación se ha centrado en el estudio de aquellas personas que no son nacionales españolas y que, además, se encuentran en España con la intención de fijar allí su residencia en búsqueda de las condiciones adecuadas que le permitan sobrevivir en un contexto cultural determinado.

Al no existir un idéntico tratamiento jurídico de los extranjeros en España, la investigación ha tenido como ámbito subjetivo objeto de estudio aquella categoría de extranjeros que se identifica con los extranjeros, incluidos en el régimen general, inmigrantes, que sean nacionales de terceros países no ciudadanos de la Unión Europea, y que, además, se encuentren en situación administrativa irregular en España.Quedaron, en consecuencia, fuera del alcance de esta investigación el resto de categorías de extranjeros.

A continuación, hemos analizado el derecho a la libertad de circulación desde tres manifestaciones diferentes. Una, la facultad de salir definitiva o temporalmente del territorio de un Estado del que es nacional, así como el consiguiente derecho a entrar en otro Estado del que esa persona no es nacional. Dos, la facultad de circular libremente por el territorio de un Estado del que no es nacional, así como de fijar su propia residencia (estancia, permanencia) en cualquier parte del territorio de ese Estado. Y, tres, la facultad de salir una persona del territorio de un Estado del que no es nacional.

Las conclusiones extraídas de este análisis radican en que los extranjeros nacionales de terceros países no ciudadanos de la Unión en situación administrativa irregular pueden salir libremente de sus países de origen. Sin embargo, no existe un derecho fundamental, ni humano, de los extranjeros a entrar en España. El sujeto de derecho al que se refiere la regulación del artículo 13.1 CE no es el extranjero sin más, sino el extranjero en España, circunstancia esta que actúa como presupuesto de la extensión de derechos que lleva a cabo el artículo 13.1 CE. Por tanto, la entrada en el territorio de otro Estado requerirá el cumplimiento de los requisitos normativos fijados por ese Estado. En este caso, serán los requisitos fijados por la normativa de extranjería del Estado español.

Asimismo, el derecho de residencia y de libertad de circulación por el territorio del Estado español sólo se reconoce a las personas que se encuentran legalmente en él. Los extranjeros nacionales de terceros países no ciudadanos de la Unión en situación administrativa irregular no tienen reconocido el derecho de residencia y circulación por el territorio de Estado español.

Y, finalmente, los extranjeros nacionales de terceros países no ciudadanos de la Unión en situación administrativa irregular pueden voluntariamente abandonar, con carácter general, el territorio del Estado español del que no son nacionales. Las excepciones a esta regla general vienen determinadas por los supuestos de prohibición de salida o en los casos de salidas obligatorias.

En definitiva, ser inmigrante en situación administrativa irregular no sólo significa ser un extranjero que acude a otro país para paliar el estado de necesidad derivado de la imposibilidad de alcanzar un nivel mínimo de subsistencia en su país de origen. También significa identificarte como un colectivo vulnerable en el país de llegada, dándote cuenta que la titularidad de los derechos que te corresponden está condicionada por las normas jurídicas de los respectivos Estados.

Segunda

En España, los derechos de los extranjeros inmigrantes en situación administrativa irregular requieren forzosamente de una interpretación sistemática de la Constitución para determinar la titularidad y ejercicio de los derechos constitucionales que le corresponden. No resulta suficiente acudir al artículo 13 CE para conocer cuáles son los derechos de los extranjeros.

En la configuración de los derechos de los extranjeros inmigrantes en situación administrativa irregular cobra especial importancia el artículo 10 CE. Primero, porque el valor de la dignidad humana, como fundamento del fundamento del orden político y de la paz social, garantiza que todos los derechos que sean inherentes a la persona son iguales para todos, con independencia de la situación administrativa de regularidad e irregularidad. Y, segundo, porque el valor interpretativo que aportan la DUDH y el resto de textos internacionales permite ampliar la esfera jurídica de protección de nuestro colectivo objeto de estudio.

Así, la dignidad humana es consustancial a la persona humana, tiene carácter universal, intangible e indivisible, siendo los extranjeros, con independencia de su situación administrativa, titulares de la misma.

El legislador podrá introducir restricciones, con límites, a los derechos y libertades de los extranjeros. Dichos límites provienen tanto del artículo 10.1 de la Constitución, por ser imprescindibles para la garantía de la dignidad humana, como del artículo 10.2, ya que no pueden afectar al contenido delimitado para el derecho por la Constitución o los tratados internacionales suscritos por España. Los límites derivan también de la dicción literal de los artículos constitucionales que regulan concretos derechos y libertades.

Por ello, cuando se analice el contenido de los derechos que pudieran ostentar los extranjeros inmigrantes en situación irregular en España habrá que tomar en consideración a la dignidad humana. La dignidad humana en su relación con los derechos fundamentales ejerce una doble función. Primera, como criterio hermenéutico de los derechos fundamentales. Y, segunda, la dignidad humana constituye un *mínimum invulnerable* que todo estatuto jurídico debe asegurar, de modo que, sean unas u otras las limitaciones que se impongan en el disfrute de derechos individuales, no conllevarán menosprecio para la estima que, en cuanto ser humano, merece la persona.

Lo anterior se tradujo, en este trabajo, en que fue preciso identificar si en la configuración del derecho a la protección de la salud de los extranjeros en situación administrativa irregular existe un *mínimum invulnerable* que todo estatuto jurídico debe asegurar, siendo entonces titulares de ese núcleo esencial en igualdad de condiciones que los españoles.

Pero, además, la configuración constitucional y legal de los derechos de los extranjeros deberá tener en cuenta los textos internacionales que sobre la materia hayan sido ratificados por España. Los tratados internacionales de derechos humanos, como herramientas hermenéuticas, constituyen una fuente interpretativa obligada para configurar el sentido, contenido y alcance de los derechos fundamentales, de conformidad con el artículo 10.2 CE.

Asimismo, hemos concluido que han sido los pronunciamientos de nuestro Tribunal Constitucional los que han perfilado la configuración constitucional de los derechos de los extranjeros, posibilitando tener en cuenta la nacionalidad del individuo a la hora de atribuirle la titularidad de unos u otros derechos fundamentales, y, al mismo tiempo, existir diferencias de trato en cuanto a su ejercicio. Todo ello, sin olvidar que los derechos y libertades reconocidos a los extranjeros son constitucionales y, por tanto, dotados de la protección constitucional, pero son todos ellos sin excepción, en cuanto a su contenido, derechos de configuración legal.

Ahora bien, esta configuración puede prescindir de tomar en consideración, como dato relevante para modular el ejercicio del derecho, la nacionalidad o ciudadanía del titular, produciéndose así una completa igualdad entre españoles y extranjeros.

Existe, en consecuencia, un grupo de derechos reconocidos en la Constitución que pertenecen a la persona en cuanto tal y no como ciudadano, por ser imprescindibles para la garantía de la dignidad humana. Aplicado a nuestro colectivo objeto de estudio, concluimos que los extranjeros inmigrantes en situación administrativa irregular son titulares de estos derechos y los ejercerán en las mismas condiciones que el resto de las personas, por ser inherentes a la dignidad humana. Ello entraña que, aun cuando los extranjeros inmigrantes en situación administrativa irregular no ostentan la condición de nacionales del Estado español, sin embargo, si serán titulares de aquellos derechos que por estar íntimamente vinculados a la dignidad de la persona les corresponden en cuanto seres humanos. Se incluyen en esta categoría el derecho a la vida, a la integridad física y moral, la libertad ideológica y religiosa, el derecho al honor, la intimidad y la propia imagen.

También hemos concluido que existe un segundo grupo de derechos que está integrado por los derechos, denominados desiguales, condicionados a la configuración legal. Aplicado a nuestro colectivo significará que podrán ser titulares de esos derechos de acuerdo con lo que dispongan las Leyes y los tratados Y, además, podrán ejercerlos siempre bajo las condiciones que las mismas establezcan. Bien es cierto que para ello ha de respetar, en todo caso, las prescripciones constitucionales al estar dotados de protección constitucional.

El derecho a la protección de salud de los extranjeros inmigrantes en situación administrativa irregular, como derecho constitucional de configuración legal, admite que se introduzcan diferencias de trato basadas en la extranjería de los sujetos, pero, al hacerlo, debe adecuarse a los Tratados internacionales sobre dichos derechos celebrados por España, operando las leyes también como criterio limitativo en este caso.

Vimos, en definitiva, como los tratados internacionales de derechos humanos, que sirven de herramientas hermenéuticas, incluyen el derecho a la protección de la salud de los extranjeros en situación administrativa irregular como derecho que debe ser necesariamente interpretado de conformidad con la Declaración Universal y los tratados o acuerdos internacionales sobre derechos humanos ratificados por España por aplicación del artículo 10.2 CE, siendo este el límite relativo al contenido del derecho a la protección de la salud delimitado por los tratados internacionales. Límite que fue necesario analizar, al ser este un contenido cuya titularidad y ejercicio le corresponde también a nuestro colectivo objeto de estudio.

Tercera

En el Capítulo III de esta investigación se ha puesto de manifiesto las dimensiones del derecho a la salud, identificándose con las tres siguientes:

- Derecho a la salud como derecho a las prestaciones sanitarias del Estado o, en otros términos, a la atención médica organizada y dispensada por los poderes públicos.
- Derecho a la salud como posición subjetiva en relación con la actividad desarrollada por los poderes públicos para proteger la salud pública.
- Derecho a la salud como derecho de cada persona a que su propia salud no se vea amenazada ni dañada por actuaciones externas realizadas por cualquier sujeto público o privado.

Se concluye que las mismas se vuelven especialmente complejas cuando los destinatarios son colectivos especialmente vulnerables, como son los extranjeros inmigrantes en situación administrativa irregular.

La primera y la segunda dimensión del derecho a protección de la salud como derecho a la asistencia sanitaria (individual) y a la salud pública (colectiva), como Principio Rector de la Política Social y Económica, supone que los extranjeros en situación administrativa irregular están al albur de lo que dispongan las leyes que configuren el alcance y acceso de este derecho. Desde esta perspectiva, son derechos de configuración legal y solo adquieren el carácter de subjetivo cuando media la ley que los regule. Por ello, serán las leyes las que determinen la titularidad, contenido y ejercicio de este derecho.

Sin embargo, la tercera dimensión del derecho a la protección de salud, como parte integrante de derechos fundamentales por estar en íntima conexión con los mismos, supone que los extranjeros inmigrantes en situación administrativa irregular en España sean titulares del mismo en las mismas condiciones que los españoles, no pudiendo introducir diferencias de trato entre los mismos.

Asimismo, el Estado deberá abstenerse de todos aquellos actos u omisiones que impliquen el menoscabo de la dimensión de la protección de la salud que está integrada en el derecho a la vida y a la integridad física del artículo 15 CE.

Fuera de este mínimo invulnerable que todo estatuto jurídico debe asegurar, los extranjeros en situación administrativa irregular podrán ser titulares del derecho a la asistencia sanitaria de acuerdo con lo que dispongan las

Leyes y, además, podrán ejercer ese derecho siempre bajo las condiciones que las mismas establezcan, pudiendo el legislador establecer limitaciones o modulaciones en cuanto a su ejercicio.

La dificultad estribará en determinar cuando el legislador no respeta ni las garantías mínimas ni los límites propios del derecho fundamental a la salud. Cualquier legislación sanitaria que vulnere el contenido fundamental del derecho a la protección de la salud cuya titularidad y ejercicio corresponde también al colectivo en situación irregular será declarada inconstitucional.

Por tanto, el derecho a la asistencia sanitaria de los extranjeros inmigrantes en situación administrativa irregular queda configurado de acuerdo a las siguientes premisas:

Del análisis de las diferentes dimensiones que presenta el derecho a la protección de la salud y de la configuración constitucional de los derechos de los extranjeros, es posible distinguir, cuando los titulares son los extranjeros en situación administrativa irregular, dos alcances distintos en la configuración que haga el legislador cuando regule el ejercicio del derecho a la asistencia sanitaria de los mismos.

Uno, el derecho a la asistencia sanitaria previsto en el artículo 43.1. CE no es un derecho subjetivo fundamental cuya titularidad está reconocida universalmente a todas las personas, sino que los sujetos tendrán derecho a acceder en los términos que establezca la legislación positiva. Ahora bien, el Estado español deberá mínimamente asumir la asistencia sanitaria médica a la que todos los individuos tienen derecho como reconocimiento universal, cuya titularidad no admite distinción entre españoles y extranjeros, y, cuya regulación legal de su ejercicio deberá mínimamente respetar (artículo 10.1 y 2 CE).

Dicha legislación definirá la titularidad, la configuración del modelo de prestación y su acceso, el contenido de las prestaciones, así como el sistema de financiación, las facultades y deberes que definen el contenido del derecho y, por tanto, sus límites, así como la organización y funcionamiento de los servicios encargados de la provisión de las prestaciones.

Bajo esta dimensión constitucional, los extranjeros inmigrantes en situación administrativa irregular pueden ser o no titulares del derecho a la asistencia sanitaria en los términos que establezcan los tratados y la ley.

En todo caso, hay un mínimo asistencial que queda garantizado y que constituye un límite para el legislador, que es el que se identifica con la dimensión iusfundamental del derecho a la salud.

Dos, el derecho a la protección de la salud, como derecho fundamental, comprende un aspecto positivo y negativo que opera como garantía y límite frente a determinadas injerencias del poder público referidas a la vida, a la integridad física y moral y a no sufrir torturas ni tratos inhumanos o degradantes. Es decir, el derecho a la protección de la salud se configura, bajo esta dimensión, como un derecho fundamental de la persona, que desarrolla un papel complementario e integrante respecto a los derechos fundamentales a la vida y a la integridad física y moral y a no sufrir tortura ni tratos inhumanos o degradantes reconocidos en el artículo 15 CE.

Este contenido mínimo, de conformidad con lo previsto en el artículo 10.1 y 10.2 CE, estará integrado por las acciones necesarias para proteger el objeto del derecho (la salud) constitucionalmente definido, de conformidad con los valores, también constitucionales, que le sirven de fundamento. Como hemos apuntado, podemos asumir la determinación que realiza la Observación General 14, del Comité de Derechos Económicos, Sociales y Culturales, sobre el derecho al disfrute del más alto nivel posible de salud, de 12 de mayo de 2000, la cual, dejando fuera los llamados condicionantes de la salud, incluye obligaciones estatales básicas en una serie determinada de materias. Son los servicios básicos de salud preventivos, curativos y de rehabilitación, así como la obligación del Estado de abstenerse de imponer prácticas discriminatorias.

Y, como derecho fundamental, supondrá que el mismo estará sujeto a las garantías constitucionales establecidas tanto desde el punto de vista procedimental, sustantivo y jurisdiccional tales como la legitimación activa para el recurso de amparo.

Por consiguiente, como conclusión fundamental y básica de este trabajo, los extranjeros inmigrantes en situación administrativa irregular son titulares del derecho a la asistencia sanitaria en igualdad de condiciones que el resto de las personas cuando exista un peligro grave y cierto para la vida de la persona. Es decir, cuando estemos ante enfermedades graves que afecten de forma inminente a la salud, aunque no sean inmediatamente mortales. En este caso, tendrán derecho a los cuidados médicos necesarios al verse amenazada su propia vida. Y, por tanto, el legislador no podrá establecer condicionamientos a su ejercicio.

Fuera de este mínimo invulnerable que todo estatuto jurídico debe asegurar, los extranjeros en situación administrativa irregular podrán ser titulares del derecho a la asistencia sanitaria de acuerdo con lo que dispongan las Leyes y, además, podrán ejercer ese derecho siempre bajo las condiciones que las mismas establezcan, pudiendo el legislador establecer limitaciones o modulaciones en cuanto a su ejercicio.

Por contra, nada impediría que el legislador, por libre creación del mismo, incluyese un contenido suplementario o, en palabras del Tribunal Constitucional, un contenido adicional a los mínimos indispensables del derecho fundamental, y, que se traduce en que los actos contrarios a esos derechos o facultades adicionales pueden ser vulneradores del derecho fundamental, ya que el derecho fundamental se integra no sólo por su contenido esencial, sino también por esos derechos o facultades que haya reconocido el legislador.

De forma gráfica, y a efectos expositivos, podría reflejarse la configuración constitucional del derecho a la protección de la salud de las personas previsto en el artículo 43 CE, por un lado, y del derecho a la asistencia sanitaria de los extranjeros inmigrantes en situación administrativa irregular de conformidad con los artículos 13, 10, 15 y 43 CE, por otro, de la siguiente manera:

DERECHO A LA PROTECCIÓN DE LA SALUD (Artículo 43 CE)

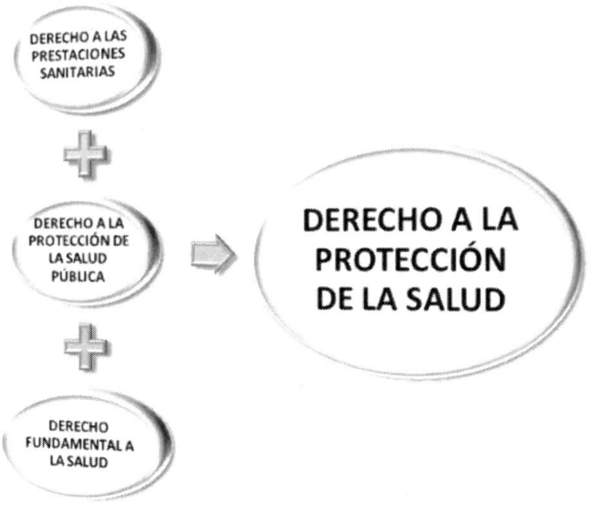

Fuente: elaboración propia

DERECHO A LA ASISTENCIA SANITARIA DE LOS EXTRANJEROS EN SITUACIÓN IRREGULAR (Artículos 13, 10, 15 y 43 CE)

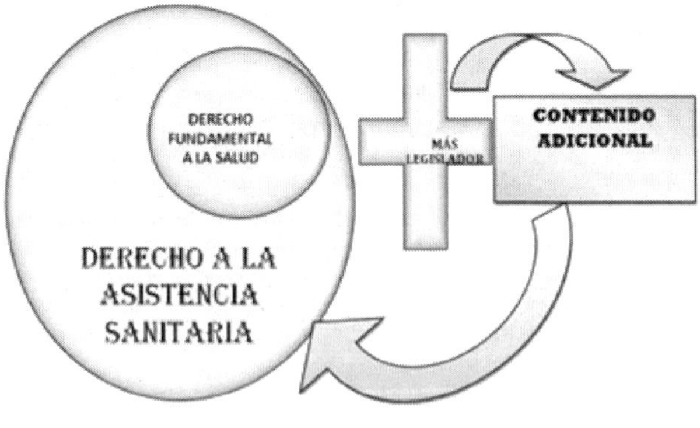

Fuente: elaboración propia

Cuarta

Las conclusiones extraídas del Capítulo IV de este trabajo podemos sintetizarlas en las siguientes:

Nuestro sistema sanitario es producto de una continua evolución histórica que ha sufrido numerosas modificaciones legislativas, entre ellas, las relativas a la delimitación del ámbito subjetivo del derecho de acceso a la asistencia sanitaria. La Ley 14/1986, de 25 de abril, General de Sanidad, crea el Sistema Nacional de Salud, como sistema único y, a la vez descentralizado, basado en el principio de servicio universal. Materializa, asimismo, un cambio de concepción, al pasar a vincular el derecho a la protección de la salud y la atención sanitaria a la persona, y no a la condición de afiliación y alta en el Sistema de Seguridad Social.

Bajo la configuración del modelo de Sistema Nacional de Salud no existiría impedimento para que los extranjeros en situación administrativa irregular tuvieran acceso a las prestaciones sanitarias de forma gratuita con cargos a los fondos públicos, mientras que en el ámbito de las prestaciones de la Seguridad Social las mismas se vincularían con la condición de residente.

La reforma sanitaria operada en el año 2012 marcará un cambio de sentido al volver a vincular el acceso a la asistencia sanitaria con la condición de asegurado y beneficiario, y, alterar, en consecuencia, la configuración subjetiva del acceso a la asistencia sanitaria. La configuración de la asistencia sanitaria deja de ser un servicio universalizado.

Se justificó la extraordinaria aprobación de la norma en la necesidad de garantizar la sostenibilidad del sistema sanitario público, dada la situación de grave dificultad económica. Esta reforma llegó a poner, en entredicho, el contenido mínimo del derecho a la asistencia sanitaria por propio mandato constitucional, aun cuando los datos demuestran que el coste sanitario que genera la población extranjera inmigrante en situación administrativa irregular, objetivamente, resulta de muy reducido impacto en relación con el elevado gasto total invertido por España en materia de sanidad. Además, los extranjeros inmigrantes en situación administrativa irregular contribuyen, en mayor o menor medida, a la sostenibilidad del sistema nacional de salud a través de la vía impositiva, fundamentalmente indirecta.

Y, aun cuando existe turismo sanitario, el mismo no debe equipararse con el uso que los extranjeros inmigrantes en situación administrativa irregular hacen del SNS. Para garantizar la sostenibilidad del Sistema Nacional de Salud español es necesario realizar una gestión eficiente de los recursos que conlleve un ahorro del gasto sanitario mediante adopción de medidas alternativas a las llevadas a cabo.

Son los poderes públicos los que poseen la capacidad de adoptar medidas, en caso de ser necesarias, para racionalizar el gasto y garantizar la sostenibilidad del sistema sanitario, sin que las mismas se agoten con limitaciones en la titularidad del derecho a la asistencia sanitaria. Entre otras, hemos mencionado medidas que disminuyan la incidencia y prevalencia de las enfermedades mediante actividades de promoción de la salud y prevención de enfermedades, basadas en una perspectiva poblacional y no meramente individual.

La reforma puntual del año 2012 tendrá una escasa vigencia ya que, como consecuencia del cambio llevado a cabo en el año 2018 en la Ley 16/2003, de 28 de mayo, de cohesión y calidad del Sistema Nacional de Salud, el ámbito subjetivo de acceso a la asistencia sanitaria volverá a ser objeto de modificación, en el sentido de superar la vinculación del acceso a la asistencia sanitaria a la condición de asegurado y/o beneficiario. Sin embargo, no ha alcanzado la universalidad del acceso a la misma, a pesar de la justificación recogida en su Exposición de motivos.

Los extranjeros en situación administrativa irregular serán titulares del derecho y accederán a las prestaciones sanitarias de acuerdo con las condiciones legales fijadas. Los requisitos legales fijados en 2018 dieron un paso adelante hacia la universalidad, pero no se volvió a la situación anterior al año 2012, donde los extranjeros, con independencia de su situación administrativa, accedían al disfrute del derecho a la asistencia sanitaria en las mismas condiciones que los españoles, con el único requisito de exigencia del empadronamiento.

Además, la reforma sanitaria del año 2018 no resuelve las disfunciones legales introducidas por la reforma sanitaria del año 2012, ya que, muchas de las situaciones descritas y analizadas anteriormente, están al albur de las decisiones médicas, últimos responsables de garantizar el acceso a la asistencia sanitaria a nuestro colectivo objeto de estudio.

Teniendo en cuenta la configuración constitucional del derecho a la asistencia sanitaria de los extranjeros en situación administrativa irregular, detectamos que la regulación legal vigente prevista en la LCSNS fruto de la reforma del año 2018, no clarifica suficientemente el contenido del derecho a la protección de la salud que resulta indisponible para el legislador, a diferencia de la modificación introducida en el año 2012. Es decir, existen supuestos que pueden suponer un peligro real, grave y cierto para la salud del extranjero inmigrante en situación administrativa irregular y, sin embargo, no quede garantizado, en la práctica, el derecho de acceso a la asistencia sanitaria pública y gratuita del Sistema Nacional de Salud español.

Partiendo del binomio asistencia sanitaria-sostenibilidad del sistema sanitario, el legislador olvida que no garantizar la asistencia sanitaria a los extranjeros en situación administrativa irregular cuando padecen cierto tipo de enfermedades (mentales, transmisibles y contagiosas) repercutirá económicamente, generando mayor gasto sanitario y afectando negativamente a la sostenibilidad del sistema sanitario, al tener que destinar de forma obligada cuidados médicos al conjunto de la población.

La existencia de normativas específicas previstas para algunos colectivos extranjeros irregulares, especialmente vulnerables, puede provocar situaciones discriminatorias en el acceso a la asistencia sanitaria de nuestro Sistema Nacional de Salud. Pensemos, por ejemplo, en las personas extranjeras que se encontraban en situación administrativa irregular, y una vez privadas de libertad, tendrán acceso pleno a la asistencia sanitaria. En el supuesto general, sin embargo, su ejercicio se encuentra condicionado por los requisitos legalmente establecidos.

Finalmente, las organizaciones, cuyo objeto social es la defensa de la sanidad universal, constituyen un apoyo y respaldo en la defensa del derecho a la protección de la salud de los extranjeros inmigrantes en situación administrativa irregular en España.

Quinta

No sólo hemos expuesto aquellos derechos más vinculados directamente con la prestación asistencial del acceso a la asistencia sanitaria pública de los extranjeros inmigrantes en situación administrativa irregular, sino que, además, esta exposición nos ha permitido verificar incoherencias en el tratamiento jurídico de los extranjeros en situación administrativa irregular en el ámbito sanitario.

Como hemos visto, en el Capítulo IV hemos estudiado el derecho al servicio sanitario público y gratuito (acceso, cobertura) de los extranjeros en situación administrativa irregular, mientras que en el Capítulo V nos referimos fundamentalmente al derecho en el servicio sanitario (intimidad, información) de este mismo colectivo.

Pues bien, mientras que el acceso a la asistencia sanitaria de los extranjeros en situación administrativa irregular aparece condicionado su titularidad y ejercicio por la configuración legal dispuesta por el legislador, por el contrario, una vez que los extranjeros en situación irregular se encuentran dentro del servicio sanitario muchos de los derechos allí presentes son derechos fundamentales, cuya titularidad y ejercicio les corresponden, en igualdad de condiciones que los españoles, al ser derechos inherentes a la dignidad humana (intimidad, consentimiento informado o protección de datos personales).

Es decir, el ordenamiento jurídico español puede condicionar el acceso a la asistencia sanitaria de nuestro colectivo objeto de estudio, pero una vez se accede al servicio existen derechos que no admiten condiciones en su ejercicio. Esto pone de manifiesto la complejidad y relevancia que presenta la configuración de los derechos de los extranjeros, en general, y del derecho a la protección de la salud de las personas, en particular. Esta configuración se agrava especialmente cuando lo ponemos en relación con colectivos vulnerables como son los extranjeros inmigrantes en situación administrativa irregular.

Lo anterior evidencia que al menos algunos de los preceptos de la LAP, reguladora fundamentalmente de los derechos de las personas una vez se accede al SNS, deberían poseer carácter orgánico.

A lo largo de este último Capítulo, hemos podido evidenciar una continua confusión terminológica. El desarrollo de un mismo derecho aparece reconocido a «las personas», «a todos», «a los ciudadanos» o «a los pacientes». Avanzar en la uniformidad de los términos, garantizando un tratamiento jurídico común, cohesionado y coherente generaría mayor seguridad jurídica en la configuración de los derechos de los extranjeros inmigrantes en situación administrativa irregular en España.

El derecho a la información engloba cuatro perspectivas diferentes. Si estamos ante una información de carácter clínica constituye una garantía del derecho fundamental a la integridad física (artículo 15 CE). Si es el derecho a la información epidemiológica, disponer de información sobre problemas sanitarios de la colectividad, ya impliquen un riesgo para la salud pública o para su salud individual, forman parte del contenido del derecho fundamental a la vida. Pensemos, por ejemplo, la enfermedad por coronavirus (COVID-19), enfermedad infecciosa causada por el virus SARS-CoV-2. Y, finalmente, los extranjeros en situación administrativa irregular serán titulares del derecho a la información del Sistema Nacional de Salud, y a la libre elección de médico y centro cuando sean titulares del derecho de acceso a las prestaciones sanitarias públicas y gratuitas, de conformidad con las exigencias legales recogidas en el artículo 3 ter LCSNS.

Por su parte, el acto de diagnóstico únicamente puede ser dictado por un médico. Por ende, el cumplimiento de los requisitos administrativos legalmente exigibles (identificación, filiación, etc.) no pueden suponer una barrera de acceso a la prestación de la asistencia sanitaria.

Los extranjeros en situación administrativa irregular son titulares del derecho a la información clínica, sin limitaciones en su ejercicio, cuando afecte al derecho a decidir y consentir la actuación médica. No podrá privársele de la información clínica cuando derive en un riesgo o daño para su salud, al afectar al derecho fundamental a la integridad física (artículo 15 CE).

Por tanto, no se debe confundir la configuración constitucional del derecho a la asistencia sanitaria del extranjero inmigrante en situación administrativa irregular (artículo 43 CE), con la configuración del derecho a ser diagnosticado como derecho a la información clínica integrante del derecho fundamental a la integridad física (artículo 15 CE).

Y, si la información clínica forma parte del derecho fundamental a la integridad física y, los extranjeros en situación administrativa irregular son titulares de este derecho, el derecho al diagnóstico forma parte del derecho a la información clínica. Al integrarse en el contenido de este derecho, los extranjeros en situación administrativa irregular tendrían derecho al diagnóstico de su enfermedad en cualquier supuesto, con independencia del derecho a acceder a la asistencia sanitaria. Difícilmente se puede disponer de información clínica y del alcance de la enfermedad sino te diagnostican (informan) previamente de la misma.

Asimismo, los extranjeros en situación administrativa irregular son titulares del derecho al consentimiento informado y, lo ejercerán en las mismas condiciones que el resto de las personas, por ser inherentes a la dignidad humana. Tienen derecho a prestar el consentimiento informado frente a cualquier intervención o actuación sanitaria sobre su persona, por ser una garantía inherente a su derecho fundamental a la integridad física (artículo 15 CE). Este derecho abarca las siguientes facultades: la de prestar, limitar o renunciar al consentimiento informado en los términos reconocidos por la LAP.

Por consiguiente, los extranjeros inmigrantes en situación administrativa irregular que necesiten prestar el consentimiento informado tendrán derecho a que, por parte de las autoridades sanitarias, a través de los profesionales sanitarios, se lo faciliten en el idioma que sea necesario. Esta obligación abarca no sólo el documento de consentir propiamente dicho sino también la información previa y necesaria que asegure la efectividad del principio de autonomía de la voluntad del paciente.

Los extranjeros con discapacidad en situación administrativa irregular son titulares del derecho a prestar el consentimiento informado frente a cualquier intervención sobre su persona, por ser una garantía inherente a su derecho fundamental a la integridad física. Tendrá derecho, igualmente, a que se le faciliten las medidas de apoyo necesarias en atención a sus circunstancias. Este derecho abarca, también, para estas personas las siguientes facultades: la de prestar, limitar o renunciar al consentimiento informado en los términos reconocidos por la LAP.

La regulación del consentimiento informado en el caso de los menores de edad, con carácter general, resulta compleja. Los menores son titulares del derecho al consentimiento informado, siendo la edad y la madurez los criterios que modularán el ejercicio del derecho a la asistencia sanitaria. La LAP establece el criterio de la madurez en relación con el consentimiento informado de los menores.

La determinación de la edad es importante porque condiciona la configuración del derecho a la asistencia sanitaria, su titularidad, acceso y ejercicio. En unos casos, limitándola si demuestra la mayoría de edad (adultos), y, en otros, garantizando un acceso universal (menores de edad). Sin embargo, en ambos casos, los extranjeros en situación administrativa irregular serán titulares del derecho para prestar el consentimiento informado. En este caso, la determinación de la edad carece de trascendencia al no condicionar el ejercicio de la prestación del consentimiento informado, por ser un derecho de todas las personas con independencia de su situación administrativa.

Los extranjeros inmigrantes en situación administrativa irregular verán respetado su derecho fundamental a la intimidad en las mismas condiciones que existen actualmente para los españoles en el ámbito del Sistema Nacional de Salud. Debe garantizarse la existencia de un ámbito propio y reservado frente a la acción y el conocimiento de los demás, necesario para mantener una calidad mínima de la vida humana.

La titularidad a favor de los extranjeros en situación administrativa irregular del derecho fundamental a la intimidad se extiende también al derecho a la protección de datos. Es decir, los datos de salud de los extranjeros en situación administrativa irregular son datos íntimos, tienen la categoría de especial protección, están sometidos a un tratamiento normativo específico y quedan englobados dentro del derecho fundamental a la intimidad, reconocido en el artículo 18.1 CE. Este derecho implica, no sólo que sus datos de salud sean protegidos, sino que se proteja su no divulgación, revelación o publicidad cuando no medie consentimiento eficaz por parte de la persona o cuando no exista previsión legal que dé cobertura al límite impuesto, consecuencia de la necesaria ponderación con otros bienes jurídicos dignos de igual protección.

La disponibilidad de la historia clínica de los extranjeros inmigrantes en situación administrativa irregular presenta una problemática específica derivada de su situación administrativa, que está estrechamente relacionada con la adecuada identificación de estas personas y con el cumplimiento de los requisitos legales para acceder al sistema sanitario.

Sin embargo, los extranjeros inmigrantes en situación administrativa irregular en España tienen derecho a acceder, en cualquier momento que lo consideren oportuno, a su historia clínica. El ejercicio de este derecho se podrá materializar en las formas previstas reglamentariamente en la normativa de protección de datos. La única salvedad que debe tenerse en cuenta es que la LAP establece como plazo mínimo de conservación de la documentación clínica cinco años.

En relación con la figura del Defensor del paciente en España, la misma se encuentra condicionada por la regulación normativa que haya realizado cada comunidad autónoma, por lo que existe una clara disparidad. Los extranjeros en situación administrativa irregular en España tendrán derecho a acudir a la figura del Defensor del Paciente en función de la comunidad autónoma donde residan al no existir una normativa uniforme. Este derecho, en consecuencia, queda condicionado a lo que dispongan las leyes autonómicas reguladoras de sus servicios de salud.

Las personas extranjeras en situación irregular en España que no tengan reconocido el acceso gratuito al SNS podrán acceder al sistema sanitario público mediante el pago de una contraprestación o mediante la cuota derivada de la suscripción de un convenio especial.

Parte de esta regulación evidencia como la reforma llevada a cabo en el 2018 no suprimió aquellos preceptos que siguen vinculando el acceso a la asistencia sanitaria a la condición de asegurado y beneficiario (Real Decreto 1192/2012, de 3 de agosto).

Cuando el extranjero en situación irregular no tiene reconocido el derecho de acceso a la asistencia sanitaria con financiación gratuita y, además, no dispone de recursos económicos propios para la subrogación de los gastos sanitarios generados, y acude al SNS, puede derivar en el reconocimiento tácito del derecho a la asistencia sanitaria. Es decir, si no se abonan los gastos sanitarios derivados de la actuación asistencial recibida significa que el SNS se ha hecho responsable con cargo a los fondos públicos de la asistencia prestada al extranjero en situación administrativa irregular.

Lo anterior evidencia la complejidad de supuestos que pueden darse y que la norma vigente no resuelve, encontrándose los extranjeros en situación administrativa irregular con situaciones de vulnerabilidad que no existían antes de la reforma llevada a cabo en el 2012 y que la reforma de 2018 no ha resuelto de forma satisfactoria.

Limitar el acceso a la asistencia sanitaria de los extranjeros inmigrantes en situación irregular condiciona necesariamente el acceso a las prestaciones sanitarias mientras se encuentran en proceso de recuperación, como consecuencia de las modulaciones que se pueden introducir en la titularidad y ejercicio del acceso a la asistencia sanitaria por la normativa legal vigente, es decir, cuando lo decida el legislador.

Esto se traduce en que nuestro colectivo objeto de estudio puede ver interrumpido, durante el proceso de recuperación, el acceso a las prestaciones sanitarias, y esas esporádicas o continuas suspensiones pueden condicionar la retirada de tratamientos médicos necesarios para la total recuperación de la salud.

Finalmente, la fijación del copago farmacéutico para el extranjero inmigrante en situación administrativa irregular presenta dificultades añadidas que obstaculizan, aún más, poder garantizar el acceso a la asistencia sanitaria pública de quiénes son titulares de la misma. Asimismo, pueden llegar a poner en riesgo la propia vida de estas personas cuando ni siquiera sean titulares de este derecho.

Y, además, como la norma exige que la aportación del usuario se efectúe en el momento de la dispensación del medicamento no es posible ni fraccionar el pago ni prever su abono en un momento posterior, lo que dificultará aún más acceder a esta prestación sanitaria para nuestro colectivo objeto de estudio, afectando al proceso de recuperación de la salud de los mismos.

Por tanto, este estudio ha pretendido poner un poco de luz a tanta oscuridad jurídica, siendo una gran aliada nuestra Constitución Española de 1978 y nuestro Tribunal Constitucional.

BIBLIOGRAFÍA

Abarca Junco, A. P., y Vargas Gómez-Urrutia, M., «El Estatuto de ciudadano de la Unión y su posible incidencia en el ámbito de aplicación del Derecho comunitario (sentencia Ruiz Zambrano)», *Revista Electrónica de Estudios Internacionales*, N.º 23, 2012, 1-23.

Aja, E., *Inmigración y Democracia.* Ed. Alianza Editorial, Madrid, 2012.

Aláez Corral, B., *Minoría de edad y Derechos Fundamentales*, Tecnos, Madrid, 2003.

Aláez Corral, B., «Nacionalidad, ciudadanía y democracia en la configuración de la nación/pueblo», en *El pueblo del Estado. Nacionalidad y Ciudadanía en el Estado Constitucional-Democrático, Fundamentos: Cuadernos monográficos de teoría del estado, derecho público e historia constitucional*, N.º 7, Junta General del Principado de Asturias, Oviedo, 2012.

Aláez Corral, B., *Nacionalidad, ciudadanía y Democracia, ¿a quién pertenece la Constitución?*, Centro de Estudios Políticos y Constitucionales, Madrid, 2006.

Alegre Martínez, M., *La dignidad de la persona como fundamento del ordenamiento constitucional español,* Universidad de León, León, 1996.

Alonso García, E., *La interpretación de la Constitución,* Centro de estudios Constitucionales, Madrid, 1984.

Álvarez González, E. M., «El Sistema Nacional de Salud como sistema: realidad y carencias», *Revista Derecho y Salud*. Vol. 15, Núm. 1, enero-junio, 2007

Álvarez González, E. M., *Régimen Jurídico de la asistencia sanitaria pública. Sistema de prestaciones y coordinación sanitaria*, Comares, Granada, 2007.

Álvarez Rodríguez, A., *Nacionalidad española. Normativa vigente e interpretación Jurisprudencial.* Aranzadi, Navarra, 2008.

Amets Suess, Ruiz Pérez, I., Ruiz Azarola, A. y March Cerdà, J. C., «El derecho de acceso sanitario en el contexto del Real Decreto-ley 16/2012: la perspectiva de organizaciones de la sociedad civil y asociaciones profesionales», *Gaceta Sanitaria*, 2014, 461-469.

Amores Conradi, M. A., *«Comentario al artículo 11 CE»* en Rodríguez – Piñero y Bravo Ferrer, Miguel, Casas Baamonde, María Emilia, *Comentarios a la Constitución Española, XL aniversario*, Wolters Kluwer, Madrid, 2018.

Aparicio Pérez, M. A., «La cláusula interpretativa del artículo 10.2 de la Constitución Española, como cláusula de integración y apertura constitucional a los derechos fundamentales». *Jueces para la Democracia*, N.º 6, 1989, 9-18.

Asúa Batarrita, A. y Gómez Fernández, I., «Derecho a tener derechos: participación y cohesión social en el sistema constitucional español. Prestaciones Sociales y ciudadanía», XVIII *Conferencia Trilateral* 6-8 de octubre 2016, Roma.

Atienza, M., *Sobre la dignidad humana,* Editorial Trotta, Madrid, 2022.

Bajo Fernández, M., «El secreto profesional en el proyecto de Código Penal», *Anuario de Derecho Penal y Ciencias Penales*, Tomo 33, Fasc/Mes 3, 1980, 595-610.

Bastida Freijedo, F. y otros, *Teoría General de los Derechos Fundamentales en la Constitución Española de 1978*, Tecnos, Madrid, 2004.

Beltrán Aguirre, J. A., «Prestaciones sanitarias del Sistema Nacional de Salud: aspectos jurídicos», *Revista Derecho y Salud*, Vol. 2, enero-diciembre 1994, 87-95.

Beltrán Aguirre, J.L., *Derecho Sanitario de Navarra*, Gobierno de Navarra, Pamplona, 2005.

Beltrán Aguirre, J. L., «Anotaciones a la Ley de Cohesión y Calidad del Sistema Nacional de Salud», *Revista Derecho y Salud*, Volumen 11, junio-diciembre, 2003, 123-140.

Benítez Llamazares, N., «La financiación de la sanidad pública española. Especial referencia a la crisis sanitaria generada por COVID-19», *E-Revista Internacional de la Protección Social*, 2020, Vol. V, N.º 2, 356-372.

Bestard Perelló, J. J., *La asistencia sanitaria pública,* Ediciones Díaz de Santos, 2015.

Blázquez Fernández, C., Cantarero Prieto, D. y Pascual Saez, M., «*Experiencia comparada europea y el reto de la descentralización sanitaria*», *XX Encuentro de economía pública*, Sevilla, 31 enero-1 febrero 2013.

Blázquez Martín, D., «La situación jurídica de los inmigrantes irregulares a la luz de los derechos humanos», en Valle Gálvez, A. y Acosta Sánchez, M. A., (Coords.), *Inmigración irregular y derecho, VIII Jornadas Autonómicas de Derecho Internacional Humanitario,* Cruz Roja Española, As. Autonomía de Andalucía y Universidad de Cádiz, Cádiz, 2005.

Blázquez Rodríguez, I., *Los nacionales de terceros países en la Unión Europea,* 2.ª Ed. Servicio de Publicaciones de la Universidad de Córdoba, Córdoba, 2003.

Bonet Pérez, J., *Las políticas migratorias y la protección internacional de los derechos y libertades de los inmigrantes. Un análisis desde la perspectiva del ordenamiento jurídico español,* Universidad de Deusto, Bilbao, 2003.

Borrajo Dacruz, E., «Comentario al artículo 43», en *Comentarios a la Constitución de Alzaga*, tomo IV, Edersa, Madrid, 1996.

Borrajo Dacruz, E., «El derecho a la asistencia sanitaria de la Seguridad Social», en *El derecho a la asistencia sanitaria y la protección familiar en el derecho de la seguridad social*, (Ponencias III y IV), Ponencias, Comunicaciones, Actas y Conclusiones del I Congreso Nacional de Derecho del Trabajo y de la Seguridad Social, Volumen 2, Ediciones Sanidad y Seguridad Social, Madrid, 1981.

Cano Linares, M. Á., «Protección internacional de los derechos humanos de los trabajadores migratorios». *Persona y Derecho: Revista de fundamentación de las Instituciones Jurídicas y de Derechos Humanos*, N.° 63, 2010/2, 137-162.

Cantero Martínez, J., *«A vueltas con el Real Decreto-ley 16/2012 y sus medidas urgentes para garantizar la sostenibilidad del Sistema Nacional de Salud», Gaceta Sanitaria*, vol. 28 N.° 5, Barcelona, sep./oct. 2014, 351-353.

Carrasco Gómez, J. J., *Responsabilidad médica y psiquiatría*, Editorial Colex, Madrid, 1998.

Carrillo Salcedo, J., *Soberanía de los Estados y Derechos Humanos en el Derecho internacional contemporáneo,* 2.ª edición, Tecnos, Madrid, 2002.

Chueca, R., «La marginalidad jurídica de la dignidad humana», en Ricardo Chueca (dir.), *Dignidad humana y derecho fundamental*, Centro de Estudios Políticos y Constitucionales, Madrid, 2015.

Courtis, C., *Ni un paso atrás,* Ed. del Puerto, Buenos Aires, 2006.

CRUZ VILLALÓN, P., «Dos cuestiones de titularidad de derechos: los extranjeros y las personas jurídicas», *Revista Española de Derecho Constitucional*, Año 12, Núm. 35. Mayo-agosto 1992, 63-84.

DE CURREA-LUGO, V., «La Salud como Derecho Humano, 15 requisitos y una mirada a las reformas», *Cuaderno Deusto de Derechos Humanos*, N.° 32, Universidad de Deusto, Bilbao, 2005.

DE ESTEBAN, J. Y LÓPEZ GUERRA, L., con la colaboración de GARCÍA MORILLO, J. Y PÉREZ TREMPS, P., *El régimen constitucional Español I*, Labor Universitaria Manuales, Barcelona, 1980.

DE LORA, P., Y ZUÑIGA FAJURI, A., *El derecho a la asistencia sanitaria. Un análisis desde las teorías de la justicia distributiva*, Iustel, Madrid, 2009.

DELGADO DEL RINCÓN, L. E., «Algunas consideraciones sobre el Derecho a la protección de la salud y el bien jurídico de la salud colectiva en tiempos de pandemia», *Colección Obras colectivas*, Fundación Manuel Giménez Abad, Zaragoza, 2020, 1-28.

DELGADO DEL RINCÓN, L. E., «El derecho a la protección de la salud de los inmigrantes en situación administrativa irregular: reflexiones críticas sobre la reciente jurisprudencia constitucional acerca de las restricciones introducidas por el Decreto Ley 16/2012, de 20 de abril», *Revista Española de Derecho Constitucional*, núm. 112, 2018, 287-314.

DELGADO DEL RINCÓN, L. E., «*La concepción de lo básico en la determinación del ámbito subjetivo del derecho a la asistencia sanitaria*», *Revista Vasca de Administración Pública*, Núm. 112, septiembre-diciembre 2018, 19-47.

DELGADO DEL RINCÓN, L. E., «Nuevos avances en la universalización de la asistencia sanitaria en España: a propósito de la reforma apresurada, imprecisa e incompleta introducida por el Decreto Ley 7/2018, de 27 de julio», *Revista de Estudios Políticos*, 186, 2019, 105-136.

DELGADO DEL RINCÓN, L. (enero-marzo 2014). «El derecho a la asistencia sanitaria de los inmigrantes irregulares: reflexiones sobre la reforma introducida por el real decreto-ley 16/2012, de 20 de abril». *Revista de Estudios Políticos (nueva época), Núm. 163,* 189-231.

DÍAZ CREGO, M., «El derecho a no ser discriminado por razón de la nacionalidad ¿un derecho de los extranjeros?», *Revista española de derecho constitucional*, N.° 89, 2010, 115-155.

DÍAZ PÉREZ, C., CHAMORRO, E., ALVAREZ, O. «Comunicación: *Influencia del "turismo sanitario" en la sostenibilidad financiera del sistema público de salud*», Vol. 24 *Extraordinario XXIII Congreso* 2014.

Díaz Revorio, F. J., «*Las disposiciones generales (Título Preliminar: Arts. 1-7)»*, en Oliver Araujo, J. y Ruiz Robledo, A., (directores), *Comentarios a la Constitución Española de 1931 en su 90 aniversario*, Centro de Estudios Políticos y Constitucionales, Madrid, 2021.

Díez Picazo, L. M., «*De las garantías, de las Libertades y Derechos Fundamentales»*, en *Comentarios a la Constitución de Alzaga*, tomo IV, Madrid, Edersa, 1996.

Díez Picazo, L. M., *Sistema de Derechos Fundamentales,* 1.ª Edición, Thomson Civitas, Aranzadi, Madrid, 2003.

Díez Picazo, L. M., *Sistema de Derechos Fundamentales*, 2.ª Ed., Madrid, Thomson Civitas, 2005.

Díez Picazo, L. M., *Sistema de Derechos Fundamentales,* 4.ª Ed. Thomson Civitas, Navarra, 2013.

Domínguez Luelmo, A., *Derecho Sanitario y responsabilidad médica. Comentarios a la Ley 41/2002, de 14 de noviembre, sobre derechos del paciente, información y documentación clínica*, Lex Nova, Valladolid, 2007.

Elvira Perales, A., «*La dignidad humana en el Tribunal Europeo de Derechos Humanos»,* en Ricardo Chueca (dir.), *Dignidad humana y derecho fundamental,* Centro de Estudios Políticos y Constitucionales, Madrid, 2015.

Escobar Roca, G., «Los derechos fundamentales sociales y la protección de la salud», *Revista de derecho político*, ISSN 0211-979X, N.º 71-72, 2008, 113-148.

Espada Ramos, M. L., «*Asilo e Inmigración en la Unión Europea», Revista de Estudios Políticos (Nueva Época)*, Núm. 86, octubre-diciembre, 1994, 71-98.

Espinar Vicente, J. M., *Extranjería e Inmigración en España,* Editorial Espinar Vicente, José María, Madrid, 2006.

Espinar Vicente, J. M. y Guzmán Peces, M., *La nacionalidad y la extranjería en el sistema jurídico español*, Ed. Dykinson, Madrid, 2017.

Etxeberria, X., «*Fundamentación y orientación ética de la protección de los derechos humanos»*, en Gómez Isa, Felipe, (dir.), *La protección internacional de los derechos humanos en los albores del siglo XXI*, Universidad de Deusto, Bilbao, 2004.

Ezquerra Huerva, A., (Coord.), *El marco jurídico de los servicios sociales en España realidad actual y perspectivas de futuro,* Atelier, 2012.

Fanjul, G. (Fundación por Causa) e **Gálvez-Iniesta, I.** (Universidad Carlos III de Madrid), *Informe sobre extranjeros, sin papeles e imprescindibles: Una fotografía de la inmigración irregular en España,* junio 2020.

Fernández Collados, M.ª B., «Avances y retrocesos en la universalización de las prestaciones de asistencia sanitaria. Especial atención a las personas extranjeras», *Revista Derecho Social y Empresa*, N.° 10, febrero 2019, 18-41.

Fernández Montalvo, R., «Dimensión del derecho a la protección a la salud. Su tratamiento en la jurisprudencia del Tribunal Constitucional (TC)». Ponencias, Volumen 19, *Extraordinario XVIII Congreso*, Santander, 11 de noviembre de 2009.

Fernández Pastrana, J. M., *El servicio público de la Sanidad: el marco constitucional,* Ed. Civitas S.A., Madrid, 1984.

Fernández Pérez, A., *Los derechos fundamentales y libertades públicas de los extranjeros en España. Una visión desde la doctrina del Tribunal Constitucional,* Tirant lo Blanch, Valencia, 2016.

Fernández Rozas, J. C., *Derecho Español de la nacionalidad,* Tecnos, Madrid, 1987.

Fernández Rozas, J., *Legislación básica sobre extranjeros,* Tecnos, Madrid, 1987.

Fernández Sánchez, P., *Derecho comunitario de la inmigración,* Atelier libros jurídicos, Barcelona, 2006.

Fernández Segado, F., «La dignidad de la persona como valor supremo del ordenamiento jurídico», *Derecho PUCP: Revista de la Facultad de Derecho*, Núm. 50, 1996, 11-45.

Fernández Segado, F., «La Teoría jurídica de los derechos fundamentales en la doctrina constitucional», *Revista Española de Derecho Constitucional*, Año 13. Núm. 39. septiembre-diciembre 1993.

Fernández-Miranda Alonso, F., *«Comentario al artículo 19 CE»*, en *Comentarios a la Constitución de Alzaga*, tomo II, Edersa, Madrid, 1996.

Fonseca Morillo, F. J., *«Los derechos de los nacionales de terceros países en la Unión Europea», Revista CIDOB d'afers internacionals, Núm. 53*, 2001, 77-95.

Fraile Ortiz, M., *«La ciudadanía europea (entre paréntesis)»,* en B. Aláez Corral, *El pueblo del Estado. Nacionalidad y Ciudadanía en el Estado Constitucional-Democrático,* Fundamentos: Cuadernos monográficos de teoría del estado, derecho público e historia constitucional, N.° 7, 2012, 309-357.

Freixes T. y Remotti Carbonell, J., *«Los derechos de los extranjeros en la Constitución Española y en la jurisprudencia del Tribunal Europeo de Derechos Humanos»*, *Revista de Derecho Político*, Núm. 44, 1998, 103-141.

Gallego Riestra, S., «*Los derechos de acceso, rectificación, cancelación y oposición del paciente sobre su historia clínica*», *Revista Derecho y Salud*, Volumen 26. Extraordinario, 2016, 133-140.

García de Enterría, E., *La Constitución como norma y el Tribunal Constitucional*, Ed. Civitas, S.A., Madrid, 1981.

García de Enterría, E., «*Los fundamentos constitucionales del Estado*», *Revista española de Derecho Constitucional*, Núm. 52, 1998, 11-32.

García de Enterría. E., y Ramón Fernández, T., *Curso de Derecho Administrativo, T. II*, 16 Edición, Aranzadi, Navarra, 2020.

García Hernández, T., *Elementos de derecho sanitario en la responsabilidad civil y penal de los médicos por mala praxis*, Ed. Edisofer, Madrid, 2002.

García Herrera, M. A., «*Veinticinco años de derechos sociales en la experiencia Constitucional Española*», *Revista de Derecho Político*, núms. 58-59, (2003-2004).

García Vázquez, S., *El estatuto jurídico-constitucional del extranjero en España,* Tirant lo Blanch, Valencia, 2007.

Garrido Falla, F., *Comentarios a la Constitución,* Ed. Civitas, S.A, Madrid, 2001.

Garrido Falla, F., *Comentarios a la Constitución*, Ed. Civitas, S.A., Madrid, 1985.

Gavara de Cara, J. C., *La proyección interna de la dimensión objetiva de los derechos fundamentales: el artículo 10.1 CE,* Cuadernos de Derecho Constitucional, Bosch Editor, Barcelona, 2011.

Gil Membrado, C., *La historia clínica. Deberes del responsable del tratamiento y derechos del paciente*, Comares, Granada, 2010.

Gimeno Feliú, L. A., «Uso de la sanidad pública por la población migrante: prejuicios y realidad», *Espacio sanitario*, 4 de marzo de 2021.

Gimeno-Feliu, LA, Pastor-Sanz, M., Poblador-Plou, B. *et al.* «¿Uso excesivo o infrauso? Uso de los servicios sanitarios entre inmigrantes irregulares en una región del noreste de España». *Revista Internacional para la equidad en salud 20*, 41 (2021).

Goig Martínez, J. M., *Derechos y libertades de los inmigrantes en España. Una visión constitucional, jurisprudencial y legislativa,* Editorial Universitas Internacional, Madrid, 2004.

Goizueta Vértiz, J., *El derecho a la libre circulación y residencia en la Constitución Española,* Tirant lo Blanch, Valencia, 2007.

Gómez Martín, M., *Tratado de derecho sanitario,* Vol. I, Aranzadi, Navarra, 2013.

Gómez Orfanel, G., «La dignidad de la persona en la Grundgesetz», en Ricardo Chueca (dir.), *Dignidad humana y derecho fundamental, Centro de Estudios Políticos y Constitucionales*, Madrid, 2015.

Gómez Zamora, L. J., *«Comentario al Real decreto-ley 7/2018, de 27 de julio, sobre el acceso universal al Sistema Nacional de Salud», Gabilex, Revista del Gabinete Jurídico de Castilla La Mancha*, N.° 15, septiembre 2018, 15-62.

Gómez Zamora, L. J., *«Terceros obligados al pago y régimen jurídico del aseguramiento obligatorio de la asistencia sanitaria»,* en Palomar Olmeda, A. (dir.), *Tratado de derecho sanitario, Vol. I*, Aranzadi, Navarra, 2013.

González Campos, Julio D., Sánchez Rodíguez, Luis I. y Andrés Sáenz de Santa María, P., *Curso de derecho internacional público,* Tercera Edición Revisada, Thomson Civitas, Madrid, 2003.

González Díaz, F. A., *Contenido y límites de la prestación de asistencia sanitaria*, Aranzadi, Navarra, 2003.

González Enríquez, C., «La atención sanitaria a los inmigrantes irregulares: una comparación europea», *ARI53, Real Instituto Elcano*, 2012, 1-6.

González Pérez, J., *La dignidad de la persona*, Ed. Civitas, Madrid, 1986.

González Ortega, S., *La protección social de los trabajadores extranjeros,* Universidad Pablo de Olavide, Expediente FIPROS-2006/94, Madrid, 2006.

González Torre, A. P., *El derecho a la autonomía del paciente en la relación médica. El tratamiento jurisprudencial del consentimiento informado*, Comares, Granada, 2009.

González-Trevijano Sánchez, P. J., *Libertades de circulación, residencia, entrada y salida en España,* Servicio de Publicaciones de la Facultad de Derecho de la Universidad Complutense de Madrid, Civitas, Madrid, 1991.

Gros Espiell, H., *«La dignidad humana en los instrumentos internacionales sobre derechos humanos». Anuario de derechos humanos, Nueva Época*, Vol. 4, 2003, 193-224.

Guerrero Zaplana, J., *Las reclamaciones por la defectuosa asistencia sanitaria: doctrina, jurisprudencia, legislación y formularios*, 5.° Ed., Lex Nova, Valladolid, 2006.

Hernández Bejarano, M., *«Reflexiones críticas sobre el catálogo de prestaciones y la cartera de servicios del Sistema Nacional de Salud», Temas Laborales* Núm. 88/2007, 2007, 53-84.

Hernández Bejarano, M., *La ordenación sanitaria en España*, Aranzadi, Navarra, 2004.

IGLESIAS CUBRÍA, M., «El derecho a la intimidad». *Discurso inaugural del año académico 1970-71*, Universidad de Oviedo, Oviedo, 1970

JIMÉNEZ CAMPO, J., *Derechos fundamentales: concepto y garantías*, Editorial Trotta, Madrid, 1999.

LAMBERT, H., *The position of aliens in relation to the European Convention on Human Rights*, Council of Europe Publishing, 2007, 1-88.

LARENZ, K., «Derecho de obligaciones», Editorial *Revista de Derecho Privado*, Madrid, 1958.

LARRAMONA BALLARÍN, G., «Inmigrantes indocumentados», *Anales de estudios económicos y empresariales*, Vól. XVI, 2006, 99-112.

LOBO, F., «La economía, la innovación y el futuro del Sistema Nacional de Salud». *Funcas*, 2017, 1-374.

LÓPEZ Y LÓPEZ, Á. M., «Comentario al artículo 11 CE», en O. ALZAGA VILLAAMIL, *Comentarios a la Constitución*, tomo II, Edersa, Madrid, 1996.

LOSADA GONZÁLEZ, H., *«Comentario al artículo 19 CE»*, en RODRÍGUEZ – PIÑERO Y BRAVO FERRER, Miguel, CASAS BAAMONDE, María Emilia, *Comentarios a la Constitución Española, XL aniversario, Wolters Kluwer, Madrid, 2018.*

LUCAS VERDÚ, P., *Estimativa y políticas constitucionales,* Universidad de Madrid, Madrid, 1984.

MACHO GÓMEZ, C., *«El estatuto jurídico de los nacionales de terceros países en situación no privilegiada: una construcción desde la política común de inmigración y la carta de derechos fundamentales de la Unión Europea», Revista General Derecho Europeo* N.° 23, 2011.

MANGAS MARTÍN, A., *«Cuestiones de Derecho Internacional Público en la Constitución española de 1978». Revista de la Facultad de Derecho de la Universidad Complutense*, Núm. 61, 1980, 140-184.

MARÍN CASTÁN, M. L., *«La dignidad humana, los Derechos Humanos y los Derechos Constitucionales». Revista de Bioética y Derecho*, N.° 9, enero 2007, 1-8.

MARTÍN GONZÁLEZ, M., *Sanidad pública: concepto y encuadramiento,* Ministerio de Gobernación, Secretaría General Técnica, vol. III, Madrid, 1970.

MARTÍN PUEBLA, E., «L*a Política Común de Inmigración de la Unión Europea y la Directiva de permiso único». Revista de Derecho Migratorio y Extranjería*, N.° 32/2013, LEX NOVA, Valladolid, 2013, 55-79.

Martín y Pérez de Nanclares, J., «*La inmigración y el asilo en la Unión Europea: presente y futuro», Anuario de la Facultad de Derecho de la Universidad Autónoma de Madrid (AFDUAM)*, N.° 7, 2003, p. 107, desarrollado ampliamente en: *La inmigración y el asilo en la Unión Europea: hacia un nuevo espacio de libertad, seguridad y justicia, Editorial* Colex, Madrid, 2002.

Massó Garrote, M. F., «*Los Derechos y Libertades fundamentales de los extranjeros en el nuevo marco legal e interpretativo de la Constitución Españ*ola». *Revista Boliviana de Derecho* N.° 11, enero 2011, 55-83.

Medina Guerrero, M., «*Comentario artículo 53.1 CE»,* en Rodríguez – Piñero y Bravo Ferrer, Miguel, Casas Baamonde, María Emilia, *Comentarios a la Constitución Española*, XL aniversario, Wolters Kluwer, Madrid, 2018.

Méjica, J. y Díez J. R., *El estatuto del paciente a través de la nueva legislación sanitaria estatal*, Aranzadi, Navarra, 2006.

Mendoza Buergo, B., *Autonomía personal y decisiones médicas. Cuestiones éticas y jurídicas*, Aranzadi, Navarra, 2010.

Menéndez Rexach, A., «*El derecho a la asistencia sanitaria y el régimen de las prestaciones sanitarias públicas», Revista Derecho y Salud*, Volumen 11 Extraordinario, mayo 2003, 15-36.

Menéndez Rexach, A., «*El derecho a la asistencia sanitaria y el régimen de las prestaciones sanitarias públicas*», *Extraordinario XI Congreso Derecho y Salud*, Santa Cruz de Tenerife, noviembre, 2002.

Miguel Sánchez, N., *Secreto médico, confidencialidad e información sanitaria*, Marcial Pons, Madrid, 2002.

Miranda Bonilla, M. H., «*La dignidad humana en la Jurisprudencia de la Corte Constitucional Italiana*». *Revista de Ciencias Jurídicas*, N.° 119, 2009, 37-68.

Miranda, J., «*O Tribunal Constitucional Em 1999*». *Anuario Iberoamericano de la Justicia Constitucional*, Núm. 4, Centro de Estudios Políticos y Constitucionales, 2000, 377-404.

Monereo Pérez, J. L., «*Fundamentos del derecho fundamental a la salud en los sistemas europeos», Revista de Derecho de la Seguridad Social. Laborum*, N.° Extraordinario 4, 2022, 13-54.

Moreno Vida, M.ª N., «*El objetivo de garantizar la sostenibilidad, la cohesión y la calidad del sistema nacional de salud. Insuficiencia de los instrumentos legales existentes y propuestas de reforma», Revista de Derecho de la Seguridad Social*, N.° Extraordinario 4.

Münch., I. V., «*La dignidad del hombre en el Derecho constitucional alemán», (traducido por Alberto* Oehling de los Reyes*), Foro, Nueva época, Núm. 9/2009*, 107-123.

Muñoz Machado, S., *La formación y la crisis de los servicios sanitarios públicos*, Alianza Editorial, Madrid, 1995.

Murillo de la Cueva, E. L., «*Derechos Humanos y atención sanitaria ante el Tribunal Europeo de Derechos Humanos*», Vol. *29 Extraordinario XXVIII Congreso* 2019.

Oehling de los Reyes, A., «*El concepto constitucional de dignidad de la persona: forma de comprensión y modelos predominantes de recepción en la Europa continental*», *Revista Española de Derecho Constitucional*, Núm. 91, enero-abril 2011, 135-178.

Olesti Rayo, A., «*La Unión Europea y la progresiva creación de un régimen comunitario de extranjería», Revista catalana de dret públic*, Núm. 40, 2010, 1-19.

Pascual Lagunas, E., *Configuración jurídica de la dignidad humana en la jurisprudencia del Tribunal Constitucional,* Bosch Editor, Barcelona, 2009.

Peces-Barba, G., *Los valores superiores.* Tecnos, Madrid, 1984.

Pemán Gavín, J., *Derecho a la Salud y Administración Sanitaria,* Publicaciones del Real Colegio de España, Bolonia, 1989.

Pemán Gavín, J. M., *Asistencia Sanitaria y Sistema Nacional de Salud,* Editorial Comares, Granada, 2005.

Pemán Gavín, J. M., «*Las prestaciones sanitarias públicas: configuración actual y perspectivas de futuro», Revista de Administración Pública*, Núm. 156. septiembre-diciembre 2001, 101-154.

Pérez Ayala, A., «*La I República, marco político y proyecto constitucional*», *Revista de estudios políticos*, N.° 105, 1999, 29-71.

Pérez González, C., *Migraciones irregulares y derecho internacional: gestión de flujos migratorios, devolución de extranjeros en situación administrativa irregular y derecho internacional de derechos humanos,* Ed. Tirant lo Blanch, Valencia, 2012.

Pérez-Molina, J. A., Pulido, F., «¿Cómo está afectando la aplicación del nuevo marco legal sanitario a la asistencia de los inmigrantes infectados por el VIH en situación irregular en España?», *Comité de expertos del Grupo para el Estudio del Sida (GESIDA)de la Sociedad Española de Enfermedades Infecciosas y Microbiología Clínica (SEIMC), Enfermedades Infecciosas Microbiología Clínica,* 2015.

Pérez Vera, E. y Abarca Junco, P., *«Artículo 13-Extranjería»,* en *Comentarios a la Constitución de Alzaga,* tomo II, Edersa, Madrid, 1996.

Prieto Álvarez, T., *La dignidad de la persona: núcleo de la moralidad y el orden públicos, límite al ejercicio de libertades públicas,* Civitas, Navarra, 2005.

Queralt Jiménez, A., *La interpretación de los derechos: del Tribunal de Estrasburgo al Tribunal Constitucional,* Centro de Estudios Políticos y Constitucionales, Madrid, 2008.

Rodríguez Blas, M.ª C., «Estadística de gasto sanitario público 2018: principales resultados», Edición marzo 2020.

Rodríguez López, P., *La autonomía del paciente. Información, consentimiento y documentación clínica*, Dilex, Madrid, 2004.

Rodríguez Mateos, P., Jiménez Blanco, P., Espiniella Menéndez, A., *Régimen jurídico de los extranjeros y de los ciudadanos de la UE*, Aranzadi, Navarra, 2017.

Rodríguez Piñero y Bravo Ferrer, M., y Fernández López, M. F., «Artículo 14-La igualdad ante la ley y en la aplicación de la ley», en Rodríguez – Piñero y Bravo Ferrer, Miguel, Casas Baamonde, María Emilia, *Comentarios a la Constitución Española, XL aniversario*, Wolters Kluwer, Madrid, 2018.

Rodríguez-Vigil Rubio, J. L., *Integración o desmoronamiento. Crisis y alternativas del sistema nacional de salud español*, Ed. Aranzadi, Navarra, 2008.

Rovira, A., *Autonomía personal y tratamiento médico. Una aproximación constitucional al consentimiento informado*, Aranzadi, Pamplona, 2007.

Ruiz de Huidobro de Carlos, J. M. (ed.), *Regulación legal de la extranjería e inmigración en España.* Publicaciones de la Universidad Pontificia de Comillas, Madrid, 2006.

Ruiz-Giménez Cortés, J., *«Comentario al artículo 10 CE»*, en *Comentarios a la Constitución de Alzaga*, tomo II, Edersa, Madrid, 1996.

Saiz Arnaiz, A., *La apertura constitucional al derecho internacional y europeo de los derechos Humanos. El artículo 10.2 CE,* Consejo General del Poder Judicial, Madrid, 1999.

Saiz Arnaiz, A., *«La Carta de los Derechos Fundamentales de la Unión Europea y los ordenamientos nacionales: ¿qué hay de nuevo?», Cuadernos de Derecho Público*, N.º 13, mayo-agosto 2001, 153-170.

Sáiz Ramos, M. y Larios Risco, D., «*El derecho de acceso a la historia clínica por el paciente: propuesta para la reserva de anotaciones subjetivas*», *DS: Derecho y Salud,* Volumen 18, Número 1, enero-junio 2009, 21-42.

Sánchez Caro, J., «*La historia clínica electrónica gallega: un paso importante en la gestión del conocimiento*», *Derecho y Salud*, Volumen 18, Número 1, enero-junio 2009, 57-85.

Sánchez González, S., «*Comentario introductorio al Título I*», en *Comentarios a la Constitución de Alzaga*, tomo II, Edersa, Madrid, 1996.

Sánchez Jiménez, M. A. (Coord.), *Derecho de Extranjería: un análisis legal y jurisprudencial del régimen jurídico del extranjero en España (Jurisprudencia y Formularios)*, 1.ª Edición, Ed. DM, Murcia, 2005.

Sanchez-Caro, J. y Abellán F., *Derechos y deberes de los pacientes (Ley 41/2002, de 14 de noviembre: consentimiento informado, historia clínica, intimidad e instrucciones previas)*, Derecho Sanitario Asesores, Granada, 2003.

Sánchez Trigueros, C., *Promoción y prevención de la salud, Capítulo II, Reforma de la Salud Pública y la Asistencia Sanitaria*, Aranzadi, Navarra, 2012.

Sánchez-Urán Azaña, Y., «*El derecho a la protección social como factor de integración del inmigrante: la dialéctica universalidad/ciudadanía*», *Revista del Ministerio de Trabajo e Inmigración*, Núm. 63, 2006, 249-296.

Sempere Navarro, A. V., González Díaz, F. A., «El contenido del derecho. El régimen jurídico de las prestaciones sanitarias. Estudio jurídico-práctico», en Monereo Pérez, J. L., Molina Navarrete, C., y Moreno Vida, M. A., (directores), *Comentario práctico a la legislación reguladora de la Sanidad en España*, Editorial Comares, Granada, 2007.

Seoane Rodríguez, J. A., «*¿A quién pertenece la historia clínica? Una propuesta armonizadora desde el lenguaje de los derechos*», *Derecho y salud*, Vol. 10, N.º 2, 2002, 231-254.

Suárez Pertierra, G. y Amérigo, F., «Artículo 14-Igualdad ante la ley», en *Comentarios a la Constitución de Alzaga*, tomo II, Edersa, Madrid, 1996.

Tajadura Tejada, I., «La protección de la salud, (artículo 43 CE)», en Tajadura Tejada, J., (Dir.), *Los Principios Rectores de la Política Social y Económica*, Biblioteca Nueva, Madrid, 2004.

Tornos Más, J., «Sistemas de Seguridad Social versus Sistema Nacional de Salud», *Revista Derecho y Salud*, Vol. 10, Núm. 1, enero-junio 2002.

Urrea Corres, M., «Migraciones y gobernanza global: el pacto mundial para la migración segura, ordenada y regular o como hacer que la migración funcione para todos», en *El fenómeno migratorio en España. Reflexiones desde el ámbito de la Seguridad Nacional*, Gobierno de España, Ministerio de la Presidencia, Relaciones con las Cortes e Igualdad, España, 2019.

Valdueza Blanco, M. D., *El tratamiento jurídico del trabajo de los extranjeros en España,* 1.ª Ed., Lex Nova, Valladolid, 2008.

Valdueza Blanco, M.ª D., *El tratamiento jurídico del trabajo de los extranjeros en España,* 1.ª Edición, Lex Nova, Valladolid, 2008.

Valle Gálvez, A., «El frágil estatuto internacional y europeo del inmigrante irregular», en Valle Gálvez, A. y Acosta Sánchez, M. A., (Coords.), *Inmigración irregular y derecho, VIII Jornadas Autonómicas de Derecho Internacional Humanitario*, Cruz Roja Española, As. Autonomía de Andalucía y Universidad de Cádiz, Cádiz, 2005.

Vaquer Caballería, M., «La coordinación y el Consejo Interterritorial del Sistema Nacional de Salud», en Parejo, Luciano, Palomar, Alberto, Vaquer, Marcos, (Coords.), *La reforma del Sistema Nacional de Salud. Cohesión, calidad y estatutos profesionales*, Marcial Pons, Ediciones Jurídicas y Sociales, Madrid, 2004.

Vida Fernández, J., «Las prestaciones sanitarias del SNS: catálogo de prestaciones y cartera de servicios», en Parejo, Luciano, Palomar, Alberto, Vaquer, Marcos, (Coords.), *La reforma del Sistema Nacional de Salud. Cohesión, calidad y estatutos profesionales*, Marcial Pons, Ediciones Jurídicas y Sociales, Madrid, 2004.

Vidal Fueyo, C., «Al hilo de la reforma constitucional: los problemas de interpretación que genera la expresión de libertades públicas en la constitución española». *Parlamento y Constitución*. Anuario Núm. 8, 2004, 153-168.

Vidal Fueyo, C., *Constitución y Extranjería,* Centro de Estudios Políticos y Constitucionales, Madrid, 2002.

Vidal Fueyo, C., «La Sentencia del Tribunal Constitucional 72/2005, de 4 de abril, en materia de libertad de entrada y residencia de los extranjeros en España», *UNED, Teoría y realidad constitucional*, Núm. 18, 2006, 429-444.

Villar Cañada, I., *Régimen jurídico de la organización y gestión sanitaria. El nuevo modelo legal de la sanidad pública: el Sistema Nacional de Salud,* Editorial Comares, Granada, 2007.

VV. AA., *El derecho a la protección de datos en la historia clínica y la receta electrónica,* Aranzadi, Navarra, 2009.

VV. AA, «El derecho de acceso a la historia clínica por el paciente: propuesta para la reserva de anotaciones subjetivas», *Derecho y Salud*, Volumen 18, Número 1. enero-junio 2009.

Winslow, «The untilled field of Public Health», *Science*, N.S., 1920, Vol. 51

Xiol, J. A. y Bastida F. J., *Autonomía del paciente, responsabilidad patrimonial y derechos fundamentales*, Fundación Coloquio Jurídico Europeo, Madrid, 2012.

INFORMES Y DOCUMENTOS

(REDER), *Informe RDL 16/2012: es urgente garantizar la sanidad universal. No dejar a nadie atrás,* 2018.

(REDER), *Nadie está a salvo hasta que todo el mundo esté a salvo,* 2021.

Informe de la Relatora Especial, E/CN.4/2000/82, 6 de enero de 2000.

Ministerio de Sanidad, *Informe Barreras y dificultades en el acceso a la atención y tratamiento de las personas migrantes y solicitantes de asilo con el VIH en España.División de Control de VIH, ITS, Hepatitis virales y Tuberculosis.* Ministerio de Sanidad. Marzo de 2022.

Sociedad Española de Salud Pública y Administración Sanitaria (SESPAS), *Posicionamiento por un acceso a la asistencia sanitaria sin demora y sin restricciones para migrantes en situación irregular y solicitantes de protección internacional,* 2022

Tribunal de Cuentas, *Informe de fiscalización de la Gestión de las Prestaciones de Asistencia Sanitaria derivadas de la aplicación de los Reglamentos Comunitarios y Convenios Internacionales de la Seguridad Social, conclusiones 3.4.* (BOE 25 marzo 2013).

Yo sí, Sanidad Universal, *Informe sobre exclusión sanitaria a un año del RDL* 7/2018 sobre acceso universal al Sistema Nacional de Salud, 2019.

Yo sí Sanidad Universal, *Valoración del Real Decreto-Ley 7/2018, de 27 de julio, sobre el acceso universal al Sistema Nacional de Salud*, 2018.

FUENTES JURISPRUDENCIALES

Sentencia del Tribunal Internacional de Justicia

- STIJ, Nottebohm Case (Liechtenstein v. Guatemala), segunda fase, fallo, 6 de abril de 1955).

Sentencias del Tribunal Europeo de Derechos Humanos

- STEDH (Sala) Caso Moustaquim contra Bélgica, de 18 de febrero de 1991, párrafo 43.
- STEDH (Sala) Caso Mehemi contra Francia, de 26 de septiembre de 1997, párrafos 36 y 37.
- STEDH (Sección 3.ª) Caso Conka contra Bélgica, de 5 de febrero de 2002, párrafo 59.
- STEDH (Sección 3.ª) Caso ND y NT contra España, de 3 de octubre de 2017, párrafo 107.
- STEDH (Sala) Caso Ahmut contra Países Bajos, de 28 de noviembre de 1996, párrafo 67.
- STEDH (Sala) Caso Tyrer contra The United Kingdom, de 25 de abril de 1978, párrafo 33.
- STEDH (Sección 4.ª) Caso Pretty contra The United Kingdom, de 29 de abril de 2002, párrafo 65,
- STEDH (Sección 1.ª) Caso Gündüz contra Turkey, de 4 de diciembre de 2003, párrafo 40.
- STEDH (Gran Sala) Caso El-Masri contra «La Ex-república Yugoslava de Macedonia», de 13 de diciembre de 2012, párrafo 248.
- STEDH, (Gran Sala), Caso Hirsi Jamaa And y otros contra Italia, de 23 de febrero de 2012, párrafos 178-180.

- STEDH (Gran Sala) Asunto Chipre c. Turquía, de 10 de mayo de 2001, p. 219.
- STEDH (Primera Sección) Asunto Nitecki c. Polonia, de 21 de marzo de 2002, p. 1.
- STEDH (Gran Sala) Caso Vo contra Francia, de 8 de julio de 2004, p. 89.
- STEDH (Sección 4.ª) Caso Tysiąc contra Poland, de 20 de marzo de 2007, p. 118.
- STEDH (Sección 2.ª) Caso Asiye Genç contra Turquía, de 27 de abril de 2015, p. 87.
- STEDH (Sección 4.ª), Caso Pretty c. Reino Unido, de 29 de abril de 2002, párrafo 63.
- STEDH (Gran Sala), Caso GUERRA y Otros contra Italia, de 19 de febrero de 1998, párrafo 60.
- STEDH (Sección 3.ª) Caso Codarcea contra Rumania, de 2 de junio de 2009, párrafo 104.
- STEDH (Sala) Caso X e Y contra Países Bajos, de 26 de marzo de 1985, párrafos 22-27.
- STEDH (Sala) Caso Costello-Roberts contra el Reino Unido, 25 de marzo de 1993, párrafos 33-36.

Sentencias del Tribunal de Justicia de la Unión Europea

- Sentencia Tribunal de Justicia de la Unión Europea (Pleno), de 2 de octubre de 2003, Asunto C-148/02, Carlos García Avello y État Belge, párrafos 22-28.
- Sentencia del Tribunal de Justicia de la Unión Europea (Gran Sala), de 2 de marzo de 2010, Asunto C-135/08, Janko Rottmann y Freistaat Bayern, párrafos 41-45.
- Sentencia Tribunal de Justicia de la Unión Europea, de 17 de septiembre de 2002, Asunto C 413/99, Baumbast, R. y Secretary of State for the Home Department, párrafos 82 y 94.
- Sentencia del Tribunal de Justicia de la Unión Europea (Gran Sala), de 8 de marzo de 2011, C-34/09, Asunto Gerardo Ruiz Zambrano y Office national de l'emploi (ONEm), párrafos 42-45.
- Sentencia Tribunal de Justicia de la Unión Europea de 30 de abril de 1996, Asunto C-13/94, P. contra S. y Cornwall County Council, párrafo 22.

- Sentencia Tribunal de Justicia de la Unión Europea de 9 de octubre de 2001, Asunto C-377/98, Reino de los Países Bajos contra Parlamento Europeo y Consejo de la Unión Europea, párrafo 70.
- STJUE (Sala 1.ª) de 14 de octubre de 2004, Asunto C-36-02, Omega Spielhallen- und Automatenaufstellungs- GmbH y Oberbürgermeisterin der Bundesstadt Bonn, párrafos 34-36.
- Sentencia Tribunal de Justicia de la Unión Europea (Sala Segunda ampliada), de 30 de enero de 2002, Asunto T-54/99, Max. Mobil Telekommunikation Service GmbH/Comisión, párrafo 48.
- STJUE (Gran Sala) de 22 de noviembre de 2022, Asunto C-69/21, X contra Staatssecretaris van Justitie en Veiligheid, párrafo 76.

Sentencias de tribunales constitucionales

- Auto del Tribunal Constitucional 182/1985, de 13 de marzo, Fundamento Jurídico 3.
- Sentencia del Tribunal Constitucional 94/1993, de 22 de marzo, Fundamentos Jurídicos 2 y 3.
- Sentencia del Tribunal Constitucional 116/1993, de 29 de marzo, Fundamento Jurídico 2.
- Sentencia Tribunal Constitucional 242/1994, de 20 de julio, Fundamentos Jurídicos 4 y 5.
- Sentencia del Tribunal Constitucional 72/2005, de 4 de abril, Fundamentos Jurídicos 6-8.
- Sentencia del Tribunal Constitucional 155/2015, de 9 de julio, Fundamento Jurídico 2.
- Sentencia del Tribunal Constitucional 236/2007, de 7 de noviembre, Fundamentos Jurídicos 3, 4, 9, 5 y 14.
- Sentencia del Tribunal Constitucional 260/2007, de 20 de diciembre, Fundamento Jurídico 5.
- Sentencia Tribunal Constitucional 172/2020, de 19 de noviembre, Fundamento Jurídico 8 c).
- Sentencia Tribunal Constitucional 24/2000, de 31 de enero, Fundamento Jurídico 4.
- Sentencia del Tribunal Constitucional 207/2013, de 5 de diciembre, Fundamento Jurídico 5.
- Sentencia Tribunal Constitucional 46/2002, de 25 de febrero, Fundamento Jurídico 6.

- Sentencia Tribunal Constitucional 53/1985, de 11 de abril, Fundamentos Jurídicos 3 y 8.
- Auto Tribunal Constitucional 238/1985, de 10 de abril, Fundamento Jurídico 1.
- Sentencia Tribunal Constitucional 120/1990, de 27 de junio, Fundamentos Jurídicos 4, 7 y 8.
- Sentencia Tribunal Constitucional 57/1994, de 28 de febrero, Fundamentos Jurídicos 3, 4, 5 y 6.
- Sentencia Tribunal Constitucional 214/1991, de 11 de noviembre, Fundamento Jurídico 1.
- Sentencia Tribunal Constitucional 150/1991, de 4 de julio, Fundamento Jurídico 4.
- Sentencia Tribunal Constitucional 337/1994, de 23 de diciembre, Fundamento Jurídico 12.
- Sentencia Tribunal Constitucional 107/1984, de 23 de noviembre, Fundamento Jurídico 3 y 4.
- Sentencia del Tribunal Constitucional 236/2007, de 7 de noviembre, Fundamento Jurídico 3.
- Sentencia del Tribunal Constitucional 181/2004, de 2 de noviembre, Fundamento Jurídico 13.
- Sentencia del Tribunal Constitucional 99/1985, de 30 de septiembre, Fundamento Jurídico 2.
- Sentencia del Tribunal Constitucional 64/1986, de 21 de mayo, Fundamento Jurídico 1.
- Sentencia Tribunal Constitucional 116/1999, de 17 de junio, Fundamento Jurídico 4.
- Sentencia del Tribunal Constitucional 91/2000, de 30 de marzo, Fundamentos Jurídicos 7 y 9.
- Sentencia del Tribunal Constitucional 194/1994, de 23 de junio, Fundamento Jurídico 4.
- Sentencia del Tribunal Constitucional 105/1994, de 11 de abril, Fundamento Jurídico 1.
- Sentencia Tribunal Constitucional 78/1982, de 20 de diciembre, Fundamento Jurídico 4.
- Sentencia del Tribunal Constitucional 38/1981, de 23 de noviembre, Fundamento Jurídico 4.
- Sentencia Tribunal Constitucional 254/1993, de 20 de julio, Fundamento Jurídico 6 y 7.

- Sentencia Tribunal Constitucional 84/1989, de 10 de mayo, Fundamento Jurídico 5.
- Sentencia Tribunal Constitucional 28/1991, de 14 de febrero, Fundamento Jurídico 5.
- Sentencia Tribunal Constitucional 94/1993, de 22 de marzo, Fundamento Jurídico 3.
- Sentencia Tribunal Constitucional 36/1991, de 14 de febrero, Fundamento Jurídico 5.
- Sentencia del Tribunal Constitucional 80/2010, de 26 de octubre, Fundamento Jurídico 4.
- Sentencia Tribunal Constitucional 41/2002, de 25 de febrero, Fundamento Jurídico 2.
- Sentencia Tribunal Constitucional 46/2001, de 15 de febrero, Fundamento Jurídico 4.
- Sentencia Tribunal Constitucional 38/1981, de 23 de noviembre, Fundamento Jurídico 4.
- Sentencia del Tribunal Constitucional 116/2006, de 24 de abril, Fundamento Jurídico 5.
- Sentencia Tribunal Constitucional 158/2009, de 25 de junio, Fundamento Jurídico 4.
- Sentencia Tribunal Constitucional 36/1991, de 14 de febrero, Fundamento Jurídico 5.
- Sentencia Tribunal Constitucional 215/1994, de 14 de julio, Fundamento Jurídico 2.
- Sentencia Tribunal Constitucional 199/1996, de 3 de diciembre, Fundamento Jurídico 2.
- Sentencia del Tribunal Constitucional 198/2012, de 6 de noviembre, Fundamento Jurídico 2 (b).
- Sentencia del Tribunal Constitucional 139/2016, de 21 de julio, Fundamentos Jurídicos 2, 8 y 10.
- Sentencia Tribunal Constitucional 21/1981, de 15 de junio, Fundamento Jurídico 10.
- Sentencia Tribunal Constitucional 31/2018, de 10 de abril, Fundamento Jurídico 4.
- Sentencia Tribunal Constitucional 81/1989, de 8 de mayo, Fundamento Jurídico 2.
- Sentencia Tribunal Constitucional 245/1991, de 16 de diciembre, Fundamento Jurídico 3.

- Sentencia Tribunal Constitucional 23/1983, de 25 de marzo, Fundamento Jurídico 2.
- Declaración Tribunal Constitucional 1/2004, de 13 de diciembre, Fundamento Jurídico 6.
- Sentencia Tribunal Constitucional 41/2013, de 14 de febrero, Fundamento Jurídico 2.
- Sentencia del Tribunal Constitucional 115/1987, de 7 de julio, Fundamentos Jurídicos 2 y 3. Voto particular.
- Sentencia del Tribunal Constitucional 130/1995, de 11 de septiembre, Fundamento Jurídico 2.
- Sentencia Tribunal Constitucional 60/2010, de 7 de octubre, Fundamento Jurídico 9.
- Sentencia del Tribunal Constitucional 17/2013, de 31 de enero, Fundamento Jurídico 2.
- Sentencia del Tribunal Constitucional 95/2000, de 10 de abril, Fundamento Jurídico 3.
- Auto del Tribunal Constitucional 221/2009, de 21 de julio, Fundamento Jurídico 4.
- Sentencia Tribunal Constitucional 233/2007, de 5 de noviembre, Fundamento Jurídico 7.
- Sentencia del Tribunal Constitucional 18/2018, de 22 de febrero, Fundamento Jurídico 4.
- Sentencia Tribunal Constitucional 134/2017, de 16 de noviembre, Fundamento Jurídico 5.
- Sentencia del Tribunal Constitucional 32/1983, de 28 de abril, Fundamento Jurídico 2.
- Sentencia del Tribunal Constitucional 98/2004, de 25 de mayo de 2004, Fundamento Jurídico 5 y 7.
- Sentencia Tribunal Constitucional 206/1997, de 27 de noviembre de 1997, Fundamento Jurídico 5.
- Auto Tribunal Constitucional 192/1993, de 14 de junio, Fundamento Jurídico 1.
- Auto Tribunal Constitucional 57/2007, de 26 de febrero, Fundamento Jurídico 3.
- Sentencia Tribunal Constitucional 207/1996, de 16 de diciembre, Fundamento Jurídico 2.
- Sentencia Tribunal Constitucional 119/2001, de 24 de mayo, Fundamento Jurídico 6.

- Sentencia Tribunal Constitucional 220/2005, de 12 de septiembre, Fundamento Jurídico 4.
- Sentencia del Tribunal Constitucional 35/1996, de 11 de marzo, Fundamento Jurídico 3.
- Sentencia del Tribunal Constitucional 5/2002, de 14 de enero, Fundamento Jurídico 4.
- Sentencia del Tribunal Constitucional 62/2007, de 27 de marzo de 2007, Fundamento Jurídico 3.
- Sentencia Tribunal Constitucional 112/2006, de 5 de abril, Fundamento Jurídico 5.
- Sentencia Tribunal Constitucional 292/2000, de 30 de noviembre, Fundamentos Jurídicos 6, 10 y 11.
- Sentencia Tribunal Constitucional 37/1981, de 16 de noviembre, Fundamento Jurídico 2.
- Sentencia Tribunal Constitucional 173/1998, de 23 de julio, Fundamento Jurídico 8.
- Sentencia Tribunal Constitucional 83/1984, de 24 de julio, Fundamento Jurídico 4.
- Sentencia Tribunal Constitucional 123/1983, de 16 de diciembre, Fundamento Jurídico 3.
- Sentencia Tribunal Constitucional 11/1981, de 8 de abril, Fundamento Jurídico 7 y 8.
- Sentencia Tribunal Constitucional 14/2003, de 28 de enero de 2003, Fundamento Jurídico 9.
- Sentencia Tribunal Constitucional 113/1995, de 6 de julio, Fundamento Jurídico 6.
- Sentencia Tribunal Constitucional 51/1988, de 22 de marzo, Fundamento Jurídico 5.
- Sentencia Tribunal Constitucional 61/1989, de 3 de abril, Fundamento Jurídico 2.
- Sentencia Tribunal Constitucional 98/2004, de 25 de mayo de 2004, Fundamento Jurídico 5 y 7.
- Sentencia del Tribunal Constitucional 16/1994, de 20 de enero, Fundamento Jurídico 3.
- Auto Tribunal Constitucional 96/2011, de 21 de junio, Fundamento Jurídico 6.
- Sentencia Tribunal Constitucional 98/2004, Fundamento Jurídico 7, doctrina reiterada en las SSTC 22/2012, de 16 de febrero, FJ 3; STC

211/2014, FJ 4; STC 33/2017, FJ 4; STC 64/2017, de 25 de mayo, FJ 4, y STC 99/2017, de 20 de julio, FJ 3.

- Sentencia del Tribunal Constitucional 136/2012, de 19 de junio, Fundamento Jurídico 5.
- Sentencia Tribunal Constitucional 81/1982, de 21 de diciembre, Fundamento Jurídico 3.
- Sentencia del Tribunal Constitucional 145/2017, de 14 de diciembre, Fundamento Jurídico 2.
- Sentencia Tribunal Constitucional 2/1987, de 21 de enero, Fundamento Jurídico 2.
- Sentencia Tribunal Constitucional 37/2011, de 28 de marzo, Fundamentos Jurídicos 4 y 5.
- Sentencia Tribunal Constitucional 18/1999, de 22 de febrero, Fundamento Jurídico 2.
- Sentencia del Tribunal Constitucional 53/2002, de 27 de febrero, Fundamentos Jurídicos 9 y 12.
- Sentencia del Tribunal Constitucional 173/1998, de 23 de julio, Fundamento Jurídico 7.
- Sentencia Tribunal Constitucional 129/1999, de 1 de julio, Fundamento Jurídico 2.
- Sentencia Tribunal Constitucional 220/2005, de 12 de septiembre, Fundamento Jurídico 4.
- Sentencia del Tribunal Constitucional 118/2019, de 16 de octubre, Fundamento Jurídico 4.
- Sentencia del Tribunal Constitucional 215/1994, de 14 de julio, Fundamento Jurídico 4.
- Sentencia Tribunal Constitucional 154/2002, de 18 de julio, Fundamento Jurídico 9.
- Sentencia Tribunal Constitucional 11/2023, de 23 de febrero, Fundamento Jurídico 3.
- Sentencia Tribunal Constitucional 17/2013, de 31 de enero, Fundamentos Jurídicos 4, 5 y 8.
- Sentencia Tribunal Constitucional 141/2000, de 29 de mayo, Fundamento Jurídico 5.
- Sentencia Tribunal Constitucional 73/1982, de 2 de diciembre, Fundamento Jurídico 4.
- Sentencia Tribunal Constitucional 115/2000, de 5 de mayo, Fundamento Jurídico 4.

- Sentencia Tribunal Constitucional 143/1994, de 9 de mayo. Fundamentos Jurídicos 6 y 7.
- Sentencia Tribunal Constitucional 231/1988, Fundamento Jurídico 3.
- Sentencia Tribunal Constitucional 197/1991, Fundamento Jurídico 3.
- Sentencia Tribunal Constitucional 20/1992, de 14 de febrero, Fundamento Jurídico 3.
- Sentencia Tribunal Constitucional 66/2022, de 2 de junio, Fundamento Jurídico 4.
- Sentencia del Tribunal Constitucional 202/1999, de 8 de noviembre, Fundamento Jurídico 2.
- Sentencia del Tribunal Constitucional 70/2009, de 23 de marzo. Fundamentos Jurídicos 2 y 3.
- Sentencia Tribunal Constitucional 159/2009, de 29 de junio, Fundamento Jurídico 3.
- Sentencia Tribunal Constitucional 196/2004, de 15 de noviembre, Fundamento Jurídico 2.
- Sentencia Tribunal Constitucional 11/1998, de 13 de enero en su Fundamento Jurídico 4
- BVerfGE 93, 266 (293).
- Sentencia de la Corte Constitucional Italiana número 293/2000.
- Sentencia de la Corte Constitucional Italiana número 432/2005.
- Sentencia Corte Constitucional Italiana 252/2001, de 17 de julio de 2001.
- Sentencia Corte Constitucional Italiana 61/2011, de 2 de marzo de 2011.
- Sentencia del Tribunal Constitucional Portugués n.º: 296/2015, de 25 de mayo de 2015, Fundamentos Jurídicos 22-25.
- Decisión de 29 de diciembre de 2003 (2003-488), Considerando 20.
- Decisión 94-343-344 DC, de 27 de julio de 1994.

Sentencias del Tribunal Supremo y otros

- Sentencia del Tribunal Supremo 1593/1980 (Sala de lo Contencioso, Sección 4.ª), de 25 junio de 1980.
- Sentencia del Tribunal Supremo 1659/1981, (Sala de lo Contencioso, Sección 4.ª), de 3 de noviembre de 1981, Considerando 1.
- Sentencia del Tribunal Supremo, 7028/2006, (Sala de lo Contencioso, Sección 5.ª), de 17 de noviembre de 2006, Fundamento Jurídico 5.

- Sentencia del Tribunal Supremo 2747/2018, (Sala de lo Contencioso, Sección 4.ª) de 17 de julio de 2018, (Recurso 1002/2017), Fundamento Jurídico 7.
- Sentencia del Tribunal Supremo Sala de lo Civil, Sección 1.ª, 2065/2015, de 22 de mayo de 2015, Fundamento Jurídico 3.
- Sentencia del Tribunal Superior de Justicia del País Vasco 1370/2003 (Sala de lo Contencioso, Sección 3.ª), de 14 de marzo de 2003, Fundamento Jurídico 5.
- Auto del Juzgado Contencioso administrativo 414/2020, de 28 de julio, por el que se ratifican medidas sanitarias de aislamiento personal.
- Sentencia del Tribunal Supremo de 6 de marzo de 1999 (Rj 1989, 2177). Fundamento jurídico 4.

Cód. 05-06

COLECCIÓN

DERECHO SANITARIO, BIOTECNOLÓGICO Y CIENCIAS DE LA VIDA

COLEX

TÍTULOS PUBLICADOS

1. Adquisición pública de medicamentos: superando la barrera de la burocracia
2. El consentimiento informado en el ámbito médico
3. El Derecho a la asistencia sanitaria pública de los extranjeros inmigrantes en situación irregular en España

Cód. 05-06